北京师范大学刑事法律科学研究院
中国刑法学研究会
组织编写

中国刑法学研究会推荐教材

LAW 现代刑事法学系列教材 总主编 赵秉志

刑事证据法学

（第二版）

主　编　刘广三

副主编　王　超

撰稿人　（以撰写章节先后为序）

刘广三　史立梅　孟　军　王　超

印　波　杨　雄　雷小政　何　挺

肖　萍　廖　明

中国人民大学出版社

·北京·

编审委员会

作者简介

主编：

刘广三 男，1967 年 10 月出生于安徽省怀宁县。1985 年考入北京大学法律学系，1989 年毕业获法学学士后到烟台大学法学院执教至 2002 年 6 月。1993 年至 1995 年参加北京大学在职研究生班学习，1996 年 4 月被北京大学授予法学硕士学位。在烟台大学工作期间先后给本科生、硕士研究生主讲《刑事诉讼法学》、《犯罪学》、《监狱法学》、《刑事证据学》等课程。1996 年 10 月破格晋升为副教授，1999 年 10 月破格晋升为教授，历任烟台大学法律系副主任、法学院副院长。2002 年 7 月调至北京工商大学法学院。2003 年 9 月被北京大学法学院录取为诉讼法专业在职博士研究生。2004 年 1 月任北京工商大学法学院副院长。2005 年 12 月调至北京师范大学刑事法律科学研究院。2006 年 7 月被北京大学授予法学博士学位。现为北京师范大学刑事法律科学研究院证据法研究所所长、教授、博士生导师，中国犯罪学研究会常务理事，中国刑事诉讼法学研究会理事，兼任中共中央纪律检查委员会、监察部客座教授（北戴河培训中心），北京杜衡律师事务所兼职律师。出版个人专著三部，合著十余部，主编全国统编教材两部，在《法学研究》、《中国法学》等期刊上发表论文一百余篇，主持省部级以上科研项目十余项，科研成果多次获省部级以上奖励。

副主编：

王超 男，河南省罗山县人。1997 年 7 月毕业于华东政法学院，获法学学士学位。1997 年 8 月至 2000 年 9 月在山东省青岛市人民检察院从事检察工作。2003 年 7 月毕业于华东政法学院，获法学硕士学位。2006 年 7 月毕业于中国人民大学，获法学博士学位。现为北京师范大学刑事法律科学研究院教授，主要从事诉讼法学、司法制度研究。曾在《中外法学》、《政法论坛》、《比较法研究》、《法学评论》、《法商研究》、《现代法学》、《法学》等国内外刊物发表学术论文 90 余篇。独著《刑事上诉制度的功能与构造》、《警察作证制度研究》、《刑事诉讼法学习小词典》，合著《21世纪的中国检察制度研究》、《刑事司法环境研究》、《刑事证据的定量分析》、《未成年人犯罪诉讼程序研究》、《刑事诉讼言词证据：程序与规则》等十余部。十余篇论文被《新华文摘》、《中国社会科学文摘》、《高等学校文科学报文摘》、《中国人民大学报刊复印资料》等刊物全文转载或转摘。主持教育部、司法部课题各一项。

撰稿人：

史立梅　女，法学博士，北京师范大学法学院教授。美国天普大学访问学者（2009—2010）、英国伦敦政治经济学院访问学者（2013.7—8）。曾担任北京市人民检察院第二分院二审监督处副处长，现担任北京市海淀区人民检察院检察长助理。主要从事刑事诉讼法学、证据法学、司法制度研究。曾于《政法论坛》、《环球法律评论》等刊物发表学术论文五十余篇，出版个人专著《程序正义与刑事证据法》、《国际刑事司法中的程序与正义——国际刑事法院诉讼程序专题研究》，主编、合著学术著作、教材二十余部。曾荣获全国中青年刑事诉讼法学优秀科研成果专著类二等奖、北京师范大学励耘学术奖二等奖、京师英才奖二等奖。

杨雄　男，法学博士，北京师范大学刑事法律科学研究院副教授。美国纽约大学法学院访问学者（2013－2014）。曾担任北京市房山区人民检察院检察长助理。主要从事刑事诉讼法学、证据法学、司法制度研究。曾于《政法论坛》等刊物发表学术论文五十余篇。出版专著《刑事强制措施的正当性基础》、译著《审判的历史》及合著、参编学术著作、教材十余部。曾荣获全国中青年刑事诉讼法学优秀科研成果论文类一等奖、专著类三等奖、北京师范大学第十三届青年教师教学基本功比赛一等奖。

肖萍　女，北京人。北京师范大学刑事法律科学研究院副教授，日本国立一桥大学法学硕士、法学博士。主要研究领域为刑事诉讼法学、证据法学和中日比较法学。代表性论著《日本における刑事手続上の身体拘束と出入国管理法制の関係》（连载于日本《一橋法学》第6卷第1号（2007年3月）、第6卷第2号（2007年7月）、第6卷第3号（2007年11月）），共计10万余字。合著学术著作、教材4部，在中外学术刊物上发表论文十余篇，参编书籍、教材十余部。其中，参与最高人民检察院重点课题“检察制度比较研究”的最终成果《检察制度比较研究》（合著，法律出版社2010年3月版）荣获北京市第十二届哲学社会科学优秀成果奖二等奖（2012年10月）。

印波　男，江苏淮阴人，2005年与2007年毕业于中南大学法学院，分别获法学学士与硕士学位，2011年毕业于英国阿伯丁大学（University of Aberdeen）法学院，获得博士学位。现为北京师范大学刑事法律科学研究院副教授。目前的研究兴趣主要在刑事诉讼法学、证据法学、司法制度、比较法学、法理学和法律社会学等领域。曾于《国际法与比较法季刊》（ICLQ）、《贝拿勒斯法学杂志》、《法学杂志》等中英文刊物发表学术论文二十余篇，独著《刑事诉讼行为瑕疵的程序性后果：一项统一、科学的理论》，获得第二届高铭暄刑事法学青年教师优秀科研成果奖专著类一等奖。

何挺 男，浙江宁波人。1998 年至 2008 年就读于中国政法大学，先后获法学学士、法学硕士和法学博士学位。现为北京师范大学刑事法律科学研究院副教授，主要从事刑事诉讼法学、证据法学研究。美国维拉司法研究所、英国伦敦政治经济学院和台湾政治大学法学院访问学者。在《中国法学》、《现代法学》等期刊发表论文、译文六十余篇。独著《现代刑事纠纷及其解决》（中国人民公安大学出版社 2011 年版），合著、参编专著、教材三十余部。主持国家社科基金青年项目等 5 项，参与国家社科基金、教育部、司法部等科研项目二十余项。2011 年获中国法学会第五期“中国法学青年论坛”征文一等奖；2013 年获中国法学会首届“董必武青年法学成果奖”提名奖。入选北京市高等学校“青年英才计划”。

雷小政 男，1980 年出生于湖南省临武县，北京师范大学刑事法律科学研究院副教授，中国政法大学诉讼法学博士，中国人民大学法学院博士后，荷兰马斯特里斯特大学、美国纽约维拉司法研究所访问学者。代表性专著：《刑事诉讼法学方法论·导论》（北京大学出版社 2009 年版）、《法律生长与实证研究》（北京大学出版社 2009 年版）、《民生与民声：刑事法的返璞归真》（法律出版社 2012 年版）。曾荣获 2011 年中国法学会刑事诉讼法学会第三届中青年优秀科研成果奖、2012 年度最高人民检察院优秀科研成果奖。兼任中国行为法学会理事、中国政法大学法律应用中心研究员、中国政法大学刑事法律援助中心研究员等。

廖明 男，北京师范大学刑事法律科学研究院讲师，法学博士；北京市人民检察院第二分院未成年人案件检察处副处长。兼任《法学家茶座》副主编、《刑事法判解研究》学术编辑、《京师刑事诉讼法论丛》执行编辑、中国人民大学证据学研究所兼职研究员、国际救助儿童会（英国）未成年人司法项目顾问。

孟军 男，1971 年 1 月出生，北京师范大学法学院讲师，2006 年毕业于中国人民大学法学院，获法学博士学位。专业研究领域为：刑事诉讼法学、证据学、司法制度。参与撰写著作 8 部，发表论文二十余篇。代表性著作：《刑事诉讼法学综述》（合著）、《刑事诉讼法学案例教程》（合著）、《方兴未艾的中国诊所法律教育》（合编）、《法律能还你清白吗——美国刑事司法实证研究》（合译）；代表性论文：《我国宪法中刑事诉讼制度的规范分析》、《死刑执行救济程序研究》、《国际人权公约与我国刑事诉讼法的修改和完善》等。

总　序

通过法律和法治实现正义、维护秩序、保障自由，已经成为全人类的共识。依法治国是人类社会，也是我国迄今能够选择的最佳治国方略。在建设社会主义法治国家的事业中，刑事法治建设是重要的领域之一。刑事法治建设所具有的这种地位，是由刑事法所保护法益之广泛性与重要性、所采用的违法制裁手段之严厉性和所剥夺权利之至关重要所共同构筑而成的。“法律不理会琐碎之事。”[①] 相对于民事法而言，刑事法无疑更有力地诠释了这一法律格言。当看到刑事司法实践中，那些被判处死刑的人从死亡的恐惧、绝望和痛苦中重获新生，或者就此走上生命的终点，恐怕没有任何其他部门法学者敢说他所研究的法律较之刑事法所保护的权益或者剥夺的权利更加重要。刑事法所关涉的问题如此重要，以致在一些国家，刑事法的重大问题被直接规定在宪法当中。例如，1789年法国《人权宣言》第8条规定：“法律只应规定确实需要和显然不可少的刑罚，而且除非根据在犯罪前已制定和公布的且系依法施行的法律以外，不得处罚任何人。”而在美国的宪法修正案中，刑事法的内容占据着相当大的比重。在人权保障已成为全球主题话语的今天，刑事法作为保障善良公民权利和犯罪人权利的宪章，其重要性又从维护上层建筑和巩固经济基础之外的另一个方面得到突显。

在梳理刑事法“家族”的主要成员——刑法与其他部门法的关系时，也能感受到刑事法在整个法律体系中的重要性。当各个部门法所调整的社会关系或者保护的权益遭到严重的破坏或者侵犯，以致其他法律制裁手段已经明显力量不足时，它们的一致选择都是从刑法这里得到最后的保护。正如卢梭所言：“刑法在根本上与其说是一种特别法，还不如说是其他一切法律的制裁力量。”[②] 显然，刑法与生俱来的“众法之保障法”的地位，也是其他部门法所无法相提并论的。基于刑事法所具有的特殊

① 张明楷：《刑法格言的展开》，102页，北京，法律出版社，1999。

② ［法］卢梭著，何兆武译：《社会契约论》，63页，北京，商务印书馆，1962。

地位和作用，人们对从事刑事法治工作者也提出了更高的要求："施行刑罚的人，必须本身已意识到一种更高的使命。'一种没有替天行道意念的人类力量，不足以挥起行刑的刀剑'。"①

显然，无论在过去、现在，还是在未来相当长的时间内，刑事法作为并且仍将作为仅次于宪法的重要的基本法律群矗立于法制之林，刑事法治的现代化对于当代中国社会主义法治现代化建设至关重要。相应地，为刑事法治发展起着建言献策作用的刑事法学事业的重要性也不言而喻。

中国有着悠久的刑事法制发展史，也形成了丰富的刑事法传统文化，其中不乏真知灼见。但是，建立在封建专制主义基础之上，浸染于重刑威慑氛围之中的传统刑事法文化能够为中国刑事法治现代化建设提供的营养十分有限。近代文人、政客也曾探索过变法维新之路，并且从刑事法入手尝试过中国法制现代化，但风雨飘摇之中的没落帝国已经无法为这种尝试提供更多的机会，变法维新的努力也就未能给我们留下多少有价值的遗产。此后动荡不定的社会环境也使得刑事法治建设和刑事法学发展长期处于萧条、停滞状态。真正具有现代化意义的刑事法治发展和刑事法学研究应当是始于新中国成立后20世纪70年代末期"文化大革命"结束之后。自1979年首部刑法和刑事诉讼法颁布后，新中国终于高扬起法治建设与发展的风帆，中国刑事法学也步入发展的春天。从那时到现在，中国刑事法学从复苏到全面繁荣，已经走过将近三十年的路程。刑事法学这一极具思辨色彩、蕴涵深刻哲理、富有实用价值的研究领域，以它无穷的魅力吸引了众多有志于促进中国法治现代化的学者关注的目光，并使其为之付出了宝贵的精力。在他们的努力下，刑事法学的发展由小到大，由弱到强，由局部到整体，由偏重注释到注释与思辨并重，迄今已经初步完成学科体系的构建和研究方法的转型。在此基础上，富有远见的刑事法学人提出了"刑事一体化"的刑事法学发展方向。刑事法实践本就是一项刑事实体法与刑事程序法并行，刑事立案、刑事侦查、刑事起诉、刑事审判与刑罚执行继起，犯罪预防、犯罪惩治与罪犯矫正并重的法律实践活动。在此过程中，刑法、刑事诉讼法、犯罪预防法、刑事执行法等刑事法律被同时或者先后运用，互相配合，互为补充，共同编织成一张严密的刑事法网，以实现一个共同的目标——预防和控制犯罪。"刑事一体化"的刑事法学发展思路和发展方向，可谓最符合刑事法实践需要，最有助于理论与实践的统一和结合，因而得到了刑事法学界的广泛认同。

"虽有佳肴，弗食不知其旨也；虽有至道，弗学不知其善也。"尽管刑事一体化的刑事法学发展方向得到了刑事法学人的广泛认同，然而，刑事一体化的精髓何在？如何整合刑事法学各分支学科的资源，以开展刑事一体化研究？如何在具体的刑事法研究中贯彻刑事一体化的精神，使刑事一体化的构想变为现实？如何在刑事一体化的进程中更充分地实现各刑事法分支学科的价值，而不是在此进程中迷失自我？这一系列问题目前都没有得到妥善解决。这在一定程度上阻碍了刑事一体化目标的实现，削弱了刑事一体化命题的价值。而实践的需要和为刑事法治服务的使命，又在催促我们更加努力推动刑事一体化的进程。

① ［德］拉德布鲁赫著，米健、朱林译：《法学导论》，87页，北京，中国大百科全书出版社，1997。

在我们看来，刑事一体化的实现建立在两个基础之上：一是刑事法分支学科的全面成熟；二是各刑事法分支学科相互协作，形成合力，共同应对和解决刑事法治发展中面临的问题。应当说，上述第一个基础在我国目前已经基本奠定，以刑法学、刑事诉讼法学为龙头，以犯罪及刑事政策学、刑事执行法学为两翼的刑事法学体系，目前已经基本成型，并且在每一个法学分支学科中，都已经有一批才思敏捷、学识渊博、治学严谨、成果丰硕的学术中坚力量支撑起整个学科，并不断推动本学科研究水平的提高。而受不同刑事法分支学科的具体内容之间存在巨大差异的制约，各分支学科在相互协作、形成合力、共同应对和解决刑事法治发展中面临的问题方面还做得很不够。因此，刑事一体化的上述第二个基础，目前还远未形成。当务之急，乃是建立起一种体制和机制，帮助不同刑事法分支学科之间的交流与合作，并产出一批这方面的高质量的学术成果，以促进刑事一体化第二个基础的形成。

北京师范大学刑事法律科学研究院（以下简称刑科院）正是基于这一刑事法治发展的现实需要应运而生的。刑科院作为北京师范大学重点建设的专门从事刑事法学研究的，中国刑事法学领域首家且目前唯一的具有独立性、实体性、综合性的新型学术研究机构与研究生培养单位，自 2005 年 8 月成立以来，主动把自身发展置于学校发展和国家刑事法治建设的大格局中，以北京师范大学深厚的学术积淀、悠久的历史传统和浓郁的文化氛围为依托，沿着刑事一体化的发展方向，积极探索，努力进取，逐步全面发展相关学术领域，稳步朝着建成全国领先、国际知名的刑事法学研究机构、高层次人才培养单位以及国家刑事立法和司法决策咨询服务基地的目标迈进。目前，刑科院已经设置了覆盖刑事法所有分支学科的六个研究所，并引进了一批刑事法学领域的优秀人才负责各研究所学术事业的发展，从机构设置到人才配备为践行刑事一体化奠定了基础。

教材编撰无疑是学科建设的重要环节。为了贯彻刑事一体化之思路，推动刑事一体化的进程，刑科院显然有必要编撰一套内容充实、新颖、学术性较强的，介于理论著作与传统教科书之间的教科书性著作。有鉴于此，刑科院在机构设置和人才引进工作初步完成后，便开始全面规划刑事法系列教材的建设。刑科院在刑事法教材编撰方面有其优势，突出表现在刑科院的主要成员均担任过刑事法教材的主编工作，对于教材的编写颇有经验和心得。特别是刑法学方面，刑科院的主要成员主持了晚近十余年来几乎各种类型的全国刑法学统编教材中多数教材的编写工作。在刑科院下属的六个刑事法研究所成立并且引进了一批刑事法各个领域国内知名的专家学者后，编撰一套刑事法系列教材的组织机构条件和人员条件均已具备。

中国人民大学出版社是新中国最早成立的中央级大学出版社。该社立足于高等教育，以为教学和科研提供优质服务为己任，是我国人文社会科学，特别是文科教材出版中心。近年来，人大出版社出版了一大批具有文化积累、文化传播价值的优秀法律图书，其中，法学系列教材的出版成绩显著，有目共睹。在北师大刑科院成立后，人大出版社的领导和法学编辑聪敏、睿智地看到了建设社会主义法治国家进程中刑事法系列教材的市场潜力，并基于对刑科院学术团队的充分信任，与刑科院积极协商，决定结合刑科院在刑事法领域的整体学术优势和人大出版社的法学出版力量，双方合作编著、出版这套“现代刑事法学系列教材”。

之所以将这套系列教材冠名为“现代刑事法学系列教材”，是因为这套教材以现代刑事法治理念为指导，注重吸收当代刑事法学发展的最新研究成果，并且不再像以往的刑事法教材那样只关注刑法和刑事诉讼法两个方面，而是本着“刑事一体化”之精神，覆盖大部分刑事法学学科。具体而言，该系列教材拟包括：《刑法总论》、《刑法各论》、《国际刑法学》、《外国刑法学（英美法系）》、《外国刑法学（大陆法系·总论）》、《外国刑法学（大陆法系·各论）》、《犯罪学》、《刑事政策学》、《刑事执行法学》、《刑事诉讼法学》、《刑事证据法学》、《刑法总则案例分析》、《刑法分则案例分析》、《中国区际刑法学》、《被害人学》、《国际刑事诉讼法学》、《犯罪心理学》、《中国刑法史学》、《外国刑法思想史》、《比较刑法学》、《刑事立法学》、《经济刑法学》、《台港澳刑法学》等。同时，该系列教材还将根据学科发展的新情况，不断予以充实、完善。

为了保证教材的质量，并借此提升刑科院的整体实力，刑科院与中国法学会刑法学研究会开展合作，以刑科院的学术骨干力量为基础，并邀请了部分在我国刑法学、刑事诉讼法学界有较大影响的学科带头人和学术骨干参与，共同组织编撰这套刑事法学系列教材。刑科院为此成立了专门的编审委员会，并聘请了老一辈著名刑事法学家担任学术顾问，由本人担任总主编，由全国刑事法学界知名专家学者组成学术委员会。学术委员会负责该系列教材的审稿、鉴定工作。为了保证教材内容的新颖性和学术性，我们在编撰这套系列教材时，在体系结构和内容上将全面、充分吸收、反映近年来我国刑事法学研究的新进展和新成果，准确地反映和论述立法、立法解释及司法解释的内容，运用案例和举例，适当反映司法实务的经验和情况。

本套教材是我国迄今为止最全面、最系统、最新颖的刑事法学系列教材。我们期待并相信，在刑科院及我国刑事法理论和实务界的有关专家、学者们的共同努力下，在人大出版社的鼎力支持下，“现代刑事法学系列教材”将成为我国刑事法领域最权威的精品教材。

北京师范大学刑事法律科学研究院院长
中国法学会刑法学研究会会长　　赵秉志教授
“现代刑事法学系列教材”总主编

2007年5月

前 言

证据法学作为一门学科的兴起，可以追溯到18世纪的英国。在此之前，虽然法律上有一些零星的证据规则，也有人写过证据法的散论，但是并没有引起人们的足够注意。英国学者吉尔伯特（Gilbert）在1754年出版的《证据法》（*The Law of Evidence*）被认为是第一本关于证据法学的专著，标志着英美证据法学专门化研究的开端。严格来说，吉尔伯特的《证据法》掺杂了很多证据学的内容，但其影响力却持续了几乎半个世纪。直到1827年边沁（Bentham）出版的《司法证据的理论基础》（*Rational of Judicial Evidence*）一书，才可以说是真正把证据法学从“基于司法实践而务实地发展出来的凌乱的技术性证据规则”上升到理论高度的著作，它为后来的证据法研究奠定了基础。从此，证据法学开始从证据学中逐步独立出来。

19世纪以来，证据法学获得了重要的发展并进入相对成熟的阶段。以斯蒂芬（Stephen）、赛耶（Thayer）和威格摩尔（Wigmore）为代表的一大批著名学者对证据法学进行了更为深入的研究。斯蒂芬在《证据法摘要》（*A Digest of Evidence Law*）一书中，排除了先前证据法学者讨论的证明对象、推定等内容，而关于证人出庭、证据保全、询问证人等问题更是被认为属于程序法而非证据法的范畴。赛耶在《普通法证据导论》（*A Preliminary Treatise on Evidence at the Common Law*）一书中，继续斯蒂芬的努力，对证据法的内容体系作了更简练的概括。他从证据法教材中剔除了大量“虽然与证据相关但却与证据法无关”的案例。赛耶的努力明确了证据法学的研究对象，把证据法的结构建立在相关性和可采性研究的基础上。威格摩尔在其代表作《普通法审判中的英美证据法专论》一书中，将英美证据法阐述为一个由原则和规则组成的体系，非常详尽而有深度地探讨了主要证据规则的历史和理论基础，并着力梳理互相冲突着的司法判例，使之形成由原则和规则组成的一致性成果。与赛耶一脉相承的是，威格摩尔明确将那些属于实体法或程序法方面的内容排除在外，继续为捍卫证据法的独立性作出贡献。在威格摩尔所处的时代，证据法已经正式成为法学院一门独立的课程，并开始与传统的实体法、程序法并驾齐驱。

从这段历史可以看出，证据学与证据法学在最初并没有明确的界限划分，是历代证据法学家们的努力促成了证据法学与证据学的分野。这个过程是伴随着社会分工而产生，随着学科领域分化而发展的。证据学的研究涉及很多自然科学以及社会科学领域，不仅包括物理、化学、生物、医学、计算机等相关学科的知识，而且包括心理学、社会学、法学以及哲学的知识。可以说，自威格摩尔以后几乎再无人尝试全面研究证据学并以此统摄证据法学。相应地，研究证据问题的学者分化为两派，一部分学者热衷于研究证据规则，甚至以成文化的证据法律为主要研究对象；而另一部分学者则越来越倾向于关注证明的过程，充分运用逻辑、数学的工具研究如何证明的科学，并形成了所谓的“新证据学派”(New Evidence Scholarship)①。

同样，在我国法学研究短暂的历史中，也出现了证据学与证据法学从融合走向分化的局面。广义的证据学其实古已有之，《洗冤集录》之类的法医学著作在世界范围内都可以看成是杰出的证据学研究成果，但证据法学的发展却是在近代法制变革以后才出现的。从1930年出版第一本《证据法》教材开始，我国学术界不断地徘徊在“证据学”与“证据法学”之间，先是民国时期“证据法学”千篇一律，然后是20世纪80年代“证据学”出尽风头，之后是90年代“平分秋色”。从目前流行于各大院校的关于证据的通用教材来看，两者的占有率可谓旗鼓相当。显然，我国学界对于证据学以及证据法学的名称运用是相当混乱的。不过，近年来，随着证据法学研究内容的深入和制定证据法典的浪潮，国内很多学者的研究重点已经从证据学转移到了证据法学，即使是冠以“证据学”名称的教材，其中有很大一部分已经是纯粹的证据法学内容。而在证据法学的教材中，虽然已经有了更多的证据规则的内容，但还没有把传统的证据学研究的内容剔除。证据学与证据法学虽然已经“分化”，但证据法学还没有完全独立。造成这种状况的原因是多方面的，其中诉讼制度的差异是主要的。具有大陆法系背景的中国诉讼制度采取的是职权主义审判模式，独立的证据法显得有点多余，因为证据的可采性问题只是英美证据法的一个传统，与我国现行的证据制度存在较大差距，故而对证据规则的研究也只是停留在介绍层面。而司法实践中如何收集证据、如何判断证据、如何组织证据证明事实，则需要经验性的总结加以指引，于是这些内容被纳入证据法学的研究中。专长于证据学研究的学者比较注重证据的发现真实的功能，因此他们的研究兴趣主要集中在证据的证明力上，而专长于证据法学研究的学者则更关注证据法保障公正的程序功能。前者的学术背景往往是侦查学或者物证技术学的，后者的学术背景则是程序法学的。应当看到，这种研究群体的分化，为证据学与证据法学的逐渐分离做好了准备。

在证据法学的研究中，根据诉讼性质的不同，又可以将其分成刑事证据法学、民事证据法学和行政证据法学三个分支学科。这些不同的证据法学科由于使用共同的基本概念，遵循一系列基本的证据规则和诉讼原理，而且从总体上来说都是研究诉讼中的证据问题，因而存在许多共性内容。但是，如同民事诉讼法学、行政诉讼法学和刑

① 吴丹红：《面对中国的证据法学——兼评易延友〈证据学是一门法学吗〉》，载《政法论坛》，2006 (3)。

事诉讼法学的区别一样，上述三门证据法学科也有着各不相同的研究对象，所要遵循的基本原则也有着实质性的区别。尤其是刑事证据法学，有着更为严格的证据规则要求和体系，更加强调证据保障公正的程序功能，需要遵从不同的证据原则，执行更高的证明标准，而且在证明对象、证明责任的分配和证明环节上都有明显异于其他两门证据法学的特色。鉴于这种认识，2007 年我们组织各方面的力量专门编写了现代刑事法学系列教材中的《刑事证据法学》（第 1 版），对我国关于刑事证据法学的基本问题进行了系统梳理，其内容几乎涵盖了刑事证据法学的所有方面，并且构建了刑事证据法学的新体系，力图减少刑事证据学方面的阐释。教材出版后，获得了许多读者的好评。时至今日，又经过了七年。七年来，我国关于刑事证据的立法明显加快，2010 年 5 月 30 日，最高人民法院、最高人民检察院、公安部、国家安全部和司法部联合发布了《关于办理死刑案件审查判断证据若干问题的规定》和《关于办理刑事案件排除非法证据若干问题的规定》。从总体内容和框架来看，两个《规定》与时俱进，对我国刑事诉讼证据制度有重要创新。《关于办理死刑案件审查判断证据若干问题的规定》，不仅规定了刑事诉讼证据的基本原则，细化了死刑案件的证明标准，还进一步严格规范了对各类证据的收集、审查判断和运用。《关于办理刑事案件排除非法证据若干问题的规定》，不仅强调了采用刑讯逼供等非法手段取得的言词证据不能作为定案的根据，还进一步对审查和排除非法证据的程序、证明责任及讯问人员出庭等问题进行了具体的规范。2012 年 3 月修订后的《刑事诉讼法》总则第五章“证据”从第 48 条至第 63 条，共规定了 16 个条文。相比 1996 年《刑事诉讼法》，净增加了 8 条，且对原 8 条中的 5 条进行了不同程度的修订。在第二编第二章“侦查”中对各类证据的收集程序进行了较大幅度的修订。2012 年 11 月至 12 月间，最高人民检察院修订了《人民检察院刑事诉讼规则（试行）》，公安部修订了《公安机关办理刑事案件程序规定》，最高人民法院修订了《关于适用〈中华人民共和国刑事诉讼法〉的解释》，最高人民法院、最高人民检察院、公安部、国家安全部、司法部、全国人大常委会法制工作委员会等六部委又联合发布了《关于实施刑事诉讼法若干问题的规定》。另外，前述关于刑事证据的两个《规定》颁布的时间不长，虽然其中的许多内容并没有被 2012 年修订后的刑事诉讼法所吸收，但有关规定仍然应当遵照执行。上述关于刑事诉讼法典和相关司法解释的修订，有许多内容涉及刑事证据方面，这为刑事证据法学的研究提供了更多的法律蓝本。同时，修订后的刑事诉讼法典和相关司法解释在具体的刑事司法实践中被运用，又出现了许多新情况和新问题，这也为刑事证据法学的研究提供了极好的素材。在这种背景下，我们组织北京师范大学刑事法律科学研究院刑事诉讼法研究所和证据法研究所的研究人员对《刑事证据法学》教材（第 1 版）进行了全面的修订，力图反映目前我国刑事证据法学研究的现状，揭示理论和实践中存在的各种问题，前瞻性地提出进一步完善相关立法的方案和解决相关问题的对策设想。

本书撰稿人分工如下（以撰写章节先后为序）：

刘广三：第一章；

史立梅：第二章、第十一章；

孟　军：第三章、第四章；

王　超：第五章、第十三章；

印　波：第六章；

杨　雄：第七章、第八章；

雷小政：第九章；

何　挺：第十章；

肖　萍：第十二章；

廖　明：第十四章、第十五章。

全书由刘广三教授统一修改定稿。尽管各位撰稿人付出了艰苦的努力，但是书中的谬误之处在所难免，敬请读者批评指正，以便在以后修订时加以改正和完善。（主编电子邮件：liuguangsan@vip. sina. com）

刘广三

2014 年 9 月

目　录

第一编　总　论

第一章　刑事证据法学概述 …… 3

第一节　刑事证据法学的研究对象 …… 3

第二节　刑事证据法学的体系 …… 8

第三节　刑事证据法学与相邻学科的关系 …… 10

第四节　刑事证据法学的研究方法 …… 11

第二章　证据制度的历史沿革 …… 15

第一节　人类社会早期的神示证据制度 …… 15

第二节　大陆法系证据制度的历史沿革 …… 19

第三节　英美法系证据制度的历史沿革 …… 24

第四节　中国证据制度的历史沿革 …… 27

第三章　刑事证据制度的理论基础 …… 38

第一节　刑事证据制度的认识论基础 …… 39

第二节　刑事证据制度的价值论基础 …… 45

第三节　刑事证据制度的程序正义论基础 …… 48

第四节　刑事证据制度不同理论基础间体现的价值选择与权衡 …… 52

第四章　刑事证据制度的基本原则 …… 58

第一节　证据裁判原则 …… 59

第二节　自由心证原则 …… 64

第三节　直接言词原则 …… 70

第五章　刑事证据规则 …… 79

第一节　刑事证据规则概述 …… 79

第二节　国外主要证据规则 …… 84
第三节　我国刑事证据规则 …… 110

第二编　刑事证据论

第六章　刑事证据概述 …… 129
第一节　刑事证据的概念 …… 129
第二节　作为定案根据的刑事证据的基本特征 …… 134
第三节　刑事证据的证明力与证据能力 …… 142
第四节　刑事证据的主要功能 …… 148

第七章　刑事证据的法定种类 …… 151
第一节　刑事证据的法定种类概述 …… 152
第二节　物　证 …… 152
第三节　书　证 …… 156
第四节　证人证言 …… 159
第五节　被害人陈述 …… 168
第六节　犯罪嫌疑人、被告人供述与辩解 …… 171
第七节　勘验、检查、辨认、侦查实验等笔录 …… 179
第八节　鉴定意见 …… 183
第九节　视听资料 …… 189
第十节　电子数据 …… 193
第十一节　其他证据种类探讨 …… 196

第八章　刑事证据的理论分类 …… 201
第一节　刑事证据的理论分类概述 …… 201
第二节　言词证据和实物证据 …… 203
第三节　直接证据和间接证据 …… 206
第四节　原始证据和传来证据 …… 209
第五节　不利于犯罪嫌疑人、被告人的证据与有利于犯罪嫌疑人、被告人的证据 …… 212
第六节　刑事证据的其他理论分类 …… 214

第三编　刑事证明论

第九章　刑事证明概述 …… 221
第一节　刑事证明的概念与特征 …… 221
第二节　刑事证明的理念 …… 226
第三节　刑事证明的体系 …… 228

第十章 刑事证明主体 …… 232
第一节 刑事证明主体概述 …… 232
第二节 刑事证明主体的范围 …… 235

第十一章 刑事证明对象 …… 240
第一节 刑事证明对象概述 …… 240
第二节 刑事证明对象的范围 …… 241
第三节 作为刑事证明对象的实体法事实 …… 245
第四节 作为刑事证明对象的程序法事实 …… 248

第十二章 推定与司法认知 …… 251
第一节 推 定 …… 251
第二节 司法认知 …… 257

第十三章 刑事证明责任 …… 265
第一节 刑事证明责任的含义与性质 …… 265
第二节 刑事证明责任的分配 …… 270
第三节 两大法系刑事证明责任 …… 277
第四节 我国的刑事证明责任 …… 282

第十四章 刑事证明标准 …… 287
第一节 证明标准的概念 …… 287
第二节 历史上存在过的几种证据制度的证明标准 …… 290
第三节 关于证明标准性质的理论探讨 …… 291
第四节 诉讼证明标准的多元化 …… 294
第五节 英美法系国家的刑事证明标准 …… 298
第六节 大陆法系国家的刑事证明标准 …… 301
第七节 我国的刑事证明标准 …… 303

第十五章 刑事证明环节 …… 312
第一节 证明的准备 …… 312
第二节 举 证 …… 333
第三节 质 证 …… 339
第四节 认 证 …… 354

第一编

总论

第一章
刑事证据法学概述

内容导读

刑事证据法学是研究有关刑事证据的理论、法律规定和司法实践的一门法律科学，其研究对象包括与刑事证据和刑事证据运用有关的所有法律规范、与刑事证据和证据运用有关的司法实践、刑事证据规则，以及古今中外的证据理论和证据制度。刑事证据法学的体系是针对刑事证据法学研究对象之间的内在规律和相互关联进行研究和阐述的理论系统，本教材在体系安排上共分为三编：第一编总论，包括刑事证据法学概述、证据制度的历史发展、证据制度的理论基础、刑事证据法的基本原则、刑事证据规则等内容；第二编刑事证据论，包括刑事证据概述、刑事证据的法定种类和刑事证据的理论分类等内容；第三编刑事证明论，包括刑事证明概述、刑事证明对象、刑事证明责任、刑事证明标准、刑事证明方法以及刑事证明环节等内容。刑事证据法学作为一门新兴的法学学科，它与民事证据法学、行政证据法学、刑事诉讼法学、刑事侦查学、法医学等都有着密切的关系。在刑事证据法学的研究中，应当注意掌握以下研究方法：比较与借鉴相结合，理论思辨与实证研究相结合，刑事证据立法研究与司法实践相结合，还可以根据需要借鉴很多其他学科的研究方法。

第一节　刑事证据法学的研究对象

一、从证据学到证据法学

在人文社会科学中，有许多学科都需要运用一定的证据来恢复某些曾经发生过的事实的原貌。如在历史学中，历史学家就需要通过不断地收集、归纳、研究历史资料，来揭示某个历史事件或者再现某些历史人物；在考古学中，考古学家们需要翻山越岭，通过对地下残留的坛坛罐罐或者埋藏的化石等历史遗留下来的痕迹、物品的发现、收集、分析，来考证一定的历史事件、某一时期或者某一地方的历史特征以及人类历史的发展历程；在新闻学中，新闻记者需要通过人物采访、调查、现场录音、录像等手段客观地报道某件新闻，等等。从一般意义上讲，上述各种以运用证据来查明、再现某些事实的学科似乎都可以被称为证据学。① 不过，这种视野上的证据学归类基本不具有学术意义。

就法律层面而言，在行政执法、仲裁、公证、监察等非诉讼法律事务以及各类诉讼活动中，办案人员也需要运用书证、物证、证人证言等各种证据来再现已经发生的案件事实，有人将研究在法律事务中如何运用证据问题的学科称为法律证据学。② 与之相对应的证据法学也被称为广义的证据法学。由于证据在诉讼活动中运用最为广泛、要求最为严格，各种有关证据运用的规则也大都产生于诉讼程序的发展演进中，而且有关诉讼证据的法律规范和司法实践对其他非诉讼法律事务中的证据运用有着重要的参照和借鉴作用。因此在法律证据学中，专门研究诉讼过程中如何运用证据的诉讼证据学逐渐脱颖而出，成为最具代表性的研究。事实上，目前大多数学者所说的证据学基本上都是指诉讼证据学，证据法学一般是指诉讼证据法学，也称为狭义的证据法学。③

长期以来，我国学者很少将证据学和证据法学区别开来进行研究。由于受到认识论的影响，多数学者认为证据制度就是以如何发现案件事实真相为己任，证据法学理论需要研究办案人员如何收集证据、审查证据、判断证据，使办案人员的主观认识符合客观事实，并在此基础上对案件作出相应的处理。于是，办案人员如何收集、固定、保全、检验、审查判断证据等就成为绝大多数学者的研究对象。一些保障发现案件事实真相的手段、方法、知识、学科，如逻辑学、概率论、统计学、法医学、鉴定学、心理学、精神病学、数理逻辑等都成为学者们的研究对象。这在几乎所有的关于证据学和证据法学的教科书中都得到了体现。

但是近年来，国内有学者清醒地认识到，我们所要建立的应当是"证据法学"，而不是那种笼统的"证据学"。"证据法学"与"证据学"尽管只有一字之差，但其意义却相去甚远。从形式上看，将诉讼活动中有关证据运用的学科命名为"证据法学"，这实际意味着承认这一学科的法学学科归属，将其从纯粹的经验论、逻辑学、认识论中解脱出来，使研究者以法律程序的视角观察、研究证据问题，使证据规则真正成为程序法的一部分。而从内容上看，"证据法学"较之以往重点研究如何运用证据认定案情的"证据学"不同，其应当将有关证据运用的法律规则作为研究的焦点问题。"事实上，证据法所要考虑的首要问题不应仅仅是案件事实真相能否得到准确揭示问题，而更重要的应当是事实真相应通过什么样的途径和手段得到揭示，也就是发现事实真相所采用的手段和方式如何具备正当性、合理性、人道性和公正性问题。"④ 另有学者认为，证据学是研究如何运用证据来查明案件事实的学科，是系统地研究司法实践中证据的收集、保全、判断等规律和规则的应用学科。从广义上看，证据学是一个学科群，是与查明案件事实的方法相关的知识，如物证技术学、侦查学、法医学等，都可以作为证据学的组成部分。而证据法学主要是研究如何在法律上

---

① 参见周菁、王超：《刑事证据法学研究的回溯与反思——兼论研究方法的转型》，载《中外法学》，2004 (3)。
② 参见刘金友主编：《证据理论与实务》，北京，法律出版社，1992。
③ 参见卞建林主编：《证据法学》，1 页，北京，中国政法大学出版社，2005。
④ 陈瑞华：《刑事诉讼的前沿问题》，213～214 页，北京，中国人民公安大学出版社，2002。

对待收集的证据，是以一系列约束查明案件事实的方法的规则为主要研究对象的理论法学。它并不致力于发现事实真相，而是旨在保障合理而正当地发现真相，因此可以被归入程序法学的领域。犹如经济学和经济法学的区别一样，证据学研究证据调查和运用的方法、规则和规律，是属于自然科学和法学交叉的一门应用性学科，而证据法学则是以证据法律规则为主要研究对象的一门理论法学。[①] 应当说，上述认识正在被越来越多的学者所接受，并且逐步形成共识。

不过，从国外的情况来看，证据法学研究不可能完全抛开证据学的知识而孤立地进行，因为证据法学的很多问题，往往来自于证据学的发现。例如，电子证据在证明力方面的发展，为证据法学上可采性规则的研究提供了新的课题；催眠技术的运用，也对非法证据排除规则或者自白任意性规则提出了挑战。证据法学的研究应该关注证据学以及其他辅助学科的进展，甚至通过这些学科的经验性调查、技术性实践，来重新审视证据法律规则的正当性和合理性，或者根据其他学科的事实验证，调整证据规则适用的范围和条件。证据法学的理论不仅仅是为证据实务提供指导，而且应该与证据实务形成互动。唯有这样，证据法学理论才能不断保持活力与生机。就我国目前的研究状况而言，“证据法”并不是一个立法用语，而是为了教学和研究方便抽象出来的一个法学概念，但已经获得了学界较为一致的认可。三大诉讼法中关于证据的规定虽然不多，却足以为我们提供一个研究的目标，而且随着证据立法问题被提上议事日程，我们的研究重点应该从传统的研究证据本身的问题，转移到研究规范证据的法律规范上来。证据学与证据法学的分野日益明朗，虽然在各自具体内容的区分上不同学者仍然有不同的认识，但是在整体法学研究水平全面提升的情况下，证据法学作为一门专门研究证据法律规范的独立学科而存在已为期不远。

综上所述，所谓证据法学，是指研究关于各种证据的资格、效力和司法证明的规则等法律规范以及有关证据理论和司法实践的法学学科。从与证据学对比的角度来说，证据法学是研究如何限制收集证据的程序，如何规范审查、判断证据的方式，以及如何防止滥用发现事实真相的权力等问题的学科。证据法学，或者说诉讼证据法学，根据现代诉讼法的分类和不同诉讼中证据运用的特点，可以进一步细分为刑事证据法学、民事证据法学和行政证据法学。本教材在章节安排和行文释义上是以刑事证据法学为基本内容的。

二、刑事证据法学的研究对象

刑事证据法学是研究有关刑事证据的理论、法律规定和司法实践的一门法律科学。作为证据法学的重要分支，刑事证据法学也有其特定的研究对象。具体而言，包括以下几个方面：

（一）与刑事证据和刑事证据运用有关的所有法律规范

我国《刑事诉讼法》以专章对刑事证据和证据的运用作出了规定，在人民法院组织法、人民检察院组织法、人民警察法、国家安全法等法律、法规中，也有关于刑事证据的规定。这些规定总结了长期以来我国刑事司法、执法工作中的正反经验，明确界定了刑事证据的表现形式，初步确立了州事证据运用的方法和程序，为司法实践中刑事证据的运用提供了基本的法律依据。此外，最高人民法院、最高人民检察院、公安部、国家安全部、司法部

---

① 参见吴丹红：《面对中国的证据法学——兼评易延友〈证据学是一门法学吗〉》，载《政法论坛》，2006（3）。

和全国人大法工委等发布的与刑事证据有关的司法解释，也构成刑事证据法的重要内容。刑事证据法学作为主要研究刑事诉讼中证据和证据运用的专门学科，当然应当研究一切有关刑事证据和证据运用的法律规范和司法解释，准确领会立法之要义，释明其内容。

（二）与刑事证据和证据运用有关的司法实践

如果说与刑事证据和证据运用有关的法律规范是刑事证据法学相对静止的研究对象的话，那么，刑事司法和执法活动中关于刑事证据和证据运用的成功经验和所存在的问题，则是刑事证据法学动态的并且更加多姿多彩的研究对象。这些与刑事证据和证据运用有关的司法和执法实践，既为刑事证据立法和证据理论研究提供了丰富的素材，又对刑事证据立法和证据理论研究提出了要求，更是检验刑事证据立法是否完善、证据理论研究是否科学的标准。刑事司法中运用证据的实践生动、具体，复杂多样。有的是刑事证据立法已经规定了的，但却过于原则和粗疏，在实践中难以把握和操作，如我国《刑事诉讼法》在审查起诉中关于"主要证据"的规定；有的在证据理论上已有所概括、有所总结，但却远远不能满足司法实践的需要，如关于间接证据的运用规则；更多的是司法实践中出现的新情况、新问题，这迫切需要在理论上加以研究，如单位被告人的代表人陈述是否属于被告人供述和辩解等问题。总之，脱离了刑事证据运用的实践，刑事证据立法很可能沦为一纸空文，刑事证据理论研究也只能是空中楼阁。①

（三）刑事证据规则

刑事证据的运用必须采取一定的方法，遵循一定的规律，其中较成熟而由法律作出规定或由判例予以确认的便上升为刑事证据规则。探索刑事证据运用的方法，揭示刑事证据运用的规律，提炼相应的刑事证据规则，是刑事证据法学研究的重要内容。

在英美法系国家，证据规则一般由三部分构成，即基础性规则、证据排除规则及其例外。其中，基础性规则以肯定的形式规定了何种证据具有证据资格，证据排除规则从否定的角度排除了具体材料的证据资格，证据排除规则的例外则从被排除的证据种类中又有选择地赋予部分材料证据资格。因此，证据排除规则及其例外实质上是对基础性规则的修正和补充。在英美法系国家的证据法中，相关性规则被视为规范证据资格的"黄金规则"。根据相关性规则，除非法律另有规定，任何与待证事实具有相关性的材料都具有证据资格。为适应陪审团裁判制度，普通法传统上又通过个案经验的日积月累，进一步沉淀形成了一系列排除证据资格的具体规则。由于这些规则是在相关性基础上排除了特定证据材料的证据资格，因而可以被笼统地称为证据排除规则。通过证据排除规则及其例外限定证明中可以运用的材料的范围，防止无关的、多余的、容易被夸大的证据材料进入法庭，在一定程度上保障了诉讼证明中单个证据的可靠性，同时有助于提高诉讼进程的秩序性和可预测性。但是，由于证据排除规则及其例外终究是以规则判断取代个人理性判断，因而不可避免地带有规则判断所必然产生的弊病。英美法系国家在证据可采性问题上，法官的作用和权力在不断增强，证据的可采性开始越来越多地取决于法官的判断和裁量，而不是证据排除规则的预先规定。但这并不意味着证据规则不重要。相反，证据规则仍然是规范证据资格的主要依据。因为，尽管法官有权排除依据证据规则具有证据资格的证据，但他却不能超越证据规则将被排除掉的证据资料纳入法庭调查程序。在此意义上，法官对证据可采性的判断仍然是在证据规则约束下进行的，而且，在承认法官对证据价值进行评判的制度下，证

① 参见卞建林主编：《证据法学》，3页，北京，中国政法大学出版社，2005。

据规则实际上是法律约束法官裁量权的最后防线。[①]

在大陆法系国家，由于实行职权主义诉讼模式，法官对程序进行和证据调查起主导作用，证据的取舍及证明力的大小均由法官凭其良心、知识、经验判断，因此对证据的证明能力一般不作过多的限制。尽管如此，有些大陆法系国家，如德国，在借鉴英美法系国家证据规则合理因素的基础上，亦确立了一些证据规则以对证据的范围和运用予以规范，并在诉讼理论上形成了所谓程序禁止和证据禁止的学说。[②]

从发展趋势上看，两大法系的发展方向是截然相反的。在大陆法系国家，在强调法官裁量权的基础上，开始通过立法确立一定数量的规则，促进证据资格的法定化。在英美法系国家，则在证据规则的基础上，赋予了法官广泛的裁量权。由于二者的出发点不同，这种方向相反的发展却缩小了两大法系国家在证据资格问题上的差别，并逐渐形成了一些为多数国家所共认的证据规则。

我国《刑事诉讼法》虽然设有关于证据的专章规定，但显然不存在系统的证据规则体系。在我国刑事诉讼中，具有明确法律依据的刑事证据规则只有非法证据排除规则和补强证据规则。我国《刑事诉讼法》及有关司法解释规定的证人作证规则和复制品、复制件证明力规则在某些方面分别体现了传闻证据规则和最佳证据规则的基本精神。但是这些规则的具体内容十分粗糙，并不具有可操作性。而且实践中基于职权主义和客观真实的要求，对司法人员调查证据的权力一般也不予太多限制。因此，关于证据的可采性，关于证据的出示、质证、认证等，均缺乏明确的证据规则指导。此种状况已远远不能适应我国诉讼法制发展的需要，不能适应审判方式改革实践的需要。刑事证据法学必须加强对刑事证据规则的研究，不仅要研究外国各种刑事证据规则的内容和要求，分析其利弊得失，探索其合理性、科学性，更要研究在我国建立刑事证据规则的必要性和可行性，为尽快建立我国的刑事证据规则体系提供立法建议和理论论证。

(四) 古今中外的证据制度和证据理论

证据制度是关于证据取得和证据运用的相互联系、相互配合的若干法律规则的总和，是一个国家法律制度的重要组成部分。在人类历史的不同时期，不同的国家形态曾经建立了不同类型的证据制度，例如，欧洲古代实行的神示证据制度、中世纪实行的法定证据制度、近现代实行的自由心证制度等。刑事证据法学应当在法律制度的框架内研究各种证据制度形成、发展和变化的规律，研究各种证据制度的特点及优劣，从中吸取经验和教训，为改革与完善我国的证据制度提供理论参考和依据。同时，还要研究证据制度与经济制度、诉讼制度的关系。证据制度需要建立在一定的经济基础之上，经济的发达程度，决定证据的获得能力、侦查水平。经济制度的进步，成本效益观的形成，必然会带来证据制度乃至整个诉讼制度的发展。证据制度是诉讼制度的组成部分和重要内容之一，它与诉讼制度之间存在从属关系，即有什么样的诉讼制度就有什么样的证据制度，诉讼制度决定证据制度。当然证据制度并不是完全被动和消极的，它对诉讼制度能够产生反作用，其具有相对的独立性。

与此同时，古今中外的刑事证据法学理论是对各国不同时期与刑事证据和证据运用有关的司法和执法实践经验的概括和总结，是人类司法证明和“准司法证明”智慧的结晶，

---

① 参见凌金坤：《证据规则及其在我国的确立》，见 http://www.yfzs.gov.cn/，2003年3月17日访问。

② 参见卞建林主编：《证据法学》，4页，北京，中国政法大学出版社，2005。

因此也是刑事证据法学的研究对象。由于古今中外刑事证据法学者的辛勤耕耘，在此领域已积累起丰富的理论成果并形成一些学说和流派，这些都是刑事证据法学的重要研究内容，是繁荣和发展我国证据法学的宝贵财富。尤其是对于证据法学理论基础的研究，可以为证据立法、证据运用以及对证据制度的法学研究提供基本的理论指导。理论基础是证据理论的核心，也是证据制度建构的逻辑起点。随着研究的逐步深入，人们越来越认识到，整个证据制度的建立涉及多重价值之间的选择与平衡。比如秩序与自由，公正与效率，实体公正与程序公正，惩罚犯罪与保障人权。因此，证据法学的理论基础应当是多元的。总体上说，我国的证据理论近年来取得了长足的进步，但是在许多方面的研究还不尽如人意，证据理论研究从总体上讲仍然不能适应司法实践和司法改革的需要，对一些重大问题的研究处于低迷徘徊的状态，缺乏突破与创新。而且就刑事证据法学本身的地位而言，也未能摆脱作为刑事程序法学附庸的境地。因此，我们必须加强刑事证据法学的学科建设，加强对各国刑事证据法学理论的研究。

第二节　刑事证据法学的体系

一、刑事证据法学体系的概念

刑事证据法学的体系，是指针对刑事证据法学研究对象之间的内在规律和相互关联进行研究和阐述的理论系统，是对有关刑事证据的知识内容加以排列组合而形成的理论上的结构形式。一门学科的内容体系是由其研究对象决定的，学科体系应当反映其研究对象的整体结构和内在逻辑联系。如何科学地构建我国刑事证据法学的体系，是刑事证据法学界所面临的重要课题。有学者认为，建立证据法学的科学体系，应当使其具有系统性、完整性、逻辑性，科学地反映所研究内容的内在联系，体现证据法学的核心和实质，并有利于人们学习领会，自觉运用。① 也有人主张，应当区分学科体系与教材体系。学科体系是指本学科的基本内容构成及其内部的关系，必须具有科学性、完整性、严密性和开放性；不仅能容纳本学科的既有成果，而且要容纳新的科研成果和符合本学科发展方向的新课题。而教材体系则是根据教学的需要，对本学科的内容进行选择和编撰，根据适用的对象可浅可深，可详可略，可繁可简。② 一般来说，可以从刑事证据法和刑事证据法学之间的互动关系方面考察刑事证据法学体系的构建。这两者的体系虽然并不总是一一对应的，却存在一定的呼应关系。刑事证据法学作为一门法律科学，既要参照刑事证据法的体系，又要照顾到自己内在的理论联系和逻辑结构，以及叙述的方便，从而建立本身的科学理论体系。

就我国目前的研究状况而言，尚不具备构建一个科学、完整、严密、开放的刑事证据法学体系的条件。国内学者大多以《证据学》或《证据法学》等为名编撰教材，将三大诉

---

① 参见刘金友主编：《证据理论与实务》，北京，法律出版社，1992。

② 参见卞建林主编：《证据法学》，5页，北京，中国政法大学出版社，2005。

讼法中有关证据的内容放在一起进行研究，在体系安排上更是见仁见智，各不相同。专门以《刑事证据法学》为名的教科书并不多见，而且没有统一的证据法典或刑事证据法典作为依据，因而本书在体系安排上其实颇费周章。好在先前的研究成果为刑事证据法学体系的建立提供了蓝本，而能否建立刑事证据法学的科学体系，在很大程度上取决于我们对刑事证据法学研究对象的认识和刑事证据法学研究成果的积累。虽然教材体系不能等于学科体系，但编撰刑事证据法学教材、合理安排刑事证据法学教材的体系，却可以为构建和完善刑事证据法学学科体系奠定基础和提供经验。

二、本书的体系安排

本书在体系上分为三编：第一编总论、第二编刑事证据论、第三编刑事证明论。由于本书采纳了较为狭义的刑事证据法的概念，因而不再保留刑事证据的收集与保全、审查判断等传统上属于刑事证据学的内容。这样，就使针对刑事证据法律规范的研究更为集中，也使本书带有更多的法学学科意味。具体而言，本书的体系安排如下：

总论包括5章。第一章是刑事证据法学概述，简要阐述刑事证据法学的研究对象、学科体系、与相邻学科的关系以及研究方法；第二章是证据制度的历史沿革，简要介绍中外证据制度的历史沿革；第三章是刑事证据制度的理论基础，该章首先介绍了有关证据制度理论基础的争鸣，而后对证据制度的认识论基础、价值论基础和程序正义基础分别进行了较为深入的探讨；第四章是刑事证据制度的基本原则，分别介绍和探讨了证据裁判原则、自由心证原则和直接言词原则；第五章是刑事证据规则，对国外的各类证据规则进行了简要的介绍，并分析了我国刑事证据规则的现状，提出了建立和完善我国刑事证据规则体系的构想。

刑事证据论包括3章，即第六章至第八章。第六章是刑事证据概述，分别论述了刑事证据的概念、属性和意义；第七章是刑事证据的法定种类，分别介绍了物证、书证、证人证言、被害人陈述、犯罪嫌疑人、被告人供述与辩解、勘验、检查笔录、鉴定结论、视听资料几种证据种类，对其概念、特点和意义作了较为深入的分析，并专门对其他的刑事证据种类如电子证据和测谎结论等进行了探讨；第八章是刑事证据的理论分类，介绍了刑事证据理论分类的概念和几种常见的刑事证据分类。

刑事证明论包括7章，即第九章至第十五章。第九章是刑事证明概述，主要围绕刑事证明的概念、特征及其理论体系等基本范畴进行阐述；第十章是刑事证明主体，主要介绍刑事证明主体的概念、特征和范围；第十一章是刑事证明对象，主要介绍刑事诉讼证明对象的概念、特征、范围及具体内容；第十二章是推定与司法认知，主要就免证事实所涉及的推定和司法认知加以阐述，分析了我国司法认知规则的立法及完善问题；第十三章是刑事证明责任，不仅系统论述了刑事证明责任的一般理论，如刑事证明责任的含义、性质、分配原则、倒置以及两大法系国家刑事证明责任的理论与实践，而且对我国刑事证明责任的分配、承担主体等进行了初步分析；第十四章是刑事证明标准，分别讨论了刑事证明标准的概念和特点，分析了英美法系国家和大陆法系国家的刑事证明标准，并对我国的刑事证明标准进行了探讨；第十五章是刑事证明环节，分别对取证、举证、质证和认证四个证明环节的概念、主体、原则、步骤和方法进行了简要论述。

上述理论体系，基本上体现了刑事证据法学研究对象的完整性和内容的丰富性，既维护了刑事证据基本理论的稳定性和连续性，又可容纳最新的刑事证据立法、司法和理论研究成果。因此，我们认为，这个理论体系是适应当前实践需要的。

第三节　刑事证据法学与相邻学科的关系

刑事证据法学是一门新兴的法学学科，它与民事证据法学、行政证据法学、刑事诉讼法学、刑事侦查学、法医学等都有着密切的关系。因此，明确刑事证据法学与有关相邻学科的联系与区别，有助于了解本学科在整个法学体系中的地位和学习刑事证据法学的目的和意义，同时也有助于根据刑事证据法学的特点，掌握正确的研究方法。

一、与民事证据法学、行政证据法学的关系

作为证据法学的三大分支，民事证据法学、行政证据法学和刑事证据法学毕竟有着一系列共同的研究对象，如证据的证明力、证据能力或可采性、证据分类、证据的法定种类、司法证明的对象、责任和标准等。尤其是这些证据法学科还在使用共同的基本概念，遵循一系列基本的证据规则和诉讼原理。然而，如同民事诉讼法学、行政诉讼法学和刑事诉讼法学一样，上述三门证据法学科也有着各不相同的研究对象，所要遵循的基本原则也有着实质性的区别。例如，刑事证据法与民事证据法就有着一系列的重大区别，使得刑事证据法学与民事证据法学也有着原则性的区别。刑事诉讼所涉及的是国家与个人之间的法律争端，以解决被告人刑事责任问题为最终归宿。为防止国家刑事追诉机构恃强凌弱，确保犯罪嫌疑人、被告人获得最基本的防御机会，刑事证据法必须遵循无罪推定原则，确立犯罪嫌疑人、被告人拥有不被强迫自证其罪的特权，建立审判前的证据展示制度，制定一种针对非法侦查行为的非法证据排除规则，创建一种针对侦查笔录的传闻证据规则。相反，由于民事诉讼仅仅涉及平等主体之间的法律争端，坚持当事人处分原则，因而，民事证据法所要解决的主要是控辩双方公平游戏的问题，诸如刑事证据法所要解决的保障被告人防御权的问题，就不可能成为民事证据法所要关注的主要问题。①

二、与刑事诉讼法学的关系

刑事诉讼法学是专门研究刑事诉讼立法、刑事诉讼司法和刑事诉讼理论的一门法律科学。刑事诉讼法是规定刑事诉讼程序如何进行，以及参与刑事诉讼的各方在刑事诉讼过程中的权利和义务关系的法律规范。它系统地规定了刑事诉讼的任务、基本原则和管辖、回避、辩护、证据、强制措施等各种刑事诉讼制度，以及从立案到执行的完整的刑事诉讼程序，特别是以专章规定了刑事诉讼中有关证据运用的重大问题。正确运用证据是实现刑事诉讼任务的重要保证，而实现刑事诉讼的任务则是运用证据的目的。可以说，刑事诉讼法

---

① 参见陈瑞华：《从“证据学”走向“证据法学”——兼论刑事证据法的体系和功能》，载《法商研究》，2006（3）。

中关于证据的所有规定都是刑事证据法学的研究对象。由于都具有法律学科的性质并在研究对象上具有一定的相似性，刑事证据法学必然会与刑事诉讼法学发生极为密切的联系。甚至可以说，刑事证据法学是从刑事诉讼法学中逐步分离出来的，因此其并不具有绝对的独立性，而是刑事诉讼法学学科的一部分。但是，刑事证据法学毕竟是专门研究刑事证据理论、法律规范以及司法实践的学科，包括对刑事证据制度的历史和现状进行更为广泛和深入的综合性研究，这正是刑事证据法学的特色所在，所以它与刑事诉讼法学之间，又有所区别，具有相对的独立性。

三、与刑事侦查学、法医学的关系

刑事侦查学作为侦查犯罪的科学，其核心问题，是研究在刑事案件侦查过程中，如何运用技术手段发现、固定、提取和检验证据，以揭露和证实犯罪，查获犯罪人。因此，刑事侦查学与刑事证据法学二者之间有着十分密切的联系，而且其中有些部分必然会发生交叉和重叠。但是，刑事侦查学和刑事证据法学研究刑事证据的角度是不同的：前者着重研究收集证据的策略方法，以及如何利用自然科学的原理和方法发现、固定、提取和检验痕迹物证；而后者则重在研究刑事证据的资格或证据能力以及司法证明的规则、运用证据的原则等。因此，尽管二者都以刑事证据为研究对象，但各自具有不同的研究重点和范围，从而形成两个独立的学科。刑事证据法学的研究成果可以为刑事侦查学提供理论依据，而刑事侦查学所研究的发现、固定、提取和检验证据的原理和方法，又可以推动刑事证据法学的发展和完善。

法医学是研究并解决司法工作中有关人身伤亡和涉及法律的各种医学问题的科学。它的任务是研究如何应用医学、生物学、化学以及其他自然科学的理论和技术，对人的死亡原因、死亡时间、伤害情况或者生理状态等专门性问题作出鉴定意见，为刑事诉讼的进行提供资料和证据。法医学作为法学与医学之间的一门边缘学科，与作为部门法学的刑事证据法学无疑有着很大的区别。然而，法医学鉴定结论是刑事诉讼中常见的一种证据，当然应当置于刑事证据法学的视野之中。

第四节　刑事证据法学的研究方法

研究方法是否正确、有效对任何学科的发展来说都是十分重要的。我国传统的证据法教材一直强调唯物主义认识论和辩证法，并将之视为“证据法学的基本研究方法”。正是在这种认识论的指导下，“客观真实论”才长期主导我国的证据法理论。但是，各门学科的研究对象和任务都有一定的特殊性，唯物辩证法不能代替具体学科的专门研究，因此有必要重新审视证据法学的研究方法。我们认为，在刑事证据法学研究中，应当重点注意掌握以下研究方法：

一、比较与借鉴相结合

比较方法是指在两种或多种刑事证据制度之间进行对比，并从其异同中探寻刑事证据法的发展规律。有比较才有鉴别，有鉴别才知高低与优劣，从而择优吸取有益的东西。通过比较研究，可以帮助我们更好地理解和评价现行刑事证据法律制度，更好地发现现行刑事证据法律制度可能存在的不足和问题，更好地找到解决问题的途径和方法。

具体而言，刑事证据法学中的比较与借鉴可以从以下几个方面进行：

1. 不同类型的证据法的比较研究与借鉴。如刑事证据法、民事证据法、行政证据法等之间的比较研究。通过比较，可以认识共性，发现差异，从而促进不同证据法的完善，也可以更好地总结、提炼证据法的一般原理和共同规律。

2. 不同国家的刑事证据法和证据理论的比较研究与借鉴。刑事证据法需要研究中外证据法律制度的不同模式，特别是英美法系证据法与大陆法系证据制度的异同及其原因。我国学界在传统的比较研究中，往往把两大法系的证据制度作为比较对象，但是很多分析可能会为规范层面上的差别所迷惑，而无法洞悉深层的法律文化的差异，也无法把证据规则上的差异与两大法系诉讼制度的改革联系起来。或许，达马斯卡的《漂移的证据法》[①] 可以为我们提供一个较好的模本。

3. 不同历史时期刑事证据制度的比较研究与借鉴。在人类发展史上，在不同的社会时期、不同的国家形态曾经产生或出现过众多各具特色的刑事证据制度。一方面，这些证据制度受到当时各国政治法律制度和经济文化环境的影响，具有鲜明的阶级烙印和地域特色；另一方面，这些证据制度也不同程度地反映了人类随着司法经验的积累和认识客观世界能力的提高，对刑事证据运用规律的探索和总结。其中，某些成功的经验和发达的制度，实际上已属于人类的共同文化遗产，我们完全可以从中借鉴、吸取对我国刑事证据法发展有益的成分。

二、理论思辨与实证研究相结合

所谓理论思辨，是指人们作为认识主体、研究主体的抽象思维活动，主要表现为逻辑推理，即从反映某客观事物的概念、原理或定律出发，通过事物之间存在的相互关联，经过严谨逻辑分析和推理而得出认识结论的活动。这种认识活动具有很强的思辨性。例如，我们在探讨刑事证据的概念、分析刑事证据的属性、寻求证明的方法，乃至研究一切与刑事证据和证据运用有关的问题时，都需要运用逻辑的分析与推理方法。同时，刑事证据法学也具有很强的实践性、应用性，因此需要运用实证研究的方法，也就是运用实证调查，如抽样调查、个案剖析，通过对收集到的各种实证资料、数据的分析处理等得出认识结论。这种研究的基础，是对客观事物和实际经验的具体分析。只有进行大量的实证研究，才能真正了解刑事证据运用的司法实践，才能研究制定出切合实际并具有可操作性的证据规则。[②]

---

① 参见［美］米尔建·R·达马斯卡：《漂移的证据法》，李学军等译，北京，中国政法大学出版社，2003。

② 参见卞建林主编：《证据法学》，8页，北京，中国政法大学出版社，2005。

在许多情况下，刑事证据法学必须将理论思辨与实证研究结合起来才能得出较为科学的结论。比如说，刑事证据法首先要解决证据的可采性问题，而可采性理论中最重要的是证据的关联性和合法性问题，前者关乎证据与待证事实之间的逻辑关系，后者关乎获得证据的程序正义问题。因此，科学逻辑的训练和价值观判断的训练是非常必要的。科学逻辑的训练需要运用实证的研究方法，价值判断需要运用价值分析的研究方法。① 例如，目前很多关于证人制度的研究往往奢谈证人作证的意义和必要性，但是却忽视了在中国现行的刑事诉讼制度下，证人作证有多大的阻力，以及证人作证对法官的心证能产生多大的影响，这些都不是引进强制证人作证制度等简单的建议所能解决的。这就需要扎实的实证精神，考察我国证人制度与现行刑事诉讼程序的紧密关系，考察法官实现心证的过程以及交叉询问的虚置问题，甚至调查证人作证的社会背景。再如，对于证人作证特免权的研究，需要进行深入的价值分析，其中不仅有发现真实与程序公正的价值冲突，也有证人权利保护和被告人权利保障的冲突，甚至有宪法高度的强制作证与言论自由的冲突，这不是通过规范分析所能解决的问题。还有，很多刑事证据规则涉及非法证据的排除，产生发现真实和程序公正之间的矛盾，以及不同主体之间的利益冲突，必然会用到经济学的分析方法。波斯纳在其名作《证据法的经济分析》② 一书中，运用经济分析的方法，在搜寻模型和成本最小化模型的基础上，对英美证据法中的主要证据规则进行了深入的分析，给我们提供了有益的启示。其实，除了传统的经济学方法，新制度经济学也可以引入证据法学的研究中，至少在研究刑事证据制度的变迁方面应该颇有用武之地。事实上，经济分析的方法正是兼顾了理论思辨与实证研究两方面的专长，从而得出了可信的结论。

三、刑事证据立法研究与司法实践相结合

刑事证据法学研究要紧密联系刑事证据的立法与司法实践。一方面，要正确领会现行刑事证据立法的要旨，准确释明其内容，发现其不足，促进其完善。对于法律规定得较为原则和抽象的部分，要掌握相关的司法解释，了解司法运用的实践；对于法律规定得较为粗疏模糊的部分，要了解立法的前因后果，剖析立法过程中可能存在的不同意见，力求准确阐释立法的本意，切忌片面地、机械地、形而上学地看问题。对于现行的刑事证据法中可能存在的不足或问题，要从学术上进行讨论，开展争鸣，以便为修正和完善刑事证据立法提供理论论证。另一方面，刑事证据法学研究还必须紧密结合刑事司法实践。刑事证据法学是一门应用性很强的学科，刑事证据法就是在总结刑事诉讼实践经验的基础上制定的，而其在贯彻实施中还会出现很多新情况、新问题，需要从理论上去研究和解决。刑事诉讼实践是刑事证据立法与刑事证据法学发展的动力源泉。刑事证据法学的研究不能仅仅停留在纯粹的学理研究上，而应当从司法实践中发现问题，特别是在我国已经有初步的关于刑事证据规则的司法解释的背景下，应积极地为完善我国的刑事证据立法而探索一条适合中国现实情况的道路。

除上述所列的研究方法以外，在刑事证据法学的研究中还会有关于证据规则的理论基础以及刑事证据法的社会意义的研究，这将涉及社会学的研究方法。例如，在18世纪之

① 参见吴丹红：《面对中国的证据法学——兼评易延友〈证据学是一门法学吗〉》，载《政法论坛》，2006（3）。

② ［美］理查德·A·波斯纳：《证据法的经济分析》，徐昕、徐昀译，北京，中国法制出版社，2004。

前，刑事证据规则几乎一片空白，但是此后却突飞猛进，究竟是法律上的什么变动引起了这种转变？从传统的以人证为主的证据制度，到以物证为主的证据制度，与当时的科技发展以及人们的认识能力的进步之间有何关联？"排除合理怀疑"的证明标准，与英美法系国家的社会心理有何关联？这些问题都可以归结为，刑事证据制度或者学说变迁的社会背景是什么？这就需要运用社会学的分析方法。还有，刑事证据法学的研究须放在特定的刑事诉讼制度下进行，要考虑到司法体制以及司法改革的影响，因此要有系统分析的方法，将刑事证据法作为一个整体进行研究，而不是孤立地研究某些具体原则、制度及证据规则。这种方法的好处是能把握刑事证据法的各项原则、制度、规则之间的相互联系；把握刑事证据理论、立法和司法之间的联系；把握刑事证据法的实质所在。因为对个别问题的研究所得出的结论，表面看来令人信服，但当将它置于整个法制的宏观背景下进行考察时，有时就会发现它并不具有可行性，甚至对法制的整体建设构成负面影响。

总体来说，上述不同的研究方法不是互相排斥的，研究者既可以在具体问题的研究中分别运用，也可以交叉运用。这可以根据研究目的、内容和范围等因素进行选择，甚至可以根据需要借鉴很多其他学科的研究方法。

【问题与思考】

1. 什么是证据法学？它与证据学有何不同？
2. 什么是刑事证据法学？它的研究对象有哪些？
3. 刑事证据法学的学科体系应当如何安排？
4. 刑事证据法学与民事证据法学、行政证据法学、刑事诉讼法学、刑事侦查学、法医学等学科分别具有哪些异同？
5. 刑事证据法学研究应当注意掌握哪些研究方法？

【推荐参考论著】

1. 陈瑞华. 刑事证据法学. 北京：北京大学出版社，2010
2. 吴丹红. 面对中国的证据法学——兼评易延友《证据学是一门法学吗》. 政法论坛，2006（3）
3. 陈瑞华. 从"证据学"走向"证据法学"——兼论刑事证据法的体系和功能. 法商研究，2006（3）
4. 卞建林主编. 证据法学. 北京：中国政法大学出版社，2005
5. ［美］理查德·A·波斯纳. 证据法的经济分析. 徐昕，徐昀译. 北京：中国法制出版社，2004
6. 周菁，王超. 刑事证据法学研究的回溯与反思——兼论研究方法的转型. 中外法学，2004（3）
7. ［美］米尔建·R·达马斯卡. 漂移的证据法. 李学军等译. 北京：中国政法大学出版社，2003
8. 樊崇义主编. 证据法学. 北京：法律出版社，2001

第二章 证据制度的历史沿革

内容导读

作为法律制度的一个有机组成部分，证据制度的发展水平一方面受人们对外部世界认知能力的制约，另一方面则受具体的政治、经济、文化等社会条件以及统治阶级所采用的诉讼制度的制约。因此，不仅不同时代的证据制度有不同的内容和特征，即便是同一时代的不同国家，其证据制度也有很大区别。神示证据制度是人类最早期的证据制度，其根本特点是通过获取神的旨意来判断案件的是非曲直；法定证据制度是欧洲大陆继神示证据制度之后采行的一种与纠问式诉讼相适应的证据制度，其根本特点是由法律预先对各种证据的形式及证明力进行规定；自由心证证据制度则是欧洲大陆资产阶级革命胜利之后采行的证据制度，其根本特点是法律对证据的证明力大小及其取舍不作任何规定，完全交由法官自由裁量。英美法系在神示证据制度之后走上了与大陆法系证据制度完全不同的道路，其证据制度的特点集中体现于一系列证据规则的产生和发展。

第一节　人类社会早期的神示证据制度

一、神示证据制度的概念及其产生的社会历史条件

神示证据制度是人类社会最早期的证据制度，它是指通过一定的形式获取神的旨意来判断案件是非曲直的一种证据制度。作为一种古老的司法证明方法，神示证据或者神明裁判曾普遍存在于亚欧国家的奴隶制社会，虽然其在各国的发展程度和存续时间的长短有所不同。

在人类社会的早期之所以产生神示证据制度，主要取决于两个因素：一方面，当时人类社会的生产力发展水平的低下和人类认识能力的有限直接导致神示证据制度的产生。在奴隶社会，人类刚刚从蒙昧步入文明，原始社会血亲复仇这样的纠纷解决方式也刚刚被弹

劾式诉讼所取代。但是在当时的社会发展水平之下，人类的认识能力极为有限，人们普遍存在着对神的敬仰，认为冥冥中神明的力量在主宰一切。因此，当诉讼中出现难以查明的案情时，人们就把难题交由神明去解决，并依赖通过各种方法获取的神意对案件作出裁判。另一方面，神示证据制度的产生也与当时的诉讼方式有密切关系。在弹劾式诉讼之前，诉讼的提起和推进都由当事人来完成，原、被告双方地位平等、利益相对，往往各执一词，难以辨明，而法官则是消极中立的，不主动去收集证据查明案情，这种诉讼方式所导致的一个必然结果就是："法官并不积极追求对案件客观真实的查明，而更为关心的是如何解决纠纷，并使处于利益对立状态的双方当事人都能接受自己的裁决。这样，求助无所不知、公正的神意启示，就成为最佳的手段。"①

二、神示证据制度的证明方法

神示证据制度的基本特征就是通过神意来裁断案件。获取神意的方式不同，在证明方法上也有所区别。从总体上来看，神示证据制度的证明方法主要有两种，即"神誓法"和"神判法"。

（一）神誓法

神誓法是指当诉讼双方当事人的陈述互相冲突时，审判者便要求双方分别对神发誓，以证明其陈述的真实性。如果哪一方不敢发誓或者在发誓过程中神情慌乱或显示出某种神灵报应的迹象，审判者便据以认定其说的是谎话，并由此判其败诉。

神誓的方法在很多古代奴隶制国家和欧洲封建制国家前期的法典中都有具体的规定。比如约公元前20世纪的《苏美尔法典》第7条规定："引诱自由民之女离家外出，而女之父母知之者，则引诱此女之人应对神发誓云：'彼（该女父母）实知情，过应在彼'。"古巴比伦王国的《汉谟拉比法典》第131条规定："倘若自由民之妻被其夫发誓诬陷，而她未被破获有与其他男人同寝之事，则她应对神宣誓，并得回其家。"

除了要求当事人宣誓外，神誓法中还有一种"辅助宣誓"的做法，即由当事人找出一定数量的保证人对神宣誓，以保证其品格纯正或保证其陈述的真实性。比如西欧中世纪初期的《萨利克法典》第58条便规定："如果有人杀了人，而交出其所有财产，但还不够偿付依法所该交纳的罚金，那么他必须提供12个共同宣誓人，他们将宣誓说'在地上在地下，除已交出的东西以外，并没有其他人和财产'。"

（二）神判法

神判法是指通过让当事人接受某种肉体折磨或考验以获取神意来判明案件事实的方法。具体而言，这些方法包括水审、火审、决斗等。

1. 水审

水审是指通过让当事人接受水的考验，以显示神意，借以判明其陈述是否真实以及是否有罪。水审有冷水审和沸水审两种方式。

冷水审是指将当事人投入河中，视其是否沉没，以检验其陈述的真伪性及是否有罪。不同的民族传统导致冷水审的检验标准也有很大区别。比如在古巴比伦王国，将被告人投入河中，如果沉没就表明神要对其进行惩罚，那么其陈述是虚假的或者其是有罪的；而如果被告

① 陈一云主编：《证据学》，2版，21页，北京，中国人民大学出版社，2000。

人浮出水面，则认为其陈述是真实的或者其是清白的。《汉谟拉比法典》第2条规定：“倘自由民控自由民犯巫蛊之罪而不能证实，则被控犯巫蛊之罪者应行至于河而投入之。倘没为河所占有，则控告者可以占领其房屋；倘河之洗白而彼仍无恙，则控彼巫蛊者应处死，投河者取得其控告者之房屋。”古日耳曼民族则认为，水是圣洁的，不容污秽之物。因此，如果被告人被投入水中而不沉没，则认为其被水神所拒绝，从而说明他是有罪的；如果他没入水中，则认为水神接受了他，从而说明他是无辜的，此时应即刻将无辜者捞救而起。

沸水审，是指令被告人从沸水中捞取某种物品，然后将其被烫伤的手臂包扎好，令其向神祈祷。经过一段时间后再观察其伤口痊愈程度，若伤势好转，则认为是神意所致，受到神的庇佑，因此他是诚实的、无辜的；如果伤口溃烂，无法愈合，则认为他受到了神的惩罚，因此他的陈述是虚假的或者他是有罪的。

2. 火审

所谓火审，是让被告人接受火或者烧红的铁器的考验，以显示神意，借以判明其陈述是否真实以及是否有罪。具体而言，就是让被告人接受火的灼烤或者烧红的铁器的灼烫，看其是否会被灼伤或者被灼伤之后伤口的愈合情况，以表明其是否受到神的庇佑，应否接受惩罚。比如9世纪法兰克的《麦玛威法》规定：“凡犯盗窃罪，必须交付审判。如在审判中为火所灼伤，即认定不能经受火的考验，处以死刑。反之，如果不为火所灼伤，则可允许其主人代付罚款，免除死刑。”古代西方国家还存在着一种“热铁审”，即牧师给烧红的铁块洒上一些“圣水”并说道：“上帝保佑，圣父、圣子和圣灵，请降临这块铁上，显示上帝的正确裁判吧。”然后他让被告人手持那块热铁走过9英尺的距离。最后，被告人的手被密封包扎起来，3天之后查验。如果有溃烂的脓血，则其被判有罪；否则就被证明是清白无辜的。[①]

3. 决斗

决斗是中世纪欧洲最广为流传的一种证明方法，其以双方当事人在决斗中的胜败作为判断是非的标准：获胜的一方被认为受到神的庇护，因此是清白无辜的；而不敢决斗或者在决斗中失败的一方将接受相应的处罚。决斗的方法一般只有贵族或自由民才有资格选用，而且只能在同一个阶级或者同一等级的当事人之间进行，比如古代捷克法律中就明确规定，如当事人均是绅士或领主，则让他们穿着长外衣和下装，带着剑和盾进行厮杀；如果当事人是农民或市民，则无权带剑，只能拿着交给他们的棍子进行厮打。

除了上述为各民族所普遍采用的证明方法外，古代的人们还采取其他各种各样的方法来获取神意，比如作为《摩奴法典》之补充的《那罗陀法典》第102条明确规定了八种获取神意的方法，包括火审法、水审法、称审法、毒审法、圣水审、圣谷审、热油审和抽签审；有的民族采用让被告人在一定时间内吃下定量的干奶酪或者面包等食物的考验方法；还有的民族采取鳄鱼审判的方法[②]等。总之，人类社会早期各民族所采用的证明方法深

① 参见何家弘：《司法证明方式和证据规则的历史沿革——对西方证据法的再认识》，载《外国法译评》，1999（4）。

② 采用这种方法的人们相信鳄鱼是万能上帝的化身，于是每年举行两次“鳄鱼审判”。审判日定在春分和秋分这两天，因为人们相信在春分和秋分时，鳄鱼的智慧达到一个最佳状态。如果某个村民被指控犯了罪，他就被绑在湖岸边竖着的一个木桩上。到了晚上，一条大鳄鱼爬上岸来，如果它吃掉了这个村民，就说明他是有罪的。在民事案件中，争议双方当事人分别被绑在木桩上，两个木桩间隔5米远。如果哪个人被鳄鱼吃掉了，那么他也就输掉了这场官司。参见宋冰编：《程序、正义与现代化——外国法学家在华演讲录》，393页，北京，中国政法大学出版社，1998。

受当地的风俗习惯和宗教信仰的影响，虽然表现各不相同，但都以获取神意裁断案件为目的。

三、对神示证据制度的评价

作为人类历史上最早的证据制度，神示证据制度的非科学、非理性特征是极为鲜明的，事物之间的偶然联系被视为神意之下的必然联系，从而导致人们根本无法对裁判结果进行任何预测，种种获取神意的方法在现代人看来无疑是极为荒谬的。但与此同时，神示证据制度还有另外一个鲜明的特点，即形式主义的特点，诉讼当事人必须履行一套既成的形式或仪式，例如宣誓、水审、火审、决斗等，再根据履行过程中发生的情况或履行后的结果来判断是非曲直、解决纠纷。正如德国学者马克斯·韦伯所说，“纠纷解决以及新规范创制过程中呈现出来的魔法因素导致了所有原始法律程序都具有的严格形式主义的特征。因为，如果相关的问题不能以正确的方式提出，魔法技术便不能提供正确的答案……我们现在能够理解所有受固定规则约束的原始程序所具有的主要特征了：一方当事人在陈述誓词时所犯下的哪怕最微小的错误都会导致救济的丧失、甚至是整个案件的败诉”[①]。因此，韦伯将这种神明裁判的证据制度界定为“形式非理性法”。神示证据制度这种形式主义特征虽然不能保证裁判结果的准确性，但却能够在一定程度上限制法官或者巫师等人的主观恣意，从而在总体上有助于提升裁判结果的权威性和可接受性。

神示证据制度建立在人们对神明的无条件信仰的基础之上，随着人类认知水平的提高，当人们不再相信神明万能的时候，神示证据制度也就随之走向终结。正如柏拉图所指出的，“……诚然，在这当今世界上，神秘方法已不盛行。人们对于神的信仰已经变化，于是法律也必须变化”。与此同时，神明裁判所依赖的社会环境也发生了相应的变化，正如一位现代西方证据学家说道：“虽然神誓法和助誓法在其产生的那种人际关系密切的社会团体生活中可能有效，但是它们对那些遍布佛兰德、荷兰、法兰西南部和意大利北部的新兴城市来说，特别是对那些靠商业为生的职业罪犯来说，则没有什么作用了。”[②] 与经济的发展相适应，国家权力也日益膨胀，11 世纪欧洲的一些国家开始建立稳定的政府，为维护统治者的利益，司法审判不再被视为仅仅用于解决个人之间的纠纷的手段，而是成为国家维护统治、控制民众、镇压反政府活动的工具。在这种情况下，统治阶级对于根本无法预料、掌控裁判结果的神示证据制度日益感到不满，人的因素开始越来越多地介入司法证明的过程之中，人证的作用越来越重要。比如俄国 11 世纪的法律汇编“罗斯真理”所认可的“司法证据”，既包括“神誓”、“神判”、抽签，也包括当事人、目击人或见证人的陈述。

在上述因素的共同作用下，神示证据制度逐渐消亡：1215 年，欧洲天主教拉特兰大教会明令禁止在其宗教法庭的审判中使用神明裁判。随后，欧洲很多国家也相继废除了神明裁判。例如，法兰西王国在 1260 年明令废除神明裁判，英国也于 1290 年通过法令禁止神明裁判。13 世纪末，神示证据制度基本上退出了欧洲司法证明的舞台。

---

① Max Weber, *Economy and Society: An Outline of Interpretive Society*, Vol. 2, Berkeley: University of California Press, 1978, p. 761.

② William Andrew Noye, *Evidence: Its History and Policies*, 1991, p. 10. 转引自何家弘：《司法证明方式和证据规则的历史沿革——对西方证据法的再认识》，载《外国法译评》，1999 (4)。

第二节　大陆法系证据制度的历史沿革

一、法定证据制度

（一）法定证据制度的概念及其产生的历史条件

法定证据制度又称形式证据制度，是指法律根据各种证据的不同形式，对其证明力的大小以及如何审查判断和运用预先作出明文规定，法官审理案件必须据此作出判决，而不得自由评断和取舍的一种证据制度。这种证据制度只要求法官机械地运用法律规定的各项规则认定案情，而无须考虑案件的真实情况。

在欧陆法制史上，法定证据原则自罗马帝制时期萌芽，12 世纪经过意大利注释法学派的阐释和系统化，逐渐在意大利半岛城市国家与教会法的纠问程序中得到确立。从 13 世纪开始，作为教会法向世俗法渗透的一环，法定证据原则也逐渐向西欧大陆各主要封建国家扩散，并在这些国家的诉讼制度中得到普及和发展，终于形成一套庞大而又复杂、精致的证据法体系。[①] 成熟期的法定证据制度以 1532 年神圣罗马帝国的《卡洛林纳法典》、1670 年的《法国刑事裁判王令》以及 1857 年的《俄罗斯帝国法规全书》为代表。

法定证据制度之所以能够在欧洲大陆得到确立，主要取决于两个因素：一是纠问式诉讼在欧洲的兴起；二是神示证据制度的终结。

法定证据制度是欧洲封建君主专制政体与纠问式诉讼的产物。为加强中央集权、维护封建君主的统治，在欧洲中世纪后期，纠问式诉讼取代了弹劾式诉讼而成为当时主要的诉讼形式。纠问式诉讼的本质特征是司法官吏主动追究犯罪，而无论被害人是否提出控告。在纠问式诉讼之下，司法官吏独揽追诉与审判犯罪的大权，其司法权几乎不受任何限制，这在很大程度上导致司法权的膨胀与滥用。这种现象违背了统治阶级当初设立纠问式诉讼的初衷。如何采取有效方法对司法官吏的权力进行约束，从而使得统治者能有效控制司法权以适应君主专制及中央集权的需要，成了统治者面临的一个重大问题。法定证据制度要求法官必须绝对依照法律对证据证明力的规定来认定案情适用法律，从而限制甚至取消了法官的自由裁量权，从而成为统治阶级用以控制司法权、维护中央集权的一个有力武器。

法定证据制度也是人类司法证明方式从“神证”走向“人证”，司法裁判权从“神”转移到“人”手中的一个必然过渡。正如美国学者朗贝因所说，“法定证据制度是神明裁判这种古老的日耳曼非理性证明方式的继承者。当 1215 年的第四任拉特兰委员会废除了神明裁判的时候，它摧毁了一个完整的证明体系。神明裁判是获取神的裁决的方法，神宣告一个被告人无罪，如果他的手能够在经受炙热的钢铁烧灼之后而不溃烂；神宣告一个人有罪，如果他在水审中浮出水面。这一证明体系的废除不仅仅意味着证明规则发生了根本性变化，而且意味着人们对政府和法律的性质的认识发生了深刻变化。试图使神成为人类纠纷的事实发现者的努力被放弃了。因此，人将会取代神来决定有罪与无辜，这些人被称为法官。

---

① 参见王亚新：《社会变革中的民事诉讼》，299 页，北京，中国法制出版社，2001。

我们几乎想象不出来让当时的普通人接受这种转变有多么困难。人们经常会脱口而出：'你，作为和我一样的人，凭什么能够对我进行裁决？'经过几个世纪之后，西方的政治学理论才给出这个问题的答案：'我，作为法官，之所以能够对你进行裁判是因为我有权力这样做。我从国家得到我的权力，它选择、雇用并控制我。'并且现代国家都通过声称其权力来自于被统治者的同意而非来自于神而使自己的权力合法化（legitimate）。但是，在 13 世纪，这种现代理论解释还是一个遥远的将来。当时的教会和比较长期的政府（特别是被意大利的城邦国家）的法律体系面临的问题就是如何在当时那样一个充满了传统意识和虔诚的宗教信仰的社会中使这种转变被人们所接受。即如何说服人们在今天接受职业法官的裁决，而这个裁决在昨天还是由神来给予的？法定证明体系就是答案。它最重要的一点就是排除法官的裁量权，这就是它禁止法官依靠情况证据定罪的原因。情况证据依赖于它对裁判者（法官）的主观劝说发挥证明作用，法官必须从间接证据中推理来认定有罪。相反，法定证明体系依赖于客观的证明标准。适用它的法官就像一台自动机器。他基于两个目击证人的一致证言来认定犯罪，这一证据以'像白天的阳光一样明显'而著称。在这样的案件中，认定有罪是毫无疑问的。同样的，当被告人自己承认有罪时，也应当是毫无疑问的"①。

综上所述，法定证据制度既契合了封建君主加强对司法权控制的需要，也解决了在神示证据制度末期如何使人所作的裁判能够被接受的难题，因此其产生具有一定的历史必然性。

（二）法定证据制度的特点

1. 法律预先规定各种证据的证明力和判断证据的规则。这是法定证据制度最突出的一个特点。在法定证据制度之下，各种证据被划分为完全证据或不完全证据，不完全证据又被划分为不太完全的、多一半完全的和少一半完全的证据三个种类。不同的证据种类证明力不同：完全证据可以单独作为定案根据，不完全证据其证明力不充分，不足以完全证明案情。比如 1670 年《法国刑事裁判王令》将所有证据分为三个等级：完全证据、半证据和不完全证据。完全证据是指可以单独据此认定足以判处死刑的重罪的证据，其范围限定在两名以上的目击证人关于犯罪主要事实的一致证言以及被告人的自白。半证据包括一名目击证人关于犯罪主要事实的单独证言，或两名证人关于间接事实的证言等。根据半证据只能对被告人使用刑讯拷问来强制自白，却不能单独认定死罪，只有某些涉及罚金或体罚刑的轻罪可据此认定。不完全证据则范围极广，包括从风闻到被告的可疑表情、态度等一切嫌疑或间接证据，但据此只能对被告进行传唤讯问，在这种证据达到一定量的情况下才可以拘禁被告并开始真正侦查。

2. 法律对证据证明力和判断证据规则的规定，不是根据证据的具体内容而是根据证据的形式。比如几乎所有的法典都认为被告人的自白是所有证据中最有价值和最完善的证据；两个可靠的证人所作的一致证言也是最完善的证据，而一个证人所作的证言，无论其内容有多可靠，也只能构成二分之一的证明；与案件有利害关系或个人信誉有瑕疵的证人证言是四分之一的证明；任何两个二分之一的证明相加都可以构成完整的证明，任何两个四分之一的证明相加都可以构成半个证明；等等。这种规定导致法官在断案时只需要依照法律

---

① John H. Langbein, *Torture and the Law of Proof*, Chicago and London: the University of Chicago Press, 1977, p. 6.

对证据的证明力进行机械的相加，而无须考虑各个证据的具体内容。

3. 在证据证明力的规定上，带有明显的封建等级色彩。在法定证据制度下，并非所有的证人证言都具有同等的证明力，不同等级的人提供的证言有不同的效力。例如，贵族证言的效力高于平民的证言；僧侣证言的效力高于世俗证人的证言；基督教徒证言的效力高于犹太人的证言；男子的证言在效力上高于女子的证言；等等。

4. 刑讯逼供是取得被告人自白这一“证据之王”的合法手段。基于犯罪的隐蔽性，能够依据两个可靠证人的一致证言定案的情况并不常发生，在这种情况下，被告人自白就成为司法官吏最为青睐的完全证据。为取得这种证据，刑讯逼供就成为一种普遍的手段，因此刑讯逼供是法定证据制度的必然产物。但是，应当提出的是，法定证据制度下的刑讯逼供受到法律的严格约束，只有在满足法律规定的证据条件和程序条件之下，司法官吏才能使用刑讯逼供。比如根据英国学者的考证，法定证据制度从两个方面来限制拷问：第一，必须满足半证明的证据要求。即实施刑讯必须具有这些证据：（1）一个目击证人的证言；（2）有足够分量的情况证据。比如一个抢劫犯罪的嫌疑人被抓获的同时身上有匕首和抢得的物品，这两样证据都有 1/4 的证明力，因此相加起来就具备了半证明的要求，可以对嫌疑人实施刑讯。因此，只有对有很大犯罪嫌疑的人才能实行拷问。第二，拷问要遵守一系列旨在提高供述可信性的规则。拷问的目的不是获取有罪答辩，而是获取关于犯罪的客观描述。而且拷问要求被告人供述犯罪的详细细节，这些细节用《卡洛林纳刑事法典》的用语表述，即“无辜者不可知”。因此，《卡洛林纳刑事法典》禁止所谓的诱导性提问，即为获得其所需要的供述而向被告人提供其所想要的细节。而且，《卡洛林纳刑事法典》要求通过拷问所获取的供述应当是能够经受合理的调查和验证的。比如，如果一个嫌疑人承认其杀人，那必须询问他匕首在何处，如果他回答匕首被埋在一棵老橡树下面了，那么讯问的法官必须派人去将这个匕首起获。[①] 此外，法定证据制度还对拷问时在场官员和人数、讯问方法及口供的记录方式等程序要求都有规定，违反这些程序规定，有两方面的法律后果：一方面，取得的口供失去证据能力，不能作为证据认定罪责；另一方面，负责拷问的法官被追究行政乃至刑事责任。[②]

5. 法定证据制度在规定证据的证明力的同时，也规定了法官在审查判断证据问题上的职责：法律限制法官分析证据的证明力，也不要求其判断证据能否证明案件的真实性；只要求法官机械按照法律的规定，识别各种证据的证明力，计算证明力的大小或证据数量的多少，不允许法官按照自己的见解审查判断证据，完全排除法官在认定案情方面的自由裁量权。比如《俄罗斯帝国法规全书》第 312 条规定：审理强奸案件按照法律所定的刑罚量刑时，必须具备下列情况：（1）切实证明确有强暴行为；（2）证人证明被强奸人曾呼喊旁人救助；（3）她的身上或被告人身上或者两人身上，显出血迹、青斑或衣服被撕破，能够证明有过抗拒；（4）立刻或在当时报告。

（三）法定证据制度的评价

与神示证据制度相比，法定证据制度有着明显的优越性，但宥于时代的限制，法定证据制度的缺点也同样明显。

法定证据制度取代神明裁判标志着人类司法从蒙昧时代进入理性时代。与神示证据制

① See John H. Langbein, *Torture and the Law of Proof*, the University of Chicago Press, 1977, p. 5.

② 参见王亚新：《社会变革中的民事诉讼》，302 页，北京，中国法制出版社，2001。

度相比，法定证据制度大大提高了司法判决本身的理性色彩：第一，在法定证据制度之下，法官作为普通人取代了神明在案件事实认定方面的地位；第二，法定证据制度要求法官的判决必须建立在证据的基础之上，是人类建立证据裁判制度的开始；第三，法定证据制度提高了司法判决的可预见性，通过法律规定的证据证明力以及证据判断规则，社会成员能够预见到司法裁判的结果并据此设定或约束自己的行为；第四，法定证据制度的具体内容是人们对日常经验进行归纳和总结的结果，具有一定的合理性。

但是，法定证据制度的理性程度又是极为有限的：它把一些具体的经验无条件地奉为一般性准则，形成了各种机械、僵化、形式性的法律规定并将其适用于一切案件。这就完全忽略或否定了事物发展变化的多样性特点，更束缚了法官在认定事实方面理性作用的发挥，导致法官完全成为被动适用法律的机器。法定证据制度这种有限理性直接导致刑讯逼供的合法存在，从而使这一制度自产生伊始就被打上了野蛮、残忍的烙印。证明方法的僵化以及刑讯逼供的广泛运用最终导致法定证据制度的土崩瓦解。

二、自由心证证据制度

（一）自由心证证据制度的产生

自由心证证据制度是指法律对证据的证明力大小及其取舍不作任何预先规定，而是由法官在审理案件时根据自己的良心、理性进行自由判断，并根据其形成的内心确信认定案件事实的证据制度。自由心证证据制度的产生经历了三个主要阶段：

1. 作为资产阶级启蒙思想家革命思想的自由心证

自由心证作为一种思想源于17、18世纪资产阶级启蒙思想家对刑讯逼供的抨击。17、18世纪，以英国洛克和法国卢梭为代表的资产阶级启蒙思想家，提出了“天赋人权论”。他们主张人生而具有生存、自由、平等的权利，他们倡导“理性”和“良心”，并提出了法律面前人人平等的口号。然而，法定证据制度只追求符合法律的形式真实，严重压抑了法官审查判断证据的主观能动性。在这种证据制度下，不论法官内心是否确信他所作的判断，他都必须遵守法律预先规定的各种证据规则，这不利于资产阶级追究和惩罚犯罪。与之相反，自由心证制度给予法官审查判断证据的自由权，法官完全可以凭借自己的理性、良心，根据自己的内心确信灵活地、有效地运用证据和认定案情，追究危害其统治的犯罪。而且，在法定证据制度中体现的封建等级特权，如不同身份的证人所提供的证言具有不同的证明力，被告人只是被追究刑事责任的对象，没有任何的诉讼权利等，与资产阶级的主张也是相矛盾的。特别是法定证据制度所公开确认的不尊重人格、不尊重人权、不讲人道的刑讯逼供与资产阶级宣扬的“人道主义”、“人权思想”更是直接对立。因此，资产阶级革命的结果，必然要废除封建的法定证据制度，建立起符合资本主义时代精神的，适应资产阶级政治、经济需要的，维护资产阶级统治利益的自由心证证据制度。

2. 自由心证制度的确立

随着资产阶级革命不断取得胜利，欧洲各国包括法律制度在内的上层建筑领域也相应发生了变革。在诉讼制度方面，以辩论式诉讼制度否定了封建社会的纠问主义诉讼制度；在证据制度方面，以自由心证证据制度取代了法定证据制度。最早提出“自由心证”原则的是法国的资产阶级代表杜波尔。1790年12月26日，他向宪法会议提出了一项革新草案。他认为，在法定证据制度下，不顾法官内心是否确信，强迫其根据法律预先对证据所作的各项规定来认定案件事实，并作出判决是荒谬的，对被告人以及社会都是有危害的；只有采取自由心证制度，赋予法官自由判断证据的权力，才能保证法官最大可能地查清案情。杜波尔的草案经过辩论之后，于1791年1月18日得到法国宪法会议的通过，并于同年9月29日发布训令正式宣布：法官必须以自己的内心确信作为裁判的唯一根据。

3. 自由心证制度的法典化

1808年《法国刑事诉讼法典》（世界上第一部刑事诉讼法典）第一次明确规定了自由心证原则。继法国之后，欧洲大陆各国的刑事诉讼立法，如1877年《德国刑事诉讼法典》、1892年《俄国刑事诉讼条例》等，也都将自由心证制度确立下来了。其后，这一制度传到了亚洲。日本明治初年还实行“断定有罪应根据口供定案”的法定证据制度，明治九年以后则改为自由心证制度。现行《日本刑事诉讼法》第318条规定：“证据的证明力由审判官自由判断。”

（二）自由心证制度的内容

自由心证的核心思想就是彻底否定法定证据制度对证据证明力预先加以规定的做法。因此，在自由心证制度之下，无论是对证据证明力的判断，还是对案情的认定，都交由法官或陪审团自由裁量，法律不作任何约束。这一内容在《法国刑事诉讼法典》第342条得到了充分体现：“法律不要求陪审官报告他们建立确信的方法；法律不给他们预定一些规则，使他们必须按照这些规则来决定证据是不是完全和充分；法律所规定的是要他们集中精神，在自己良心的深处探求对于所提出的反对被告人的证据和被告人的辩护手段在自己的理性里发生了什么印象。法律不向他们说：‘你们应当把多少证人所证明的每一个事实认为是真实的。’它也不向他们说：‘你们不要把没有由某种笔录、某种文件、多少证人或多个罪证……所决定的证据，看作是充分证实的。’法律只是向他们提出一个能够概括他们职务上全部尺度的问题：‘你们是真诚地确信吗？’”这被认为是法官自由心证的古典公式。

（三）自由心证制度的评价

自由心证证据制度取代法定证据制度，既是资产阶级改革封建纠问式诉讼的时代要求，在政治上契合了资产阶级自由民主的思想，又是对法定证据制度压制下的人类理性的一次彻底释放。一方面，自由心证制度从法律上废除了封建法定证据制度中的刑讯逼供和封建等级特权，它宣扬人道主义、人权主义，并依此原则改革政治制度和法律制度，从而推动了诉讼制度的民主化，引起了诉讼结构的变革。另一方面，自由心证证据制度使法官在运用证据认定案件事实方面拥有了自由裁量权，可以根据个案的具体情况去审查判断证据，从而提高了案件事实认定的准确性和科学性，有利于在个案中实现司法公正。

然而，由于自由心证依赖的是法官的良心和理性，缺乏统一的认证标准或尺度，容易导致法官在判断证据、认定案情方面滥用自由裁量权，产生恣意和专断，因此，采自由心证证据制度的国家同时必须采取有效措施制约法官的自由裁量权。这些制约措施基本上可以分为两种类型：事前制约与事后制约。前者通过严格法官选任制度、限制裁判者审查证据的范围等方法实现对法官心证的制约；后者则通过判决理由公开制度、上诉、再审制度等对法官心证进行制约。英美法系国家存在严格的证据可采性规则，属于事前制约类型；大陆法系国家则通过公开判决理由以及完善的上诉、再审制度对法官心证进行事后制约。但随着时代的发展，两大法系也在不断地互相借鉴，如20世纪中期以来，在保持自由心证传统的同时，大陆法系国家也开始吸收英美法系国家证据制度的优点，采用了诸如非法证据排除规则等事前制约机制。

第三节 英美法系证据制度的历史沿革

在神明裁判退出历史舞台之后，英国证据制度走上了与欧洲大陆截然不同的发展道路。当欧洲大陆实行以司法职权为核心的纠问式诉讼和法定证据制度的时候，与其隔海相望的英格兰则形成了以陪审制为基础、以当事人为主导的抗辩式诉讼，以及一系列旨在规范证据采用和判断活动的证据规则。这些复杂而精密的证据规则是英美法系证据制度的典型特征。

一、英美法系证据规则的产生

英美法系以证据规则为核心的证据制度之所以产生，主要基于两方面的原因：一是陪审团制度的变化；二是对抗式诉讼的产生。

（一）不知情陪审团取代知情陪审团

英国的陪审制最早是由诺曼征服者从欧洲大陆带到英格兰的。早期的陪审团被称为“知情陪审团”或者“邻里陪审团”，即陪审员只能由了解案情的人来担任。这些人被传召到法庭的目的不是审查当事人提交的证据并认定案件事实，而是根据自己所了解的案件情况协助法官判案。如果陪审员对案情的了解不甚清楚或者心存疑惑，他们可以在当地进行调查，寻找和询问那些了解案情的人。如果通过调查发现某人比陪审员更了解案件情况，那么这个人就可能取代某个不太了解案情的陪审员而进入陪审团。在知情陪审团审判模式之下，由于陪审员都是根据自己对案件的了解而不是根据他人提供的证据判案，因而法律没有必要就证据问题进行规定。因此，当时还没有法律意义上的证明规则或证据规则。①

早期的知情陪审团制度适用于那些人口少、地域小的村镇，因为那里的人们互相认识，而且了解当地发生的事情。但是随着人口的城市化和社会生活的复杂化，这种陪审团就越来越难发挥作用了。一方面，知情陪审员越来越难找；另一方面，依陪审员所了解的案情越来越不足以对案件作出裁断。在审判中，需要别人向陪审团提供证言的情况越来越多。于是，陪审员必须了解案情的要求在实践中变得无关紧要了，越来越多的陪审员在参加审判时对案情几乎一无所知，完全根据证人在法庭上的证言进行判案。后来，为了保证陪审员在参加审判时没有任何事前的偏见，不了解案情又成为选任陪审员的基本要求。1352年，英国法律赋予被告人要求那些了解案情的陪审员回避的权利。于是，英国的陪审制度就完成了由“知情陪审团”向“不知情陪审团”的转变。不知情陪审团的产生导致陪审员对案件事实的认定无法再依靠自己对案情的了解，而必须通过证人证言等证据对事实问题作出裁断。

（二）对抗式诉讼的产生

在知情陪审团被不知情陪审团所取代的同时，英国的诉讼制度也逐渐从原来的弹劾式

---

① 参见何家弘、刘品新：《证据法学》，10页，北京，法律出版社，2004。

诉讼发展为对抗式诉讼。与弹劾式诉讼相比，对抗式诉讼在审判过程中更加重视双方当事人及其律师对诉讼进程的推动作用。对抗式诉讼的主要特征体现在以下几个方面：（1）法官不主动介入诉讼，诉讼进程完全由当事人通过申请和提出异议的方式来推进；（2）案件事实的发现委诸控诉方和辩护方的举证和辩论，法庭调查实行交叉询问制度，法官不主动调查证据；（3）证据调查的范围由双方当事人决定，当事人可以通过同意或者答辩来限制证据调查的领域，比如在刑事诉讼中如果被告人自愿作有罪供述，则控辩双方无须再对案件事实进行举证和辩论，法官可以直接作出有罪判决。简言之，在对抗式诉讼之下，整个庭审都是围绕着双方当事人的举证、质证活动来进行的。

不知情陪审团和对抗式诉讼使证据成为审判的中心，从而推动了英美证据制度的发展：一方面，非职业陪审员容易受到不良证据的误导，从而对证据或案情作出错误判断；另一方面，如果不对控辩双方的举证、质证活动加以规范，双方当事人就会无休止地争议下去，拖延诉讼时间以致争议点模糊不清、难以判断，从而使对抗制审判陷入混乱。基于这两方面的因素，英国发展出一系列证据规则。这些证据规则有些可追溯至中世纪，但绝大多数是以17世纪至18世纪的判例为基础的。这些证据规则随着英国的殖民扩张，被带到美国、澳大利亚等国家和地区，并且在这些国家，尤其是在美国，得到极大的丰富和扩展。

二、英美法系证据规则的内容

英美法系的证据规则不同于大陆法系的法定证据制度，其主要规范控辩双方的举证、质证活动，侧重于对证据能力的约束，对各种证据的证明力则很少进行规定。具体而言，英美法系的证据规则主要包括以下几方面内容：

（一）关于举证责任的规则

根据英美证据法，证明被告人有罪的责任由控诉一方承担，被告人有权为自己的行为进行辩解，但不承担证明自己无罪的责任。控诉方对被告人的犯罪行为必须证明到“排除合理怀疑”（beyond reasonable doubt）的程度，否则陪审团或法官将会宣布被告人无罪。

（二）证据相关性规则（rule of relevance）

证据的相关性主要是指证据与案件事实是否有关联，能否证明案件的全部事实或其中的部分事实。英美法系国家的证据制度，从排除的角度提出了一些不具有相关性的事实，作为司法中必须遵守的证据规则：

1. 相似事实。相似事实一般不能作为证据使用。也就是说不能用某人以前曾实施过同本案中的行为相类似的行为，来证明本案中该人一定实施了这种行为。但这个一般性规则在司法实践中又存在例外。

2. 人的品格。人的品格一般也不能用作诉讼证据，但有许多例外。如在民事诉讼中，有些案件当事人的品格本身就是争议事实，因此，关于当事人品格的材料也就可以作为证据使用。在刑事诉讼中，如果被告人提出其品行端正不可能犯指控的罪行，那么，控诉方所提出的有关被告人品格不良的事实，就可以作为证据来反驳被告人。

3. 前科。前科一般不能作为证据使用。但在刑事诉讼中，如果被告人的前科属系争事实，证明前科的证据就取得了成为本案证据的资格。

（三）证据可采性规则（rule of admissibility）

1. 自白排除规则，即违反自白人意愿所取得的不当的自白或不自由的自白，不能作为定案的依据。

2. 非法证据排除规则（exclusionary rule），即侦查人员违反法定的程序、手段、职权所取得的实物证据，不能作为定案的依据。

3. 传闻证据排除规则，即陈述人用非亲自感知所得的事实证明争议问题的陈述，不得作为定案根据。

4. 意见证据规则，即证人根据其感知的事实作出的意见或推断性证言，不得作为证据采用，但“专家证人”的意见可以采用。

(四) 关于证人证言的规则

1. 关于证人的能力和义务。在诉讼中，任何人都可以被强制作证。同时，也存在以下一些例外：未成年人只有在懂得说谎的危险和什么叫不虔诚的情况下才被允许作证；有精神缺陷的人，如果其精神疾病严重到使其不能从理智上理解作证前宣誓的意义，其便丧失作证能力；在刑事诉讼中，被告人不能成为起诉方的证人；依照现行有效的法律，在刑事诉讼中，配偶不得提出有利或不利于对方的证明，但是在某些犯罪中，如重婚罪、堕胎罪、猥亵罪等，配偶可以为起诉方作证。

2. 证人拒绝作证特权规则。证人有不提供证言或不出示文件的特权。这种特权主要包括以下几种：任何人均有反对自我归罪的特权；婚姻特权；法律职业上（律师）的特权；牧师与神父的特权；有关公务人员的特权。

3. 作证前的宣誓规则。一般来说，证人作证前均须宣誓。但在几种明确限定的情况下，证人可以不经宣誓而作证。例如，不理解宣誓的性质及后果，但能意识到说实话的责任的儿童，可不经宣誓提供证言。

4. 证人交叉询问规则。这是用于对证人进行质证的规则。一般应由传唤证人的一方对证人进行主询问，然后由对方当事人或律师对证人进行反询问；反询问后，传唤证人的一方可以再对证人进行询问，以恢复被对方动摇的证人的可信性。

(五) 关于书证的规则

英美证据法中关于书证的规则主要包括最佳证据规则、证言佐证规则、口头补正规则等。其中最佳证据规则要求当事人在举证时必须出示原件，但是在符合法律规定的例外情形下，也可以出示第二手证据予以证明。

由于受判例法的影响，英美法系证据规则实际上是一个极为烦琐、复杂的体系，每一项证据规则都存在很多的例外，并且这些例外又处在不断发展变化的过程中。以上内容只是对每项证据规则的一般规定进行介绍，至于其例外部分，本教材其他章节将有较为详尽的介绍。

三、对英美法系证据制度的评价

英美法系的证据规则制度在本质上也属于自由心证证据制度，因为陪审团或法官对于证据的证明力进行判断以及运用证据认定案件事实时处于一种自由状态，基本上不受法律规则的约束；但英美法系的证据制度为有效制约陪审团或法官的心证，规定了许多有关证据的证据能力规则，这属于对裁判者自由心证的一种事前制约。这种制约机制一方面有效排除了那些可能导致陪审团误判的证据，另一方面又通过排除非法证据，有效地保障了公民的人身、自由、财产权利不受司法人员的侵犯。因此，英美法系证据制度在人权保障方面具有极其重要的价值。正是基于这一价值，第二次世界大战以后，许多大陆法系国家纷纷效仿英美法系的做法，在自己的法律中确立了非法证据排除规则，比如《德国刑事诉讼法典》就明确规定，对被告人使用非法、折磨、疲劳战术、妨害身体、服用药品、拷问、欺诈或催眠方法、威胁、许诺以及使用损害被告人记忆力和理解力的方法所得到的陈述，即使被告人同意，也不得采用。

然而，英美法系证据规则制度也存在一个明显的缺点，即导致诉讼效率大大降低。烦琐的采证、质证程序使得审判成为一场旷日持久的战争，并由此耗费大量的人力、物力、财力。例如，美国著名的世纪审判——辛普森案件的庭审就持续了一年多的时间，法院案卷堆积如山，诉讼效率极低。为解决这一问题，辩诉交易在美国逐渐盛行，实际上目前约有 90%～95%的刑事案件是通过这种方式来了结的。

第四节　中国证据制度的历史沿革

一、中国古代证据制度

(一) 奴隶社会的证据制度

公元前 21 世纪，我国历史上第一个国家——夏王朝建立，从而标志着我国进入奴隶制社会。根据我国古代文献的记载，我国奴隶制时期三个主要王朝夏、商、周，都建立了自己的法律制度，夏“作禹刑”，商“作汤刑”，周公制“礼”，吕侯制“吕刑”。这些法律制度对于处理犯罪事件和财产纠纷的程序进行了相应的规定，同时也包含了与证据制度有关的内容。具体而言，这些内容可以归纳为以下几个方面：

1. 神判方法适用较少，消失较早，法官断案主要依据各种证据

我国古代也曾有过“神明裁判”的断案方法。历史传说中就有“皋陶治狱用神羊”的说法，也就是在审理疑难案件时，让被告人站在神羊面前，如果神羊用角去顶被告人，就证明被告人有罪，否则被告人就无罪。在许慎所著的《说文解字》中，对“法”字的解释也与这种传说中的审判方法有关：“灋，刑也，平之如水，从水。廌，所以触不直者去之，从去。”廌即传说中的一种神兽。然而，尽管历史文献或者传说中有关于神明裁判的记载，但实际上我国古代并没有形成像古罗马等奴隶制国家那样的神示证据制度，而且神判方法在我国消失较早，在周朝时基本上已经不实行了。虽然《周礼》中有“有狱讼者，则使盟诅”的记载，类似于神誓法，但这主要是奴隶主阶级利用宗教迷信和人们敬畏神灵的心理，促使当事人说真话，至于案件最后如何认定，并非仅仅依靠宣誓和神意来决定。

我国奴隶制时期已经实行证据裁判，诉讼中涉及的证据种类很多，有当事人陈述、证人证言、物证、书证，还有勘验结果等。其中当事人陈述是查明案情的主要证据形式，但同时也不忽略其他证据种类的证明作用，比如《周礼·地官·小司徒》记载：“凡民讼，以地比正之；地讼，以图比正之。”疏谓：“民讼，六乡之民有争讼之本，是非难辨，故以地之比邻知其是非者，共正断其讼。地讼，争疆界图，谓邦国本图。”即如果民众之间发生了

纠纷，是非难以辨明，则可以由与他们居住比较近且知情的邻居作为证人，以查明真情，作出判决；如果是属于土地疆界争议的案件，则用存于官府的原来丈量土地的图来加以证明。应当特别提出的是，我国奴隶制时期就已经开始运用勘验手段，并据此断案。《礼记·月令》记载："孟秋之月命理瞻伤，察创，视折，审断，决狱讼。""理"是治狱之官。据东汉蔡邕解释，"皮曰伤，肉曰创，骨曰折，骨肉皆绝曰断。言民斗辨而不死者，当以伤、创、折、断、深、浅、大小正其罪之轻重"。意思是说，根据瞻、察、视、审等方法观察伤情的严重程度，并据以断罪。与单纯依靠神意裁决案件的神示证据制度相比，对上述各种证据的使用充分体现出我国古代司法制度的进步性。

2. 法官审查判断证据主要采用"察听五辞"的方法

当事人陈述是我国奴隶制时期的主要证据种类，为辨明当事人陈述的真伪，法官一般都依据审判实践中形成的经验，通过察言观色的方法进行判断。比如《尚书·吕刑》记载："两造具备，师听五辞；五辞简孚，正于五刑"，即当时的司法机关"断狱息讼"时，都要求原、被告双方当事人到齐后进行陈述，由司法官以察听五辞的方法，审查判断其陈述的真伪，并以其供词作为定罪判刑的主要根据。所谓"五辞"也就是"五听"，《周礼·秋官·小司寇》中有以"五听"断狱的说法："以五声听狱讼，求民情：一曰辞听，二曰色听，三曰气听，四曰耳听，五曰 目听。"即司法官吏在审理案件时，要注意受审人讲话是否合理、讲话时神色是否从容、气息是否平和、精神是否恍惚、眼睛是否有神，从而判断其陈述的真伪和案件的是非曲直。这种以"五听"断狱讼的审判方法，直到封建社会仍然受到推崇。

"察听五辞"的判案方法具有一定的合理性：一方面，以五声听狱讼，要求法官亲自坐堂问案，面对面听取当事人陈述并注意观察其表情和神色，这有助于法官形成正确的判断，使案件得到正确处理；另一方面，"五听"总结了审判实践中的一些有益经验，其内容不乏正确之处。但是，"察听五辞"制度的缺陷也较为明显：一方面，"五听"过于强调司法官吏用察言观色的方法对证据和案情作出判断，具有较大的主观随意性，缺乏对法官心证的客观制约；另一方面，"五听"对审理案件的法官提出了较高的要求，法官必须具有较高的观察能力，才能正确使用这一方法，但这种理想状态实际上在当时是很难实现的。过于依赖法官的个人素质，缺乏相应的制度约束，为法官主观擅断、滥用职权、以权谋私、任意出入人罪提供了便利条件。

3. 对疑罪的处理，遵循"疑罪惟轻"原则

对疑难案件的处理，早在夏朝时就有人提出过一条为后人所传诵的"与其杀不辜，宁失不经"的处理原则。其意思是为防止错杀无辜，疑罪不应定罪处刑。商朝则规定，"疑狱，汜与众共之，众疑赦之"，即对于难以确定有罪或无罪的案件，应当广泛听取公众的意见，如果大家都对有罪持怀疑态度，则应免于刑罚。在奴隶主残暴、野蛮的专制统治下，对疑罪的处理能够提出这样的观点，是具有进步意义的。然而，到了周朝，统治阶级权衡利弊，认为疑罪不如按有罪论，只是从轻处罚，这样更有利于维护奴隶主阶级的统治。《尚书·吕刑》记载，周穆王时，"墨辟疑赦，其罚百锾"，即犯了墨刑之罪而有可疑，难以断定是否有罪时，可以采取以铜赎罪的办法处理。

总之，我国奴隶制社会已经有较为完备的证据制度，与同时期的古巴比伦、古罗马等其他奴隶制国家盛行的神示证据制度相比，在司法证明方式上具有明显的进步性，这在一定程度上说明了我国古代文明的发达程度。

（二）封建社会的证据制度

公元前475年，我国从春秋进入到战国时期，封建制度逐渐取代奴隶制度，我国开始进入漫长的封建社会。

我国封建社会时期采取的诉讼方式也是纠问式诉讼，司法官吏主动追究犯罪，被告人是被追究刑事责任的客体、被拷问的对象和供词的提供者。在纠问式诉讼之下，有关讯囚和刑讯的规定，构成封建王朝证据制度的主要内容。虽然我国封建时期的法律制度中，也有类似于“断罪必取输服供词”，被告人不合拷讯时“据众证定罪”等形式主义的证据规则，但这样的规则只是个别情形，并没有形成大陆法系那样的法定证据制度。在我国两千多年的封建证据制度中，占主要地位的仍是法官的个人决断。具体而言，我国封建社会时期的证据制度主要有以下几个特点：

1. 口供至上，定罪必须取得被告人认罪的供词

根据封建王朝的法律，“断罪必取输服供词”，“罪从供定，犯供最关紧要”。据《资治通鉴》解释：“狱辞之于囚口者为款。款，诚也，言所吐者皆诚实也”。即狱囚在受审时供述的犯罪供词是真实可信的，是最好的证据。因此，除了少数案件法律规定可以“据众证定罪”、“据状科断”以外，一般的案件都必须有囚犯的供词才能定罪判刑。不过，定罪必须有被告人的口供并不等于有了被告人的口供必然要定罪。从历史记载来看，封建社会时期许多案例表明，虽然被告人已经招供，但如果司法官吏觉得理有可疑或者证据之间有矛盾，也可以不予定罪，而是主动继续调查、收集证据，由此查清案件事实。

2. 依法刑讯与法外用刑相互交织

崇尚口供，“无供不录案”，“无供不定罪”，从而导致司法官吏为获取口供而想方设法，不择手段，刑讯逼供也就应运而生。刑讯逼供是中国封建社会证据制度的一大特点。从秦汉到明清的历代封建法律都将刑讯逼供明确规定在法律中，刑讯成为合法程序。封建法律是诸法合体，民刑不分，因此，法律关于刑讯的规定，不仅适用于刑事被告人，适用于控告人、证人，还可以适用于民事诉讼的当事人。尽管历代封建王朝的法律对于拷讯的条件、方法，使用的刑具，拷打部位、刑讯的次数和程度等规定不尽相同，但一般都规定得比较详细和具体，已经条文化和规范化。以封建法律制度之集大成者《唐律疏议》为例，对于刑讯的条件，规定：“诸应讯囚者，必先以情审查辞理，反复参验，犹未能决，事须讯问者，立案同判，然后拷讯。违者杖六十。”对于刑讯的方法，规定：“诸拷囚不得过三度，数总不得过二百，杖罪以下不得过所犯之数。拷满不承，取保放之。”司法官吏“若拷过三度，及杖外以他法拷掠者，杖一百；杖过数者，反坐所剩；以故致死者，徒二年”。对于刑讯的对象，《唐律疏议》规定，对于犯痔病未好的囚犯不得刑讯，对于怀孕的妇女，只能在产后满100日方可拷讯，对于应议、请、减者以及70岁以上的老年人、15岁以下的少年或者残疾人免于刑讯。此外，刑讯还可用于告发人和证人，比如“诸拷囚限满而不首者，反拷告人”。

尽管封建法律对刑讯进行了严格的规定，并对违反这些规定的司法官吏规定了较为严厉的处罚措施；但在司法实践中，法外刑讯不仅长期存在，而且手段更加残酷，往往“十倍官刑”，给受刑者造成极大痛苦。这种法外刑讯在历史文献中有许多记载，比如唐代酷吏周兴、来俊臣等，滥用刑讯、制造冤狱，致“枉遭杀害者，不可胜数”。依法刑讯和法外用刑相互交织，使嫌疑人在严刑拷打之下，只得屈招乱供，从而造成了无数的冤假错案。

3. 以五声听狱讼，验诸证信，自由推断

奴隶社会时期“以五声听狱讼，求民情”这种主观唯心主义的审判方法，被历代封建王朝所继承。《唐律疏议》中不仅规定“诸应讯囚者，必先以情审查辞理，反复参验”，其注释“讯囚察辞理”条又说：“依狱官令，察狱之官，先备五听，又验诸证信。”要求在审讯时除了必须根据情理审查供词的内容外，还要参照其他根据进行比较和检验。较之过去，这无疑是对以五听断狱的发展，具有进步意义。

4. 诬告反坐，伪证者罚

我国历代封建法律对诬告都严加禁止，法律要求控告他人犯罪的人必须指陈实事，不得称疑，禁止捏造事实进行陷害。如《唐律疏议》中的《断狱律》规定：“诸鞫狱者，皆须依所告状鞫之。若于本状之外别求他罪者，以故入人罪论。”到了明清时期，法律对诬告的处罚规定得更加严重了，其明确规定，对诬告者按所诬告之罪加重处罚，比如“凡诬告人笞罪者，加所诬罪二等；流、徒、杖罪加诬罪三等”，诬告人死罪已决者，反坐诬告者死罪等，以达到“省刑息讼”之目的。证人证言是司法官吏认定案情的主要根据，特别是“据众证定罪”的案件，证言的意义更为重大。这就要求证人如实提供证言，不得作伪证。因此，法律明确规定证人作证故意不言实情，以致造成罪有出入的，按被证人所出入之罪减等处刑。

5. 疑罪惟轻，实行有罪推定

尽管在封建王朝时期，对“疑罪”的处理究竟是“从去”还是“惟轻”，存在过不同的见解，但是，从有利于维护封建专制统治出发，最终封建法律还是继承了奴隶制法律“罪疑从铜赎”（《尚书·吕刑》）的精神，即疑罪以有罪论，但处罚从轻。如《唐律》规定：“诸疑罪各依所犯以赎论。”该条疏议：“疑罪，谓事有疑似，处断难明。各依所犯以赎论，谓依所疑之罪用赎法收赎。”就是说，对疑罪，不处其所控之罪的真刑，而改处该罪的赎刑。

6. 物证技术发展较早

虽然我国封建社会证据制度中对口供、证人证言等言词证据颇为青睐，但与同时期西方国家相比，我国封建时期的物证技术还是比较发达的。如宋代宋慈编写的《洗冤集录》被公认为是世界上最早的一部系统的法医学著作，其中包括了不少与物证有关的检验技术。比如《洗冤集录》非常强调实地检验对正确处理案件的意义，在实施检验时，“凡行凶杖器，索之稍缓，则奸囚之家，藏匿移易，糙成疑狱”，因此“初受差委，先当急急收锁”。《洗冤集录》刻印问世后，很快被皇帝下诏颁行全国，“入官僚佐者无不肆习”，视其为检验、听讼决狱的圭臬，其影响甚为深远。

除了以上几个特点之外，封建社会的证据制度受封建等级制度影响较深，在有些制度中充分体现了封建等级特权的存在。比如《唐律疏议》明确规定了免拷对象，即“诸应议、请、减，若年七十以上，十五以下，及废疾者，并不合拷讯，皆据众证定罪，违者以故失论”。其中“应议、请、减”者，据《唐律疏议》解释，是指属于“八议”等的贵族官僚及其亲属。这说明，封建统治阶级的皇亲国戚、达官贵人在受审时享有特权，受到法律的特殊保护。此外，为了维护封建伦理纲常、宗法制度和家族统治，封建社会普遍实行“亲亲相隐”制度，对于卑亲属控告尊亲属（比如子孙告祖父母、父母，妻、妾告夫，奴隶、部曲告主人等），一般要施以严厉刑罚；而尊亲属控告卑亲属时，一般不予惩罚或处以轻刑。

总之，中国封建社会的证据制度，尽管在证据理论方面，积累、概括了一些司法实践经验，反映了某些诉讼规律，但从总体上来讲，还是以重口供和刑讯为其主要内容，因此是十分野蛮、残酷的证据制度。中国封建社会的证据制度，虽然与欧洲大陆封建社会的法定证据制度不同，但在阶级本质上则是一致的，都是维护封建专制统治的工具。

二、中国近现代证据制度

（一）清末沈家本修律

1890年清政府为了挽救自己的统治，任命沈家本为修订法律大臣，主编了一批以德、日等大陆法系国家法典为模板的法律，其中包括1906年的《大清刑事民事诉讼法草案》，1910年该法被修订为《刑事诉讼律草案》和《民事诉讼律草案》。虽然这些法律由于受到各地的反对和清政府的覆亡而未获实行，但其将诉讼法与实体法分开，将刑、民法律分开，从而结束了历代沿袭的"诸法合体"的立法形式，特别是其中有关证据制度的规定更成为我国古代证据制度与近代证据制度之间的分水岭。

1. 废除刑讯、实行疑罪从无

《大清刑事民事诉讼法草案》首次在中国历史上废除了传统证据制度中刑讯的内容。该法第10条规定："凡审讯一切案件，概不准用杖责、掌责及其他刑具或语言威吓交遍，令原告被告及各证人偏袒供证，致令乱诸事实。"该法第72条则规定："凡审讯原告或被告及诉讼各证人，均准其站立陈述，不得遍令跪供。"同时，《大清刑事民事诉讼法草案》也在中国历史上首次废除了传统证据制度中疑罪从轻（从赎）的做法，而规定疑罪应当按无罪处理。该法第86条规定："凡证据难凭，或律无正条，或原所控告，间有疑窦者，应即将被告取保释放，令其日后自行检束。"

2. 证人作证制度

《大清刑事民事诉讼法草案》在借鉴两大法系证据制度的基础上，对证人作证制度进行了较为详细的规定：首先，关于证人的资格，该法规定以下三种人不得为证人：其一是不能辨别是非之未成年人；其二是有心疾者；其三是有病疾者。其次，关于传闻排除规则，该法规定，证人供述，须以目睹或自知之实情，不得以传闻无稽之词妄行陈述。再次，关于证人义务，该法规定，证人负有到庭义务、宣执义务、如实陈述义务。证人接到通知后，必须按时到堂，指期不到又不声明不到的原因者，处以罚金，改用传票；再不到者，加倍罚金，并准用拘票拘提。证人作证必须宣誓，如查有虚夸、诬告或故意虚伪等情节，处1 000元以下的罚金。最后，关于证人作证特权，该法规定，凡职官命妇，均可由公堂知会到堂作证，但公堂须另置座位，以礼相待。若系三品以上大员为证人者，即由公堂遣员就询。这一规定仍带有明显的特权色彩。

3. 法庭调查证据

《大清刑事民事诉讼法草案》规定：审讯官讯问原告，令其将所控之事并确知、确见之实情，详细供述。原告供述后，承审员即据所控情节向被告提问，如被告承认被控之罪，承审员无须讯取他人供词，参照犯罪情节依律定拟。如果被告坚持不承认被控罪行，承审官即分别令原告各证人供证实情。在审讯过程中，被告及其律师均可向原告及原告所提出的证人对诘，原告及其律师也可以向被告及被告所提出的证人对诘。被告可以提出申辩。这种证据调查程序很显然借鉴了英美法系国家的对抗式诉讼模式。

4. 证据判断方法

《大清刑事民事诉讼法草案》并没有将大陆法系国家的自由心证原则照搬过来，而是对证据判断方法进行了详细规定：凡裁判一案，承审员应先将下列各项事项细加研究：(1) 两造各证人之名誉怎么样，所供是否可信；(2) 两造所举之证据；(3) 各造前后各供有无自相抵牾之处；(4) 权衡两造供词之重轻；(5) 权衡两造情节之虚实；(6) 所得证据是否足以定被告人之罪；(7) 证据已足，是否为法律所决。如果经研究，确查所得证据已足证明被告犯罪，则依法定刑，即使被告没有认罪口供；如果众证明白，确凿无疑，亦应按律定拟。以上规定彻底否定了传统的"断罪必取输服供词"之规定，具有明显的进步性与合理性。

清末沈家本修订的律法虽然最终未能获得施行，但其中的许多法律制度，包括上述证据制度，都被后来的北洋军阀政府和国民党政府所继承，从而开中国近代法律制度之先河。

(二) 中华民国时期的证据制度

1911 年，资产阶级革命民主派领袖孙中山先生领导的辛亥革命，推翻了清王朝的统治，建立了中华民国。孙中山就任南京临时政府的临时大总统后，于 1912 年 3 月 2 日颁布了《大总统令内务、司法部痛饬所属禁止刑讯问》，其中明确规定："不论行政司法官署，及何种案件，一概不准刑讯。鞫狱当视证据之充实与否，不当偏重口供。其从前不法刑具，悉令焚毁。"这个命令反映了资产阶级的法律观和人道主义精神，在我国证据制度发展史上是一个重大的进步。但是，由于辛亥革命的胜利果实被袁世凯窃取，南京临时政府也很快夭折，这一法令并未得到贯彻执行。南京临时政府之后的北洋军阀政府和国民党政府为维护其统治，也进行了一系列的立法活动，其中涉及刑事证据制度方面的主要有北洋政府于 1922 年制定的《刑事诉讼条例》和国民党政府于 1928 年制定公布又在 1935 年和 1945 年予以修订的《刑事诉讼法》。这两部法律一方面援用了清末制定的但未及颁行的法律，另一方面则对西方的证据制度进行了进一步的借鉴。

1. 有关证据原则

中华民国时期的证据制度引入了西方的证据裁判主义原则、自由心证原则、直接言词原则，继承了《大清刑事民事诉讼法草案》规定的疑罪从无原则。首先，关于证据裁判原则，北洋政府《刑事诉讼条例》规定："犯罪事实，应依证据认定"，这一规定为国民党政府的刑事诉讼法所继承，现为我国台湾地区证据制度的一项主要内容。其次，有关自由心证原则，北洋政府《刑事诉讼条例》第 306 条规定："证据由法院自由判断之。"1928 年国民党政府制定的《刑事诉讼法》第 269 条规定："证据之证明力，由法院自由判断之。"再次，关于直接言词原则，北洋政府《刑事诉讼条例》规定："审判日期除有特别规定外，被告不到庭者，不得审判。"国民党政府《刑事诉讼法》第 200 条进一步规定："判决除有特别规定外，应经当事人之言词辩论为之。"最后，关于疑罪从无原则，北洋政府《刑事诉讼条例》第 338 条规定："法院认为被告之犯罪嫌疑不能证明或其行为不构成犯罪者，应谕知无罪之判决。"国民党政府《刑事诉讼法》第 293 条规定："不能证明被告犯罪或其行为不罚者，应谕知无罪判决。"

2. 有关具体制度

在具体制度方面，中华民国时期的法律对清末的禁止刑讯、证人作证、法庭证据调查、证据判断等内容予以继承，并在此基础上进一步加以完善。

(1) 在禁止刑讯方面，在《大清刑事民事诉讼法草案》和孙中山颁布的禁止刑讯的训令基础上，国民党政府《刑事诉讼法》进一步对违法取证的程序性后果进行了规定。该法

第98条规定："讯问被告，应出以恳切之态度，不得用强暴、胁迫、利诱、诈欺及其他不正当之方法。"第270条规定："被告之自白，非出强暴、胁迫、利诱、诈欺及其他不正当之方法且与事实相符者，得为证据，被告虽经自白，仍应调查其他必要之证据，以察其是否与事实相符。"

(2) 在证人作证制度方面，北洋政府与国民党政府时期的法律均继承了清末修律草案的相关规定，但废除了其中有关封建等级特权的内容。在此基础上国民党政府《刑事诉讼法》进一步规定了证人具结的义务和拒绝作证特权。该法要求，证人在审判庭上传讯之前要具结，除法律规定不必具结外，不具结的证人证言没有证据效力。有下列情形之一者，得拒绝作证：1) 现为或曾为被告或自诉人之配偶、五亲等内之血亲，三亲等内之姻亲或家长、家属者；2) 与被告或自诉人订有婚约者；3) 现为或曾为被告或自诉人法定代理人，或现由或曾由被告自诉人为其代理者；4) 证人恐因其陈述致自己或与上述第1) 项关系的人受刑事追诉或处罚者。此外，医师、药师、药商、助产士、宗教师、律师辩护人、公证人、会计师或其业务上代理人或曾任此等职务之人，就其因业务所知悉有关他人秘密之事项受讯问者，除经本人允许者外，得拒绝作证。

(3) 关于法庭证据调查，国民党政府《刑事诉讼法》改变了《大清刑事民事诉讼法草案》中有关被告人认罪可以直接定案的规定。根据该法第200条规定，"被告虽经自白，仍应调查其他必要之证据，以察其是否与事实相符"。这是对大陆法系国家证据制度进行借鉴的结果。

(4) 关于证据的判断，北洋政府和国民党政府时期都明确了自由心证原则，将证据的判断委诸法官的良知和理性。

单纯从法律规定的内容上来看，北洋政府时期和国民党政府时期的法律制度与传统制度相比具有较大的优越性和进步性，证据裁判、自由心证、直接言词、疑罪从无、禁止刑讯等原则和制度的确立，使得中国的证据制度在立法上进一步向西方近现代国家靠近。但是，由于此时的中国处于长期战乱和国民党政府的专制统治之下，上述这些先进制度在实践中并未真正得以施行。比如为维护自己的黑暗统治，北洋政府和国民党政府均规定了特别程序法或者设置了特别法院，用以对广大人民和共产党进行血腥镇压。比如，北洋政府的《戒严法》、《惩治盗匪施行法》、《陆军审判条例》、《海军审判条例》，国民党政府的《特种刑事案件诉讼条例》、《特种刑事法庭组织条例》、《特种刑事法庭审判条例》等。在这些特别程序中，当事人的辩护权、公开审判权、上诉权等诉讼权利完全被剥夺。此外，国民党的特务机关任意抓人审讯，为逼取陷人于罪的口供，使用各种野蛮残酷的手段，实施法外用刑和法外制裁。因此，北洋政府和国民党政府时期的证据制度存在着明显的名实不符的情况，形式上是证据裁判、自由心证，实际上则是口供主义和刑讯逼供横行。

三、新中国的证据制度

(一) 新民主主义革命时期的证据制度

新民主主义革命时期的证据制度分为工农民主政权时期的证据制度、抗日战争时期的证据制度和解放战争时期的证据制度。

1927年第一次国内革命战争失败以后，中国共产党领导中国人民走上了武装夺取政权的道路，在全国十几个省份相继建立了革命根据地和工农民主政权。在此基础上，1931年中华苏维埃共和国中央工农民主政府在江西瑞金成立。为保护劳动群众的权利，在废除国民党旧司法制度的同时，苏维埃政权建立了人民司法制度，其中包括一些有关证据制度的规定。比如，在1931年12月13日中央执行委员会非常会议通过的《中华苏维埃共和国中央执行委员会训令》中规定："在审讯方法上，为彻底肃清反革命组织及正确地判决反革命案件，必须坚决废除肉刑，而采用收集确实证据及各种有效方法。"这是红色政权彻底禁止刑讯的首次规定，其后各根据地也都制定了严禁刑讯的规范。虽然工农民主政权时期的法律制度尚不健全，但它所确立的禁止刑讯逼供原则为抗日战争和解放战争时期的证据制度的建立奠定了基础。

抗日战争时期，我国的证据制度得到进一步发展。首先，坚持实事求是，调查研究，忠实于事实真相的司法工作原则得以确立。《晋察冀边区行政委员会关于改进司法制度的决定》大力号召"树立司法工作的调查研究、实事求是的大众化的民主作风"。《晋冀鲁豫边区太岳区暂行司法制度》中则设"调查研究"专章，指出"调查研究是法庭收集材料、了解具体案情的必要方法"。《苏中区处理诉讼案件暂行办法》中则设有"证据"专章，规定："审判人员及陪审人员对于案情及证据，应直接、间接、公开或秘密进行周密之调查研究。"其次，严禁刑讯逼供、重证据不轻信口供的原则仍然是根据地证据制度强调的重点内容。在《陕甘宁边区施政纲领》、《对于巩固与建设晋西北施政纲领》及《苏中区第二行政区诉讼暂行条例》中均规定"坚决废止肉刑，重证据不轻信口供"。不仅如此，这一时期的立法还进一步规定禁止采用其他非法手段收集证据，比如《晋冀鲁豫边区太岳区暂行司法制度》中规定："绝对禁止跪拜、打骂以及非刑拷打、强迫供述的方法"；《陕甘宁边区高等法院对各县司法工作的指示》中要求："绝对地禁止刑讯，诱骗谩骂亦不许可。"再次，根据地的法律对起诉机关和当事人的举证责任也进行了规定，比如《晋冀鲁豫边区太岳区暂行司法制度》中，将起诉分为公诉、群众起诉、自诉，规定凡公安机关向法院起诉的案件，应提供充足证据，起诉材料不够具体，可以送还公安机关补充侦查一次。一般机关、团体、部队起诉的案件，如无具体事实和材料，法院可以拒绝接受。最后，根据地的法律还对各种证据的审查判断程序和方法进行了规定，比如《晋冀鲁豫边区太岳区暂行司法制度》中规定了审问的方式，即先由原被告自由陈述，再追寻实情，然后双方或多方辩论。《苏中区处理诉讼案件暂行办法》则规定证人"有到场作证、忠实陈述之义务"，经传唤无正当理由不到场者，得处以罚金。两次以上不到者，可以拘提。证人作证应具结表示负责。此外，该办法还对审判人员的勘验程序以及勘验中的鉴定程序进行了相应规定。与工农民主政权时期相比，抗日革命根据地时期的证据制度得到了很大的丰富和发展，为新民主主义司法制度增添了宝贵的内容，为新中国证据制度的创立提供了宝贵的经验。

解放战争时期，人民民主政权在沿用抗战时期的证据制度的基础上，根据新情况又颁布了一系列的法律和文件，比如在华北人民政府制定的《关于县市公安机关与司法机关处理刑事案件权责的规定》中，明确对公安机关和司法机关的职责进行了分工，"侦查的责任，在于公安机关"，"侦查的主要任务是：收集罪犯的犯罪事实及证据，拟以起诉"，案件"经公安机关向司法机关起诉后，司法机关即有权审判该案，对于被告的犯罪事实和证据，加以审理研究"，"若被告仅有嫌疑，没有积极的证据可以证明被告确系罪犯时，即不能论罪判刑"。《冀南区诉讼简易程序试行法》则对证据不足应作无罪处理的原则进行了规定："审讯被告犯罪事实证明者，应为有罪之判决，被告犯罪事实不能证明，或证明后不应受刑事处分者，应为无罪之判决。"此外，解放区的立法对于收集证据程序的规定也较以前更为完善。比如审讯笔录应当庭制作，证人应个别审问，勘验、搜查、扣押物证应有见证人在场并需有扣押物品收据等。

总之，基于当时的现实情况，我国新民主主义时期的证据制度虽然较为零散，也存在许多不完善之处，但从总体上来看，一些具有人民司法特征的基本原则和制度已经得到确立，并积累了许多丰富的实践经验，从而为中华人民共和国证据制度的建立奠定了坚实的基础。

(二) 中华人民共和国的证据制度

1. 中华人民共和国证据制度的创立与发展

1949 年 10 月 1 日，中华人民共和国成立，我国证据制度也进入了一个新的发展时期。但是，新中国成立之后的法制建设并非一帆风顺，中间经过了许多艰难曲折。以"文化大革命"为分界线，新中国证据制度的建立和发展可以分为三个时期：

从中华人民共和国成立到"文化大革命"前的 17 年，是新中国证据制度的初创时期。早在 1949 年 2 月，中共中央就发布了《关于废除国民党的六法全书与确定解放区的司法原则的指示》，宣告彻底废除伪法统，明确提出司法干部必须从思想上划清新旧法律观点和司法作风的原则界限。1950 年 7 月 14 日，政务院通过了《人民法院组织通则》，规定法庭"受理案件后，应认真进行调查证据，研究案情，严禁刑讯"。1950 年召开的第一届全国司法会议以及 1953 年 5 月政务院批准的《第二届全国司法会议决议》中均明确提出，人民司法工作者必须学习马克思列宁理论，实事求是，大公无私，廉洁奉公，坚持反对专横武断，严惩贪赃枉法行为。1952 年，我国开展了司法改革运动，批判旧法观点和坐堂问案，不依靠群众，不调查研究，不从实际出发的旧审判作风，进一步清算了旧法残余。1954 年 9 月，我国第一部社会主义宪法诞生，为新中国证据制度的建立提供了宪法依据。随后又颁布了《中华人民共和国人民法院组织法》、《中华人民共和国人民检察院组织法》，标志着社会主义法制建设进入了新阶段。1956 年最高人民法院根据宪法和组织法的规定，结合司法实践经验所作的《各级人民法院刑、民事案件审判程序总结》，系统地总结了调查证据的原则、方法和程序，这对于健全我国的证据制度、树立实事求是的审判作风发挥了重要作用。

20 世纪 50 年代后期，由于"左"的错误思潮的干扰，司法工作中已确立的实事求是、调查研究，重证据不轻信口供，严禁刑讯逼供的原则也受到严重冲击。随后的"文化大革命"十年是社会主义民主和法制遭到疯狂破坏的十年。刚刚初步建立起来的社会主义证据制度惨遭践踏。

党的十一届三中全会以后，我国社会主义民主和法制进入了全面发展的新阶段。1979 年 7 月至 1991 年 4 月，我国先后制定和修改了《中华人民共和国刑事诉讼法》、《中华人民共和国人民法院组织法》、《中华人民共和国人民检察院组织法》等重要的法律。这些法律中有关证据的规定，集中体现了我国证据制度的根本性质和特点，标志着新中国证据制度的正式确立。随着改革开放的不断深入发展，1996 年 3 月，第八届全国人民代表大会第四次会议作出了《关于修改〈中华人民共和国刑事诉讼法〉的决定》，对我国刑事诉讼制度进行了较大的调整和完善。随后，我国有关立法部门和司法机关又先后颁布了《关于刑事诉讼法实施中若干问题的规定》、《关于执行〈中华人民共和国刑事诉讼法〉若干问题的解释》以及《人民检察院刑事诉讼规则》等法律解释，进一步完善了我国的刑事证据制度。但是，随着我国政治、经济、社会的不断发展，民主法制建设的不断推进，刑事司法实践的不断深入，1996 年《刑事诉讼法》在许多方面出现了一些与社会需求不相适应的问题。2012 年

3月，第十一届全国人大第五次会议作出了《关于修改〈中华人民共和国刑事诉讼法〉的决定》，对包括证据制度在内的诸多刑事诉讼原则、制度和程序进行了修改，使我国刑事证据制度得以进一步科学化、文明化。

2. 中华人民共和国证据制度的内容、特点及评价

目前我国尚无统一的证据法典和专门的证据规则，有关证据制度的内容散见于三大诉讼法以及有关的法律和司法解释之中。以刑事证据制度为例，《刑事诉讼法》第五章“证据”是我国刑事证据制度的主要法律渊源，此外，本法的其他章节以及有关的司法解释中涉及刑事证据的内容也是我国刑事证据制度的重要组成部分。概括来说，目前我国刑事证据制度的内容主要包括刑事证据的概念和种类，刑事证据的收集、运用以及审查判断的程序和基本原则，证人作证制度，鉴定制度，证明对象，证明责任，证明标准，非法证据排除规则等。

与我国古代、近代证据制度以及国外证据制度相比，中华人民共和国证据制度有以下几个特点：(1) 查明案件事实真相，是国家专门机关运用证据、认定案情的主要目的；(2) 依靠群众，实事求是，进行深入调查研究，取得确实、充分的证据，是国家专门机关运用证据、认定案情的方法和要求；(3) 重证据不轻信口供，严禁刑讯逼供，是国家机关运用证据，认定案情必须遵守的一项重要原则；(4) 国家专门机关运用证据，必须严格依照法定程序进行。

与1996年《刑事诉讼法》相比，2012年《刑事诉讼法》在以下几个方面取得了明显的进步：(1) 合理化证据概念，完善证据种类，区分了物证、书证，在勘验、检查笔录中增加了辨认、侦查实验笔录的规定，增加了电子数据这种新的证据种类；(2) 细化了刑事诉讼的证明标准，进一步明确了“证据确实、充分”的条件；(3) 完善了非法证据排除规则，确立了非法证据排除的申请、证明以及调查程序；(4) 完善了证人、鉴定人出庭制度，建立了证人保护制度和证人补偿制度；(5) 明确了看守所讯问录音、录像制度；(6) 建立了警察出庭作证制度等。同时《刑事诉讼法》还对辩护律师的会见权、阅卷权和调查取证权进行了完善。上述内容将极大改善我国刑事司法实践中存在的刑讯逼供、证人不出庭等严重影响刑事司法程序公正的问题和现象。但是，这并不意味着我国刑事证据制度已经非常完备。事实上，2012年《刑事诉讼法》所确立的证据制度仍存在以下几个方面的不足：(1) 证人出庭作证的范围较为有限，法官在确定出庭证人范围问题上拥有过大的自由裁量权，同时法律并没有明确排除不出庭证人的书面证言笔录的效力；(2) 人民检察院起诉时移送全部案卷材料和证据的案件移送方式，会导致审判人员在审前形成预断，造成庭审形式化，从而消弭证人、鉴定人出庭作证的价值和意义；(3) 证据规则仍不够完善，如非法实物证据排除规则不够彻底，未确立自白任意性规则和传闻证据规则；(4) 法庭举证、质证、认证规则尚待进一步细化等。

总之，我们应当以历史的、动态的、发展的眼光来评价我国的证据制度。一方面，新中国成立以来，我国证据制度建设已经取得了较大成就，社会主义证据制度得以全面建立并逐渐完善和发展；但另一方面，也要认识到我国证据制度仍存在较多问题，尚不能完全满足司法实践的需要，与国外法治发达国家相比也存在较大差距。因此，我们应当在总结和借鉴古今中外证据制度的基础上，从我国的实际国情出发，进一步推进我国证据制度的改革，以建立起一套既具有中国特色、符合中国实际情况，又具有时代特征，符合国际准则要求的新型社会主义证据制度。

【问题与思考】

1. 从中外证据制度的发展历史中分析影响和制约证据制度发展的因素有哪些。
2. 如何评价人类社会早期的神示证据制度？
3. 什么是自由心证证据制度？自由心证证据制度是如何产生的？
4. 我国封建时期的证据制度与大陆法系的法定证据制度有何区别？
5. 谈谈两大法系证据制度以及我国传统证据制度对当前我国证据制度改革的借鉴意义。

【推荐参考论著】

1. 何家弘. 司法证明方式和证据规则的历史沿革——对西方证据法的再认识. 外国法译评，1999 (4)

2. 何家弘. 神证·人证·物证——试论司法证明方法的进化. 中国刑事法杂志，1999 (4)

3. 汪建成. 证据制度之历史演变. 烟台大学学报（哲社版），1988 (1)

4. John H. Langbein. Torture and the Law of Proof. the University of Chicago Press，1977

第三章 刑事证据制度的理论基础

内容导读

证据法体系的构建和运行离不开一定的理论基础。现代证据法的形成是在多重价值之间进行选择与平衡的结果，因此证据法的理论基础具有多元性。其中，认识论、价值论和程序正义论是证据法最主要的理论基础。认识论、价值论和程序正义论相互影响、相互作用，共同为证据制度提供基本理论支撑。

证据制度是关于证据取得和证据运用的相互联系、相互配合的若干法律规则的总和，是现代法律体系的重要组成部分。证据制度的理论基础是证据取得和证据运用的理论支持和指导力量。证据制度理论基础的确立可以为证据立法、证据运用以及对证据制度的法学研究提供基本的理论指导。我国传统证据理论认为，证据制度所要解决的核心问题就是保证司法人员在诉讼过程中能够做到主观符合客观，正确认识案件事实，因此，将辩证唯物主义认识论作为我国证据制度的唯一指导思想和理论基础。随着我国政治、经济、文化的全面发展，法治建设有了很大进步，人们对法律价值有了更深层次的认识，在对传统辩证唯物主义认识论进行反思的基础上，对现代证据法学理论基础进行了热烈的探讨。目前，关于证据法学理论基础的代表性观点有：（1）认识论。这种观点认为，诉讼活动是一种认识活动，要受到认识规律的制约，而辩证唯物主义认识论是科学的世界观和方法论。在刑事诉讼中坚持辩证唯物主义认识论可以保证准确认定案件事实，正确开展证明活动，以完成刑事诉讼任务。认识论作为一种传统观点，长期以来占据主导地位。（2）价值论。这种观点认为，诉讼是以解决利益争端为目的的活动，尽管它包含着一定认识过程，但这种认识活动对争端的解决不起决定作用。而且，任何诉讼都是在程序法限制和规范下进行的活动，诉讼证明活动必须遵守程序法制，因此证据法学的理论基础应当建立在形式理性观念和程序正义理论的基础之上。[①]（3）二元论。这种观点认为，诉讼中的证明活动首先要符合人类主观认识客观世界的一般规律[②]，同时用于发现案件事实的手段和方法必须是合法、正

① 参见陈瑞华：《从认识论走向价值论——证据法学理论基础的反思与重构》，载《法学》，2001（1）。

② 参见陈浩然：《证据学原理》，16～84页，上海，华东理工大学出版社，2002；高家伟、邵明、王万华：《证据法原理》，198～205页，北京，中国人民大学出版社，2004。

当的，两方面同等重要，因此证据制度的主要理论基础是认识论和价值论。[①]（4）多元论。这种观点认为，证据法学的理论基础除了上面提到的认识论与价值论以外，还包括诉讼模式理论、人权保障理论、科技理论以及行为主义、心理学、伦理学等。[②]

我们认为，证据法的价值取向应当是多元的而不是一元的，秩序与自由，公正与效率，实体公正与程序公正，惩罚犯罪与保障人权，整个证据制度的建立涉及多重价值之间的选择与平衡。因此，证据法学的理论基础应当是多元的。但也不是说任何指导证据法学的理论都可以成为证据法学的理论基础。理论基础是证据理论的核心，也是证据制度建构的逻辑起点。就其价值和所负使命而言，理论基础一是能够对具体证据制度背后的、根基性的东西加以揭示；二是能够对现实的证据制度和学理进行评价，从而科学地指导证据制度建设与证据理论体系的构建；三是能够如同一束红线一样贯穿于证据的具体理论、规范与制度的始终，从而促使整个知识体系趋于和谐、有序和统一；四是能够用来指导证据制度的立法和司法实践，满足法律制度发展及社会变迁的需求。综上，证据法学的理论基础应包括认识论、价值论和程序正义论。

第一节　刑事证据制度的认识论基础

在任何诉讼和非诉讼法律事务处理过程中，应当说首要任务是查明案件事实或争议事实。诉讼中的案件事实或争议事实，通常是过去发生并难以再现的，只能通过发现证据、收集证据、审查判断证据，并最终运用证据来加以认定。所以，认识活动是诉讼裁判的基础，构成了诉讼活动的主要内容。对于认识活动，认识论无疑具有理论支持和指导作用。哲学上的认识论可以大致分为唯心主义认识论和唯物主义认识论，唯物主义认识论又可分为形而上学唯物主义认识论和辩证唯物主义认识论。在我们看来，辩证唯物主义认识论构成证据制度的理论基础。

一、辩证唯物主义认识论与证据法

刑事诉讼本身是一个认识过程，是将已经发生的案件事实在诉讼中再现，以准确认定事实真相，并在此基础上对案件作出裁决。辩证唯物主义认识论是关于认识的科学的世界观和方法论。在刑事诉讼中，已经发生的案件事实是认识的对象，司法人员及当事人是认识的主体，需要查明的案件事实是认识的具体内容。刑事诉讼活动其实也就是司法人员及当事人认识已发生案件事实的活动，追求客观真实是刑事诉讼的主要目标之一，在这一过程中，辩证唯物主义认识论起着理论指导作用。

（一）反映论

首先，辩证唯物主义认为，世界是物质的。物质是标志着客观实在的哲学范畴，它的

① 参见卞建林主编：《证据法学》，47页，北京，中国政法大学出版社，2005。

② 参见宋英辉、汤维建主编：《证据法学研究述评》，94～98页，北京，中国人民公安大学出版社，2006。

基本特征是客观实在性。这种客观实在是人通过感觉感知的，它不依赖于人们的感觉而存在，能为人们的感觉所复写、摄影、反映。物质概念是一个本体论范畴，作为唯物主义基石的物质概念构成了唯物主义认识论的前提。在思维与存在的关系这一哲学基本问题上，唯物主义认为存在是在思维之外的，而且是不依赖思维客观存在的。

在刑事诉讼中，案件事实虽然是过去发生的，但它是客观存在过的，这是不以人的意志为转移的。任何犯罪行为都是在一定的时间和空间条件下，使用一定的方法、手段实施的。任何犯罪行为的实施，必然要接触一些人和物，从而与外界的事物发生联系。这种联系以一定的物品或痕迹以及在人的头脑中留下的印象和记忆表现出来。对犯罪行为人在犯罪过程中所遗留下来的各种物品和痕迹可以进行收集，对于案件事实在被害人、证人、犯罪人本人的头脑中留下的印象和记忆可以让他们回忆和陈述，通过收集和审查证据的方式再现案件的真实情况。案件事实是客观的，案件事实与外界事物的联系是客观的，作为案件事实与外界事物联系表现形式的证据也是客观的。因此，如果没有发生刑事案件，或者犯罪嫌疑人、被告人没有实施犯罪行为，就不可能存在证明犯罪事实或者证明犯罪嫌疑人、被告人有罪的证据，这正是用来否定犯罪事实存在，或者排除犯罪嫌疑人、被告人实施犯罪的客观证据。证明的客观性要求司法人员必须按照事物的本来面目去认识案件事实，尽量查明案件的事实真相。

其次，辩证唯物主义认为，世界是可知的。辩证唯物主义认识论坚持从物质到精神、从客观到主观的认识路线，强调物质是在意识之外而且不依赖于意识的客观存在。对于思维和存在关系问题上，除了强调物质存在于人们的意识之外以外，还强调思维与存在之间具有同一性，客观实在能被人通过感觉感知，人类认识能够反映客观实在。物质世界虽然客观存在于人之外，但人的认识可以提供客观世界的正确图景，也就是承认意识能够正确反映物质。这与不可知论划清了界限。

在刑事诉讼中，所谓查明案件事实真相就是要做到司法人员的主观认识符合案件客观事实。司法人员在控辩双方的参与下，遵循一定的原则和方法，通过对各种人证和物证的审查，是有可能发现案件的真实情况的，从而做到主观认识符合客观的案件事实。刑事案件发生过程中，犯罪人实施犯罪行为，必然会留下各种物品或痕迹，例如盗窃案件中，作案人往往会在作案现场留下指纹、脚印等痕迹，这些痕迹是物质与物质相互作用而留下的印记，是一种反映；还有许多案件的发生为案外人所看到、听到，案件事实会在这些人的头脑中形成印记，这是人的意识对物质所形成的印记，也是一种反映。以上是案件中的证据对案件的反映。而案件本原事实是外在于司法人员，不以其意志为转移的客观存在。司法人员通过对各种人证和物证的收集、审查判断、质证、认证，对案件事实形成一种印象，这同样是一种反映。就内容来说，司法人员的认识和证据所反映的案件事实很可能相一致，也可能不一致，但大部分情况下是一致的。就反映论而言，证据对案件事实的反映是直接的，司法人员对案件事实的反映是间接的，这说明司法人员对案件事实认识过程的复杂性。

再次，辩证唯物主义认识论认为，客观物质世界是辩证地运动发展着的，而人的认识是客观世界在人脑中的反映，因此人的认识必然是一个辩证发展着的过程。人的认识是一个从实践到认识、由感性认识上升到理性认识，再由理性认识指导实践获得验证和发展的不断反复、深化的辩证过程。

从辩证唯物主义认识论的观点来看，客观事物是不依赖于人的主观认识而存在于外界的，是可以被认识的。所以，案件的客观事实是可以被认定的，但查明案件客观事实的过程即证明过程，是人们认识事物的一个复杂的辩证过程。在诉讼过程中，司法人员对案件事实的认识会受各种因素的影响。据以定案的证据材料是否全面，证据材料的来源是否可靠，收集证据的方法和手段是否科学等等，都会影响司法人员对案件客观事实的正确认识。运用证据证明案件事实的过程是一个认识过程，而这个过程是充满矛盾和曲折的。司法人员在审查、判断证据，运用证据认定案件事实的过程中，应当遵循从感性认识到理性认识、从现象到本质的认识规律，对证据材料、表面现象进行由此及彼、由表及里、去粗取精、去伪存真的分析研究，从感性认识上升到理性认识，寻找与案件有内在联系的证据事实作为定案根据。司法人员总是从其直接接触的系统的证据材料中获得感性认识，再以自己的经验、理性和良心进行逻辑完善，对证据取得内心确信，从而上升到理性认识，推断曾经存在过的事实。这个发展的过程，是符合辩证唯物主义认识论的。

司法人员认识案件事实也必须通过感性认识上升到理性认识，才能达到真实的程度。侦查人员采用侦查技术和强制措施收集犯罪证据，查明案件事实的活动属于认识活动。起诉方决定对被告人提起控诉，本身就是对侦查中认识结果的确认，而且，在法庭上基于对方当事人提出的证据和事实，检察官会形成新的认识，修正以前的认识。法官更是在控诉方和辩护方反复举证、质证，在充分的辩论基础上来认定案件事实的，并对案件作出最终的裁决。在整个刑事诉讼证明过程中，司法人员总是自觉不自觉地在实践着认识论，演绎着认识过程。

刑事诉讼中，案件事实不仅是可以认识的，而且有必要加以认识。尽管不同法体系和法文化对“案件真实”有不同的理解和界定，对“案件真实”的要求程度也各不相同，但发现案件真相可以说具有超越法体系和法文化的普遍意义。[①] 发现真实，使裁判者认定的案件事实同客观事实一致，实现客观真实，是诉讼证明的目标，是诉讼制度存立的基础之一。这一点在刑事诉讼中显得尤为重要，这是因为，刑事诉讼是实现国家刑罚权的过程，刑事被告人被定罪的结果是国家刑罚权的启动，公民的生命或自由被限制或被剥夺。所以，在刑事诉讼中仅仅强调诉讼的纠纷解决功能是不够的，纠纷在这里不仅要得到解决，还要尽可能按照案件的真实情况来解决。刑事诉讼中，法庭最终认定的案件事实与实际发生的案件事实相一致，是诉讼证明的最高要求和理想状态。

（二）相对论

辩证唯物主义认为，真理是主观对客观事物的本质及其规律的正确认识。任何真理都既有相对性，又有绝对性，是相对性和绝对性的统一。真理的相对性是指，真理所反映的对象是有条件的、有限的，它只能是对无限的物质世界发展的某一阶段、某一层面、某一层次的认识，而不可能是对无限物质世界整体的认识；真理反映客观对象的正确程度是有条件的、有限的，由于条件的限制，任何真理对认识对象的反映都只能是相对正确的，即在认识的深刻程度上、精确度上都是有限的，或者是近似的。真理的绝对性是指，任何真理都必然包含着同客观对象相符合的客观内容；人类的认识能力是不断发展的，因而真理内容在深度和广度上是永恒发展的。辩证唯物主义认识论排斥形而上学的思维方式，认为人类思维具有无限性和有限性，至上性和非至上性，作为认识成果的真理具有绝对性和相对性。它要求人们看到绝对中有相对，相对中有绝对，绝对与相对是既对立又统一的辩证关系。恩格斯在《反杜林论》中曾指出：“一方面，人的思维的性质必然被看做是绝对的，

---

① 参见宋英辉、汤维建主编：《证据法学研究述评》，82页，北京，中国人民公安大学出版社，2006。

另一方面，人的思维又是在完全有限地思维着的个人中实现的。这个矛盾只有在无限的前进过程中，在至少对我们来说实际上是无止境的人类世代更迭中才能得到解决。从这个意义来说，人的思维是至上的，同样又是不至上的，它的认识能力是无限的，同时又是有限的。按它的本性、使命、可能和历史的终极目的来说，是至上的和无限的；按它的个别实现情况和每次的现实来说，又是不至上的和有限的。”[①]

根据真理的绝对性和相对性原理，诉讼证明的绝对性是指其内容具有客观性，具体表现为诉讼证明是以一定证据为客观基础的，诉讼证明所认定的事实是向案件客观事实的接近而不是背离，是在一定范围内不能被推翻的正确认识。诉讼证明的相对性是指诉讼主体对案件客观事实的认识总是对客观事实本身一部分的接近和符合，诉讼中的认识也是相对的、有条件的，是对事物的一部分、一个阶段的认识。辩证唯物主义认识论认为真理是一个由相对走向绝对的永无止境的转化、发展过程，诉讼证明所达到的真实只是这个转化、发展过程的一个环节或阶段，诉讼证明只能接近绝对真实，而不能达到绝对真实。[②] 例如在故意杀人案件中，司法人员需要查明的是与杀人犯罪构成要件相关的事实，即杀人行为是否发生；在什么时间、什么地点发生；杀人行为人是谁，是否达到法定刑事责任年龄和具有刑事责任能力；是因为什么事由，使用的是什么工具，主要情节如何等几个方面的内容。查明这些事实，就可以对案件作出最终裁决。至于杀人者当时的表情、使用多大气力等细枝末节的问题往往很难查清，做到司法人员查明的案件事实与真实发生的案件事实丝毫不差是不可能的，而且对于通过刑事诉讼打击犯罪、解决纠纷来说也是不必要的。

辩证唯物主义认为，世界是可知的，总体而言，人类是有能力认识一切客观真理的。传统证据理论将辩证唯物主义这一命题运用到诉讼证明中来，认为案件事实是客观存在的，因而也是可以完全认识的，刑事诉讼应当以追求客观真实作为其目标。只要司法人员充分发挥主观能动性，重视调查研究、收集证据，案件事实真相是完全可以被发现的，因此我国诉讼活动中的证明目标为“查明案件客观事实”；证明标准为“案件事实清楚，证据确实充分”。传统的证据理论过分夸大了绝对真理观，却忽视了认识论的另一个方面，即相对真理观。诉讼中人们对案件事实的认定属于“相对真理”，人们在具体案件中对案件事实的认定还受到众多主客观因素和条件的限制。以人类认识整个过程的终极目标代替具体诉讼过程的认识目标，不仅不切实际，而且有可能在司法实践中带来不良后果。

二、作为证据制度理论基础的认识论的特殊性[③]

尽管诉讼认识以辩证唯物主义认识论为理论基础，但是基于刑事诉讼的特点，作为证据制度理论基础的认识论与一般认识论是有区别的，其具有自身的特性。这是我们学习和研究证据法必须注意的问题。

（一）认识主体的特殊性

首先，诉讼认识主体的主观能力具有局限性。刑事诉讼中认识主体的范围是特定的。

① ［德］恩格斯：《反杜林论》，载《马克思恩格斯选集》，3版，第3卷，463页，北京，人民出版社，2012。

② 参见孙长永主编：《刑事诉讼证据与程序》，9页，北京，中国检察出版社，2003。

③ 参见孙长永主编：《刑事诉讼证据与程序》，9～13页，北京，中国检察出版社，2003；卞建林主编：《证据法学》，56～59页，北京，中国政法大学出版社，2005。

在诉讼中进行认识的主体包括司法机关、诉讼当事人以及其他诉讼参与人，其范围是非常特定和有限的，而且往往落实到具体的个人。人的思维的非至上性决定了某一个案件的认识主体的认识能力是有限的，不可能具有无限发展的认识能力。无论是司法人员，还是普通的诉讼当事人，都是基于其对案件事实的主观认识来从事证明活动，都必然受到其感受能力、记忆能力、理解能力、表达能力等主观因素的限制，这些都必然对证明活动的施行和效果产生一定影响。“刑事诉讼证明的主体是人，而不是神，同样存在思维的非至上性问题。执法者比一般人高明之处仅仅局限于法律领域，案件事实问题则属于经验层问题，在这一问题上，执法者并没有高于普通人的天性。”[①] 在法庭审判中，控诉方或者辩护方由于其主观能力的限制对定案的关键证据举证不能或举证不力，往往会导致法官裁判其主张的事实不能成立的后果。

其次，诉讼中认识主体受诉讼利益影响。由于诉讼中的认识主体，尤其是案件的当事人与案件处理结果存在法律上的利害关系，诉讼主体在诉讼证明中基于趋利避害的本能，有可能只陈述对自己有利或对对方不利的案件事实。这也无疑有可能最终影响法官对案件的裁决。在我国刑事诉讼中，尽管检察机关作为控诉机关负责对符合起诉条件的刑事案件提起诉讼，但作为法律监督机关，检察机关还负有客观公正义务，因此，在决定起诉的案件中，检察机关应当全面收集证据。但在司法实践中，公诉人员往往对证明被告人有罪的证据给予更多的关注。

（二）认识时空和资源的限制性

人们进行自然证明和其他一般社会性认识，主要是为了发现某一原理或定律，可以不受地域和时间的限制而广泛地进行下去，直到发现客观真理和达到认识目的为止。而诉讼中的认识却要受到严格的地域管辖和法定期限的限制。刑事诉讼中，被犯罪行为破坏的社会秩序需要得到恢复，纠纷需要得到解决，因而案件不能无限制地拖延下去，被告人也不能无限制地处于被羁押或被调查的状态，案件必须在合理的期限内终结。诉讼中的认识主体在法定的诉讼期间内由于某种原因不能完成证明活动或者根据已有的证据不能得出明确的证明结果的，诉讼活动也要中止。

诉讼环节中的证明必须在法定的时间内完成，必须在法庭这一特殊的环境中进行。刑事诉讼作为一种解决纠纷的机制，一定要在特定的时间范围内，对特定的问题给出特定的答案。司法者对诉讼效益价值的追求，决定了其不可能无限期地等待案件事实完全查明，达到对案件事实绝对正确的认识。同时诉讼活动要受司法资源的制约。任何国家在一定时期的资源，包括人力资源、物力资源、财力资源都是有限的，每个国家投入到司法中的资源总有一个限额。而诉讼活动是一项资源耗费巨大的活动，司法资源的有限性决定了司法机关不可能为寻求某一案件的绝对真实而不惜成本、不惜代价。

（三）诉讼证明方法的特殊性

诉讼中认识的客体，也就是证明对象，是特定主体过去实施某一具有法律意义的行为所形成的事实，而不是科学原理或自然规律，后者是外在的、唯一的和现在还存在的客观规律。对于科学原理或自然规律的认识，人们可以创造条件，反复试验，直到发现规律。而诉讼中的认识是一种回溯性的历史证明活动。诉讼证明的对象是已经发生过的具体事实，而非事物的规律性。这种已经发生的事件只是在客观物质世界和人的主观世界留下了痕迹

---

① 汪建成：《刑事证据理论的哲学基础》，载《法学研究》，2004（6）。

或记忆，司法人员只能通过收集、审查、运用证据按照经验法则与逻辑法则以推理方式对案件事实加以“追溯”和“再现”，才能完成证明，得以认识案件事实。诉讼证明不可能像自然证明一样通过科学试验，反复试错。从整体上说，运用证据对事实作出判断和认定的过程，运用了从事物的结果反推其原因、从客观现实反推其历史过程的认识方法。这种认识方法只能最大限度地接近事实，而不能绝对地再现事实。

另外，和科学原理或自然规律相比，在法庭上进行的证明过程是一种纷繁复杂的社会活动，证明过程还要受伦理性要求的约束，因而诉讼证明活动必须遵循一定的证明程序和证明规则，法律不允许当事人随意使用证明手段。

（四）诉讼证明目的的特殊性

诉讼证明的目的明显不同于自然证明和一般社会证明。自然证明和一般社会证明是为了揭示自然领域、社会领域中客观存在着的各种现象和规律，也就是为了追求客观真理，追求认识的正确性。刑事诉讼中的证明，一方面是为了打击犯罪，维护社会秩序，这一证明目的离不开对案件事实的正确认识，否则就可能造成冤假错案，违背证明的目的。另一方面，诉讼证明还是以解决利益争端为目的的活动。无论何种诉讼，其实质都是通过诉诸法律而定分止争，恢复法律秩序，也即以确认法律权益、解决利益争端为目的的法律实施活动。在解决利益争端过程中，裁判者需要通过审查、判断证据，对案件事实作出正确的认识，这种对事实的认识为争端的解决提供了一定的事实基础和依据，创造了一定的条件，但不是诉讼证明的唯一目的。而裁判者对利益争端的解决，也不一定要建立在客观真实的基础上。例如控诉方举证不足或者举证未能达到法定的证明标准，法官就会作出被告人无罪的判决，通过诉讼调解、辩诉交易所作出的判决，都不是建立在查明案件事实真相基础上的。

刑事诉讼证明目的的特殊性决定了诉讼中的认识对象是特定的，即刑事证据是为实现特定证明对象服务的。只有那些对证明案件有实质意义的事实，即与定罪量刑有关，能够解决诉讼争端的事实，才能成为证据。“刑事诉讼中的案件事实无疑是经过证明对象这把剪刀裁剪过的，法官们所关注的事实同小说家所关注的事实显然不同。”[①] 证明目的的特殊性表明了诉讼中的认识与自然科学和一般社会认识的区别。

综上所述，从刑事诉讼证明过程来看，诉讼证明活动主要是一个认识过程，在这一认识过程中，辩证唯物主义认识论中的反映论、可知论、相对论思想为刑事诉讼证据制度提供了理论支撑。同时，作为证据制度理论基础的认识论具有特殊性，不能将作为一般规律的辩证唯物主义认识论绝对化，僵化地用于解决刑事诉讼中的认识问题。辩证唯物主义认识论的一般规律性、普遍性与刑事诉讼认识论的特殊性不是严格对立或不可调和的，而是同时作用于具体的案件证明过程。

从总体上说，我国刑事诉讼法中确立的证据制度体现了辩证唯物主义认识论的思想。例如，我国刑事诉讼法规定了重证据、重调查研究、不轻信口供的原则；证据必须经过查证属实才能作为定案的根据；司法人员办案必须忠实于事实真相等。这说明我国刑事诉讼强调司法人员用做判案依据的对案件事实的认识应当与案件事实本身相符合。作为我国证据制度理论基础的传统的认识论存在着缺陷，那就是只看到辩证唯物主义认识论中关于真理绝对性的内容，并以此为指导，认为刑事诉讼以追求客观真实作为其目标，而对诉讼证

① 汪建成：《刑事证据理论的哲学基础》，载《法学研究》，2004（6）。

明的相对性、认识能力的非至上性以及诉讼证明特殊性的认识不足。这集中表现为我国刑事诉讼中，缺乏完善的证据规则，所定证明标准过高，对其他诉讼价值有所忽略。在这种认识论指导之下，很难形成完整的证据规则，对证据制度的理论研究也因为存在片面性而难以深入下去。这些都需要在证据制度改革过程中加以完善。

第二节　刑事证据制度的价值论基础

所谓价值，体现的是一种主客体关系，即价值是主体需要和客体适应与满足主体需要之间的一种特定关系。它是在人的实践——认识活动中建立起来的。从原始意义上讲，价值经常被界定为客体满足主体需要的积极意义或客体的有用性。法律价值则是人与法律之间的一种需要与满足的特定关系。法律价值作为社会关系主体对法律的一种主观体验，必然存在于人的需要与法律满足人的需要的属性之间的特定关系之中。而证据制度的价值，是指证据立法及其实施能够满足国家、社会及其一般成员的特定需要，对国家、社会及其一般成员所具有的效用和意义。证据制度的作用、目的、性质必然深刻地制约证据制度价值的有无及大小。

法律价值是法律的灵魂，从一个国家制定的法律中，可以看出一个国家的价值取向。价值观念是一个国家、一个民族在其历史发展过程中自发形成的，与特定社会的文化背景有关，但是它最终决定于社会的经济结构和生产力的发展水平。因此不同的社会制度，对法的价值的理解和要求并不相同，即使是相同社会制度的国家，法律文化传统、政治力量对比等因素都会影响其法律价值的选择，因而法律价值具有多元性、可变性。诉讼中的证明不仅仅是一种认识活动，更是一种适用法律的专门活动，因此必然涉及对各种价值的选择和实现问题。由于诉讼本身的价值取向逐渐趋于多元化，所以作为诉讼制度重要组成部分的证据制度，其价值也应当是多元化的。

一、秩序

秩序是维护现存经济、政治等制度和一般生存条件的需求的具体内容之一，同时也是国家所追求的法律的基本价值之一。社会秩序，指的是人类社会中由社会规范调控所形成的一种既定的状态。秩序是法的基础价值。任何法，从秩序意义上讲，无不是为了追求并保持社会一定的有序状态。秩序是法的最直接的追求，法的其他价值也都是以一定的秩序价值为基础的。在刑事诉讼领域，秩序价值包含两种含义：其一是通过惩治犯罪以恢复社会秩序；其二是追诉犯罪的活动必须是有序的，不得导致无序状态。证据制度同样是通过这两种方式达到维护秩序的目的。

首先，通过证据制度的实施，在发现案件真实的基础上惩罚犯罪行为，以恢复社会秩序。证据法的确立以及模式的选择，无不是为了维护一定的社会秩序，即通过发现、收集、审查判断证据来查明案件事实，认定犯罪，以实现打击犯罪，恢复被犯罪行为破坏的社会秩序，稳定整体社会秩序的目的。发现案件事实真相之所以重要，主要原因在于刑事诉讼的目的是确认犯罪事实的发生和犯罪人是谁，并在此基础上实现国家的刑罚权。使用国家刑罚权来惩治和预防犯罪、维护社会秩序是刑事诉讼赖以存在的基础。各个国家都是将发现案件真实作为刑事证据法的目标之一。例如，《美国联邦证据规则》第102条规定，本规则将用以保证公正实行，消除不合理的耗费和延误，促进证据法的发展壮大，以实现确定事实真相，公正处理诉讼；《日本刑事诉讼法》第1条规定，本法以在刑事案件上，于维护公共福利和保障个人基本人权的同时，明确案件的事实真相，正当而迅速地适用刑罚令为目的。证据制度中确立的品格证据规则、最佳证据规则、传闻证据规则都是为了确保通过证据发现案件真相，以使真正的犯罪行为人受到刑罚处罚，因犯罪行为遭到破坏的社会秩序得以恢复。如果没有证据制度作保障，如果不建立这样一种秩序，国家权力在打击犯罪中就无法得以体现，对犯罪的追究就会陷入混乱状态，任何人都可以行使自己认为所具有的追究犯罪的权力，那么整个社会就会陷于无序状态。

其次，通过证据制度规范诉讼主体的诉讼行为，以维护诉讼秩序。维护法律或统治秩序的司法机关，其本身的行为必须是合乎秩序的，在权力的行使方面更是如此。法治社会强调要以程序性规范建立国家司法机关权力运作的秩序，对司法权的行使进行严格制约。证据制度要求作为最终定案根据的证据应当具有客观性、相关性和合法性，禁止司法机关的非法取证行为，就是为了保证司法活动的纯洁性，维护诉讼秩序。所以，对于侦查机关而言，收集的证据在实体上必须具有客观性和相关性；收集证据的程序必须合法。对于起诉机关而言，对被告人提出控诉必须遵循举证规则和质证规则等。对于审判机关而言，证据制度对其审判行为进行规范主要是通过认证规则，以确定法官裁量评判证据应当遵循的原则和程序，对法官裁量评判证据的活动予以规范。以法庭审判为例，证据制度通过规范诉讼各方的取证和举证行为来实现维护诉讼秩序的作用。在现代诉讼模式下，庭审中控辩双方进行对抗，举证由控辩双方进行。这样，在法庭调查中，就不可避免地涉及控辩双方提出证据是否具有可采性的问题。如果完全不加以限制，就有可能使法庭调查的范围无限扩大，事实的争议之点模糊。不具有可采性的证据如果不能排除，就有可能影响裁判的正确性。因此，在法律上明确规定证据可采性规则，限制举证和辩论的范围，有助于规范各方取证和举证的诉讼行为，使庭审过程规范、有序。

二、自由

自由是人生而具有的属性。自由对于人的价值主要在于：它是人的潜在能力的外在化，是人的自我意识的现实化，是人类发展的动力和目标之一。自由作为法的重大价值，其在法或法学上的界定一般是指一定社会中人们受到法律的保障或得到法的认可，按照自己的意志进行活动的人的权利。由这一定义我们可以看出，法的自由是人固有的权利，属于人权的范畴。对人及其存在的价值和尊严的尊重是法治的最高价值追求，自由是人及其存在的价值和尊严的重要体现和保障，因而也是现代社会最重要的法律价值之一。当今，崇尚人权、追求自由已经成为社会潮流，我们更应追求证据制度中的自由价值，让证据制度在保障人的自由方面发挥更大的作用。证据制度通过以下方式保证自由价值的实现：

首先，证据制度通过对国家权力的控制，实现公民的自由。根据认识论，诉讼中的认识具有相对性，而相对真理没有一个统一的判断标准，如何约束司法人员的恣意或任性，防止其滥用司法权非法侵犯公民权利，认识的相对真实性也无法解决这些问题，只有将权力纳入法律规范的轨道，人们的自由才有可预见性并且能够得到真正的实现。例如，侦查机关采取非法手段收集的证据，由于其侵犯了犯罪嫌疑人的诉讼权利或实体权利，为了保障人权，这类证据应当予以排除。再例如，各国均确立了刑事诉讼中较高的证明标准，这就对司法人员发现、收集和审查判断证据提出了更高的要求，司法人员行使权力应当做到慎重、准确。在证据的运用过程中，要严格规范和限制国家的侦查机关、控诉机关的权力，防止其滥用权力侵犯诉讼参与人的诉讼权利，重视对诉讼参与人特别是犯罪嫌疑人、被告人的人格尊严和价值的保障，把被告人作为自主、自立且有权自由表达自己意志的重要诉讼主体来看待，而不能随意处置。

其次，证据制度通过对权利的积极规定，实现公民自由。自由一方面体现为法律对国家权力行使的消极性规定，另一方面则体现为对公民权利行使的积极性规定。因此自由在证据制度中的另一种体现是证据制度以积极方式规定诉讼参与人，特别是犯罪嫌疑人、被告人的权利。例如，在刑事诉讼中，犯罪嫌疑人、被告人享有不受强迫自证其罪的权利。不受强迫自证其罪的权利是刑事诉讼中的一项独立权利，它对于遏制刑讯逼供、预防刑事诉讼中受刑事指控的人的合法权利遭受侵犯起着重要作用，体现了诉讼中的自由、民主价值。再例如，刑事诉讼中对被告人适用无罪推定原则，决定了在证明责任的分配上，要求公诉方承担证明责任，如果公诉方的举证不能达到法定证明标准，那么就要承担实体法上的不利后果，法官将根据“疑罪从无”原则判决被告人无罪。无罪推定原则及其所蕴涵的证明责任分配原理正体现了证据法律制度对公民自由的尊重与维护。

目前，对于个人权利的保护，不仅表现为刑事诉讼中赋予公民广泛的诉讼权利，而且表现为各国将许多公民个人权利上升为宪法权利。法律所体现的自由价值主要表现为对公民生命权、自由权、隐私权的尊重。刑事诉讼中，对人权的尊重不仅表现为对作为在刑事司法中的犯罪嫌疑人、被告人权利的尊重，也表现为对其他社会成员权利的尊重。例如，国外一些国家的证据制度除了规定证人要具有提供证言的资格，必须符合法律所限定的条件外，还规定在其具有特定身份或职业而导致其作证可能损害特定的利益或价值的场合下，证人的作证义务可以被免除，体现了证据制度除了对查明案件事实目标的追求以外，对其他利益与价值的尊重。

另外，证据制度中对自由价值的保障还体现出世界化趋势。随着世界人权事业的发展，《世界人权宣言》、《公民权利和政治权利国际公约》和《经济、社会和文化权利国际公约》等人权公约以及一系列国际刑事司法准则相继确立了诉讼参与人享有的一系列实体和正当程序权利。国际人权公约和其他国际刑事司法准则对公民自由权利的保障强调对国家机关权力进行限制，同时赋予公民积极的自由权利。国际人权公约和其他国际刑事司法准则对公民自由权利的规定集中体现在：一是要求加强对犯罪嫌疑人、被告人的积极保护，例如明确无罪推定原则，赋予犯罪嫌疑人、被告人一定的沉默权；二是加强辩护方的防御能力，例如赋予辩护人调查取证权，建立证据开示制度，落实质证权等。国际人权公约是世界各国在人权保护领域共同追求的理想价值和通力协作的重要成果，也是衡量各国刑事司法领域文明、民主、进步与否的国际标准，理应得到遵守。

三、效益

效益是人类社会的一项重要价值目标。“效益”一词在当今社会被广泛使用。在经济学中，效益是指以最少的资源消耗取得较大的效果，简而言之，就是以最小的投入获得最大的产出。这里的投入，或者可以称为成本，是人们为了一定的效益所付出的代价。这里的产出则是指有效产出。"效益"一词最常见于经济领域，而且人们说得最多的也是经济效益，但是我们应当看到效益不仅限于经济效益。有的效益是可以用经济来衡量的，而有的效益并不表现为具体的经济利益，也不能用经济的标准来衡量，例如国家的司法活动。

刑事诉讼是国家追究犯罪，保护无辜，维持正常社会秩序的一种活动。在此过程中，国家需要投入大量的人力、物力和财力，即必须付出高昂的诉讼成本。刑事诉讼效益是指在刑事诉讼中所投入的司法资源与所取得成果的比例。讲求诉讼效益就是要求以一定的司法资源投入换取尽可能多的诉讼成果，即降低诉讼成本，提高工作效率，加速诉讼运作，减少案件拖延和积压的现象。刑事诉讼的效益价值还体现在社会效益的获得上，例如司法机关权力运作效率的提高、社会秩序的维护以及人们安全感的加强等。

科学、合理的证据制度必然反映出一定的经济合理性。既然刑事诉讼是一种消耗大量人力、物力和财力的活动，那么在当今资源稀缺的情况下，其投入与产出比必须符合经济合理性的要求。面对诉讼成本高昂、案件积压严重、司法活动拖延的共同难题，世界各国不外乎通过科学地配置司法资源和合理地设置诉讼程序的方法予以解决。在刑事诉讼中配置司法资源方面，完善的证据规则有助于合理配置司法资源，取得良好诉讼效益。法庭审理主要是在控辩双方的对抗和推动之下进行的，如果对双方的举证、质证不设严格、具体的标准和规则，则无法避免当事人随意使用证据。这些证据要么不具有相关性，要么不具有实用性。不具有关联性的证据，必然会导致证据收集、审查、调查范围的无限扩大，而影响诉讼进程，浪费司法资源。作为证据法律制度的重要内容的免证事实以及推定制度的设立，都是为了加快对有关事实的认定的进程，避免不必要的调查。在刑事诉讼程序方面，在司法资源一定的情况下，科学设计的刑事诉讼程序，有利于降低刑事诉讼成本，提高刑事诉讼效率。例如证据开示程序，就社会总体而言，通过证据开示，侦查机关利用国家侦查设施取得的证据，既可以为控诉方使用也可为辩护方使用，相对于双方各自独立调查取证，减少了社会总消耗，提高了资源利用率。就单个诉讼而言，通过证据开示，控辩双方明确了争议的焦点，做好庭前准备，避免了审判的拖延和无序，保证了审判集中、连续进行，缩短了诉讼周期，实现了诉讼的高效快捷。①

第三节 刑事证据制度的程序正义论基础

所谓程序正义，是指法律程序在其具体运作过程中应符合正义的要求。如前所述，辩证唯物主义认识论原理为我们提供了认识客观世界的武器与方法，然而认识活动虽然是诉讼证明活动中的重要内容，但却绝不是诉讼证明活动的全部。即使是诉讼中的认识活动，也不同于其他社会领域中的认识活动，除了必须遵循辩证唯物主义关于主观认识客观的规律原理，运用逻辑和经验的知识法则外，还要受到程序法律的规范，体现程序正义的理念。

① 参见宋英辉、魏晓娜：《证据开示制度的法理与构建》，载《中国刑事法杂志》，2001（4）。

根据程序正义理论，法律程序是为保证一些独立于判决结果的程序价值而设计的，这些价值有参与、公平以及保障个人的尊严等。一项符合这些价值的法律程序或者法律实施过程固然会形成正确的结果，但这种程序和过程的正当性并不因此得到证明，而是取决于程序或过程本身是否符合独立的程序正义标准。[①] 换句话说，一项法律程序或法律实施过程是否具有正当性和合理性，不是看它是否有助于产生正确的结果，而是看它能否保护一些独立的内在价值。

证据制度的内容贯穿、渗透于程序法中，刑事诉讼的整个过程中，证据的运用与程序密不可分。一方面证据制度的运行依托于刑事诉讼程序，另一方面许多证据规则本身就是程序性规定。将程序正义理论奉为证据法学的理论基础，为一系列证据规则的确立提供了理论根基。程序正义理论论证的主要不是发现案件事实真相的正当性问题，而是发现案件事实真相的手段和方式如何公正、合理的问题。作为发现案件事实的证据制度，能够最大限度地保障案件当事人收集和发现证据，敦促当事人围绕事实发现展开有效的诉讼活动。只有通过这种方式，案件裁判的公正性才能得到保障，裁判的结果更容易为案件当事人所接受，也更能满足社会公众对司法公正的希求。在证据制度中，程序正义理论主要从以下几个方面解决诉讼证明过程的公正性和裁判结果的可接受性问题。

一、保证案件当事人充分参与，实现诉讼双方的平等对抗

程序正义最基本的要求是：与诉讼结果有利害关系或者可能因该结果蒙受不利影响的人，都有机会参与到诉讼中，并得到提出有利于自己的主张和证据以及反驳对方提出的主张和证据的机会。程序参与是维持诉讼平衡的需要。维系程序的诉讼构造，应当尽可能使控辩双方力量保持均衡，并保障诉讼双方享有平等或对等的诉讼权利。刑事公诉案件中由力量相对强大的公诉机关进行对公民个人的追诉，因而容易造成力量失衡和侵犯公民权利的现象。程序参与原则使得诉讼能够在追诉犯罪的基础上兼顾处于相对弱势的被追诉方利益，赋予被追诉方参与诉讼、陈述意见的权利，从而可以避免出现追诉机关单方面影响法官的判断，使法官能够在控辩双方平等对抗关系基础上作出中立的裁断。

公平是正义的基本内涵，程序正义自然要求诉讼双方在诉讼过程中的各个阶段都能保证公平对抗。在证据制度中，公平对抗主要表现为控辩双方在获取证据、证据信息知悉、质证等方面机会平等。不仅要形式上平等，还要强调实质上的平等。基于刑事公诉案件中控诉方与辩护方力量对比的实质不平等，在控方负主要举证责任的证明责任分配设计上以及无罪推定、疑罪从无原则的确立上，都表现为对辩护方的一定倾斜，以提升处于相对弱势的辩护方的诉讼地位，实现控辩双方的实质平衡。许多国家的宪法和刑事诉讼法都规定了刑事诉讼中的无罪推定原则，即任何人在未经依法确定有罪以前，应假定其无罪。凡是证据不足、事实不清的案件，法官应当作出无罪的判决。无罪推定作为对刑事被告人在法律上所作的保护性假定，并非对被告人身份和地位的事实描述，它所维护的是被告人在诉讼过程中的主体资格和积极参与者地位，保障的是程序过程的公平性和合理性。任何人不得被强迫自证其罪原则维护的主要是被告人防卫自身和自主选择诉讼行为的能力，防止的是那种为达到结局而不择手段的司法行为，它对于控辩双方在理性的基础上进行平等对抗

① 参见陈瑞华：《从认识论走向价值论——证据法理论基础的反思与重构》，载《法学》，2001 (1)。

具有保障作用。

证据法一般都有保障控辩双方在审前进行证据或信息交流的制度构建。这种交流主要是通过阅卷权和证据开示两种形式进行的。在实行职权主义诉讼模式的大陆法系国家，检察机关起诉时全案移送包括证据材料在内的案卷，为了保障被告人的辩护权，法律一般赋予辩护律师查阅案卷的权利，即阅卷权。在实行当事人主义诉讼模式的英美法系国家，则设有专门的证据开示程序。在证据开示程序中，由于追诉方在收集证据方面占有绝对优势，案件证据多由控方拥有，所以证据开示程序向来被认为是辩护方行使防御权的一种保障。审判前的信息交流，实现了控辩双方对侦查设施资源的共享，强化了辩护方的防御功能，为庭审实质化提供了客观条件。

证据法普遍规定了以开庭方式审查证据，通过直接言词集中辩论的方式解决争端。被告人在审判中享有出示证据和反驳不利证据的机会。证据调查采取交叉询问的方式，要求在法庭上，控辩双方中的一方在有机会提问的另一方当事人或者其代表在场的情况下提供证据。正是程序为当事人双方提供了一个根据证据进行自由对话、平等辩论、反复博弈的环境，使得双方的观点、意见可以为中立的裁判者予以平等地考虑。通过公开、公正的程序，人们以看得见的方式实现司法正义。当事人双方的利益被置于与国家和社会利益同等重要的地位之上，受到裁判者的充分关注，因而会产生一种受公正对待的感觉，社会公众也会对判决结果连同其据以形成的合理根据一起表示认可和满意。

二、法官保持中立

正当程序强调法律程序，或者法律规定的正当性。正当程序作为一条重要的法制理念与宪法性原则，源于英国"自然正义"的思想。"自然正义"是英国法制的核心，是法官据以控制公共行为和行政行为的基本程序原则。这一原则有两个基本要求：一是任何人均不得担任自己案件的法官；二是法官在制作裁判时应听取双方当事人的陈述。根据第一项要求，法官在审判中不得有任何偏私，其不仅不能与案件或当事人双方存有利益上的牵连，而且不得对案件事实形成预决性的认识和判断，否则法官作的裁判就可能失去效力。根据第二项要求，法官必须给予所有与案件结局有着直接利害关系的人充分陈述意见的机会，并且对各方面的证据和意见平等对待，否则他所制作的裁判就不具有法律效力。程序正义要求裁判者必须公正无偏，对此人们已经达成共识并成为一项国际性司法准则。联合国《公民权利与政治权利国际公约》第14条规定，当事人有获得"合格的、独立的和公正的法庭"审判的权利，因此独立、中立、公正的审判者成为程序正义的基本要求之一。

在刑事诉讼中，法官保持中立要求法官不得过早和单方面接触证据。根据现代诉讼构造，法官作为裁判一方，应当与控诉和辩护各方保持等距离的关系，以维护其地位的中立与超然。为了保证法官不对案件事实有所偏见，在审判程序开始之前不应使之过早地接触证据，以免对案件形成预断。为此，英美法系国家法官在开庭前并不接触证据材料，直到开庭后，控辩双方才当庭向法庭提交证据材料。日本在刑事诉讼中实行起诉状一本主义，除了起诉书外，法官在开庭前看不到其他案卷材料。大陆法系国家采卷宗移送主义，检察机关在庭审前向法院移送全部案卷材料，法官庭前有可能接触案件证据材料，但大陆法系国家严格贯彻法庭审理的直接言词原则，强调证人必须出庭，任何证据必须经过法庭的辩论、质证才能作为定案的根据，大大降低了法官庭前接触证据可能产生预断的消极影响。

我国1996年修改刑事诉讼法时，改变了1979年刑事诉讼法规定的起诉机关移送全部起诉案卷的做法，规定起诉机关决定起诉的，移送法院的案卷材料主要包括有明确指控犯罪事实的起诉书、证据目录、证人名单和主要证据的复印件或者照片。法院对起诉的审查也从原来的实体性审查转变为程序性审查，减少了审判前法官接触证据的机会。但在司法实践中，由于法官庭前仍能够接触案件主要证据内容，此举避免法官对案件产生庭前预断的效果并不明显。更为重要的是，由于检察机关向法院移送案卷材料范围受到限制，直接导致辩护方查阅案卷材料范围受到限制，严重影响被告人辩护权的行使，造成法庭审判严重的控辩不平衡。2012年我国修改刑事诉讼法，恢复检察机关提起公诉案件向法院移送全部案卷材料的做法，同时强化证人、鉴定人出庭制度，证人证言质证规则等内容，以保证案件最终裁决是根据庭审中证据调查、证据辩论作出，消除法官庭前预断的影响。另外，法官不应单方面接触证据，法官单方面接触证据可能导致对方当事人失去反驳该项证据的机会，这同样是为了避免法官因接触一方提供的证据而可能对案件产生预断，以保证案件得到公正审理。

在刑事诉讼中，法官保持中立要求法官对控辩双方提出证据的活动平等对待。在诉讼过程中，举证、质证是控辩双方之间为支持自己主张进行进攻和防御的重要手段，也是当事人自己决定自己权利义务的关键。因此，法官应保持客观中立的立场，让当事人平等对抗，只是为其提供公平对抗的场所，不能偏袒或压制任何一方。法官对控辩双方的举证、质证活动要平等对待，对于双方在庭审过程中就证据、案件事实以及适用法律发表的意见要公平考虑。当然，在举证、质证过程中，法官也应发挥自己的主导作用，让双方的举证、质证活动围绕证据的关联性、合法性和真实性展开。

在刑事诉讼中，法官保持中立要求法官作出裁判必须建立在控辩双方提供的证据的基础之上。为了保证裁判者与裁判结果之间没有利害关系，法官只能根据控辩双方提供的证据对事实予以认定，而不能偏向任何一方，只有这样才能保证审判程序的正义和认定事实的正确。裁判者在审查判断证据时要保持适当的消极性和被动性，遵循不告不理的原则，裁判者对控辩双方之间争端的解决一般主要限定在法庭上，限于对双方提交的证据材料、意见进行听审和裁判。在法庭审判过程中，审判必须以控诉方起诉范围为准，即审判以合法有效的起诉为前提，审判事项受起诉范围的限制。法官在审理中不能随意扩大需要查明或认定的案件事实的范围，而只能将法庭调查范围限制在控诉的范围之内。法官最终对案件作出裁判时，也只能在起诉范围内和在法庭调查证据的基础上作出。

三、判决说明理由

程序正义不仅体现在法官在当事人的参与下解决案件争端的法庭审理过程中，也体现在案件最终处理结果的判决中。判决书是法官针对个案作出判决的书面载体，是法官解释他为什么这样判决的说明书。判决说明理由，一方面可以使裁判者更为准确地认定案件事实；另一方面，有助于当事人了解判决是怎么作出的，使其更容易接受判决。

判决理由的陈述包括两个方面：对事实认定的陈述和对法律结论的陈述。其中事实认定指的是裁判者在诉讼中依据证据最终所认定的案件事实情况。判决理由有助于保证判决实际上是基于法庭调查的证据作出的。判决充分考虑控辩双方提出的证据以及对证据的审查判断情况，可以保证案件事实认定的准确性。

如前所述，诉讼证明具有相对性和特殊性，程序公正有助于使诉讼证明的相对性结果具有正当性。判决说明理由，不管裁判结果如何，人们都会确信这种结果不是裁判机关任意或者随意作出的，而是经过了充分、合理的论证和讨论，因而具有充分的正当性和合理性。如果一项判决是附带理由的，那么，人们就更倾向于接受这项判决。即使他不同意这些理由，他至少会觉得他所提出的证据被考虑到了，他的意见也已经被充分注意到了。这种效果并不仅仅是来自于诉讼证明结果的真实，也来自于程序过程本身的公正、合理性，由此使裁判结果的形成建立在正当的法律实施过程的基础之上。现代司法实践证明，坚持程序正义原则，有助于争讼的双方从心理上真诚接受和承认法院所作裁判的公正性和合理性，有助于社会公众对法院、审判程序乃至国家法律制度的权威性产生普遍的信服和尊重。

第四节　刑事证据制度不同理论基础间体现的价值选择与权衡

证据法是一个复杂的法律规范系统，任何一个理论基础都难以对整个证据法体系作出全面、合理的解释，现代证据法体系的构建是多种理论共同作用的结果，证据制度理论基础呈现的是一种多元化状态。那么这些多元的理论基础之间的关系是怎样的？证据制度又是怎样调和不同理论所体现的价值的冲突的？

一、刑事证据制度不同理论基础之间的关系

（一）不同的理论基础从不同方面发挥作用

辩证唯物主义认识论主要为诉讼认识的内在过程提供正确的观念、过程、原则和方法，主要解决的是诉讼认识作为认识活动所具有的特点和规律，它的目的和作用在于保障诉讼认识具有真理性。程序正义论主要为诉讼认识的外在过程提供正确的观念、过程、原则和方法，主要解决的是诉讼认识作为司法活动具有的特点和规律。[①] 从程序正义理论的角度来看，诉讼的终极目标应当是以符合正义要求的方式解决争端，求得诉讼过程的公正性。价值理论则是从刑事诉讼所要达到的价值目标上指引着案件事实的发现和诉讼程序的进程。因此，只有遵循辩证唯物主义认识论的原则和方法，才能够保证诉讼认识本身的真理性；只有遵循程序正义论的原则和要求，才能够保证诉讼认识的正当性；只有遵循诉讼价值论的原则和要求，才能实现诉讼的价值和目标，才能保证诉讼认识的正确、合法、有效。其中，通过辩证唯物主义认识论所实现的揭示案件事实真相是刑事诉讼进行的基础，程序正义论是刑事诉讼过程具有正当性的保障，价值论则是刑事诉讼所要实现的价值目标。不同的理论基础从不同方面发挥作用，整个证据制度是沿着不同理论发挥作用的合力的方向运行的。任何一种理论都不足以兼顾到证据制度所有价值的实现。

① 樊崇义主编：《证据法学》，3版，82页，北京，法律出版社，2004。

(二) 辩证唯物主义认识论、价值论、程序正义论相互作用

首先，辩证唯物主义认识论是设计程序正义论和价值论的前提和条件。诉讼证明毕竟是一种认识活动，因而辩证唯物主义认识论会对整个证明活动起指导作用，诉讼价值目标的实现、程序正当性的体现都要通过认识活动来进行。

其次，价值论是认识论和程序正义论的目标方向。辩证唯物主义认识论为我们提供了正确认识客观世界的方法和途径，程序正义理论则从法律上规范和制约这些认识方法和途径的正当性。价值论则为认识活动和诉讼过程提供价值原则，它所提供的原则是诉讼活动的目的性原则。

再次，程序正义论虽然不会对辩证唯物主义认识论产生影响，却会对实际的诉讼认识活动产生影响，使一般的辩证唯物主义认识论原则具体适用于诉讼认识活动。[①] 同时，诉讼程序的具体设置又直接体现了一定的诉讼价值。

刑事诉讼的进行要解决三个基本问题：一是找出案件事实；二是解决纠纷；三是实现国家的刑罚权。其中辩证唯物主义认识论对案件事实的发现发挥着作用，价值论则是为了落实国家的刑罚权，保障涉诉公民的基本权利不受侵害，同时兼顾效益原则。从认识论和价值论的角度，可以看出诉讼证明是体现一定法律价值、追求实体真实的认识活动。但是，如前所述，诉讼证明具有相对性和特殊性，诉讼证明的结果也只能是一种相对的真实，这时候我们就会遇到一个问题，诉讼证明中，人们对相同的证据材料必然会产生不同的认识结果；当事人之间、当事人与法官之间、法官与法官之间根据相同的证据材料可能会产生对案件事实的不同认识，那么如何使各方共同接受诉讼证明的结果？相对真实性本身做不到。这时候就需要引入程序正义理论。程序正义理论正是通过发挥自身独特的内在价值，来保证整个诉讼证明过程的正当性和合理性，以促使各方普遍接受诉讼结果，从而最终解决纠纷。程序正义理论对诉讼证明的意义并不在于其有助于实现实体真实，程序公正的真正意义在于弥补诉讼证明相对真实性之不足。可见证据制度的运行，是不同的理论基础相互作用的结果。

不同理论基础的相互作用不仅体现在从整体上影响证据体系的建构和运行，具体到某一证据原则或规则也是如此。例如，非法证据排除规则的确立，不仅是因为通过非法诉讼活动获取的证据有可能是不真实的，更是考虑了法律对公民自由权、隐私权的尊重和维护，以及维护法律程序的正当性。为了维护法律的价值和程序的正当性，通过非法诉讼活动获取的证据即使是真实的，也可能遭到否定的评价。

辩证唯物主义认识论、价值论、程序正义论不仅从各自的角度对诉讼证明过程实际起作用，还通过互相影响、互相作用，共同指引着证据立法和证据司法实践的方向。片面强调任何一个理论基础，都会给证据立法、司法实践甚至是一国的法治目标带来消极影响。不同的理论相互作用，共同对证据制度进行指导，可以避免由单一理论作指导带来的弊端，保证证据制度运行的合理性、合法性与正当性。

二、不同证据理论基础中所体现的价值取向的冲突与平衡

如上所述，证据制度的不同理论基础所体现的价值取向是不同的：辩证唯物主义认识

---

① 樊崇义主编：《证据法学》，3版，82页，北京，法律出版社，2004。

论体现的是追求案件事实真相，实现实体正义的价值；价值论体现的既有对整个社会秩序的维护，也有对个人自由、个人权利的尊重，还有对诉讼效率的追求；程序正义论则体现了诉讼过程的正当性，追求的是一种程序正义价值。从总体上说，不同的理论基础共同作用于证据制度，它们之间是不矛盾的，但是在司法实践中，在具体的诉讼证明过程中，不同理论基础所体现的价值取向是有可能发生冲突和矛盾的，这时就需要对这种冲突和矛盾加以协调和平衡。以协调价值冲突为目标的利益衡量是证据制度的一个重要方法原则。

（一）公共利益与个人利益

利益是一种客观范畴，是一种客观存在，利益就是需要的主体和需要的对象之间的一种事实关系。从利益主体的角度可以把利益分为个人利益和公共利益。个人利益包括经济收益、生活安全、权力地位、名誉声望等；公共利益包括经济发展、文明进步、社会安宁、公共秩序等。

在刑事诉讼中所体现出来的公共利益是指通过查明案件事实，查获犯罪人，实现刑罚，以维护和恢复社会秩序；所体现出来的个人利益是指在刑事诉讼中被害人、犯罪嫌疑人、证人等个人的权利与自由。之所以在这里特别讨论公共利益与公民个人利益之间的关系，是因为公共利益有时会成为国家侵权、国家权力限制公民个人利益的理由。一般来说，公共利益与个人利益之间存在着四种冲突：一是公共利益和个人利益都不具有合法性的保护；二是存在着由权力来保护的个人利益，但却没有政府权力来维护公共利益；三是有法律上的授予政府保护公共利益的权力，但是对个人利益却没有任何保护；最后是公共利益和个人利益都有明确的法律保护。[①] 至于前三种情形，如果它们发生冲突，很容易在公共利益和个人利益之间作出选择。然而，如果公共利益和个人利益都具有法律上的根据，当二者发生冲突时就很难在二者之间确定何者更为重要。

证据制度是维护社会生活秩序的一种机制，因此不可避免地要面对不同利益的冲突。在刑事证明过程中，国家利益与个人利益常常存在冲突，如为了高效率地取得证据，发现案件事实，以稳定和维护社会秩序，常常采取限制甚至侵犯个人自由的手段。国家刑事司法行为侵权的可能性是不可能彻底排除的，国家刑事司法行为在进行的同时客观上就会产生侵权的风险。对打击犯罪效率的要求越高，侵权的风险一般说来也就越大。在现代法治社会，单纯、片面地要求个人利益无条件服从公共利益，为公共利益作出牺牲是行不通的。同时，国家也不能因为国家职权行为有侵犯公民合法权益的风险就止步不前，停止履行国家职能，放弃维护和促进社会公益的职责。这便要求有一种机制，能够平衡国家整体利益与个人利益的矛盾。利益平衡是指运用法律调整社会关系的过程中，能动地对各种利益关系进行确认、维护、协调与平衡，以解决复杂的利益冲突和利益矛盾，使各种利益主体的利益需求在现实的社会生活中得以实现和受到保障。这里所说的利益平衡，在法治的意蕴上，即是指运用法律的价值观念来平衡各种利益关系，也是指通过具体法律制度的操作来平衡利益。前者主要是一种价值观念上的取舍，后者则关注动态的过程。刑事证明中片面强调个人利益或者公共利益都是不可取的。因此，应当反对以侵害个人利益的方式实现国家利益。证据制度的功能应当是在个人权利与国家权力之间起调节作用，在具体运作中应当贯彻个体利益与公共利益平衡的指导思想。

---

① 参见莫纪宏：《论私有财产限制的方式及标准》，载张庆福主编：《宪法论丛》，第4卷，644～645页，北京，法律出版社，2004。

（二）打击犯罪与保障人权

证据法就是规范证据制度原则、规则、程序等内容的法律。这些内容的设定有两大功能，一是保障发现案件的客观真实，使犯罪人受到应有的惩罚，并保障无罪的人不受刑事追究，它体现了国家维护安全与秩序的意志；二是保障涉讼的公民个人的人身权利、财产权利以及其他权利不受来自国家权力的恣意侵犯，保证对上述权利的限制和剥夺应维持在正当程序范围内，它体现的是对人及其存在的尊严的尊重。①

犯罪是对社会秩序的严重破坏，社会危害性是犯罪的本质特征之一。任何犯罪都破坏了社会正常发展的安定状态和秩序，危害了一般社会成员赖以生存的条件，犯罪直接侵害社会成员个体，最终受害者是整个社会。因此，为了保障社会的安全，国家必须打击犯罪。只要依然存在着犯罪现象，任何一个国家都不能不把同犯罪作斗争放在重要的位置。为了有效地追究犯罪、惩罚犯罪，国家不仅要制定实体法，对犯罪与刑罚作出明确规定，还要制定刑事程序法和证据法，以保证准确、有效地惩治和遏制犯罪。证据法通过规范刑事证据的发现、收集和审查判断活动，保证查明犯罪事实，查获犯罪人并使其受到法律的追究。证据法为通过惩罚犯罪维护社会秩序，即恢复被犯罪破坏的社会秩序以及预防社会秩序被犯罪所破坏创造了条件。

但是，惩罚犯罪只是刑事诉讼目的的一个方面，刑事诉讼目的的另一个方面是人权保障。在刑事诉讼中，保障人权主要表现为：(1) 保障无罪的人不受刑事追究；(2) 保障犯罪的人只受公正的刑罚处罚；(3) 保障被害人等其他诉讼参与人的合法权利。在刑事证明过程中，国家司法机关不能一味追求对犯罪嫌疑人定罪，还负有保证法律正确实施，维护当事人合法权利的职责。在刑事证明过程中，保护人权的重点应当是保护犯罪嫌疑人和被告人的权利。犯罪嫌疑人和被告人是刑事诉讼主体而非客体已得到当今人类社会的普遍肯定。国家司法机关担负的人权保障功能是全方位的。对于被告人，即使是事实上有罪的被告人，在刑事诉讼过程中也应被当作一个有尊严的人对待，不得进行侮辱或歧视；应保障被告人平等参与到诉讼中来，使其有机会提出证据并对对其不利的证据进行质证；基于无罪推定原则，国家司法机关对案件的处理决定必须符合证明标准，对于不构成犯罪，或者情节轻微以及证据不足的案件应作出撤销案件、不起诉、判决无罪等无罪处理，使被追诉者早日从刑事程序中解脱出来，这将在相当大的程度上保护被追诉者人权。

在通常情况下，打击犯罪与保护人权的目标是吻合的，但是在有些情况下，打击犯罪与保护人权的目标又是相互冲突的。为了维护社会秩序，实现国家职能，打击犯罪，人民负有服从国家权力的义务，这从整个社会来说，是公平、正义的。但是国家权力的运行以公民基本权利为界限，国家公权力不能侵犯公民基本权利。现代刑事法治将打击犯罪与保障公民人权放在同等重要的位置，两者相结合，不能片面地强调一个方面而忽视另一个方面。刑事证据制度应当把打击犯罪与保障人权两种目标妥善地加以协调，有机地结合在一起。因为刑事证据制度始终围绕着调查处理犯罪的活动，一切人权问题都与犯罪或追究犯罪有关并发生在这个活动过程中。

（三）实体正义与程序正义

正义是人类社会所要追求的首要价值目标，在刑事诉讼中也居于核心地位。因为刑事诉讼的根本目标是在查清案件事实基础上，惩罚犯罪、保障人权，以一种和平和非自助的

① 参见卞建林主编：《刑事证明理论》，70～72页，北京，中国人民公安大学出版社，2004。

方式解决国家与被告人、被害人与被告人之间的矛盾，从而恢复被犯罪行为破坏的社会秩序。刑事司法中的正义可以分为实体正义和程序正义。实体正义又称结果正义，是指对诉讼参与人的实体权利和义务关系作出的裁判和处理结果是公正的。它包括对案件事实真相的发现和对实体法的正确适用两个方面。程序正义，是指法律程序在运作过程中所要实现的价值目标。它强调法律程序本身的公正性，一项法律程序本身是否具有程序公正所要求的品质，要看它是否使那些受程序结果影响的人得到了应得的待遇。① 程序正义不仅仅是实现实体正义的工具和手段，而且具有与实体正义同等甚至更为重要的独立价值。实践证明，单纯追求实体正义不仅会导致漠视甚至是践踏当事人的正当权利，而且会导致司法正义观念的扭曲。相反，过分强调程序正义而忽视实体正义，也是与司法活动的本质不符的。

在刑事证据制度中，许多证据规则的内容都体现了在相互冲突的不同价值间进行权衡的基础上进行取舍的关系。例如，在刑事诉讼中，法律规定的享有调查取证权的主体违反法律规定的权限或程序，以违法方式取得的证据构成非法证据。法律规定以违法方式获得的证据不具有证据能力，应当依法予以排除。非法证据不一定不具有客观真实性，但在取得证据的手段上违背了程序正义的要求。对于这样的证据，如果舍弃，会妨碍案件事实真相的发现，不利于追诉犯罪；如果采纳，又是对司法人员违法行为的认可，而不利于诉讼参与人的权利保障。刑事司法面临着价值冲突。非法证据排除规则表明，实体正义与程序正义之间的关系是相当复杂的，实体正义不等于程序正义，程序正义也不等于实体正义；坚持程序正义不必然导致实体正义，获得实体正义也不必然遵循程序正义。② 刑事司法所面临的价值冲突是客观存在的、必然的，是不以人的意志为转移的，任何国家都不可避免地面临选择，要么牺牲一部分实体正义，以维护正当程序和保障人权；要么牺牲一部分程序正义，容忍国家权力一定程度的扩张和对个人的侵扰。一个国家或社会司法价值取向是受多方面因素影响的，即包括历史文化传统、民族心理模式、政治经济制度、社会道德意识等，因而不同的国家对于打击犯罪和保障人权的取舍侧重不同，即使同一个国家在不同历史时期也可能采取不同的价值取向。

理想的司法状态是实体正义和程序正义同时获得实现，这在大多数情况下能做到。因为，从实体正义与程序正义的目的上说，两者是一致的。获得案件实体真实，打击犯罪，就是保护公民基本权利免受不法侵害，保护人权也要求对严重侵犯人权的犯罪行为进行打击；维护正当程序同样是为了保护公民基本权利免受包括来自国家的不法行为的侵害。程序正义是实体正义的保障，虽然程序正义并不必然能够达到实体正义的结果，但是，如果离开程序正义，往往导致程序正义和实体正义两败俱伤。由于各种情况的影响，在司法实践中实体正义和程序正义会发生价值冲突，但是在两者的关系上，应当寻求两种价值观念的兼顾与平衡。

在证据制度中，处理公共利益与个人利益、打击犯罪与保障人权、实体正义与程序正义的关系，总的原则是兼顾不同的价值，实现不同价值的平衡。当不同价值存在冲突时，应当在不同价值之间进行权衡，并在权衡的基础上进行取舍，取舍时应当考虑如下因素：(1) 取此舍彼所要达到的目的；(2) 被舍弃的价值有无依理性的其他替代方法获得的可能

---

① 参见陈瑞华：《刑事审判原理论》，54页，北京，北京大学出版社，1997。

② 参见何家弘：《试论刑事司法与证据制度的价值取向》，载《犯罪研究》，2001 (1)。

性；(3) 被舍弃的价值没有依理性的其他替代方法获得的可能性时，这种舍弃是否值得。[①]

从以上分析可以看出，辩证唯物主义认识论、价值论、程序正义论都是证据法的理论基础，都是证据法追求的基本目标。诉讼中的证明是既涉及认识范畴又涉及价值范畴的复杂活动，既要遵循认识论的一般规律，遵守经验法则和逻辑法则，又要满足程序正义的要求，接受程序法规范和证据规则的调整与制约。不同的理论基础所反映的法律基本的价值目标是互相渗透、相互包容的，同时在一定条件下又相互对立、相互冲突。对于证据法多元基础理论中的任何一个理论都不能片面化、绝对化，它们交织在一起共同对证据法的构建和运行发挥作用。对于不同理论所体现的价值冲突要遵循价值兼顾与平衡原则，根据本国法律制度、司法政策进行取舍。正是辩证唯物主义认识论、价值论和程序正义论的有机结合，才使得证据制度体系日益完善，证据法学研究走向深入。

【问题与思考】

1. 如何理解刑事证据制度与认识论的关系？
2. 如何理解刑事证据制度与价值论的关系？
3. 如何理解刑事证据制度与程序正义论的关系？
4. 如何理解刑事证据制度不同理论基础之间的关系？
5. 如何理解刑事证据制度不同理论基础所体现的价值取向的冲突与平衡？

【推荐参考论著】

1. 宋英辉，汤维建主编．证据法学研究述评．北京：中国人民公安大学出版社，2006
2. 王敏远主编．刑事证据法中的权利保护．北京：中国人民大学出版社，2006
3. 卞建林主编．刑事证明理论．北京：中国人民公安大学出版社，2004
4. 汪建成．刑事证据理论的哲学基础．法学研究，2004 (6)
5. 易延友．证据法学的理论基础——以裁判事实的可接受性为中心．法学研究，2004 (1)
6. 夏勇主编．公法．第 4 卷．北京：法律出版社，2003
7. 吴宏耀，魏晓娜．诉讼证明原理．北京：法律出版社，2002
8. 张建伟．证据法学的理论基础．现代法学，2002 (2)
9. 陈瑞华．从认识论走向价值论——证据法理论基础的反思与重构．法学，2001 (1)
10. 何家弘．试论刑事司法与证据制度的价值取向．犯罪研究，2001 (1)

① 参见张建伟：《刑事司法——多元价值与制度配置》，23 页，北京，人民法院出版社，2003。

第四章 刑事证据制度的基本原则

内容导读

刑事证据制度的基本原则包括证据裁判原则、直接言词原则和自由心证原则。证据裁判原则是认定案件事实最基本的原则，同其他诉讼法和证据法原则相比，具有优先性；自由心证原则是根据证据认定案件事实时应当遵循的原则；直接言词原则是对证据进行调查时应当遵循的原则。证据裁判原则、自由心证原则和直接言词原则紧密联系、相互促进，共同发挥指导刑事证据运用的功能。

刑事证据制度的基本原则是指在构建以及实践刑事证据制度时应当遵循的基本准则。证据制度的理论基础解决的是证据制度的理论支撑问题，而证据制度的基本原则解决的是证据规则的设计及证据运用中的指导原则问题，是理论基础的体现和对理论基础功能的进一步细化。传统上，我国把证据制度作为诉讼法的一部分，运用诉讼法的基本原则来指导证据制度的运作。近年来，随着证据法学的发展，一些学者关注到了刑事证据制度的特殊性，对刑事证据制度基本原则进行了研究和归纳。有的学者认为刑事证据制度基本原则包括无罪推定原则、证据裁判原则、直接言词原则和自由心证原则[①]；有的学者将刑事证据制度基本原则概括为证据裁判原则、合法性原则、关联性原则、直接言词原则、质证原则[②]；有的学者将刑事证据制度的基本原则归纳为证据裁判原则、实质真实原则、无罪推定原则、证据合法原则、直接和言词原则、禁止强迫自证其罪原则。[③]

刑事证据制度基本原则调整的应当是对刑事证据运用具有根本性、基础性地位的内容。在刑事证据领域，刑事证据基本原则具有高于具体证据规则的法律效力。刑事证据规则和运行程序的设定，必须以基本原则为指导；对具体证据规则的解释，必须符合基本原则的要求。刑事证据制度的基本原则既适用于刑事证据立法活动，也适用于刑事证据的具体运作。在刑事证明过程中，当事人进行诉讼和司法机关处理案件都必须遵守基本原则。没有具体证据规则而需要司法官员以裁量权予以处理的诉讼活动，依证据制度基本原则进行。我国 2010 年《关于办理死刑案件审查判断证据若干问题的规定》和《关于办理刑事案件排

① 参见沈德咏主编：《刑事证据制度与理论》，133～289 页，北京，法律出版社，2002。

② 参见陈卫东：《论刑事证据法的基本原则》，载《中外法学》，2004（4）。

③ 参见陈瑞华：《刑事证据法学》，30～60 页，北京，北京大学出版社，2012。

除非法证据若干问题的规定》两个证据规定的出台以及2012年修改《刑事诉讼法》，为我国刑事证据法的完善确立了纲领性的法律规范。这些法律、法规对刑事证据的审查判断设立了一系列法律规则，基本确立了我国刑事证据制度的基本原则。我们认为，我国刑事证据制度基本原则可以概括为：证据裁判原则、直接言词原则和自由心证原则。

第一节 证据裁判原则

一、证据裁判原则的概念和意义

（一）证据裁判原则的概念

证据裁判原则，又称证据裁判主义、证据为本原则，是指对于案件事实的认定，必须有相应的证据予以证明。在刑事诉讼中，是指对于刑事案件事实的认定必须依靠证据，没有证据或证据不充分，不能认定犯罪事实。

证据裁判原则的产生经历了漫长的历史过程。在人类社会早期，阶级和国家出现以前，对于人们之间的纠纷，普遍采用自力救济的方式，即当事人并不求助于第三方，而是直接针对对方实施救济行为。这种情形下，不存在“证据裁判”的空间。随着人类社会经济的发展，国家和法律产生，“诉讼”开始出现。诉讼是在中立的第三方参与下，以裁决方式解决纠纷的一种模式，它属于公力救济的方式。在这种由第三方裁决纠纷的方式下，中立的裁判者并非事实的经历者，因而，他要想对纠纷事实作出判断，有一个不可或缺的环节就是案件事实的证明。人类对案件事实的证明也经历了一个历史发展过程。在诉讼发展史的早期，案件的裁判者普遍采用神示裁判、决斗裁判、宣誓裁判等证明方式。这些对案件事实的证明方式是一类非理性的司法证明方式，这主要是受当时的经济基础以及人类认识能力的限制。随着人类经验知识的积累和认识能力的提高，一种理性的司法证明方式出现并取代了非理性的司法证明方式，这就是证据裁判方式。这一方式要求法官认定案件事实必须依据经过法定正式调查程序的证据。证据以其特有的理性证明功能占据了裁判的主导地位，并最终成为现代证据制度的奠基原则。

（二）证据裁判原则的意义

从现代世界各国的诉讼制度来看，证据裁判原则是认定事实最基本的原则，可以说整个证据法的构建都是建立在这个原则之上。正是在这个意义上，有学者将证据裁判原则视为证据规定的帝王条款，支配所有犯罪事实的认定。[①] 证据裁判原则不仅对于证据制度，而且对于诉讼制度也有着重要意义。

1. 现代证据裁判原则的确立有助于刑事诉讼目的的实现。现代刑事诉讼以发现真实与保障人权为目标，作为刑事诉讼制度一部分的证据制度也不例外，而且完善的证据制度有利于促进这一目标的实现。首先，对于发现真实来说，案件事实一般都是发生在过去的事件，由于时间具有一维性，是一去不复返的，因而司法人员及其他诉讼参与人在诉讼中无

① 参见林钰雄：《刑事诉讼法》（上册），344页，北京，中国人民大学出版社，2005。

法看见或者再经历发生在过去的事实。控辩双方的任务就是要举出各种各样的证据，来证明自己的事实主张或反驳对方的事实主张，而法官的任务就是要通过这些证据去查明和认定案件事实。案件事实的不可逆性，决定了只能依靠案件发生时留下的痕迹、印记等来认定案件事实，这些痕迹、印记就是可以用作证据的东西。除此之外我们还没有找到更好的方法。随着科学技术的发展，通过证据认定案件事实变得越来越可靠。证据裁判方式既符合逻辑证明的科学判断规律，又保证了其真实功能的实现。其次，现代证据裁判原则具有保障人权的作用。这主要体现在证据合法性的规定上。证据裁判中依据的证据必须是有证据资格的证据，取得有资格的证据要遵循一套程序规则。这决定了不能在证据之外认定案件事实，同时不能以侵害当事人合法权利的非法方法获取证据。这样就可以保证认定案件事实的正当性，它是在保障当事人合法权利的情况下进行的。

2. 证据裁判原则使裁判建立在理性的基础上，有助于确定裁判的权威性、正当性和可预见性。证据裁判原则是在否定非理性证明方式的基础上建立起来的，它以原则的形式，规定认定案件事实必须依据证据，从而保障裁判建立在理性的基础之上。理性的一项基本要求是对任何判断、结论和决定说明其根据和理由，而证据裁判原则正是对判断说明其根据和理由的认识法则。通过证据裁判原则，可以限定裁判者在裁判过程中的任意性，减少裁判形成过程中产生的争议，因而能够增强裁判的信服力，维护司法的权威。除了证据这一理性证明方式，不能以其他标准来裁断案件事实，使得刑事司法的确定性得以增强，也使得建立在理性证明基础之上的裁判具有了可预见性。

3. 证据裁判原则与其他诉讼法和证据法原则相比，具有优先性。法官形成裁判时应当依其内心确信，但内心确信的形成，不应当是任意的，而是应当有所约束，以防止法官的恣意，保障诉讼公正。证据裁判是对法官恣意擅断的最为有效的约束机制。证据裁判原则有助于约束裁判者在认定案件事实过程中的任性和恣意，从而构成自由心证合理化与正当化的基石，自由心证原则必须在优先适用证据裁判原则的前提下才能适用。另外，直接言词原则、裁判中立原则、控辩对等原则、无罪推定原则等都不能脱离证据裁判原则的作用，这些原则互相承接、互相强化，形成一个程序空间，共同保证着刑事诉讼任务的实现。正是由于证据裁判原则具有的功能和意义，奠定了它在证据法乃至诉讼法领域的基础性原则的地位。

二、证据裁判原则的内容

（一）证据裁判的适用主体是对案件进行事实审理的法官

在刑事诉讼中，通过证据来认识案件事实的主体有多种。而依据证据进行裁判必须是具有最终认定案件事实、作出裁判权力的主体。也就是说，证据裁判从主体而言，只能是从诉讼裁判的角度出发，在诉讼过程中，以裁判者的眼光，对可用于认定事实的证据材料进行鉴别、筛选、判断和运用，并以考察的结果对案件作出裁决。在诉讼中，以裁判者而不是当事人的角度对证据运用的标准与条件进行观察和思考。在现代社会，审判权具有专属性，依据证据进行裁判的主体只能是审理案件并作出裁判的裁判者——法官。按照程序法治原则，证据裁判应当是在被裁决双方平等参与下，由中立的第三方主持的诉讼行为，在此意义上的法庭审理才是严格意义上的裁判行为。

证据裁判中的法官，包括职业法官与非职业法官。职业法官作为专业法官具有良好的专业素养和办案经验，是证据裁判的主要适用主体。陪审官作为外行普通市民法官，虽然不是专业法官，但由于陪审制被认为具有司法民主性而受到多数国家的认同，因而陪审官也是证据裁判的适用主体。

证据裁判的适用主体是以个体身份存在的法官。根据现代法的一般精神，作为证据裁判主体的法官应当满足两方面的要求：第一，一般性条件，即法官必须坚持中立、平等的姿态。现代诉讼制度要求，法官必须遵循中立原则与程序对等原则。其中，中立原则首先是一项适格性要求，即法官必须中立于有待裁判的案件。根据该原则，具有如下情形之一的法官不得充任裁判者：与案件有牵连的人；与案件结果或争议各方有任何利益关系或其他利害关系的人；对其中一方当事人怀有支持或反对偏见的人。要求法官中立，目的是保证法官能够平等对待双方当事人提出的证据和辩驳。因此，在证据裁判过程中，法官必须坚持程序对等原则，即法官应当给予各方当事人以平等参与的机会，对各方当事人的主张、证据、辩驳予以同等的尊重和关注。第二，实质性条件，法官必须直接接触证据，没有直接审查证据的法官不得参与证据评价。证据裁判的内在合理性在于其能够更准确地认定证据。然而，在不直接接触证据的情形下，这种合理性将受到根本的侵蚀。①

证据裁判原则的适用主体不仅是对案件具有裁判权力的法官，而且必须是对案件进行事实审理的法官。现代证据裁判主义只适用于审判阶段，但并非所有审理案件、作出裁判的法官都是证据裁判主义下“认定事实”的主体。当今世界各国在审级的设置上，一般实行两审终审制或三审终审制。在实行三审终审制的国家，其第三审审理一般是法律审而非事实审。法律审不涉及事实的调查和认定问题，而证据裁判原则强调的是认定“事实”必须依据证据，所以现代证据裁判原则适用的主体只能是对案件进行事实审的法官。在一些实行陪审制的国家，认定事实是陪审团的职责，一般只在一审中进行事实审。

有观点认为，证据裁判原则适用于整个刑事诉讼过程，只要对案件中涉及案件事实的问题作出裁决的主体就是证据裁判的主体。我们认为，在法庭审判以前，对事实的认定都不具有终局性，具有决定意义的诉讼证明只发生在庭审阶段，而且诉讼各方举证、质证、认证的行为也都发生在这个阶段，庭审阶段以前对证据的收集、审查、判断都是为庭审阶段做准备。因此，只有审判法官才是证据裁判的适用主体。

（二）对案件进行事实审理必须依靠证据

刑事诉讼中对案件事实进行认定依据的是证据，在现代诉讼制度中，作为事实认定依据的证据必须同时具备以下条件②：

1. 对事实问题的裁判必须依靠证据，没有证据不得认定事实。对案件事实进行认定，继而作出裁判，必须有证据存在，证据作为认定案件事实的基础具有不可替代性。对此，可以从两个方面来加以理解。其一，在诉讼中，除法律另有明文规定以外，认定案件事实的根据只能是证据。其二，在诉讼中，证据以外的任何东西，如主观臆测、妄想、推测等，都不是认定事实的根据，或者说，它们均不具备作为事实认定基础的资格。

证据裁判原则强调了证据对于事实裁判的必要性。没有证据就不能认定案件事实。这

① 参见吴宏耀：《论证据的自由评价》，载陈光中、江伟主编：《诉讼法论丛》，第8卷，北京，法律出版社，2003。

② 参见樊崇义、吴宏耀：《论证据裁判原则》，载《法律应用研究》，2001（6），北京，中国法制出版社，2001。

里需要指出的是，没有证据既包括没有任何证据，也包括证据不充分的各种情形。即使仅有一部分证据，或者有证据但没有达到法定程度，也不能对事实进行认定。

另外，证据裁判原则强调认定案件事实必须依靠证据，这并不是说没有证据就可不作裁判。由于各种因素的影响，某些案件很难有充分、完备的证据，甚至存在的是相互矛盾的证据，这是一种常见的正常现象。法院或法官不得以证据不足、事实不清为由拖延或拒绝裁判。当诉讼各方穷尽其证据后，法官如认为案件事实仍然处于真伪不明状态，则应当按照证据规则对案件作出处理。例如，刑事诉讼中，经法庭调查，证据不足，不能认定被告人有罪的，法官要作出证据不足，指控犯罪不能成立的无罪判决。

2. 裁判所依据的证据，必须是有证据资格的证据。证据裁判原则不仅强调裁判对证据的依赖关系，也强调对证据本身的资格要求。所谓证据资格，是指作为法官认定案件事实或判决根据的证据必须具备的要件。根据证据制度的多元价值理论，证据制度的设立和运行是一个价值选择过程。一项材料是否可以作为证据进入法庭并接受法庭调查，首先要经过法官的价值选择。只有具有证据资格的证据才得进入法庭调查程序而出现于法官的视野之中。证据是否具有证据资格或可采性须经过法定的正式的程序来审查和确定。通常情况下，必须同时具备关联性、合法性的证据才具有证据资格或可采性。没有关联性的证据材料因与案件事实没有紧密联系而被排除，但如果仅具有关联性，而不具有合法性，这样的证据材料同样不能作为定案的依据，即要求法庭调查的证据不但必须具有事实上的关联性，还必须同时具备合法性。最终作为裁判依据的证据，必须是具有证据资格的证据。

3. 裁判所依据的证据，必须是经过法庭调查和质证的证据。证据裁判的核心是裁判者对事实的认识必须以证据为根据。在现代诉讼制度下，可以说证据裁判原则是对裁判者的具体要求。它要求裁判者的裁判行为必须以法庭为活动空间，通过在法庭中的一系列活动，以证据调查作为其认识方式，认定案件事实，作出正确裁判。

证据裁判原则所要求的证据必须在法庭上出示、辩论、质证。未经过法定的正式的证据调查程序审查或者未由当事人充分表达过意见的证据，不能作为认定案件事实的根据，即使该证据在事实层面上具有证明价值。这一规范上的要求，一方面是为了避免作为裁判者的法官行使裁量权的肆意和武断，防止纠纷的解决过程成为法官的专权过程。因为，诉讼认识不仅仅是一种认识活动过程，也是一种国家权力在特定场合的运作，还是当事人权利和自由的实施和表达过程。人们不仅需要关注证据是否存在、裁判者是否认识了证据，而且，必须要知道法官认识证据的具体过程。在现代法律制度下，“经法庭调查”已经成为证据材料作为定案根据的一项实质性条件。如果一项证据未经法庭调查程序，未经双方当事人查证，那么，该项证据即使确实存在、即使具有证据能力，亦不得作为法官评价的对象，更不得作为裁判的根据。另一方面，将裁判所依据的证据限定为必须经过法庭调查和质证的证据，使人们具有了评判法官认识活动的可能性，更容易让人们相信法官的认识来自证据而不是其他途径，以此赋予和增强判决的说服力和正当性，也有利于增强整个社会对司法活动的认同。

(三) 证据裁判所指向的对象是案件事实

证据是用来证明案件事实的，证据裁判原则要求依据证据来认定案件事实。因而，“案件事实”是证据裁判的对象，只有确定了“案件事实”的内容和范围，才能明确证据裁判原则适用的领域，而这又是对证据裁判原则的理论与实践进行研究的前提。

那么什么是证据裁判原则下的“案件事实”呢？在此，需要区分裁判意义上的事实和证明意义上的事实两个层面的问题。[1] 裁判意义上的案件事实，即作为裁判基础的案件事实，也就是在诉讼中成为适用法律的前提的事实。在刑事诉讼中，对裁判有意义的事实是指犯罪嫌疑人、被告人实施的，依照《刑法》规定应当追究其刑事责任的行为及其相关各种客观情况。具有法律意义的构成裁判基础的实体事实，是指有关犯罪嫌疑人、被告人的行为是否构成犯罪，情节怎样，应处何种刑罚方面的事实。案件事实是发生在过去的犯罪行为及其相关的既往事实。只有这样的事实才有可能成为证据裁判的对象，如果某项事实对于犯罪嫌疑人或被告人定罪量刑或作其他处理并无意义，那么，即无须对该事实加以认定，进而言之，该事实不应成为证据裁判原则的对象。证明意义上的案件事实，是指需要以证据裁判的方式加以确认的事实，也即要证事实。一般来说，证明意义涉及的事实都属于裁判意义上所调查的事实。换句话说，法官需要认定的事实绝大多数是需要证据证明的事实。但是，在现代刑事诉讼中，证据裁判并非认定事实的唯一方法，证据裁判原则也有例外。例如，在刑事诉讼中一定范围内适用的推定即排除了证据在认定事实过程中的运用。此外，刑事诉讼中还存在一些不需要证明的免证事实，这些免证事实包括众所周知的案件事实、法院确定判决所确认的案件事实等，免证事实不属于证明对象范围，可以直接作为裁判的根据。

三、证据裁判原则在我国刑事诉讼中的适用

根据证据裁判原则，证据是诉讼的中心，是司法机关作出事实认定的基础，是适用法律的依据和前提。而对证据的采纳与取舍，确认其证明力的大小、强弱，在很大程度上决定了诉讼的最后结局。证据的核心作用，决定了法官在庭前准备、庭审、合议、裁判、文书制作等一系列活动中，都必须围绕证据。2010 年《关于办理死刑案件审查判断证据若干问题的规定》第 2 条规定，认定案件事实，必须以证据为根据。这条规定虽然只适用于死刑案件，却是在我国第一次明文规定了证据裁判原则。2012 年我国修改《刑事诉讼法》，随后发布的最高人民法院《关于适用〈中华人民共和国刑事诉讼法〉的解释》（以下简称最高人民法院《解释》）第 61 条规定，认定案件事实，必须以证据为根据。对此，应该说我国法律确立了证据裁判原则，这是我国法律“以事实为根据，以法律为准绳”原则的深化。2012 年《刑事诉讼法》第 53 条规定：“对一切案件的判处都要重证据，重调查研究，不轻信口供。只有被告人供述，没有其他证据的，不能认定被告人有罪和处以刑罚；没有被告人供述，证据确实、充分的，可以认定被告人有罪和处以刑罚。证据确实、充分，应当符合以下条件：（一）定罪量刑的事实都有证据证明；（二）据以定案的证据均经法定程序查证属实；（三）综合全案证据，对所认定事实已排除合理怀疑。”这一规定鲜明地体现了证据裁判原则的要求。《刑事诉讼法》第 195 条规定，在被告人最后陈述后，审判长宣布休庭，合议庭进行评议，根据已经查明的事实、证据和有关的法律规定，作出判决。其中，该条第 3 项规定，证据不足，不能认定被告人有罪的，应当作出证据不足、指控的犯罪不能成立的无罪判决。这充分说明，在刑事诉讼中，证据不充分的情形与没有证据的效果是一样的，都不能认定要证事实，都必须作出无罪判决。我国《刑事诉讼法》明确指出了诉

---

① 参见樊崇义、吴宏耀：《论证据裁判原则》，载《法律应用研究》，2001（6），北京，中国法制出版社，2001。

讼中定罪和量刑的要件事实都要依据证据认定，对证据在认定事实中的决定性作用给予了极大的肯定。这与认定事实必须依靠证据这一证据裁判原则的基本要求是相一致的。2013年最高人民法院发布《关于建立健全防范刑事冤假错案工作机制的意见》，其中第5条规定，坚持证据裁判原则。认定案件事实，必须以证据为根据。应当依照法定程序审查、认定证据。认定被告人有罪，应当适用证据确实、充分的证明标准。在预防冤假错案工作中，该意见再次强调了证据裁判原则。

从总体上说，我国证据法理论对证据裁判原则的研究尚不充分。在立法方面，虽然确立了证据裁判原则，但缺乏明确的、体系性的证据规则作保障。另外，关于证据能力、待证事实、证明方式等也需要进一步明确。为此，充分关注证据裁判原则，科学界定其基本内容，贯彻其基本要求于基本法律之中，便成为我国刑事诉讼理论与立法面临的一个重要课题。为充分贯彻证据裁判原则，需要对我国证据制度和诉讼制度进行改进和完善。首先，改变查明事实的诉讼观，转向证明的诉讼观。我国传统的诉讼观以单一的认识论作指导，认为一切诉讼活动都是为了查明案件事实。证据裁判原则要求，在诉讼过程中应该按照法定的要求和标准去收集能够充分证明案件事实的证据，仅查明事实而无证据加以证明就认定事实是与证据裁判原则相违背的。[①] 其次，证据裁判原则的贯彻需要依赖完备的证据规则体系。我国《刑事诉讼法》需要设立相应的非法证据排除规则、自白规则、品格证据规则、意见证据规则等证据规则，以保障证据收集的正当性。再次，刑事诉讼中对证据的收集和审查判断必须依照严格的法定程序进行，证据裁判原则要求证据必须在公开的法庭上出示，经过控辩双方的充分辩论。为此，我国《刑事诉讼法》应当确立和完善直接言词原则，建立证据开示制度，并强化对被告方辩护权的保障，以使证据在严格的程序下，经过充分调查，查证属实之后，作为裁判的依据。最后，对于裁判中未说明据以认定事实的证据或者在裁判中载明的证据不足以支持裁判中认定的事实的，均作为无证据裁判情形，并明确规定无证据裁判在程序法和实体法上的后果。我国2012年修改《刑事诉讼法》吸收了《关于办理刑事案件排除非法证据若干问题的规定》和《关于办理死刑案件审查判断证据若干问题的规定》两个司法解释的内容，在非法证据排除规则、举证责任、证明标准、证人、鉴定人出庭、庭前证据信息交流、法庭证据质证等方面均有所突破，为我国证据裁判原则的确立和贯彻实施奠定了法律和制度性基础。

第二节 自由心证原则

一、自由心证原则的概念和意义

（一）自由心证原则的概念

自由心证原则是指对证据的取舍、证据的证明力大小以及对案件事实的认定规则等，法律不预先加以成文规定，以便由审理案件的法官、陪审员按照自己的良心、理性形成内

① 参见宋英辉、汤维建主编：《证据法学研究述评》，106页，北京，中国人民公安大学出版社，2006。

心确信，以此作为对案件事实认定的一项证据原则。

根据证据裁判原则，作为最终定案根据的证据一般要经历证据的发现、证据的收集以及对证据的质证、认证过程。自由心证原则并不是适用于所有这些和证据有关的过程，它只是适用于诉讼的最终和决定性阶段——公开裁判阶段的证据评价原则。在刑事诉讼中，裁判主体平等对待控辩双方提出的证据，他只是根据依证据形成的内心确信来认定案件事实是否发生、被告人是否负有罪责。

自由心证原则产生于18世纪末，是在克服法定证据制度武断、僵化的弊端的基础上产生的，至19世纪已为资本主义国家尤其是大陆法系国家所普遍采用。有关自由心证原则，法律规定的代表就是1808年《法兰西刑事诉讼法典》第342条的规定："法律不要求陪审官报告他们建立确信的方法；法律不给他们预定一些规则，使他们必须按这些规则来决定证据是不是完全和充分；法律所规定的是要他们集中精神，在自己良心的深处探求对于所提出的反对被告人的证据和被告人的辩护手段在自己的理性里产生了什么印象。法律不向他们说：'你们应当把多少证人所证明的每一事实认为是真实的。'它也不向他们说：'你们不要把没有由某种笔录、某种文件、多少证人或多少罪证……所决定的证据，认为是充分证实的。'法律只向他们提出一个能够概括他们职务上的全部尺度的问题：'你们是真诚地确信吗?'"这一法律规定的内容被认为是法官自由心证原则的经典表述。

自由心证原则经历了一个从绝对自由到相对自由的发展阶段，这个过程也是传统自由心证随着现代诉讼制度的不断发展和完善逐渐向现代自由心证演化的过程。早期的自由心证是对法定证据制度的反叛，因而强调法官判断证据的自由裁量权，法官有权以自己的方式和逻辑决定证据的取舍，不受任何干涉。和法定证据制度相比，这种审查判断证据的制度优势在于突出了法官在判断证据方面的主观能动性，但同时它将法官的自由心证推向绝对化，过分强调法官的自由裁量权，容易导致法官滥用裁量权，破坏法制的统一。自20世纪30年代以后，大陆法系国家逐渐开始对传统自由心证进行改造，抛弃传统自由心证的非理性和非民主的因素。在诉讼中，强调法官独立判断证据的心证自由，同时也强调法律规则特别是证据规则对法官自由心证的制约，强调心证过程与结果的公开。在此基础上，产生了现代意义上的自由心证。这种现代自由心证，既能保证法官的心证自由，也能够有效地防止法官对自由裁量权的滥用，符合证据判断的客观规律。在大陆法系各主要国家，自由心证原则主要以实定法的形式存在。同大陆法系国家相比，英美法系国家历史上没有经历法定证据阶段，因而没有提出心证的概念。但是，自由心证原则所具有的合理内核在英美法系国家也都得到了体现。① 目前这种现代自由心证的证据制度为世界各国所普遍采用。

（二）自由心证原则的意义

同自由心证原则确立之前的判断案件事实的证据原则相比，自由心证原则具有历史进步意义。经过发展和完善，它已成为现代各国刑事诉讼制度中的一项重要原则。

1. 自由心证原则充分发挥了法官的主观能动性，有利于查明案件事实和对案件作出正确处理。自由心证原则充分认识到证据与案件事实判断之间的复杂性和多样性，充分发挥法官作为理性人的主观能动性，将事实裁判建立在对人的理性信赖的基础上，尊重法官本着理性与良心根据证据的具体情况对案情所作的判断，这符合人类认识的本性。自由心证原则的优势在于，它在原则上视各种证据的法律价值一律平等，对具体证据的价值或证明

---

① 参见宋英辉、汤维建主编：《证据法学研究述评》，106页，北京，中国人民公安大学出版社，2006。

力并不机械地予以规定，其价值或证明力由法官根据具体案件依据经验法则和逻辑规则进行自由判断，从而为查明案情和最终作出裁判提供了可能性。

2. 自由心证原则体现了人道主义精神和法律面前人人平等原则，推动了诉讼民主化进程。奴隶制下弹劾式诉讼模式借助外在的非理性力量对案件作出裁决。相对于古代奴隶制下弹劾式诉讼模式来说，依靠法官自由心证的现代刑事庭审最终裁判的作出是通过理性说服和公平的辩论，而非借助外在的非理性的力量，从而使庭审过程理性化和公正化。这样可以保证法官作出的裁判的确定性、权威性，被告人和检察官等对案件结局会有合理的预期。而自由心证取代法定证据制度，否定了法定证据制度形而上学的形式主义，带来的是刑事诉讼结构的变革，即确立了法官独立和控审分离原则，在刑事诉讼中实行控辩对等，使得包括辩护权在内的受刑事追诉人的一系列基本权利在诉讼中得到一定的尊重。这不仅在刑事证据史上，而且在刑事诉讼制度史上都有划时代的意义。

3. 自由心证原则与其他证据原则或证据制度相结合，共同促进刑事诉讼进程。第一，自由心证原则与证据裁判原则紧密联系，相互配套、相互支撑。证据裁判原则和自由心证原则都是在根据证据认定案件事实过程中适用的原则。在由证据到事实这一事实认定过程中，证据裁判原则起着限制性作用，认定案件事实的根据只能是证据，除此之外再没有其他标准。自由心证原则则起着确定性、方法论的作用，即认定案件事实的方法和途径只能是自由判断并形成内心确信。认定案件事实过程中，证据裁判是依据，自由心证是途径，是对证据裁判原则的落实，即以自由心证的方式实现证据裁判。离开证据裁判，自由心证必然沦为恣意心证；离开自由心证，证据裁判必然退回到法定证据制度下的机械裁判。第二，自由心证原则与法官的自由裁量权相辅相成。证明案件事实是一个复杂过程，证据本身也多种多样，为了保证具体案件中证据运用的合理性和准确性，法律必须赋予司法人员评判证据的自由裁量权，让他们根据案件的实际情况去评判证据，根据证据与案件事实的关联关系认定案情。自由裁量权从其本质上讲是法官在决断案件时固有的一种权力，这种权力贯穿于诉讼过程始终，既包括法官确认案件事实及作出决定的自由，也包括适用法律中的自由裁量权。自由心证表现为整个诉讼过程中的一段——法官在认定案件事实时对证据的自由评判并形成内心确信，其权力来源于法官固有的自由裁量权。法官的自由裁量权是自由心证原则的基础，自由心证原则又是法官自由裁量权的体现。

二、自由心证原则的内容

通常认为，自由心证原则包含两方面的内容，一是自由判断，二是内心确信。

所谓“自由判断”，是指除法律另有规定的以外，证据及其证明力由法官自由判断，法律不做预先规定。法官判断证据证明力时，不受外部的任何影响或法律上关于证据证明力的约束。在刑事诉讼中，由于自由心证是法官在确定犯罪指控所涉及的证据与待证事实之间的关联性的判断活动，因而它具有纯主观的特性，而对这种具有主观特性的判断活动本身，法律赋予它广泛的自由。不仅一个个孤立的证据能够证明何种事实以及证明程度如何由法官自由判断，而且所有证据综合起来能否证明起诉的犯罪事实或其他有关事实以及证明程度如何，也由法官自由判断。在相互矛盾的证据中确定何者更为可信，如何进行取舍，同样由法官自由判断。这里需要注意的是，“自由”并不是任意、不受限制，自由心证不是让法官依照个人情感及认识去自由擅断。现代意义的自由心证中的“自由”是相对的自由，它要受到整个法律体系中的一系列法律制度和规定的制约，法官应当在适用各种证据规则并慎重考虑庭审证据调查与辩论的全部过程的基础上，依据自由心证对案件事实作出判断。

所谓“内心确信”，是指法官通过对证据的判断所形成的内心信念，并且应达到深信不疑的程度，由此判定事实。“内心确信”禁止法官根据似是而非、尚有疑虑的主观感受判定事实。法官“内心确信”的形成必须符合以下条件：第一，法官必须直接接触证据；第二，法官必须站在客观、中立的立场上；第三，内心确信必须从本案的情况中得出；第四，法官必须斟酌本案的全部证据、辩论的全部意旨认定事实。①

三、对自由心证原则的保障和制约

对自由心证内容的理解，如上所述，无论是“自由判断”，还是“内心确信”，都离不开审判法官内心、主观的裁量，那么裁量的过程和结果不可避免地依赖于法官的个人因素。任何法官都是具体的人，不是抽象的人，其会受到外界各种因素的影响。一定的文化因素、政治因素以及一定时期的社会主流意识都会或多或少地对法官判断事实的活动产生影响。另外，从法官对案件事实的认识过程来看，只有当法官的内心确信符合客观存在的证据和它们与案件事实之间的客观联系时，法官对证据的判断才具有真理性，所以法官的内心确信还受客观条件的制约。因此，自由心证是一把双刃剑，一方面，自由心证原则有利于发挥法官的主观能动性，从而有助于发现案件事实真相，同时带来诉讼结构的科学化、民主化；另一方面，从证据裁判者个人角度来看，自由心证是将一切证据的评判交由法官，而案件的裁决结果又是依据证据认定的案件事实而定，这就为法官恣意擅断，甚至枉法裁判等司法腐败行为留下了制度上的空间。自由心证所受客观条件的制约，也决定了遵循自由心证原则认定案件事实的缺陷。

为了减少自由心证原则带来的弊端，保证自由心证原则能够正常、合理地发挥作用，采用自由心证原则的国家探索出了各种制度和措施以对法官的自由心证进行规制。这些制度和措施，一方面是为了尽量保障法官在诉讼中心证形成之自由，充分发挥自由心证的作用；另一方面是为了克制法官滥用自由，任意裁量的行为。虽然自由心证原则只适用于诉讼最终的裁判阶段，但对这一原则的保障和制约却贯穿整个诉讼过程。

（一）对法官自由心证的事前保障和制约机制

1. 司法独立。司法独立是法官形成自由心证的根本前提。只有在法官既独立于非法官又独立于其他法官的条件下，排除来自外部的非法干预，才能产生自由的心证。

2. 无罪推定原则。审判之前推定犯罪嫌疑人、被告人为无罪，有利于抑制法官先入为主，消除偏见和歧视。虽然存有各种证据，但在法官“确信”难以形成的情况下，应推定被告人无罪。

（二）对法官自由心证的事中保障和制约机制

1. 经验法则。法官就证据的证明力进行自由判断时，并不是恣意妄为的，而应当依据经验法则形成心证。经验法则是根据已知事实来推导未知事实时能够作为前提的任何的一般知识、经验、常识和法则，并非个人主观的推测。经验法则是人们从个别经验的积累中抽象、归纳出来的一种知识或常识。自由心证并非随心所欲，法官评价证据受到经验法则

① 参见宋英辉、汤维建主编：《证据法学研究述评》，108页，北京，中国人民公安大学出版社，2006。

制约，这种制约是由经验法则在内容和形式上的客观性决定的。

2. 证明标准。虽然自由心证原则允许法官根据理性的经验对证据作出自由判断，但由于诉讼证明过程中存在着利益价值上的差异和证据及事实认定上的矛盾等冲突，确定一定的证明标准，可以保证诉讼的效率和对案件客观事实的准确认定，这样可以对自由心证形成一种制约。

3. 证据规则。世界各国对运用证据的司法实践中行之有效的带有规律性的重要经验进行总结，形成证据规则，用来规范刑事诉讼中的证明活动。其中，对于法官自由心证起保障和制约作用的主要证据规则有传闻证据规则、补强证据规则和关联性规则等。传闻证据规则是为了防止不具有证据资格的证据进入法官视野，影响心证的形成而设立的。补强证据规则和关联性规则都是确保法官自由心证尽量符合客观案件事实的规则。运用大量的证据规则以约束自由心证，是现代世界各国的一个普遍趋势。

（三）对法官自由心证的事后保障和制约机制

1. 判决理由公开。判决理由公开是指法官在判决书中应当载明根据现有证据所作出的事实认定的理由，是对法官判断证据证明力的心理活动的描述。公开判决理由的主要目的在于通过法官展现自己达到的心证内容和形成心证的根据来保证裁判的客观性。公开判决理由可以促使法官对自己的判断进行审查和反思，以检验其判断过程是否存在不合理之处；判决理由的明示给当事人提供了一个可以进行核查和评价的对象，社会公众也可以从公开的理由中检验法官所采信的证据和认定的案件事实是否合法、合乎常理。

2. 救济程序。在评断证据过程中，法官受经验、认识能力、个人情感、当事人举证以及法庭辩论的偶然性因素等的影响，对案件事实的判断不可避免地会出现偏差。设立救济程序的目的，就在于通过上级法院纠正下级法院可能出现的偏差。而且判决结果直接关系到案件当事人的切身利益，通过救济程序给予当事人表达意见的机会，这也是诉讼民主化的体现。

四、我国刑事诉讼中对自由心证原则的探讨

我国对自由心证原则一直存有很大争议。我国在过去很长一段时间内不承认自由心证，对自由心证原则没有形成正确、合理的认识，甚至产生误解。对自由心证的不正确认识，一是由于受意识形态影响，认为自由心证是为资产阶级专政服务的工具，具有不可克服的阶级局限性[①]；二是由于对自由心证原则的哲学基础的片面理解，认为资本主义国家奉行唯心主义的不可知论哲学思想，自由心证原则是“以不可知论的立场去求证案件事实，当然不可能达到客观真实，这是资产阶级证据制度在哲学上的贫困”[②]；三是由于对“自由心证”原则本身的误读，认为在自由心证原则下法官审理案件是不受限制地任意裁判。上述看法不仅与现代证据裁判主义的诉讼制度相违背，而且不符合自由心证原则的基本精神。实行自由心证原则，并不意味着法律不再设定任何证据规则，也不意味着法官可以不受证据规则的约束任意认定案件事实。

长期以来，我国刑事诉讼中奉行的判案原则是“以事实为根据，以法律为准绳”，因此

---

① 参见樊崇义主编：《刑事诉讼法学研究综述与评价》，195页，北京，中国政法大学出版社，1991。

② 陈光中主编：《刑事诉讼法学》，152页，北京，中国政法大学出版社，1990。

我国的证据制度是“求实主义证据制度”[①]、“实事求是证据制度”[②]。传统观点认为自由心证原则是以唯心主义为思想基础的，与我国判断证据的指导思想和原则相违背，从而拒绝对其进行认真审视，使该原则没有得到合理的重视。近年来，随着法治建设的展开，国内学者逐步认识到自由心证原则确实有其合理之处，从而加强了对自由心证原则的研究，同时该原则也引起了立法、司法界的重视。这一方面的内容在我国法律中已有所体现，例如，最高人民法院《关于民事诉讼证据的若干规定》第 64 条规定：“审判人员应当依照法定程序，全面、客观地审核证据，依据法律的规定，遵循法官职业道德，运用逻辑推理和日常生活经验，对证据有无证明力和证明力大小独立进行判断，并公开判断的理由和结果。”从具体的内容上分析，该条规定吸纳了自由心证原则的精神，表明自由心证原则在一定程度上得到我国认可。

现代自由心证原则并不与唯物主义哲学相背离，辩证唯物主义哲学认为，世界是丰富多彩的，客观事物纷繁复杂而又不断发展变化，人类对客观事物的认识需要发挥主观能动性。现代自由心证原则要求法官在遵守法律规则的基础上，从理性和良心出发，凭自己的知识、经验、道德以及这种心理状态去认识具体案件事实，是有其科学性的。事实上，在司法实践中，不管我们是否承认，法官对证据和事实的判断过程，本身就是一个主观对客观的认识过程，在这个过程中，无法排除法官的主观因素对证据审查判断的影响，根本不存在脱离法官内心活动的诉讼认识。在诉讼制度中，无论是当事人主义诉讼模式还是职权主义诉讼模式，法官对案件事实的裁断都有自由裁量权，对证据证明力的判断是委以法官自由判断的。法官在审理案件过程中，总是以自由心证判断证据和认定事实。同实行自由心证原则的国家具有完备的证据规则体系相比，一段时间以来，我国《刑事诉讼法》虽然规定了有关证据的内容，但这些规定只是主要涉及什么是证据、证据包括哪些种类、证明应当达到什么程度等问题，内容简单，缺乏细密的证据规则。虽然出台的一系列司法解释对非法证据排除规则、证据的审查判断程序作了补充和细化，但从总体上说，我国证据制度还不完备，现有规定可操作性不强。实际上，司法实践中，我国法官判案缺乏明确的证据规则限制，在审查判断证据时享有远超过实行自由心证原则国家法官的自由证明权。客观地分析我国司法现状，我们就会发现自由心证原则在审判实践中的大量运用。至于实践中认证混乱的问题，应主要归咎于现代自由心证原则的缺失和证据规则的不完善。

通过对历史上证据制度的变迁和理论分析，可以看出，整个诉讼制度就是围绕如何正当地利用证据认定案件事实而设置的。神明裁判、法定证据制度以及自由心证裁判方式从低级走向高级的发展进程，反映的是人类知识增长和对客观世界认识能力提高的过程。自由心证原则否定了法定证据制度对司法人员主观能动性的束缚，将司法人员的主观认识能力解放出来，从而使得对案件事实的认识从形式真实转变为实质真实。现代自由心证原则不但注重认识的真理性，对认识的正当性也极为关注，事实裁决者必须在符合正当性要求的条件下根据证据对案件事实进行推理，得出结论。当然，我们也应当看到，自由心证绝不是尽善尽美的一种判断证据的方法或制度，它本身还存在着一种难以克服的内在矛盾，即主观性的认识形式与客观性的认识内容之间的矛盾。这种矛盾表现为，裁判者可能滥用自由评价证据的权力；因裁判者能力有限而可能导致对案件事实的错误认识；心证容易受其

① 聂世基、李建明：《刑事诉讼疑难问题思辨》，62 页，北京，中国人民公安大学出版社，1991。

② 陈一云主编：《证据学》，2 版，94～95 页，北京，中国人民大学出版社，2000。

他因素的干扰而影响对案件事实的认定。这就要求我们在确立自由心证原则在证据制度中的地位的同时，还要设立一套保证这一原则顺利运行的规则机制和程序机制。对待自由心证原则，我们应当抛弃对自由心证原则的误解，借鉴现代自由心证原则的合理因素，并对其进行符合我国国情的改造，以此为基础建立符合我国国情的证据制度。在我国，对自由心证原则的认同除了具有观念革新方面的意义外，更有着制度建设方面的启发和借鉴意义。

第三节　直接言词原则

一、直接言词原则的概念和意义

（一）直接言词原则的概念

直接言词原则是直接原则和言词原则的合称。直接原则，又称直接审理主义，是指只能以法庭上直接调查过的证据作为裁判基础的审判原则。直接原则以使法官形成正确的心证和发现案件事实为目的，为此，记载审判前侦查、起诉活动中询问证人、勘验、搜查、扣押结果的书面文件及扣押物等，都需要在法庭上进行证据调查。它有三方面的含义：一是在场原则，即法庭开始审判时，控诉方、辩护方以及其他诉讼参与人必须亲自到庭参加审判；二是直接采证原则，指从事法庭审判的法官必须亲自从事法庭调查和采纳证据活动，直接接触和审查证据，证据只有由法官以直接采证方式采纳才能作为定案的根据；三是原始证据原则，即法官认定案件事实只能以原始证据为依据，传来证据只有在法律规定的情况下才可以被采纳作为定案依据。[①] 该原则的基本精神在于对案件作出裁判的法官必须直接对证据进行审查，认定案件事实。言词原则，又称口头原则、言词辩论原则或言词审理原则，是指法院审理案件，特别是当事人和其他诉讼参与人对证据材料的提出和进行辩论，要在法官面前以言词及口头形式进行，这样取得的材料，才可以作为法院裁判的依据。它也有两方面的含义：一是一切审理活动，包括法官对审判的指挥，对当事人和证人的讯问或询问，对证据的调查和对判决的宣告，检察官、自诉人及其代理人的控诉，被告人及其辩护人的辩护，证人作证及鉴定人提供鉴定意见等，都采用口头陈述的方式进行。所有没有在庭审过程中以言词方式进行的诉讼行为，均应视为没有发生或不存在，而不具有程序上的效力。二是在法庭上提出任何证据材料均以言词陈述方式进行，诉讼各方对证据的调查也应以口头方式进行，如以口头方式询问证人、鉴定人、被害人等，以口头方式对实物证据发表意见。任何未经在法庭上以言词方式提出和调查的证据均不得作为法庭裁判的根据。

直接原则与言词原则有着密切的关系，但两者的侧重点不一样。直接原则是相对于间接原则而言，强调的是法官的亲历性和证据的原始性，要求在法庭上直接审理和直接采证；而言词原则与书面原则相对应，强调法庭审理和法庭采证应以言词形式进行。直接审理必然要求以口头辩论方式调查证据，因而直接审理在通常情况下，都会以言词形式进行；言词审理通常也要求法官直接审理和听取证人的言词证据。两原则均要求诉讼各方亲自到庭

① 参见宋英辉、汤维建主编：《证据法学研究述评》，113页，北京，中国人民公安大学出版社，2006。

出席审判，法官的审判须建立在法庭调查和辩论的基础上，严禁以控诉方提交的书面卷宗材料作为法庭裁判的依据，故两原则有其共同的含义和功能。直接原则和言词原则相互贯通、相互兼容。直接原则是言词原则的基础，言词原则是直接原则的补充，只有将两者结合起来才能发挥作用。在理论上，人们常把它们综合在一起，称为“直接言词原则”。

（二）直接言词原则的意义

直接言词原则既是诉讼法的原则，也是证据法的原则。刑事诉讼中法庭审判是案件处理的决定性阶段，而审判活动最终作出何种裁决所依据的是证据。直接言词原则关注的是对证据的调查收集和判断采纳问题，因而直接言词原则贯彻得如何对案件的最终处理具有重大影响。

1. 直接言词原则有利于实现案件的实体公正。刑事诉讼中，法院对被告人刑事责任的确定必须通过控辩各方共同参与、法庭集中审理的方式进行，这是由司法审判的本质所决定的。直接言词的审理方式有助于法官查明事实，作出公正裁判。第一，法官并非案件的亲历者，无法亲身感知作为“历史”的案件事实，其只能通过证据来认定案件事实。法官欲对证据形成正确的心证，就需要直接感知证据材料。审判法官自始至终参与案件的审判过程，亲自听取诉讼参与人的当庭陈述、证人证言、当事人言词辩论和对证人的询问等，有利于全面揭示案件真实，帮助法官形成正确的内心确信，最终作出合乎公平正义的裁判。第二，直接言词原则要求控辩双方必须当庭以言词方式提出主张并进行攻击和防御，证人、鉴定人等必须出庭作证，并接受控辩双方的询问。控辩双方的质证是揭露伪证、强化证据证明力的有力武器，有利于发现案件事实真相。第三，直接言词原则要求各方的证据均应以最原始的形式向法庭提交，如证人、鉴定人、被害人须亲自出庭向法庭陈述，实物证据须尽量以其原始的形态在法庭上展示。只有如此，法官才能与原始的证据产生直接的联系，从而对各项证据的证明力作出客观的判断和确定。

2. 直接言词原则有利于实现案件的程序公正。直接言词原则不仅对发现案件真实有意义，还可以通过自身的程序机制实现程序公正的价值。第一，保障当事人充分参与诉讼。刑事审判贯彻直接言词原则，则当事人可以参与到法庭审理当中来，参与到将对他们产生重大影响的刑事裁判的制作过程之中。控辩双方在一个平台上进行说服和争论，一方如果想使自己的主张被法官采纳，必须充分展示其证据的合法性、真实性和关联性，积极参与辩论、质证。程序参与是程序民主的鲜明体现。第二，实现法官中立和程序对等。审判公正要求法官在控方和辩方之间持不偏不倚的立场。直接言词原则要求法官在庭审前不得先行接触控方材料或正确对待控方材料，以免形成预断或偏见，这是法官站在全面、公正立场上开庭审判的前提。在审判过程中，控辩双方直接举证、直接质证，法官根据庭审情况直接进行认证，从程序上为法官公正裁决案件提供了保障。法官的中立无偏，使控辩双方的平等对话成为可能，使控辩双方获得公平审判的权利得以实现。第三，实现程序公开。程序公开是现代刑事诉讼的灵魂，而证据公开又是程序公开的核心。直接言词原则要求所有诉讼主体均须亲自出席法庭，诉讼的推进以直接和言词方式进行。无论是言词证据还是实物证据都需要当庭出示，证据得到公开；证据在法庭上必须经过控辩双方质证、辩论，证据的调查过程得到公开；法官作出最终判决要说明理由，证据的认证得到公开。

3. 直接言词原则有利于提高案件的诉讼效率。虽然直接言词原则要求证人、鉴定人等必须出庭作证并接受质证，会在一定程度上延长诉讼时间和增加诉讼费用。但在总体上，直接言词原则有利于提高诉讼效率。按照直接言词原则，在法庭审理过程中，控辩双方均有充分陈述其主张、观点的权利，对于双方的事实争议、证据争议和适用法律的争议，法官可以及时对争点加以整理，明确审理方向，从而推进诉讼进程，减少当事人的程序上的不利益的付出，实现程序上的利益。另外，实行直接言词原则，避免了法院大量的庭外取证的做法；对于证据无争议、事实清楚的案件，可以尽快结案；控辩双方在法庭上就证据充分表达意见，使所作的裁决更易于为双方所接受，从而可以减少上诉，这些都减少了法院不必要的费用支出。

二、直接言词原则与传闻证据规则的关系

直接言词原则是大陆法系国家普遍采用的一项原则。由于其出发点在于保障法官对证据的直接审查和采信，所以又称为直接采证原则。英美法系国家在法律概念上虽然不采用直接言词原则的说法，但是其有一个相对应的证据规则，即传闻证据规则。按照传闻证据规则，各种证言必须以口头言词的方式在法庭上直接提出，并接受对方律师的交叉询问，以便法官和陪审团审查判断证据。证人在法庭外所作的陈述笔录或者在审判之前提供的书面证言都属于传闻，一般来说应该排除。坚持这一原则，就必须要求并保证证人出庭作证。在实际运作效果上，直接言词原则与传闻证据规则具有一致性。

直接言词原则和传闻证据规则具有相通之处，其中最为重要的，是两者有共同的理念基础，进而在具体操作中也有共通之处。首先，二者均基于公正审判的要求。无论是英美法系国家还是大陆法系国家，都重视被告人获得公正审判的权利。现代刑事诉讼中，被告人享有公正审判的权利，是各国宪法或宪法性文件规定的刑事司法准则之一，而与对方证人对质，则是公正审判的内在要求。其次，二者均基于发现真实的需要。无论是传闻证据规则还是直接言词原则，都要求证人亲自出庭作证，以便于双方当事人在庭审中质证，使证人证言中不客观、不真实的内容完全暴露在裁判者面前，便于审判人员结合证人作证时的态度、表情、姿态等情况进行分析，更好地了解事实真相。事实裁判者通过在法庭上亲自听取当事人和证人的陈述，接触第一手的资料，形成内心的判断，减少被误导的可能性，保证作出正确裁判。[①] 再次，二者的基本要求相同。根据直接言词原则的要求，在法庭上提出任何证据材料均应以言词陈述的方式进行，诉讼各方对证据的调查应以口头方式进行，如以口头方式询问证人、鉴定人、被害人等，以口头方式对实物证据发表意见，任何未经在法庭上以言词方式提出和调查的证据均不得作为法庭裁判的根据。为了贯彻直接言词原则，大陆法系国家的刑事诉讼法普遍强调证人、鉴定人、被害人等都必须出庭作证，只有在特殊情况下，才允许使用书面的卷宗笔录等替代措施。而根据传闻证据规则的要求，无论是证人在法庭之外就案件事实所作的口头陈述或者书面陈述，还是其他证人在法庭上转述他人就案件事实提供的证言，都不具有可采性。这就要求控辩双方当事人在法庭审判过程中，为了证明各自的诉讼主张，不得不传唤知道案件情况的证人亲自到法庭上提供证言。因此，除非存在例外情况，无论是传闻证据规则还是直接言词原则，都要求证人亲自出席法庭，就案件事实当庭提供证言，而不能以书面材料加以代替。否则，证人的证言都不能作为法庭裁判的依据。正是基于此，大陆法系的直接言词原则和英美法系的传闻证据规则

---

① 参见宋英辉、李哲：《直接、言词原则与传闻证据规则之比较》，载《比较法研究》，2003（5）。

可以说具有异曲同工之妙。①

尽管直接言词原则与传闻证据规则之间存在诸多共同点，但二者毕竟分属于两大不同的法系，因此它们之间也存在较大区别。第一，二者的法律传统和适用背景不同。为克服中世纪纠问式诉讼模式下间接、书面审理方式的不足，以及对诉讼当事人权利的漠视，审判中要求言词证据必须在法官面前作出，以保证查明事实以及保障人权，在此基础上大陆法系的直接言词原则逐渐产生并发展起来。传闻证据规则是在英美法系国家陪审团制度和对抗式审判制度的基础上逐步建立起来的。陪审团是不了解法律的普通人，为了避免他们作出错误裁判，法官必须对那些可能引起偏见或者误导的传闻证据进行审查并且排除，在对抗制诉讼模式下诉讼双方还必须依据各自的证据在裁判者面前证明自己的诉讼主张，否则可能导致败诉的结果，由此传闻证据规则逐步确立、发展起来。可见，直接言词原则和传闻证据规则分属于两大法系，是与它们各自不同的法律传统和适用背景分不开的。② 第二，二者发挥作用的诉讼模式不同。大陆法系国家传统上注重发现案件实体真实，并为此强调法官在发现实体真实方面的职权作用。为了发现案件的实体真实，大陆法系国家的立法及证据理论特别强调证据材料对发现实体真实的作用和法官调查证据的亲历性及言词调查方式，而不是强调证据进入法庭调查的资格。与此不同，英美法系国家传统上注重程序的正当性，强调控辩双方在推动诉讼进行方面的作用和为双方提供公平的程序，并实行陪审团审判，即由非职业的陪审团来认定案件事实。为避免因提出某些证据材料给对方当事人带来不公正和不适当的证据材料误导陪审团对事实的裁断，英美法系国家形成了一系列限制证据资格的规则，传闻证据规则就是其中之一。第三，二者的内涵和适用范围不同。传闻证据规则是一项诉讼证据规则，只规范“陈述”证据的适格性问题。传闻证据规则作为英美证据法的重要规则，禁止传闻证据进入法庭审理程序，但并不直接规范法官的具体审判行为。而直接言词原则包含更为丰富的内容，如对法官行为的规范和对证据调查的程序要求等。直接言词原则是直接、具体规范法官审判行为的原则，要求法官的审判行为必须符合直接言词原则的要求，对证据的调查应由法官亲自在法庭上以言词的方式进行，而不能进行书面审理。第四，二者发挥作用的方式不同。由于直接言词原则是在职权主义构造下发挥作用的，因而无须当事人提出，法官应当依照职权贯彻该原则。传闻证据规则是与当事人主义联系在一起的。由于当事人主义的理念之一是当事人处分主义，因而传闻证据规则发挥作用，以对方当事人提出为前提。根据传闻证据规则，如果对方当事人不提出该证据为传闻并要求排除，法官并不负积极的排除传闻的义务。而在大陆法系国家，无论当事人是否要求，法官的审判活动都必须依照法律规定的程序，以直接言词的方式进行。第五，二者规范的关系不同。直接言词原则是职权主义之下的原则，着重于规范审判者与证据调查之间的关系。审判者进行法庭审判，必须遵循法律规定的程序，必须以直接言词的方式调查证据。传闻证据规则所着重强调的，是传闻证据不能使当事人在审判庭上对原证人进行反询问，而非在于不能使审判者直接接触原证人之证言。传闻证据规则从证据的可采性角度出发，确保对方当事人对不利于自己的证人进行质证的权利的行使。第六，二者作用的侧重点不同。直接言词原则是基于对书面审理方式的批判而产生的，侧重于强调和规范在法庭审理时法官调查证据的方式。根据直接言词原则，法官在庭审中必须自行调

① 参见何家弘、刘品新：《证据法学》，82页，北京，法律出版社，2004。

② 参见鲁杰：《直接言词原则与传闻证据规则比较研究》，载《社会科学辑刊》，2007（5）。

查证据，该证据应当由证人或者鉴定人口头说明，而非以书面的形式提供给法官。传闻证据规则则是对证据资格的要求，强调传闻不得进入法庭对事实的调查程序。传闻证据规则并未直接规范法官的行为，而是从证据的角度，强调除法定情况外，没有亲身感知案件情况的人不能作为证人，其提供的证据不得进入证据调查程序，以免误导裁断者的判断。第七，二者对证据效力的影响不同。根据直接言词原则，在法庭审理中，只要该证据被允许，且在法官面前以言词的形式提出并经过调查，即为有效。如前所述，直接言词原则是对法官审判行为的规范，因而只要法官在审判过程中的行为遵循了该原则的要求，法庭调查的证据即具有证据资格，能够作为认定案件事实的根据。而根据传闻规则，只要该证据没有经过对方当事人的反询问或者同意，无论是否经过法官审查，都是无效的。传闻证据规则的出发点在于保障当事人对不利于自己的证人进行反询问的权利，因此，只要没有经过对方当事人同意或者反询问的证据，即为违反正当程序的证据，不具有可采性。①

通过直接言词原则与传闻证据规则的比较，可以看出，尽管由于诉讼模式和法律传统等因素的异同，直接言词原则和传闻证据规则各自有着不同的适用范围和发挥作用的方式，在不同国家的表现方式也有差别，但实质精神是一致的。近年来，随着两大法系在法律制度中的相互借鉴与融合，直接言词原则与传闻证据规则在具体运作中的差别也不再那么绝对。直接言词原则与传闻证据规则所体现的精神已超出国家的范围，为国际公约所吸纳并加以规定。《公民权利和政治权利国际公约》第 14 条第 3 款第 5 项规定，被告人有权“讯问或业已讯问对他不利的证人，并使对他有利的证人在与对他不利的证人相同的条件下出庭和受讯问”。这一规定要求证人应当出庭作证，并接受控辩双方平等的质证询问。

三、直接言词原则的适用

（一）直接言词原则的具体适用规则

直接言词原则除了作为刑事审判的基本原则，指导和规范着刑事审判活动的顺利进行外，其本身所包含着的一系列具体规则对证据的运用也起着指导和规范作用。

1. 在场规则

在场规则是指作出裁判的法官必须始终在场，参与案件的审判。在场规则强调的是法官的“亲历性”，要求法官自始至终在场，主持法庭审理，其目的是保证作出裁判的法官与证据之间无隔阂，法官通过听取各方的言词陈述、质证、辩论，以及询问出庭证人，可以对案件获得丰富的直观印象和作出理性的判断，最终形成内心确信并亲自作出裁判。

直接言词原则除了要求法官在场以外，还要求法庭必须在被告人、检察官等亲自在场的情况下进行审判。“在场原则”要求诉讼各方尤其是被告人本人必须到庭参与审判活动。除了法律明文规定允许缺席审判的特殊情况以外，被告人必须出席法庭。

2. 出庭规则

直接言词原则要求一切作为定案根据的证据都要在法庭上经过调查、核实。出庭规则是指证人、鉴定人应当亲自出庭向法庭提供证言或鉴定意见，被害人、被告人也必须当庭陈述。在法庭审理过程中，如果没有特殊情况，所有提供言词证据的原始证人、鉴定人、被害人、被告人都必须出庭作证。证人、鉴定人等要当庭接受控辩双方的言词质询。法庭

① 参见宋英辉、李哲：《直接、言词原则与传闻证据规则之比较》，载《比较法研究》，2003（5）。

一般不得以书面的方式对言词证据进行调查和采纳，不论这种书面形式的言词证据是由被告方提出的，还是由检察官以书面卷宗笔录的形式提出的。也就是说，控辩双方在法庭外就证人证言、鉴定意见、被害人陈述、被告人供述等言词证据所制作的书面笔录或书面陈述均不能作为法庭据以定案的根据。证人以及鉴定人等出庭作证，对于法庭查明事实真相意义重大，如果某一方提供的证人不出庭而仅仅提交书面证词，则另一方将失去对该证人进行当面质证的机会，另外，也无法辨明书面证言的真假，不利于法官作出正确的判断，从而使得刑事审判无法形成理性的裁判。

3. 集中持续审判规则

法庭审判必须持续而集中地进行，一般不得间断。按照直接言词原则的要求，法庭审判一旦开始，就必须按照法定的程序不间断地进行，直到法庭作出裁判为止。采用直接言词原则的目的就是让法官形成科学而准确的内心确信。法官要与所有证据建立直接的联系，就必须亲自出席庭审，亲自对证据进行调查和采纳。法官必须在审理的全过程在场，以便听取诉讼各方的举证、陈述、质证和辩论，听取证人、鉴定人等的口头陈述，并在必要时直接询问证人、鉴定人等。

从事法庭审判的法官必须自始至终地参加审判，不得中途更换。因为法庭审判一旦中断，法官在法庭上对各项证据所产生的直观和鲜明的印象就会日渐减弱甚至消失，法官与证据之间的直接联系就会遭到割裂和中断。例如，法官委托其他法官从事调查证据活动，如询问证人、鉴定人、被害人或被告人等，那么他所直接面对的将是他人所作的书面证言或陈述笔录，他与证据之间就无法建立直接的联系。如果庭审是因为其他人、事方面的原因而中断，在法定的时间内必须及时恢复审理，从而使作出裁判的法官始终与证据之间能够建立紧密和直接的联系。

4. 法官直接采证、自主裁判规则

经过法庭证据调查，法官要能直接采证。法官原则上应该采纳最接近事实的证据而非证据的替代品，对于证据的审查和判断应该亲自为之，否则，作出裁判的法官就与据以定案的证据之间失去直接接触的机会，极易导致误判。

法官有权独立自主地根据经过法庭调查的证据对案件事实作出裁判。法官自主裁判规则是言词原则、在场原则以及直接采证原则发挥作用的前提，也是现代直接言词原则的应有之义。直接审理案件的法官对案件事实所作的裁判，除非被上级法院以法定程序变更或撤销，任何人都无权直接更改。只有自始至终地直接接触证据的审理者才有权作出裁判。正是因为法官能够自主裁判，才使得现代庭审结构同以往的审判方式有了质的区别。如果法官不能自主裁判，或者法官审理权和裁判权分离开来，不能由法官统一行使，法官不能独立地、不受任何非法干预地自我决定案件的处理，那么程序自治的价值就无法实现，也无法保证诉讼结果的公正。

5. 原始证据规则

法官采纳的证据，一般应当是原始证据。除非法律有明确规定，传来证据或者第二手证据不得采纳。如果采纳了传来证据，法官实际上也同证据本身失去了直接联系。直接言词原则要求控辩双方在法庭上尽量出示原始证据，法庭裁判应当建立在原始证据的基础之上。

(二) 直接言词原则的适用范围

在刑事诉讼中，直接言词原则并不能在所有审判程序和程序的各个阶段中普遍适用，它在审判活动中有着自己的适用范围。

首先，直接言词原则多适用于第一审刑事案件中对实体问题的审理活动，即一审法院就案件的事实所进行的审判程序之中。因为案件事实的查明必须通过证据，法官审查判断证据要依赖直接言词原则。对于一审程序中关于程序方面的问题，一般不适用言词原则和直接采证原则，虽然这类问题也需要证据加以证明，但对证明案件程序事实的证据的要求一般低于对证明案件实体事实的证据的要求，而且这类问题通常比较简单明了，大都不需要证人出庭和控辩双方质证。例如法官对回避、管辖错误等问题的裁决程序。

针对法律问题进行审查的第二审和再审程序一般也不适用直接言词原则，因为在这些程序中，只涉及对适用法律问题的争议的解决，不涉及案件事实问题。不涉及案件事实问题也就不涉及证据问题，对于法律问题争议的解决无须当事人对证人、鉴定人等当庭质证，所以一般不适用该原则。对于实体问题进行的第二审和再审程序，原则上也应当采用直接言词原则。但在我国法律规定中，对这类案件除采用直接审理外，还可以在有些较为简单的案件中采用书面审理，或者采用所谓调查讯问式审理。这是在案件主要事实清楚、无争议，对案件次要事实有争议时的一种特殊处理方式。

除了对案件事实的审理应当采用直接言词原则以外，对于程序问题、法律问题都可以实行书面或间接的审判方式。

其次，直接言词原则只适用于普通的审判程序，而一般不适用于各种为提高诉讼效益而设立的简易程序。简易程序和普通程序相比，省略了一些诉讼程序环节，法庭可以不再适用完整的审判程序，可以不适用直接言词原则的某些要求，例如言词原则和直接采证原则的要求，因为简易程序中的法官可以采纳证据的替代品，诉讼参与人不需要都出席法庭。简易程序一方面大大节约了司法资源，另一方面因为分流了一大部分案情简单的刑事案件，又保证了需要按照普通程序进行法庭审理的案件能够严格按照程序的要求进行审理。

再次，直接言词原则只适用于一般场合，而在一些特殊的场合下不能适用。也就是说，在法庭审判过程中直接言词原则的适用有例外情况。直接言词原则适用的例外情况主要包括：第一，缺席审判。一些国家法律规定，在某些特殊情况下法庭可就被告人的刑事责任问题举行缺席审判程序。在缺席审判的情况下，被告人及辩护人不在场，控辩双方无法就证据进行直接的言词争辩和对抗，故法庭审理无法贯彻言词原则的要求。第二，客观原因。虽然审理案件的法庭应当采用直接言词原则，但因为特殊原因证人、鉴定人等无法出庭作证的时候，可以在他们不出庭接受控辩双方质证的条件下开庭审判。例如，证人因为身患重病、丧失行为能力或者死亡等身体上的原因不能出席法庭，或者因为地震、洪水等不可抗力无法出席法庭。在这些情况下，允许法官采用证人原来提供的书面证言作为判决的依据；或者允许法官在控辩双方参与下亲自去证人住处进行询问并制作书面笔录；或者允许委托当地法院对证人进行调查并制作询问笔录，这些笔录证据也可以用作判决的依据。

四、直接言词原则在我国刑事诉讼中的贯彻

我国的刑事法律对直接言词原则的规定主要散见于《刑事诉讼法》和最高人民法院《解释》以及其他的司法解释之中。《刑事诉讼法》第59条规定："证人证言必须在法庭上经过公诉人、被害人和被告人、辩护人双方质证并且查实以后，才能作为定案的根据。"第187条规定："公诉人、当事人或者辩护人、诉讼代理人对证人证言有异议，且该证人证言

对案件定罪量刑有重大影响，人民法院认为证人有必要出庭作证的，证人应当出庭作证。”“公诉人、当事人或者辩护人、诉讼代理人对鉴定意见有异议，人民法院认为鉴定人有必要出庭的，鉴定人应当出庭作证。经人民法院通知，鉴定人拒不出庭作证的，鉴定意见不得作为定案的根据。”第188条规定：“经人民法院通知，证人没有正当理由不出庭作证的，人民法院可以强制其到庭，但是被告人的配偶、父母、子女除外。”第189条规定：“证人作证，审判人员应当告知他要如实地提供证言和有意作伪证或者隐匿罪证要负的法律责任。公诉人、当事人和辩护人、诉讼代理人经审判长许可，可以对证人、鉴定人发问。”由此可见，我国对直接言词原则在立法上是予以肯定的，它要求证人必须出庭作证，法官必须直接调查取证，控辩双方有权对证人在法庭上当面进行质证。这些都集中体现了直接言词原则的精神内涵。《刑事诉讼法》第180条规定，“合议庭开庭审理并且评议后，应当作出判决”，即要求作出裁判的法官必须是参加庭审的法官。最高人民法院《解释》第70条规定：“据以定案的物证应当是原物。”第71条规定：“据以定案的书证应当是原件。”这些规定在一定程度上确立了采纳原始证据的原则。第63条规定：“证据未经当庭出示、辨认、质证等法庭调查程序查证属实，不得作为定案的根据，但法律和本解释另有规定的除外。”第78条规定：“证人当庭作出的证言，经控辩双方质证、法庭查证属实的，应当作为定案的根据。”“经人民法院通知，证人没有正当理由拒绝出庭或者出庭后拒绝作证，法庭对其证言的真实性无法确认的，该证人证言不得作为定案的根据。”再次强调了证人应当出庭作证和证人证言的效力。

从以上规定可以看出，我国法律虽然没有明文规定直接言词原则，但在一定程度上确立了直接言词原则的内容，主要体现在：一是建立了初步的交叉询问规则，规定证人、鉴定人应当出庭作证，证人证言、鉴定意见必须在法庭上经过公诉人、被害人和被告人、辩护人双方质证，并经过查实，才能作为定案的根据；二是确立了以开庭审理为主的审理方式，特别是2012年修改《刑事诉讼法》，扩大了二审案件开庭审理的范围；三是在一定程度上确立了直接言词原则下证据的调查和采纳必须由法官亲自进行，并尽量采纳原始证据的制度；四是在庭审前对起诉的审查中，要求法院对于起诉书中有明确的指控犯罪事实，应当决定开庭审判，即将审查案件事实和证据的关键阶段设定在了法庭审判阶段，为确立直接言词原则提供了必要的前提条件。

虽然有了上述这些规定，我国刑事诉讼中的直接言词原则尚不完善，现有的规定仍需要进一步加以落实。这表现在：第一，2012年修改《刑事诉讼法》吸收了以前立法及司法实践经验，确立了证人、鉴定人出庭作证的程序以及强制证人出庭作证等制度，但对证人出庭作证的条件规定过于严格。根据《刑事诉讼法》第187条规定，需要在以下三个条件同时具备的情况下，才要求证人出庭作证：公诉人、当事人或者辩护人、诉讼代理人对证人证言有异议；该证人证言对案件定罪量刑有重大影响；人民法院认为证人有必要出庭作证。这样的条件设置会影响到证人的出庭率。第二，《刑事诉讼法》第190条规定，对于未到庭作证证人的书面证言、鉴定人的鉴定意见、勘验笔录等，经宣读后也可作为证据使用，作为定案的根据。法律中没有明确规定哪些证人、鉴定人可以不出庭，因此司法实践中大量传来证据在案件裁决中仍然起着重大作用。第三，除了法官直接审判，我国还存在审判委员会对“重大、疑难、复杂”案件的讨论和最后决定权，对此无法保证案件的裁判者是同一案件的审理者，并且决定是在不开庭审理情况下作出的。

可以说，直接言词原则是围绕着证据审查展开的。为了充分贯彻直接言词原则，我国刑事诉讼制度改革中需要在以下几个方面进行完善：第一，继续进行庭审方式改革。确保法庭审判是在控辩双方相对立的基础上，法官作为第三方居于其上，公正裁判，以保证法官对控辩双方提出的证据予以平等对待。第二，完善庭审证据规则。直接言词原则要求庭审法官应当以亲自在法庭上直接获取的诉讼资料作为裁判的基础，因此，我国需要完善证人、鉴定人出庭作证制度，建立询问规则，保证控辩双方在法庭上的公平质证权。改革的目的是使庭审法官置身于法庭的氛围中，直接了解各种证据的来源，获得关于案件事实的第一手材料，从而能够客观、全面地评价证据，对案件事实得出正确的结论。第三，强化合议庭功能。改革现行刑事审判程序，强化合议庭审判功能，赋予合议庭独立审判的职权。贯彻直接言词原则，需要建立合议庭负责制，强调对刑事案件的判决必须由庭审法官根据自己对案件的亲自审理所形成的判断作出。

【问题与思考】

1. 什么是证据裁判原则？证据裁判原则有何意义？
2. 证据裁判原则包含哪些内容？
3. 什么是自由心证原则？自由心证原则有何意义？
4. 自由心证原则包含哪些内容？
5. 什么是直接言词原则？直接言词原则有何意义？
6. 直接言词原则与传闻证据规则有何联系和区别？
7. 直接言词原则在我国如何适用？

【推荐参考论著】

1. 陈瑞华. 刑事证据法学. 北京：北京大学出版社，2012
2. 秦宗文. 自由心证研究：以刑事诉讼为中心. 北京：法律出版社，2007
3. 宋英辉，汤维建主编. 证据法学研究述评. 北京：中国人民公安大学出版社，2006
4. 何家弘，刘品新. 证据法学. 北京：法律出版社，2004
5. 陈卫东. 论刑事证据法的基本原则. 中外法学，2004（4）
6. 宋英辉，李哲. 直接、言词原则与传闻证据规则之比较. 比较法研究，2003（5）
7. 樊崇义，吴宏耀. 论证据裁判原则. 法律应用研究. 第6辑，北京：中国法制出版社，2001
8. 汪海燕，胡常龙. 自由心证新理念探析——走出对自由心证传统认识的误区. 法学研究，2001（5）

第五章
刑事证据规则

内容导读

刑事证据规则是刑事证据法学的一个基本理论范畴。本章内容主要包括如下几个方面：第一，初步分析刑事证据规则的一般理论，如刑事证据规则的含义、分类、功能等；第二，对国外主要刑事证据规则分别从含义、理论根据、立法概况、例外情形等角度进行简要分析，如关联性规则、可采性规则、非法证据排除规则、自白规则、传闻证据规则、意见证据规则、最佳证据规则、补强规则等；第三，在解释我国刑事证据规则现状的基础上，对我国刑事证据规则存在的问题进行概括性的分析，并提出改革和完善我国刑事证据规则的基本思路。

第一节　刑事证据规则概述

一、刑事证据规则的含义

对于证据规则的含义，中外学者有不同的看法。在英美法系国家，证据规则是那些在庭审中或者审理中对证据的可采性问题起支配作用的规则。在我国，理论界通常习惯于从比较宽泛的角度去理解证据规则的含义。这主要表现在两个方面：第一，从诉讼程序的角度去理解证据规则，将证据规则看成是与证据有关的程序性规则。如有的学者认为，证据规则是指在收集证据、采用证据、核实证据、运用证据时必须遵循的一系列准则，即在诉讼中与证据有关的具有可操作性的程序性规则。[1] 第二，从证据制度或者证据法的角度去理解证据规则，将证据规则等同于证据制度或者证据法，或者将诉讼中与证据有关的内容都

① 参见刘善春、毕玉谦、郑旭：《诉讼证据规则研究》，5页，北京，中国法制出版社，2000。

纳入证据规则当中。如有的学者认为，证据规则是指确认证据的范围，调整和约束证明行为的法律规范的总称，是证据法的集中体现。[①] 有的学者认为，证据规则是指关于诉讼过程中取证、举证、质证、认证活动的法律规范和准则。[②] 有的学者认为证据规则是指规范证据的收集、审查和评价等诉讼证明活动的准则。[③] 还有学者从法庭审判的角度，认为证据规则是指以规范何种证据可以在法庭上出示（证据的可采性）、各种证据证明力大小（证据力）、证明责任的分配以及证明的要求等为主要内容的法律规则的总称。[④]

我们认为，从广义角度讲，将证据规则等同于证据制度或者证据法未尝不可。但是，如果我们考虑到英美法系的证据规则主要是关于证据可采性方面的规定，那么这种宽泛的理解并不能准确地反映英美法系证据规则的实际情况。更为重要的是，如果我们将证据规则同证据制度或者证据法等同起来，以为凡是与证据有关的内容，如有关收集证据、审查判断证据、运用证据认定案件事实，或者取证、举证、质证和认证等内容，都属于证据规则的调整范围，那么我们将很难分辨我国刑事证据规则与西方发达国家刑事证据规则之间到底具有哪些差别，存在哪些差距。有鉴于此，我们主张从狭义角度去理解证据规则的含义。简要说来，刑事证据规则是指在刑事诉讼中，规范证据的证据能力或者证明力的规则。考察两大法系刑事证据立法不难发现，现代刑事证据规则以调整证据的证据能力为主，而以调整证据的证明力为辅。这主要是因为，证据的证据能力属于法律问题，它必须由法律预先作出明确的规定，法律以什么标准、什么规则以及什么方式来设定证据的证据能力，包含着人们的一系列价值判断与选择过程。而证据的证明力属于经验问题、逻辑问题，法律不应当也无法人为地预先设置它们的表现形式、大小、强弱，而只能交给法官凭着良心、逻辑、经验等进行自由裁量。

二、刑事证据规则的分类

由于我国学者对于证据规则的理解存在较大分歧，因而，理论界关于证据规则的分类也是五花八门。例如，有的学者认为，按照不同的分类标准，可以将证据规则分为不同的种类：第一，根据性质不同，证据规则可以分为实体性规则（如证明责任规则、推定规则等）和程序性规则（如取证程序规则、举证程序规则、质证程序规则、认证程序规则等）；第二，根据内容不同，证据规则可以分为权利性规则（如证据展示规则、证据保全规则）和义务性规则（如证明责任规则、传闻证据规则、非法证据排除规则等）；第三，根据形式不同，证据规则可以分为规范性规则（如证明责任规则、证据展示规则等）和标准性规则（如证明标准规则）；第四，根据功能不同，证据规则可以分为调整性规则（如推定规则、司法认知规则等）和构成性规则（如鉴定规则、勘验规则等）；第五，根据严格程度不同，证据规则可以分为刚性规则和柔性规则；第六，根据制定的理由或者依据不同，证据规则可以分为公理性规则（如关联性规则、传闻证据规则等）和政策性规则（如无罪推定规则、

---

① 参见江伟主编：《证据法学》，173页，北京，法律出版社，1999；樊崇义主编：《证据法学》，3版，87页，北京，法律出版社，2003。

② 参见何家弘、刘品新：《证据法学》，358页，北京，法律出版社，2004。

③ 参见卞建林主编：《证据法学》，453页，北京，中国政法大学出版社，2000。

④ 参见陈卫东、谢佑平主编：《证据法学》，70页，上海，复旦大学出版社，2005。

非法证据排除规则等)。[①] 有的学者认为，按照证据规则规范的证明活动的不同，证据规则可以分为规范证据收集的规则、规范证据审查的规则和规范证据评价的规则；按照证据规则调整内容的不同，证据规则可以分为规范证明力的规则和规范证据能力的规则；按照证据规则规范对象的不同，证据规则可以分为以规范审查判断证据的程序为内容的规则和以规范审查判断证据的范围为内容的规则。[②] 还有学者认为，按照设立目的不同，证据规则可以分为证据本身的规则和运用证据的规则两大类，所谓证据本身的规则是指关于证据的证据能力和证明力的规则，而运用证据的规则是指诉讼各方在运用证据时必须遵守的规则，如取证规则、采证规则、查证规则和定案规则。[③] 还有学者采取了下列分类方法：按照诉讼制度的不同，证据规则分为当事人主义的证据规则和职权主义的证据规则；按照客体的不同，证据规则分为证据能力规则和证明行为规则，所谓证据能力规则是确认和调整证据的范围和资格的行为规则，其中心内容是什么样的事实材料可以作为证据采纳，而证明行为规则是指关于证据的制作、调查收集、审查判断和举证、质证的行为规范；按照表现形式的不同，证据规则分为成文法证据规则、判例法证据规则和习惯法证据规则；按照证据规则在三大诉讼中的不同适用，证据规则分为通用的证据规则和特殊的证据规则。[④]

从我国学者对证据规则的分类来看，证据规则的内容基本上涵盖证据法学的绝大部分内容。上述各种分类方法显然是与我国学者普遍从非常宽泛的角度界定证据规则的含义分不开的。我们认为，上述分类方法同泛泛地界定证据规则一样不可取。如果我们像界定证据规则那样对证据规则进行分类，那么证据规则的分类标准将会是一个非常开放而不稳定的体系。这是因为，证据法学的内容极其丰富，涉及的范围非常广泛，不同的学者会按照各自的不同偏好采取不同的分类方式。而分类标准的不统一可能导致我们无法正确地把握证据规则的含义，并引起理论上的混乱。这在上述各种五花八门的分类方法当中已经得到了充分的体现。如果采取上述各种纷繁复杂的分类方法，那么对于我们如何研究西方发达国家尤其是英美法系的证据规则是非常不利的，也无助于我们发现我国证据制度或者证据规则所存在的关键问题。有鉴于此，我们认为可以依证据的证据能力和证明力来划分刑事证据规则的种类，即刑事证据规则可以分为规范证据能力方面的证据规则和规范证明力方面的证据规则。从两大法系刑事证据规则来看，规范证据能力方面的证据规则主要包括关联性规则、可采性规则、非法证据排除规则、自白规则、传闻证据规则、意见证据规则、最佳证据规则，而规范证明力方面的证据规则主要是补强证据规则。本章对于国外刑事证据规则的介绍，也将采取这种分类方式。

值得说明的是，尽管我国通过扩张性的司法解释和修改刑事诉讼法确立了非法证据排除规则，但是我国刑事证据排除规则是以规范证明力为中心的，而没有形成像西方国家那样尤其是英美法系那样的以规范证据能力为中心的刑事证据排除规则。[⑤] 这主要是因为，尽管我国现行法律大量采用了与西方国家排除规则相类似的排除式用语，即“不得作为定案

---

① 参见何家弘、刘品新：《证据法学》，359～360页，北京，法律出版社，2004。

② 参见卞建林主编：《证据法学》，453～455页，北京，中国政法大学出版社，2000。

③ 参见刘善春、毕玉谦、郑旭：《诉讼证据规则研究》，55～57页，北京，中国法制出版社，2000。

④ 参见樊崇义主编：《证据法学》，3版，102～103页，北京，法律出版社，2003。

⑤ 参见王超：《刑事证据排除的两种模式》，载《现代法学》，2013（4）。

的根据”，但是这个概念所隐含的排除基础主要是证据的证明力，而不是证据的证据能力。一方面，从我国现行法律所规定的定案根据的前提条件来看，定案根据是一个与证明力密切相关的概念。这是因为，根据《刑事诉讼法》第48条第3款以及2012年最高人民检察院《人民检察院刑事诉讼规则（试行）》（以下简称最高人民检察院《规则》）第63条、最高人民法院《解释》第104条的规定，证据作为定案根据的前提条件要么是“查证属实”，要么是“证据之间具有内在联系，共同指向同一待证事实，不存在无法排除的矛盾和无法解释的疑问”。显而易见，这两个条件都可以视为证据的证明力问题。另一方面，《关于办理死刑案件审查判断证据若干问题的规定》以及最高人民法院《解释》针对各个证据种类所规定的审查认定规则，主要是以证据的证明力为基础的，而不是以证据的证据能力为基础的。换句话说，诸如物证、书证、证人证言、被害人陈述、被告人供述和辩解、鉴定意见、勘验检查笔录、辨认笔录、侦查实验笔录、视听资料、电子数据等证据之所以应当被排除而不得作为定案的根据，并不是因为该证据没有西方国家刑事证据排除规则所称的证据能力或者可采性，而是关键在于它们由于某种缺陷而无法保证具有真实性、可靠性等证明力。

三、刑事证据规则的功能

在现代刑事诉讼中，由于奉行证据裁判主义，案件事实需要由证据来证明，因而，证据制度属于诉讼活动的中心问题。而证据规则又是证据制度的核心组成部分，因此，刑事证据规则在现代刑事诉讼中具有十分重要的地位和作用。概括说来，刑事证据规则在刑事诉讼中的功能主要体现在如下几个方面。

第一，促进法治。法治的一个核心要素在于国家权力机关严格按照法律办事。如果国家权力机关违反自己制定的法律，那么它就无权要求社会民众去遵守法律。在这种情况下，法律的统治就会成为一句空话。而严格执行法律不仅包括国家权力机关执行实体性的法律，而且包括其执行程序性的法律。在刑事诉讼活动当中，法治的重要体现就是侦查机关、检察机关和审判机关应当严格依照法定的诉讼程序开展侦查、起诉和审判活动。而刑事证据规则的存在对于侦查机关、检察机关和审判机关严格按照程序办案是大有帮助的。例如，为了避免指控犯罪的证据因为是非法的而遭到法庭的排除，并最终导致控诉的失败，侦查机关就会在侦查过程中尽量按照法定的程序，采取合法的手段收集证据，而检察机关也会尽量避免将侦查机关通过非法手段获取的证据作为指控犯罪的依据。在法庭审判过程中，尽管法官享有一定的自由裁量权，但是法官如何采纳证据、如何认定证据并不是随心所欲的，必须遵循刑事证据规则的要求。例如，按照非法证据排除规则，对于侦查人员通过刑讯逼供获得的被告人供述，即使该证据对证明被告人有罪起到十分关键的作用，法官也只能将其排除，而不能将其作为定罪的根据。

第二，人权保障。刑事诉讼同民事诉讼、行政诉讼的最大区别在于它是国家以社会整体利益的名义对公民个人发动的一场追诉活动。可以说，刑事诉讼是国家和个人之间发生冲突最为激烈的一个领域。个人权利的最大危险来自于国家对犯罪行为的追诉活动，因此，如果不对国家的追诉活动加以适当限制，侦查机关和检察机关就会凭借强大的国家力量和惩治犯罪的道德优势恣意妄为，从而侵犯公民的合法权益。但是，在刑事证据规则的约束之下，侦查机关和检察机关就会按照法律规定的程序开展追诉活动，而无法任意侵犯公民尤其是犯罪嫌疑人的人权。例如，按照非法证据排除规则的要求，侦查机关应当采取合法的取证行为，而不能采用非法搜查、扣押、辨认、监听等手段。而侦查机关在侦查过程中一旦依法采用搜查、扣押、辨认、监听等侦查措施，公民的财产权、隐私权等就会得到相应的保障。再如，按照自白任意性规则，为了避免犯罪嫌疑人的有罪供述遭到法庭的排除，侦查人员在讯问过程中就会尽量避免采取刑讯逼供等酷刑的方式获得指控犯罪的根据。而这对于保障犯罪嫌疑人的人格尊严以及人身权具有十分重要的作用。

第三，查明事实。客观地说，刑事证据规则在运用过程中的确有可能对查明案件事实真相构成一定的威胁。例如，通过非法搜查、扣押获取的实物证据或者通过刑讯逼供得来的犯罪嫌疑人供述等证据，可能对于法官的事实认定起到十分重要的作用，但是按照非法证据排除规则和自白任意性规则的要求，上述证据不能成为法官认定事实的依据。在这种情况下，法官很有可能无法查清案件事实的真相。刑事证据规则是一把双刃剑，尽管它在客观上可能妨碍了法官查明案件事实真相，但是它在某些方面非常有助于法官查明真相。例如，传闻证据规则有助于避免证人证言经过多次传递而产生失真的现象，从而使法官尽量接触到最为真实、可靠的证人证言；意见证据规则可以排除普通证人在耳闻目睹之外的主观意见，从而促使普通证人尽量对亲眼观察到的案件事实进行客观陈述；设立最佳证据规则的一个重要目的就是使事实裁判者能够接触到对案件事实起到更好证明作用的原件或者原物，而不是复制件或者复制品；设立补强证据规则的目的就是担保特定证据的真实性；等等。

第四，确保公正。现代刑事诉讼对程序公正的追求主要体现在控审分离、控辩双方平等对抗、法官居中裁判的程序构架上，而刑事证据规则的设立对于上述程序架构的形成起到十分重要的作用。例如，按照非法证据排除规则、传闻证据规则、自白任意性规则等排除规则的要求，无论控方提交的非法证据、传闻证据或者非任意性自白对案件事实具有多么重要的证明价值，法官都应当将上述证据排除掉，不得将其作为最后定案的根据。这无疑有助于法官保持中立的诉讼地位。而法官越中立，控审分离原则就越容易得到实现。再如，按照传闻证据规则的要求，法官应当禁止控方宣读证人的庭外陈述，而辩护方也有权向法庭申请证人亲自出庭作证。而证人出庭作证，能够保障辩护方充分行使自己的辩护权和质证权，提高自己的防御能力和参与法庭审判的能力，从而增强其影响诉讼结局的机会和能力。而这对于确保公正审判和控辩双方之间的平等对抗无疑是大有裨益的。

第五，提高效率。在现代刑事诉讼中，不仅需要追求公正，而且应当兼顾效率，不能为了实现公正，过分忽略效率。毕竟，迟来的正义属于非正义。而刑事证据规则对于诉讼效率的提高将会起到十分重要的作用。一方面，在刑事证据规则的约束之下，侦查机关和检察机关就会少走一些弯路，尽量直接获取法官能够采纳的证据，而法官在法庭审判过程中，也就无须耗费大量的时间来审查控方的证据是否具备证据能力。另一方面，通过关联性规则、可采性规则等刑事证据规则，不仅可以限制当事人提交证据的范围，确保当事人只能向法庭提交具有关联性和可采性的证据，而且可以将不具备证据能力的证据排除在法庭调查之外，从而缩小法庭调查的对象。在这种情况下，法庭审判就可以紧紧围绕具有关联性和可采性的证据而展开，从而提高审判效率。

第二节　国外主要证据规则

一、关联性规则

（一）关联性规则的含义

证据的关联性是指证据与案件的待证事实之间具有某种联系，从而能够证明案件的待证事实。我国学者一般认为，这种联系不仅是客观存在的，不以人的意志为转移的，而且是多种多样的，如因果联系、时间联系与空间联系、必然联系与偶然联系、直接联系与间接联系、肯定联系与否定联系等。尽管证据的关联性已经为世界各国证据法所承认，但是世界各国证据法对于关联性的运用却存在明显差异。在英美法系国家证据法中，关联性侧重于规范证据的证据能力，它要求法官在采纳证据时应当考虑证据与待证事实之间的联系，既不能采纳没有关联性的证据，也不能排除有助于查明案件事实的相关证据，从而导致陪审团在认定事实时出现差错。而在大陆法系国家和我国证据法中，关联性侧重于评价证据的证明力，它要求法官在评价证据、形成心证时应当遵循证据与待证事实之间的客观联系，而不是随意认定证据的证明价值。由于证据的证明力问题通常需要由法官根据经验法则、逻辑法则等进行自由心证，因而，关联性规则实际上是英美法系国家证据法规范证据可采性的一项规则。

关联性规则又称相关性规则，是指只有与诉讼中待定事实具有关联性的证据才可以采纳，凡是没有关联性的证据均不具有可采性。这表明证据的关联性是证据可采性的前提条件，即证据是否具有可采性，首先取决于它与案件的待证事实是否具有关联性。凡是具有可采性的证据，都必须具有关联性。但是，具有关联性的证据却不一定都具有可采性，仍有可能出于各种利益考虑，或者由于某种特殊规则，有关联性的证据不具备可采性。对此，美国著名证据法学家赛耶将关联性规则概括为两条著名的原则：一个是消极原则，即除非具有关联性，否则证据不具有可采性；另一个是积极原则，即一切有关联性的证据都具有可采性，除非按照可采性规则被排除。由于关联性规则是规范证据能力的一项证据规则，因而，该规则中的关联性强调的是证据与待证事实之间具有某种联系即可，而不涉及这种联系对待证事实的证明价值。考虑到证据具有可采性的前提要件是证据必须具有关联性，因此，关联性规则已经成为英美法系证据法的一项基础性规则。对此，美国学者格雷厄姆·利利曾经指出："证据的关联性，是融汇于证据规则中带有根本性和一贯性的原则……由于关联性这一含义适用于所有所举出的证据，因而，也渗透于庭审的全部过程。所有具备可采性的证据首先与要证事实具有关联性，至少当对方举证或就证据的关联性质疑时，必须首先证实其具有关联性。"①

（二）确立关联性规则的根据

在英美法系证据法中，之所以强调证据只有在具备关联性的情况下才具有可采性，主

① Graham C. Lily, *An Introduction to the Law of Evidence*, West Publishing Co., 1978, p. 17. 转引自郭志媛：《刑事证据可采性研究》，97页，北京，中国人民公安大学出版社，2004。

要原因包括两个：第一，为了防止误导陪审团。在英美法系刑事审判过程中，通常由不懂法律的陪审团负责事实认定。为了防止当事人将没有关联性的证据提供给陪审团，从而使陪审团错误地认定事实，因此需要确立关联性规则，由职业法官将不具有关联性的证据过滤掉，保证陪审团据以认定案件事实的证据都是具有关联性的证据。第二，为了提高诉讼效率。在英美法系刑事审判过程中实行当事人主义，因此，提出什么样的证据完全由当事人自己决定。如果不对当事人提出证据的范围作出必要的限制，那么法庭调查将难以终结，从而导致整个法庭审判拖沓冗长，势必降低审判的效率。有鉴于此，英美法系确立了关联性规则，将不具备关联性的证据排除在法庭调查之外，从而促使当事人只能向法庭提交具有关联性的证据。这样，法庭调查就可以紧紧围绕具有关联性的证据而展开，从而提高整个法庭审判的诉讼效率。

（三）关联性的衡量

在关联性规则当中，一个核心的内容就是如何衡量某项证据与待证事实之间是否具有关联性。根据《美国联邦证据规则》第 401 条的规定，就足以影响诉讼决定的任何事实的存在与否的认定，如果有某一证据存在，则该事实存在与否的可能性，比无此证据存在为高时，任何具有这种可能存在或更没有可能存在的倾向的证据，就是有关联性的证据。① 美国著名证据法学家麦考密克认为，证据具有关联性，应当具备两个构成要素：实质性和证明价值。② 据此，某项证据是否具备关联性，应当从实质性与证明价值这两个角度加以衡量。美国著名证据法学家华尔兹也认为，实质性和证明性加在一起就等于相关性。③ 根据麦考密克的论述，实质性涉及的是证据与案件之间的关系，它注重的是被提供的证据与证明的主张和案件中的争议事实的关系。如果该被提供的证据与证明的主张属于争议中的事项，那么该证据就具有实质性。证明价值是指证据支持其欲证明的主张成立的倾向性。考察一项证据是否具有证明价值，至少有两种方法：第一，一个人可以简单地提出疑问，“对此证据的认识是使发现争议事实真相更为可能还是更不可能?”第二，在假设视为成立的情况下来考虑该证据出现的可能性。④ 综合麦考密克和华尔兹的论述不难看出，检验一项证据是否具有关联性，应当依次考虑下列三个因素：第一，当事人提出的证据所要证明的问题是什么；第二，当事人所要证明的问题是否属于争议中的事项；第三，当事人提出的证据对争议事项的证明是否具有帮助。在明白当事人提出的证据所要证明的问题的基础上，如果能够判断当事人所要证明的问题属于争议事项，而且当事人提出的证据对证明该争议事项具有帮助（无论是积极的帮助还是消极的帮助），那么该证据就具有关联性。此外，根据华尔兹教授的论述，在衡量上述因素或者决定相关性问题时，法官们主要是根据其对当事人所提证据的感觉以及可能存在的已经确立的司法判例或者法典化规则。⑤

---

① 参见陈界融译著：《〈美国联邦证据规则〉（2004）译析》，18 页，北京，中国人民大学出版社，2005。

② 参见［美］约翰·W·斯特龙主编：《麦考密克论证据》，汤维建等译，359 页，北京，中国政法大学出版社，2004。

③ 参见［美］乔恩·R·华尔兹：《刑事证据大全》，何家弘等译，15 页，北京，中国人民公安大学出版社，1993。

④ 参见［美］约翰·W·斯特龙主编：《麦考密克论证据》，汤维建等译，360～361 页，北京，中国政法大学出版社，2004。

⑤ 参见［美］乔恩·R·华尔兹：《刑事证据大全》，何家弘等译，66 页，北京，中国人民公安大学出版社，1993。

（四）关联性规则的限制

根据《美国联邦证据规则》第402条的规定，除联邦宪法、国会制定的法律、本规则其他规定或最高法院依其法定权力所制定的其他规则另有规定外，所有关联性证据都具有证据能力，不具有关联性的证据没有证据能力。[①] 这表明，除非法律另有特殊规定[②]，具有关联性的证据一般都具有可采性。例如，根据《美国联邦证据规则》第403条的规定，当具有关联性的证据可能导致不公正的偏见、混淆争议或者误导陪审团的危险大于该证据可能具有的价值时，或者考虑到过分拖延、浪费时间或者没有必要出示重复证据时，不具有可采性。再如，《美国联邦证据规则》第404条规定的品格证据。经验告诉我们，尽管人的一般品格特征对于案件事实或多或少地具有一定的证明价值，如品行较差的人可能会做坏事等，但是依据品格特征认定案件事实存在极大的风险。因为，在很多情况下，案件事实往往与人的品格特征并没有什么关系。为了克服依据品格证据来认定案件事实所产生的偏见，《美国联邦证据规则》第404条规定了品格证据的一般规则，即有关某人品格或者品格特征的证据在证明该人在特定环境下实施了与其品格相一致的行为时不具有关联性。简而言之，品格证据一般不具有可采性，或者用中国习惯的语言表述就是，“一次做贼”不能推断“永远做贼”。但是，在以下几种情况下，品格证据具有可采性：第一，刑事被告人的品格。在审判过程中，被告人可以提出自己品格良好的证据，以便证明自己没有实施犯罪行为。但是，一旦被告人提出品格证据，控方就可以提出被告人品格不佳的证据，进而证明被告人实施了犯罪行为。第二，被害人的品格。在审判过程中，被告人可以提出有关被害人品格的证据。如果被告人提出了被害人的品格证据，那么控方也可以提供用来反驳被告人所举关于被害人品格的证据。或者在杀人案件中，控方为了反驳被告人证明被害人先动手的证据，可以提供品格证据，以便证明被害人一贯性格温和。第三，证人的品格。当证人是否能够如实陈述成为争议事项时，当事人可以提出关于该证人能否如实陈述的品格证据。第四，其他犯罪、错误或者行为。一般而言，如果关于其他犯罪、错误或者行为的证据被用来证明某人的品格，以便说明其行为与该品格相符时，该类证据不具有可采性。但是，当该证据用来证明诸如动机、机会、意图、预备、计划、知识、身份、缺失过失、意外事件等其他内容时，具有可采性。

二、可采性规则

（一）可采性规则的含义

证据的可采性规则是英美法系证据法中最重要的一项证据规则，它贯穿于整个刑事审判过程。美国证据法学家华尔兹在谈到证据的可采性时曾经指出：“有两个关于证据的主要问题

---

① 参见陈界融译著：《〈美国联邦证据规则〉（2004）译析》，18页，北京，中国人民大学出版社，2005。

② 根据《美国联邦证据规则》的规定，关于关联性规则的特殊规定主要有：（1）给予偏颇、混淆或费时而排除关联性证据。（2）不得用以证明行为的品格证据。（3）证明品格的方法。（4）人的习惯与机构的例行事务。（5）事后的补救措施。（6）和解与和解的提出。（7）支付医疗或类似费用支出。（8）认罪答辩、认罪答辩讨论和相关陈述不具备可采性。（9）责任保险。（10）性侵害案件。（11）在性侵害案件中类似犯罪的证据。（12）对儿童实施的性侵害案件中类似犯罪的证据。（13）民事案件中的涉及性侵害或对儿童实施性侵害的类似行为的证据。参见卞建林译：《美国联邦刑事诉讼规则和证据规则》，105～109页，北京，中国政法大学出版社，1996；陈界融译著：《〈美国联邦证据规则〉（2004）译析》，20～47页，北京，中国人民大学出版社，2005。

是必须解答的。首先，什么事实和材料应该准许作为证据让陪审团审议？其次，陪审团可以把这些被裁定能够采用的事实和材料用作何用？几乎所有的证据规则都与这两个问题中的第一个有关。这就是说，大多数证据规则都是关于什么应该被接受为证据的问题——可采性问题。”[①] 从华尔兹的论述中不难看出，所谓证据的可采性实际上就是指证据能够在法律上被允许作为证明待证事实的依据。一般认为，英美法系证据法中的可采性与大陆法系证据法中的证据能力基本上是同一个概念，二者的功能均在于确定证据的准入资格，即哪些证据被容许进入审判程序，以便证明案件中的待证事实。根据证据的可采性规则，如果某项证据具备可采性，那么法官应当允许当事人在审判过程中提交该项证据，并作为陪审团认定案件事实的依据。在法庭审判过程中，对于一方当事人举出的不具备可采性的证据，如果对方当事人表示异议的，法官不仅应当禁止当事人向法庭提交该证据，而且不得将其作为陪审团认定案件事实的依据。

可采性规则与关联性规则既有区别，又有联系。因为，证据具备可采性的前提是该证据具备关联性，如果证据没有关联性，就不可能具备可采性。从这个角度讲，关联性规则也是规范证据可采性的一种证据规则。但是，具备关联性的证据不一定具备可采性。因为，根据可采性规则，一些具备关联性的证据，如传闻证据、非法证据等，不被允许作为证据使用。因此，可采性规则的含义要比关联性规则更加宽泛。正因如此，一些学者认为证据的可采性规则具有广义与狭义之分。如有的学者认为，狭义的可采性规则是指那些专门解决证据采纳与排除问题的证据规则，它包括容许性规则与排除规则两种。而广义的可采性规则除了容许性规则与排除规则之外，还包括关联性规则。[②] 还有学者认为，广义的可采性包括证据的关联性与合法性，狭义的可采性则仅指与关联性并列的合法性。[③]

（二）确立可采性规则的根据

在英美证据法中，之所以规定证据的可采性，主要是基于两点考虑：第一，防止时间的消耗。假如没有合理的限定性证据原则为可以采用的证据划定外围边界，那么审判所要持续的时间将会长得让人无法忍受，甚至会无休止地进行下去。第二，保护陪审团免受不当影响。作为对事实问题的裁判者，陪审团是由非法律职业的普通人组成的，他们缺乏明辨证据的经验，难免遭受伪证的欺骗，或者被一些无聊的证据混淆，或者因怜悯及偏见而误认事实。只有通过法官预先选择，将容许采纳的证据提交陪审团，才能防止陪审团免受误导而作出不正确的裁定。[④] 正因如此，英美法系国家证据法对证据的可采性进行了严格的限制，如非法证据排除规则、自白规则、传闻证据规则、意见证据规则等大量证据排除规则都属于可采性规则。在大陆法系国家，由于传统上实行职权主义和职业法官审判制度，因而，为了充分发挥法官在发现事实真相过程中的积极作用，其证据法往往不对证据的证据能力作过多的限制，而是由法官进行自由裁量。只是随着两大法系的不断融合以及各国人权保障的逐步加强，大陆法系国家关于证据的可采性才逐渐加大了法定主义的比重。

（三）可采性的衡量

根据可采性与关联性之间的关系，衡量某项证据是否具备可采性，应当同时考察下列

---

① ［美］乔恩·R·华尔兹：《刑事证据大全》，何家弘等译，10页，北京，中国人民公安大学出版社，1993。

② 参见郭志媛：《刑事证据可采性研究》，95页，北京，中国人民公安大学出版社，2004。

③ 参见何家弘主编：《外国证据法》，48页，北京，法律出版社，2003。

④ 参见何家弘主编：《外国证据法》，191页，北京，法律出版社，2003。

两个因素：第一，该证据与案件事实是否具有关联性；第二，该证据是否具备法律的许可性。这意味着，如果该证据与案件事实之间没有关联性，那么该证据显然不具备可采性；如果该证据具有关联性，但是该证据没有法律的许可性，那么该证据也不能被采纳为证据；只有当该证据既具有关联性又符合法律的许可性时，该证据才具备可采性。由于关联性需要由实质性和证明性加以衡量，因而，一项具有可采性的证据必须是顺利经过实质性、证明性和合法性检验的证据。如美国证据法学家华尔兹指出，为了能够恰当地被事实认定者的审议所接受，证据必须对案件中的实质性争议问题具有证明性，而且依据证据规则在其他方面具有法律效力，每一项提交审判的证据都必须通过实质性、证明性和有效性的检验。[①] 根据《布莱克法律词典》，实质性是指提交法庭的证据与争议事项的相关性；实质证据就是那些对于争议问题具有实质性，在争议中必须加以考虑，而且其本身或者与其他证据一起对案件具有决定性的证据。[②] 根据华尔兹的观点，判断证据有无实质性，应该回答如下几个问题："这个证据是针对哪个争议问题的？那问题是什么？那问题——无论其可能是什么问题——在本案中是个实质性问题吗？指控被告人的语言、审判法院的裁定以及公诉人和辩护律师的协议中是否明确了这一点？"[③] 所谓证明性，是指根据事物之间的逻辑或者经验关系，当事人所提出来的证据具有使实质性问题可能更为真实或者不真实的能力。华尔兹教授指出，如果所提证据指向的问题在本案中具有实质性，那么下一步就有必要问道：所提的证据对该问题具有证明性吗？这就是说，该证据能确立那个实质性问题的要点吗？与没有该证据的情况相比，它会使那个问题的要点可能更为真实或更为不真实吗？[④] 因此，对于上述问题，如果能够作出肯定的回答，那么当事人所提证据具有证明性；反之，就不具备证明性。华尔兹教授进一步指出，如果对上述两部分相关性问题都能作出肯定的回答，那就有必要询问：所提证据是否由于某些特殊的排除性法律规则而依然无效——不可采用？[⑤] 对于这个问题的回答涉及证据的有效性。所谓证据的有效性，实际上就是法律上的许可性。例如，一个证据可能对实质性问题具有证明性，但仍然被某些特殊规则排除，因为这个特定种类的证据被认为一般都是不可靠的；是不公正地破坏了审判程序的；是过分的证明；或者违反了某些宪法原则。[⑥]

三、非法证据排除规则

（一）非法证据排除规则的含义

非法证据排除规则具有广义和狭义之分。广义上的非法证据排除规则既包括排除非法的言词证据，也包括排除非法的实物证据。前者主要是自白排除法则，后者主要是指排除非法搜查、非法扣押所获取的证据。在此主要探讨狭义的非法证据排除规则。所谓非法证

---

① 参见［美］乔恩·R·华尔兹：《刑事证据大全》，何家弘等译，14页，北京，中国人民公安大学出版社，1993。

② 转引自郭志媛：《刑事证据可采性研究》，29～30页，北京，中国人民公安大学出版社，2004。

③ ［美］乔恩·R·华尔兹：《刑事证据大全》，何家弘等译，14～15页，北京，中国人民公安大学出版社，1993。

④ 参见［美］乔恩·R·华尔兹：《刑事证据大全》，何家弘等译，15页，北京，中国人民公安大学出版社，1993。

⑤ 参见［美］乔恩·R·华尔兹：《刑事证据大全》，何家弘等译，15页，北京，中国人民公安大学出版社，1993。

⑥ 参见［美］乔恩·R·华尔兹：《刑事证据大全》，何家弘等译，15～16页，北京，中国人民公安大学出版社，1993。

据排除规则，是指在刑事诉讼中，除了法律规定的情况以外，通过非法搜查、扣押手段获得的证据应当依法排除，不得作为证据采纳。

与非法证据排除规则密切相关的一个问题是如何对待“毒树之果”问题。所谓“毒树”，是指通过非法手段获取的证据；而“毒树之果”中的“果实”是指通过“毒树”所获得的线索而收集的其他证据。“毒树之果”与一般的非法证据具有明显的不同。因为，一般的非法证据通常是通过非法搜查、扣押等非法手段获取的，即非法证据的收集程序本身必须是非法的。而“毒树之果”的收集程序本身却是合法的，只不过在发现该证据之前的程序具有非法的情形。这就是美国的“毒树之果”现象。德国将这种现象称为“波及效”。从理论上讲，既然“毒树之果”的收集程序是合法的，那么“毒树之果”似乎并不能适用非法证据排除规则。例如，英国在对待“毒树之果”问题上，无论是普通法还是成文法，都采取了“排除毒树”而“食用毒树之果”的原则，即对于根据被排除的被告人供述发现的任何证据和事实，只要其具备相关性和其他条件，就具备证据的可采性。而在美国，违法证据排除规则不仅适用于一般的非法证据，而且适用于“毒树之果”，即如果被告人证明了一个违反第 4 条修正案的行为——“毒树”，并且证明了证据是作为该违法的实际结果而获得的——该证据是“毒树”的一个“果实”，被告就有权使该证据被排除，除非控方证明可以适用一般排除规则的某一个例外。[①] 1984 年美国联邦最高法院解释了“毒树之果规则”的“核心原理”：尽管“毒树之果规则”增加了排除规则的成本，但是提供充分的威慑以确保阻止被禁止行为的需要已经证明了这种成本的合理性。只有用对警官们违反第 4 条修正案而直接获得以及间接获得的证据都不采纳的办法来威慑他们，才能给避免这些违法提供充分的刺激。[②]

（二）确立非法证据排除规则的根据

关于确立非法证据排除规则的根据，历来属于学术界争论的焦点问题。根据美国学者的论述以及联邦最高法院的判例，非法证据排除规则的确立主要是基于以下考虑：第一，维护公民宪法权利的需要。该观点认为，通过非法搜查、扣押手段获得证据往往会侵犯公民的隐私权、财产权等宪法性权利，为了维护公民的宪法权利不被任意侵犯，应当排除通过非法手段所获取的证据。第二，基于抑制违法侦查的政策需要。该观点（即威慑理论）认为，如果法院排除了侦查机关通过非法搜查、扣押手段所获得的证据，那么不仅可以消除侦查机关非法搜查、扣押的诱因，而且可能导致侦查机关因为其非法取证行为而受到惩罚，这将促使侦查机关在日后的侦查过程不敢再采取非法的搜查、扣押手段。第三，维护司法的廉洁性。该观点认为，在审判过程中，如果法官允许控方使用通过非法手段获取的证据，那么将会损害法官的公正形象。为了维护司法的廉洁性，避免司法程序受到非法证据的污染，避免法官与采取非法取证行为的侦查机关同流合污，法官应当排除侦查机关通过非法手段获得的证据。第四，阻止侦查机关从其错误、违法行为当中获取利益。该观点认为，侦查机关通过非法手段获取证据的目的无非是获得有利于控诉方的判决。但是基于一个人不能从自己的错误行为当中获取利益，因此，为了阻止侦查机关

---

① 参见［美］约翰·W·斯特龙主编：《麦考密克论证据》，汤维建等译，341 页，北京，中国政法人学出版社，2004。

② 参见［美］约翰·W·斯特龙主编：《麦考密克论证据》，汤维建等译，342 页，北京，中国政法大学出版社，2004。

从非法取证行为当中获取利益，法官应当排除侦查机关通过非法手段获取的证据。第五，为公民在遭到国家权力侵犯时提供救济。该观点认为，侦查机关的非法取证行为往往会侵犯公民的合法权益，仅仅通过其他惩罚手段（如国家损害赔偿、民事侵权赔偿等）往往是不够的。为了使公民权利遭到非法取证行为的侵犯后获得充分的救济，还应当排除非法的证据。

在德国，关于非法证据排除规则的理论基础主要有以下观点：第一是发现真实说，即保障实体真实发现的可靠性；第二是保护个人权利说；第三是公平审判说；第四是道正纪律说，即消除追诉机关违法取证之诱因，进而道正其纪律。[①] 德国学者魏根特指出，支持排除非法取得的证据的最有说服力的理由也许是，在法治国度里，法院只有遵守了刑事诉讼法所确立的规则，才可以判决被告人有罪；这就意味着法院不能使用“被污染的”证据。[②]

日本关于非法证据排除规则的实质性根据有三种观点：第一是规范说，主张使用违法收集的证据是违反程序的；第二是司法廉洁说，认为使用违法收集的证据是司法机关背叛了公民的信赖；第三是抑制效果说，主张为了抑制将来的违法侦查，排除违法收集的证据是最佳的方法。[③]

由此可见，非法证据排除规则的理论依据应当是多元化的。世界各国关于非法证据排除规则的认识由于各国的文化传统、价值取向、司法实践状况、法律观念、诉讼模式等不同而存在一定的差异，其侧重点也有所不同。一般而言，如果肯定非法证据的证据能力，就是容忍侦查机关采取非法手段收集证据，但有可能侵犯公民或者被追诉者的合法权益；相反，如果否定非法证据的证据能力，就会妨碍案件事实真相的发现，但有助于减少非法取证行为。因此，无论世界各国如何确定非法证据排除规则，都将面临如何平衡人权保障和惩罚犯罪之间的关系问题。仅就理论而言，法治理念、人权保障、程序公正等都可以成为非法证据排除规则的理论基础。

（三）国外非法证据排除规则概况

对于非法的实物证据，英国普通法长期以来并不实行排除规则。如在1861年的利萨姆案件中，法官曾经指出：“问题的关键不在于你如何获取它：即使是你偷来的，它也将被作为证据采用。”[④] 在1870年Jane v. Davis一案中，英国法官甚至指出，如果非法搜查取得的证据不能被用作指控被告人的证据，对司法活动将是一个危险的障碍。[⑤] 在1955年的Kuruma v. R案件中，被告人请求法院排除非法搜查获取的证据，但是警官非法搜查获取的弹药仍然被认为具有可采性，被告人被判有罪。其主要依据就是枢密院的意见：“用于权衡证据是否具有可采性的标准是证据是否与争议的问题有关。如果有关系，则证据具有可采性，而法院不必关注证据是如何取得的。”[⑥] 在1965年的Myers v. Director of Public

---

① 参见林钰雄：《从基础案例谈证据禁止之理论与发展——刑事诉讼法上没有不计代价的真实发现》，载《刑事诉讼之运作——黄东熊教授六秩晋五华诞祝寿论文集》，19～21页，台北，五南图书出版公司，1997。

② 参见［德］托马斯・魏根特：《德国刑事诉讼程序》，岳礼玲、温小洁译，194～195页，北京，中国政法大学出版社，2004。

③ 参见［日］田口守一：《刑事诉讼法》，刘迪等译，243页，北京，法律出版社，2000。

④ ［加］琼・布鲁克曼、V・戈登・罗斯：《被禁止的非法的和错误的证据》，载江礼华、杨诚主编：《外国刑事诉讼制度探微》，387页，北京，法律出版社，2000。

⑤ See Peter Murphy, *Murphy On Evidence*, Blackstone Press Limited, 1997, p. 81. 转引自齐树洁主编：《英国证据法》，145页，厦门，厦门大学出版社，2002。

⑥ P. B. Carter, *Case and Statutes on Evidence*, Sweet & Maxwell, 1990, pp. 403-404.

Prosecutions一案中，Reid法官认为，如果正义需要的话，法官对于排除法律上具有可采性的证据拥有自由裁量权，但这并不等于法官在采纳法律上不具备可采性的证据问题上同样具有自由裁量权。[①] 根据《1984年警察与刑事证据法》第78条的规定，法官在排除非法的实物证据时拥有自由裁量权，即在非法证据的证明价值与它对诉讼的公正性所产生的不利影响之间加以权衡。

尽管美国的非法证据排除规则与正当法律程序具有密切的联系，但在1914年之前，“不论是普通法还是早期的宪法中都没有任何规则要求在法庭上排除执法人员以某种不恰当的方法所获得的证据”[②]。例如，美国宪法第4条修正案虽然规定“公民的人身、住宅、文件和财产不受无理的搜查和扣押”，但是该修正案并没有对如何执行上述条款作出任何说明。根据本杰明·卡多佐大法官的解释，这是因为法院不愿意看到仅仅因警察犯了错误而导致罪犯逍遥法外。而且，法官们宁愿解决刑事犯罪这个主要问题，也不愿意深究那些间接的、有时又是非常复杂的有关警察收集证据方法的合法性问题。[③] 但在1914年Weeks诉合众国一案中，联邦最高法院裁定，在联邦刑事诉讼中，禁止使用违反宪法第4条修正案的规定，通过非法搜查和扣押所获得的证据。[④] 这被认为是美国最早的非法证据排除规则。大法官Day在解释这项规则时认为，如果被非法扣押的信件和私人文件能够用来作为指控公民的证据，那么宪法第4条修正案所宣称的公民不受无故搜查和扣押的权利将毫无价值；尽管使犯罪受到惩罚的法庭和官员们的努力工作应当值得称颂，但是不能以牺牲经过多年艰苦奋斗而最终在基本法之中创立的重大原则为代价。在很长一段时间内，上述排除规则仅仅适用于联邦刑事司法，并不适用于州刑事司法系统。在1949年Wolf诉科罗拉多州一案中，法官们虽然讨论了宪法第4条修正案以及非法证据排除规则是否适用于各州的问题，但联邦最高法院Frankfurter大法官最终还是认为“正当程序条款对各州一体适用，各州政府不得进行非法搜查和扣押，但是各州是否适用非法证据排除规则，由各州自行决定”[⑤]。直到1961年，在Mapp诉俄亥俄州一案中，联邦最高法院Clark大法官才裁定宪法第4条修正案要求各州法院排除通过非法搜查或者扣押所获取的证据。[⑥] 至此，美国联邦和各州都适用非法证据排除规则。

在大陆法系国家，由于传统上奉行职权主义诉讼模式，法官的任务就是寻求案件事实的真相，因而大陆法系国家通常不太愿意排除非法的证据，认为排除非法证据将会为法官发现事实真相带来一定的障碍。但是，随着两大法系刑事诉讼模式的相互融合，大陆法系国家也越来越认识到非法证据排除规则的重要性，因此不少大陆法系国家也确立了非法证据排除规则。德国学者甚至在1903年就系统地提出了证据禁止的概念。依据目前的通说，德国的证据禁止包括证据取得禁止和证据使用禁止两大类。前者如《德国刑事诉讼法典》第136a条的规定。后者如，以下证据禁止使用：(1) 违反有关被告人可以拒绝陈述的告知义务；(2) 违反告知证人拒绝作证权或者拒绝陈述权的义务；(3) 违反被告人的在场权；

① See P. B. Carter, *Case and Statutes on Evidence*, Sweet & Maxwell, 1990, p. 293.

② Jon R. Waltz, *Criminal Evidence*, Nelson-Hall, 1983, pp. 162-163.

③ See Jon R. Waltz, *Criminal Evidence*, Nelson-Hall, 1983, p. 163.

④ See Weeks v. United States, 232 U. S. 383 (1914).

⑤ Wolf v. Colorado, 338 U. S. 25, 69 S. Ct. 1539, 93 L. Ed. 1782 (1949).

⑥ See Mapp v. Ohio, 367 U. S. 643, 81 S. Ct. 1684, 6 L. Ed. 1081 (1961).

(4) 在询问证人过程中违反第 68 条第 1 款规定没有询问证人个人的情况；(5) 公务员或者士兵未经许可所作的陈述；(6) 违反禁止角色混淆规定而取得的证据；(7) 违反扣押规定取得的证据；(8) 通过违反宪法的手段取得的证据；(9) 没有告知辩护人帮助机会；等等。在法国，理论界认为，“尽管查明事实真相是刑事诉讼的根本目标，但却不能为查明事实真相而采取任何手段（方法）。就司法的尊严及其应当得到的尊重而言，最为重要的是，不可为了寻找证据而采用任何有损于文明之基本价值的手段”①。为此，法院判例在原则上对警察或司法官“使用不正当手段”要进行惩处；对于那些以非法方式取得的证据材料，最高法院各法庭都认定应排除在法庭辩论之外。② 但最高法院刑事庭后来承认民事当事人向预审法官转达以刑事犯罪为代价而获得的录制材料（录制品），并且承认审判法官以在当事人不知情的情况下拍制的录像材料为判决依据。③ 在意大利，根据《意大利刑事诉讼法典》第 191 条的规定，在违反法律禁令的情况下获取的证据不得加以使用。显然，意大利非法证据排除规则的适用范围是非常广泛的，既包括言词证据，也包括实物证据。但在司法实践中，上述规定很难得到彻底的贯彻。例如，根据《意大利统一警察法》的规定，刑事诉讼法所确立的排除规则对于司法警察的搜查行为就仅具有有限的约束力。从实质上看，这种排除规则仅仅是一种对非法取得的言词证据的禁止规则。④ 在 1978 年之前，日本判例肯定了非法搜查、扣押取得的证据具有证据能力，因为“即使在程序上违法也不能改变物品本身的性质和形状，涉及扣押物品形状等方面的证据价值并没有发生变化”。但在 1978 年，日本最高裁判所在判例中开始采用违法收集证据排除规则。⑤

目前，随着法治观念的加强，人权保障的兴起，以及正当程序原则的影响，非法证据排除规则已经成为国际社会公认的刑事诉讼基本准则。如联合国《保护人人不受酷刑和其他残忍、不人道或有辱人格待遇或处罚宣言》第 12 条和联合国《禁止酷刑和其他残忍、不人道或有辱人格待遇或处罚公约》第 15 条都规定了非法言词证据的排除规则。在一些国家，非法证据排除规则甚至得到了宪法的确认。如《葡萄牙共和国宪法》第 32 条第 6 款规定：“通过拷打、胁迫、对个人施加肉体摧残或精神折磨、非法侵犯个人私生活、住宅、通信或电讯而获得任何证据，均属无效。”

(四) 非法证据排除规则的例外

自从非法证据排除规则诞生以来，社会各界对于到底要不要排除非法证据问题的争论就从来没有停止过。反对者主张废除非法证据排除规则的最大理由就是，如果一味地排除非法证据，将会给犯罪控制带来极大威胁。尽管侦查人员不应该通过非法手段获取指控犯罪的证据，但是法院也不能仅仅因为警察犯错而使罪犯逍遥法外。何况，法律完全可以通过其他手段来制裁侦查人员的非法取证行为，而不是通过排除非法证据的方式。而且，从司法实践来看，非法证据排除规则对于抑制非法取证行为的效果并不像赞成者鼓吹的那样

---

① [法] 卡斯东·斯特法尼等：《法国刑事诉讼法精义》（上册），罗结珍译，43 页，北京，中国政法大学出版社，1999。

② 参见 [法] 卡斯东·斯特法尼等：《法国刑事诉讼法精义》（上册），罗结珍译，43～44 页，北京，中国政法大学出版社，1999。

③ 参见 [法] 卡斯东·斯特法尼等：《法国刑事诉讼法精义》（上册），罗结珍译，44 页，北京，中国政法大学出版社，1999。

④ 参见卞建林、刘玫：《外国刑事诉讼法》，327 页，北京，人民法院出版社、中国社会科学出版社，2002。

⑤ 参见 [日] 田口守一：《刑事诉讼法》，刘迪等译，242 页，北京，法律出版社，2000。

明显。正因如此，世界各国都没有实行绝对的非法证据排除规则，而是对非法证据排除规则进行了一定的限制，规定非法证据在满足一定条件的情况下也具有可采性。下面分别以美国、德国和日本的非法证据排除规则为例加以说明。

在美国，联邦最高法院通过一系列判例确立了如下一些主要例外情形：第一，“质疑”的例外。这是指，为了弹劾作证的被告人的证言，控方可以在法庭上提供通过非法手段所获取的证据。1954 年联邦最高法院在沃尔德诉美国一案中确立了这项例外。第二，“因果联系减弱”的例外。它是指，如果官员的非法行为与取得的证据之间的因果联系由于另外的因素的影响而被削弱或打断，从而消除了被污染证据的污点，那么这些证据具有可采性。1963 年联邦最高法院在王森诉美国一案当中确立了该项例外。第三，“必然发现”或者“不可避免发现”的例外。这是指，如果控方能够证明，即使不发生违反宪法条款的情况，某项证据也会被最终或者必然地发现，那么该证据具有可采性。1984 年联邦最高法院在威廉斯一案当中确立了该项例外。第四，“善意”或“真诚”的例外。它是指，尽管执法人员进行搜查时的许可证表面上是有效的而实际上是无效的，但是，如果执法人员在执行公务时真诚地相信这份许可证是有效的话，那么执法人员依此进行搜查所取得的证据具有可采性。这项例外是 1984 年联邦最高法院在美国诉里昂一案当中确立的。第五，“独立来源”的例外，即对依非法手段以外的独立来源取得的证据可以不予排除。1988 年联邦最高法院在默里诉美国、美国诉帕蒂诺等案件中都采用了依独立来源取得的证据。这些证据在首次或前一次非法搜查过程中已经发现但当时没有采集，而在事后通过独立于前一次的合法的手段予以采集，并在法庭上作为证明被告人有罪的证据予以提供。

在德国，非法证据排除规则的限制主要体现在如下几个方面：第一，如果违法取证行为没有影响到被告人，而只是影响到了其他人的法律权利，那么被告人不得在上诉中主张法院不能使用该证据对其定罪；第二，只要根据事实情况，可能存在合法的获得手段，法庭就会采纳非法取得的证据；第三，证据的排除必须是为曾经被破坏的程序性规则服务的，如果排除证据并不会促进被违反的规则的目的的实现，法庭就会采纳该证据，因为排除证据会在没有达到任何积极效果的情况下干扰了对事实真相的查明；第四，证据的排除不能与根据“真实”的情况处理案件这一最高利益相冲突，如果根据具体案件的情况，查明真相的重要性远远大于被告人的利益，证据仍然将被采纳。①

在日本，非法证据排除规则具有如下两种例外情形：第一，不可避免发现的例外。这是指，一部分侦查人员偶然进行违法侦查，但即使他不侦查，其他侦查人员通过合法侦查当然也会获得该证据，那么这种证据不予排除。第二，善意的例外。这是指，进行违法侦查的侦查人员自信侦查程序合法，那么这种证据也不予排除。此外，日本判例指出，如果评价侦查程序不是“重大违法”，就不能排除证据。日本判例认为，“重大违法”的情况是指对犯罪嫌疑人人身自由使用有形力，而其他侦查程序上的违法一般不被认定为“重大违法”。在日本最高裁判所的一系列判例当中，下列情况不属于“重大违法”：（1）违法的程度轻微，特别是可以紧急羁押但只是在侦查的顺序上有错误；（2）侦查人员没有违反令状主义的意图；（3）没有使用强制力。②

① 参见［德］托马斯·魏根特：《德国刑事诉讼程序》，岳礼玲、温小洁译，195～200 页，北京，中国政法大学出版社，2004。

② 参见［日］田口守一：《刑事诉讼法》，刘迪等译，244～246 页，北京，法律出版社，2000。

四、自白任意性规则

（一）自白任意性规则的含义

自白任意性规则，又称自白规则或者非任意自白排除规则，它是指在刑事诉讼中，只有被追诉人基于自由意志而作出的自白（承认有罪的陈述），才具有可采性；缺乏任意性或者具有非任意性怀疑的口供，均不具有可采性。自白规则是英美证据法中一项传统证据法则。根据自白规则，在法庭审理过程中，对于控方举出的违反自白任意性规则的犯罪嫌疑人、被告人供述，如果辩护方表示异议的，法官应当禁止控方向法庭提交该证据，并不得以该证据作为裁判的依据。

（二）确立自白任意性规则的根据

确立自白规则是一个逐步发展的过程。在自白规则产生初期，主要是基于证明方面的考虑，其目的主要在于排除虚假的陈述。因为，被追诉者在受到威胁的情况下所作的供述往往是不真实的和不可靠的。例如，在英国诉沃利克沙尔一案当中，法院认为，"供述被作为证据采纳，或者由于不能采证而被驳回，考虑的是这些供认是否值得相信"①。后来，随着被告人人权保障问题日益受到重视，自白规则开始与不受强迫自证其罪原则以及无罪推定、人权保障、人格尊严保护等理念联系在一起。

不受强迫自证其罪原则起源于普通法中"任何人都没有背叛自己的义务"以及"任何人都没有指控自己的义务"这两句古老的格言。一般认为，不受强迫自证其罪原则包括两层含义：第一，被追诉者对于是否陈述享有不被强迫的权利，即在被追诉者不愿陈述或者不想提供对己不利的陈述的情况下，执法机关不能通过刑讯逼供等非法手段强迫被追诉者进行陈述。第二，被追诉者在是否陈述以及是否提供不利于自己的陈述问题上具有选择权。这意味着，任何人不受强迫自证其罪原则将是否提供不利于己的陈述作为一项权利赋予了被告人，尤其是肯定被告人作为独立的意思自治主体，能够运用自己的"自然理性"作出选择，并承担相应的法律后果或责任。② 因此，不受强迫自证其罪原则并不禁止被追诉者主动向执法机关提供对己不利的陈述，它禁止的是执法机关为了获取证明被追诉者有罪的证据，而向被追诉者采取法律禁止的肉体性强制手段（如刑讯逼供、体罚等能够从肉体上直接引起痛苦的手段）或者精神性强制手段（如疲劳审讯、诱骗、胁迫等从精神上影响人的自主判断的手段）。如果执法机关通过上述强制性手段迫使被追诉者作出有罪的供述，那么就违反了不受强迫自证其罪原则。为了保障被追诉者的合法权益，根据不受强迫自证其罪原则，应当排除执法机关的非任意性自白。因此，自白规则是保障人权的一种体现。在Saunders案件中，欧洲人权法院曾经指出，沉默权和不得自我归罪原则的理论基础都在于针对有关部门的不正当强制而对被告人提供保护，由此有助于避免审判不公正。尤其是不得进行自我归罪的权利所预先假定的是：刑事案件中的公诉人应当寻求在不借助于用违背被告意愿的胁迫或强迫方法所获证据的情况下，来证明不利于被告的主张。③

---

① ［新西兰］J. B. 道森：《英联邦成员国对非法取得的证据采证问题的若干法律规定》，载《法学译丛》，1983（4）。

② 参见宋英辉、吴宏耀：《任何人不受强迫自证其罪原则及其程序保障》，载《中国法学》，1999（2）。

③ 参见［英］克莱尔·奥维、罗宾·怀特：《欧洲人权法：原则与判例》，3版，何志鹏、孙璐译，241页，北京，北京大学出版社，2006。

自白规则还与无罪推定原则和人格尊严理念具有一定的联系。根据无罪推定原则，在被告人被判决有罪之前，证明被告人有罪的责任是由控方来承担的，被告人没有义务证明自己有罪。因此，控方一旦通过非法手段强迫被告人提供不利于自己的证言，就违背了上述无罪推定原则的基本精神。根据人格尊严理论，人之所以能够成为人，是因为人具有与生俱来的不被剥夺的人格和尊严。在刑事诉讼中，尽管被追诉者是受到刑事指控并且最终有可能被判定有罪的人，但被追诉者也是人，他与其他人一样也有资格享受人格尊严不受任意侵害的权利。在刑事诉讼中，为了保障被追诉者的人格尊严，应当首先将被追诉者当作人来看待，而不是将被追诉者当作证明犯罪的工具和手段，从而通过刑讯逼供等强制性手段强迫被追诉者提供证明自己有罪的供述。因此，为了保障被追诉者的人格尊严，应当禁止控方使用非任意性的自白。

(三) 国外自白任意性规则概况

在英国普通法中，强调当事人主义，因此，被告人的有罪供述往往可以成为对其定罪的唯一证据。但是，这种做法显然容易冤枉无辜。为了避免出现这种结果，18 世纪英国普通法开始确立非任意性供述排除规则，旨在强调被告人供述的自愿性。如在 1775 年 The King v. Rudd 一案中，法官首次宣称应该对供述的可采性有所限制。在 1783 年 The King v. Warickshall 一案中，法官完整地表述了近代供述排除规则的内涵，认为以利诱和胁迫而取得的供述，因欠缺信用性、可靠性，自不容许为证据。[①] 后来，普通法确立了法官自由裁量排除原则。但是，《1984 年警察与刑事证据法》又要求法庭主动排除不具可采性的自白。因为，《1984 年警察与刑事证据法》第 76（2）条规定："在任何公诉方计划将被告人供述作为本方证据提出的诉讼中，如果有证据证明供述是或者可能是通过以下方式取得的——（a）对被告人采取压迫的手段；或者（b）实施在当时情况下可能导致被告人的供述不可靠的任何语言和行为，则法庭应当不允许将该供述作为对被告人不利的证据提出，除非检察官能向法庭证明该陈述（尽管它可能是真实的）并非以上述方式取得，并且要将此证明到排除任何合理怀疑的程度。"

根据美国宪法第 5 条修正案关于不受强迫自证其罪的规定，自白规则在美国显然也是适用的。在早期，自白只要是自愿的，或者没有受到不可靠的或者可能不真实的因素的影响，就是可采纳的。但在 1897 年 Bram 诉合众国一案中[②]，保障自白的自愿性被认为是宪法第 5 条修正案中关于不受强迫自证其罪原则的一种体现。不过，这个规则只适用于联邦刑事诉讼。在 1936 年 Brown 诉密西西比州一案中，联邦最高法院的判决意见使自愿性成为宪法第 14 条修正案规定的正当程序的要求。[③] 20 世纪 40 年代之后，非任意自白排除规则的根据从供述的非自愿性发展到程序的违法性。如在 1943 年 McNabb 诉合众国一案中，联邦最高法院认为应当排除任何在拘禁期间获取的、没有尊重被告人逮捕后被迅速带到司法官员面前这一权利的自白。[④] 在 1944 年 Ashcraft 诉田纳西州一案中，联邦最高法院认为

---

① 参见王茂松：《非法取得证据有关法律问题研究》，27 页，台北，金玉公司，1987。转引自齐树洁主编：《英国证据法》，143 页，厦门，厦门大学出版社，2002。

② See Bram v. United States, 168 U. S. 532 (1897).

③ See Jon R. Waltz, *Criminal Evidence*, Nelson-Hall, 1983, p. 224.

④ See McNabb v. United States, 318 U. S. 332 (1943).

警察长时间轮流讯问被告人而获得的被告人自白不可能是自愿作出的，因此原审法院的有罪裁决应予以撤销。[①] 在1963年Haynes诉华盛顿州一案中，联邦最高法院认为采取强迫手段获取的被告人自白，违反了正当法律程序，在审判中不能被接受。[②] 在1964年Malloy v. Hogan一案中，联邦最高法院认为反对强迫自证其罪特权同样适用于各州。[③] 在1966年，美国联邦最高法院确立了著名的米兰达规则，认为警察在讯问米兰达之前，没有告知他有请律师的权利和要求律师在场的权利，侵犯了他所享有的反对强迫自证其罪特权，由此获取的被告人陈述不能接受。[④]

第二次世界大战之后，日本以美国为样本也制定了自白规则。其他大陆法系国家虽然没有明确规定自白规则，但通常严禁以非法手段获取被追诉者的有罪供述，从而保障了被追诉者供述的自愿性。例如，根据《日本国宪法》第38条的规定，不得强制任何人作不利于本人的供述。以强迫、拷问或威胁所得的口供，或经过不正当的长期拘留或拘禁后的口供，均不得作为证据。任何人如对其不利的唯一证据为本人口供时，不得定罪或科以刑罚。根据《日本刑事诉讼法》第319条的规定，出于强制、拷问或胁迫的自白，在经过不适当的长期扣留或者拘禁后的自白，以及其他可以怀疑为并非出于自由意志的自白，都不得作为证据。不论是否为被告人在公审庭上的自白，当该自白是对其本人不利的唯一证据时，不得认定被告人有罪。在法国，对于以刑讯逼供和其他非法手段取得的口供，立法和判例均持否定态度。[⑤] 在德国，《德国刑事诉讼法典》第136a条规定："（一）对被指控人决定和确认自己意志的自由，不允许用虐待、疲劳战术、伤害身体、服用药物、折磨、欺诈或者催眠等方法予以侵犯。只允许在刑事诉讼法准许的范围内实施强制。禁止以刑事诉讼法的不准许的措施相威胁，禁止以法律没有规定的利益相许诺。（二）有损被指控人记忆力、理解力的措施，禁止使用。（三）第一、二款的禁止规定，不顾及被指控人承诺，必须适用。对违反这些禁令所获得的陈述，即使被指控人同意，也不允许使用。"

如同非法证据排除规则一样，自白规则的基本精神也得到了国际社会的普遍认可。如《世界人权宣言》第5条规定："任何人不得加以酷刑，或施加残忍的、不人道的或侮辱性的待遇或刑罚。"《公民权利和政治权利国际公约》第7条在此基础上又增加了"对任何人均不得未经其自由同意而施加医药或科学试验"这一条款。《公民权利和政治权利国际公约》第14条第3款将不受强迫自证其罪的权利当作被告人应当享受的一项最低限度的公正审判权。为了保障被追诉者的供述自愿性，联合国《保护人人不受酷刑和其他残忍、不人道或有辱人格待遇或处罚宣言》第12条规定："如经证实是因为受酷刑或其他残忍、不人道或有辱人格的待遇或处罚而作的供词，不得在任何诉讼中援引为指控有关的人或任何其他人的证据"。联合国《禁止酷刑和其他残忍、不人道或有辱人格待遇或处罚公约》第15条规定："每一缔约国应确保在任何诉讼过程中，不得援引任何业经确定系以酷刑取得的口供为证据，但这类口供可用作被控使用酷刑者刑讯逼供的证据。"在一些国家，自白规则甚至得到了宪法的确认。例如，《古巴共和国宪法》第58条规定："……禁止对任何人为逼使其招供使用暴力或任何强迫手段。用破坏上述原则的办法所取得的任何供词，并因而使犯

① See Ashcraft v. Tennessee, 322 U.S. 143, 64 S.Ct. 921, 88 L.Ed. 1192 (1944).

② See Haynes v. Washington, 373 U.S. 503 (1963).

③ See Malloy v. Hogan, 378 U.S. 1 (1964).

④ See Miranda v. Arizona, 384 U.S. 436, 86 S.Ct. 1602, 16 L.Ed. 694 (1966).

⑤ 参见陈朴生等：《比较刑事证据法各论》，287页，台北，汉林出版社，1984。

罪者受到法定的处罚都认为无效。"《葡萄牙共和国宪法》第 32 条第 6 款规定："通过拷打、胁迫、对个人施加肉体摧残或精神折磨……而获得的任何证据，均属无效。"《韩国宪法》第 12 条规定："……当认定被告人的口供是以拷问、暴行、威胁、长时间拘禁或欺骗等其他方法所得，并非出自本人意愿或者在正式审判中对被告人不利的唯一证据为本人供述时，不得定罪或科以处罚。"

五、传闻证据规则

(一) 传闻证据规则的含义

从历史起源来看，传闻证据规则是英美证据法特有的概念，也是英美证据法中"最古老、最复杂和最令人感到迷惑的一项证据排除规则"[①]。传闻证据规则又称传闻法则，它的基本含义是，除非法律另有规定，传闻证据一般不具有可采性。根据传闻法则，在法庭审判过程中，当事人不能向法庭提交传闻证据进行调查和质证。如果当事人已经在法庭出示传闻证据的，不得提交陪审团作为评议的根据，另一方当事人有权对此提出异议。

适用传闻证据规则的前提是法官能够判断某个证据是否属于传闻证据。但在实践中，如何甄别传闻证据可能是件非常困难的事情。[②] 而且，普通法、证据法以及学者对传闻证据的界定也是五花八门。例如，美国证据法学家华尔兹教授认为最为广义的普通法中传闻证据的定义是：在审判或讯问时作证的证人以外的人所表达或作出的，被作为证据提出以证实其包含的事实是真实的，一种口头或书面的意思表示或有意无意地带有某种意思表示的非语言行为。[③] 英国证据法学家克罗斯认为，传闻证据是指一项事实陈述，不是一个人在诉讼程序中使用口头形式作出的，并把它作为其所主张的事实的证据。[④] 而根据《美国联邦证据规则》第 801 条的规定，传闻是指不是由陈述者在审判或听证中作证时作出的陈述，在证据上用它来证明主张事项的真相。

尽管证据法与理论界对于传闻证据的表述有所不同，但是一般认为，传闻证据的形成离不开三个必不可少的构成要素。首先，传闻证据至少包含两个主体，一个是原陈述人，另一个是转述人。例如，目击犯罪的甲向乙叙述了自己目睹的事实，然后乙出庭向法院陈述从甲那里听到的事实。此时，甲为原陈述人，乙为转述人。乙在法庭上的证言为传闻证据。其次，传闻证据至少涉及两个环节。一个是庭外陈述环节，即原陈述人在转述人面前的陈述环节，另一个是当庭陈述环节，即转述人在法庭上的陈述环节。如在上述案例中，甲在法庭审判之外向乙讲述自己目击犯罪的事实是一个环节，乙在法庭当庭陈述其从甲那里听到的内容则是另外一个环节。值得说明的是，在庭外陈述环节当中，不仅仅包括原陈述人的口头陈述，而且包括书面形式（如原陈述人亲自书写的事实材料、追诉机关制作的询问笔录等）和非语言行为（如手势、本能地颤抖、惊叫等）。在当庭陈述环节当中，转述人既可以通过口头陈述方式向法庭提供案件事实，也可以通过各种口头陈述的替代材料向

---

① Rupert Cross, *Cross on Evidence*, sixth edition, London Butterworths, 1985, p. 453; Andrew L. T. Choo, *Hearsay and Confrontation in Criminal Trials*, Clarendon Press · Oxford, 1996, Preface.

② See Andrews & Hirst, *Criminal Evidence*, Waterlow Publishers, 1987, p. 417.

③ 参见［美］乔恩·R·华尔兹：《刑事证据大全》，何家弘等译，81 页，北京，中国人民公安大学出版社，1993。

④ 参见齐树洁主编：《英国证据法》，451 页，厦门，厦门大学出版社，2002。

法庭提供案件事实。口头陈述最为常见的替代物就是警察侦查过程中制作的各种询问笔录、讯问笔录、供述录音、录像带等。此外，还有一种比较特殊的情况，即原陈述人将自己感知的案件事实写成书面材料，然后由一方当事人在法庭审判过程中向法庭提交该书面材料，以便替代原陈述人出庭作证。实际上，这里也存在两个环节。一个是原陈述人在法庭之外将自己感知的案件事实转换成书面语言的过程，另一个是当事人在法庭上通过宣读的方式再现书面材料所记载的案件事实。最后，一方当事人提出传闻证据的目的在于证明某项内容所反映的事实为真实的。如果行为人提供某一陈述的目的不在于此，而在于其他目的，如证明陈述者曾经作过该陈述，该陈述所述的事实具有重要性，陈述者本人或他人的意识状态如何，或者陈述客观上产生了什么样的效果等，则该陈述不是传闻。这个特征通常被当作判断传闻证据的关键。例如，目击证人甲在乙面前说："我看见了丙杀人。"如果乙在法庭上转述甲的话是为了证明丙杀人，那么乙的证言属于传闻证据。相反，如果乙在法庭上转述甲的话仅仅是为了证明甲曾经确实说过"看见了丙杀人"之类的话，那么乙在法庭上的证言不是传闻证据。此外，当陈述者的庭前证言和当庭证言不一致时，陈述者的庭前证言如果不是为了证明陈述者的当庭证言为真实的，而是用来证明陈述者在庭前曾经说过那样的话，那么陈述者的庭前证言属于弹劾证据，而不是传闻证据。

一般认为，传闻证据具有三种表现形式。第一是口头陈述，它通常是指转述人在法庭上的口头证言。第二是书面材料，如控方在法庭上宣读的证人证言笔录、鉴定结论意见书等。第三是非语言行为。根据《美国联邦证据规则》对传闻证据的界定，如果非语言行为能构成一项主张，并用来证明事实的发生或者存在，那么这个非语言行为就属于传闻证据。非语言行为与口头陈述、书面材料作为传闻证据的区别在于：在涉及口头或书面陈述的案件中，可以从形式上判断它们是否带有主张性；而在涉及非口头行为的案件中，通常是由法官作出判断并将之作为构成传闻证据的基础。[①] 根据华尔兹教授的论述，非语言行为构成传闻证据，既包括明确表示的行为，也包括无明确表示的行为。所谓明确表示的行为是指有明确的意思表示，从而可作为一种主张的行为。如指着某人或某物表示辨认同一的意思，或者点头表示"是"或者"不是"。无明确表示的行为是指对本案争议问题虽然没有可作为直接主张的明确的意思表示，但仍可通过推理，转换成这样一种主张，即法院外的行为对性质争论点带有某种暗示的主张。[②]

理解传闻证据规则还需要澄清的一个问题就是传闻证据与传来证据的关系。长期以来，我国不少学者曾经将传闻证据与传来证据混淆使用。如有的学者认为传来证据就是传闻证据。[③] 还有学者认为，传来证据，又称传闻证据，是原始证据的对称。[④] 我们认为，尽管传来证据与传闻证据在形式上具有某些相似之处，如第二手以上的证据既是传来证据，也有可能是传闻证据，但是，二者存在明显不同。第一，含义不同。传来证据是大陆法系以及我国学者采用的一个概念，它是指从原始出处以外的其他来源获得的证据，即凡不是直接产生于案件事实或者不是从第一来源直接获取，而是从第二手以上的来源获取的证据，就

① 参见［美］约翰·W·斯特龙主编：《麦考密克论证据》，汤维建等译，489页，北京，中国政法大学出版社，2004。

② 参见［美］乔恩·R·华尔兹：《刑事证据大全》，何家弘等译，86页，北京，中国人民公安大学出版社，1993。

③ 参见曾庆敏主编：《法学大辞典》，511页，上海，上海辞书出版社，1998。

④ 参见陈光中主编：《中华法学大辞典》（诉讼法卷），76页，北京，中国检察出版社，1995。

是传来证据。而传闻证据是英美法系国家使用的一个概念。根据《美国联邦证据规则》的规定，传闻证据是指不是由陈述者在审判或者听证中作证时作出的陈述，在证据上将它提供来证明主张事项的真相的证据。第二，判断标准不同。传来证据仅以证据是否是从第一来源处直接获得为标准，如证人转述他人陈述的内容为传来证据。至于在法庭上宣读未出庭的证人的证言笔录，只要该证言的内容为证人亲自耳闻目睹，而不是别人转告的，仍属原始证据，而不是传来证据。而传闻证据强调以法庭审判为中心，凡在法庭审判之外提供的证言，非证人当庭口头作证，或陈述之内容非本人亲自耳闻目睹的，均属传闻证据。第三，证据的范围不同。传来证据不仅包括言词证据，而且包括实物证据。而传闻证据仅限于言词证据，不包括实物证据。第四，运用规则不同。我国对于传来证据并没有制定专门的证据规则，在司法实践中的一般做法是，司法机关尽量收集和使用原始证据，但同时也要重视传来证据的收集和运用。尤其是在原始证据难以收集或者遭到破坏时，传来证据经过查证属实的，也可以作为定案的根据。而在英美法系证据法中普遍确立了传闻证据规则，即法庭原则上应当排除传闻证据的使用，只在少数例外的情形下，传闻证据才会被采信。

（二）确立传闻证据规则的根据

在 Teper v. R 一案中，Normand 法官认为传闻证据规则存在的理由在于传闻证据具有天然的不可靠性。[①] 这是因为：第一，传闻证据不是证明事实的最佳证据；第二，传闻证据几乎都是未经宣誓而作出的；第三，陈述者如果不作为证人出庭作证，那么陈述者将无法接受交叉询问，因而法庭也无法证实该陈述的真实性；第四，法官和陪审团将没有机会观察陈述者在进行陈述时的举止。此外，在 R v. Kearley 一案中，Ackner 法官指出，捏造证据的风险也可以构成排除传闻证据的理由。[②] 美国著名证据法学家摩根教授认为，证人在出庭作证过程中所陈述的事实是否真实、可靠，与该证人的知觉（perception）、记忆（memory）、表述（narration）能力或者语言表达能力（use of language），以及诚实性（sincerity）密切相关。[③] 而传闻证据由于缺少控辩双方的交叉询问，因而存在虚假的风险更大，如感知错误的危险（the risk of misperception）、记忆瑕疵的危险（the risk of faulty memory）、虚伪陈述的危险（the risk of misstatement）以及歪曲的危险（the risk of distortion）或者不诚实的危险（the risk of insincerity）等。[④] 因此，传闻证据本身的危险性也可以成为排除传闻证据的理由。在英美法系国家，由于证据规则最初是围绕陪审团制度设置的，因而大多数英美学者认为传闻证据法则是陪审制的产物：陪审员并非法律专家，不具备正确判定传闻证据证明力的能力，因而为了确保证据的可靠性，必须排除缺乏证明力的证据。[⑤]

以上可以看作是对传闻证据规则的法理依据的传统解释。随着时代的发展，传闻证据的可靠性亦在不断地提高，因此，许多学者对传闻证据规则提出了质疑，提出了缓和适用传闻证据法则的理论新动向。[⑥] 在英国，1997 年法律委员会第 245 号建议稿系统地对传闻

---

① See Andrew *L. T. Choo*, *Hearsay and Confrontation in Criminal Trials*, Clarendon Press · Oxford, 1996, p. 11; P. B. Carter, *Case and Statutes on Evidence*, Sweet & Maxwell, 1990, pp. 288-289, 355-356.

② 参见齐树洁主编：《英国证据法》，464 页，厦门，厦门大学出版社，2002。

③ See Edmund M. Morgan, "Hearsay Dangers and the Application of the Hearsay Concept", *Hearsay Law Review*, Vol. 62, No. 2 (December, 1948), pp. 178-219.

④ See Christopher B. Mueller & Laird C. Kirkpatrick, *Evidence under the Rules*: *Text*, *Cases*, *and Problems*, Citic Publishing House, 2003, pp. 125-127.

⑤ 参见［日］平野龙一：《传闻证据法则的发展趋势》，莫丹谊编译，载《外国法学研究》，1996（3）。

⑥ 参见［日］平野龙一：《传闻证据法则的发展趋势》，莫丹谊编译，载《外国法学研究》，1996（3）。

证据规则的理由进行了反思：（1）传闻不是最佳证据，在许多案件特别是刑事案件中，这是一条很有说服力的理由，但在一些案件中传闻可能是能够获得的最佳证据，而在另外一些案件中传闻可能比直接证据更可靠；（2）如果对信息的最初来源不能进行交叉询问，编造的可能性增大，但这只能用于反对多重传闻，第一手传闻编造的风险相对较小；（3）由于叙说的人可能误听或者误解，因此在转述过程中存在错误的风险，而书面传闻比如信件和录音则几乎无此风险；（4）传统理论认为，证人提供证言时的表情和下意识行为，在评定此人证言的证明力时会有帮助，但现代心理学研究表明，根据一个人的表情和下意识行为判断此人是否诚实是不可靠的，用来判断证言的准确性则更加不可靠；（5）传闻未经宣誓，曾经是历史上最主要的一条反对传闻的理由，但现在看来，宣誓并不能保证证人一定讲实话；（6）无法进行交叉询问，成为今天反对传闻的主要理由，但对于那些真实性和准确性都没有疑问的传闻，即使通过交叉询问，也获得不了什么有用的东西，因此无法进行交叉询问不能成为目前整个排除传闻规则的理由；（7）尽管在可能的情况下，证人当着被告人的面作证是最理想的，但其他一些因素，比如在法庭上直接从证人那里获得证据是不可能的，则可能比这种考虑更重要。[①] 尽管传闻证据规则遭到越来越多的批评，但是作为英美法系最重要的证据规则之一的传闻证据规则仍然得到不少学者的理论支持。一些学者对传闻证据规则存在的理论基础进行了重新解释。如美国哈佛大学法学院内森（Nesson）教授认为，传闻证据规则是建立在两个假设基础之上的：一方面，公众对裁判的接受具有行为上的示范意义。因为，如果人们观察到被法律权威人士采用的程序是公正的，那么他们更愿意服从法律。另一方面，放弃证人出庭作证将会破坏公众对裁判的可接受性。因此，传闻证据规则实际上是提升裁判可接受性的一种方式。[②] 英国莱斯特大学安德鲁（Andrew）博士认为，传闻证据规则的确立是基于内在政策和外在政策两方面的考虑。一方面，在大多数情况下，由于传闻证据不如非传闻证据可靠，因而排除传闻证据具有一定的合理性。另一方面，传闻证据规则不是为了单纯追求准确地发现案件事实真相，而是为了维持公众对整个刑事司法系统的信赖，它具有独立于证据可靠性的价值，如在刑事诉讼中，传闻证据规则体现了参与价值（the value of participation），保护了个人的尊严价值（the value of individual dignity）和平等价值（the value of equality），有助于形成一个对控诉权进行控制的机制（a mechanism for keeping the power of prosecution in check）。[③]

尽管传闻证据规则在英美法系国家开始出现萎缩的趋势，但传闻证据规则所体现出来的诉讼价值仍然不容抹杀。特别是随着世界各国人权保障运动的蓬勃发展，在刑事诉讼中保留传闻证据规则更是具有极为重要的实践意义。根据《公民权利和政治权利国际公约》第 14 条第 3 款第 5 项、《欧洲人权公约》第 6 条第 3 款第 4 项以及《美洲人权公约》第 8 条第 2 款第 6 项的规定，被告人对证人的对质诘问权不仅是确保公正审判的最低限度保证，而且成为世界各国普遍承认的一项基本人权。美国宪法第 6 条修正案和《日本国宪法》第 37 条第 2 款更是明确规定对质诘问权是被告人享有的一项宪法权利。显然，满足被告人的

---

① 参见何家弘主编：《外国证据法》，124～125 页，北京，法律出版社，2003。

② See Charles R. Nesson, "The Evidence or the Event? On Judicial Proof and the Acceptability of Verdicts", 98 *Harvard Law Review* 1357 (1985); Charles R. Nesson and Yochai Benkler, "Constitutional Hearsay: Requiring Foundational Testing and Corroboration under the Confrontation Clause", 81 *Va. L. Rev.* 149 (February, 1995).

③ See Andrew *L. T. Choo*, *Hearsay and Confrontation in Criminal Trials*, Clarendon Press · Oxford, 1996, pp. 13-43.

对质诘问权的逻辑前提应当是证人出庭作证。这样，证人必须在公开的法庭之上进行宣誓，并被置于伪证罪的威胁之下，其证言连同他们的举止、态度等能够受到法庭的审查，从而增强证人证言的可靠性。[①] 而且，在通常情况下，由于被告人对案件的事实真相最为清楚，因此由被告人对证人进行交叉询问，不仅最能提出适当的问题，而且最能发现、揭露控方证人证言中的虚假或者不实之处，从而提高自己的防御能力。再者，通过控辩双方对证人的询问和交叉询问，法庭能够比较有效地检验证人证言的真假，发现有关案情的细节，从而有助于查明案件事实真相。[②] 相反，如果证人不出庭作证，或者采用询问笔录、录音、录像等替代措施[③]，不仅无法满足被告人的对质诘问权，而且对质诘问权的维护公正审判和发现真相的功能也会荡然无存。综上不难看出，在现代刑事诉讼制度中，被告人对证人的对质诘问权已经成为传闻证据规则最坚实和最有说服力的一个理论依据。如果从人权角度出发，传闻证据规则可以视为被告人的对质诘问权的基本保障措施。

（三）传闻证据规则的产生与发展

一般认为，传闻证据规则是陪审团审判的产物。但是，在英国陪审团制度产生早期即知情陪审团时期，由于陪审团是由当地知道案件情况的居民组成的，陪审团往往根据自己了解的案件情况提出有关案件事实方面的意见，其他证人或者证据则不允许在法庭上出现，因此，传闻证据规则根本没有存在的必要。[④] 而且，为了弥补陪审团成员在案件情况或者案件中某些专门知识上的不足，传闻证据不应该受到禁止。尽管如此，那时人们对传闻证据认定事实的危险性也已经有所认识。随着 14 世纪之后大陪审团与小陪审团之间的分离，知情陪审团开始向非知情陪审团转变，陪审团对案件事实的认定越来越依赖于当事人和证人提供的证据。到了 15 世纪晚期，传唤证人出庭作证开始流行起来，在 16 世纪，证人的当庭证言已经成为常用的和基本的证据来源。在 16 世纪中期，英国议会已经在法律中规定证人应当出庭作证。在 17 世纪的一些著名案件中，采用传闻证据可能产生的严重后果开始受到强调。如在 1603 年的 Walter Raleigh 一案中，在两名庭外证人陈述的基础上，Walter Raleigh 被指控犯有谋反詹姆斯一世国王的罪行。第一份陈述是 Lord Cobham 在庭外经过宣誓作出的证言，宣称 Raleigh 和自己是共谋者。但 Raleigh 反对 Cobham 的证言，并且要求与其对质。但控方没有传唤 Cobham 出庭，而是由另外一个证人即 Dyer 出庭作证。Dyer 作证时称曾经听一位葡萄牙绅士说，Raleigh 和 Cobham 准备在国王加冕之前刺穿他的喉咙。后来，Raleigh 被执行了死刑。在 1668 年和 1696 年的两份判决中，传闻证据开始遭到法庭的排除，其原因在于传闻证据导致另一方当事人无法进行交叉询问。这成为确立传闻证据规则的基础。但在早期的传闻证据规则中，尽管传闻证据本身不具备可采性，但是当它能够补充其他的证据时，传闻证据可以成为佐证（corroborative evidence）使用。在 18 世纪，传

---

① 如在 Coy v. Iowa 一案中，美国联邦最高法院认为，人们在他人的背后比较容易捏造事实诬蔑他人，而当着别人的面进行撒谎就不那么容易。See Coy v. Iowa，487 U.S. 1012（1988）.

② 如美国证据法学权威威格摩尔指出："毫无疑问，交叉询问是人类发明的发现案件事实真相的最伟大的法律工具。" See J. H. Wigmore（rev. J. H. Chadbourn），*Evidence in Trial at Common Law*（Vol. 5）（1974），32. c. f. Andrew L. -T. Choo，*Hearsay and Confrontation in Criminal Trials*，Clarendon Press · Oxford，1996，p. 32.

③ 在 Coy v. Iowa 一案中，美国联邦最高法院认为，被告人在审判中有目视证人即与证人面对面的权利，以及被告人有使证人目视自己的权利。由此可见，我国司法实践中正在广泛使用的多媒体示证等替代措施实际违反了被告人的对质权。

④ See John H. Wigmore，"The History of the Hearsay Rule"，*Harvard Law Review*，Vol. 17，No. 7（May，1904），pp. 437-458.

闻证据规则得到进一步巩固，它已经成为一般的和固定化的概念，成为英国法律的一个基本组成部分。[①] 一些学者也开始对传闻证据规则进行专门研究。到了19世纪，传闻证据规则的许多例外情况开始得以确立。目前，传闻证据规则已经成为英美法系最基本、最庞杂和最令人迷惑的一个证据规则。[②] 近年来，随着诉讼制度和科学技术的不断发展，传闻证据的可靠性得到了不断提高，烦琐的传闻证据规则在司法实践中面临着越来越多的批评和难题。在这种背景之下，英美法系对传闻证据规则进行了大幅度改革，不断地缩小传闻证据规则的适用范围，而对传闻证据规则确立了越来越多的例外情形。在《1995年民事证据法》通过以后，英国民事诉讼中的传闻证据规则甚至已经被完全取消。

在大陆法系国家，虽然没有明确规定传闻证据规则[③]，但是在废除欧洲中世纪盛行的书面审理制度之后，普遍确立了直接言词原则。而从直接言词原则的内涵和基本要求来看，直接言词原则和传闻证据规则具有异曲同工的效果。根据德国学者对直接言词原则的解释，在法庭上提出任何证据材料均应以言词陈述的方式进行，诉讼各方对证据的调查应以口头方式进行，如以口头方式询问证人、鉴定人、被害人等，以口头方式对实物证据发表意见，任何未经在法庭上以言词方式提出和调查的证据均不得作为法庭裁判的根据。德国联邦上诉法院判决在解释证人出庭作证时认为，证人的陈述被简化成书面记录时容易被改变，特别是在警方记录中；而且如果证人不亲自出庭，就无法接受法庭和当事人的询问。[④] 显然，这和传闻证据规则是一脉相承的。为了贯彻直接言词原则，大陆法系国家的刑事诉讼法普遍强调证人、鉴定人、被害人等都必须出庭作证，只有在特殊情况下，才允许使用书面的卷宗笔录等替代措施。例如，根据《法国刑事诉讼法典》第452条的规定，证人应以口头作证。但是，作为例外，经审判长允许，证人也可以通过书面文件作证。根据《德国刑事诉讼法典》第250条的规定，对事实的证明如果是建立在一个人的感觉之上的时候，要在审判中对他询问，询问不允许以宣读以前的询问笔录或书面证言而代替。

值得说明的是，虽然传闻证据规则和直接言词原则均要求证人等亲自出庭作证，但二者的侧重点有所不同。在大陆法系国家，由于实行职权主义审判方式，强调法官在发现案件事实真相中的主导作用，因而，直接言词原则侧重于证人应亲自出庭在法官面前进行陈述，以便保证法官接触到最佳的证据。[⑤] 而在英美法系国家，由于实行当事人主义审判方式，强调当事人双方以平等对抗的方式来推动案件事实真相的发现，因而，传闻证据规则侧重于证人与当事人面对面，以便接受当事人的交叉询问。不过随着两种诉讼模式相互融合的趋势的不断加强，尤其是《欧洲人权公约》对欧洲各国刑事诉讼的影响日趋明显，实际上人权保障、公正审判、对质诘问权等已经成为两种制度的共同基础。

（四）传闻证据规则的例外

在传闻证据规则确立的早期，英国普通法往往将传闻证据规则绝对化，即只要是传闻证

---

① See Andrew L.-T. Choo, *Hearsay and Confrontation in Criminal Trials*, Clarendon Press·Oxford, 1996, p. 5.

② See Andrew L.-T. Choo, *Hearsay and Confrontation in Criminal Trials*, Clarendon Press·Oxford, 1996, Preface; Rupert Cross, *Cross on Evidence*, London Butterworths, 1985, p. 452.

③ 但日本是一个例外。因为，日本在借鉴英美法系国家证据制度的基础上也明确规定了传闻证据原则。

④ 参见［德］托马斯·魏根特：《德国刑事诉讼程序》，岳礼玲、温小洁译，185页，北京，中国政法大学出版社，2004。

⑤ 参见［德］托马斯·魏根特：《德国刑事诉讼程序》，岳礼玲、温小洁译，183～184页，北京，中国政法大学出版社，2004。

据，一般都应当得到排除，法官在是否排除传闻证据问题上并不享有自由裁量权。但是，随着传闻证据的真实性和可靠性的增强，英美法系国家越来越认识到普通法早期僵化地适用传闻证据规则的某些局限性。于是，英美法系国家针对传闻证据规则规定了大量例外情形。

英美证据法学界认为，传统上传闻证据规则的例外情形必须具备两个条件：一方面，传闻证据必须具备可信性的情况保障（the circumstantial guarantee of trustworthiness）或者可靠性（reliability），即从产生背景等多种情况来看，传闻证据具有较高的可信性，即使不经过当事人的交叉询问，其虚假的危险性也比较小，不至于损害对方当事人的利益；另一方面，传闻证据必须具备必要性（necessity），即在客观上确实存在无法对原始证人进行交叉询问的特殊情形，同时也无法找到具有同等证明价值的其他证据来代替，因而不得不允许当事人使用传闻证据。① 从英美法系证据立法和理论来看，传闻证据的可信性保障主要包括如下几个方面：(1) 证人在刑事审前程序中所作的陈述具有与刑事审判相似的条件。如在其他审判或者法院主持的庭前证据保全程序中获取的证人证言。(2) 证人在特殊情况下所作的陈述。如临死的证人在意识到自己即将死亡的情况下所作出的陈述等。(3) 某些特殊性质的证人证言。如已经死亡的证人或者已经无作证能力的证人在正常理性的情况下曾经作出的不利于本人的证言。(4) 记录证人证言的人具有某种特殊的身份。如法官获取的证人证言。传闻证据的必要性主要包括以下几种情形：(1) 在审判期间，证人已经死亡，或者丧失行为能力，无法辨别是非和正确表达；(2) 在审判期间，证人身患严重疾病，或者证人身居境外、偏远地区等，而行动极为不便的，或者证人从事非常重要工作和业务而难以脱身的；(3) 为了保护证人的安全和个人隐私；(4) 控辩双方对传闻证据所表达的内容没有异议。②

在英国，传闻证据规则的例外分为普通法上的例外和成文法上的例外两种。在普通法上，传闻证据规则的例外主要包括如下几类：(1) 死者的陈述（statements of deceased persons）；(2) 有关事实的一部分陈述（statements as part of the res gestae）；(3) 在公共文书中的陈述（statements in public documents）；(4) 在出版作品中的陈述（statements in works）；(5) 在以前程序中所作的陈述（statements made in former proceedings）。根据英国《2003年刑事审判法》第114条第1款的规定，传闻证据在下列情况下具备可采性：(1) 本章的任何条款或者任何其他成文法条款规定可采的；(2) 第118条保留的任何法律规则规定可采的；(3) 诉讼的各方当事人一致同意可采的；(4) 法院认为司法利益要求其为可采的。根据《2003年刑事审判法》第114条第2款的规定，法官对于传闻证据可采性的自由裁量权应当考虑如下几个因素：(1) 该陈述对于诉讼中的争议事项有多大的证明价值（假定该陈述是真实的），或者对于理解本案中的其他证据有多大的价值；(2) 对于该争议事项或者第 (1) 项提到的证据，其他还有何种证据已经或者能够被提供；(3) 第 (1) 项提到的事项或者证据在全案中有多大的重要性；(4) 作出该陈述时的情形；(5) 作出该陈述的人看起来有多大的可靠性；(6) 关于作出该陈述的证据看起来有多大的可靠性；(7) 对于该陈述中所陈述的事项，能否提供口头证据，如果不能，其理由是什么；(8) 质疑该陈述

① See Note, "The Theoretical Foundation of the Hearsay Rules", 93 *HARV. L. REV.* 1786, 1815 (1980); Thomas A. Mauet and Warren D. Wolfson, *Trial Evidence*, Citic Publishing House, 2003, p. 170; Bruce P. Archibald, "The Canadian Hearsay Revolution: Is Half a Loaf better than No Loaf at All?", 25 *Queen's Law Journal* 1, Fall, 1999.

② 参见龙宗智：《刑事庭审制度研究》，264～271页，北京，中国政法大学出版社，2001。

时面临的难度；（9）此种困难可能对面临该困难的当事人带来的损害程度。根据英国《2003年刑事审判法》的有关规定，传闻证据规则主要包括如下一些例外情形：第一，当证人因为特定的原因（如亡故、生病、身处国外等）不能出庭作证时，传闻证据具有可采性；第二，满足特定条件的书面记录具有可采性。第三，某些普通法可采性种类的保留，如公共信息等、有关品格的声誉、声誉或者家族传统、既往事实、供述等、代理人的承认等、共同事业、专家证据等。第四，前后不一致的陈述以及证人以前作出的其他陈述在满足一定的条件下，具有可采性。第五，多重传闻在符合条件的情况下具有可采性。第六，通过录像记录的证据，在满足法定的条件下，法院可以采纳证人（被告人除外）回答讯问的录像记录（或部分内容）作为代替证人证言的证据。第七，使用文件唤起记忆时，传闻证据具有可采性。

在美国，传闻证据规则的例外主要体现在《美国联邦证据规则》当中。在理论上，《美国联邦证据规则》规定的传闻证据规则例外主要分为无条件的例外和附条件的例外两种。无条件的例外是指陈述者可否作证无关紧要情况下的传闻证据规则例外。根据《美国联邦证据规则》第803条的规定，无条件的例外包括如下二十余种情况：陈述者当场表达的感觉印象；在极度兴奋状况下所作的陈述；陈述者关于当时存在的心理状态、感情、知觉或身体状态的陈述；出于医疗诊断或治疗目的的陈述；被记录的回忆；关于日常行为、活动的记录；公共记录或者报告；重要统计资料；缺乏公共记录或者没有记载；宗教组织的记录；婚姻、洗礼和类似证明；家庭记录；反映财产利益的文件记录；文件中反映财产利益的陈述；在陈年文件中的陈述；市场报告、商业出版物；学术论文；关于个人或家庭历史的名声；关于边界和一般历史的名声；性格方面的名声；先前定罪的判决；关于个人、家庭或一般历史、边界的判决；其他例外。附条件的例外是指陈述者不能作为证人到庭作证的传闻证据规则例外。根据《美国联邦证据规则》第804（a）条的规定，不能作为证人出庭作证是指以下几种情况：（1）陈述者被法庭以存在免除证明关于该陈述者所作陈述内容的特权为由裁定免除作证；（2）陈述者坚持拒绝对自己所作陈述的内容作证，尽管法庭命令这样做；（3）陈述者声称对自己所作陈述的内容记不清了；（4）陈述者由于死亡，或者正患身体或精神上的疾病，或身体虚弱不能出庭或不能作证；（5）陈述者未出席听证，提供有关陈述的人不能通过传票或其他合理手段使陈述者出庭。但是，如果陈述者免除作证、拒绝作证、声称失去记忆、没有能力或者缺席是由于提供有关陈述的人为防止该证人出庭或者作证而故意或者违法造成的，则陈述者不属于不能出庭作证的情况。根据《美国联邦证据规则》第804（b）条的规定，如果陈述者不能作为证人出庭，那么证人的先前证词、临终陈述、对己不利的陈述、关于个人或家史的陈述等不适用传闻规则加以排除。

根据日本刑事诉讼法的有关规定，传闻证据规则的例外主要包括如下几种情况：（1）被告人以外的人（如被害人、目击者、参考人、共犯、共同被告等）的供述书（如被害人的申报、告诉状、告发状、供述人的日记、侦查报告书等）和供述记录书（如侦查机关制作的参考人供述笔录、在法官面前询问证人的笔录等）。根据《日本刑事诉讼法》第321条的规定，这种例外包括以下几种具体的情形：1）法官面前的笔录，即被告人以外的人在法官面前供述的笔录；2）检察官面前的笔录，即被告人以外的人在检察官面前供述的笔录；3）前两项所列书面材料以外的书面材料，如被告人以外的人所作的供述书、检察事务官笔录、司法警察职员笔录、辩护人作成的讯问笔录等；4）记录被告人以外的人在公审准备或公审期日所作供述的书面材料，如审判准备笔录、审判笔录等；5）勘验笔录；

6）鉴定书。（2）被告人的供述书（如被告人亲自写成的呈报书、经过书、日记、笔记、备忘录等）和供述记录书。根据《日本刑事诉讼法》第319条和第322条的规定，这种例外包括以下几种情形：1）对于被告人承认对己不利的事实的书面材料，只要具有供述的任意性，就具有证据能力；2）对于不属于被告人承认对己不利的事实的供述书或者供述记录书，即对于有利于被告人的书面材料，只有当认为具有特别可信的情况时，才具有证据能力；3）记录被告人在公审准备或者公审期日的供述的书面材料，以可以认为其供述是出于自由意志的行为时为限，可以作为证据。（3）其他书面材料。根据《日本刑事诉讼法》第323条的规定，构成传闻证据规则例外的其他书面材料包括：1）户籍副本、公证证书副本及其他公务员（包括外国的公务员）就其职务上可以证明的事实所书写的书面材料；2）商业账簿、航海日志以及其他在通常的业务过程中写成的书面材料；3）除前面两种情形以外，其他在特别可以信赖的情形下写成的书面材料，如官方记录、官方公报、统计表、体育记录、学术论文、家谱图等。

六、意见证据规则

（一）意见证据规则的含义

意见证据规则是英美证据法中规范证人证言的一项证据规则。在普通法上，一般要求证人只能就其直接感知的事实提供证言，而不能就其感知的事实发表意见或者推断。这就是普通法中的意见证据规则。根据这项规则，法官在认证过程中，如果证人作证时就事实提供意见或者推断，当一方当事人提出异议时，法官应当禁止证人对案件事实发表意见，并不得将证人的意见作为裁判的依据。

（二）确立意见证据规则的根据

英美法系之所以禁止证人在作证时就案件事实发表意见，其主要根据在于：第一，证人发表意见侵犯了审理事实者的职权。如美国证据法学家华尔兹曾经指出，意见证据规则的基本理由是，一般非专业人员在其所掌握的知识和理解能力范围内所能作出的事实性结论应该留待由这种普通人组成的陪审团作出。如果一名陪审员完全可以通过把证人提供的事实加在一起的方法得出他或者她自己的结论，该证人就绝无必要将其结论强加给陪审员。因此，如果陪审团有能力对列举的事实作出正确的结论，那么证人的意见证言可能会侵犯陪审团的正当职权范围。① 第二，证人发表意见有可能对案件事实的认定产生误导。意见并非证人亲身体验，如果允许证人提供意见，则其陈述的客观事实中会混杂有个人见解，有误导事实裁判者的危险，以至于裁判者可能错误地认定案件事实。② 第三，普通证人缺乏发表意见所需要的专门性知识或者基本的技能训练与经验。③ 第四，普通证人的意见证据对案件事实的认定没有价值。因为，无论证人所证实的任何事实是否与案件有关，他的意见一定与案件无关。对于需要专门知识的事项，非专家意见证据不具有证明价值，而对于不需

① 参见［美］乔恩·R·华尔兹：《刑事证据大全》，何家弘等译，341～342页，北京，中国人民公安大学出版社，1993。

② 参见郭志媛：《刑事证据可采性研究》，170页，北京，中国人民公安大学出版社，2004；刘善春、毕玉谦、郑旭：《诉讼证据规则研究》，163页，北京，中国法制出版社，2000。

③ 参见［美］乔恩·R·华尔兹：《刑事证据大全》，何家弘等译，341页，北京，中国人民公安大学出版社，1993。

要专门知识的事项，又往往没有足够的关联性。因此，证人的职责只是把事实提供给法院，而不是发表对该事实的意见。[①]

（三）意见证据规则的例外

在英美法系证据法中，并非证人的所有意见证据都不具备可采性。在英美法系，证人的意见证据在下列两种情况下具有可采性：

1. 普通证人在某些特殊情况下发表的意见。例如，根据《美国联邦证据规则》第701条的规定，如果证人不是以专家证人的身份作证，其意见或推论形式的证言具备以下条件之一时具有可采性：（1）合理地基于该证人的感知；（2）有助于清楚地了解该证人证言或者决定争点事实。但是，上述条件以不是基于《美国联邦证据规则》第702条所规定的科学、技术或者其他专门知识为限。在判例中，如果普通证人的意见陈述的内容，或者与事实陈述无异，或者对某种特别事项的意见陈述与专家证人的意见无异，如同时觉察的事实、持续察觉的事实、总括式的陈述、印象之陈述、视同专家的意见陈述、品格的意见陈述等，也具备可采性。[②]

2. 专家证人的意见证据具备可采性。例如，根据《美国联邦证据规则》第702条的规定，如果科学、技术或其他专门知识有助于事实审理者了解证据或决定争议事实，因其知识、技术、经验、训练或教育而具有专家资格的证人，在下列情形下，可以意见或者其他方式进行作证：（1）该证言是基于充分的事实或者资料；（2）该证言是由可靠的原理或者方法推论而来；（3）该证人已将这些原理或者方法可靠地适用于案件的事实。根据华尔兹教授的阐述，具有类似病理学或者弹道学技术的专家证人，如果遇到以下四种情况，可以提出意见证言或者否定意见：（1）该意见、推论或结论，依靠专门性的知识、技能或培训作出而不是依靠陪审团的普通经验；（2）该证人必须出示自己作为真正的专家在该专门性领域内所具有的经验，并被证明合格；（3）该证人必须对自己的意见、推论或结论作出合理的肯定（很可能）程度的证明；（4）虽然出现这种情况在修改程序上是通用的，但至少在通过时它被普遍地确认。专家证人必须首先叙述自己对该证据（实事）的意见、推论或结论是有根据的，必须对依事实提出的假设性问题作出回答。[③] 值得注意的是，在英美法系国家，专家证人并非仅仅局限于那些受过专门训练而具有专门知识或者特殊技能的专家。原则上，证人只要能够在某些特定的领域，凭借自己的知识、技能或者实践经验，帮助事实审理者发现案件事实的真相，就可以提供专家证言。也就是说，问题的关键不在于该证人在这一领域中是否比其他的专家更有资格，而是该证人是否比陪审团和法官更有能力从事实中作出推论。[④] 但是，无论如何，一个证人的意见是否能作为专家意见，以及他提供的意见是否属于需要专家鉴定的事项，都需要经过法官的审查。因此，法官对专家证人的资格审查是决定证人的意见证据是否具备可采性的关键程序。

在大陆法系国家，尽管证据法也要求证人根据自己所感知的事实提供证言，但由于大陆法系国家的事实裁判者通常属于训练有素的职业法官，能够对证人的意见证据作出适当

---

① 参见齐树洁主编：《英国证据法》，591页，厦门，厦门大学出版社，2002。

② 参见刘善春、毕玉谦、郑旭：《诉讼证据规则研究》，164～165页，北京，中国法制出版社，2000。

③ 参见［美］乔恩·R·华尔兹，何家弘等译：《刑事证据大全》，344页，北京，中国人民公安大学出版社，1993。

④ 参见［美］约翰·W·斯特龙主编：《麦考密克论证据》，汤维建等译，32页，北京，中国政法大学出版社，2004。

的评判，因此大陆法系国家的证据法一般允许证人根据其所体验的事实作出一些必要的分析、判断和推测。而且，与英美法系国家不同，大陆法系国家的证人概念的范围比较狭窄，并不包括英美法系国家所说的专家型证人，而是普遍将专家型证人的意见或者结论即鉴定意见从证人证言中分离出来，将英美法系中专家型证人专门称为鉴定人。因此，在大陆法系国家，尽管鉴定人可以根据案件事实情况出具鉴定意见，或者对案件事实发表意见，但这并不属于意见证据规则调整的范围，而是鉴定制度所要规范的事项。

七、最佳证据规则

（一）最佳证据规则的含义

最佳证据规则是英美法系比较古老的一项证据规则。最佳证据规则又称原始文书规则，它主要是指以文字材料的内容证明案件时，必须提交该文字材料的原件。该项原则要求书证的提供者尽量提供原件，如果提供副本、抄本、影印本等非原始材料，则必须提供充足理由加以说明，否则，该书证不具有可采性。因此，最佳证据规则也是规范证据可采性的一项证据规则。1945 年美国第二巡回法院在赫济格诉斯韦夫特公司一案当中指出："最佳证据规则在其现代的应用中仅指这样一条规则，即一份文字材料的内容必须通过引入文书本身来证明，除非对原始文书的缺失提出令人信服的理由。"①

在传统证据法和理论当中，最佳证据规则通常只适用于文字材料，如信件、合同、地图等。但是，随着科技的发展，最佳证据规则也适用于照片、录音带、录像带、唱片、胶片等。而且记载文字的物质载体也不仅仅局限于纸张，还包括其他各种各样的材料，如带有编号的警徽、刻字的订婚戒指、刻有文字的墓碑等。值得注意的是，最佳证据规则不适用于那些仅具有附属或者表面意义的文字材料。也就是说，最佳证据规则仅仅适用于与案件中重大问题相关的文字材料。例如，一位证人声明他可以确认某一日期是在犯罪行为发生之后，因为他从当天的报纸上读到了关于犯罪的信息。再如，一位证人陈述说他无法获得某一特定的物品，因为该物品是受专利保护的。麦考密克认为，承认附带性文书可以不适用最佳证据规则，就是对迅速审判和清晰陈述进行必要的让步，在案件中如果仅仅是附带性地涉及，与完全精确地提出文件内容这一要求相比，上述利益显然是更重要的。② 一般认为，对于一份文字材料是否属于附属文书，法庭需要考虑如下几个因素：(1) 该文字材料看起来是否是案件中重大问题的核心；(2) 文字材料相关特征的复杂性；(3) 有关文字材料内容的真实性是否存在争议。

（二）确立最佳证据规则的根据

在 18 世纪，支持最佳证据规则的根据就是最佳证据理论。英国著名证据法学家吉尔伯特曾经指出："这是第一个、且最出色的有关证据的规则，即一个人必须拥有事实本身所能具有的最好的证据……"③ 1745 年英国大法官哈德威克勋爵在一起案件当中曾经指出："法

① ［美］乔恩·R·华尔兹：《刑事证据大全》，何家弘等译，336 页，北京，中国人民公安大学出版社，1993。

② 参见［美］约翰·W·斯特龙主编：《麦考密克论证据》，汤维建等译，469 页，北京，中国政法大学出版社，2004。

③ ［美］约翰·W·斯特龙主编：《麦考密克论证据》，汤维建等译，464 页，北京，中国政法大学出版社，2004。

官和立法的先哲们所指定的唯一证据通则是，认定案件事实应当采用符合其本质属性的最佳证据。"[①] 布莱克斯通从正反两个方面对最佳证据进行描述："……若可能获得的话，应当提供案件性质所能够允许的最好的证据；但是如果不可能的话，那么现有的最好的证据应当被许可。"[②]许多学者受美国著名证据法学家威格摩尔的影响，认为最佳证据规则的合理性的基本前提在于书面陈述在法律上的中心地位，正是因为这种中心地位，向法院提供文书的确切的表达就具有非同一般的重要性，尤其是在涉及执行性的或者处分性的文书的案件中。[③] 美国证据法学家麦考密克指出，对于最佳证据规则的根据，还应当考虑如下因素：(1) 通常应用的复制文书的手段很可能会存在严重损害文书的准确性的机会。(2) 那些据称是对文书内容的回忆的口头证言，可能冒着比一般的关于其他情况的口头证言更大的出错的风险。错误传达决定性事项的危险是与使用文书复印件或者对文书的回忆相伴而生的，但是当出示原始文书以证实其内容时这种危险将大大避免。(3) 最佳证据规则有助于防止出现这种情况，即在引入一套全面的文书中选定的某部分内容的过程中，对于对方无法看到的那些部分会造成有意或者无意的误导。[④]

(三) 国外最佳证据规则概况

在 18 世纪到 19 世纪，最佳证据规则曾经盛极一时。但是，随着现代科技的发展，由于复制件的可靠性并不差，有时甚至难以确定哪个是原件哪个是复制件[⑤]，因而最佳证据规则越来越没有用武之地。在这种背景之下，英美法系对最佳证据规则规定了许多例外情况。根据《美国联邦证据规则》第 1002 条的规定，除非本证据规则或者国会立法另有规定，为证明文字、录音或者照相的内容，当事人应当提供该文字、录音或者照片的原件。根据《美国联邦证据规则》第 1003 条的规定，复制品与原件在同等程度上采纳，但下列情况除外：(1) 对复制品是否忠实于原件产生疑问；(2) 以复制品替代原件采纳将导致不公正。根据《美国联邦证据规则》第 1004 条的规定，在下列情况下，不要求原件，关于文字、录音或者照相内容的其他证据可以采纳：(1) 原件遗失或者毁坏。所有原件均已遗失或者毁坏，但提供者出于不良动机遗失或者毁坏的除外。(2) 原件无法获得。不能通过适当的司法程序或行为获得原件。(3) 原件在对方掌握中。原件处于该材料的出示对其不利的一方当事人的控制中，已通过送达原告起诉状或者其他方式告知该当事人在听证时该材料的内容属于证明对象，但该当事人在听证时不提供有关原件。(4) 附属事项。有关文字、录音或者照相与主要争议无紧密联系。根据《美国联邦证据规则》第 1005 条的规定，对于需要保存的公共记录，可以使用复制件，而不必采用原件。根据《美国联邦证据规则》第 1006 条的规定，篇幅过长或者体积过大的文字材料、录音或者照相不便在法庭接受审查时，可以用图表、摘要或者计算分析的方式出示。原件或者副本或者两者要准备就绪以备其他当事人选择合理的时间和地点进行审查。法庭可以命令将它们在法庭上出示。根据《美国联

---

① Peter Murphy, *A Practical Approach to Evidence*, Blackstone Press Limited, 1992, p. 40.

② [美] 约翰·W·斯特龙主编：《麦考密克论证据》，汤维建等译，464 页，北京，中国政法大学出版社，2004。

③ 参见 [美] 约翰·W·斯特龙主编：《麦考密克论证据》，汤维建等译，465 页，北京，中国政法大学出版社，2004。

④ 参见 [美] 约翰·W·斯特龙主编：《麦考密克论证据》，汤维建等译，465 页，北京，中国政法大学出版社，2004。

⑤ 例如，从计算机数据储存中在不同时间输出或者打印的材料，到底是原始材料还是复制材料，就难以确立。

邦证据规则》第1007条的规定，文字、录音或者照相的内容可以通过由出示该材料所针对的当事人作证或者书面承认来证明，无须计较原件是否出示。

大陆法系证据法虽然没有明确规定最佳证据规则，但其直接言词原则一般也要求法官在诉讼活动中尽量采用原生证据或原始证据，如书证的原件和物证的原物。科隆大学托马斯·魏根特教授认为："法庭在其权力范围内尽一切力量查明真相的职责意味着，法庭必须争取使用可能获得的最佳证据：如果法庭可以传唤目击证人，就不能以听取询问过该证人的警官的证言，或者宣读询问该证人的笔录来代替。"①

八、补强规则

(一) 补强规则的含义

所谓补强规则，又称补强证据规则，是指为了防止误认事实或发生其他危险，而在运用某些证明力显然薄弱的证据认定案情时，必须有其他证据补强其证明力，才可以将其作为定案根据的规则。根据补强规则，对于某些特定证据，在没有其他证据支持其证明力的情况下，它不能单独作为认定案件事实的根据。由此可见，补强规则实质上是一种数量规则，即特定的言词证据必须在其他证据担保其真实可信性的条件下，才能发挥证明作用。②在刑事审判过程中，需要补强的特定证据不仅包括被追诉者的供述，而且包括证人证言、被害人陈述等特定证据。

值得注意的是，并非任何证据都可以对特定的证据进行补强。因为，补强证据必须满足如下几个条件：第一，补强证据必须具备证据能力。如果补强证据不具备证据能力，它根本就没有机会进入法庭调查程序，那么补强其他证据的证明力也就无从谈起。第二，补强证据本身必须具有担保补强对象真实的能力。设立补强规则的重要目的就在于确保特定证据的真实性，以减少误认的风险。如果补强证据本身没有什么证明价值，那么它不可能支持补强对象的证明力。当然，补强证据的作用仅仅在于担保特定补强对象的真实性，而不是对整个待证事实或者案件事实都具有补强作用。第三，补强证据必须具有独立的来源。根据补强规则，补强证据与补强对象之间显然不能发生重叠；否则，补强证据根本没有能力担保补强对象的真实性。因此，补强证据必须独立于补强对象，它应当具有独立的来源。例如，被告人在审前程序中所作的供述就不能作为其当庭供述的补强证据。再如，如果第三人的供述是根据被告人的口供（例如，根据从侦查机关得到的口供的内容而写成的被害报告）作出的，它就没有作为补强证据的证明力。③

(二) 确立补强规则的根据

英美法认为供述证据须有补强性，其法理上的根据有两点：一是基于偏重自白的政策的理由，二是为了担保其真实性。④ 很显然，补强证据规则规范的对象应当是言词证据，因为，相对于实物证据而言，尽管言词证据通常能够比较全面地证明案件事实，但是，言词

---

① ［德］托马斯·魏根特：《德国刑事诉讼程序》，岳礼玲、温小洁译，183～184页，北京，中国政法大学出版社，2004。

② 参见樊崇义等：《刑事证据法原理与适用》，148页，北京，中国人民公安大学出版社，2001。

③ 参见［日］松尾浩也：《日本刑事诉讼法》（下卷），张凌译，39～40页，北京，中国人民大学出版社，2005。

④ 参见刘善春、毕玉谦、郑旭：《诉讼证据规则研究》，321页，北京，中国法制出版社，2000。

证据本身容易受到提供证据的人自身主、客观因素的影响。为了避免过分信赖言词证据的证明价值而可能带来的误认风险，现代证据立法规定了补强证据规则，强调对于某些特殊的证据，无论它看上去有多么可靠、多么有证明力，法官也不能单独根据该项证据认定相应的案件事实。据此，法官在法庭审判过程中，对于需要补强的言词证据，无论其证明价值有多高，法官也不能仅凭这项孤证对某个案件事实进行认证。

（三）国外补强规则概况

在英美法系国家的刑事诉讼中，依照制定法或惯例，以下情形需要补强证据：(1) 对伪证罪的证明。在对伪证罪或假证罪以及英国 1911 年伪证罪法所规定的任何其他同类罪行的起诉中，如果只有一个证人证明某人作了伪证，不能依此证言判处某人犯伪证罪。(2) 对某些性犯罪的证明。在对妇女和儿童的某些性犯罪中，如果只有一个证人的证言，不能认定被告人犯有这种罪行，除非该证言在某些实质的细节上有其他控诉证据补强其证明力。(3) 儿童提供的不经宣誓的证言。一个幼年的儿童可以不经宣誓而作证，在此情形下，该证言需要补强证据。(4) 某些宣誓证言。即使在那些法律要求必须有补强证据的性犯罪案件中，依照惯例，法官也应当提醒陪审团在接受那些未经补强证据补强的证据时要慎重。如果法官没有作出该提醒，有罪裁决就会在上诉时被撤销。(5) 共犯的证言。根据某一个共犯的证言对另一个共犯定罪时，如果没有补强证据，依照惯例，法官应当向陪审团说明这样做的危险。如果法官没有按照这一规则提醒陪审团，对另一共犯的定罪将是无效的。(6) 根据 1960 年道路交通法进行的证明。英国 1960 年道路交通法规定，某些车辆在公路上超速行驶会构成犯罪。但是，不得仅依据一位证人认为司机超速行驶的证言而判处被告人有罪。如果证人所讲述的不是自己的看法，而是他通过秒表和测量的距离确定的事实，则无须补强证据。①

受英美法系的影响，日本也确立了补强规则。根据《日本国宪法》第 38 条第 3 款的规定，当唯一的不利的证据是本人的口供时，不能认定该人有罪。《日本刑事诉讼法》第 319 条第 2 款也规定，不论是否是被告人在公审庭上的自白，当该自白是对其本人不利的唯一证据时，不得认定被告人有罪。因此，在日本刑事诉讼中，不能仅凭被告人的供述就对被告人进行定罪，还需要其他证据进行补强。

第三节　我国刑事证据规则

尽管刑事证据规则是刑事证据法的核心内容，但是 1979 年《刑事诉讼法》和 1996 年《刑事诉讼法》对刑事证据规则的规定却非常匮乏。这是近年来我国刑事司法实践存在证人不出庭、鉴定人不出庭、刑讯逼供、非法取证等诸多顽症的一个重要原因。为了解决我国刑事证据立法匮乏所带来的问题，2012 年 3 月全国人大在修改刑事诉讼法时，对包括刑事证据规则在内的刑事证据制度作出了较大幅度的修改，从而使我国刑事证据制度朝着法治

① 参见卞建林主编：《证据法学》，494～495 页，北京，中国政法大学出版社，2000。

化与科学化的方向迈进了一大步。另外，最高人民法院和最高人民检察院通过司法解释也规定了一些比较独特的证据规则。下面将结合前文所述的刑事证据规则，以 2012 年《刑事诉讼法》以及相关司法解释为依据，对我国刑事证据规则的现状进行简要分析。

一、非法证据排除规则

在 1996 年全国人大修改《刑事诉讼法》之后，尽管根据 1998 年最高人民法院《关于执行〈中华人民共和国刑事诉讼法〉若干问题的解释》第 61 条以及 1999 年《人民检察院刑事诉讼规则》第 265 条的规定，我国通过司法解释已经确立了非法证据排除规则，但是上述司法解释规定的非法证据排除规则在司法实践当中并没有得到贯彻落实。一方面，在司法实践中，我国警察通过刑讯逼供、非法勘验、检查、搜查、扣押、辨认、窃听、诱惑侦查等非法侦查手段获取证据的现象屡禁不止，越来越多的辩护律师在法庭上要求法庭排除警察通过上述非法手段所获取的证据。另一方面，控方向法庭提交的非法证据却很少受到法庭的排除。造成这种局面的关键因素在于我国非法证据排除规则过于笼统，缺乏具有操作性的诉讼程序。例如，在缺乏证明责任分配机制的情况下，法官在司法实践中往往按照“谁主张，谁举证”原则要求辩护方证明非法取证行为的存在。而在取证能力十分有限的情况下，辩护方通常无法按照法官的要求证明非法取证行为的存在。有鉴于此，2010 年 6 月 13 日，最高人民法院、最高人民检察院、公安部、国家安全部、司法部联合发布《关于办理刑事案件排除非法证据若干问题的规定》。该规定不仅对非法证据排除规则的排除范围等实体性规则作出了明确规定，而且对非法证据排除规则的操作程序作出了较为全面的规定。由于该规定在司法实践中取得了一定的积极效果，因而，2012 年第十一届全国人民代表大会第五次会议通过的《关于修改〈中华人民共和国刑事诉讼法〉的决定》吸收和借鉴了上述司法解释的部分规定，对非法证据排除规则作出较为详细的规定。

（一）非法证据排除规则的一般规定

根据《刑事诉讼法》第 50 条的规定，审判人员、检察人员、侦查人员必须依照法定程序，收集能够证实犯罪嫌疑人、被告人有罪或者无罪、犯罪情节轻重的各种证据；严禁刑讯逼供和以威胁、引诱、欺骗以及其他非法方法收集证据，不得强迫任何人证实自己有罪。为使上述规定得到贯彻落实，《刑事诉讼法》第 54 条进一步规定：“采用刑讯逼供等非法方法收集的犯罪嫌疑人、被告人供述和采用暴力、威胁等非法方法收集的证人证言、被害人陈述，应当予以排除。收集物证、书证不符合法定程序，可能严重影响司法公正的，应当予以补正或者作出合理解释；不能补正或者作出合理解释的，对该证据应当予以排除。在侦查、审查起诉、审判时发现有应当排除的证据的，应当依法予以排除，不得作为起诉意见、起诉决定和判决的依据。”下面将结合相关解释，对我国新《刑事诉讼法》所确立的非法证据排除规则的基本特点进行简要分析。

1. 非法证据排除规则的适用对象

我国非法证据排除规则不仅适用于犯罪嫌疑人或者被告人的供述、被害人陈述、证人证言，而且适用于物证、书证。但对于其他言词证据或者实物证据，则不适用非法证据排除规则。结合新刑事诉讼法的其他规定，对于非法证据排除规则的适用对象还有两个值得探讨的问题。

第一，行政机关采用非法手段收集的证据是否适用非法证据排除规则问题。根据《刑事诉讼法》第52条第2款的规定，行政机关在行政执法和查办案件过程中收集的物证、书证、视听资料、电子数据等证据材料，在刑事诉讼中可以作为证据使用。尽管该规定具有一定的积极意义，但是该规定并没有明确限定行政机关收集的证据材料的合法性。而且，公安部和最高人民检察院、最高人民法院在解释上述规定时也存在一定差异。公安部基本上重申了《刑事诉讼法》的规定，即根据2012年公安部《公安机关办理刑事案件程序规定》（以下简称公安部《规定》）第60条的规定，公安机关接受或者依法调取的行政机关在行政执法和查办案件过程中收集的物证、书证、视听资料、电子数据、检验报告、鉴定意见、勘验笔录、检查笔录等证据材料，可以作为证据使用。而根据最高人民检察院和最高人民法院的司法解释，行政机关在行政执法和查办案件过程中收集的证据材料只有满足一定条件才能作为证据使用。例如，根据最高人民检察院《规则》第64条的规定，对于行政机关在行政执法和查办案件过程中收集的物证、书证、视听资料、电子数据、鉴定意见、勘验、检查笔录等证据材料，如果人民检察院审查符合法定要求，可以作为证据使用。人民检察院办理直接受理立案侦查的案件，对于有关机关在行政执法和查办案件过程中收集的涉案人员供述或者相关人员的证言、陈述，应当重新收集；确有证据证实涉案人员或者相关人员因路途遥远、死亡、失踪或者丧失作证能力，无法重新收集，但供述、证言或者陈述的来源、收集程序合法，并有其他证据相印证，经人民检察院审查符合法定要求的，可以作为证据使用。根据最高人民法院《解释》第65条第1款的规定，行政机关在行政执法和查办案件过程中收集的物证、书证、视听资料、电子数据等证据材料，在刑事诉讼中可以作为证据使用；经法庭查证属实，且收集程序符合有关法律、行政法规规定的，可以作为定案的根据。尽管最高人民检察院和最高人民法院强烈暗示行政机关在行政执法和查办案件过程中收集的证据材料应当具有合法性，但是这些证据材料是否属于《刑事诉讼法》规定的非法证据排除规则的适用范围，上述司法解释仍然不够十分明确。为了防止侦查机关利用《刑事诉讼法》第52条第2款的规定规避非法证据排除规则的适用，我们建议相关司法解释应更加明确地将行政机关在行政执法和查办案件过程中收集的证据材料纳入非法证据排除规则的适用范围之中。

第二，通过非法技术侦查措施或者非法秘密侦查手段收集的证据是否适用非法证据排除规则问题。根据《刑事诉讼法》第152条的规定，通过技术侦查措施收集的材料在刑事诉讼中可以作为证据使用。如果使用该证据可能危及有关人员的人身安全，或者可能产生其他严重后果的，应当采取不暴露有关人员身份、技术方法等保护措施，必要的时候，可以由审判人员在庭外对证据进行核实。结合《刑事诉讼法》第54条的规定，对于通过非法技术侦查措施收集的证据是否适用非法证据排除规则问题，我们显然无法找到明确的答案。公安部《规定》第259条、第264条不仅规定采取技术侦查措施收集的材料在刑事诉讼中可以作为证据使用，而且强调实施隐匿身份侦查和控制下交付手段收集的材料在刑事诉讼中也可以作为证据使用。与此相类似，最高人民检察院《规则》第265条、第266条只是简要规定了人民检察院采取技术侦查措施收集证据材料的基本程序，而没有明确规定通过技术侦查措施收集的证据材料是否属于非法证据排除规则的适用范围。而根据最高人民法院《解释》第107条第1款的规定，对于采取技术侦查措施收集的证据材料，只要经当庭出示、辨认、质证等法庭调查程序查证属实的，就可以作为定案的根据。为了充分保障公民的合法权益，我们认为通过非法技术侦查措施或者非法秘密侦查手段获取的证据材料也应纳入非法证据排除规则的适用范围。

2. 排除非法证据的条件

新《刑事诉讼法》针对不同的适用对象规定了不同的排除条件。一方面，对于非法收集的犯罪嫌疑人或者被告人的供述，排除条件是采用刑讯逼供等非法方法；对于非法收集的证人证言、被害人陈述，排除条件是采用暴力、威胁等非法方法。根据最高人民法院《解释》第95条第1款的规定，《刑事诉讼法》第54条规定的“刑讯逼供等非法方法”是指，使用肉刑或者变相肉刑，或者采用其他使被告人在肉体上或者精神上遭受剧烈疼痛或者痛苦的方法，迫使被告人违背意愿供述。根据最高人民法院《关于建立健全防范刑事冤假错案工作机制的意见》第8条第1款的规定，采用刑讯逼供或者冻、饿、晒、烤、疲劳审讯等非法方法收集的被告人供述，应当排除。最高人民检察院《规则》第65条第2款、第3款将“刑讯逼供等非法方法”进一步区分为刑讯逼供和其他非法方法这两个概念，即刑讯逼供是指使用肉刑或者变相使用肉刑，使犯罪嫌疑人在肉体或者精神上遭受剧烈疼痛或者痛苦以逼取供述的行为；其他非法方法是指违法程度和对犯罪嫌疑人的强迫程度与刑讯逼供或者暴力、威胁相当而迫使其违背意愿供述的方法。由此可见，尽管“两高”的司法解释对刑讯逼供等非法方法的界定在语言上略有不同，但是它们都强调刑讯逼供等非法方法应具备两方面的含义：第一，采用肉体上的或者精神上的强迫手段获取犯罪嫌疑人或者被告人的供述；第二，违背犯罪嫌疑人或者被告人的意愿。尽管“两高”对刑讯逼供等非法方法作出了比较合理的解释，但是对于什么是“暴力、威胁等非法方法”却没有作出相应的解释。另外，根据最高人民法院《关于建立健全防范刑事冤假错案工作机制的意见》第8条第2款的规定，除情况紧急必须现场讯问以外，在规定的办案场所外讯问取得的供述，未依法对讯问进行全程录音、录像取得的供述，以及不能排除以非法方法取得的供述，应当排除。

另一方面，对于非法收集的物证、书证，只有在同时满足下列三个条件的情况下才能加以排除：(1) 收集物证或者书证的活动不符合法定程序；(2) 收集物证或者书证的行为可能严重影响司法公正；(3) 在违反法定程序收集物证或者书证而且有可能严重影响司法公正的情况下，相关办案人员不能作出合理的解释，或者不能予以补正。根据最高人民检察院《规则》第66条第2款、第3款的规定，对侦查机关的补正或者解释，人民检察院应当予以审查。经侦查机关补正或者作出合理解释的，可以作为批准或者决定逮捕、提起公诉的依据。可能严重影响司法公正是指收集物证、书证不符合法定程序的行为明显违法或者情节严重，可能对司法机关办理案件的公正性造成严重损害；补正是指对取证程序上的非实质性瑕疵进行补救；合理解释是指对取证程序的瑕疵作出符合常理及逻辑的解释。根据最高人民法院《解释》第95条第2款的规定，认定《刑事诉讼法》第54条规定的“可能严重影响司法公正”，应当综合考虑收集物证、书证违反法定程序以及所造成后果的严重程度等情况。

3. 排除非法证据的法律后果

根据《刑事诉讼法》第54条第2款的规定，对于满足排除条件的犯罪嫌疑人、被告人供述、证人证言、被害人陈述以及物证、书证，侦查机关、人民检察院和人民法院应该依法予以排除，既不能作为起诉意见、起诉决定的依据，也不能作为判决的依据。除此以外，最高人民检察院和公安部对排除非法证据的法律后果作了扩张性的解释。例如，根据公安部《规定》第67条第3款的规定，在侦查阶段发现有应当排除的证据的，经县级以上公安机关负责人批准，应当依法予以排除，不得作为提请批准逮捕、移送审查起诉的依据。根据最高人民检察院《规则》第65条第1款的规定，对采用刑讯逼供等非法方法收集的犯罪嫌疑人供述和采用暴力、威胁等非法方法收集的证人证言、被害人陈述，应当依法排除，不得作为报请逮捕、批准或者决定逮捕、移送审查起诉以及提起公诉的依据。根据最高人民检察院《规则》第66条第1款、第2款的规定，收集物证、书证不符合法定程序，可能严重影响司法公正的，人民检察院应当及时要求侦查机关补正或者作出书面解释；不能补正或者无法作出合理解释的，对该证据应当予以排除。对侦查机关的补正或者解释，人民检察院应当予以审查。经侦查机关补正或者作出合理解释的，可以作为批准或者决定逮捕、提起公诉的依据。根据最高人民检察院《规则》第67条的规定，人民检察院经审查发现存在《刑事诉讼法》第54条规定的非法取证行为，依法对该证据予以排除后，其他证据不能证明犯罪嫌疑人实施犯罪行为的，应当不批准或者决定逮捕，已经移送审查起诉的，可以将案件退回侦查机关补充侦查或者作出不起诉决定。根据最高人民检察院《规则》第311条的规定，发现讯问笔录与讯问犯罪嫌疑人录音、录像内容有重大实质性差异的，或者侦查机关不能补正或者作出合理解释的，该讯问笔录不能作为批准逮捕或者决定逮捕的依据。

4. 非法证据排除规则的适用主体

我国非法证据排除规则的适用主体不仅包括侦查机关、公诉机关，而且包括审判机关。而且，侦查机关、公诉机关、审判机关在侦查、审查起诉和审判过程中，对于符合排除条件的犯罪嫌疑人、被告人供述、证人证言、被害人陈述以及物证、书证，应该绝对排除，而不享有自由裁量权。

（二）侦查、起诉阶段的非法证据排除规则操作程序

与西方国家非法证据排除规则不同，我国非法证据排除规则实行“全程排除主义”，即从侦查、起诉到审判，办案人员都应该排除符合条件的非法证据。尽管新《刑事诉讼法》要求侦查机关和检察机关在侦查、起诉阶段也应该排除非法证据，但是新《刑事诉讼法》并没有规定相应的操作程序。而公安部和最高人民检察院最新颁布的解释对侦查、起诉阶段的非法证据排除的操作程序作了比较详细的规定。

1. 公安机关对非法证据排除规则的适用

根据公安部《规定》第67条第3款、第4款的规定，如果公安机关在侦查阶段发现有应当排除的证据的，经县级以上公安机关负责人批准，应当依法予以排除，不得作为提请批准逮捕、移送审查起诉的依据。如果人民检察院认为可能存在以非法方法收集证据情形，要求公安机关进行说明的，公安机关应当及时进行调查，并向人民检察院作出书面说明。

2. 人民检察院对非法证据排除规则的适用

根据《刑事诉讼法》第55条的规定，人民检察院接到报案、控告、举报或者发现侦查人员以非法方法收集证据的，应当进行调查核实。对于确有以非法方法收集证据情形的，应当提出纠正意见；构成犯罪的，依法追究刑事责任。从最高人民检察院颁布的司法解释来看，人民检察院在侦查、审查批准逮捕、审查起诉过程中的非法证据排除规则操作程序包括两种情形。一方面，根据最高人民检察院《规则》第66条第1款、第2款的规定，检察机关在审查批准逮捕、审查起诉过程中，如果发现收集物证、书证不符合法定程序，可能严重影响司法公正的，人民检察院应当及时要求侦查机关补正或者作出书面解释；不能补正或者无法作出合理解释的，对该证据应当予以排除。对于侦查机关的补正或者解释，

人民检察院应当予以审查。经侦查机关补正或者作出合理解释的，可以作为批准或者决定逮捕、提起公诉的依据。如果侦查机关不能补正或者无法作出合理解释，那么人民检察院对该证据应当予以排除，不得将该证据作为批准或者决定逮捕、提起公诉的依据。根据最高人民检察院《规则》第 378 条的规定，人民检察院在审查起诉中，发现可能存在《刑事诉讼法》第 54 条规定的以非法方法收集证据情形的，可以要求侦查机关对证据收集的合法性作出书面说明或者提供相关证明材料。根据最高人民检察院《规则》第 379 条的规定，人民检察院公诉部门在审查中发现侦查人员以非法方法收集犯罪嫌疑人供述、被害人陈述、证人证言等证据材料的，应当依法排除非法证据并提出纠正意见，同时可以要求侦查机关另行指派侦查人员重新调查取证，必要时人民检察院也可以自行调查取证。根据最高人民检察院《规则》第 429 条的规定，人民检察院在开庭审理前收到人民法院或者被告人及其辩护人、被害人、证人等送交的反映证据系非法取得的书面材料的，应当进行审查。对于审查逮捕、审查起诉期间已经提出并经查证不存在非法取证行为的，应当通知人民法院、有关当事人和辩护人，并按照查证的情况做好庭审准备。对于新的材料或者线索，可以要求侦查机关对证据收集的合法性进行说明或者提供相关证明材料，必要时可以自行调查核实。

另一方面，最高人民检察院针对侦查人员以非法方法收集证据的情形专门规定了比较详细的调查核实程序。其主要内容如下：

（1）调查核实程序的负责部门。根据最高人民检察院《规则》第 69 条的规定，对于非法证据的调查核实，在侦查阶段由侦查监督部门负责；在审查起诉、审判阶段由公诉部门负责。必要时，渎职侵权检察部门可以派员参加。

（2）调查核实程序的启动与批准。对此，最高人民检察院《规则》第 68 条第 1 款、第 2 款、第 3 款规定了三种情形：1）在侦查、审查起诉和审判阶段，人民检察院发现侦查人员以非法方法收集证据的，应当报经检察长批准，及时进行调查核实；2）当事人及其辩护人、诉讼代理人报案、控告、举报侦查人员采用刑讯逼供等非法方法收集证据并提供涉嫌非法取证的人员、时间、地点、方式和内容等材料或者线索的，人民检察院应当受理并进行审查，对于根据现有材料无法证明证据收集合法性的，应当报经检察长批准，及时进行调查核实；3）上一级人民检察院接到对侦查人员采用刑讯逼供等非法方法收集证据的报案、控告、举报的，可以直接进行调查核实，也可以交由下级人民检察院调查核实。交由下级人民检察院调查核实的，下级人民检察院应当及时将调查结果报告上一级人民检察院。人民检察院决定调查核实的，应当及时通知办案机关。

（3）决定调查核实程序之后的通知程序。根据最高人民检察院《规则》第 68 条第 4 款的规定，人民检察院决定调查核实的，应当及时通知办案机关。

（4）调查核实的方式。根据最高人民检察院《规则》第 70 条的规定，人民检察院可以采取以下方式对非法取证行为进行调查核实：1）讯问犯罪嫌疑人；2）询问办案人员；3）询问在场人员及证人；4）听取辩护律师意见；5）调取讯问笔录、讯问录音、录像；6）调取、查询犯罪嫌疑人出入看守所的身体检查记录及相关材料；7）进行伤情、病情检查或者鉴定；8）其他调查核实方式。

（5）制作调查报告。根据最高人民检察院《规则》第 71 条的规定，人民检察院调查完毕后，应当制作调查报告。办案人员在审查逮捕、审查起诉中经调查核实依法排除非法证据的，应当在调查报告中予以说明。

（6）对调查结果的处理。根据最高人民检察院《规则》第71条第1款的规定，办案人员在制作调查报告之后，应当根据查明的情况提出处理意见，报请检察长决定后依法处理。经过调查核实以后，如果人民检察院认为确有非法方法收集证据情形，那么人民检察院不仅应当排除非法证据，不得将非法证据作为提起公诉的依据，而且应该根据不同的情形作出相应的处理：1）根据最高人民检察院《规则》第71条第3款的规定，对于确有以非法方法收集证据情形，尚未构成犯罪的，应当依法向被调查人所在机关提出纠正意见；2）根据最高人民检察院《规则》第71条第4款的规定，经审查，认为非法取证行为构成犯罪需要追究刑事责任的，应当依法移送立案侦查；3）根据最高人民检察院《规则》第71条第3款的规定，对于需要补正或者作出合理解释的，应当提出明确要求；4）根据最高人民检察院《规则》第72条的规定，人民检察院认为存在以非法方法收集证据情形的，可以书面要求侦查机关对证据收集的合法性进行说明。说明应当加盖单位公章，并由侦查人员签名。值得注意的是，根据最高人民检察院《规则》第71条第2款的规定，被排除的非法证据应当随案移送。

除了上述调查核实程序以外，最高人民检察院还对录音、录像问题的审查作出了专门规定。根据最高人民检察院《规则》第73条第1款的规定，对于公安机关立案侦查的案件，存在下列情形之一的，人民检察院在审查逮捕、审查起诉和审判阶段，可以调取公安机关讯问犯罪嫌疑人的录音、录像，对证据收集的合法性以及犯罪嫌疑人、被告人供述的真实性进行审查：（1）认为讯问活动可能存在刑讯逼供等非法取证行为的；（2）犯罪嫌疑人、被告人或者辩护人提出犯罪嫌疑人、被告人供述系非法取得，并提供相关线索或者材料的；（3）犯罪嫌疑人、被告人对讯问活动合法性提出异议或者翻供，并提供相关线索或者材料的；（4）案情重大、疑难、复杂的。根据最高人民检察院《规则》第310条第1款的规定，对于公安机关立案侦查的案件，侦查监督部门审查逮捕时发现存在本规则第73条第1款规定情形的，可以调取公安机关讯问犯罪嫌疑人的录音、录像并审查相关的录音、录像，对于重大、疑难、复杂的案件，必要时可以审查全部录音、录像。根据最高人民检察院《规则》第73条第2款的规定，人民检察院直接受理立案侦查的案件，侦查部门移送审查逮捕、审查起诉时，应当将讯问录音、录像连同案卷材料一并移送审查。根据最高人民检察院《规则》第310条第2款的规定，人民检察院直接受理立案侦查的案件，侦查部门在移送或者报请审查逮捕时，应当向侦查监督部门移送全部讯问犯罪嫌疑人的录音、录像，未移送或移送不全的，侦查监督部门应当要求侦查部门补充移送。经要求仍未移送或者未全部移送的，应当将案件退回侦查部门。侦查监督部门审查逮捕时对取证合法性或者讯问笔录真实性等产生疑问的，可以审查相关的录音、录像；对于重大、疑难、复杂的案件，必要时可以审查全部录音、录像。根据最高人民检察院《规则》第311条的规定，经审查讯问犯罪嫌疑人录音、录像，发现侦查机关讯问不规范，讯问过程存在违法行为，录音、录像内容与讯问笔录不一致等情形的，应当逐一列明并向侦查机关书面提出，要求侦查机关予以纠正、补正或者书面作出合理解释。如果讯问笔录与讯问犯罪嫌疑人录音、录像内容有重大实质性差异，或者侦查机关不能补正或者作出合理解释的，该讯问笔录不能作为批准逮捕或者决定逮捕的依据。另外，值得注意的是，根据最高人民检察院《规则》第74条的规定，对于提起公诉的案件，被告人及其辩护人提出审前供述系非法取得，并提供相关线索或者材料的，人民检察院可以将讯问录音、录像连同案卷材料一并移送人民法院。

(三) 审判阶段的非法证据排除规则操作程序

国内外的刑事司法实践已经充分证明，完善的操作程序是非法证据排除规则得以贯彻落实的重要保障。为了避免非法证据排除规则流于形式，新《刑事诉讼法》对在审判阶段的非法证据排除规则的操作程序作了明确规定。根据《刑事诉讼法》第 182 条、第 56 条到第 58 条以及相关司法解释的规定，我国非法证据排除规则的操作程序包括如下环节：

1. 当事人等向人民法院提供相关线索或者材料

根据《刑事诉讼法》第 56 条第 2 款的规定，尽管当事人及其辩护人、诉讼代理人有权向人民法院申请排除以非法方法收集的证据，但是他们在申请排除非法证据时应当提供相关线索或者材料。根据最高人民法院《解释》第 96 条的规定，当事人及其辩护人、诉讼代理人申请人民法院排除以非法方法收集的证据的，应当提供涉嫌非法取证的人员、时间、地点、方式、内容等相关线索或者材料。根据最高人民法院《解释》第 97 条的规定，人民法院向被告人及其辩护人送达起诉书副本时，应当告知其申请排除非法证据的，应当在开庭审理前提出，但在庭审期间才发现相关线索或者材料的除外。

2. 向人民检察院送交非法证据排除申请书等材料

根据最高人民法院《解释》第 98 条的规定，开庭审理前，当事人及其辩护人、诉讼代理人申请人民法院排除非法证据的，人民法院应当在开庭前及时将申请书或者申请笔录及相关线索、材料的复制件送交人民检察院。

3. 召开庭前会议

根据《刑事诉讼法》第 182 条第 2 款的规定，审判人员可以召集公诉人、当事人和辩护人、诉讼代理人，对非法证据排除问题，了解情况，听取意见。根据最高人民法院《解释》第 99 条的规定，开庭审理前，当事人及其辩护人、诉讼代理人申请排除非法证据，人民法院经审查，对证据收集的合法性有疑问的，应当依照《刑事诉讼法》第 182 条第 2 款的规定召开庭前会议，就非法证据排除等问题了解情况，听取意见。而人民检察院可以通过出示有关证据材料等方式，对证据收集的合法性加以说明。由此可见，在庭前准备阶段，法庭就非法证据排除问题召集公诉人、当事人和辩护人、诉讼代理人的目的并不是召开调查听证会，以便确定是否排除非法证据，而是事先初步了解诉讼各方对控方证据的合法性是否存在争议，以及听取诉讼各方对排除非法证据的意见，以便更好地在庭审过程中对非法证据排除问题展开调查。

4. 法庭决定是否调查证据收集的合法性

如果当事人及其辩护人、诉讼代理人向人民法院申请排除以非法方法收集的证据，那么应当向法庭提供相关线索或者材料；否则，法庭可以拒绝启动对证据收集合法性的法庭调查程序。根据最高人民检察院《规则》第 75 条第 1 款的规定，在法庭审理过程中，被告人或者辩护人对讯问活动合法性提出异议的，公诉人可以要求被告人及其辩护人提供相关线索或者材料。根据《刑事诉讼法》第 56 条第 1 款的规定，法庭审理过程中，审判人员认为可能存在本法第 54 条规定的以非法方法收集证据情形的，应当对证据收集的合法性进行法庭调查。根据最高人民法院《解释》第 100 条第 1 款、第 3 款的规定，法庭审理过程中，当事人及其辩护人、诉讼代理人申请排除非法证据的，法庭应当进行审查。经过审查，对证据收集的合法性有疑问的，应当进行调查；没有疑问的，应当当庭说明情况和理由，继续法庭审理。经过审查，如果认为不符合最高人民法院《解释》第 97 条规定的，应当在法庭调查结束前一并进行审查，并决定是否进行证据收集合法性的调查。由此可见，法庭对于证据收集的合法性是否进行法庭调查享有一定的自由裁量权。根据最高人民法院《解释》第100条第2款的规定，对证据收集合法性的调查，根据具体情况，可以在当事人及其辩护人、诉讼代理人提出排除非法证据的申请后进行，也可以在法庭调查结束前一并进行。

5. 对证据收集合法性的调查

根据2012年最高人民法院、最高人民检察院等六机关《关于实施刑事诉讼法若干问题的规定》第11条的规定，法庭经对当事人及其辩护人、诉讼代理人提供的相关线索或者材料进行审查后，认为可能存在《刑事诉讼法》第54条规定的以非法方法收集证据情形的，应当对证据收集的合法性进行法庭调查。法庭调查的顺序由法庭根据案件审理情况确定。根据《刑事诉讼法》第57条的规定，在对证据收集的合法性进行法庭调查的过程中，人民检察院应当对证据收集的合法性加以证明。现有证据材料不能证明证据收集的合法性的，人民检察院可以提请人民法院通知有关侦查人员或者其他人员出庭说明情况；人民法院可以通知有关侦查人员或者其他人员出庭说明情况。有关侦查人员或者其他人员也可以要求出庭说明情况。经人民法院通知，有关人员应当出庭。根据最高人民法院《解释》第101条第1款的规定，法庭决定对证据收集的合法性进行调查的，可以由公诉人通过出示、宣读讯问笔录或者其他证据，有针对性地播放讯问过程的录音、录像，提请法庭通知有关侦查人员或者其他人员出庭说明情况等方式，证明证据收集的合法性。最高人民检察院和最高人民法院的司法解释对这几种方式作出了进一步规定。

首先，是对讯问程序合法性的调查。根据最高人民检察院《规则》第75条第1款的规定，在法庭审理过程中，被告人或者辩护人对讯问活动合法性提出异议的，公诉人可以要求被告人及其辩护人提供相关线索或者材料。必要时，公诉人可以提请法庭当庭播放相关时段的讯问录音、录像，对有关异议或者事实进行质证。根据最高人民检察院《规则》第446条第1款的规定，在法庭审理过程中，被告人及其辩护人提出被告人庭前供述系非法取得，审判人员认为需要进行法庭调查的，公诉人可以根据讯问笔录、羁押记录、出入看守所的健康检查记录、看守管教人员的谈话记录以及侦查机关对讯问过程合法性的说明等，对庭前讯问被告人的合法性进行证明，可以要求法庭播放讯问录音、录像，必要时可以申请法庭通知侦查人员或者其他人员出庭说明情况。值得注意的是，根据最高人民法院《解释》第101条第2款的规定，公诉人提交的取证过程合法的说明材料，应当经有关侦查人员签名，并加盖公章。未经有关侦查人员签名的，不得作为证据使用。上述说明材料不能单独作为证明取证过程合法的根据。根据最高人民检察院《规则》第75条第2款的规定，需要播放的讯问录音、录像中涉及国家秘密、商业秘密、个人隐私或者含有其他不宜公开的内容的，公诉人应当建议在法庭组成人员、公诉人、侦查人员、被告人及其辩护人范围内播放。因涉及国家秘密、商业秘密、个人隐私或者其他犯罪线索等内容，人民检察院对讯问录音、录像的相关内容作技术处理的，公诉人应当向法庭作出说明。

其次，是对非法取证行为的调查。根据最高人民检察院《规则》第446条第2款的规定，审判人员认为可能存在《刑事诉讼法》第54条规定的以非法方法收集其他证据的情形，需要进行法庭调查的，公诉人可以参照本条第1款规定对证据收集的合法性进行证明。根据最高人民检察院《规则》第449条的规定，对于搜查、查封、扣押、冻结、勘验、检查、辨认、侦查实验等侦查活动中形成的笔录存在争议，需要负责侦查的人员以及搜查、查封、扣押、冻结、勘验、检查、辨认、侦查实验等活动的见证人出庭陈述有关情况的，公诉人可以建议合议庭通知其出庭。

最后，是庭外调查核实。根据最高人民检察院《规则》第446条第3款、第4款的规定，公诉人不能当庭证明证据收集的合法性，需要调查核实的，可以建议法庭休庭或者延期审理。在法庭审理期间，人民检察院可以要求侦查机关对证据收集的合法性进行说明或者提供相关证明材料，必要时可以自行调查核实。根据最高人民检察院《规则》第447条的规定，公诉人对证据收集的合法性进行证明后，法庭仍有疑问的，可以建议法庭休庭，由人民法院对相关证据进行调查核实。人民法院调查核实证据，通知人民检察院派员到场的，人民检察院可以派员到场。

6. 对非法证据排除的裁决

根据《刑事诉讼法》第58条的规定，对于经过法庭审理，确认或者不能排除存在本法第54条规定的以非法方法收集证据情形的，对有关证据应当予以排除。根据最高人民法院《解释》第102条第2款的规定，人民法院对证据收集的合法性进行调查后，应当将调查结论告知公诉人、当事人和辩护人、诉讼代理人。

7. 二审程序中的非法证据排除问题

根据最高人民法院《解释》第103条的规定，具有下列情形之一的，第二审人民法院应当对证据收集的合法性进行审查，并根据刑事诉讼法和本解释的有关规定作出处理：(1) 第一审人民法院对当事人及其辩护人、诉讼代理人排除非法证据的申请没有审查，且以该证据作为定案根据的；(2) 人民检察院或者被告人、自诉人及其法定代理人不服第一审人民法院作出的有关证据收集合法性的调查结论，提出抗诉、上诉的；(3) 当事人及其辩护人、诉讼代理人在第一审结束后才发现相关线索或者材料，申请人民法院排除非法证据的。

(四) 非法证据排除规则中的证明责任分配

由于证明责任是与当事人承担不利法律后果的风险紧密相连的一个概念，因而，如何分配证明责任不仅关系到非法证据排除规则的贯彻落实，而且影响到控辩双方的实际利益。尽管非法证据排除规则中的证明责任分配如此重要，但是在《关于办理刑事案件排除非法证据若干问题的规定》实施之前，我国刑事诉讼法及其司法解释却没有明确规定非法证据排除规则中的证明责任分配问题。这导致在以往的司法实践中，庭审法官甚至公诉人员常常按照“谁主张，谁举证”的原理，责令或者要求被告人证明其翻供的理由，或者让辩护人承担非法取证行为的证明责任。

为了避免我国非法证据排除规则重蹈覆辙，在吸收《关于办理刑事案件排除非法证据若干问题的规定》的基础上，《刑事诉讼法》对非法证据排除规则中的证明责任分配问题作了相应的规定。根据《刑事诉讼法》第56条第2款的规定，在法庭审理过程中，当事人及其辩护人、诉讼代理人在申请人民法院排除非法证据时并非完全不需要承担证明责任，而是应当向法庭提供关于非法取证行为方面的线索或者材料。至于这种线索或者材料对于非法取证行为是否具有证明价值以及该证明价值应该达到什么程度，新《刑事诉讼法》没有作出明确规定。根据最高人民法院《解释》第96条的规定，当事人及其辩护人、诉讼代理人申请人民法院排除以非法方法收集的证据的，应当提供涉嫌非法取证的人员、时间、地点、方式、内容等相关线索或者材料。根据《刑事诉讼法》第57条第1款的规定，在对证据收集的合法性进行法庭调查的过程中，人民检察院应当对证据收集的合法性加以证明。根据《刑事诉讼法》第58条的规定，对于经过法庭审理，确认或者不能排除存在《刑事诉讼法》第54条规定的以非法方法收集证据情形的，对有关证据应当予以排除。这意味着，人民检察院对证据收集的合法性承担证明责任。而且，人民检察院对证据收集合法性的证明应该达到排除存在法定情形的程度。如果人民检察院对证据收集合法性的证明，不能排除存在《刑事诉讼法》第54条规定的以非法方法收集证据的法定情形，或者法庭经过审理能够直接确认存在《刑事诉讼法》第54条规定的以非法方法收集证据的法定情形，那么法庭可以对以非法方法收集的控方证据依法加以排除。

在对证据收集的合法性承担证明责任的情况下，人民检察院所承担的诉讼任务显然加重。为了确保人民检察院能够对证据收集的合法性加以证明，新《刑事诉讼法》规定了一些保障措施。一是根据《刑事诉讼法》第55条的规定，人民检察院接到报案、控告、举报或者发现侦查人员以非法方法收集证据的，应当进行调查核实。人民检察院通过调查核实，一方面在证实侦查人员以非法方法收集证据的情况下，可以在提起公诉之前及时采取相应措施，如通知侦查人员予以纠正等，以免给公诉活动带来不利的影响；另一方面在证实侦查人员没有以非法方法收集证据的情况下，可以运用相应的证据在法庭审理过程中沉着应对当事人及其辩护人、诉讼代理人对证据合法性的质疑。二是根据《刑事诉讼法》第57条第2款的规定，现有证据材料不能证明证据收集的合法性的，人民检察院可以提请人民法院通知有关侦查人员或者其他人员出庭说明情况；人民法院可以通知有关侦查人员或者其他人员出庭说明情况。有关侦查人员或者其他人员也可以要求出庭说明情况。经人民法院通知，有关人员应当出庭。侦查人员作为侦查活动的实施者，对于是否存在非法取证行为最为清楚。传唤侦查人员或者其他人员就有关侦查情况加以说明，既是协助公诉人员履行证据合法性的证明责任的需要，也是法庭查明是否存在非法取证行为的客观需要。三是根据《刑事诉讼法》第121条的规定，侦查人员在讯问犯罪嫌疑人的时候，可以对讯问过程进行录音或者录像；对于可能判处无期徒刑、死刑的案件或者其他重大犯罪案件，应当对讯问过程进行录音或者录像。录音或者录像应当全程进行，保持完整性。

二、自白任意性规则

尽管1996年《刑事诉讼法》第43条明确规定，严禁刑讯逼供和以威胁、引诱、欺骗以及其他非法的方法收集证据，但是在缺乏完善的非法证据排除规则以及1996年《刑事诉讼法》第93条明确规定犯罪嫌疑人承担如实回答义务的情况下，讯问人员通过刑讯逼供等方式强迫犯罪嫌疑人供述自己有罪已经成为屡禁不止的现象。而司法实践证明，刑讯逼供往往成为冤假错案的罪魁祸首。为了减少刑讯逼供和保障人权，新《刑事诉讼法》规定了中国式的自白任意性规则。

一方面，犯罪嫌疑人、被告人享有受限制的供述自由。根据《刑事诉讼法》第50条的规定，审判人员、检察人员、侦查人员在收集证据过程中，不得强迫任何人证实自己有罪。这是我国法律第一次明确规定不被强迫自证其罪原则。显而易见，这里的任何人包括犯罪嫌疑人和被告人在内。从不被强迫自证其罪原则的一般理论来看，上述规定意味着犯罪嫌疑人和被告人享有自由供述的权利；在犯罪嫌疑人和被告人不愿意供述的情况下，审判人员、检察人员、侦查人员不得采取精神的或者肉体的手段强迫犯罪嫌疑人、被告人提供有罪的证据。但是，犯罪嫌疑人、被告人的供述自由并非不受任何限制。因为，根据《刑事诉讼法》第118条第1款的规定，当侦查人员讯问犯罪嫌疑人时，只有在侦查人员提出的问题与案件无关的情况下，犯罪嫌疑人才享有拒绝回答的权利。也就是说，如果侦查人员提出的问题与案件有关，那么犯罪嫌疑人应当如实回答，而不能拒绝回答。至于如何判断侦查人员的提问是否与案件有关，以及在拒绝回答侦查人员提出来的与案件有关的问题的情况下，犯罪嫌疑人是否承担以及如何承担法律后果等问题，需要通过立法解释或者司法解释加以明确界定。否则，犯罪嫌疑人的供述自由很难得到实现。不过，为了鼓励犯罪嫌疑人如实供述自己的罪行，《刑事诉讼法》第118条第2款明确规定，侦查人员在讯问犯罪嫌疑人的时候，应当告知犯罪嫌疑人如实供述自己罪行可以从宽处理的法律规定。

另一方面，采用刑讯逼供等非法方法收集的犯罪嫌疑人、被告人供述，适用非法证据排除规则。由于自白任意规则的核心在于保障被追诉者的供述自愿性，因而，现代法治国家一般规定，如果被追诉者的供述违背了其自愿性，那么该供述不具有可采性。为了保障不被强迫自证其罪原则的贯彻落实和减少以刑讯逼供等非法方法收集供述的行为，《刑事诉讼法》第54条明确规定，采用刑讯逼供等非法方法收集的犯罪嫌疑人、被告人供述，应当予以排除；在侦查、审查起诉、审判时发现通过刑讯逼供等非法方法收集犯罪嫌疑人、被告人供述的，不得作为起诉意见、起诉决定和判决的依据。

三、补强证据规则

根据《刑事诉讼法》第53条第1款的规定，对一切案件的判处都要重证据，重调查研究，不轻信口供。只有被告人供述，没有其他证据的，不能认定被告人有罪和处以刑罚；没有被告人供述，证据确实、充分的，可以认定被告人有罪和处以刑罚。这表明，在刑事审判结束以后，法官不能仅仅根据被告人的供述对被告人进行定罪量刑。如果对被告人进行定罪量刑，还需要结合其他证据加以考量。进一步而言，在没有被告人供述的情况下，只有当其他证据达到确实、充分的情况下，才能够对被告人进行定罪量刑。而根据《刑事诉讼法》第53条第2款的规定，证据确实、充分应该同时具备以下条件：(1) 定罪量刑的事实都有证据证明；(2) 据以定案的证据均经法定程序查证属实；(3) 综合全案证据，对所认定事实已排除合理怀疑。以上就是我国的补强证据规则。与国外补强证据规则相比，我国补强规则适用的对象仅仅局限于被告人的供述，而不包括其他言词证据。

另外，根据最高人民法院《解释》第101条第2款的规定，公诉人提交的关于取证过程合法的说明材料，应当经有关侦查人员签名，并加盖公章。未经有关侦查人员签名的，不得作为证据使用。上述说明材料不能单独作为证明取证过程合法的根据。这意味着侦查机关单方面出具的旨在证明没有非法取证行为的说明材料不能单独用来证明取证过程的合法性，而必须在其他证据材料补强的情况下才能用来证明取证过程的合法性。最高人民法院之所以作出这样的规定，我们认为主要是基于两方面的考虑。一方面，基于趋利避害的本性，即使存在非法取证行为，侦查机关在出具各种情况说明时也不大可能承认这一点。而在侦查机关“自侦自证”的情况下，侦查机关出具的旨在证明取证行为合法的各种情况说明的真实性、可靠性很难得到保障。另一方面，在以往的司法实践中，当辩护方提出侦查机关存在刑讯逼供等非法取证行为从而要求法院排除非法证据时，人民检察院通常向法院提交由侦查机关盖章的旨在证明没有采取刑讯逼供等非法取证行为的各种情况说明作为应对辩护方的重要手段。而由于缺乏相应的证据规则，再加上公、检、法三机关之间的互相配合关系，人民法院通常会采纳侦查机关出具的情况说明，而辩护方排除非法证据的愿望也会落空。因此，很有必要通过补强规则限制检察机关对侦查机关出具的说明材料的使用。

四、证人等作证规则

根据传闻证据规则的要求，除了某些特殊情况以外，证人都应当出庭作证，而不能由传闻证据来代替证人作证。尽管我国《刑事诉讼法》没有像其他国家那样明确规定传闻证据规则或者直接言词原则，但是随着审判方式改革的逐渐深入以及对公正审判的不断追求，我国《刑事诉讼法》及其司法解释的有关规定体现了传闻证据规则对证人等亲自出庭作证的要求。

（一）对证人等出庭作证的原则性要求

根据《刑事诉讼法》第59条的规定，证人证言必须在法庭上经过公诉人、被害人和被告人、辩护人双方质证并且查实以后，才能作为定案的根据。根据《刑事诉讼法》第60条的规定，除了生理上、精神上有缺陷或者年幼，不能辨别是非、不能正确表达之外，凡是知道案件情况的人，都有作证的义务。根据《刑事诉讼法》第57条的规定，在对证据收集的合法性进行法庭调查的过程中，人民检察院应当对证据收集的合法性加以证明。现有证据材料不能证明证据收集的合法性的，人民检察院可以提请人民法院通知有关侦查人员或者其他人员出庭说明情况；人民法院可以通知有关侦查人员或者其他人员出庭说明情况。有关侦查人员或者其他人员也可以要求出庭说明情况。经人民法院通知，有关人员应当出庭。根据《刑事诉讼法》第187条的规定，公诉人、当事人或者辩护人、诉讼代理人对证人证言有异议，且该证人证言对案件定罪量刑有重大影响，人民法院认为证人有必要出庭作证的，证人应当出庭作证；人民警察就其执行职务时目击的犯罪情况作为证人出庭作证，适用前款规定；公诉人、当事人或者辩护人、诉讼代理人对鉴定意见有异议，人民法院认为鉴定人有必要出庭的，鉴定人应当出庭作证。根据最高人民法院《解释》第206条第1款的规定，证人具有下列情形之一，无法出庭作证的，人民法院可以准许其不出庭：(1) 在庭审期间身患严重疾病或者行动极为不便的；(2) 居所远离开庭地点且交通极为不便的；(3) 身处国外短期无法回国的；(4) 有其他客观原因，确实无法出庭的。按照最高人民检察院《规则》第449条的规定，对于搜查、查封、扣押、冻结、勘验、检查、辨认、侦查实验等侦查活动中形成的笔录存在争议，需要负责侦查的人员以及搜查、查封、扣押、冻结、勘验、检查、辨认、侦查实验等活动的见证人出庭陈述有关情况的，公诉人可以建议合议庭通知其出庭。根据公安部《规定》第68条的规定，人民法院认为现有证据材料不能证明证据收集的合法性，通知有关侦查人员或者其他人员出庭说明情况的，有关侦查人员或者其他人员应当出庭。必要时，有关侦查人员或者其他人员也可以要求出庭说明情况。经人民法院通知，人民警察应当就其执行职务时目击的犯罪情况出庭作证。

由此可见，尽管我国没有明确规定传闻证据规则，但是新《刑事诉讼法》及其司法解释对证人等出庭作证还是持积极肯定态度的，即除了某些特殊情况以外，证人等原则上都应该出庭作证。

（二）证人等不出庭作证的法律后果

为了保障证人等能够出庭作证，新《刑事诉讼法》及其司法解释对证人等不出庭作证的法律后果作出了初步的规定。对证人等不出庭作证，新《刑事诉讼法》及其司法解释主要规定了两种法律后果。

一种是针对具有传闻证据性质的证据规定相应的法律后果。根据《刑事诉讼法》第187

条第3款、最高人民法院《解释》第86条第1款的规定，在人民法院通知鉴定人出庭作证而鉴定人拒不出庭作证的情况下，鉴定人所出具的鉴定意见不得作为定案的根据。但是，根据最高人民法院、最高人民检察院、公安部等六机关《关于实施刑事诉讼法若干问题的规定》第29条的规定，如果鉴定人由于不能抗拒的原因或者有其他正当理由无法出庭的，人民法院可以根据案件审理情况决定延期审理。根据最高人民法院《解释》第78条第3款的规定，经人民法院通知，证人没有正当理由拒绝出庭或者出庭后拒绝作证，法庭对其证言的真实性无法确认的，该证人证言不得作为定案的根据。中央政法委《关于切实防止冤假错案的规定》第6条也规定与之相似的内容。

另一种是针对不出庭作证的证人等所规定的法律后果。例如，根据《刑事诉讼法》第188条第2款的规定，证人没有正当理由拒绝出庭或者出庭后拒绝作证的，予以训诫，情节严重的，经院长批准，处以10日以下的拘留；被处罚人对拘留决定不服的，可以向上一级人民法院申请复议；复议期间不停止执行。

(三) 证人等出庭作证的保障措施

与西方国家相类似，为了确保证人等能够出庭作证，我国新《刑事诉讼法》及其司法解释针对证人等出庭作证规定了一系列保障措施。

1. 强制证人作证制度

根据《刑事诉讼法》第188条第1款的规定，经人民法院通知，证人没有正当理由不出庭作证的，人民法院可以强制其到庭，但是被告人的配偶、父母、子女除外。根据最高人民法院《解释》第208条的规定，强制证人出庭的，应当由院长签发强制证人出庭令。

2. 证人保护制度

为了鼓励证人出庭作证，保障证人的安全，消除证人作证的后顾之忧，《刑事诉讼法》第61条明确规定，人民法院、人民检察院和公安机关应当保障证人及其近亲属的安全；对证人及其近亲属进行威胁、侮辱、殴打或者打击报复，构成犯罪的，依法追究刑事责任；尚不够刑事处罚的，依法给予治安管理处罚。根据《刑事诉讼法》第62条第1款的规定，对于危害国家安全犯罪、恐怖活动犯罪、黑社会性质的组织犯罪、毒品犯罪等案件，证人、鉴定人、被害人因在诉讼中作证，本人或者其近亲属的人身安全面临危险的，人民法院、人民检察院和公安机关应当采取以下一项或者多项保护措施：(1) 不公开真实姓名、住址和工作单位等个人信息；(2) 采取不暴露外貌、真实声音等出庭作证措施；(3) 禁止特定的人员接触证人、鉴定人、被害人及其近亲属；(4) 对人身和住宅采取专门性保护措施；(5) 其他必要的保护措施。根据《刑事诉讼法》第62条第2、3款的规定，证人、鉴定人、被害人认为因在诉讼中作证，本人或者其近亲属的人身安全面临危险的，可以向人民法院、人民检察院、公安机关请求予以保护；人民法院、人民检察院、公安机关依法采取保护措施，有关单位和个人应当配合。公安部《规定》第70条、第71条，最高人民检察院《规则》第76条，以及最高人民法院《解释》第209条都重申了上述特殊保护措施。根据最高人民法院、最高人民检察院、公安部等六机关《关于实施刑事诉讼法若干问题的规定》第12条的规定，人民法院、人民检察院和公安机关依法决定不公开证人、鉴定人、被害人的真实姓名、住址和工作单位等个人信息的，可以在判决书、裁定书、起诉书、询问笔录等法律文书、证据材料中使用化名等代替证人、鉴定人、被害人的个人信息。但是，应当书面说明使用化名的情况并标明密级，单独成卷。辩护律师经法庭许可，查阅对证人、鉴定人、被害人使用化名情况的，应当签署保密承诺书。公安部《规定》第72条、最高人民检察院《规则》第76条第2款、最高人民法院《解释》第210条对如何采取不公开证人真实姓名、住址和工作单位等个人信息措施分别作了进一步的规定。

3. 证人作证补偿制度

根据《刑事诉讼法》第63条的规定，证人因履行作证义务而支出的交通、住宿、就餐等费用，应当给予补助；证人作证的补助列入司法机关业务经费，由同级政府财政予以保障；有工作单位的证人作证，所在单位不得克扣或者变相克扣其工资、奖金及其他福利待遇。公安部《规定》第73条第2款、最高人民检察院《规则》第77条、最高人民法院《解释》第207条也对证人作证补偿问题作了原则性的规定。

4. 特殊的作证方式

根据最高人民法院《解释》第206条的规定，对于人民法院准许不出庭作证的人，人民法院可以允许证人通过视频等方式作证。

五、意见证据规则

尽管《刑事诉讼法》没有规定意见证据规则，但是最高人民法院的司法解释在规定证人证言的审查与认定时却增加了意见证据规则。根据最高人民法院《解释》第75条第2款的规定，证人的猜测性、评论性、推断性的证言，不得作为证据使用，但根据一般生活经验判断符合事实的除外。由此可见，除了基于一般生活经验判断符合事实以外，如果证人在作证的过程中说出带有猜测性、评论性、推断性的言论，那么受到不利影响的一方可以向法庭提出异议，要求法庭禁止这些言论作为证据使用。另外，值得注意的是，新《刑事诉讼法》所规定的专家辅助人不适用上述意见证据规则。因为，根据《刑事诉讼法》第192条第2款、最高人民法院《解释》第217条的规定，公诉人、当事人和辩护人、诉讼代理人向法庭申请的具有专门知识的人出庭的目的本来就是对鉴定人作出的鉴定意见提出意见，而不是像普通证人那样直接就其知道的案件情况出庭作证。

六、原始证据优先规则

根据最高人民检察院《规则》第233条的规定，调取物证应当调取原物。原物不便搬运、保存，或者依法应当返还被害人，或者因保密工作需要不能调取原物的，可以将原物封存，并拍照、录像。对原物拍照或者录像应当足以反映原物的外形、内容。调取书证、视听资料应当调取原件。取得原件确有困难或者因保密需要不能调取原件的，可以调取副本或者复制件。调取书证、视听资料的副本、复制件和物证的照片、录像的，应当书面记明不能调取原件、原物的原因，制作过程和原件、原物的存放地点，并由制作人员和原书证、视听资料、物证持有人签名或者盖章。公安部《规定》第61、62、63条也作了与此相类似的规定。根据最高人民法院《解释》第69、70、71条的规定，在法庭审理过程中，法庭应当对物证、书证是否是原物、原件进行审查。而据已定案的物证、书证必须是原物、原件。物证的照片、录像、复制品，不能反映原物的外形和特征的，不得作为定案的根据。物证的照片、录像、复制品，经与原物核对无误、经鉴定为真实或者以其他方式确认为真实的，可以作为定案的根据。据以定案的书证应当是原件。取得原件确有困难的，可以使用副本、复制件。书证有更改或者更改迹象不能作出合理解释，或者书证的副本、复制件不能反映原件及其内容的，不得作为定案的根据。书证的副本、复制件，经与原件核对无误、经鉴定为真实或者以其他方式确认为真实的，可以作为定案的根据。

上述规定表明，在刑事诉讼中，有关人员应当尽量收集或者调取书证的原件或者物证的原物。只有在取得原件或者原物确有困难的情况下，才可以采取变通措施。书证的复制件或者物证的复制品并非当然地获得与原件、原物同等的证明力，而必须经过核实无误或者经鉴定为真实，或者以其他方式确认为真实的，才可以作为定案的根据。正是由于原始的书证或者物证与其复制件或者复制品之间的差异，我们可以将上述规定称为原始证据优先规则。考虑到上述规定的出发点在于确定证据的证明力问题，因此，上述规定还不能与英美法系的最佳证据规则画等号。但是，上述规定原则上要求收集、调取书证的原件或者物证的原物，与最佳证据规则的精神是一脉相承的。有鉴于此，我们不妨将原始证据优先规则称为中国式的最佳证据规则。

【问题与思考】

1. 证据规则是如何产生的?
2. 证据规则与证据制度、证据法、程序法、实体法之间的关系如何?
3. 两大法系刑事证据规则有何异同? 为何不同?
4. 陪审团审判对英美法系刑事证据规则的影响如何?
5. 传闻证据规则与直接言词原则有何异同?
6. 非法证据排除规则、传闻证据规则等排除规则的适用程序如何?
7. 我国制定完善的刑事证据规则体系的必要性和可行性有哪些?
8. 我国引进西方国家刑事证据规则可能存在哪些障碍?
9. 我国刑事证据规则与西方国家证据规则的差异及其形成原因是什么?
10. 如何理解最高人民法院规定的证据审查认定规则?

【推荐参考论著】

1. ［美］约翰·W·斯特龙主编. 麦考密克论证据. 汤维建等译. 北京：中国政法大学出版社，2004

2. ［美］乔恩·R·华尔兹. 刑事证据大全. 何家弘等译. 北京：中国人民公安大学出版社，1993

3. ［美］米尔建·R·达马斯卡. 漂移的证据法. 李学军等译. 北京：中国政法大学出版社，2003

4. 郭志媛. 刑事证据可采性研究. 北京：中国人民公安大学出版社，2004

5. 王超. 刑事证据排除的两种模式. 现代法学，2013（4）

6. 何家弘，姚永吉. 两大法系证据制度比较论. 比较法研究，2003（4）

7. 何家弘. 司法证明方式和证据规则的历史沿革. 外国法译评，1999（4）

8. 汪建成，孙远. 刑事证据立法方向的转变. 法学研究，2003（5）

9. 陈瑞华. 从“证据学”走向“证据法学”——兼论刑事证据法的体系和功能. 法商研究，2006（3）

10. 易延友. 英美证据法的历史与哲学考察. 中外法学，2004（3）

第二编

刑事证据论

第六章 刑事证据概述

内容导读

证据就是证明的根据。我们通常所探讨的刑事证据的基本特征实际上是作为刑事案件定案根据的证据所具有的基本特征，而不是一般意义上的刑事证据。我国诉讼法学界的主流观点认为刑事证据具有客观性、相关性和合法性三个基本特征。刑事证据的基本特征需要与时俱进，对它重新进行界定和解读。关于刑事证据的基本特征问题，有一些学者提出了应当用证据能力和证明力替代传统的三特征说。刑事证据必须同时兼具证明力和证据能力之后，才能真正发挥其证明作用。《刑事诉讼法》第52条第2款解决了行政执法证据转化无法可依的局面。从逻辑上来看，刑事证据的功能可以划分为法律功能和社会功能。法律功能包含了形成心证的实体功能和促进流程发展的程序功能。社会功能则可以划分为化解当事人之间矛盾的内在功能和增强公众信心的外在功能。

第一节　刑事证据的概念

一、证据概念的相关学说

在英美法系，学界和实务界很少有关于“证据是什么”的争论，证据似乎不需要在法律中加以详细界定和阐释。然而，在具有大陆法传统的法域，证据的概念或定义是证据法学的基本理论问题之一。这种以概念作为逻辑起点的法律论证方式出现在很多领域，包括证据及其下位概念。学者对证据的定义众说纷纭，作了大量概括和探讨，主要学说包括：

（一）事实说

所谓“事实说”，就是把证据界定为一种用以证明的客观存在的事实。持有这种观点的学者认为证据是“为一方或者另一方证实、澄清或确定争议事实或要点的事实”[①]。甚至有学者认为证据是“侦查、检察、审判等人员依法收集和查对核实的、同刑事案件有关并能证明案件真实情况的一切事实”[②]。按照这种观点，证据是用来证明案件事实的，但是证据本身也是一种事实。多年来，“事实说”一直在我国证据法学界占主导地位，是影响力最广的观点[③]，而且一度被贯彻到我国的有关立法中。1979 年、1996 年《刑事诉讼法》对证据所作的界定都在一定程度上反映了这种思想。

（二）材料说

所谓“材料说”，就是把证据界定为一种与案件事实相关的材料。持有这种观点的学者认为：“凡是能够作为证明案件事实的材料，都是证据。”[④] 它的表现形式可以是口头的，也可以是书面的；可以是原物，也可以是复制品。从更为宏观的层面来讲，“凡当事人提出的用于证明或者有助于证明本方提出的关于事实的主张的材料，都是证据”[⑤]。使用中性词“材料”给证据定位，一方面表明了这些学者不赞成把证据界定为“事实”的观点，另一方面也体现了这些学者试图在证据概念的层面上回避证据真实性问题的良苦用心。[⑥]《刑事诉讼法》第 48 条第 1 款对证据所作的界定，即“可以用于证明案件事实的材料，都是证据”，在某种程度上体现了这种思想。

（三）根据说

所谓“根据说”，就是把证据界定为证明案件事实的根据。持这种观点的学者也认为：“证据的本义其实就是证明问题的根据，就是一种证明待证对象的凭据”[⑦]，“证据可以证明事实，但证据本身并不等于事实，也就是说，证据与事实不可以同日而语”[⑧]。此外，证据也不是一般的材料，而是作为定案根据的材料，材料本身不能反映出证据作为依据的基本特性。根据《刑事诉讼法》第 48 条第 3 款的规定，“证据必须经过查证属实，才能作为定案的根据”。“根据说”与这一规定恰好吻合。最高人民法院《解释》第四章“证据”中第一节“一般规定”中的首条（即第 61 条）简单明确地指明“认定案件事实，必须以证据为根据”，这进一步印证了“根据说”。

（四）原因说

所谓“原因说”，就是认为证据是法官确证某种案件事实是否存在的原因，构成法官形成内心确信的因素。持有这种观点的学者认为：“任何事物，其效果趋势或形式，在使心意上发生一种信服，足证或否认其他事物之存在者，均得称之为证据。”[⑨]

（五）方法或手段说

所谓“方法说”或“手段说”，就是把证据界定为认定某一争议事实的方法或手段。持有这种观点的学者认为，诉讼证据是“对指控事实裁判者获得确切判决的基础所依赖的一

---

① Ronald J. Walker & Michael G. Walker, *The English Legal System*, Butterworth, 1980, chapter 2.

② 卞建林主编：《证据法学》，56 页，北京，中国政法大学出版社，2007。

③ 参见陈光中主编：《刑事诉讼法》，148 页，北京，中国政法大学出版社，1996。

④ 陈光中主编：《刑事证据法专家拟制稿（条文、释义与论证）》，4 页，北京，中国法制出版社，2004。

⑤ 毕玉谦、郑旭、刘善春：《中国证据法草案建议稿及论证》，1 页，北京，法律出版社，2003。

⑥ 参见何家弘、刘品新：《证据法学》，107 页，北京，法律出版社，2004。

⑦ 熊志海：《刑事证据研究——事实信息理论及其对刑事证据的解读》，69 页，北京，法律出版社，2004。

⑧ 张英霞：《刑事证据法》，2 页，桂林，广西师范大学出版社，2008。

⑨ 沈达明主编：《英美证据法》，18 页，北京，中信出版社，1996。

种手段"[1]，或者"证明事实之方法"[2]。根据这种观点，凡是用来调查对象的存在物都应当是证据。

（六）结果说

所谓"结果说"，就是把证据界定为对待证事实存在与否的认定。持这种观点的学者认为："证据者，举证和证据调查之结果也。"[3] 因此，此种意义上的证据指的是定案根据。

（七）统一说

所谓"统一说"，就是要强调证据内容和证据形式的统一。持这种观点的学者认为："证据是指事实材料与证明手段的统一。"[4] 按照这种学说，单纯反映证据内容的存在物不能作为证据，它们还得具有法定的证据形式。该学说并没有否定证据是"事实"的观点，只是认为证据应该是包含法律规定要件的事实，即"以法律规定的形式表现出来的能够证明案件真实情况的一切事实"[5]。

（八）信息说

所谓"信息说"，就是强调证据需要通过人的主观意识加以识别。持这种观点的学者认为："对诉讼证据既不能称之为存在，也不能称之为意识，而是关于案情的信息。"[6] 这意味着，即使原始事实是客观存在的，也必须要由人加以主观认识才能成为证据。有学者将信息说与根据说相结合，认为"证据是提供根据以使人据以相信某个或某些案件事实的信息"[7]。

（九）综合说

所谓"综合说"，就是认为从不同的角度观测证据，可以得出不同的概念。持这种观点的学者认为："对诉讼证据不能单纯只强调一点，而忽视其他方面，应该对诉讼证据的概念下一个综合的定义，即诉讼证据是指可以被引用作证明案件事实情况的事实和证明方法。"[8] 有学者甚至认为证据具有三层含义，即证据方法、证据资料和证据原因。[9]

这些学说从不同的角度对证据本身作出了学理性解释和判断，反映了证据的某些特征。仅仅用一般证据的概念来理解刑事证据是不够的，刑事证据有着比一般证据更深的内涵。刑事诉讼活动的特殊性，决定了刑事证据具有一些独有的特征，收集、提供刑事诉讼证据的主体只能是公安司法机关、当事人、辩护律师、诉讼代理人等，刑事证据只能在刑事诉讼中运用，受刑事诉讼法调整。刑事证据至少不同于民事诉讼与行政诉讼中的证据。我们认为，应当回归到我国刑事诉讼法典去探讨证据的概念，这样才能展示出更为中立、客观、实用的见解。

二、我国立法对于刑事证据的界定

以上九项学说中只有前三项在我国刑事诉讼法典中有突出表征。以下通过探讨证

① 徐静村主编：《刑事诉讼法学》，153页，北京，法律出版社，1999。

② 李学灯：《证据法比较研究》，1008页，台北，五南图书出版公司，1979。

③ 崔敏主编：《刑事证据理论研究综述》，2页，北京，中国人民公安大学出版社，1989。

④ ［苏］阿·阿·多勃罗沃里斯基主编：《苏维埃民事诉讼》，李衍译，北京，法律出版社，1985。

⑤ 卞建林主编：《证据法学》，58页，北京，中国政法大学出版社，2007。

⑥ 齐剑候：《刑事证据基本原理》，50页，长春，吉林人民出版社，1982。

⑦ Ian H. Dennis, *The Law of Evidence*, Sweet & Maxwell, 2000, p. 3.

⑧ 崔敏、张文清主编：《刑事证据的理论与实践》，24页，北京，中国人民公安大学出版社，1992。

⑨ 参见林荣耀：《刑事诉讼法释论》，206页，台北，三民书局，1990。

据在刑事诉讼法典中的法定含义，比较这三项学说，并认定“根据说”最符合法定含义。

按照上述概括的先后顺序，我们首先探讨“事实说”。1996年《刑事诉讼法》第42条规定：“证明案件真实情况的一切事实，都是证据。证据有下列七种：（一）物证、书证；（二）证人证言；（三）被害人陈述；（四）犯罪嫌疑人、被告人供述和辩解；（五）鉴定结论；（六）勘验、检查笔录；（七）视听资料。以上证据必须经过查证属实，才能作为定案的根据。”通过该条文可以对证据作如下解读：“首先，它应该是事实，其次，它应能够证明案件的真实情况。所以，证据应该是‘真实’的事实，并且真实性成为判断是否是证据的充分且必要条件。”[①] 然而，事实是事情的本来面目，既然证据需要查证属实，那么证据显然不是诉讼意义上的事实。以物证为例，“物证是证据，证据是事实，但是物证等又不是事实”，因此这一立法规定不符合逻辑。[②] 正因为如此，“事实说”的证据概念在新刑事诉讼法中得以修正。此外，《刑事诉讼法》中有一系列规定表明了事实和证据不具有同一性。例如，《刑事诉讼法》第193条第1款规定：“法庭审理过程中，对与定罪、量刑有关的事实、证据都应当进行调查、辩论”。第195条第1项规定：“案件事实清楚，证据确实、充分，依据法律认定被告人有罪的，应当作出有罪判决。”从这两条可以看出，案件事实与刑事证据是有着本质的区别的，不能认为刑事证据是一种事实。

其次，我们探讨“材料说”。《刑事诉讼法》第48条第1款规定：“可以用于证明案件事实的材料，都是证据。”“材料说”避免了逻辑上的困境，将刑事证据定义为认定案件待证事实的材料相较于事实本身更为确切。该条第2款规定：“证据包括：（一）物证；（二）书证；（三）证人证言；（四）被害人陈述；（五）犯罪嫌疑人、被告人供述和辩解；（六）鉴定意见；（七）勘验、检查、辨认、侦查实验等笔录；（八）视听资料、电子数据。”用“包括”替代了1996年《刑事诉讼法》第42条中的“有下列七种”，意味着证据不止于列举的固定的类型。这在证据科学日新月异的今天，显得更加科学，为新型刑事证据的出现和使用提供了足够的空间。除了《刑事诉讼法》第五章“证据”中的界定以外，可以发现该法中多处使用了“证据材料”（例如第39条）一词，从中可以发现证据是一种材料。然而用材料来界定刑事证据是不够的，材料只能说明刑事证据具有不同于事实本身的客观性，并没有揭示刑事证据所具有的与待证事实之间的联系；只有这种联系才能足以体现刑事证据不同于其他材料的特征。

最后，我们探讨“根据说”。证据从字面上理解就是证明问题的根据，也就是证明某个拟定事实的凭据。证据的这一通常定义最能揭示刑事证据的本质属性，它比其他人为拟制的关于属性的概括都更具有包容力和解释力。“根据说”并不否认证据是一种可以证明事实成立或不成立的材料。然而，刑事证据不是一种一般的材料，《刑事诉讼法》第41条规定了辩护律师可以在一定情况下“收集与本案有关的材料，也可以申请人民检察院、人民法院收集、调取证据”。由此可见，刑事证据和与本案有关的材料是存在区别的。《刑事诉讼法》第48条第3款规定：“证据必须经过查证属实，才能作为定案的根据。”这里的“根据”与第1款所增加的“可以用于证明案件事实”相印证，表明刑事证据的根本

① 邵晖：《对“证据”概念及属性的法理解析》，载《学术交流》，2011（9）。

② 参见熊志海：《刑事证据研究——事实信息理论及其对刑事证据的解读》，序言，北京，法律出版社，2004。

属性就是“根据”。“事实”、“材料”都只是固定的物，缺乏表征与待证刑事案件事实之间关系的能力，只有“根据”才是刑事证据的应有之义，体现了刑事证据的本质属性，即下文所探讨的关联性。

总之，刑事证据的共同点不在于事实或材料的属性，而在于具有的相似的功用，即对于未知的事物的证明作用，因此，证据就是证明的根据。[①] 这一术语是所有学说中最为精确、最具有包容性的。

三、作为定案根据的刑事证据

学界为了将三项基本特征，即“客观性”、“关联性”和“合法性”适用于刑事证据，拟制出广义的刑事证据和狭义的刑事证据概念。广义的刑事证据即指可能用于证明案件真实情况的材料，包括刑事诉讼主体收集或提供的有关案情的、未经查证属实的材料，以及经过查证属实、作为定案证据的材料。狭义的刑事证据是经过查证属实，依法可以作为定案根据的证据。这种划分是基于刑事诉讼的不同阶段作出的，具有一定的参考价值，然而，使用“广义”或“狭义”来界定刑事证据容易造成歧义。例如，当事人没有向法庭提供的书证是广义的刑事证据，不是狭义的刑事证据；它是证据材料，不是证据。这种冗长的论述反而给论述带来不必要的麻烦。

刑事证据的属性是一项事实判断问题，即关于是不是刑事证据，而不是刑事证据应当怎么样的问题。既然我们已经探讨了刑事证据的定义，那么可以判断，只要可以用于证明刑事案件事实的材料就是证据，无所谓是否具有客观性（是否查证属实），也无所谓是否具有合法性（是否依照法律收集）。简而言之，只要具有关联性的材料就是证据。在判断刑事证据成立以后，才有必要探讨其是否真实和合法。

因此，在这里有必要将探讨递进到刑事证据的下位概念，即“作为定案根据的刑事证据”。上述通说所言的刑事证据的基本特征确切地说应当是“作为定案根据的刑事证据”的基本特征。如果以定案刑事证据的基本特征代替一般刑事证据的基本特征，显然不妥。定案刑事证据是法律评价的产物，是公安司法机关经过价值评判之后的选择。《刑事诉讼法》第48条之后所探讨的刑事证据实际上就是“作为定案根据的刑事证据”。这里的定案不仅包括对案件经过审判加以裁决，还包括法庭审理前的分流处理措施，例如，根据《刑事诉讼法》第15条第1项的规定，情节显著轻微、危害不大，不认为是犯罪的，侦查机关可以撤销案件，公诉机关可以不起诉。从字面上理解，定案不仅仅包括认定犯罪事实是否发生，犯罪嫌疑人、被告人是否有罪，还包括确定是否存在法定的减轻、从轻事实等。根据最高人民法院《解释》第64条的规定，“应当运用证据证明的案件事实包括：（一）被告人、被害人的身份；（二）被指控的犯罪是否存在；（三）被指控的犯罪是否为被告人所实施；（四）被告人有无刑事责任能力，有无罪过，实施犯罪的动机、目的；（五）实施犯罪的时间、地点、手段、后果以及案件起因等；（六）被告人在共同犯罪中的地位、作用；（七）被告人有无从重、从轻、减轻、免除处罚情节；（八）有关附带民事诉讼、涉案财物处理的事实；（九）有关管辖、回避、延期审理等的程序事实；（十）与定罪量刑有关的其他事实”。

---

① 参见李忠民：《证据概念与证据属性》，载《学海》，2006（6）。

第二节 作为定案根据的刑事证据的基本特征

一、刑事证据基本特征概述

刑事证据的基本特征是刑事证据内涵的具体体现。我们通常所探讨的刑事证据的基本特征实际上是作为刑事案件定案根据的证据所具有的性质，而不是一般意义上的刑事证据。这里有必要将两者再次区别开，以下所谓刑事证据的基本特征如无例外说明，均为作为定案根据的刑事证据的基本特征。对于刑事证据的基本特征，西方国家证据法学者通常将其表述为刑事证据的证明能力和证明力，或者论述为刑事证据的关联性和可采性。

我国法学界对于刑事证据的基本特征认识较晚，相对独创的观点有“三性说”、“两性说”、“新两性说”、“采用标准说”等。“两性说”认为，刑事证据具有客观性和关联性两个基本特征。“新两性说”认为，刑事证据的基本特征包括关联性和合法性。“采用标准说”认为，“一个东西是否可以被叫做证据，主要取决于它是否被有关人员用做证明的根据，这是证据的概念问题”，至于刑事证据能否被采纳，“则要看其是否具备作为该种证明活动之证据的资格，是否符合该种证明活动所要求的证据资格”[①]。除了这些基本特征划分以外，我国还有学者将刑事证据基本特征概括为证明性、可采性、真理性和制约性，或者表述为多样性、派生性和制约性，有学者认为刑事证据的基本特征还应包括阶级性、充分性和确实性。[②] 此处不再一一赘述。

我国诉讼法学界的主流观点认为刑事证据具有客观性、相关性和合法性三个基本特征，这在某种程度上与我国刑事诉讼法遵循马克思主义法理传统相契合。刑事证据的客观性、关联性和合法性相互联系，不可或缺。学者们认为：刑事证据的客观性最先产生，可以认为处在事实领域，它是定性概念；刑事证据的关联性是经人的主观判断后才产生的，可以认为处在逻辑领域，它是定量概念；刑事证据的合法性是由法律调整后产生的，可以认为处在法律领域。[③] 由于刑事诉讼法的修改以及国家法制建设的发展，刑事证据的基本特征需要与时俱进，重新作出界定和解读。本教材无意于否定“三性说”，而是要对作为定案根据的刑事证据的三性依次加以重新检讨和梳理，可以认为本书的“三性说”是改良的“三性说”。

二、刑事证据的客观性

刑事证据的客观性是指证据必须是伴随着刑事案件的发生、发展过程而产生、遗留下来的，不以个人主观意志为转移的，具有真实性的客观材料。

---

① 何家弘、刘品新：《证据法学》，2版，116页，北京，法律出版社，2007。

② 参见熊志海：《刑事证据研究——事实信息理论及其对刑事证据的解读》，73页，北京，法律出版社，2004。

③ 参见汤维建：《关于证据属性的若干思考和讨论——以证据的客观性为中心》，载《政法论坛》，2000（6）。

我国证据法学界的主流观点认为：客观性是刑事证据三个基本特征中最为根本的特征，证据的客观性意味着："证据必须是客观上确实存在的事实"[①]，"不是人们主观推测和虚假的东西"[②]。在我国证据理论上，客观性很少被挑战，有学者认为："从相当意义上说，诉讼证据的客观性特征是我国构建证据理论体系的基础，甚至是我国确立诉讼原则、设置诉讼程序的基石之一。"[③] 这种传统的观点受 1979 年、1996 年《刑事诉讼法》将证据视为事实的影响。

从 2012 年新《刑事诉讼法》对于证据的界定中，无法获知证据具有客观真实性。最高人民法院《解释》第 104 条则明确了刑事证据的客观真实性：对于刑事证据的真实性，应当综合全案证据进行审查。刑事证据不再是一种事实，而是用以证明事实的材料。由于我国刑事证据法受辩证唯物主义哲学思想指导，因而仍然可以认为客观性是刑事证据的基本特征之一。因为，材料具有一定的客观性，作为定案根据的材料也具有相当的真实性。刑事证据的客观性可以从存在和认识两个层面加以考察。存在上的客观性是指刑事证据的物质载体具有客观性，认识上的客观性是指刑事证据必须如实提供，贴近实际。物质载体存在于刑事诉讼主体的认识之外，是一种自在的存在，当这种存在进入刑事诉讼主体的认识领域，就出现了事实判断，即刑事诉讼主体对于证据的真实情况的认定。[④]

根据物质决定意识的原理，刑事证据作为证明刑事案件事实的材料，是一种客观存在。刑事证据的客观性与刑事案件的客观性紧密相连。犯罪行为发生在一定的时间和地点，它是通过主体作用于客体而产生的。由于事物是普遍联系的，这种主体之于客体的行为还必然与周围的环境、人和物品发生相互作用，从而留下相应的物品、痕迹等，给他人留下一定的印象。例如，犯罪现场留下的犯罪嫌疑人的指纹，无论侦查机关是否发现、是否提取，它都是客观存在的。再如，被害人遭受了犯罪行为的侵害，那么被害人陈述是客观存在的。这就意味着刑事证据来源于客观的刑事案件事实，它是客观事实的反映。正是由于这种关系，公安司法机关、当事人和其他诉讼参与人可以对刑事证据加以审视，并且在顺次进行的诉讼流程中，不断地探知客观事实。

侦查人员在办理刑事案件的过程中，可以发现和收集这些痕迹、物品等，记录了解案情的人的陈述，从而为确证刑事案件事实提供证据。毫无疑问，痕迹、物品等实物证据是客观存在的材料；而被告人、被害人、证人等的印象也是通过人脑这个物质载体来存储的，并通过语言表达出来。这些关于事实的信息可以通过一定的形式存储在某个物质载体（包括人本身）上，这些载体本身就是一种客观存在的物或人，因此，刑事证据在存在上的客观性实质上就是刑事证据载体所应具有的客观存在性。[⑤]

从相反的角度来看，无论这些刑事证据是实物证据，还是言词证据，都不应当是主观想象和猜测出来的。有学者认为，"证据的客观性即证据所应具有的客观存在性……只有客观存在的事物、事实、案件或事件的反映以及其他客观存在的材料，才可以成为证据；而任何纯主观的东西，诸如推断、假设、猜测、臆想、梦幻，等等，都不得采用为证据"[⑥]。

---

① 王国枢主编：《刑事诉讼法学》，126 页，北京，北京大学出版社，1989。

② 江伟主编：《证据法学》，209 页，北京，法律出版社，1999。

③ 张晋红、易萍：《证据的客观性特征质疑》，载《法律科学》，2001（4）。

④ 参见张志铭：《法理思考的印迹》，431 页，北京，中国政法大学出版社，2003。

⑤ 参见黄万刚等主编：《新刑事诉讼法教程》，103 页，北京，警官教育出版社，1998。

⑥ 何家弘主编：《证据调查实用教程》，64 页，北京，中国人民大学出版社，2000。

从上述分析来看，作为定案根据的刑事证据的客观性不是在任何方面都是绝对的，这牵扯到考察客观性的角度问题。在新《刑事诉讼法》中，刑事证据不再被认为是一种事实，这就意味着刑事证据有可能与真正发生的客观状况有些出入。所有的刑事证据都要通过人来加以发现、调查、收集、筛选、提供、质证、认证和采纳。这个过程贯穿着人的逻辑求证和判断。从认识论的角度来看，尽管人的认识是对过去的客观事实的反映，是以客观事实为基础的[①]，但人的认识并不是绝对客观的。人的陈述也受到陈述人主观意志的支配和制约，因此陈述的内容也可能偏离案件的事实。从认识论的角度来看，刑事证据不是百分之百真实的。[②]

如果坚持可知论的立场，同时吸收“事实怀疑”的合理成分的话，刑事证据的客观性是可以成立的。[③] 只要人的主观反映达到尽可能地接近客观实际，就能认定具有这种客观性。《刑事诉讼法》第 48 条第 3 款规定：“证据必须经过查证属实，才能作为定案的根据。”刑事证据的客观性要求公安司法人员不能将主观的个人假设、推理、臆测等作为定案的根据，尤其是对于定罪的证据，要通过积极查证，排除合理怀疑后，方可认定为案件事实的根据。证据法的最为重要的目标就是回溯性地查找实体真实，避免事实的认定错误。法律规定了很多调查核实证据的手段和方式，例如，根据《刑事诉讼法》第 191 条第 2 款的规定，人民法院调查核实证据，可以进行勘验、检查、查封、扣押、鉴定和查询、冻结。

刑事证据的客观性还意味着要充分吸纳各种案件信息获取人，协助公安司法人员调查案情，保障他们具有客观地、全面地提供证据的条件，从而有助于准确地查明案件真相。《刑事诉讼法》第 50 条规定：“必须保证一切与案件有关或者了解案情的公民，有客观地充分地提供证据的条件，除特殊情况外，可以吸收他们协助调查。”除了本条概括性的要求以外，法律还规定了保证当事人客观提供刑事证据的具体条件。例如，《刑事诉讼法》第 121 条规定了侦查人员在讯问犯罪嫌疑人的时候对讯问过程应进行全程录音或者录像。它的主要功能就是保证犯罪嫌疑人客观、充分地提供言词证据。

此外，与保障客观、全面地提供证据的条件相对应，刑事证据的客观性还要求刑事诉讼主体遵循客观义务，如实提供证据。例如，《刑事诉讼法》第 52 条规定：“人民法院、人民检察院和公安机关有权向有关单位和个人收集、调取证据。有关单位和个人应当如实提供证据。”对于刑事证据提供的客观性的义务，还有具体的责任条款加以保障。例如，根据《刑事诉讼法》第 52 条第 4 款规定，那些伪造证据、隐匿证据或者毁灭证据，违背证据客观性的刑事诉讼主体，无论其属于何方，都必须受法律追究。除了消极的制裁措施，刑事诉讼法还通过积极的激励手段引导刑事诉讼主体客观地提供证据。例如，《刑事诉讼法》第 118 条第 2 款规定了犯罪嫌疑人如实供述自己罪行，可以从宽处理。这说明刑事诉讼主体坦诚地提供证据是得到法律上的支持和鼓励的。

刑事证据材料逐渐接近事实真相贯穿主体核实证据的整个过程。例如，根据《刑事诉讼法》第 37 条第 4 款的规定，辩护律师自案件移送审查起诉之日起，可以向犯罪嫌疑人、被告人核实有关证据。根据第 114 条规定，公安机关经过侦查，对有证据证明有犯罪事实的案件，应当进行预审，对收集、调取的证据材料予以核实。核实的过程实际上就是刑事

---

① 参见吴家麟：《论证据的主观性和客观性》，载《法学研究》，1981（6）。

② 参见邵晖：《对“证据”概念及属性的法理解析》，载《学术交流》，2011（9）。

③ 参见邵晖：《对“证据”概念及属性的法理解析》，载《学术交流》，2011（9）。

诉讼主体认识、理解、辨别、确认证据是否符合客观状况，是否对待证事实有证明作用。

因此，根据上述分析，作为定案根据的刑事证据的客观性不仅体现为物质载体的客观性，也体现为刑事证据内容的客观性。对于后者而言，这种客观性不是要排除刑事证据发现、筛选、认定和证实中的主观成分，而是要通过科学的方法，使得这种认识最大限度地接近客观真实。从这一点上来看，客观不只是一种存在，还是一种对真实的无限追求。

三、刑事证据的关联性

刑事证据不仅具有客观性，还应当与案件事实存在一定程度的关联。刑事证据的关联性是指证据与案件事实存在的实质性的联系，换言之，这种联系对证明案情具有实际意义。例如，犯罪分子作案的时间、地点、对象和手段等都存在着千丝万缕的联系。于是，与案件时间、地点、对象和手段等相关的各种刑事证据必然存有关联。

关联性在各国证据法中都被认可为证据的基本特征，有学者提出："经过大浪淘沙，犹如磐石岿然而始终不动的证据属性，当推关联性。不管人们对证据的属性如何争论，也无论证据的属性出现在何国、何一历史时期的证据法学论坛，人们对于证据的关联性似乎总是不加争执，承认它为证据属性之中的当然品格。"[①] 关联性是经验和逻辑层面的判断，它不是法律层面的判断。[②]

强调刑事证据与待证事实具有关联性是逻辑上的必需，因为刑事证据是伴随着刑事案件的发生而客观形成的。刑事案件的事实是过去发生的、由犯罪人的行为而造成的具有法律意义的事实。这样的行为和事实必然在客观世界中留有痕迹，在诉讼中证据就是这些痕迹的载体。它有可能表现为物质，也有可能表现为印象的表述。例如，犯罪分子在作案后可能会遗留下犯罪工具和指纹，那么作案工具和指纹是本案的重要物证。再如，《刑事诉讼法》第 60 条第 1 款明确规定了："凡是知道案件情况的人，都有作证的义务。""作为证明待证的案件事实的根据，证据当然必须与案件事实有着客观真实的、符合逻辑的联系，以此来界定证据的相关性是无可非议的。"[③] 这里的联系不是办案人员主观想象或者强加的联系，它是案件事实所客观产生的相关性。那些与案件事实没有关系的材料不能作为刑事证据，例如，无关人员在犯罪现场遗留的物品和指纹，与待证事实往往不具有关联性。

这里所谈的证据是指作为定案根据的刑事证据，这些证据与犯罪是否发生、犯罪是否是犯罪嫌疑人或被告实施以及罪行轻重有着内在的联系。例如，《刑事诉讼法》第 50 条规定了审判人员、检察人员、侦查人员收集证据的类型，即"能够证实犯罪嫌疑人、被告人有罪或者无罪、犯罪情节轻重的各种证据"。这种联系具有多样性和复杂性，它有可能是直接的，也有可能是间接的；有可能是证成的，也有可能是证否的；有可能是必然的，也有可能是偶然的。这种联系的形式可以是因果联系、条件联系、时间联系、空间联系等。

刑事证据与案件事实之间的关联性是确定证据证明力的关键，只有牢牢地把握证据的关联性，才可能发掘案件的事实，做到勿枉勿纵。可以粗略地推断，刑事证据与案件事实的关联程度与该证据的证明力成正比例关系，那些与案件事实越相关的证据就越具有证明

---

① 汤维建：《关于证据属性的若干思考和讨论——以证据的客观性为中心》，载《政法论坛》，2000（6）。

② 参见李忠民：《证据概念与证据属性》，载《学海》，2006（6）。

③ 熊志海：《刑事证据研究——事实信息理论及其对刑事证据的解读》，84 页，北京，法律出版社，2004。

力，就越可能被用做最后定案的根据。例如，从《刑事诉讼法》第187条的规定可以看出：如果证人证言对于案件的定罪量刑有重大影响，人民法院就很有可能认为该证人有必要出庭作证。然而，确定证据的关联性是个非常复杂的问题。有的事实通过常理就可以判明，而有的事实比较复杂，需要详细地审查、辨认、检验和鉴定才能探知某些事实，在很多情况下，甚至要经过对比分析，模拟犯罪过程才能查明案件真相。关于刑事证据的关联性，在具体的司法过程中适用应当关注如下三个问题：第一，这项刑事证据能够证明什么事实；第二，该项事实对于整个案情的发掘有没有实质性的意义；第三，对于刑事证据与事实之间的关联性有没有具体的法律上的规定。

刑事证据的相关性不仅体现在个体上，也体现在整体上。只有证据确实、充分了，才可以认定被告人有罪和处以刑罚。《刑事诉讼法》第53条规定："证据确实、充分，应当符合以下条件：（一）定罪量刑的事实都有证据证明；（二）据以定案的证据均经法定程序查证属实；（三）综合全案证据，对所认定事实已排除合理怀疑。"因此，经法定程序查证属实的刑事证据总体与案件事实有着必然的联系，即达到排除合理怀疑的证明关系。这种证明关系不仅是所有个体证据与定罪量刑事实之间的映射型的证明关系，也是一种整体性、全面的证明关系。不同的刑事证据形成了一条完整的、闭合的证据锁链，证据之间相互印证，在证明案件事实的主要证据之间不存在矛盾，证据结论唯一。

此外，作为定案根据的刑事证据的关联性还体现在证据的调查具有必要性。尽管证据必须充分，但是证据的调查本身往往不可能穷尽所有相关的证据，了解案件事实的每一个细节，完整重复整个案情的来龙去脉。证据的数量只要足以定案即可，不需要对那些证明力弱、重复的证据加以调查。因此，刑事证据的关联性是需要加以限定的，对于那些虽然有证明作用，但是关联程度不高或者没有必要进一步收集的证据，可以认定其关联性较弱，不具有作为定案证据的代表性作用。这也体现在关联性的内在含义上，即作为定案根据的刑事证据与待证事实的紧密程度。刑事证据调查的必要性在《刑事诉讼法》中有明确规定，例如，根据《刑事诉讼法》第171条规定，人民检察院审查案件，可以要求公安机关提供法庭审判所必需的证据材料。这就意味着对于那些即使具有证明作用但却不必要的刑事证据，公安机关可以不予提供。

四、刑事证据的合法性

刑事证据的合法性，是指刑事证据需要由法定主体，遵循法定程序，依据法律允许的方法收集，它必须具有合法的证据形式和内容。因此，刑事证据的合法意味着收集、提供刑事证据的主体合法，证据来源的程序合法，证据收集的方法合法，证据的形式合法，证据的内容合法。

有学者将刑事证据的合法性等同于"可采性"①。我们认为，这种理解是值得质疑的。一般来说，合法的证据是可以为法庭所采纳的，具备证据能力。然而，客观地分析，合法性并不等同于可采性。合法性仅仅指证据符合法律的规定，而可采性意味着证据正当地成为案件处理主体心证的一部分。如果非法证据没有被法庭排除或否定，那么它仍然具有可采性。

---

① 熊志海：《刑事证据研究——事实信息理论及其对刑事证据的解读》，86页，北京，法律出版社，2004。

日本学者田口守一认为："在下列情况下可以肯定证据的可采性：(1) 有自然的关联性；(2) 有法律的关联性；(3) 没有违反禁止证据的规定。"① 这里"违反禁止证据的规定"并不等同于"违法的证据"，"违反禁止证据的规定"是证据违反了强行性法律，不具备可采性的一种特殊情况，而"违法的证据"只是证据收集、提供的主体、来源的程序、收集的方法、形式或者内容不符合法律规定。在很多情况下，不合法的证据也能成为定案的根据。例如，公安司法机关收集的物证违反法定的程序，并不影响司法公正的，不需要予以排除，可以作为定案的根据。尤其是那些技术性的错误虽然轻微违反了法定程序，但却不需要通过程序性制裁就可以"治愈"。

刑事证据是在刑事诉讼过程中，由刑事诉讼主体依法收集的，用以证明刑事案件事实的一切材料。此概念表明了证据的客观性和关联性，但是从中我们无法查知证据的合法性。通过分析刑事诉讼法的相关规定，刑事证据的合法性的具体含义主要体现在下列五个方面：

(一) 收集、提供刑事证据的主体合法

收集、提供证据的主体包括公安机关、检察机关、人民法院、监狱、辩护律师、代理律师、犯罪嫌疑人、被告人、被害人、自诉人、证人、鉴定人等。对于这些收集、提供证据的主体，《刑事诉讼法》作了很多限制性的规定。例如，《刑事诉讼法》第 60 条第 2 款规定："生理上、精神上有缺陷或者年幼，不能辨别是非、不能正确表达的人，不能作证人。"第 116 条第 1 款规定："讯问犯罪嫌疑人必须由人民检察院或者公安机关的侦查人员负责进行。讯问的时候，侦查人员不得少于二人。"第 130 条第 3 款规定："检查妇女的身体，应当由女工作人员或者医师进行。"

(二) 刑事证据来源的程序合法

证据来源的程序是指证据收集所需要经历的流程。《刑事诉讼法》第 50 条规定："审判人员、检察人员、侦查人员必须依照法定程序，收集能够证实犯罪嫌疑人、被告人有罪或者无罪、犯罪情节轻重的各种证据。"除了这些一般性的程序规定，还有很多对于证据收集流程的具体规定。例如，《刑事诉讼法》第 59 条规定："证人证言必须在法庭上经过公诉人、被害人和被告人、辩护人双方质证并且查实以后，才能作为定案的根据。"根据该规定，如果没有经过质证程序，证人证言无法作为定案的根据。再如，《刑事诉讼法》第 54 条规定了不符合法定程序收集的物证、书证的裁量性排除："收集物证、书证不符合法定程序，可能严重影响司法公正的，应当予以补正或者作出合理解释；不能补正或者作出合理解释的，对该证据应当予以排除。"

(三) 刑事证据收集的方法合法

收集证据的方法必须符合法律的规定。关于证据收集方法的规定有规范性的，也有禁止性的。例如，《刑事诉讼法》第 116 条第 2 款规定："犯罪嫌疑人被送交看守所羁押以后，侦查人员对其进行讯问，应当在看守所内进行。"再如，《刑事诉讼法》第 122 条第 2 款规定："询问证人应当个别进行"。这些关于证据收集方法的直接规定是规范性的。在《刑事诉讼法》中，绝大多数关于证据收集方法的规定都是规范性的，只有极少的一些规定是禁止性的。例如，《刑事诉讼法》第 50 条规定："严禁刑讯逼供和以威胁、引诱、欺骗以及其他非法方法收集证据，不得强迫任何人证实自己有罪。"这种对于证据收集方法的禁止性规定受到《刑事诉讼法》第 54 条程序归责条款的进一步补强。根据该条规定，采用刑讯逼供

---

① ［日］田口守一：《刑事诉讼法》，刘迪、张凌、穆津译，327 页，北京，法律出版社，2000。

等非法方法收集的犯罪嫌疑人、被告人供述和采用暴力、威胁等非法方法收集的证人证言、被害人陈述，应当予以排除。①

（四）刑事证据的形式合法

1996年《刑事诉讼法》第42条限定了刑事证据的七种形式，即（1）物证、书证；（2）证人证言；（3）被害人陈述；（4）犯罪嫌疑人、被告人供述和辩解；（5）鉴定结论；（6）勘验、检查笔录；（7）视听资料。因此，有学者认为证据必须是法定的七种表现形式之一。2012年新《刑事诉讼法》用“包括”替代了“有下列七种”，因此，对证据的形式合法必须重新解读。在有些情况下，法律明确规定了关于证据形式的规则。例如，《刑事诉讼法》第53条第1款规定：“只有被告人供述，没有其他证据的，不能认定被告人有罪和处以刑罚。”一些规则则明确了某项证据需要具备的形式要件。例如，《刑事诉讼法》第131条规定了勘验、检查笔录需要“由参加勘验、检查的人和见证人签名或者盖章”。那些没有勘验人、检查人和见证人签字和盖章的勘验、检查笔录则在形式上是不合法的。

（五）刑事证据的内容合法

首先，证据的内容合法意味着证据不是虚伪作出，证据的内容必须可靠。根据《刑事诉讼法》第48条第3款规定，证据必须经过查证属实，才能作为定案的证据。这就意味着那些不属实的证据，即内容不准确的证据不具有合法性。在这个层面上，合法性与客观性实现了统一。其次，证据的内容合法意味着证据的演示不违反强行法和基本的公序良俗。例如，根据《刑事诉讼法》第133条第3款的规定，侦查实验不可以造成危险、侮辱人格或者有伤风化。

从上述内容可知，我国刑事诉讼法并不仅仅关注案件的事实，也重视通过法定程序的规定及其不利的程序性后果来保障公民，尤其是犯罪嫌疑人、被告人的合法权益，特别是关于非法证据排除的系统规定，在很大程度上有效地保障了刑事证据的合法性和整个刑事诉讼制度的刚性。

五、客观性、关联性和合法性之间的关系

作为定案根据的刑事证据的客观性、关联性和合法性之间有着下列关系：

（一）证据的客观性，是证据相关性和合法性的物质基础

从认识论的角度来看，刑事证据的客观性是指通过举证、质证、认证等方式对于某一

① 2010年，最高人民法院、最高人民检察院、公安部、国家安全部和司法部联合发布的《关于办理刑事案件排除非法证据若干问题的规定》（以下简称《非法证据排除规定》）和《关于办理死刑案件审查判断证据若干问题的规定》（以下简称《办理死刑案件证据规定》）标志着我国非法证据排除规则的框架结构已经初步形成。根据《非法证据排除规定》第1条和第2条的规定，采用刑讯逼供等非法手段取得的犯罪嫌疑人、被告人供述和采用暴力、威胁等非法手段取得的证人证言、被害人陈述，应当予以排除，不能作为定案的根据。不仅如此，根据第3条的规定，人民检察院在审查批准逮捕、审查起诉中，对于非法言词证据应当依法予以排除，不能作为批准逮捕、提起公诉的根据。根据第14条的规定，物证、书证的取得明显违反法律规定，可能影响公正审判的，应当予以补正或者作出合理解释，否则，该物证、书证不能作为定案的根据。在《办理死刑案件证据规定》中，有关于死刑案件更为详细的证据排除规则。证据可以划分为物证、书证、证人证言、被害人陈述、被告人供述和辩解、鉴定意见、勘验、检查笔录、视听资料和其他证据，每种类型的证据都有着认定其非法而判断是否应当排除的条件。自2013年1月1日起施行的最高人民法院《解释》第四章第八节专门规定了“非法证据排除”，进一步明确了非法证据排除规则。

具体事项由内心不确定向确定的转换过程。证据是否与待证事实相关，是否合法，都与证据是否符合客观事实息息相关。如果证据是虚假或者不实的，则它需要调查核实，即透过证据的客观性去探知它是否与案件存有实质性的联系。例如，《刑事诉讼法》第114条规定："公安机关经过侦查，对有证据证明有犯罪事实的案件，应当进行预审，对收集、调取的证据材料予以核实。"核实的内容实际上就是证据是否与案件事实相关，这种联系是不是实质性的。同样，对于证据的合法性也需要通过确定证据的客观性来予以确认。例如，《刑事诉讼法》第55条规定："人民检察院接到报案、控告、举报或者发现侦查人员以非法方法收集证据的，应当进行调查核实。"第56条第1款规定："法庭审理过程中，审判人员认为可能存在本法第五十四条规定的以非法方法收集证据情形的，应当对证据收集的合法性进行法庭调查。"这说明证据收集是否合法需要通过追查证据的客观性予以探知，换言之，非法方法收集证据的事实需要通过证据调查予以认定。

（二）证据的关联性，是证据客观性和合法性的逻辑前提

只有具有关联性的刑事证据，才有必要予以调查。那些欠缺关联性的证据，即使调查，也对待证事实的澄清没有任何益处，只会浪费有限的司法资源，造成诉讼拖延。[①]从认识的一般规律而言，关联性应当是定案证据的第一道关卡，它的证明标准最为宽松。那些与案件无关的材料在法律上不需要予以提供和核实，不存在事实评价和法律评价问题。例如，根据《刑事诉讼法》第118条规定，犯罪嫌疑人对侦查人员与本案无关的问题，有拒绝回答的权利。这就说明，证据如果与本案无关，则不需要提供，更不需要审查和检验证据的客观性和合法性。除了实体性的事实以外，程序性事项所依据的证据也是关联性的辐射范围。如果非法收集的材料与案件事实并不相关，则没有必要探讨该材料是否真实，是否需要查找相关的线索，以排除非法方法收集的证据材料。

（三）证据的合法性，是证据客观性和相关性的重要保证[②]

在整个刑事诉讼法中，对于刑事证据的要求往往是确实、充分，然而判断刑事证据是否确实、充分都需要以合乎法律规定作为保证。也就是说，对刑事证据的客观性和相关性都需要合法的手段探知。例如，根据《刑事诉讼法》第52条第4款，凡是伪造证据、隐匿证据或者毁灭证据的，无论属于何方，必须受到法律追究。从该规定可以看出，需要通过追究法律责任的方式确保证据客观存在，使其真实，不被隐匿或者毁灭。如果没有法律归责，尽管物质载体的客观性无可否认，但是证据内容的客观性则可能受到制约，因为伪造、隐匿和毁灭证据的行为容易造成案件认定偏离客观真实，公安司法机关有可能因此作出错误的处理。只有通过各种法定的制裁措施，才可以威慑潜在的试图伪造、隐匿或者毁灭证据的当事人、辩护人、代理人和其他利益相关人。根据《刑事诉讼法》第54条第2款的规定，在侦查、审查起诉、审判时发现有应当排除的证据的，应当依法予以排除，不得作为起诉意见、起诉决定和判决的依据。由此可见，如果证据不合法以至于需要排除，刑事诉讼法可以否定其作为起诉意见、起诉决定和判决的依据，即推定其与案件无关。

综上所述，作为定案根据的刑事证据具有客观性、关联性和合法性三个基本特征。这三个基本特征相互联系，不可或缺。这三个属性表现了作为定案根据的刑事证据的内容和

① 参见林钰雄：《刑事诉讼法》（上册 总论编），55页，北京，中国人民大学出版社，2005。

② 参见陈光中主编：《刑事诉讼法》，2版，150页，北京，中国政法大学出版社，2005。

形式的统一，它是刑事诉讼主体收集、提供和审查证据的标准。正确理解了这三个基本特征，判明事实真相就有了可靠的基础。当然，在我国刑事诉讼中所公认的这三个基本特征需要重新解读，它们不是从任何层面上都可以证成的，需要作限定性的解释和归纳。

第三节 刑事证据的证明力与证据能力

一、证明力与证据能力概述

在英美法系国家，通说认为刑事证据必须具有关联性和可采性才可能作为定案的证据，这两者是英美证据法的基石。[①] 关联性是指证据具有的法律上的证明或者否认某项事实的特性。[②] 可采性是指某个证据是否应当在审理中接受。[③] 刑事证据是否具有可采性是由法官而不是由陪审团来认定的。在大陆法系国家，一般规定刑事证据应具有证明力和证据能力。证明力是指证据材料对于案件事实有无证明作用及证明作用如何，即办案机关能否采信证据材料的价值。[④] 证据能力，又称为证据的适格性，是指证据材料成为案件处理根据的资格。[⑤]

关于刑事证据的基本特征问题，有一些学者提出应当用证据能力和证明力替代传统的客观性、关联性、合法性。[⑥] 这种二特征说与英美法上的可采性与关联性具有一定程度的相近性：一般认为，刑事证据的证明力可以与关联性结合在一起认识，刑事证据的证据能力可以与可采性结合在一起认识。然而，在具有大陆法传统的国家，由于不存在陪审团与法官的分工，定罪量刑程序合一，则无法机械地套用可采性和关联性理论。[⑦]尽管该二特征说尚且无法撼动传统三特征说的主流地位，但是在学术研究和司法实践中已经具备了一定的影响力，此处单独列一节对证据能力与证明力作出分析。

在分析证明力与证据能力时，不仅要对于它们的概念、内涵进行分析，还涉及对于相关规则的评价。在证据法中，证明力的判断往往诉诸自由裁量权，然而，这并不意味着没有证明力规则。这些规则散见于证据法中，也有些是惯例。证据能力规则在刑事证据规则中起着主导作用，刑事诉讼法中有一些明确的规定排除非法或者不妥当的证据，即法定排除；也有一些需要法官考虑各种因素，加以裁量后予以排除，即裁量排除。刑事证据必须同时兼具证明力和证据能力之后，才能真正发挥其证明作用。[⑧] 这两者之间不存在先后问题，它们是刑事证据应当具有的特征。

---

① See Paul Roberts & Adrian Zuckerman, *Criminal Evidence*, Oxford, 2004, p. 95.

② See Paul Roberts & Adrian Zuckerman, *Criminal Evidence*, Oxford, 2004, p. 98.

③ See Paul Roberts & Adrian Zuckerman, *Criminal Evidence*, Oxford, 2004, p. 96.

④ 参见林钰雄：《刑事诉讼法》（上册 总论编），354页，北京，中国人民大学出版社，2005。

⑤ 参见林钰雄：《刑事诉讼法》（上册 总论编），354页，北京，中国人民大学出版社，2005。

⑥ 参见鲁杰：《证据的属性反思》，载《政治与法律》，2007（2）。

⑦ 参见陈瑞华：《关于证据法基本概念的一些思考》，载《中国刑事法杂志》，2013（3）。

⑧ 参见李莉：《论刑事证据的证据能力对证明力的影响》，载《中外法学》，1999（4）。

二、刑事证据的证明力

刑事证据的证明力又称为刑事证据的价值或者效力，是指刑事证据对于案件事实的证明意义和作用。它体现的是刑事证据对于待证事实的说服价值，通过说服价值最终影响法官的心证。在认定刑事证据的证明力时，办案人员需要考虑刑事证据是用来证明什么问题的，该问题是否是刑事案件的实质问题，刑事证据对于该问题的证明作用有多大。刑事证据的证明力很难用切实有效的方法来加以评估，证明力容易识别，却不容易衡量。证明力是法律事务中采纳证据的基本标准。

证明力主要涉及刑事证据的客观性和关联性，只要刑事证据客观存在，且能在逻辑上一定程度地证明待证事实，该刑事证据就具有或大或小的证明力[①]：

首先，刑事证据无论从承载形式还是从事实上来看，都必须是客观的、可靠的，不是伪造、变造或者虚假的。从刑事证据的承载形式来加以分析，刑事证据必须是按照诉讼程序忠实记载的，不应当具有伪造或者捏造的成分，不应当违反相关的形式要件，使得法官对其来源真实有合理怀疑。例如，证人证言笔录必须是现场完整记录，并且经过证人签名的，不能是侦查人员事前或者事后伪造的笔录。再如，搜查笔录、提取笔录或者扣押清单，无法证明其真实来源的，一律不得作为定案的根据。从刑事证据信息的角度来说，刑事证据记录或者反映的信息必须可靠、可信。例如，被告人的供述必须是真实的、不违反个人意愿的。如果被告人的供述是虚假的供述，则不具有客观性，或者对于其真实程度存有合理的怀疑，则其不能作为定案的证据。所谓刑事证据"查证属实"，就是指证据的承载形式和证据所包含的信息得以验证为真实、可靠，准确反映了客观事实。

其次，刑事证据包含的事实信息与案件事实具有逻辑上的联系，能够证成或者证否案件事实。客观性往往是个定性问题，存在有或无两种情况；而刑事证据的关联性则具有定量的成分，即刑事证据与案件的主要事实的相关程度如何，证明案件事实的可能性有多大。这主要依靠公安司法人员根据日常的生活经验和逻辑加以判断，如果某个刑事证据材料不能证明案件事实，则不具备证明力；同时，如果某个刑事证据材料与案件事实之间只具有微弱的关联性，一般也应当排除适用。如此，可以有效地减少办案的时间成本。例如，被告人的品格是关联性较弱的证据，证明力较弱；被剪辑、篡改的录音资料往往不可信，不具有证明力。关联性在多数情况下属于事实判断，但是在一些情况下也需要通过法律加以评价。例如，有证据证明被告人在犯罪时年满14周岁，这是个自然事实；然而，如果要证明被告人在犯罪时没有达到法定刑事责任年龄，则成立法律事实。刑事证据与待证事实之间可能具有积极的关联性，即证成待证事实，也可能具有消极关联性，即证否待证事实。例如，作案现场的烟头上有被告的指纹，则证明被告人到过犯罪现场；相反，某一证人证明案发时被告人在其家中，没有作案时间，则证明被告人不在犯罪现场。

刑事证据与案件事实之间的关联程度有很多层次，因此，刑事证据的证明力有所不同，有些具有绝对的证明力，有些具有相对的证明力，不同类型的刑事证据，证明力有强弱之分。公安司法机关应当既注重收集有罪、罪重的证据，也注意收集无罪、罪轻的证据，防止因证据收集不全面、不充分导致冤假错案发生。

---

① 参见陈瑞华：《关于证据法基本概念的一些思考》，载《中国刑事法杂志》，2013（3）。

现代文明产生了科学的证据观，长期以来，证据法学者将证明力视为事实认定者自由裁量的问题，证明力的强弱应当由裁判者根据自己的理性、经验和良心加以自由心证，法律不作任何限制性的规定，即贯彻所谓的自由心证原则。该原则是对于中世纪荒谬的绝对化的法定证据制度加以检讨的产物，它将法官自由裁量的经验和理性从不科学的形式性的规则中解放出来。[①] 它反映了刑事证据法应当以自由裁量权为基准，不应当加以无节制的限定，避免立法者脱离社会实践制定相关规范。

当然，自由心证原则也需要与其他的一些理念平衡，这就意味着自由心证原则不是绝对的。例如，随着人权保障理念深入人心，无罪推定原则也得到了推广；在司法实践中，当刑事证据发生冲突和矛盾时，法官往往会作出有利于被告人的解释，推定案件事实有利于被告人，即适用存疑有利于被告原则。[②] 当然，这些原则是赋予法官一定自由裁量权的相对证明力规则，趋于原则化、灵活化。另外，在人的认识能力范围内作出预先判定并无不当，只是制度设计者往往没有能力制定出科学的规则。达马斯卡认为："自由心证并非一种内在的价值，之所以禁止法律对证据评价活动作出预先规定，其认识论方面的理由仅仅在于，对于这一领域还没有能力设计出更好的规则。"[③]然而，在现代社会高科技急速发展的情况下，刑事证据认定趋于科学化，并且越来越依赖技术和专家，自由心证原则因此遭受了巨大的挑战，并且出现了越来越多的例外。

在我国传统证据法学研究受辩证唯物主义认识论指导，强调证据的客观性。办案机关更关注实体真实，追求客观真相，因此证据材料有无证明力以及价值大小受到更多的关注。[④] 与传统大陆法系国家倡导的自由心证原则有些不同，我国的刑事诉讼规则确立了大量限制证据证明力的规则，对于自由心证原则形成了巨大的冲击。在我国《刑事诉讼法》中最为典型的证明力规则是只有口供不能定案的证明力否定规则和口供补强规则。根据《刑事诉讼法》第53条的规定，对一切案件的判处都要重证据，重调查研究，不轻信口供。只有被告人供述，没有其他证据的，不能认定被告人有罪和处以刑罚；没有被告人供述，证据确实、充分的，可以认定被告人有罪和处以刑罚。在司法实践中，只有口供不能定案规则已经作了扩大化解释，无论是何种类型的证据，只要是孤证，证明力都被否定。再如，对于证人证言前后矛盾的问题，《办理死刑案件证据规定》和《非法证据排除规定》确立了证言印证规则；对于精神上、生理上有缺陷的人和与被告人有密切关系的人提供的证言，最高人民法院《解释》确立了慎重使用的规则；等等。这是基于我国当前的刑事司法环境下，有必要约束法官的自由裁量权，并且需通过规则减轻自由裁量的压力，因此对于那些难以判断虚实的情况，确立了与经验和逻辑法则一致的限制证明力的规则。[⑤]

三、刑事证据的证据能力

证据能力，亦称为证据的适格性，是证据法对于证据资格的要求。它是个法律规范问

---

① 参见［法］贝尔纳·布洛克：《法国刑事诉讼法》，罗结珍译，79页，北京，中国政法大学出版社，2008。

② 参见李训虎：《证明力规则检讨》，载《法学研究》，2010（2）。

③ ［美］米尔吉安·R·达马斯卡：《比较法视野中的证据制度》，吴宏耀、魏晓娜译，229页，北京，中国人民公安大学出版社，2006。

④ 参见李训虎：《证明力规则检讨》，载《法学研究》，2010（2）。

⑤ 参见陈瑞华：《关于证据法基本概念的一些思考》，载《中国刑事法杂志》，2013（3）。

题，是法律为证据进入法庭审判程序所设定的条件。某刑事证据材料仅仅具有证明力是不够的，还必须有法律允许的证据能力，才可以作为定案的根据来证明待证事实。相反，如果缺少证据能力则不能作为定案的根据予以使用。[①]总而言之，一项证据要成为法庭认定事实的依据，必须以证据能力为前提条件。

证据能力与可采性有着一定的区别，这种区别主要体现在程序上。在陪审团审判中，可采性强调某一不可采纳的证据不能为审理案件的陪审员所接触，从而有效防止了作为外行的陪审员受到不妥当的信息的误导。法官一般会在庭前就证据的可采性举办听证程序，防止具有误导性的信息进入法庭审判阶段。具有大陆法传统的国家实行案卷移送制度，在很多情况下，法官在开庭之前就已经接触了控辩双方的证据。作为定案根据的证据应具有证据能力，既包含不妥当的刑事证据不得进入法庭，也包含了即便进入法庭，办案人员也不得将其作为定案的根据的含义。当然，这种区别随着英美法系陪审团审判的日趋式微而不再如此明显。

一般认为，证据能力是一个法律评价问题，即法律规定了什么样的材料才能成为证据，它与合法性紧密相关。从肯定的角度来讲，证据必须具有法定的证据形式并且经过合法的法庭调查程序。从相反的角度来讲，不可以存在证据禁止使用的情况。有学说直言：对于可以作为定案根据的证据来说，证明力是其自然属性，是基础；证据能力是其法律属性，是关键。二者须同时具备，不可偏废。[②] 然而，刑事证据是否具有证据能力，从合法性的角度来评价有失全面，从诉讼价值的角度来评价则更为妥当。这种价值包含了证据的合法性与证据材料本身的妥当性。调整前者的规则主要包括非法证据排除规则等；调整后者的规则主要包括传闻规则和意见证据规则等。我国关于证据能力的规则主要是调整证据的合法性，当然也不能排除若干调整证据材料本身妥当性的规则。

刑事证据的合法性部分已经谈及非法证据排除等调整证据合法性的规则。例如，采用刑讯逼供等非法方法收集的犯罪嫌疑人、被告人供述和采用暴力、威胁等非法方法收集的证人证言、被害人陈述，应当予以排除。收集物证、书证不符合法定程序，可能严重影响司法公正的，应当予以补证或者作出合理解释；不能补证或者作出合理解释的，对该证据予以排除。在侦查、审查起诉、审判时发现有应当排除的证据的，应当依法予以排除，不得作为起诉意见、起诉决定和判决的依据。依法应当出庭的证人没有正当理由拒绝出庭或者出庭后拒绝作证，法庭对其证言真实性无法确认的，该证人证言不得作为定案的根据。证据未经当庭出示、辨认、质证等法庭调查程序查证属实的，不得作为定案的根据。关于调整证据材料本身的妥当性的规则，例如，证人的猜测性、评论性、推断性的证言，不得作为证据使用，但根据一般生活经验判断符合事实的除外。

在诉讼过程中，确定某一刑事证据是否具有证据能力有时可以直接依据相关证据规则进行，在绝大多数情况下，必须诉诸自由裁量权，即以裁量主义为主、法定主义为辅。刑事程序法及其证据法是充满了自由裁量权的法律；相对于刑事实体法领域的罪刑法定原则，证据能力的法定化无论在任何国家都处于相对初级的阶段。纵览世界各国的刑事证据法，一般来说，通过暴力、强制等侵犯被告意志自由的手段获得的口供奉行法定排除的准则。然而，对于其他领域，尤其是违反相关的取证程序，裁量主义的适用则较为普遍。证据能力的

① 参见蔡墩铭：《刑事诉讼法论》，209页，台北，五南图书出版公司，2002。

② 参见李莉：《论刑事证据的证据能力对证明力的影响》，载《中外法学》，1999（4）。

判断需要通盘考虑各种政策，权衡各种不同的诉讼利益，尤其是涉及具体个案纷繁复杂的情节，诸如案件的严重程度、证据的可靠性、证据对于案件的作用等，因此，不大可能完全依靠确定的公式来加以认定。如果试图将证据能力加以全部规则化，则容易陷入形式主义的窠臼中，往往会偏离实务工作的需要。在这样的情况下，赋予法官一定程度的自由裁量权显得非常重要。[①] 当然，这里的裁量并非主观臆断，而是受到规则、原则等的限制。

四、行政执法证据的转化

尽管《刑事诉讼法》所探讨的证据主要是在刑事诉讼程序中收集、调查和核实的，但是仍然不排除刑事诉讼程序外收集的证据材料作为刑事证据使用的情况。所谓证据转化，是指公安司法机关采取一定的方式，将形式上不符合刑事诉讼法要求，没有证据能力的证据转换为适格的刑事证据。在2012年《刑事诉讼法》修改之前，虽然证据转化没有法定的依据，但是它在我国侦查和审查批捕中经常运用，这与我国刑事诉讼中一贯所强调的客观真实的理念是相一致的。证据转化最为普遍的操作模式是将行政执法证据转化为刑事证据，这通常是由于行政违法行为达到一定危害程度，其性质就会从一般违法行为转变为犯罪行为，原来追查所获得的证据就有必要进行转化。此外，纪检监察部门在处理职务犯罪案件中，经常需要将涉嫌犯罪的证据材料移交人民检察院转化适用。该类案件在司法实践中往往是由纪检监察机关先行调查突破，从而掌握犯罪事实及其证据。这里所指的行政执法证据不仅包括行政机关收集的证据材料，还包括根据法律、行政法规规定行使国家行政管理职权的组织，在行政执法和查办案件过程中收集的证据材料。

很明显，行政证据和刑事证据在证据收集主体、收集程序等方面存在区别。我国现行刑事诉讼法对于取证主体的资格作了若干特殊规定，只有具有法定调查权的主体所获得的证据才有可能具有证据能力。我国刑事诉讼法规定的取证权主体包括国家侦查机关、检察机关、人民法院、辩护人与诉讼代理人、刑事自诉案件中的自诉人和被告人。证据收集的程序也相应地比行政程序更加严格。这就造成了行政证据在刑事诉讼中的准入成为问题。因此，对于那些行政执法主体所获得证据，需要经过证据的转化后才具有证据能力。

《刑事诉讼法》第52条第2款解决了证据转化无法可依的问题："行政机关在行政执法和查办案件过程中收集的物证、书证、视听资料、电子数据等证据材料，在刑事诉讼中可以作为证据使用。"该条的立法目的是解决行政执法证据在刑事诉讼中的证据能力问题。最高人民检察院《规则》第64条第2款将可以转化的证据范围扩大到鉴定意见、勘验、检查笔录。公安部《规定》第60条则将范围扩大到检验报告、鉴定意见、勘验笔录、检查笔录。这些证据一旦提取，往往可以长期保持原有形态，客观性比较强，对于这些客观的资料没有必要重新提取。因此，从诉讼经济和妥当的角度来讲，有必要规定对于那些行政机关依法先行提取的证据，只要由公安司法机关依法定程序履行相应的证据调取手续即可以作为证据在庭审中使用。如果完全由公安司法机关重新收集，无疑会增加办案机关的负担，耗费大量的司法资源，影响诉讼效率；而且由于时过境迁，很多证据无法重新收集提取，容易造成某些案件不能立案或者无法结案。这些行政执法证据必须经过法

---

① 参见孙远：《刑事证据能力的法定与裁量》，载《中国法学》，2005（5）。

庭查证属实，并且收集程序符合有关法律、行政法规规定，才可以作为定案的根据。最高人民法院《解释》第 65 条第 2 款将行政机关收集的证据材料作扩大化解释，还包括那些根据法律、行政法规规定行使国家行政管理职权的组织，在行政执法和查办案件过程中收集的证据材料。

对于证人证言、询问笔录等则应当遵循《刑事诉讼法》第 59 条的规定："证人证言必须在法庭上经过公诉人、被害人和被告人、辩护人双方质证并且查实以后，才能作为定案的根据。"最高人民检察院《规则》第 64 条第 3 款规定："人民检察院办理直接受理立案侦查的案件，对于有关机关在行政执法和查办案件过程中收集的涉案人员供述或者相关人员的证言、陈述，应当重新收集"。这是因为言词证据提供者在行政执法阶段和刑事侦查诉讼阶段心理压力的差别非常大，收集言词证据的主体不同，言词证据（包括笔录等）难免充满主观片面性。因此，该类证据应当由侦查机关根据刑事诉讼法再次提取，并且经过法庭的质证、查证才可以作为定案的根据。当然，言词证据的转化也有例外的情况。最高人民检察院《规则》第 64 条第 3 款规定："确有证据证实涉案人员或者相关人员因路途遥远、死亡、失踪或者丧失作证能力，无法重新收集，但供述、证言或者陈述的来源、收集程序合法，并有其他证据相印证，经人民检察院审查符合法定要求的，可以作为证据使用"。

此外，纪检监察部门收集的证据在刑事诉讼中的转化是司法实践经常需要面对的问题。监察部与中共中央纪律检查委员会合署办公，机构列入国务院序列，编制列入中共中央直属机构，直接造成了纪检与监察证据一体。纪律检查机关是对于党员遵守党的纪律的情况进行监督检查，并且对于违纪情况进行处理的党内执法机关。监察机关是政府内部行使监察职能，管理行政监察事务的行政机关。以往来看，纪检监察部门和行政执法机关在办理违纪和行政违法案件中，发现涉嫌犯罪的，应该将案件移送公安司法机关处理，相关的证据材料也应当一并移送公安司法机关。① 然而，对于这些证据材料如何转化，以往的法律并没有明确的规定。

新《刑事诉讼法》对于行政执法证据提出了新的要求。然而从字面上看，只有以纪检监察机关名义进行取证才符合第 52 条第 2 款规定的证据转化的条件。纪检监察部门应当依照《行政监察法》的规定，运用纪检监察机关的调查权予以调查。判断《刑事诉讼法》第 52 条第 2 款的规定能否完全适用于纪检监察证据则需要给纪检监察部门定性。最高人民检察院《规则》第 64 条第 4 款则解决了这一问题："根据法律、法规赋予的职责查处行政违法、违纪案件的组织属于本条规定的行政机关"。

新《刑事诉讼法》确立了检察机关的技术侦查权力，规定技术侦查所获得的材料可以直接作为证据使用。此外，该法还进一步完善了监视居住制度，允许检察机关采取电子监控、不定期检查等方式对于犯罪嫌疑人、被告人实施监视居住，允许检察机关对于通缉 1 年不能到案的贪污贿赂等案件的当事人依法申请没收非法所得财产。这些措施无疑提升了检察院在反腐败工作中的作用。为了更好地提高纪检监察部门的证据转化能力，纪检监察机关和检察机关需要加强合作办案。尽管前文对于行政执法证据（包括纪检监察证据）的转化问题作出了分析，但是无论是何种类型的证据，都必须满足刑事证据的客观性、关联性和合法性才可能转化为起诉意见、起诉决定和判决的依据。

---

① 参见万毅：《证据"转化"规则批判》，载《政治与法律》，2011 (1)。

第四节　刑事证据的主要功能

刑事证据的主要功能是指刑事证据整体的功效和效能，简而言之，即证据在宏观意义上有什么样的作用。刑事证据是刑事诉讼实务中最为切实、重要的方面，它是连接实体法与程序法之间的桥梁。具备了足够的刑事证据，才能查清事实真相，对犯罪嫌疑人、被告人定罪量刑，有效地打击犯罪、开释无辜，保证勿枉勿纵。从立案、侦查、起诉到审判的每一个阶段都离不开证据的核实、认定。无论是第一审程序或者第二审程序，还是死刑复核程序或者审判监督程序，都是围绕着刑事证据展开，由此可见刑事证据是一切刑事诉讼活动的基石。没有刑事证据，无论是实体问题，还是程序问题，都没有据以判决的依据。此外，刑事证据还具有刑事诉讼法体系之外的作用，它能使被告和被害人对案件处理结果信服，从而有效地消除或者缓解社会矛盾，使得社会恢复到和谐状态。对于被告和被害人以外的社会公众，刑事证据还具有一定的教育、宣传意义。因此，从逻辑上来看，证据的功能可以划分为法律功能和社会功能：法律功能包含形成心证的实体性功能和促进流程发展的程序性功能；社会功能则可以划分为化解当事人之间矛盾的内在功能和增强公众信心的外在功能。

一、法律功能

（一）实体性功能

实体性功能是指刑事证据可以影响刑事案件处理机关（人员）内心判断和处分性决定的功能。在刑事诉讼过程中，证据总是从各个方面一次又一次地被提出来。[①] 刑事诉讼法所强调的以事实为根据，实际上就是以证据为根据。案件事实是发生在过去的事件，公安司法机关只有通过各种刑事证据才能认识案件事实，揭露犯罪，迫使犯罪分子认罪服法、接受改造。[②] 在打击犯罪的同时，公安司法机关通过证据规则、证明标准等确保无辜的人不受刑事追究，合法权益不受侵犯。刑事证据是公安司法机关进行立案、侦查、逮捕、起诉和审理的依据，也是当事人及其辩护人、诉讼代理人据以争辩的凭据，犯罪嫌疑人或被告也可以通过证据据理力争，证明无罪或罪轻。尤其是在错案出现的情况下，被告及其辩护律师可以举出新的证据以证明自己的冤屈，从而开释无辜。总体而言，对于定罪需要证明到排除合理怀疑的程度。如果法官对于关键证据存有疑问或者证据不够确实、充分，则不可以勉强定案，判决被告有罪。对于程序性问题而言，即使不需要做到严格证明，也往往需要通过相关证据加以自由证明。

（二）程序性功能

程序性功能是指刑事证据能够通过引导下一个诉讼主体的具体行为来推动刑事诉讼进

---

① 参见陈光中主编：《刑事诉讼法》，2 版，151 页，北京，中国政法大学出版社，2005。

② 参见陈光中主编：《刑事诉讼法》，2 版，151 页，北京，中国政法大学出版社，2005。

程的功能。刑事证据一旦收集、提交、出示和质询，会直接或者间接地产生一定的程序性效果。有些刑事证据直接产生程序性效果，例如，由省级人民政府指定的医院诊断并开具的证实罪犯确有严重疾病的证明文件，一旦提交则可能引起保外就医程序。同时，证据违法行为也会直接或者间接地产生一定的程序性效果。例如，如果被取保候审的犯罪嫌疑人、被告人毁灭、伪造证据或者串供，违反取保候审规定，已交纳保证金的，需没收部分或者全部保证金，并且区分情形，责令犯罪嫌疑人、被告人具结悔过，重新交纳保证金、提出保证人，或者监视居住、予以逮捕。有些证据连同其他相关材料和证据产生程序性效果，例如，公安机关将相关证据连同案卷材料和公安机关提请逮捕书移交同级人民检察院，人民检察院则会作出批准或者不批准逮捕的决定。

二、社会功能

(一) 内在功能

内在功能是指刑事证据有助于解决被告人和被害人之间纠纷，处理案件争议的功能。刑事证据的运用避免了不明不白的案件处理，能够有效地化解被告人和被害人的不满情绪，使得当事人对于案件的处理信服。刑事证据是当事人合法权益的保障，它不仅有助于维护当事人的合法权益，也有助于在程序方面维护当事人的正当权利。通过证据准确地认定犯罪事实有助于实现司法公正；离开了证据，对于被告人所涉嫌的犯罪事实无法加以认定，也无法给被害人及其家属一个令其信服的交代。如果说刑事诉讼程序是吸纳不满的程序装置，刑事证据则是该程序装置的安全阀。刑事证据是刑事诉讼法实现终局裁判、息诉平怨的关键。如果在运用证据上出现了差错，就不可能对案件作出客观公正的审理和认定，也不可能让当事人理解和认同公安司法机关的办案机制和运作体系。

(二) 外在功能

外在功能是指刑事证据具有促进社会和谐，实现法制教育，增强公众信心的功能。刑事证据的内在社会功能和外在社会功能是有机统一的，当事人矛盾的有效化解能够有效地提高公众对于司法的信心。刑事证据具有化解疑虑和不满的作用，这不仅仅是指对涉案的当事人，也包括对刑事诉讼程序以外的一般公众而言。通过各种证据材料的展示可以使法庭的旁听人员获悉判决的理由，感受到司法的公正。通过运用证据对人民群众进行法制教育，可以提高群众对于法律的理解，促使其积极参与社会治安综合治理工作，从而有助于实现良好的刑事司法效果。证据的展示还有助于人民群众对诸多犯罪行为产生警惕，了解犯罪分子的作案手法和动机，从而有助于预防犯罪，实现社会的安全稳定与和谐。

【问题与思考】

1. 关于证据的概念有哪些主要的学说？哪种学说最具有说服力？
2. 作为定案根据的刑事证据有何基本特征？
3. 刑事证据的客观性、相关性和合法性之间是什么关系？
4. 如何理解刑事证据的证明力和证据能力？
5. 刑事证据有哪些主要功能？

【推荐参考论著】

1. 宋英辉，汤维建主编. 证据法学研究述评. 北京：中国人民公安大学出版社，2006

2. 何家弘，刘品新. 证据法学. 北京：法律出版社，2004

3. 熊志海. 刑事证据研究——事实信息理论及其对刑事证据的解读. 北京：法律出版社，2004

第七章　刑事证据的法定种类

内容导读

刑事证据的种类是指表现证据事实的各种外部表现形式，在法律上对证据所进行的分类。按照我国刑事诉讼法的规定，刑事证据有下列八种：物证，书证，证人证言，被害人陈述，犯罪嫌疑人、被告人供述和辩解，鉴定意见，勘验、检查、辨认、侦查实验等笔录，视听资料、电子数据。物证是以其自身属性、特征或存在状况证明案件事实的物品和物质痕迹。书证是指以文字、符号、图画所表达的思想内容来证明案件事实的书面材料或其他材料。证人证言是刑事诉讼当事人以外的第三人就自己所感知的案件事实向侦查机关、检察机关和审判机关作出的陈述。被害人陈述，是指被害人就其遭受犯罪行为侵害的事实以及有关犯罪分子的情况向司法机关所作的叙述。犯罪嫌疑人、被告人供述和辩解，是指犯罪嫌疑人、被告人在刑事诉讼过程中，就与案件有关的事实情况向司法机关所作的陈述。勘验、检查笔录，是司法人员对于与犯罪有关的场所、物品、尸体和人身进行勘验、检查所作的实况记录。辨认笔录，是指犯罪嫌疑人、被害人、证人按照法定程序对可能与案件相关的人、物或者场所进行辨认时由司法人员所作的记录。侦查实验笔录是侦查人员按照法定格式制作的，用于描述和证明实验过程中发生的具有法律意义的事实状况的书面记录。鉴定意见，是指受司法机关聘请或指派，具有专门知识或技能的人，运用科学知识、技术或技能对刑事案件中某些专门性问题进行鉴别、分析和判断之后所得出的书面意见。视听资料，是指以录音、录像、电子计算机以及其他科技设备所储存的信息资料来证明刑事案件真实情况的各种音像制品。电子数据，是指以电子计算机以及其他高科技设备中贮存的与案件事实有关的图形、文字、数据、符号或者其他信息证明案件情况的资料。本章对各种证据的特征、意义、分类和运用规则做了详细描述。

第一节　刑事证据的法定种类概述

所谓证据种类，是指表现证据事实的各种外部表现形式，在法律上对证据所进行的分类，也叫“证据来源”或“证据资料”。我国刑事诉讼法对证据种类作出了明确规定。我国《刑事诉讼法》第48条第2款规定：“证据包括：（一）物证；（二）书证；（三）证人证言；（四）被害人陈述；（五）犯罪嫌疑人、被告人供述和辩解；（六）鉴定意见；（七）勘验、检查、辨认、侦查实验等笔录；（八）视听资料、电子数据。”这一证据种类的规定具有法律上的约束力，只有符合上述法律规定形式的证据资料，才能够作为定案的根据。鉴于证据种类的这种法定性，证据种类也被称为“证据的法定种类”或“证据在法律上的分类”。从有关刑事证据法定种类的规定中，可以看出，每一种证据都是形式和内容的统一，也就是说，作为定案根据的证据不仅与案件事实具有关联性，而且必须在形式上满足法律的要求。

我国理论界通说认为我国关于刑事证据种类的上述法定划分方式是合理的，认为这样的划分方式不仅有利于判断某一证据的证据能力，而且有利于确定证据的证明力，并因此根据不同的证据种类规定相应的证据规则。但是，相比较而言，英美法系国家认为，所有具有相关性的证据都可以采纳，任何展示在裁判者面前具有相关性和可采性的，能够证明争议事实存在或者不存在的事物都是证据。大陆法系国家虽然未制定专门的证据法，但往往通过诉讼法典对证据形式进行一定的分类，从而在一定程度上对证据形式予以限制，但这种限制并不像我国一样是封闭式的，法律并没有完全排除其他可以探明案件事实的证据进入诉讼程序。我国也有一些学者认为，这种划分方式不能穷尽证据的所有表现形式。而且，各个证据种类的划分标准并不统一。三大诉讼法确定的证据种类，有的以形成时间或形成主体为标准，如书证和勘验笔录之间的划分；有的则以物质载体为标准，如书证和视听资料之间的划分。这种划分标准的混乱，导致各证据种类之间界线模糊，经常出现难以判断某种材料究竟属于哪一类证据的局面。① 不论是支持还是反对法定证据种类的立法体例，大多数学者都认为应当对我国目前有关证据种类的立法规定进行完善。

第二节　物　　证

一、物证的概念和特点

关于物证的概念，我国理论界存在三种不同的观点。有学者认为，“物证是指据以查明

① 参见雷建昌：《论我国刑事证据分类模式的缺陷及其完善》，载《法律科学》，2003（3）。

案件真实情况的一切物品和痕迹"[①]。还有学者认为，"物证是据以查明案件事实情况的客观实在物"[②]。还有学者认为，"物证是以其自身属性、特征或存在状况证明案件事实的客观实在"[③]。我们认为，一切证据都是客观实在，客观实在性不仅是物证的特征，也是所有证据共同的本质属性。物证之所以区别于其他法定证据形式，是因为它在证据的存在和表现形式或者在证据的载体上不同于其他证据形式，即物证以"物品和物质痕迹"为表现形式或载体。而且，作为物证的"物品和物质痕迹"与其他一般的物品和痕迹的区别，在于用途的变化、占有关系的变化、存在时空范围的变化。作为物证的"物品和物质痕迹"是以其自身属性、特征或存在状况来证明案件事实。因此完整的对物证的定义应表述为：物证是以其自身属性、特征或存在状况证明案件事实的物品和物质痕迹。物证的自身属性、特征是指作为物证的物质或痕迹的自身的规定性，包括其各种物理、化学性质，如质量、成分、结构、功能、形状、数量、颜色等。物证的存在状况是指该物质或痕迹所处的位置、环境、与其他证据之间的关系等，例如，由于某人的脚印出现在了案发现场，人们就可以得出该人进入了案发现场的结论。

在我国刑事诉讼中经常使用的物证，可以大致概括为如下几类物品或者物质痕迹：(1) 犯罪使用的工具，如杀人的凶器、盗窃时撬锁的工具等；(2) 犯罪行为直接侵犯的物质对象，如盗窃、抢劫、抢夺、诈骗、贪污所获取的赃款、赃物等；(3) 表现犯罪社会危害性后果的物品，如被毁坏的机器、仪器，被焚毁、炸毁的建筑物等；(4) 由犯罪行为所产生的非法物品，如非法制造的枪支、弹药、毒品，伪造的国家证券等；(5) 由犯罪行为产生的痕迹，如被害人身体上的伤痕、被破坏的门窗上遗留的撬压痕迹等；(6) 犯罪人在预备犯罪、实施犯罪的各种场所遗留的能反映该人特征的物品或痕迹，如犯罪人的衣物、指纹、脚印等；(7) 在犯罪过程中或者犯罪后，犯罪人为掩盖罪行、对抗侦查而伪造的各种物品和物质痕迹；(8) 能够表明犯罪嫌疑人、被告人无罪的各种物品或物质痕迹；(9) 其他可供查明案件真实情况的物品或物质痕迹。

相对于其他的证据形式，物证具有以下显著特点：

1. 物证具有较强的客观性

物证是以其自身属性、特征或存在状态对刑事案件起证明作用的，因此，同其他刑事证据相比较，特别是同一些用人的语言表述作为证据存在形式的证据，如证人证言、被害人陈述等相比较，物证更不易受人的主观因素的影响。"物证不会说话"，但是，我们也应当认识到"物证本身也不会说假话"，这是与言词证据最大的不同。即使有人故意改变物证的有关特征，如故意改变自己的书写习惯而模仿他人的笔迹书写，也会产生新的特征证明有故意伪装的事实存在。而证人证言、犯罪嫌疑人供述和辩解、被害人陈述的内容则很容易受到人的主观因素的影响，被害人可能由于自身感知能力的欠缺而不能感受有关事实，被害人可能由于愤怒有意扩大受到侵害的事实。书证由于其内容是人的意思表示，因而很多时候也不能客观地反映事实。勘验笔录和鉴定意见往往是人对物证的观察、分析、判断的结果，也会受到人的主观认识能力的限制。因此相对于其他证据，物证有着较强的客观

① 陈一云主编：《证据学》，247页，北京，中国人民大学出版社，1991；樊崇义主编：《证据法学》，55页，北京，法律出版社，2001。

② 陈维卫：《试论物证的概念和特征》，载《法学与实践》，1986 (1)。

③ 崔敏、张文清主编：《刑事证据的理论与实践》，159页，北京，中国人民大学出版社，1992。

性。正因为如此，对物证的收集和使用也得到了古今中外刑事司法实践的青睐，古巴比伦的《汉谟拉比法典》就规定，在审理盗窃案件时，要“认证失物”；1975年12月在我国湖北省云梦县睡虎地发现的秦代竹简中，也有详细描述现场足迹以及将私铸钱币、血衣交官检验的记载；当代世界各国也都对物证非常重视，一般都把物证作为刑事证据的首要形式。

2. 物证的存在具有独立性和稳定性

物证是以物体或痕迹的客观存在或与外界的联系来证明待证事实的，作为物证的物质或痕迹，在待证事实被发生时就已经以与待证事实相关的特征客观存在或与外界产生了特别的联系，此后，这种特征和联系仍然能够独立存在，只要没有人去实施积极的干扰行为，就不容易发生改变。同时，物证的表现形式为某种具体的物质或痕迹，本身就不像语言或文字那样容易受人为因素影响而发生变化。

3. 物证具有特定性

任何证据资料只有与案件事实具有关联性，才能作为定案的根据，物证也不例外。任何物品或物质痕迹只有在特点的时空中形成，与案件事实发生特定的联系，才具有证据的资格，否则就不是物证。因此，物证必须是直接反映案件事实的原始物质本身，而绝不能是替代物、同种类物或模型。在司法实践中，绝不能因为找不到作案用的匕首，而找一把相同大小、相同材料制成、相同形状的匕首作为物证使用，因为，特定的物证一旦消失，便永远无可挽回地被排除在证据体系之外了。物证的特定性，还决定了物证的信息被永久地固定在特定的物证里，而不可能采取传来的形式保留其信息。转述他人对案件事实的感受，可以成为刑事证据，而仿造物证制作的任何物品和物质痕迹都不可能重复原始物证中所包含的信息。

当然，在司法实践中，有些物证在发挥证明作用时，是以其他证据形式出现的。尽管如此，这些在证明过程中作为概念存在的物证的现实性也是不容忽视的。它必须客观存在，而且必须被实实在在地收集到，否则勘验、检查笔录、鉴定意见这一类被称作物证资料的别的证据形式，就成了无源之水，其证明作用也无法发挥。

4. 物证的证明作用具有间接性

物证无法直截了当地证明案件主要事实，物证必须借助于其他证据，才能证明案件的主要事实。物证所包含的信息内容都只能反映案件事实的某个片断，而不能反映案件的主要事实。物证同案件事实之间的联系只有通过其他刑事证据作为中介才能发生，孤立的物证只能说明特定的事实发生过，而这种特定的事实是不是由犯罪行为所产生的，则是或然的，而不是必然的。以在犯罪现场提取的手印为例，它所反映的信息只能是某人来过犯罪现场，而该手印是不是该人作案时留下的，则不是该手印所能说明得了的。同理，持有赃物者并不能被理所当然地推论为窃贼，而且即使是从物证所反映的片断事实来说，也不是自动的，而必须通过其他手段才能将物证对某一案件事实片断所反映的信息揭示出来：对匕首只有作了特定案件的凶器的同一认定的鉴定之后才有物证意义，对于某人持有的物品只有依证据证明是赃物才有可能成为刑事诉讼中的物证，这都是不言自明的道理。强调物证的间接性的意义在于要求司法人员办案时，必须注意分析每一个物证所能具有的证明力，防止把只能证明案件局部事实的物证作为认定全案事实的唯一根据。

二、物证的分类

对物证进行分类有助于辨明各种物证的证明作用和收集、审查、判断方法，按照物证对案件事实的证明方式、物证的体积大小、物证的存在形态可以对物证进行如下分类：

1. 特征物证、属性物证和状态物证

这种分类是以物证对案件事实的证明方式为标准进行划分的。特征物证，是通过其外部特征对案件起证明作用的物证，例如足迹、手印、工具痕迹、枪弹痕迹、犯罪工具、赃物等；属性物证是以其特定的内部属性发挥证明作用的物证，如毒物、爆炸物、血液、分泌物、气味、声音等；状态物证是以其本身的存在状态证明案情的物证，如赃物的存放位置，某种特定物的发现地点等。

2. 宏观物证、微观物证和常态物证

这种分类是以物证的体积的大小为标准进行划分的。宏观物证是指不能被提取而随卷移送的物证，如火车、汽车、轮船、飞机等。由于此类物证不能随卷移送，所以，在刑事诉讼中，往往以照片的方式转化为勘验、检查笔录的证据形式。微观物证是指不能被人的感官所发现，必须借助科学的仪器才能发现、提取的物证，如微量粉末等。常态物证是指能够用人的感官发现，并能够被提取、随卷移送的物证，如匕首、血迹、毛发等。

3. 固态物证、液态物证、气态物证和其他形态的物证

这种分类是以常温条件下物证的存在形态为标准进行划分的。凡是以固体方式存在的物证，就是固体物证，如作案用的铁锤、盗窃的电缆等；凡是以液体方式存在的物证就是液体物证，如汽油、酒精等；凡是以气体方式存在的物证，就是气体物证，如液化气等；其他形态的物证，是指除上述三种形态以外的一些特殊形态的物证，诸如声音、光线、热能、电等。一般而言，液态和气态物证相比固态物证而言，收集、提取、包装、运送均较为困难，且极易受到环境因素的影响而发生变化或者灭失，因此对于固定这些证据应当采取特殊的手段，而且应当及时。

三、物证的意义

物证在整个证据体系中具有举足轻重的地位，尤其是物证的客观性、直观性特点，使它同各种言词证据相比，具有相当大的优越性。具体而言，物证在证明案件事实过程中具有如下意义：首先，依靠物证，可以发现、证实犯罪事实和犯罪嫌疑人，确定犯罪案件的性质。任何案件都会在特定的犯罪时空中留下相应的物质或者痕迹，司法人员可以通过获得物证，然后根据物证所包含的案件信息，确定犯罪嫌疑人的作案动机、目的、时间、地点、手段、经过、后果等情况，分析作案过程，确定刑事案件的性质和犯罪嫌疑人的身份，明确进一步收集证据，找出犯罪嫌疑人的方向和途径。其次，依靠物证，可以审查判断犯罪嫌疑人、被告人供述和辩解、证人证言、被害人陈述等言词证据的真实可靠性。由于物证本身不易受人的主观意志的影响，物证具有较强的客观性，证明力较强，在某种程度上能够反映案件事实，因而，司法人员可以通过确实、充分的物证，有效地审查判断证人证言、被害人陈述、犯罪嫌疑人、被告人供述和辩解的真实性。

四、对物证的审查和判断

公安司法机关对物证应当着重审查以下内容：（1）物证是否为原物，是否经过辨认、鉴定；物证的照片、录像、复制品是否与原物相符，是否由二人以上制作，有无制作人关

于制作过程以及原物存放于何处的文字说明和签名；(2) 物证的收集程序、方式是否符合法律、有关规定；经勘验、检查、搜查提取、扣押的物证，是否附有相关笔录、清单，笔录、清单是否经侦查人员、物品持有人、见证人签名，没有物品持有人签名的，是否注明原因；物品的名称、特征、数量、质量等是否注明清楚；(3) 物证在收集、保管、鉴定过程中是否受损或者改变；(4) 物证与案件事实有无关联；对现场遗留的与犯罪有关的具备鉴定条件的血迹、体液、毛发、指纹等生物样本、痕迹、物品，是否已作DNA鉴定、指纹鉴定等，并与犯罪嫌疑人、被告人或者被害人的相应生物检材、生物特征、物品等比对；(5) 与案件事实有关联的物证是否全面收集。

据以定案的物证应当是原物。原物不便搬运、不易保存，依法应当由有关部门保管、处理，或者依法应当返还的，可以拍摄、制作足以反映原物外形和特征的照片、录像、复制品。物证的照片、录像、复制品，不能反映原物的外形和特征的，不得作为定案的根据。物证的照片、录像、复制品，经与原物核对无误、经鉴定为真实或者以其他方式确认为真实的，可以作为定案的根据。

对与案件事实可能有关联的血迹、体液、毛发、人体组织、指纹、足迹、字迹等生物样本、痕迹和物品，应当提取而没有提取，应当检验而没有检验，导致案件事实存疑的，人民法院应当向人民检察院说明情况，由人民检察院依法补充收集、调取证据或者作出合理说明。

《刑事诉讼法》第54条规定，收集物证不符合法定程序，可能严重影响司法公正的，应当予以补正或者作出合理解释；不能补正或者作出合理解释的，对该证据应当予以排除。最高人民法院《解释》第73条规定，在勘验、检查、搜查过程中提取、扣押的物证，未附笔录或者清单，不能证明物证来源的，不得作为定案的根据。物证的收集程序、方式有下列瑕疵，经补正或者作出合理解释的，可以采用：(1) 勘验、检查、搜查、提取笔录或者扣押清单上没有侦查人员、物品持有人、见证人签名，或者对物品的名称、特征、数量、质量等注明不详的；(2) 物证的照片、录像、复制品，未注明与原件核对无异，无复制时间，或者无被收集、调取人签名、盖章的；(3) 物证的照片、录像、复制品，没有制作人关于制作过程和原物、原件存放地点的说明，或者说明中无签名的；(4) 有其他瑕疵的。对物证的来源、收集程序有疑问，不能作出合理解释的，该物证不得作为定案的根据。最高人民法院《关于建立健全防范刑事冤假错案工作机制的意见》第9条规定，现场遗留的可能与犯罪有关的指纹、血迹、精斑、毛发等证据，未通过指纹鉴定、DNA鉴定等方式与被告人、被害人的相应样本作同一认定的，不得作为定案的根据。涉案物品、作案工具等未通过辨认、鉴定等方式确定来源的，不得作为定案的根据。对于命案，应当审查是否通过被害人近亲属辨认、指纹鉴定、DNA鉴定等方式确定被害人身份。

第三节　书　证

一、书证的概念和特点

书证是指以文字、符号、图画所表达的思想内容来证明案件事实的书面材料或其他材料，如贪污案件中的账册、单据；诬告案件中的诬告陷害信件；团伙犯罪中的犯罪计划、分赃数据记录；单位犯罪中的会议记录、非法合同等。书证的概念解释了其两层含义：其一，在证据作用上，书证是以记载的内容或者表达的思想来证明案件事实的一种证据；其二，在表现形式上，书证有一定的物质载体，表现为某种材料。

相比较于其他证据形式，刑事诉讼中的书证具有以下几个特点：一是书证必须是以文字、符号、图画等记载内容或者表达了人的一定思想的物品，而且它所记载或表达的内容，能够为人们所认知和理解，可借以发现信息。这是使其成为书证的前提条件。因为，并不是凡有一定文字或符号附着其上的物品都会成为书证。书证表达人的思想内容的方式，最常见的是使用文字，但又不局限于文字，如使用符号、图画等方式来表达思想内容，也无不可。书证的物质材料，以纸张居多，但也不排斥其他的材料，如布帛、皮革、金石、竹木等，都可以成为书证的物质载体。书证的形成方法，既可以是手写、刀刻、印刷、剪贴，也可以用拼凑法、堆砌法或火烙法等。二是该项材料所记载的内容或者所表达的思想，须与刑事案件有关，能用以证明刑事案件事实。这是书证本质的特点，也是书证区别于其他证据形式的标志。书证所记载的内容或者所表达的思想与刑事案件有关，说明书证是以书证本身所包含的信息对刑事案件起证明作用的，而不是以其物质载体对案件起证明作用的。有些文字材料虽然作为犯罪现场的遗留物，也能对案件有证明价值，但由于它所记载的内容与刑事案件无关，即不是以记载的内容对案件起证明作用，而是以其存在的地点对刑事案件起证明作用，那么，尽管从表面上看它是一种文字材料，但它实质上却是物证，而不是书证。例如，在犯罪现场发现了犯罪嫌疑人的日记本，该日记本上记录的全部内容，与刑事案件毫无关系，因此不是书证而是物证。

必须注意的是，有的书面文件同时具有书证与物证两种属性，即无论是它存在的处所、外部形状、特征，还是它所记载、表达的思想内容，对案件的有关事实都能起证明作用。拿恐吓信来说，从恐吓信书写的字迹特征等可以证实恐吓信是谁所写，因此恐吓信起了物证的作用；从恐吓信中书写的内容来看，是勒索被害人的财物这一事实，能证实犯罪分子实施的敲诈勒索行为，因此，恐吓信又以书证的属性发挥了证明作用。那么在这种情况下，该书面文件到底是物证还是书证呢？我们认为，书证属性是第一位的，物证属性是第二位的。因为其书证属性对定罪量刑，对于确定犯罪构成的要素有直接的影响，所以仍以书证的形式出现；而且实际上任何书证都是不能脱离一定的物质载体而存在的，如果凡是这种情况都算作物证，那就无法划分书证和物证的界限了。结论是：凡是只有物证属性而无书证属性的书面文件都是物证，凡是只有书证属性而无物证属性或兼有物证和书证两种属性的书面文件都是书证。

二、书证的分类

书证在司法实践中以各种不同的形式表现出来，按照书证的内容、制作主体、制作方式、制作目的和书证的效用，可以对书证作如下分类：

1. 文字书证、图形书证和符号书证

以书证内容的表达方式为标准，可以将书证划分为文字书证、图形书证和符号书证。文字书证是指以文字所记载的内容来证明与案件事实具有关联性的书证，这种书证较为常见，例如信函、电报、传单、发票、账册等。图形书证是指以图形所表现的内容来证明与案件事实具有关联性的书证，例如地形图、设计图纸等。图形书证所表达的内容显得既形象又直观，但是如果涉及一些特殊专业技术领域的知识和经验，则需要借助专家来加以鉴定和认定。符号书证是指以符号表达特定思想内容来证明与案件事实具有关联性的书证，例如路标、音符、记号、标记等。

2. 原本书证、正本书证、副本书证、节录本书证、影印本书证和译本书证

以书证的制作方式为标准，可以将书证划分为原本书证、正本书证、副本书证、节录本书证、影印本书证和译本书证。凡是制作人最初制成的，是原本书证。在刑事诉讼中，应尽可能收集原本书证，因为它是书证的原始状态，其证据效力最高。凡照原本全文抄录或印制并与原本具有同等法律效力的书证，是正本书证；凡是照原本全文抄录或印制但不具有正本效力的书证，是副本书证。节录本书证是指制作人摘要抄录、印制原本文书部分内容后形成的书证。影印本书证是指采用影印技术，将原本或正本通过摄影或复制方式而制作的文书。译本书证是指采用包括其他国家或国内其他民族在内的语言文字，通过翻译原本或正本的方式而形成的文书。

3. 公文性书证和非公文性书证

以书证是否依职权制作为标准，可以将书证划分为公文性书证和非公文性书证。凡是国家机关及其他单位行使职权所制作的文书而成为书证的，称公文性书证，如公证书、判决书、营业执照等；凡是机关、团体、企事业单位不是出于行使职权的需要而制作的文书或私人制作的文书而成为书证的，称非公文性书证，如单位出具的介绍信，公民个人书写的材料等。刑事诉讼中的书证，多为非公文性书证。

4. 偶然书证和目的书证

以书证的制作目的为标准，可以将书证划分为偶然书证和目的书证。凡是书证制作者在制作之初并未考虑到将来会用作证据的，是偶然书证，如犯罪计划、犯罪分子为实施犯罪绘制的现场地图等；凡是书证制作者在制作之初就是出于将来作为证据的目的而制作的，是目的书证，如合同、公证书等。在刑事诉讼中多数书证为偶然书证。

三、书证的意义

书证以其所记载的内容和所表达的思想证明待证事实。书证的这一本质决定了其在刑事诉讼中具有十分重要的意义：第一，书证有助于认定案件的性质。相比其他证据形式而言，许多书证可以明确地告诉人们犯罪案件的性质。因为，犯罪嫌疑人、被告人供述和辩解、证人证言、被害人陈述等所讲述的犯罪性质不可轻信，物证、勘验、检查、辨认、侦查实验等笔录、鉴定意见所反映的犯罪性质需要综合各种情况推断，而书证可以使犯罪行为人的犯罪动机、过程昭然若揭。第二，书证与其鉴定意见相结合可以成为直接认定罪犯的有力证据。书证上所反映的思想内容可以揭示犯罪的性质和事实，而通过对书证上笔迹的鉴定，可以确定犯罪嫌疑人的身份，准确查获犯罪人。在某些案件中，书证及其笔迹鉴定能够直接证明案件主要事实。第三，书证是某些犯罪构成的必要证明条件。某些犯罪的构成，要以特定的书证为必要条件。例如，认定制作、复制、出版、贩卖、传播淫秽物品牟利罪，一定要有被制作、贩卖的淫秽书刊、画册、照片等证据。

四、对书证的审查和判断

公安司法机关对书证应当着重审查以下内容：(1) 书证是否为原件，是否经过辨认、鉴定；书证的副本、复制件是否与原件相符，是否由二人以上制作，有无制作人关于制作过程以及原件存放于何处的文字说明和签名；(2) 书证的收集程序、方式是否符合法律、有关规定；经勘验、检查、搜查提取、扣押的书证，是否附有相关笔录、清单，笔录、清单是否经侦查人员、物品持有人、见证人签名，没有物品持有人签名的，是否注明原因；物品的名称、特征、数量、质量等是否注明清楚；(3) 书证在收集、保管、鉴定过程中是否受损或者改变；(4) 书证与案件事实有无关联；(5) 与案件事实有关联的书证是否全面收集。

据以定案的书证应当是原件。取得原件确有困难的，可以使用副本、复制件。书证有更改或者更改迹象不能作出合理解释，或者书证的副本、复制件不能反映原件及其内容的，不得作为定案的根据。书证的副本、复制件，经与原件核对无误、经鉴定为真实或者以其他方式确认为真实的，可以作为定案的根据。

《刑事诉讼法》第 54 条规定，收集书证不符合法定程序，可能严重影响司法公正的，应当予以补正或者作出合理解释；不能补正或者作出合理解释的，对该证据应当予以排除。最高人民法院《解释》第 73 条规定，在勘验、检查、搜查过程中提取、扣押的书证，未附笔录或者清单，不能证明书证来源的，不得作为定案的根据。书证的收集程序、方式有下列瑕疵，经补正或者作出合理解释的，可以采用：(1) 勘验、检查、搜查、提取笔录或者扣押清单上没有侦查人员、物品持有人、见证人签名，或者对物品的名称、特征、数量、质量等注明不详的；(2) 书证的副本、复制件未注明与原件核对无异，无复制时间，或者无被收集、调取人签名、盖章的；(3) 书证的副本、复制件没有制作人关于制作过程和原件存放地点的说明，或者说明中无签名的；(4) 有其他瑕疵的。对书证的来源、收集程序有疑问，不能作出合理解释的，该书证不得作为定案的根据。

第四节　证人证言

一、证人的概念与证人资格

按照我国《刑事诉讼法》第 60 条的规定，“凡是知道案件情况的人，都有作证的义务。生理上、精神上有缺陷或者年幼，不能辨别是非、不能正确表达的人，不能作证人”。根据这一规定，刑事诉讼中的证人，是指经公安司法机关通知，并有义务把自己所了解的案件情况告诉公安司法机关的诉讼参与人。证人资格，也就是证人的范围，是指哪些人能够作为证人，哪些人不能作为证人。要正确理解证人的资格，应当掌握以下几点：

(一) 证人只能是当事人以外的知道案件情况的人

只有知道案件情况的人，才能作为证人，但知道案件情况的人，并非都是证人。案件的当事人由于与案件有直接利害关系，因而不能作为证人。证人是与案件没有直接利害关系而知道某一案件或某些案件情况的第三人。证人是由其知道案件事实决定的，因此，证人永远都是特定的人，具有不可代替性，他既不能由司法机关自由选择和指定，也不能由别人来代替和更换。

（二）凡是知道案件情况并有作证能力的人，都可以作为证人

"知道案件"，能够"辨别是非"、"正确表达"的人，是取得证人资格的绝对条件。是否作为证人，既不受性别、年龄、民族、出身、成分、文化程度、财产状况、思想觉悟、表现好坏、社会地位等限制，也不受是否与犯罪嫌疑人、被告人、被害人有亲属关系或其他利害关系的影响，只要符合证人的条件，都可以作为证人。对案件的同一事实，如果有几个人同时知道，那么他们都可以作为证人，而不能互相代替。

（三）证人只能是公民个人，法人和非法人团体不具有证人资格

这是因为只有公民个人才能借感官感知案件事实，而法人和非法人团体本身并无这种感知能力。同时，由于了解案件情况而产生的作证义务，是公民个人的法定义务，故意作伪证、隐匿罪证，必须负伪证的法律责任，而法人和非法人团体则无法承担这种法律责任。因此，证人只能是公民个人，任何机关、团体、企事业单位等都不能作为证人。实践中，它们所提供的档案材料、证明文件和其他书面材料，属于书证的范围，而不是书面证言。

（四）生理上、精神上有缺陷或者年幼，不能辨别是非、不能正确表达的人，不能作证

所谓"生理上有缺陷"，是指存在盲、聋、哑或者其他生理方面的缺陷。"精神上有缺陷"，是指在智力上或者精神上存在障碍。"年幼"是指年龄幼小，一般指14周岁以下。生理上、精神上有缺陷或者年幼的人，在不能辨别是非、不能正确表达的情况下，不能作证，但是对于他们能够辨别是非和正确表达的事项，他们是可以作证的。有人曾指出："14周岁以下的儿童能否成为证人，取决于法院的自由裁量，并主要依赖于其个人的道德感、智力和理解力。是提供证言的人的智力和理解力而不是年龄，在决定他是否有能力作为证人上起主导作用。"[①] 也就是说，看一个人能不能作为证人，关键要看他对客观事物能不能分清是非，能不能正确表达。根据这一标准，对具体人员的具体情况进行具体分析以后，才能够确定其能否作为证人。必要时，可以进行鉴定再作决定。因此，"生理上、精神上有缺陷或者年幼"只是丧失作证资格的相对条件，而不是绝对条件。还应注意，最高人民法院《解释》第75条第1款规定，处于明显醉酒、中毒或者麻醉等状态，不能正常感知或者正确表达的证人所提供的证言，不得作为证据使用。

（五）证人在刑事诉讼中占有优先地位

凡是在刑事诉讼开始以前知道案件情况的人，都应当优先地作为证人参加诉讼，而不应当作为本案的侦查人员、检察人员、审判人员、辩护人、鉴定人、翻译人员参加诉讼。因为这些人员都是可以自由选择和替换的，而证人却不能自由选择和替换。同时，这也符合《刑事诉讼法》关于证人具有作证的义务和"担任过本案的证人、鉴定人、辩护人、诉讼代理人的"即应当回避的有关规定。

（六）刑事诉讼中的见证人，应视为"特殊的证人"

见证人，是指与案件无关，而仅在勘验、检查、搜查、扣押和辨认等诉讼活动中，被司法人员邀请在现场观察并为此作证的人。这种人被邀请到现场见证，是可以选择和代替

---

① Albert H. Putney, *Evidence*, Cree Publishing Company, 1910, p. 195.

的，这与证人具有差异。但是，一旦被邀请到现场见证之后，他就成为了解有关诉讼活动的特定人，具有不可代替性，这与证人又有相似之处。尤其是见证人与证人具有类似的诉讼权利和义务。因此，可将见证人视为一种“特殊的证人”。最高人民法院《解释》第67条规定：“下列人员不得担任刑事诉讼活动的见证人：（一）生理上、精神上有缺陷或者年幼，不具有相应辨别能力或者不能正确表达的人；（二）与案件有利害关系，可能影响案件公正处理的人；（三）行使勘验、检查、搜查、扣押等刑事诉讼职权的公安、司法机关的工作人员或者其聘用的人员。由于客观原因无法由符合条件的人员担任见证人的，应当在笔录材料中注明情况，并对相关活动进行录像。”

大陆法系国家一般对证人资格很少限制。但大陆法系国家认为，证人是陈述见闻事实的第三人，所以，当事人不得充当证人，鉴定人不同于证人。英美法系国家早期的普通法曾规定，与诉讼当事人有利害关系，犯不名誉罪，或者因宗教信仰或无宗教信仰而不重视宣誓效力的人，已被定罪的重罪人，因为他们被认为不可信任，故均不得提供证言。现代立法中，这些限制性规定基本已废止。在英美法系国家，当事人可以充当证人，鉴定人属证人范畴。一度曾认为精神病人不能提供可信的法庭证言，但如果一个精神病人通过以下两项测试，他（她）就可以作为一名合格的证人：对作证誓言中包含的义务以及作伪证的后果是否理解（在这方面有精神病的证人与未成年的证人是类似的）；能否对他（她）所感知的事物作出理智的陈述。以上两项测试同样适用于那些在要作证的事件发生当时醉酒或受麻醉剂影响的证人。

同案几个犯罪嫌疑人、被告人之间能否互为证人呢？根据证人只能是当事人以外了解案情的第三人的原则，同案犯罪嫌疑人、被告人不宜互相作为证人。因为犯罪嫌疑人、被告人对于案件事实情况，可以进行充分的供述和辩解。他们的供述和辩解经过查证核实后，可以作为证据使用。所以，没有必要把同案几个犯罪嫌疑人、被告人再互相作为证人进行讯问。特别是由于犯罪嫌疑人、被告人和证人在刑事诉讼中的地位、诉讼权利和诉讼义务是完全不同的，如果把犯罪嫌疑人、被告人作为本案的证人，实际上是让犯罪嫌疑人、被告人承担证明责任，因此会影响他们的诉讼权利。

在警察证人资格的法律限定和适用问题上，传统的大陆法系与英美法系国家走上了两条迥异的道路。在英美法系国家，警察是法庭的公仆。因为诉讼当事人都可以成为合法的证人，所以检察官和司法警察当然有证人资格，可以作为证人。但是，警察的证人资格在大陆法系理论上尚存争议。多数学者认为，参与办案的司法警察不具有证人资格，因为，检察官实施侦查时经历了有关事实，在该阶段并非诉讼主体以外的第三人，所以不能成为证人。至于协助检察官侦查犯罪的司法警察，除对于警察发现现行犯，当然应当以证人身份提供证言以外，应当将其视为检察官的辅助机关，与检察官一样，不允许警察就其职务上观察到的资料，作为证人。① 在大陆法系目前的司法实践中，某些情况下，警察亦可作为证人出庭。

在我国，《刑事诉讼法》中有两处涉及侦查人员出庭作证或者说明情况，在某种程度上肯定了侦查人员作为证人的适格性。第一处是，《刑事诉讼法》第57条规定：“在对证据收集的合法性进行法庭调查的过程中，人民检察院应当对证据收集的合法性加以证明。现有证据材料不能证明证据收集的合法性的，人民检察院可以提请人民法院通知有关侦查人员

① 参见刁荣华：《比较刑事证据法各论》，131～132页，台北，汉林出版社，1984。

或者其他人员出庭说明情况；人民法院可以通知有关侦查人员或者其他人员出庭说明情况。有关侦查人员或者其他人员也可以要求出庭说明情况。经人民法院通知，有关人员应当出庭。”该条文要求，侦查人员对其证据收集的合法性出庭说明情况，有助于法院查明案件事实。第二处是，《刑事诉讼法》第187条第2款规定，人民警察就其执行职务时目击的犯罪情况作为证人出庭作证，适用普通证人的规定。此条文实际上是为了强调警察作为案件的目击证人出庭作证的必要性。我们认为，在警察出庭作证的对象和范围上，法律应当作出明确规定，主要包括以下几个方面的实体法事实（定罪事实和量刑事实）和程序法上的事实：（1）定罪事实：如参与办案的侦查人员在抓获犯罪嫌疑人过程中，目击犯罪嫌疑人犯罪事实；（2）量刑事实：如侦查人员在破案过程中接触到的被告人是否具有自首、立功等法定情节；（3）程序法上的事实：如侦查人员审讯被告人、询问证人的过程，对于有关证据的获取过程（如搜查、扣押、勘验、检查、辨认、鉴定等），以及关于侦查机关的诱惑侦查等秘密侦查行为的实施过程的事实。对于上述情况，被告人对侦查人员行为有争议的，传唤参与办案的侦查人员出庭作证，均有利于查明案件事实。①

二、证人的诉讼权利和诉讼义务

为了保障证人客观充分地提供证言，保证司法机关顺利地收集证人证言，我国刑事诉讼法赋予了证人广泛的诉讼权利，同时也规定了证人应当履行的诉讼义务。

（一）证人的诉讼权利

根据我国刑事诉讼法的规定，证人依法享有以下诉讼权利：

1. 司法人员到证人所在单位或者住处进行询问时，证人有权要求他们出示司法机关的证明文件。《刑事诉讼法》第122条规定：“在现场询问证人，应当出示工作证件，到证人所在单位、住处或者证人提出的地点询问证人，应当出示人民检察院或者公安机关的证明文件。”

2. 证人有权用本民族的语言、文字进行诉讼。《刑事诉讼法》第9条第1款规定：“各民族公民都有用本民族语言文字进行诉讼的权利。人民法院、人民检察院和公安机关对于不通晓当地通用的语言文字的诉讼参与人，应当为他们翻译。”

3. 证人有权按照自己知道的案件情况提供证言，不受任何机关、团体、单位和个人的干涉。《刑事诉讼法》第50条规定：“严禁刑讯逼供和以威胁、引诱、欺骗以及其他非法方法收集证据，不得强迫任何人证实自己有罪。必须保证一切与案件有关或者了解案情的公民，有客观地充分地提供证据的条件，除特殊情况外，可以吸收他们协助调查。”证人在行使这一权利时，可以补充、改正其陈述不实的部分，提交其持有的与案件有关的物证、书证。对其证言笔录，可以要求阅读或者请司法人员向其宣读，如果认为有遗漏或错误时，可以要求补充或修正。证人有权请求自己书写证言。

4. 证人在侦查期间，有权要求对自己的姓名保密和在整个诉讼阶段对自己报案、举报的行为保密。根据《刑事诉讼法》第109条第3款的规定，在侦查期间，证人不愿公开自己姓名的，有权要求侦查机关为其保密。在整个刑事诉讼阶段，证人作为报案人、控告人、举报人，如果不愿公开自己的报案、控告、举报的行为，有权要求司法机关为其保密。司

① 参见汪建成、杨雄：《警察作证的理论推演与实证分析》，载《政法论坛》，2003（4）。

法机关必须为证人保密。这一规定既有利于鼓励和保护公民举报犯罪，防止被举报人打击报复，又有利于侦查机关调查核实举报的真实性，防止因举报的事实有出入而造成不良影响。但是，在审判阶段，证人没有要求为其姓名保密的权利。因为证人要到庭接受控辩双方的询问和质证，因故未到庭的证人，法庭要依法宣读其证言。

5. 证人对司法人员侵犯其诉讼权利和人身侮辱的行为，有权提出控告。《刑事诉讼法》第 14 条第 2 款规定："诉讼参与人对于审判人员、检察人员和侦查人员侵犯公民诉讼权利和人身侮辱的行为，有权提出控告。"

6. 证人有权要求司法机关保障其自身及其近亲属的安全。对证人及其近亲属进行威胁、侮辱、殴打或者打击报复的，证人有权要求对行为人予以制裁。《刑事诉讼法》第 61 条规定："人民法院、人民检察院和公安机关应当保障证人及其近亲属的安全。对证人及其近亲属进行威胁、侮辱、殴打或者打击报复，构成犯罪的，依法追究刑事责任；尚不够刑事处罚的，依法给予治安管理处罚。"第 62 条规定："对于危害国家安全犯罪、恐怖活动犯罪、黑社会性质的组织犯罪、毒品犯罪等案件，证人、鉴定人、被害人因在诉讼中作证，本人或者其近亲属的人身安全面临危险的，人民法院、人民检察院和公安机关应当采取以下一项或者多项保护措施：（一）不公开真实姓名、住址和工作单位等个人信息；（二）采取不暴露外貌、真实声音等出庭作证措施；（三）禁止特定的人员接触证人、鉴定人、被害人及其近亲属；（四）对人身和住宅采取专门性保护措施；（五）其他必要的保护措施。证人、鉴定人、被害人认为因在诉讼中作证，本人或者其近亲属的人身安全面临危险的，可以向人民法院、人民检察院、公安机关请求予以保护。人民法院、人民检察院、公安机关依法采取保护措施，有关单位和个人应当配合。"

7. 证人出庭作证的通知书至迟要在开庭 3 日以前送达。《刑事诉讼法》第 182 条第 3 款规定，通知证人出庭的通知书至迟在开庭 3 日以前送达证人。

8. 证人有权要求司法机关补助因到庭作证所支出的费用。《刑事诉讼法》第 63 条规定，证人因履行作证义务而支出的交通、住宿、就餐等费用，应当给予补助。证人作证的补助列入司法机关业务经费，由同级政府财政予以保障。有工作单位的证人作证，所在单位不得克扣或者变相克扣其工资、奖金及其他福利待遇。

9. 特殊证人享有不被强制出庭作证的权利。为了保护社会的亲情伦理关系，《刑事诉讼法》第 188 条第 1 款规定，经人民法院通知，证人没有正当理由不出庭作证的，人民法院可以强制其到庭，但是被告人的配偶、父母、子女除外。该条文确立了配偶、父母、子女不被强制出庭作证的权利，在某种程度上确立了我国的亲属拒证特权制度。但是，相比西方国家的证人拒证特权而言，我国还存在很大的差距。在西方国家，为了保护刑事诉讼之外的其他社会利益，法律规定证人享有拒证特权。拒证特权是指公民在法定情况下可拒绝充当证人或对某些问题拒绝陈述的权利。证人有权拒绝提供可能使自己受到刑事追诉或者有罪判决的证言，证人有权拒绝提供可能使其近亲属、监护人或者被监护人受到刑事追诉或者有罪判决的证言。律师、医护人员、宗教职业者或者曾经担任上述职务的人员，对于其在履行职务过程中得知的有关他人秘密的事实，不得提供证言。此外，审判人员、公务人员对于履行公职所获知的秘密事项也拥有类似的拒绝作证权。在我国未来刑事诉讼法修改时，应当明确规定证人的拒证特权。

（二）证人的诉讼义务

根据我国刑事诉讼法的规定，证人应当履行的诉讼义务主要有：

1. 证人有作证的义务。《刑事诉讼法》第60条规定："凡是知道案件情况的人，都有作证的义务。"因此，证人经公安机关、人民检察院和人民法院通知，必须按时到法律规定的地点提供证言。证人不得以任何借口，拒绝提供证言。证人因故确实不能到案时，必须事先向传唤机关说明理由，不能无故不到案。在2012年《刑事诉讼法》再修改之前，我国司法实践中，证人不出庭的现象相当严重，刑事证人出庭率只有2%～3%。这种现象给我国刑事诉讼制度的贯彻和诉讼机制的良性运转带来了极大的副作用。一方面，使得法律的明文规定流于形式，导致有法不依的严重后果；另一方面，破坏了诉讼的直接言词原则，控辩双方的对抗无法实现，剥夺了双方当事人尤其是被告人与证人对质的权利。此外，证人不出庭作证还不利于法官查明案件事实，甚至造成冤假错案。2012年《刑事诉讼法》再修改中，为了解决证人出庭难的问题，刑事诉讼法确立了关键证人出庭作证制度、强制证人出庭作证制度、对拒绝出庭作证的证人的处罚制度、证人补助（补偿）制度，完善了证人保护制度。具体而言，《刑事诉讼法》第187条第1款规定，公诉人、当事人或者辩护人、诉讼代理人对证人证言有异议，且该证人证言对案件定罪量刑有重大影响，人民法院认为证人有必要出庭作证的，证人应当出庭作证。《刑事诉讼法》第188条规定，经人民法院通知，证人没有正当理由不出庭作证的，人民法院可以强制其到庭，但是被告人的配偶、父母、子女除外。证人没有正当理由拒绝出庭或者出庭后拒绝作证的，予以训诫，情节严重的，经院长批准，处以10日以下的拘留。被处罚人对拘留决定不服的，可以向上一级人民法院申请复议。复议期间不停止执行。

2. 证人有向司法人员如实陈述和回答所提问题的义务，即证人有如实作证的义务。《刑事诉讼法》第123条规定："询问证人，应当告知他应当如实地提供证据、证言和有意作伪证或者隐匿罪证要负的法律责任。"根据这一规定，证人有义务向司法机关如实地陈述所知道的案件情况，实事求是地提供证据、证言。知道多少，陈述多少，既不能扩大，也不能缩小。《刑事诉讼法》第189条规定："证人作证，审判人员应当告知他要如实地提供证言和有意作伪证或者隐匿罪证要负的法律责任。"证人在法庭上既要接受审判人员的询问，也要接受公诉人、当事人、辩护人、诉讼代理人的发问。证人应当如实地回答他们提出的问题。证人不得作伪证，不得隐匿罪证，否则要负法律责任。根据《刑法》第305条的规定，"在刑事诉讼中，证人……对与案件有重要关系的情节，故意作虚假证明……意图陷害他人或者隐匿罪证的，处三年以下有期徒刑或者拘役；情节严重的，处三年以上七年以下有期徒刑"。需要指出，证人构成伪证罪，必须是"故意作虚假证明"，即"故意作伪证"。因此，证人只要主观上愿意如实陈述，即使有时由于对事物没有看清、听清或者由于记忆不清、表达不准确等，而提供了不完全准确甚至错误的证言，也不构成伪证罪。对此我国《刑事诉讼法》第109条第2款规定："接受控告、举报的工作人员，应当向控告人、举报人说明诬告应负的法律责任。但是，只要不是捏造事实，伪造证据，即使控告、举报的事实有出入，甚至是错告的，也要和诬告严格加以区别。"这一规定有利于保证证人提供证据、证言。

3. 证人有义务保守司法机关向其询问的情况以及他所陈述内容的秘密，不得向无关人员泄露。证人与证人之间也不能互相串通，互相了解陈述的内容。其目的是防止证人将有关案件的情况泄露后造成不良的社会影响，干扰其他证人作证，影响被告人、被害人提供证据，妨碍司法机关侦查、起诉和审判工作的顺利进行。

4. 证人有遵守法律秩序的义务。《刑事诉讼法》第194条规定："在法庭审判过程中，如果诉讼参与人或者旁听人员违反法庭秩序，审判长应当警告制止。对不听制止的，可以强行带出法庭；情节严重的，处以一千元以下的罚款或者十五日以下的拘留。”根据这一规定，作为诉讼参与人之一的证人，如果在法庭审理过程中违反法庭秩序，将受到警告、罚款或者拘留的处罚。所以，遵守法庭秩序，维护人民法院审判工作的顺利进行，是证人应尽的一项义务。

三、证人证言的概念和特征

证人证言是刑事诉讼当事人以外的第三人就自己所感知的案件事实向侦查机关、检察机关和审判机关作出的陈述。

相比其他证据形式而言，证人证言具有下列显著特点：

（一）证人证言不同于物证、书证

证人证言同物证、书证之间的根本区别在于，证人证言以语言表述作为存在形式。在实行直接言词辩论原则的国家，证人要亲自出庭，向法庭陈述自己所感知的案件事实，并接受控辩双方的质证，因此这种区别就更为明显。而即使在不完全实行直接言词辩论原则的国家，在证人不出庭而提供书面证言的情况下，也不能将这种书面文字材料看成是书证，因为它是对证人对案件事实感知情况的口头表述的书面记录，是以口头表述对案件起证明作用的。

证人证言的这种存在形式的特点决定了其具有与物证、书证相对应的优、缺点。其优点在于，证人证言可以在证人的头脑中通过人的大脑的记忆功能保留一段时间，所以相对来说，证人证言比较容易收集。证人证言的缺点在于，由于证人证言所表述的是一种人的感受，受主观因素的影响要大一些，或者由于证人的生理、心理的缺陷而使感受或表述失真，或者由于证人的主观动机不纯而出现伪证，或者由于外界的压力，如威胁、引诱等而造假。所以对证人证言的审查判断就显得尤为重要。

（二）证人证言不同于被害人陈述

虽然证人证言和被害人陈述都是以人的语言表述作为存在形式的，但证人和被害人具有不同的诉讼地位，这种诉讼地位的差异，决定了证人证言和被害人陈述应当分别成为两种独立的刑事证据。被害人同刑事案件有直接的利害关系，而证人同刑事案件则无直接的利害关系，这种诉讼地位的区别决定了他们的陈述虽然都以口头表述的形式出现，但在内容上却有很大差别。在通常情况下，证人证言相对于被害人陈述来看，要客观一些，被害人作为犯罪的直接受害者，可能出于报复的动机有意无意地夸大犯罪事实，而证人由于一般与案件没有直接的利害关系，因而比较容易做到客观公正。

（三）证人证言不同于鉴定意见

证人是通过诉讼以外的途径，即在刑事诉讼开始前案件事实的发生过程中了解案件的真实情况的，这是证人证言不同于鉴定意见的关键。鉴定人为了鉴定的需要，虽然也要进行一些必要的了解案件的活动，但这种了解是在刑事诉讼程序开始以后，通过诉讼的途径所获得的。同时，证人都是以其所感知的事实来证明案件的情况，而鉴定人则不是以他所了解的事实证明案情，他对案件事实进行一些了解的目的是进行刑事科学技术鉴定，并最终以自己的鉴定结果对刑事案件起证明作用。

正是上述区别，决定了证人证言具有不可替代性，即只能由知道案件情况的人作证，而不能找其他人员代替证人作证。某人或某些人了解案件情况，这是特定的和无法选择的，正是这种特定性决定了证人证言不可替代。鉴定意见是由鉴定人作出的，鉴定人同案件事实不具有这种特定关系，因此鉴定人可以选择，只要是具备鉴定技术水平和资格的人，就可以被聘请或指派作为鉴定人，并对案件中的某些专门性的问题作出鉴定意见。此外，证人证言具有不可代替性，不仅指不了解案件情况的人不能代替证人作证，还指即使了解同样案件情况的人也不可相互代替作证。因为证人的品德素质和感受、判断、记忆、复述能力各不相同，不同证人所作的证词必定有一定差异。这一特点决定了，即使有多个人同时感受相同的案件事实，也应当让了解案件情况的各个证人分别作证，并对每个证人的证言都进行认真的核查，而不能采取座谈会的方式，更不能只选其中的一个或几个代表作证。

证人证言和鉴定意见的区别还在于证据本身的内容上。证人证言是证人对案件事实的感受，因此，证人证言的内容十分广泛，有什么样的案件事实，就会有什么样的证人证言。而鉴定意见，只是针对案件中的某些专门性问题而发表的看法，因此，鉴定意见的内容只与案件的某个局部问题有关，而且这个局部问题必须运用专门技术知识才能解决，否则，如果司法人员凭个人的业务知识就能判断的话，则根本不需要鉴定意见。

四、证人证言的形成过程和构成要素

（一）证人证言的形成过程

一个证言的形成必然要经历感知、记忆和表述三个不可分割的阶段。其中，感知是基础，是证言形成的初始阶段，在这一阶段，证人依靠视觉、听觉、触觉、嗅觉、味觉等接受案件事实的信息，这种信息是证言的源头。记忆是固定证言信息的独特方式，证人只有通过人脑的独特记忆功能才能将所感知的案件信息保留下来。记忆是一种主观用脑活动，它是对人的感知、感觉印象加以固定的过程，记忆的形成与最初的感受是否深刻有关，人的记忆能力同年龄、健康状况、职业习惯、时间长短也有密切联系。表述是证言形成的最后一个阶段，是对证言信息的外化过程。证人在对案件事实感知、感觉和记忆的基础上，以语言表达的方式将其复述、再现出来，才能形成最终的证人证言，成为刑事诉讼中的证据。证人对案件事实的表述是否客观、准确地再现了证人所感知的状况，是否挖掘了记忆储存的全部印象，直接关系到证人证言的真实性。

（二）证人证言的构成要素

一般认为，证人证言只能由其表述的与案件有关的事实构成，这种事实源于他对案件事实的感受，而证人证言中的推测性或判断性陈述，不可作为定案的证据使用。因为对案件事实加以判断属于司法机关的职能。况且，证人因受职业、知识和经验等限制，往往难以对案件作出准确的判断。倘若让其提供判断意见，势必导致诉讼上的立证混乱、提供偏见或预测资料的危险。从整体上讲，这种传统的观点是正确的，但是不能绝对化，不能将证人证言说成是离开人的判断而存在的纯粹的客观事实。

我们认为，在证人证言的形成过程中必然包含判断的因素。证人在通过感觉器官接受了与案件有关的信息之后，必然要对其进行辨别与分类，作出判断，确定刺激物的意义，最后形成概念。如果没有这一辨认和判断过程，就不可能存在人们通过对事物的抽象理解而形成的印象。例如，证人说他看见一个穿黑衣、头戴鸭舌帽的老头，用菜刀砍死一个戴眼镜的中年妇女。在此证言中，“凶手穿黑衣、头戴鸭舌帽”，“是个老头”，“凶器是菜刀”，“被害人是一名中年妇女”等内容，实际上就是对数个事物进行的辨别与判断。而且阅历较广、经验较丰富和具有某种专业知识的人对事物作出的判断，通常较一般人更为准确，具有更大的证据价值。例如，同一张等高线地图，对于非专业人员而言，看到的仅是封闭和不规则的圆圈，而制图学家看到的则是生动的地形图；射击运动员对枪的类别和型号的判断肯定要比一般人准确得多。由此可见，证人所作的某种判断性陈述，尤其是具有一定专业知识和生活经验的人所作的判断，具有较高的证据价值。

所以问题的关键不在于证人的判断是否可作为证据，而在于证人证言中哪一部分判断不具有证据价值，哪一部分判断具有证据价值，即如何划清两者的界限。我们认为，证人所作的判断性陈述，可以划分为体验性判断和意见性判断。所谓体验性判断，指证人依据自己所体验的事实作出的识别与判断。诸如“凶手是小伙子”、“凶器是匕首”、“受害者是中年妇女”，都属于体验性判断，此类判断显然具有证据价值。所谓意见性判断，指不是依据自己所体验的事实，或不完全依据所体验的事实，而是依据人们的知识、经验或科学原理作出的推断。例如，有一个证人陈述，在案件发生时，曾看见一个身材高大、留长发、着风衣的人快速跑出车间，估计此人就是罪犯。在此陈述中，“估计此人就是罪犯”，就是意见性判断，不具有证据价值。因为他所体验的事实只能使他作出“一个高大、留长发、着风衣的人跑出车间”的判断，不足以使他作出“此人就是罪犯”的判断。因此，证人对案件事实的判断只能是体验性判断，否则就不是证人证言，只有鉴定人才可以对案件事实作出意见性判断。最高人民法院《解释》第 75 条第 2 款规定，证人的猜测性、评论性、推断性的证言，不得作为证据使用，但根据一般生活经验判断符合事实的除外。

五、证人证言的意义

各种诉讼案件都是在社会上发生的，案件一经发生，往往会被人们所感知。因此，感知案件事实、情节的人向司法机关提供的证言，是各种诉讼中运用最为广泛的一种证据。在刑事诉讼中，司法人员对案件事实并没有亲自耳闻目睹，他们要靠证据才能认识案件的事实真相，其中证人证言具有极为重要的作用。具体作用包括：一个证人或若干证人，就其了解的案件发生的时间、地点、原因，造成的结果，行为人的动机、目的等，向司法机关提供证言，有利于司法人员全面地查明案情，为正确处理案件奠定坚实的基础；证人证言有助于司法人员深入了解物证、书证等证据的特征和含义，核实其真伪和确定其证明力的大小；证人还能提供司法人员尚不了解的证据线索，这就有利于司法人员据以进一步收集证据；将证人证言与同案件有利害关系的当事人陈述等言词证据相互印证，通过对质揭露犯罪嫌疑人、被告人或被害人的口供或陈述的虚假性，可以使他们放弃不切实际的幻想，如实供述或陈述案情。

有人认为，证人证言可能出现伪证或错证，不如物证、书证那样真实可靠，因而贬低证人证言的作用。这种观点是错误的。在证人证言中，确有可能出现伪证或错证的情况，但是，只要认真进行审查、仔细鉴别，证言的真假情况是完全能够分清的。而且证人证言的内容是十分广泛的，与案件事实密切联系，有的证言可以直接指明谁是犯罪嫌疑人，有的证言可以直接说明犯罪发生的过程，因此，一切符合案件事实情况的真实证言，都具有较强的证明力，其证明作用是其他证据所无法替代的。

六、对证人证言的审查和判断

对证人证言，公安司法机关应当着重审查以下内容：(1) 证言的内容是否为证人直接感知；(2) 证人作证时的年龄，认知、记忆和表达能力，生理和精神状态是否影响作证；(3) 证人与案件当事人、案件处理结果有无利害关系；(4) 询问证人是否个别进行；(5) 询问笔录的制作、修改是否符合法律、有关规定，是否注明询问的起止时间和地点，首次询问时是否告知证人有关作证的权利义务和法律责任，证人对询问笔录是否核对确认；(6) 询问未成年证人时，是否通知其法定代理人或者有关人员到场，其法定代理人或者有关人员是否到场；(7) 证人证言有无以暴力、威胁等非法方法收集的情形；(8) 证言之间以及与其他证据之间能否相互印证，有无矛盾。

《刑事诉讼法》第 54 条规定，采用暴力、威胁等非法方法收集的证人证言，应当予以排除。最高人民法院《解释》第 76 条规定，证人证言具有下列情形之一的，不得作为定案的根据：(1) 询问证人没有个别进行的；(2) 书面证言没有经证人核对确认的；(3) 询问聋、哑人，应当提供通晓聋、哑手势的人员而未提供的；(4) 询问不通晓当地通用语言、文字的证人，应当提供翻译人员而未提供的。第 77 条规定，证人证言的收集程序、方式有下列瑕疵，经补正或者作出合理解释的，可以采用；不能补正或者作出合理解释的，不得作为定案的根据：(1) 询问笔录没有填写询问人、记录人、法定代理人姓名以及询问的起止时间、地点的；(2) 询问地点不符合规定的；(3) 询问笔录没有记录告知证人有关作证的权利义务和法律责任的；(4) 询问笔录反映出在同一时段，同一询问人员询问不同证人的。

最高人民法院《解释》第 78 条规定，证人当庭作出的证言，经控辩双方质证、法庭查证属实的，应当作为定案的根据。证人当庭作出的证言与其庭前证言矛盾，证人能够作出合理解释，并有相关证据印证的，应当采信其庭审证言；不能作出合理解释，而其庭前证言有相关证据印证的，可以采信其庭前证言。经人民法院通知，证人没有正当理由拒绝出庭或者出庭后拒绝作证，法庭对其证言的真实性无法确认的，该证人证言不得作为定案的根据。

第五节　被害人陈述

一、被害人陈述的概念

被害人陈述，是指被害人就其遭受犯罪行为侵害的事实以及有关犯罪分子的情况向司法机关所作的叙述。必须注意的是，被害人不仅仅限于自然人，单位也可以成为被害人，具有当事人的诉讼地位。因而，被害人陈述也包含单位被害人的陈述。被害单位的陈述是由单位的法定代表人以被害单位名义作出的，这种陈述具有综合性、间接性的特点，因为它是法定代表人基于职务关系而了解的本单位被犯罪侵害的情况，通常是在经过单位大量调查研究并在汇总整理的基础上提供的。

在理解被害人陈述的概念时，需要明确以下几个方面的问题：

（一）被害人陈述的内容

在刑事诉讼中，被害人有可能从以下三个方面进行陈述：一是叙述犯罪分子侵害的事实经过；二是提供有关犯罪分子的情况；三是提出有关维护自己合法权益的要求。而作为刑事证据的被害人陈述只应包括前两项内容，而不能包括有关维护自己合法权益的要求。因为证据是用以证明案情的事实根据，至于被害人对案件处理所提出的要求等，可以视为其请求，而不能看作是刑事诉讼的证据。

（二）被害人陈述的对象

被害人陈述是在刑事诉讼过程中被害人向公安司法机关所作的陈述，被害人向公安司法机关以外的机关或者个人所作的陈述不属于被害人陈述。

（三）被害人陈述的形式

被害人可能以口头的方式进行陈述，也可能以文字的方式进行表述，即将自己的陈述转化为书面的文字材料，还可能以其他能被别人理解的意思表示，如聋哑被害人的手势、绘图等方式进行表述。如果是最后一种情况，司法机关有义务为被害人提供通晓聋哑手势的人进行翻译，并将翻译的内容转化为书面的被害人陈述笔录。

（四）被害人陈述具有人身不可代替性

被害人陈述只能由被害人本人提出，如果被害人年幼、死亡或因伤残而丧失表达能力，被害人的近亲属可以转述被害人遭受侵害的事实，但是他们的转述，就只能以证人证言的形式出现，而不属于被害人陈述的范畴。相比而言，如果被害人自身因为生理上、精神上的缺陷，无法提出诉讼请求，其法定代理人可以代理其提出诉讼请求。

二、被害人陈述的特点

被害人陈述是最容易同证人证言相混淆的刑事证据，而且在很多其他国家和地区的立法中，也都将被害人陈述视为证人证言。我国《刑事诉讼法》没有采纳英美法系国家的做法，将被害人陈述混同于证人证言，而是将被害人陈述作为一种独立的刑事证据，原因在于被害人陈述与证人证言存在以下显著的区别：

（一）陈述的主体不同

被害人陈述，是由受到犯罪行为直接侵害的人就其受到犯罪行为侵害的情况向司法机关提供的，而证人证言则是由没有受到犯罪行为直接侵害的第三者，就其所了解的案件情况向司法机关提供的。被害人陈述与证人证言的下述区别主要是由被害人与证人在刑事诉讼中所处的诉讼地位不同决定的。

（二）陈述的内容不同

被害人是犯罪行为的被害者，所以被害人陈述往往证明犯罪嫌疑人有罪或罪重；证人证言则是依据自己对案件的感受作出的，由于证人是独立于犯罪行为之外的第三者，所以证人证言既有可能是不利于犯罪嫌疑人、被告人的，也有可能是有利于犯罪嫌疑人、被告人的。基于上述不同之处，被害人陈述可能夸大案件事实，而证人证言则相对能够比较客观。

（三）收集的难易程度不同

被害人陈述一般比证人证言容易收集。公民或法人受到犯罪行为侵害后，为了维护自己的合法权益，一般都迫切要求司法机关及时揭露、证实犯罪，惩罚犯罪人，同时普遍有协助司法机关查破案件的极大积极性和主动精神。因此，大都能及时、准确地提供受到犯罪侵害的情况，揭发、检举犯罪人。证人则由于同案件没有直接的利害关系，他参加诉讼没有任何利益可获取，只不过是被司法机关要求而参加诉讼的，所以可能因为各种主、客观原因而规避自己的作证义务。

（四）故意作虚伪陈述的法律后果不同

被害人如果捏造犯罪事实，意图陷害他人，使他人受到刑事处分，则应承担诬告罪的刑事责任，而证人在侦查、审判过程中故意提供虚假证言，意图陷害他人的，则应承担伪证罪的刑事责任。

对被害人陈述的审查和判断，参照前述对证人证言的审查和判断。但是，应当注意被害人陈述与证人证言的不同特征。

三、被害人陈述的意义

被害人陈述是刑事诉讼中一种重要的人证方式，具有重要的诉讼意义。被害人在被害之后，往往会基于报复和获得赔偿的愿望，控告犯罪行为人的罪行，所以被害人一般都能主动地向司法机关进行陈述，被害人陈述也是刑事诉讼中被广泛采用的一种证据。被害人一般对案件事实了解得比较清楚、具体，而且记忆深刻。特别是在强奸、仇杀、伤害、诈骗等案件中，被害人与犯罪嫌疑人、被告人大都有过直接接触，不仅了解犯罪的事实，而且了解犯罪嫌疑人、被告人的体貌特征。因此，被害人陈述对于司法机关查清犯罪事实和查获犯罪人，都具有重要的意义。具体来讲，被害人陈述有以下几个方面的作用：

（一）被害人陈述有利于司法机关查获犯罪嫌疑人和查明犯罪事实

在刑事诉讼中，司法机关最为重要的两项任务就是查获犯罪嫌疑人和查找相关的证据证明案件事实，被害人陈述有利于司法机关查获犯罪嫌疑人和查明犯罪事实。根据《刑事诉讼法》第80条的规定，公安机关对于现行犯或者重大嫌疑分子，如果有被害人指认他犯罪的，可以先行拘留。这一规定在某种程度上也说明了被害人陈述和指认的重要作用。被害人一般与犯罪嫌疑人有过直接接触，对犯罪嫌疑人的性别、年龄、身高、衣着、体貌特征、言谈举止、方言口音等比较了解；有的被害人在同犯罪嫌疑人搏斗中，可能使犯罪嫌疑人受到损伤，而在其身上留下特殊标记；有的被害人甚至认识犯罪嫌疑人；等等。因此，被害人向侦查人员指认或者陈述犯罪嫌疑人的特征，有利于侦查人员查获犯罪嫌疑人。从诉讼实践来看，有很多案件都是根据被害人陈述中提供的情况，经过调查研究而及时破案、定案的。有的被害人往往就是刑事案件的目击人，他在作案现场仔细观察犯罪嫌疑人的犯罪活动，亲自看到、听到犯罪嫌疑人实施犯罪的情况。在很多情况下，被害人对实施犯罪的时间、地点，使用的犯罪工具、手段和方法，犯罪的经过和造成的后果及犯罪嫌疑人的衣着外貌、方言口音、动作特征等，都可能直接了解；有的被害人因同犯罪嫌疑人有过交谈，可以提供犯罪嫌疑人的作案动机、目的等；有的被害人能够准确地讲述自己被损害的财物的数量、特征、规格、型号，被害人同其他人的关系，如谁同其有仇隙等。因此，被害人陈述对于司法机关判断案件性质，确定侦查方向和范围，收集其他证据，揭露犯罪和证实犯罪，有着特别重要的作用。

(二) 被害人陈述有利于核实、印证其他证据

被害人与作为加害人的犯罪嫌疑人、被告人是刑事案件中处于对立的双方，他们的陈述有时会一致，有时会针锋相对。被害人陈述对于其他证据可以起到印证作用，特别是对于犯罪嫌疑人、被告人的供述和辩解而言，如果其与被害人陈述一致，就可以基本上确定案件事实；如果犯罪嫌疑人、被告人做虚伪供述，用查证属实的被害人陈述也可以起到对质作用，用被害人陈述去揭穿他们的虚伪供述，促使他们认罪服法。

在强调被害人陈述的上述作用的同时，也要看到被害人陈述的弱点，如有的被害人可能夸大案件事实，有的被害人还有可能故意捏造事实，陷害他人。所以对被害人陈述这种证据，一定要进行认真的审查判断，只有查证属实的被害人陈述才能作为定案的根据。

第六节　犯罪嫌疑人、被告人供述与辩解

犯罪嫌疑人、被告人是刑事诉讼中最为重要的当事人。在英美法系中，犯罪嫌疑人、被告人具有证人资格，其所作的陈述相当于证人证言。在大陆法系，被告人的自白是一种区别于证人证言的人证形式，属于一种独立的证据。我国刑事诉讼法基本采用大陆法系国家的立法模式，将犯罪嫌疑人、被告人供述和辩解作为一种独立的证据种类。

一、犯罪嫌疑人、被告人供述和辩解的概念

犯罪嫌疑人、被告人供述和辩解，是指犯罪嫌疑人、被告人在刑事诉讼过程中，就与案件有关的事实情况向司法机关所作的陈述，简称犯罪嫌疑人、被告人口供。公诉刑事案件的诉讼过程中，犯罪嫌疑人与被告人是同一诉讼主体在被起诉前和被起诉后的不同称谓。在审判前的阶段，称犯罪嫌疑人；在被提起公诉后，称为被告人。因此，同一诉讼主体关于案件事实的陈述，在审判前的阶段作出的，就称为犯罪嫌疑人供述和辩解；在审判阶段作出的，就称为被告人供述和辩解。

在理解犯罪嫌疑人、被告人供述和辩解的概念时，应当注意以下几个方面的问题：

(一) 犯罪嫌疑人、被告人供述和辩解的形式

犯罪嫌疑人、被告人供述和辩解可能呈现书面和口头两种形式。犯罪嫌疑人的供述和辩解一般表现为犯罪嫌疑人向侦查机关、检察机关所作的口头陈述，但是，经过侦查人员、检察人员许可，犯罪嫌疑人也可以自行书写成文字材料。但被告人的供述和辩解则只能采取口头形式，刑事被告人必须在法庭上接受讯问，并口头陈述其供述和辩解，即使他作为犯罪嫌疑人在侦查和审查起诉阶段书写了口供，在法庭审判阶段也必须转化成口述形式。

(二) 犯罪嫌疑人、被告人供述和辩解的内容

一般认为，犯罪嫌疑人、被告人供述和辩解一般可能包括三部分内容。其一是犯罪嫌疑人、被告人的供述，即犯罪嫌疑人、被告人向公安机关、人民检察院或人民法院承认自

己有犯罪行为和关于犯罪具体过程、情节的叙述；其二是犯罪嫌疑人、被告人的辩解，即犯罪嫌疑人、被告人否认自己有犯罪行为，或者虽然承认自己犯了罪，但就依法不应被追究刑事责任以及有从轻、减轻或免除处罚等情况所作的申辩和解释；其三是犯罪嫌疑人、被告人对他人犯罪的检举，即对其他公民犯罪行为的揭发。其中，前两部分内容应以犯罪嫌疑人、被告人供述和辩解的形式出现，而对于第三种内容能不能以犯罪嫌疑人、被告人供述和辩解的形式出现，需要具体问题具体分析。如果是对同案犯罪嫌疑人、被告人的检举揭发，这种检举揭发的内容与检举揭发者自己的犯罪行为有一定联系，可以在本案中使用，因而属于犯罪嫌疑人、被告人供述和辩解的组成部分；如果是对非同案犯罪嫌疑人、被告人的检举揭发，与本案的事实无关，就不能作为证明本案的真实情况的证据使用，不属于“犯罪嫌疑人、被告人供述和辩解”的组成部分，而应在所检举揭发的案件中，以证人证言的证据形式出现。

（三）犯罪嫌疑人、被告人供述和辩解的提供主体

在刑事诉讼中，犯罪嫌疑人、被告人既可能是自然人，也可能是单位。自然人犯罪后，他有能力也有义务就案件事实向司法机关进行陈述。而单位是一种社会组织体，它不能像自然人那样陈述案情。在单位犯罪的案件中，单位的法定代表人作为单位犯罪嫌疑人、被告人的代表参加刑事诉讼，就与单位犯罪有关的事实所作的陈述，就属于犯罪嫌疑人、被告人供述和辩解。法定代表人是单位意志的体现者和执行者，他对于单位是否犯罪以及如何犯罪等，一般也是较为清楚的，因此他不仅有条件也有义务提供犯罪嫌疑人、被告人供述和辩解这种证据。

（四）同案犯罪嫌疑人、被告人供述和辩解的性质

近几年来，无论在理论界还是在司法实践中，对同案犯罪嫌疑人、被告人供述和辩解的性质都存在较大的争论。有学者认为，同案犯罪嫌疑人、被告人兼有犯罪嫌疑人、被告人和证人双重身份，他就自己的问题所作的陈述，属于犯罪嫌疑人、被告人供述和辩解，就同案犯罪嫌疑人、被告人的问题所作的陈述，属于证人证言。而且，《刑事诉讼法》第60条第1款规定：“凡是知道案件情况的人，都有作证的义务。”同案被告人均是当事人，他们最了解自己与案件的真实情况；利用同案犯作证，不仅有利于准确认定案件事实，还有利于促使其他同案被告人认罪服法。① 还有学者认为，同案犯罪嫌疑人、被告人就案件事实所作的陈述，仍然属于犯罪嫌疑人、被告人供述和辩解，一般情况下不能作为证人证言使用，但是在特定情况下可以作为证人证言使用。② 我们认为，同案犯罪嫌疑人、被告人就案件事实的陈述，只能是犯罪嫌疑人、被告人供述和辩解，而不是证人证言。其理由：一是在刑事诉讼中，有关人员就案件事实向司法机关所作的陈述，是属于哪种形式的证据，主要取决于他们在诉讼中的地位，被害人所作的陈述叫被害人陈述，犯罪嫌疑人、被告人所作的陈述叫犯罪嫌疑人、被告人供述和辩解，与案件结果无直接关系的公民所作的陈述，则为证人证言。这样的划分，有利于分析各种证据的特点，便于对它们进行审查判断。二是如果把同案犯罪嫌疑人、被告人的陈述当作证人证言，会使某些司法人员规避我国《刑事诉讼法》第53条的规定，仅仅根据同案犯罪嫌疑人、被告人供述就予定案，容易造成冤假错案，不利于保护犯罪嫌疑人、被告人的合法权益。

---

① 参见陈光中主编：《刑事诉讼法学》，224页，北京，中国人民公安大学出版社、人民法院出版社，2004。

② 参见聂世基、李建明：《刑事诉讼疑难问题思辨》，96页，北京，中国人民公安大学出版社，1991。

二、犯罪嫌疑人、被告人供述和辩解的特点

(一) 犯罪嫌疑人、被告人供述和辩解的直接性

犯罪嫌疑人、被告人供述和辩解往往不需要结合其他证据就可以单独证明案件的主要事实，也即犯罪嫌疑人、被告人供述和辩解本身就可以证明犯罪嫌疑人、被告人是否实施犯罪行为这一案件主要事实。而物证、书证等其他实物证据对于证明有罪来说，都难以单独证明案件中的主要事实，而需要结合其他证据才能对案件的主要事实予以证明。至于证人证言与被害人陈述则仅限于证言或陈述中能说明是谁实施犯罪的内容才具有证明案件主要事实的直接性。因此，犯罪嫌疑人、被告人供述和辩解一旦查证属实，就可以成为认定案件事实的直接证据，这是其他证据无法比拟的。

(二) 犯罪嫌疑人、被告人供述和辩解的不稳定性

犯罪嫌疑人、被告人供述和辩解的不稳定性，主要体现在诉讼过程中，犯罪嫌疑人、被告人随时可能“翻供”。犯罪嫌疑人、被告人的思想受各种因素的影响，极易起伏波动。有的犯罪嫌疑人、被告人开始作了虚假供述，以后受到教育，真诚悔罪，又如实供述。有的犯罪嫌疑人、被告人在供述罪行以后，由于受到看守所里惯犯或“二进宫”等人的教唆，在后来的审讯中又推翻以前的供述。还有的犯罪嫌疑人、被告人时供时翻，屡供屡翻，使得案情复杂化。因而，犯罪嫌疑人、被告人供述和辩解的稳定性不仅无法同实物证据相比，而且不如证人证言、鉴定意见，甚至是被害人陈述。根据这种特点，在运用犯罪嫌疑人、被告人供述和辩解这种证据时，应当全面分析犯罪嫌疑人、被告人在刑事诉讼过程中的所有供述和辩解，研究其翻供的原因，是否有理，以判明其价值和真实性。

(三) 犯罪嫌疑人、被告人供述和辩解的复杂性

犯罪嫌疑人、被告人供述和辩解的复杂性表现为犯罪嫌疑人、被告人供述和辩解的内容既有可能是真实的，也有可能是虚假的。刑事诉讼中的证明对象，主要是犯罪嫌疑人、被告人有无犯罪行为，以及在有犯罪行为的情况下，犯罪的具体过程和情节。犯罪嫌疑人、被告人是被司法机关立案追究刑事责任的人，他对于自己是否犯了罪以及犯罪的具体过程和情节，犯罪前后的主观心理状态，是最清楚的。他所作的有罪供述，会更直接、更全面地反映出其犯罪的动机、目的、手段、时间、地点、后果等事实根据或申辩理由，使司法人员了解案件的全貌；他所作的揭发举报同案犯犯罪行为的陈述，可以反映其犯罪的形成、分工和具体实施犯罪的全过程，还可以反映其认罪态度和思想状态。因此，只要办案人员收集这种证据的方法得当，程序合法，充分而正确地运用好审讯策略，犯罪嫌疑人、被告人的口供就有可能是真实的。

犯罪嫌疑人、被告人供述和辩解虚假的可能性很大，主要有以下两方面原因：其一，犯罪嫌疑人、被告人是被追究刑事责任的人，诉讼结果与他有切身的利害关系，在诉讼中是供述还是辩解，以及如何供述和辩解，都直接影响到司法机关对他的处理。因此，一般地说，犯罪嫌疑人、被告人在供述犯罪事实时，往往有隐瞒，避重就轻，不会痛痛快快地把案件事实全部讲清楚，为了逃避罪责，很可能编造谎言，进行狡辩。只有在极少数情况下，犯罪嫌疑人、被告人会为了掩盖某种隐私，把本来不是犯罪的行为供认为犯罪；或者为了给亲属开脱罪责，冒充犯罪人到司法机关投案自首；或者出于“哥们义气”，把别人的犯罪行为包揽在自己身上。其二，犯罪嫌疑人、被告人处在受刑事追究的特殊地位，以及

在被拘留、逮捕的条件下，对于审讯人员的逼供、诱供、指供、暗示等行为，容易产生“顺杆爬”的特殊心理状态。

三、犯罪嫌疑人、被告人供述和辩解的意义

在刑事诉讼中，犯罪嫌疑人、被告人供述和辩解在司法人员认定案件事实中扮演着重要的角色。犯罪嫌疑人、被告人供述和辩解对于全面分析、研究案情，正确认定案件事实，公正、准确地处理案件，不枉不纵，合理配置司法资源，降低诉讼成本，缩短办案周期，具有十分重要的价值。

首先，犯罪嫌疑人、被告人供述和辩解有利于办案人员迅速查明案情，提高效率，有助于实现公正。在刑事诉讼中，犯罪嫌疑人、被告人可能是实施了受到指控的犯罪的人，也可能是没有实施受到指控的犯罪的人。犯罪嫌疑人、被告人对自己是否实施了犯罪行为以及如何实施犯罪行为，比其他任何人都更为清楚，如果犯罪嫌疑人、被告人作出如实供述，则可以全面、详尽地反映其作案的动机、目的，作案的手段、过程。共同犯罪的犯罪嫌疑人、被告人的供述，还可以从各个侧面反映案件全貌。有罪供述经查证属实，可以成为认定案件事实的直接证据。如果犯罪嫌疑人、被告人如实辩解，可以提供证实其无罪或者罪轻的证据和证据线索，同样可以帮助办案人员正确分析案情，使公安司法人员克服主观臆断，做到兼听则明，及时发现和纠正办案中的偏差，防止无罪的人受到错误的刑事追究或者对有罪的人罚不当罪，促进办案人员进一步收集新的证据，查获真正的犯罪分子。

其次，犯罪嫌疑人、被告人供述和辩解有利于发现其他犯罪线索和犯罪嫌疑人。犯罪嫌疑人、被告人的有罪供述，常常可以为发现其他犯罪和犯罪嫌疑人提供有价值的线索，在共同犯罪案件中尤其如此，司法实践经验已充分证实了这一点。犯罪嫌疑人、被告人在其辩解中，也能够提供有利于查获真正犯罪人的情况。特别是犯罪嫌疑人和被告人的检举揭发，往往能给公安司法人员提供新线索、新证据，使一些陈年积案得以侦破。在共同犯罪案件中，犯罪嫌疑人、被告人供述和辩解对于正确确定各犯罪嫌疑人、被告人的责任，也具有十分重要的作用。

再次，犯罪嫌疑人、被告人供述和辩解有利于审查核实本案中的其他证据，更好地对其他证据作出正确判断。各种证据只有在相互比较、印证中才能审查核实，犯罪嫌疑人、被告人供述和辩解作为证据的一种，可以与其他证据相互比较、印证，发现和排除矛盾点，使案件最终得到正确处理。

最后，犯罪嫌疑人、被告人供述和辩解可以反映犯罪嫌疑人、被告人的悔罪态度，办案机关可以据此确定采用何种强制措施，审判机关可以据此进行量刑。通过对犯罪嫌疑人、被告人口供的分析，就可以判明其思想情况和实际表现，从而有利于对其更好地适用法律，作出公正处理。

犯罪嫌疑人、被告人的供述和辩解，虽然对查明案件事实有重要作用，但是，它只是一种普通证据，是一种依附性很强的证据。口供必须经过查证，并有其他证据加以证实以后，才能作为证据使用。司法机关不能单凭口供定案。所以说，口供作为诉讼证据没有独立的证明作用。《刑事诉讼法》第53条第1款规定：“对一切案件的判处都要重证据，重调查研究，不轻信口供。只有被告人供述，没有其他证据的，不能认定被告人有罪和处以刑罚；没有被告人供述，证据确实、充分的，可以认定被告人有罪和处以刑罚。”法律规定的

这个基本原则，说明了犯罪嫌疑人、被告人口供和其他证据的证明作用是不同的。只有口供是不能定案的，不能像封建社会的刑事诉讼那样，把口供看成是“最好的证据”。实行“无供不录案”、“罪从供定”，即没有口供就不能定案，即使有了其他证据，如果没有口供也不能定案；相反，虽然没有其他证据，但是，只要有了口供就可以定案。总之，我们不能把口供看作是主要的证据、唯一的证据。当然，也不能把口供看成是“最坏的证据”，认为犯罪嫌疑人、被告人永远都是在说假话，不说真话，根本否定口供的证据意义。

四、对犯罪嫌疑人、被告人供述和辩解的审查与判断

对犯罪嫌疑人、被告人供述和辩解，公安司法机关应当着重审查以下内容：(1) 讯问的时间、地点，讯问人的身份、人数以及讯问方式等是否符合法律、有关规定；(2) 讯问笔录的制作、修改是否符合法律、有关规定，是否注明讯问的具体起止时间和地点，首次讯问时是否告知被告人相关权利和法律规定，被告人是否核对确认；(3) 讯问未成年犯罪嫌疑人、被告人时，是否通知其法定代理人或者有关人员到场，其法定代理人或者有关人员是否到场；(4) 犯罪嫌疑人、被告人的供述有无以刑讯逼供等非法方法收集的情形；(5) 犯罪嫌疑人、被告人的供述是否前后一致，有无反复以及出现反复的原因；犯罪嫌疑人、被告人的所有供述和辩解是否均已随案移送；(6) 犯罪嫌疑人、被告人的辩解内容是否符合案情和常理，有无矛盾；(7) 犯罪嫌疑人、被告人的供述和辩解与同案犯罪嫌疑人、被告人的供述和辩解以及其他证据能否相互印证，有无矛盾。必要时，可以调取讯问过程的录音录像以及犯罪嫌疑人、被告人进出看守所的健康检查记录、笔录，并结合录音录像、记录、笔录对上述内容进行审查。

《刑事诉讼法》第54条规定，采用刑讯逼供等非法方法收集的犯罪嫌疑人、被告人供述，应当予以排除。最高人民法院《关于建立健全防范刑事冤假错案工作机制的意见》第8条进一步规定，采用刑讯逼供或者冻、饿、晒、烤、疲劳审讯等非法方法收集的被告人供述，应当排除。除情况紧急必须现场讯问以外，在规定的办案场所外讯问取得的供述，未依法对讯问进行全程录音录像取得的供述，以及不能排除以非法方法取得的供述，应当排除。最高人民法院《解释》第81条规定，被告人供述具有下列情形之一的，不得作为定案的根据：(1) 讯问笔录没有经被告人核对确认的；(2) 讯问聋、哑人，应当提供通晓聋、哑手势的人员而未提供的；(3) 讯问不通晓当地通用语言、文字的被告人，应当提供翻译人员而未提供的。第82条规定，讯问笔录有下列瑕疵，经补正或者作出合理解释的，可以采用；不能补正或者作出合理解释的，不得作为定案的根据：(1) 讯问笔录填写的讯问时间、讯问人、记录人、法定代理人等有误或者存在矛盾的；(2) 讯问人没有签名的；(3) 首次讯问笔录没有记录告知被讯问人相关权利和法律规定的。

最高人民法院《解释》第83条规定，审查被告人供述和辩解，应当结合控辩双方提供的所有证据以及被告人的全部供述和辩解进行。被告人庭审中翻供，但不能合理说明翻供原因或者其辩解与全案证据矛盾，而其庭前供述与其他证据相互印证的，可以采信其庭前供述。被告人庭前供述和辩解存在反复，但庭审中供认，且与其他证据相互印证的，可以采信其庭审供述；被告人庭前供述和辩解存在反复，庭审中不供认，且无其他证据与庭前供述印证的，不得采信其庭前供述。

五、犯罪嫌疑人、被告人的沉默权

（一）沉默权的含义

对于沉默权的概念，国内外学术界仁者见仁，智者见智。有人认为，沉默权是指在刑事诉讼中，犯罪嫌疑人或被告人享有的对司法人员，包括警察、检察人员、法官的讯问保持沉默，不证明自己有罪的权利。① 也有人认为，沉默权，即拒绝陈述权。② 还有人将沉默权与反对自我归罪权利紧密地联系在一起，把沉默权又称为反对自我归罪的特权。③ 总体而言，对沉默权大致有广义和狭义的两种理解。广义上讲，沉默权包括一系列权利，具体有以下六项内容：（1）任何人有权拒绝回答其他人或者机构的提问，不受强制；（2）任何人有权拒绝回答可能自陷于罪的问题，不受强制；（3）任何人因犯罪嫌疑而被警察或者其他有同等管辖权的官员讯问时，有权拒绝回答任何问题；（4）任何刑事被告人在接受审判时不得被强制作证或者在被告人席上回答提问；（5）任何人一旦受到刑事指控，警察或者其他有同等管辖权的官员不得再就有关被控犯罪的重要事项对他进行讯问；（6）被告人不得因在审判前没有回答有关官员的提问或者在审判中没有提供证据而受到不利评论和推论（至少原则上是这样）。④ 狭义上讲，沉默权专指在刑事诉讼过程中，犯罪嫌疑人、被告人对于来自警察和法庭的讯问，有拒绝回答和保持沉默的权利。我们将在狭义上使用沉默权这一概念，如果从沉默权的权利主体、保障主体和权利客体上进一步解读，我们不难发现，沉默权由下列要素构成：（1）权利主体，即享有沉默权的主体，应当是被追诉者，包括犯罪嫌疑人和被告人；（2）与权利主体相对应的是权利保障主体，即追诉者，包括公安司法人员，即警察、检察官和法官；（3）权利客体应当是针对讯问拒绝陈述的行为。

（二）沉默权的起源与演变

1. 沉默权在英国的产生和发展

西方学界传统观点认为，沉默权产生于17世纪后期的英国。在英国，关于沉默权的斗争可以追溯到12世纪早期，距今已经有800余年的历史。1066年，教会法院实行纠问式诉讼，要求被告人如实回答法官的提问并作承认犯罪的宣誓，否则，将对其判定有罪。出于维护人格尊严和自身利益，被告人本能地反对，并与教会展开激烈的斗争。英国17世纪发生的约翰·里尔本出版煽动性书刊案对沉默权制度的确立具有极其重要的意义。在该案的审判过程中，星座法院以被告人拒绝宣誓为由判定被告人犯有藐视法庭罪。两年以后议会掌权，认定星座法院的判决不合法，并且禁止在刑事案件中使用宣誓。到1642年，在议会审理的十二主教案中，沉默权被允许使用。到1688年，这一制度在英国开始推行，“并在英国站稳了脚跟”⑤。18世纪后期因辩护律师大量介入导致刑事审判对抗化之后，英国正式确立沉默权制度。美国学者约翰·朗贝恩认为，普通法上的“不被强迫自证其罪的特权”

---

① 参见曾耀林：《简论沉默权对完善我国刑事诉讼制度的意义》，载《人民司法》，1999（6）。

② 参见陈光中、张建伟：《联合国〈公民权利和政治权利国际公约〉与我国刑事诉讼》，载《中国法学》，1998（6）。

③ 参见易延友：《沉默权与无罪推定原则的关系》，载《检察时空》，1999（2）。

④ 参见孙长永：《侦查程序与人权》，278页，北京，中国方正出版社，2000。

⑤ “English Limits the Rights to Silence and Moves towards an Inquisitorial System of Justice”, *The Journal of Criminal Law and Criminology*, Vol. 85, No. 2 Fall 1994, p. 416.

是18世纪后期辩护律师普遍参与刑事诉讼的结果，是在当事人主义刑事程序形成过程中逐步确立的，该特权的核心是被告人不说话的权利，其前提是被告人有由另一个人代替他说话的有效权利的存在。[①] 随后，1898年，英国的《刑事证据法则》最先以成文法的形式确立了被告人的沉默权。在1912年《法官规则》中，明确要求警察在讯问犯罪嫌疑人之前，必须告知其享有沉默权。在这一阶段，沉默权主要表现为不得由于被告人沉默而作出对其不利的推定，因而是"消极"的。

2. 沉默权在美国的确立和发展

在英国法的影响下，美国1789年宪法第5条修正案明确规定了反对强迫自我归罪的特权。1966年美国联邦法院在"米兰达诉亚利桑那州（Miranda v. Arizona）"一案中确立了沉默权包括的四项权利，沉默权的内容得以具体明确。该案发生在1963年3月3日。根据被害人陈述，她在晚上回家的路上，被一男子塞进车内施暴，大约10分钟后被释放。警方根据被害人的描述，逮捕了米兰达。米兰达对自己的强奸行为供认不讳，并且在供认书上签了字。后来供认书被控方作为证据使用。被告人认为，在当时的环境下其意志受到强迫，警察的行为违反了联邦宪法第5条修正案的规定，因而供认书不能作为证据使用。美国联邦最高法院采纳了被告人的意见，认为被告人尽管身体上没有受到强迫，但审讯的气氛以及审讯的攻心之术对其造成了心理上的强迫。因而在这种场合下所做的供认可信度低，不予采纳。由此确认警察在审讯之前必须明确告知被告人享有以下权利：有权保持沉默；如果回答，所说的一切都将作为法庭的证据使用；审讯时有权要求律师在场；若由于经济条件限制而请不起律师，法庭有义务为其指定律师。米兰达规则的确立被视为沉默权发展的巅峰。

3. 大陆法系国家中沉默权的确立和发展

中世纪后期欧洲大陆法系国家盛行纠问式的诉讼制度，这种纠问程序在法国大革命后被弹劾式的诉讼模式所取代，1789年法国颁布的法律仿效英国法废除了对被告人要求宣誓后进行讯问的规定。但是，1808年的《治罪法》仍然规定，法院可以为发现案件真相，采用一切方法，对被告人进行讯问。1897年，法国才通过新的法律，要求在预审法官讯问嫌疑人时必须告知其沉默权和律师在场权。在现代法国刑事诉讼法中，任何人都没有义务自证其罪或者提供不利于自己的证据，已经成为一项基本原则。在法国的影响下，德国于1848年导入法国式的"经过改革的刑事诉讼法"，规定被告人是当事人，在法律上不再有供述的义务。然而在司法实务中，被告人仍然有如实供述的道德义务，而且被告人经常受到精神强制。在随后的德国基本法和诉讼立法中，沉默权得到进一步完善。根据德国现行刑事诉讼法第136条第1款规定，犯罪嫌疑人和被告人在整个诉讼过程中都享有"不受限制的沉默权"。其他大陆法系国家（包括日本在内）都在很大程度上继受了德国法和法国法，对于沉默权作出了与其类似的规定。

4. 20世纪后半期，一些国家对沉默权的限制

沉默权制度确立之后，反对者也不乏其人，批评亦随之而来，"沉默权制度往往保护真正有罪的人"。美国实行米兰达规则之后不久就出现了如何对其限制的问题。1971年的"哈里斯诉纽约州案"确立了未执行米兰达规则的陈述，可用于法庭中控告方对被告人的对质，如被告人的供述前后矛盾，法庭可作出对其不利的判决。另外，该规则只适用于语言交流

① 参见孙长永：《沉默权制度研究》，14页，北京，法律出版社，2001。

的证据，即侦查机关可以要求被告人为了鉴定而书写或说话，也可要求其站立，采取某种姿势行走或做某特定动作。[①] 1971 年英国刑事法修改委员会建议，在特殊情况下，法庭可以因被告人沉默而作出对其不利的推断。新加坡 1977 年刑事诉讼法采纳了这种意见，规定如果被告人在审讯时不回答警察的合理提问，或者无正当理由拒绝在法庭作证，法庭可以作出对其不利的推断。1988 年英国颁布《刑事证据法》，开始限制沉默权。其限制内容除了采用 1971 年刑事法修改委员会的建议之外，还增加了排斥沉默权适用的两种情况：一是如果在被告人发现处或者在其身上或衣服上发现有与犯罪有关的可疑物，被告人不解释原因的；二是如果被告人被发现在犯罪现场附近而又不能说明正当理由时，可以作出对其不利的推定。90 年代英国研究沉默权的成果认为，在有组织犯罪、武装抢劫等职业性犯罪以及商业欺诈等严重智能化经济犯罪案件中，沉默权不利于调查，不利于对犯罪分子的打击。因而，1999 年英国的《刑事诉讼和公共秩序法》在第 34 条至第 39 条对沉默权作了限制。该法除了对《刑事证据法》中的相关内容加以确认外，又规定：如果被告人在审判过程中或者经法庭传唤出庭作证时，无正当理由拒绝法庭提问或不作证的，法官和检察官可以要求法庭对其作出适当的推断，包括根据常识推断其未对控方证据作出适当解释而有罪。

5. 沉默权保障的国际化

随着联合国不断确立、推行刑事司法的国际化，特别是确立刑事司法领域最低限度人权保障标准的努力，沉默权得到联合国许多文件的确认。1966 年联合国通过的《公民权利和政治权利国际公约》在第 14 条第 3 款规定，刑事被告人有“不被强迫作不利于他自己的证言或强迫承认犯罪”的权利。1969 年的《美洲人权公约》第 8 条以及 1985 年的《联合国少年司法最低限度标准规则》也有关于沉默权的规定。1994 年 9 月世界刑法学协会第十五届代表大会《关于刑事诉讼中的人权问题的决议》第 16 条建议各国规定：被告人有权保持沉默，并且从警察或司法机关进行首次讯问起就有权知悉受控的内容。[②]

（三）沉默权与我国刑事诉讼制度

我国《刑事诉讼法》第 50 条规定，严禁刑讯逼供和以威胁、引诱、欺骗以及其他非法方法收集证据，不得强迫任何人证实自己有罪。该条文明确规定了不受强迫自证其罪原则。但是，《刑事诉讼法》第 118 条规定，犯罪嫌疑人对侦查人员的提问，应当如实回答。但是对与本案无关的问题，有拒绝回答的权利。侦查人员在讯问犯罪嫌疑人的时候，应当告知犯罪嫌疑人如实供述自己罪行可以从宽处理的法律规定。从某种程度上来讲，“不得强迫任何人证实自己有罪”和犯罪嫌疑人“如实回答”的义务之间存有矛盾。未来刑事诉讼法再修改时应当删除“如实回答”之规定。而且，沉默权本身还需要一系列的配套制度予以保障，诸如讯问时律师在场权、非法证据排除规则、讯问时的同步录音、录像制度等。2012 年修改后的刑事诉讼法也确立和完善了这些保障机制，如《刑事诉讼法》第 54 条规定，采用刑讯逼供等非法方法收集的犯罪嫌疑人、被告人供述和采用暴力、威胁等非法方法收集的证人证言、被害人陈述，应当予以排除。最高人民法院《解释》和最高人民检察院《规则》也有类似关于排除通过刑讯逼供等非法手段取得的犯罪嫌疑人、被告人供述的规定。此外，《刑事诉讼法》第 121 条规定，侦查人员在讯问犯罪嫌疑人的时候，可以对讯问过程进行录音或者录像；对于可能判处无期徒刑、死刑的案件或者其他重大犯罪案件，应当对讯问过

---

① 参见陈瑞华：《在公正与效率之间——英国刑事诉讼制度的最新发展》，载《中外法学》，1998（6）。

② 参见陈光中主编：《刑事诉讼法修正（实务）全书》，613 页，北京，中国检察出版社，1997。

程进行录音或者录像。录音或者录像应当全程进行，保持完整性。这些规定都有助于沉默权在我国的确立，充分保障被追诉者的诉讼权利和人身权利，加强犯罪嫌疑人、被告人的防御力量，以维护诉讼结构的平衡，遏制刑讯逼供，防止无罪的人受到刑事追究，保证司法机关准确地起诉和定罪。

第七节　勘验、检查、辨认、侦查实验等笔录

一、勘验、检查、辨认、侦查实验等笔录的概念

我国刑事诉讼中的勘验、检查笔录，是司法人员对于与犯罪有关的场所、物品、尸体和人身进行勘验、检查所作的实况记录。勘验笔录是指办案人员对于与犯罪有关的场所、物品、尸体等进行勘查、检验后所作的记录。勘验笔录的形式，包括文字记载、绘制的图样、照片、复制的模型材料和录像等。勘验笔录记载的内容包括：接到报案的时间、案件发生或发现的地点、报案人、被害人等的基本情况以及他们对案件情况的叙述；保护现场的人员的姓名、职业、到达现场的时间以及对犯罪现场的保护情况；现场勘验指挥人员和参与勘验的人员；勘验开始和结束的时间，当时的气候、光线等条件；现场所在地的位置及周围环境；现场情况；提取物证、书证、视听资料的名称、数量；现场拍照的内容、数量；绘制现场图的种类和数量。检查笔录是指办案人员为确定被害人、犯罪嫌疑人、被告人的某些特征、伤害情况和生理状态，对他们的人身进行检验和观察后所作的客观记载。检查笔录以文字记载为主，也可以采取拍照、录像等其他有利于准确、客观记录的方法。辨认笔录是指侦查人员让被害人、犯罪嫌疑人或者证人对与犯罪有关的物品、文件、尸体、场所或者犯罪嫌疑人进行辨认所作的记录。侦查实验笔录是指侦查人员在必要的时候按照某一事件发生时的环境、条件，进行实验性重演的侦查活动形成的笔录。

勘验、检查笔录与其他证据存在相似之处，但是作为一种独立的证据形式又与其他证据形式在某些方面存在根本的区别。勘验、检查笔录不同于鉴定意见，因为它是司法机关的司法人员对与案件有关的场所、物品、尸体、人身进行观察，就所见作出的如实记录，而不是司法机关指派或聘请的具有专门知识的人对案件中的特定问题提供的判断性意见。勘验、检查笔录不同于书证，勘验、检查笔录虽然是以其记载的内容证明一定的案件事实，在证明方式上，类似书证，但它是案件发生后，由司法机关的司法人员对勘验、检查所见所作的一种纪实性的诉讼记录，因此不同于书证。勘验、检查笔录不同于物证，勘验、检查笔录虽然要详细记载现场、物品、人身、尸体的情况，并常附加绘图、照片等，使物证的某些情况得以固定，但是并不是物证本身。勘验、检查笔录以勘验人员、检查人员在勘验、检查活动中感知的情况起证明作用。证人证言和犯罪嫌疑人、被告人的供述、被害人陈述则以证人、犯罪嫌疑人、被告人、被害人自身对案件事实的感知起证明作用。在勘验、检查过程中对当事人、证人进行调查，了解案件发生的有关情况，对得到的情况也要记录，但这些内容并不是勘验、检查笔录的内容。勘验、检查笔录不同于视听资料。在进行勘验、检查时，经常需要采用照相、录像等方式对现场进行固定，所得的音像资料与视听资料有

相同的形式，但是两者与待证事实的关系不同，视听资料记录的内容是发生时的情况，而作为勘验、检查笔录一部分的视听资料记录的则是勘验、检查过程中物质的存在状态。

二、勘验、检查、辨认、侦查实验等笔录的特点

相比较其他证据形式而言，勘验、检查、辨认、侦查实验等笔录具有下列显著特征：

（一）记录主体的特殊性

勘验、检查、辨认、侦查实验等笔录不是在实体事实发生过程中形成的，而是在实体事实发生以后对发现的情况进行的客观记载，因此，只能由特定的具有专业知识和能力的人进行制作。刑事诉讼中的勘验、检查、辨认、侦查实验在侦查阶段是一种侦查行为，应由侦查人员进行。虽然在必要的时候，侦查机关可以指派或者聘请具有专门知识的人参加，但是他们应在侦查人员的主持下进行勘验、检查、辨认、侦查实验。将勘验、检查、辨认、侦查实验的情况制作成笔录，无论由何人书写，都应由侦查人员主持，以利于全面、准确地记载各种情况。人民法院办理刑事案件，在必要的时候，也可以进行勘验、检查。勘验、检查、辨认、侦查实验等笔录的制作，是勘验、检查、辨认、侦查实验等活动不可缺少的组成部分。在司法实践中，勘验、检查、辨认、侦查实验等笔录一般是由负责勘验、检查、辨认、侦查实验等的侦查、检察、审判人员指定专人制作，并应与勘验、检查、辨认、侦查实验等同步进行。勘验现场时，勘验人必须出示公安司法机关的证件。

（二）记载对象的特定性

勘验、检查、辨认、侦查实验等笔录记录的是勘验、检查、辨认、侦查实验等活动，与勘验、检查、辨认、侦查实验等有关的活动及勘验、检查、辨认、侦查实验等过程中的情况。这些活动的共同特征是要发现证据，并要了解证据被发现时所处的状态、位置、相互关系及其他有证明作用的情况。

对于勘验、检查、辨认、侦查实验等活动中发现的物品和痕迹等，可以采用适当的方法加以提取保存，以便日后作为证据使用。这些物品被发现时所处的位置、状态等情况与待证事实有关的，也具有证明的作用。但这些情况往往会随着勘验、检查、辨认、侦查实验等活动的进行或其后情况的演变而发生变化，如勘察现场时和发现有关证据时对物品的翻动和对痕迹的显现都会改变现场的原始状态，在诉讼中的法庭审理阶段我们无法将现场直接搬到法庭上。为了让人们了解收集证据的活动过程中发现的实物所处位置、状态等情况并使这些情况起到证明的作用，就需要将其记录下来。

除了现场的原始状态外，勘验、检查、辨认、侦查实验等活动中还存在其他具有证明作用的情况，如勘验、检查、辨认、侦查实验等由谁进行、有谁在场、采用了什么方法等。这些情况有的与证明勘验、检查、辨认、侦查实验等收集的证据的可靠性有关，有的与进一步检验以揭示所发现的实物证据与待证事实的关联性有关，对这些情况都需要加以记录。记录形成的材料称作勘验、检查、辨认、侦查实验等笔录。

（三）笔录内容的客观性

对于勘验、检查、辨认、侦查实验等的基本要求之一是对发现的情况进行客观地记载。为了寻找调查线索、确定调查方向的需要，勘验、检查、辨认、侦查实验等人员在勘验、检查、辨认、侦查实验等活动中对发现的情况需要进行分析，但这些分析的内容并不出现在笔录中。勘验、检查、辨认、侦查实验等笔录中的照片、录音、录像等材料能进一步保

证笔录记载的内容的客观性。而且，应注意到，勘验、检查、辨认、侦查实验等笔录毕竟是由人记载的，由于人的认识的局限性，可能会产生漏记和误记的现象，有时也会掺杂反映人主观上对事物的认识的内容。即便是照相和录像，也可能存在由于采用的方法不当而导致不能如实反映客观事物的情况。这些是需要在审查勘验、检查、辨认、侦查实验等笔录时注意的。

勘验、检查、辨认、侦查实验等笔录记载的内容一般不包括反映人的思想内容的证据的情况。在搜集证据的过程中，除勘验、检查、辨认、侦查实验等活动外，需要制作笔录的情况还有很多，如在勘验、检查、辨认、侦查实验等活动中采取讯问、询问等措施对有关人员进行讯问、询问，也需要制作笔录，这些笔录记载的内容基本上反映人的思想，应属于书证或者证人证言的范畴。

(四) 制作笔录方法的多样性

勘验、检查、辨认、侦查实验等笔录的形式不仅仅有用笔记载，或者说用文字记载，还包括照相、录音、录像、绘图等方式。以前笔录主要是采用文字记载，辅之以照相、绘图等方式制作笔录的附注。随着现代科学技术的发展，摄影、绘图、录音等方法越来越多地被用于对勘验、检查、辨认、侦查实验等活动的记录。这些技术方法较之于文字记载，能够更准确、全面地反映勘验、检查、辨认、侦查实验等活动中发现的证据及其状态、所处位置等情况，而且能动态地反映勘验、检查、辨认、侦查实验等活动的全过程，在记录中所占的比重和所起的作用有超过文字记载的趋势。

(五) 证明作用的间接性

勘验、检查、辨认、侦查实验等笔录反映的不是单一事实，而是反映各种证据资料之间存在或形成所依据的具体环境条件和相互关系，体现为一种具有综合证明能力的证据形式和来源。勘验、检查、辨认、侦查实验等笔录除了证实勘验、检查、辨认、侦查实验等活动采用的方法是否科学可靠、程序是否合法等情况外，多数情况下记载本身并不直接证明某一事实，对待证事实的证明作用是通过记载的实物证据的状态、相互关系等事实来发挥的。

三、勘验、检查、辨认、侦查实验等笔录的种类

根据勘验活动的内容和对象不同，可以分为现场勘验笔录、物证检验笔录、尸体检验笔录、人身检查笔录、侦查实验笔录等。

现场勘验笔录是对现场勘验活动的过程和发现的情况的客观记录。在刑事案件中称为现场勘查记录，由现场勘查笔录、现场绘图、现场照相、现场录像、现场录音组成，现场勘查笔录仅指记录中用文字记载的部分。在民事和行政案件中，除由于案件本身的原因，现场所见同刑事案件相比有不同的特点之外，其他方面的内容则是基本相同的。

物证检验笔录经常作为现场勘验笔录的附件出现。这是由于许多物证都是在现场发现的，但现场笔录记录的是整个现场的状况，对具体物证的记载不够详细，不能满足证明案件有关事实的要求。对于勘验中搜集到的物证，有时需要立即进行初步的检验，对于检验所见的物证的性质、形状、位置等需要如实地记录。记录的方法有文字记载、照相、示意图和录像等。

尸体检验笔录是对尸体进行外表检验或解剖时所作的记录。验尸由侦查人员组织进行，

必须有法医参加，检验尸体的笔录由法医制作。

人身检查笔录是在为了确定被告人、被害人的某些特征、伤害情况和生理状态时，对人身进行检查后对检查所见制作的记录。笔录的制作者一般为实施检查的医师。

辨认笔录是在侦查人员主持之下通过对犯罪嫌疑人、被害人、证人的询问，就其对人身、物品、照片、现场、尸体等的观察判断情况所作回答的一种书面记录。

侦查实验笔录是对侦查实验或其他实验活动所作的记录。在案件调查中，为了验证案件中的某些事实或情节是否存在或可能发生，可以进行模拟的演示实验。实验的过程和结果用笔录形式记载下来可以作为证据。

四、勘验、检查、辨认、侦查实验等笔录的作用

在刑事诉讼中，勘验、检查、辨认、侦查实验等是调查、核实证据的重要手段之一。勘验、检查、辨认、侦查实验等笔录相应的也是一种重要的刑事证据。大体而言，我国刑事诉讼中的勘验、检查、辨认、侦查实验等笔录具有以下几个方面的作用：首先，勘验、检查、辨认、侦查实验等笔录是保全、固定证据的重要手段。司法人员对现场、尸体、物证的勘验和对人身的检查，可以将可能随着时间推移而变化或者消灭的物证和书证客观、全面地准确记载，以备事后在侦查、起诉和审理过程中作为证明案件事实的根据。其次，勘验、检查、辨认、侦查实验等笔录是鉴别案件中其他证据的重要依据。因为勘验、检查、辨认、侦查实验等笔录对案件发生的地点、现场和有关物证、书证，以及被害人、犯罪嫌疑人、被告人的某些特征、伤害情况或生理状态等情况，都要客观、全面地加以记录，可以反映全案的概况，而且可以同其他证据所反映的情况进行对照分析，起到审查判断其他证据是否真实可靠的作用。最后，勘验、检查、辨认、侦查实验等笔录是恢复案件中某些事实原状，判明案件真实情况的重要根据。在刑事诉讼过程中，为了研究和分析案情，往往要恢复某些案件事实的原状，例如，进行侦查实验，要模仿案件发生时的环境、条件。有了符合要求的勘验、检查、辨认、侦查实验等笔录，就可以为实现这一任务提供材料和根据。

五、对勘验、检查、辨认、侦查实验等笔录的审查与判断

对勘验、检查笔录应当着重审查以下内容：（1）勘验、检查是否依法进行，笔录的制作是否符合法律、有关规定，勘验、检查人员和见证人是否签名或者盖章；（2）勘验、检查笔录是否记录了提起勘验、检查的事由，勘验、检查的时间、地点，在场人员、现场方位、周围环境等，现场的物品、人身、尸体等的位置、特征等情况，以及勘验、检查、搜查的过程；文字记录与实物或者绘图、照片、录像是否相符；现场、物品、痕迹等是否伪造、有无破坏；人身特征、伤害情况、生理状态有无伪装或者变化等；（3）补充进行勘验、检查的，是否说明了再次勘验、检查的缘由，前后勘验、检查的情况是否矛盾。勘验、检查笔录存在明显不符合法律、有关规定的情形，不能作出合理解释或者说明的，不得作为定案的根据。

对辨认笔录应当着重审查辨认的过程、方法，以及辨认笔录的制作是否符合有关规定。辨认笔录具有下列情形之一的，不得作为定案的根据：（1）辨认不是在侦查人员主持下进行的；（2）辨认前使辨认人见到辨认对象的；（3）辨认活动没有个别进行的；（4）辨认对

象没有混杂在具有类似特征的其他对象中，或者供辨认的对象数量不符合规定的；(5) 辨认中给辨认人明显暗示或者明显有指认嫌疑的；(6) 违反有关规定、不能确定辨认笔录真实性的其他情形。

对侦查实验笔录应当着重审查实验的过程、方法，以及笔录的制作是否符合有关规定。侦查实验的条件与事件发生时的条件有明显差异，或者存在影响实验结论科学性的其他情形的，侦查实验笔录不得作为定案的根据。

第八节　鉴定意见

我国《刑事诉讼法》第 144 条规定："为了查明案情，需要解决案件中某些专门性问题的时候，应当指派、聘请有专门知识的人进行鉴定。"第 145 条第 1 款规定："鉴定人进行鉴定后，应当写出鉴定意见，并且签名。"对于这些规定中提到的鉴定人、鉴定和鉴定意见，应当明确其自身的含义。

一、鉴定的概念和种类

鉴定，是指鉴定人为了解决案件中的某种专门性问题，运用自己的专门知识所进行的科学鉴别、检验活动。根据刑事诉讼法的规定，凡是为了查明案情需要解决的专门性问题，都应当进行鉴定。刑事诉讼中需要鉴定的专门性问题很多，实践中经常遇到需要鉴定予以解决的专门性问题主要有以下几种：

(一) 法医鉴定

法医鉴定，是依据法医学专门知识，对与尸体、活体以及人体上的各种物质有关的问题进行分析、鉴别和判断，从而得出死亡原因、伤害程度、凶器种类、血型分析等结论性意见。法医鉴定对于司法机关侦破和审理凶杀、伤害、强奸等案件有着十分重要的意义。

(二) 司法精神病鉴定

司法精神病鉴定，是司法机关聘请或指派精神病学专家，对犯罪嫌疑人、被告人、被害人或证人的精神状态所进行的鉴定，其目的在于确定被鉴定人精神是否正常，有无行为能力和责任能力。司法精神病鉴定不仅对确定犯罪嫌疑人、被告人的刑事责任以及犯罪的危害后果（被害人精神方面的损害）有着重要的意义，而且具有程序方面的意义，例如，通过司法精神病鉴定，可以确定证人是否能够辨别是非和正确表达，并进而确定其是否具备证人资格。

(三) 毒物分析鉴定

毒物分析鉴定，是运用分析化学的原理和方法，对投毒、吸毒、贩毒，以及其他涉及法律问题的中毒案件中的有关物质进行分析、检验，并得出结论，以确定毒物的种类、性质、含量、来源和被害者是否中毒或中毒致死，为侦破案件和定罪量刑提供依据。

(四) 文书检验鉴定

文书检验鉴定，是对文件进行分析、比对、推断，以确定文字书写人、文件伪造方法及伪造人、印刷品的出处以及显现不易见的文字和文件等。目前我国的文书检验技术大体包括：笔迹检验、伪造文件和伪造票证检验、印章印文的检验、印刷文字检验、不易看见的文字的检验以及语言识别等。文书检验鉴定常用于危害国家安全犯罪和贪污、诈骗等犯罪案件的侦破。

（五）痕迹检验鉴定

痕迹检验鉴定，是利用痕迹检验技术对与犯罪有关的形象痕迹进行分析、比对、推断，从而得出同一或不同一认定的结论性意见。常见的痕迹鉴定有手印检验、足迹检验、工具痕迹检验、枪弹痕迹检验、牙齿痕迹检验、车轮痕迹检验、牲畜蹄迹检验、整体分离痕迹检验等。正确的痕迹检验鉴定，可以为侦查破案提供可靠的线索和依据。

（六）物品检验鉴定

这里所说的物品检验鉴定，是指对除了前述法医鉴定、毒物分析鉴定、文书检验鉴定的对象以外的所有与犯罪有关的物品，运用物理、化学、生物学等专门知识及现代仪器设备进行检验后，所作的结论性意见。常见的物品检验包括：纸张检验，浆、胶检验，墨水检验，消退文字的物质检验，圆珠笔油、油墨及印油的检验，涂料检验，炸药检验，油脂斑痕检验，纤维检验，塑料及其制品检验，金属粉末、碎片检验，尘土、砂石检验，生物物质检验，等等。

（七）工程技术鉴定

工程技术鉴定，是指在许多重大生产责任事故案件中，对造成事故原因的鉴定。常见的工程技术鉴定有：航海事故鉴定、建筑工程事故鉴定、矿山事故鉴定、电力事故鉴定、铁路运输事故鉴定、航空事故鉴定，等等。

（八）会计鉴定

会计鉴定，是指运用会计学等专门知识，对有关财务、账目进行的鉴定。会计鉴定的对象主要是贪污等经济犯罪案件中的账单、账册、发票、支票以及执行财会制度的情况等。会计鉴定常常是认定经济犯罪案件的主要依据。

二、鉴定人的条件及特点

（一）鉴定人的条件

鉴定人，是指具有一定的专门知识，接受司法机关的指派或聘请，解决司法机关向他提出的某些专门性问题的人。在刑事诉讼中，当事人无权聘请鉴定人，只能申请司法机关指派和聘请鉴定人进行鉴定。

在英美法中，鉴定人被称为专家证人，将鉴定意见作为专家证人提供的证言，而不作为一种独立的证据种类。与普通证人的不同之处在于，专家证人可以提供意见，而普通证人只能陈述事实。专家证人和普通证人一样，要出席法庭接受控辩双方的询问。在大陆法系国家，鉴定是一种证据方法，鉴定人应当出庭，对鉴定作出报告和说明，并接受询问。

鉴定人应当具备以下几个基本条件：

1. 鉴定人必须具有解决某种专门性问题的专门知识和技能，能够对案件中的某种专门性问题作出科学的鉴定意见。这是由进行鉴定的目的决定的。最高人民法院《解释》第87条第1款规定，对案件中的专门性问题需要鉴定，但没有法定司法鉴定机构，或者法律、司法解释规定可以进行检验的，可以指派、聘请有专门知识的人进行检验，检验报告可以作为定罪量刑的参考。由此可见，不具有鉴定资格的主体作出的检验报告，不属于鉴定意见。

2. 鉴定人必须与案件没有利害关系，能够公正无私地进行鉴定。因为如果鉴定人是本案的当事人或者当事人的近亲属，或者本人或其近亲属与本案有利害关系，就不能进行公正的鉴定。因此，根据法律规定，对本案应当回避的人，不能充当本案的鉴定人。

3. 鉴定人必须是自然人。机关、团体、企事业单位、医院、科研部门不能充当鉴定人。因为鉴定意见要由个人负责，故意虚假鉴定陷害他人或包庇犯罪嫌疑人、被告人的，要依法追究其法律责任。

为了加强对鉴定人和鉴定机构的管理，保障诉讼的顺利进行和实现司法公正，全国人民代表大会常务委员会于2005年2月28日通过了《关于司法鉴定管理问题的决定》。该决定从加强司法鉴定人和鉴定机构规范管理的角度，明确规定了司法鉴定人的鉴定资格准入制度；人民法院和司法行政部门不得设立鉴定机构；侦查机关内设的鉴定机构不得面向社会接受委托从事司法鉴定业务；实行鉴定人负责制和鉴定机构统一受理鉴定业务制度以及鉴定人经人民法院依法通知拒绝出庭作证应受到处罚等。

（二）鉴定人与证人的区别

鉴定人不同于证人，二者的主要区别有以下几点：

1. 鉴定人必须具有解决专门性问题的专门知识；而证人只要求了解案件某些情况，不要求具有专门知识。

2. 鉴定人是案件发生后，根据需要由司法机关指派或聘请的，具有选择性和可代替性；而证人是由案件本身决定的，具有不可选择和不可代替性。如果鉴定人事先了解案件的情况，就只能作为证人，而不能作为鉴定人。

3. 鉴定人受与案件有利害关系的限制，如果与案件有利害关系，就应当回避；而证人不受与案件有利害关系的限制，证人没有回避的问题。

4. 鉴定人和证人的职责、权利和义务是不同的。鉴定人的责任是运用自己的专门知识，对案件中的某些专门性问题作出鉴定意见，鉴定人可以要求查阅有关的案卷材料，了解有关案情，鉴定人之间可以互相讨论研究，有正当理由的可以拒绝鉴定；而证人的责任是如实地反映其所知道的案件事实情况，证人没有查阅案卷材料的权利，证人只能个别陈述，证人之间不能互相讨论研究，也不能拒绝作证。

（三）鉴定人与专家辅助人的异同点

《刑事诉讼法》第192条第2款规定："公诉人、当事人和辩护人、诉讼代理人可以申请法庭通知有专门知识的人出庭，就鉴定人作出的鉴定意见提出意见。"该条款确立了专家辅助人制度。专家辅助人有助于保障控辩双方更加有效地对鉴定意见进行质证，也有助于保障法院正确认定案件事实。专家辅助人与鉴定人有着一定的相似之处：第一，二者都具备专门的知识，能够对刑事案件中的专门性问题发表自己的意见；第二，二者在出庭作证上适用同样的规定，《刑事诉讼法》第192条第4款规定，专家辅助人的出庭，适用鉴定人的有关规定。但是，专家辅助人与鉴定人也有着一定的区别：首先，二者的条件不同。鉴定人应具备一定的资格，在司法行政机关注册和登记，而专家辅助人没有这方面的严格要求。其次，二者参与诉讼的方式不同。鉴定人经过公安司法机关的指派或聘请之后参与到诉讼中进行鉴定，而专家辅助人则是由公诉人、当事人和辩护人、诉讼代理人申请后出席法庭对鉴定意见发表意见的。再次，二者的作用不同。鉴定人的作用主要是帮助公安司法机关查明案件事实，而专家辅助人则主要是协助控辩双方进行质证。最后，二者所参与的诉讼阶段不同。鉴定人在侦查、审查起诉和审判阶段都可以参与，而专家辅助人只能在法庭审判阶段出庭。

三、鉴定人的诉讼权利和义务

（一）鉴定人的诉讼权利

鉴定人是一种独立的诉讼参与人，在执行鉴定职责时，依法主要享有以下诉讼权利：（1）有权了解和查阅鉴定所必需的案件材料，要求补充鉴定材料。必要时，可以参加勘验和检查。（2）有权要求明确鉴定目的和要求。如果自己不能胜任鉴定工作，有权拒绝鉴定。（3）有权独立地进行鉴定，不受外界的干涉和影响。同一案件如果有几个鉴定人时，他们有权互相讨论，进行研究，共同作出一个鉴定意见。如果几个鉴定人意见不一致时，每个鉴定人都有权单独作出自己的鉴定意见。（4）有权在开庭3日以前收到法院送达的出庭通知书。（5）非专职鉴定人还有权要求补偿鉴定费用和必要的报酬。（6）鉴定人及其近亲属有权要求公安司法机关对其安全进行保护，具体参照上述对证人保护的相关论述。

（二）鉴定人的诉讼义务

根据我国刑事诉讼法的规定，证人应当履行的诉讼义务主要有：（1）鉴定人一经接受指派或聘请，应当根据司法机关的要求，认真负责，运用科学方法，按时作出鉴定意见并签名，以示对鉴定意见负责。没有正当理由，不得拒绝鉴定。（2）应当公正无私地完成鉴定任务，妥善保管鉴定材料，遵守鉴定纪律。故意作虚假鉴定的，要负法律责任。我国《刑法》第305条规定，鉴定人对与案件有重要关系的情节，故意作虚假鉴定，意图陷害他人或者隐匿罪证的，要负伪证的刑事责任。（3）鉴定人接到法院的通知后，应当按时出庭，对审判人员、公诉人、当事人、辩护人、诉讼代理人就鉴定意见所提出的问题，应当如实地回答。《刑事诉讼法》第187条第3款规定，公诉人、当事人或者辩护人、诉讼代理人对鉴定意见有异议，人民法院认为鉴定人有必要出庭的，鉴定人应当出庭作证。经人民法院通知，鉴定人拒不出庭作证的，鉴定意见不得作为定案的根据。最高人民法院《解释》第86条第2、3款规定，鉴定人由于不能抗拒的原因或者有其他正当理由无法出庭的，人民法院可以根据情况决定延期审理或者重新鉴定。对没有正当理由拒不出庭作证的鉴定人，人民法院应当通报司法行政机关或者有关部门。

四、鉴定意见的概念和特点

刑事诉讼中的鉴定意见，是指受司法机关聘请或指派，具有专门知识或技能的人，运用科学知识、技术或技能对刑事案件中某些专门性问题进行鉴别、分析和判断之后所得出的书面意见。鉴定的结果不是最终结论，仍然要经过司法机关结合全案情况和其他证据进行审查判断，查证属实之后才能作为定案的根据。2012年刑事诉讼法再修改时将“鉴定结论”改为“鉴定意见”，与全国人大常委会《关于司法鉴定管理问题的决定》相一致。

鉴定意见作为一种独立的刑事证据，具有以下主要特点：

1. 鉴定意见是鉴定人对刑事案件中的专门性问题进行鉴定后提出的书面意见。在鉴定意见中，鉴定人不仅要叙述依据鉴定材料所观察到的事实，而且必须分析、研究这些事实，并以此为基础提出自己的意见。例如，解剖尸体的鉴定意见，不但要叙述在尸表检查中看到的情况（如身长、体重、尸斑等）、解剖时见到的情况（如死者的肺、胃、肠的情况），还应就检查中看到的情况，通过分析作出有关死亡原因的意见，以便司法机关据以认定有关的案件事实。

2. 鉴定意见是鉴定人运用自己的专门知识技能，凭借科学仪器和设备，分析、研究案内有关专门性问题的结果。这种意见一般符合当时历史条件下的知识、技术水平，具有相对的科学性、客观性。但是，鉴定意见毕竟是依赖于鉴定人的知识技能作出的，是对案件中有争议的专门性问题进行检验、分析、鉴别后得出的判断性意见。鉴定意见反映了鉴定人的个人见解和看法，带有鉴定人个体的特征，具有一定程度的主观色彩，因此，可能会由于鉴定人的主观因素而使得鉴定意见带有某种程度的不确定性。

3. 鉴定意见是鉴定人对案件中应予查明的案件事实中的一些专门性问题所作的分析和判断，而不是就法律问题提供的意见。这是因为，后者属于司法机关的职权范围，只能由司法机关在查明案件情况的基础上，根据法律的有关规定自行作出决定。例如，在交通肇事案件中，进行汽车技术鉴定的鉴定人所能确定的，是该汽车的技术状况以及失修对该事故的影响，而不能是司机有无罪责的问题。

鉴定意见和证人证言，虽然在证据分类上同属于言词证据，但二者各有特点，其主要区别如下：一是鉴定意见是鉴定人对与案件事实有关的某些专门性问题进行鉴别、判断后所作出的意见。在鉴定过程中鉴定人要运用自己的专门知识和技能，因此，鉴定意见是一种具有科学根据的意见。而证人证言是证人就其所知道的案件事实情况所作的陈述，是对案件事实的如实反映，而不是对案件事实的评断。二是鉴定意见是司法机关为解决案件中的专门性问题，指派或聘请鉴定人而作出的书面意见，由于鉴定人是司法机关有选择地指派或聘请的，具有可替代性，因而鉴定意见也具有可替代性。而证人证言因证人的不可替代性而具有不可替代性。三是鉴定的内容是鉴定人对案件中某些专门性问题所作的判断意见，不是对有关事实作出的法律评价，并且是在案件发生后形成的。而证人证言是证人对案件事实所作的陈述，是在案件发生过程中形成的。

五、鉴定意见的作用

在刑事案件中，遇到某种专门性问题时，鉴定人就是司法人员不可缺少的重要助手，鉴定意见就是查明案件事实的重要证据，特别是随着科学技术的不断发展，犯罪人往往利用现代科学技术进行作案，运用鉴定意见来查明案件事实就显得更加重要。所以，鉴定意见在刑事诉讼中占有重要地位，对查明案件事实具有重要意义。具体说来主要有以下几点：

（一）确定其他证据与案件的相关性

在刑事案件中，司法人员往往会收集到许多痕迹、物品、文件等实物，而这些实物是否具有相关性，能否成为认定案情的证据，除当事人的辨认之外，主要靠鉴定意见来判明、确定。许多实物证据中所包含的信息，往往要通过鉴定意见才能被揭示出来，并进而对刑事案件发挥实际证明作用。此外，鉴定意见对审查犯罪嫌疑人、被告人供述和辩解、证人证言、被害人陈述是否真实可靠，具有重要意义。同时它也是鉴别、确定其他证据证明力大小的重要依据。

（二）认定案情

在刑事诉讼中，有许多专门性问题需要解决，从而证明案件的主要事实。这些专门性问题包括死亡原因、伤害程度、生理状态、精神状态、重大责任事故的原因等。只有通过鉴定意见，才能回答上述专门性问题，最终帮助司法人员认定案件事实。鉴定意见的这个作用常常是其他证据所代替不了的。例如，某人突然因腹痛死亡，经法医解剖鉴定，如果作出的结论是胃穿孔死亡，结合其他证据，并无谋杀现象，就可以认定该人属于病理死亡，没有犯罪行为发生；如果经解剖发现死者胃内有砒霜，系中毒死亡，结合其他证据，就有助于司法机关确认发生了杀人案以及杀人的方法和手段。

在充分肯定鉴定意见作用的同时，也应该看到，鉴定意见作为一种刑事证据并不是像刑事判决一样的最终结论。单从形式上看，鉴定意见作为一种意见证据，与裁判者作出的事实认定一样都是在一定事实的基础之上运用判断力得出的意见；同时，鉴定人在有关专业领域相对于普通人占有智识上的优势地位，这就使得其所作出的鉴定意见具有了较高的权威性。但是，这些都不足以使鉴定意见获得与裁判者作出的事实认定同样的终局性的效力。鉴定意见仍然仅仅是证据的一种，其证明力同样要接受裁判者的判断。原因在于，首先，事实认定是司法权的一部分，只能由依据宪法享有司法权的主体作出，而鉴定人并非合法的司法权主体。其次，鉴定意见大都是建立在一定的科学知识基础之上的，这既是鉴定意见这种证据形式的优势所在，但同时又决定了其难以摆脱的局限性。科学是不断发展的，人们的认识永远达不到绝对真理的程度，因此，鉴定意见的证明力也并非无懈可击。将鉴定意见引入诉讼领域体现了对科学的尊重，但尊重绝不等于迷信。再次，鉴定意见往往只涉及案件事实的一部分内容，而具体案件处理过程中还可能存在大量其他形式的证据，裁判者应当全面考虑所有证据，而不能只把目光放在鉴定意见上面，最终导致一叶障目，不见泰山。最后，鉴定意见是一种意见证据，其中加入了鉴定人的主观判断，因此，即使其所依据的专门知识是明确的，也可能会由于鉴定人的主观因素而使鉴定意见带有某种程度的不确定性。鉴于上述原因，从各国立法情况来看，基本都将鉴定意见置于与其他证据形式同等的地位，交由法官或陪审员依照自由心证原则加以衡量。①

六、对鉴定意见的审查与判断

对鉴定意见应当着重审查以下内容：（1）鉴定机构和鉴定人是否具有法定资质；（2）鉴定人是否存在应当回避的情形；（3）检材的来源、取得、保管、送检是否符合法律、有关规定，与相关提取笔录、扣押物品清单等记载的内容是否相符，检材是否充足、可靠；（4）鉴定意见的形式要件是否完备，是否注明提起鉴定的事由、鉴定委托人、鉴定机构、鉴定要求、鉴定过程、鉴定方法、鉴定日期等相关内容，是否由鉴定机构加盖司法鉴定专用章并由鉴定人签名、盖章；（5）鉴定程序是否符合法律、有关规定；（6）鉴定的过程和方法是否符合相关专业的规范要求；（7）鉴定意见是否明确；（8）鉴定意见与案件待证事实有无关联；（9）鉴定意见与勘验、检查笔录及相关照片等其他证据是否矛盾；（10）鉴定意见是否依法及时告知相关人员，当事人对鉴定意见有无异议。

鉴定意见具有下列情形之一的，不得作为定案的根据：（1）鉴定机构不具备法定资质，

---

① 参见汪建成、孙远：《刑事鉴定结论研究》，载《中国刑事法杂志》，2001（2）。

或者鉴定事项超出该鉴定机构业务范围、技术条件的；(2) 鉴定人不具备法定资质，不具有相关专业技术或者职称，或者违反回避规定的；(3) 送检材料、样本来源不明，或者因污染不具备鉴定条件的；(4) 鉴定对象与送检材料、样本不一致的；(5) 鉴定程序违反规定的；(6) 鉴定过程和方法不符合相关专业的规范要求的；(7) 鉴定文书缺少签名、盖章的；(8) 鉴定意见与案件待证事实没有关联的；(9) 违反有关规定的其他情形。

对案件中的专门性问题需要鉴定，但没有法定司法鉴定机构，或者法律、司法解释规定可以进行检验的，可以指派、聘请有专门知识的人进行检验，检验报告可以作为定罪量刑的参考。对检验报告的审查与认定，参照适用前述对鉴定意见的审查规则。经人民法院通知，检验人拒不出庭作证的，检验报告不得作为定罪量刑的参考。

第九节　视听资料

一、视听资料的概念

视听资料，是指以录音带、录像带等设备储存的音像信息证明案件事实的证据。它包括录像带、录音带、电影胶片、微型胶卷、电话录音、雷达扫描资料等。例如银行的自动监控装置拍摄的录像，某些宾馆、超级市场的摄像镜头拍摄的录像带等。视听资料是随着近现代科学技术的发展而出现的一种新的诉讼证据，也是我国 1996 年刑事诉讼法中规定的一项诉讼证据。

严格说来，“视听资料”这个名称并不十分严谨，因为它同其他证据种类的划分标准是不一致的：其他证据种类均是以证据的存在和表现形式作为其命名的根据，而视听资料却是根据人们对这类证据的感受方式来命名的。如果从人们对证据的感受方式来看，几乎所有的证据都可以称为视听资料。所以有学者认为，视听资料以称为“音像资料”为宜。[①] 但是，由于我国三大诉讼法中都使用了“视听资料”的概念，其叫法似已约定俗成，且计算机数据也不能完全归入“音像资料”的范畴，所以我们认为还是尊重立法的选择，称作“视听资料”并无大碍。视听资料是一种独立的证据，具有既不同于物证又不同于书证的特点。在外国的诉讼立法或证据立法中很少有将视听资料作为一种独立种类的情况，要么将其作为书证，要么将其作为物证。例如，《美国联邦证据规则》和《英国民事诉讼证据法》都把唱片、磁带、声迹、相片或者看不见的图像资料等，列为书证的范畴。德国刑事诉讼法中没有明确规定视听资料属于何种证据形式，但根据联邦法院的判例和大部分学者的意见，认为视听资料属于物证。[②]

理解这一概念，需要把握以下几点：

(一) 视听资料不同于书证

书证是以文字、符号、图画所表示的内容来证明案情的。而视听资料是通过声音、影

---

① 参见陈一云主编：《证据学》，279 页，北京，中国人民大学出版社，1991。

② 参见汪建成、黄伟明：《欧盟成员国刑事诉讼概论》，207 页，北京，中国人民大学出版社，2000。

像等信息资料所表现的内容来证明案件事实情况的，并非单纯运用文字和符号来表达思想内容，而且它独立地反映了部分或全部案件事实。因此，视听资料不属于书证的范畴。

（二）视听资料不同于物证

视听资料是以其记录的声音和形象对刑事案件起证明作用的，这使视听资料不同于物证。这也说明并不是所有的音像制品都能以视听资料的形式出现：有些音像制品不是以其记录的声音和形象对刑事案件起证明作用，而是以其存放的地点或外部特征对刑事案件起证明作用，那么，这样的音像制品就是物证，而不是视听资料。

（三）视听资料不同于人证

视听资料形成于案件发生前或发生过程中，它客观地记录案件事实情况，不存在人的主观因素。而证人证言、被害人陈述、犯罪嫌疑人、被告人供述和辩解等形成于案件发生后的诉讼过程中，是在诉讼过程中向司法人员所作的语言叙述，因而包含有叙述人的主观因素。

在理解视听资料的概念时，还要注意将其同实践中的一些采用多媒体出示的证据形式区别开。近年来，在有些法院的法庭审判中，出现了采用多媒体方式出示视听资料之外的其他证据的现象。这种做法是否合适有待进一步探讨，即使合适，也必须明确，它只是证据的出示方式的改变，而没有改变证据的形式，因此不能将其归为视听资料。具体应算作何种证据应以其具体内容来确定，如果演示的是物品或者物质痕迹，属于物证；如果演示的是现场照片或者现场绘图，属于勘验、检查笔录；如果演示的是证人的陈述笔录，则应属于证人证言。总之，这些证据虽然也采用了多媒体演示的形式，但却不是视听资料，而是其他证据种类。

二、视听资料的特点

视听资料与其他证据一样，都能够证明案件的真实情况，它们有某些共同的属性。但视听资料作为科学技术发展并被运用到一定阶段的产物，又具有不同于其他种类的证据的特点：

（一）视听资料的物质信息载体具有高度的科学技术性

同传统的各种证据比起来，视听资料的物质信息载体在记录、储存和反映案件情况的过程中，因受各种主观因素和客观因素的影响而失真的可能性较小。比如，保留在证人意识中的有关案件情况的信息，就可能由于证人感官的缺陷或者目睹事件发生时精神的高度紧张，以及记忆或者表达不准确而失真；物证也可能由于风雨的冲刷等各种自然因素的影响而失真，视听资料则不会或很难产生上述情况。

（二）视听资料具有各种言词证据所不具备的直感性

各种言词证据都是以语言、手势等方式来再现保存在意识中的有关案件情况的信息，因此这种信息反映方式，不能以直感形象和声迹来显现案件情况。视听资料通过运用一系列科技手段，再现与案件有关的形象和声迹，可以使人直接产生直感。比如，关于人的语言的录音资料，能够准确地反映出讲话人的音质、音高、语言习惯等；录音、录像则能把有关案件的实际状况直观地再现在人们面前。总之，视听资料再现案情时具有直观性、立体性的特点，使人如临其境、如见其人、如闻其声。当然，这仅是从其证据效果而言的，是否真实则只能通过审查判断来确定。

(三) 视听资料具有各种物证都不具备的动态连续性

各种物证都是以静态的方式来反映案件情况的，因此，每一个物证只能反映案件的个别的、片断的情况。而视听资料则能够连续性地反映案件情况，是一个动态过程。比如，录音资料能够反映出在一定时间范围内持续的声响，录像资料能够以直观形象反映案件的某个动态过程。

(四) 视听资料具有物质依赖性

作为视听资料的声音、图像等是以声、光、电磁以及其他粒子等媒体形式存在的，人们把这些单凭自己的感官无法直接感知为物质实体的声、光、电、磁等物质视为无形物质。要把这些无形物质原声、原貌地保存下来，必须运用现代技术手段，进行一系列能量转换，使之固定或储存在有形物质如录音带、录像带、激光唱盘和视盘等载体里。如果没有这些有形物质作依托，可以供人视听的信息资料就会转瞬即逝，无法捕捉。可见，视听资料必须借助于特定仪器、设备及其特殊功能才能形成。此外，审查、鉴定视听资料的真伪，也要依靠专门的精密仪器、设备才能进行。尤其是声音、图像等资料作为证据使用时，只有借助于录音机、录像机等现代化电子设备，才能显示出人们可以看见、听见和使用的原始资料。如果没有播放、检索、显现设备，无论多么生动形象、真实可靠的内容，也只能停留在磁带和存储器里，而不能被人们所感知，也不会直接出现在法庭上供法官作为证据使用。而诉讼活动中使用得最为普遍的物证，则是以具有一定形状、数量、质量、属性的物质实体或痕迹为表现特征的，大多可凭人的肉眼对这些特征直接进行分析判断，能够出示原物于法庭以供辨认确证，无须借助于特殊的显现设备。书证虽然是将具有一定思想内容的文字、图画记录在纸张、器皿、建筑物上，但是文字、图画本身并不是物质，它只是人们为交流思想而约定俗成的符号，它们与视听资料这类无形物质是有本质区别的。总之，视听资料的制作、收集、审查、鉴定与运用都有赖于高、精、尖的科学技术设备，这种物质依赖性是其他证据所不具有的。

(五) 视听资料具有便利、高效性

视听资料记录和再现案件原始的真实情况，所蕴涵的信息量极大，但不需要像其他证据那样建立宏大的档案资料库存，因为录音、录像的载体具有容量大、体积小、重量轻、便于保存的特点，只要保存好磁带、拷贝不致其变形、变质，就可以反复使用，于若干年后仍可重现当时的真实情况，具有较长时间的稳定性。利用高科技保存和使用视听资料，可以节约几倍、几十倍的人力、物力和时间，并极大地提高证据的利用率。对于司法机关来说，还能提高办案效率和办案质量，有利于实现司法现代化。

三、视听资料的种类

对视听资料这一新型证据如何进行分类，目前尚无定论。如果以其来源为标准，可分为原始的和复制的视听资料；如果以其所反映的内容与案件事实的关系为标准，可分为直接的和间接的视听资料。较为常见的，是以其获得的手段和存在的形式为标准所作的划分，一般分为以下两种：

(一) 录音资料

录音资料，是指运用录音设备，将正在进行的谈话、演说、歌唱、呼叫、电话中的对讲以及爆炸、机械摩擦等声响录制下来，然而通过播放设备将其在诉讼中进行播放，再现这些声响，并证明案件中的某种事实的一种证据材料。其物质形式是录音磁带。

由于录音可以弥补人的记忆能力不足以及记录速度慢于谈话速度的弱点，人们在日常生活中，有时会使用录音这种手段达到记录某个事件的目的，而一旦这些录音资料与诉讼中处理的案件事实有关，就成为一种重要的诉讼证据。

录音资料对案件的证明方式有两种：一种是以录音资料的内容证明案件事实，例如有关遗嘱的录音、有关犯罪计划的谈话等；另一种不是以录音资料的内容对案件起证明作用，而是以录音中所反映出的语音、语调、音质、音素等特点对案件起证明作用，在这种情况下，其内容可能与案件事实毫无关系，但是其声音特点却可以说明发声人的某些特征，通过科学鉴定可以确定发声人的真实身份。

（二）录像资料

录像资料，是指利用录像设备将某件事情的过程或者某个片断摄制下来，然后通过放像设备将其在诉讼中演示，再现原始的形象，并证明案件事实的一种材料。其物质形式是录像磁带或者音像光盘。

录像资料有时和录音资料有重叠现象，即录像中既有形象又有声音，且两者都对案件事实起证明作用，这种情况下应当认定为录像资料，因为声音同发声者是不可分的。

录像资料具有生动形象的特点，有连续运动着的人物和运动着的背景，因此具有很高的证明价值，被广泛运用于诉讼过程中。银行、机场、车站、码头、宾馆等场所安装的监控设施所录制的录像，对于侦查犯罪具有重要的意义；预审过程中的全程录像，既可全面准确地收集预审中的所有信息和情况，弥补预审笔录择要而记、忽略细节、遗漏某些重要线索的情节的缺陷，又可以对预审过程实行程序性控制，防止出现刑讯逼供等违反诉讼程序的现象；庭审中运用录像资料这种证据，可以原声原貌地再现案件的事实，使参加诉讼的各方对案件事实形成一致或相近的认识，也有利于促使犯罪分子认罪服法。此外，对一审过程进行摄录，对于二审的顺利进行也具有重要价值。不少上诉和抗诉案件都是以一审违背诉讼程序或侵害了被告人的合法权益为由提起的。二审法院在审理这类案件时只需当场播放一审的录像资料，即可轻易查明一审的活动是否合法。

录像资料对案件的证明方式也有两种：一种是以主图像对案件事实起证明作用，即录像中的主画面本身就属于案件事实的一部分或者与案件事实有直接的联系，例如银行监控设备提供的有关抢劫过程的录像、当事人提供的有关合同签字仪式的录像等就属于这种情况；另一种则不是以主图像对案件事实起证明作用，而是以背景图像对案件事实起证明作用，例如，在摄制某一录像过程中无意中拍摄到的与犯罪有关的事实，主图像可能与案件事实毫无关系，而背景图像则对证明案件事实具有重要意义。对于这样的视听资料，在实践中要通过定格、放大、剪辑等技术进行处理，然后作为证据使用。

四、对视听资料的审查与判断

对视听资料，公安司法机关应当着重审查以下内容：（1）是否附有提取过程的说明，来源是否合法；（2）是否为原件，有无复制件及复制份数；是复制件的，是否附有无法调取原件的原因、复制件制作过程和原件存放地点的说明，制作人、原视听资料持有人是否签名或者盖章；（3）制作过程中是否存在威胁、引诱当事人等违反法律、有关规定的情形；（4）是否写明制作人、持有人的身份，制作的时间、地点、条件和方法；（5）内容和制作过程是否真实，有无剪辑、增加、删改等情形；(6) 内容与案件事实有无关联。对视听资料有疑问的，应当进行鉴定。

视听资料具有下列情形之一的，不得作为定案的根据：(1) 经审查无法确定真伪的；(2) 制作、取得的时间、地点、方式等有疑问，不能提供必要证明或者作出合理解释的。

第十节　电子数据

一、电子数据的概念

随着计算机、网络技术的日渐发达和普及，人们之间的联络、交易方式日益多样化、复杂化，随之而来的网络侵权、计算机犯罪便成为不同于传统意义上法律问题的新型法律问题。为了解决高科技给现行法律带来的难题，世界大多数国家和国际组织都不约而同地针对计算机、网络等方面的实体法和程序法进行了相关的修正与完善。计算机犯罪是瞬间发生的高智能犯罪，而且一般具有无痕性。随着计算机犯罪的日益增多，刑事诉讼面临着许多新的问题，其中最为重要的就是计算机犯罪过程中形成的电子数据问题。

电子数据，又称为电子证据，其大致有广义、狭义（或称为模糊型、明确型）两种界定方式。广义上讲，电子数据是指储存在计算机及网络中的以电子、数字、磁、光学、电磁等形式来证明案件真实情况的信息，它包括电子记录和电子记录的系统。这种以广义的形式界定“电子数据”含义的国外法律规范有：1998 年联合国国际贸易法委员会增订的《电子商务示范法》、美国《电子商务示范法》、爱尔兰《电子商务法》等。[①] 在狭义的意义上，电子数据仅指局限于电子商务活动中的各种电子数据、记录及记录系统。加拿大《统一电子证据法》和欧盟的《欧洲电子商务提案》均采此种做法。比较这两种电子数据的内涵，广义的界定有助于增强成文法的包容性、现实适应性，起到挂一漏万的效果；狭义的界定只不过是立法者的权宜之计。故而下文的“电子数据”均在广义上使用。

电子数据可以作为证据使用，实际上已为各国司法机关所承认。有的国家已从法律上加以规定，例如，英国颁布的《1984 年警察与刑事证据法》第 19 条第 4 款规定：“警察可以计算机中的情报作为证据”，其适用条件是：(1) 该证据是与警察在搜查中的犯罪或其他犯罪有关的证据；(2) 该证据是犯罪行为造成的结果；(3) 在有正当理由的情况下，为了防止该证据的隐藏、遗失、改变或消灭，可以命令在保证能阅读的前提下提取证据。(4) 1985 年联合国国际法委员会发表了一份题为《计算机记录的法律价值》的报告，指出：司法程序中使用计算机记录，在普通法国家已经从理论上被普遍承认可行，在其他法律制度下也正推广着。该报告在促进各国证据法的完善方面无疑具有重要的推动作用。

---

① 参见韩波：《论加拿大〈统一电子证据法〉的立法价值》，载《政治与法律》，2001 (5)。

二、电子数据的法律地位

电子数据的归属既关系到现行法律对其的可适用性，又涉及电子数据证明力的判定问题。为了给司法实务确定若干理论前提、假设，学术界围绕这一问题，争论不休，目前大致有如下几种观点：

第一种观点认为，电子数据应当包括在视听资料中。原因在于，首先，电子数据符合视听资料的几个特点，它们都具有可视性；存储形式均为非纸质的形式；都需借助于一定的设备才能被感知；都极易被伪造；两者的正本与复本都没有区别。其次，将电子数据归于视听资料最能反映其证据价值。①

第二种观点认为，电子数据应当属于书证的范围。原因在于，第一，计算机证据虽有多种表现形式，但无一例外以文字、符号、图画等内容证明案件事实，符合书证特征；第二，计算机数据在许多情况下以纸面、报表形式出现；第三，《合同法》已将传统的书面合同形式扩大到数据电文形式；第四，各国立法上尝试的“功能等价法”（functional equivalence）亦在填平传统书面形式的证据与计算机证据之间的鸿沟。②

第三种观点认为，电子数据是若干传统证据的组合，既不是一种新型的独立证据，也不是传统证据种类中的一种。有学者认为，“从承载介质看，如果输入、存储的信息记录在诸如硬盘、磁盘、光盘等介质上，即为准书证，在保证此类介质的内容能固定、不会消失或修改情况下，即可视为书证；计算机处理过的信息如果仍被存储在上述介质上，同样仍被视为准书证和书证；如果输出到打印纸上，理当为书证。从输出的形式来看，如果以纸张形式表现，即为书证；如果以声音、图像形式表现，即为视听资料。利用计算机模拟是根据已知条件和事实，依照法律程序和技术要求进行计算机演示，以确定犯罪的可能性概率。因而，模拟的结果可列为勘验、检查笔录。再者，对计算机及其系统进行测试，是运用软件按照法律程序对机器及系统的性能、受损情况等进行测量、测算、鉴定，从而确定犯罪的危害程度，因而可以列为鉴定结论证据”③。

第四种观点认为，电子数据属于物证。奥恩·凯西支持此种观点，他认为“尽管数字证据不像其他形式的物证（如指印、DNA、兵器、计算机软件等）那样有形，它仍然属于物证”④。

第五种观点认为，电子数据应是一种独立的证据形式。有学者认为，“若将电子证据纳入任何一种传统证据形式，必将对该传统证据形式独立存在所依据之独立性质产生冲击，即该传统证据形式由于电子证据的划入而影响其自身的独立性，从而很有可能削弱我国证据传统分类的学理基础”⑤。

在我国近年来的立法和司法实践中，电子数据才最终成为一种独立的法定证据种类。

---

① 参见陈志敏：《电子数据证据问题探析》，载（中国人民大学报刊复印资料）《诉讼法学、司法制度》，2001（11）；李学军：《电子数据与证据》，载《证据学论坛》，第2卷，北京，中国检察出版社，2001。

② 参见张西安：《论计算机证据的几个问题》，载《人民法院报》，2000-11-07；［日］石井一正：《日本实用刑事证据法》，26～27页，台北，五南图书出版公司，1999。

③ 蒋平：《计算机犯罪问题研究》，253～354页，北京，商务印书馆，2000。

④ 转引自常怡、王健：《论电子证据的独立地位》，载《法学论坛》，2004（1）。

⑤ 常怡、王健：《论电子证据的独立地位》，载《法学论坛》，2004（1）。

2010年最高人民法院、最高人民检察院、公安部、国家安全部、司法部联合发布的《办理死刑案件证据规定》第29条将电子证据列为单独的证据种类。2012年修改后的《刑事诉讼法》第48条第2款中也明确规定"电子数据"是与视听资料并列的独立的法定证据种类之一。最高人民法院《解释》第93条把"电子数据"列举为电子邮件、电子数据交换、网上聊天记录、博客、微博客、手机短信、电子签名、域名等项内容。的确，电子数据与传统的书证、视听资料等证据形式的共性并不能掩盖电子数据的特殊属性，将电子证据纳入书证、视听资料的范畴中，会造成书证、视听资料的泛化，从而淹没了其本身原始的质的规定性。电子数据成为一种独立的证据种类，也体现了我国刑事证据法的现实适应性的要求。

三、电子数据的特点和意义

电子数据与其他证据一样，都能够证明案件真实情况，它们有某些共同的属性。但电子数据作为科学技术发展并被运用到一定阶段的产物，又具有不同于其他种类的证据的特点。电子数据和信息是以电信号代码（如0或1的组合）形式存贮在计算机各级存贮介质中（如RAM、ROM、磁盘、磁带、光盘），输出的文件资料中的数据和信息，都是以不可直接读取的形式出现。经计算机输入、处理、存贮、输出的数据和信息，均为二进制电磁代码。人们把这些凭自己的感官无法直接感知为物质实体的电子物质视为无形物质。要把这些无形物质保存下来，必须运用现代技术手段，进行一系列的能量转换，使之固定在各级计算机存贮介质等电子化的物质载体里。如果没有这些有形物质作依托，可以供人读取的数据和信息就会转瞬即逝、无法捕捉。可见，电子数据必须借助于电子化的仪器、设备及其特殊功能才能形成。而且，审查、鉴定电子数据的真伪，也要依靠专门的电子仪器、设备和运行特定的程序才能进行。如果没有播放、检索、显现设备，无论多么形象、真实可靠的内容，也只能停留在计算机各级存贮介质中，而不能被人们所感知，也不会直接出现在法庭上供法官作为证据使用。这种对电子化物质载体的依赖性是电子证据的一个重要特点。此外，电子数据信息量大、内容丰富。这主要表现在三个方面：一是电子数据具有动态连续性。其他各种物证包括物品、文书、痕迹大多是以静态的方式来反映案件情况的，因此只能反映案件事实的某个片断或个别情况。而电子数据是现代高科技的产物，它能够再现与案件有关的文字、图像、数据和信息，生动形象地展现案件事实。而且它所反映的案件情况是一个动态的过程，特别是某一程序在将其运行以后才能发现最终有意义的结果，否则只是一些不知所谓的符号。二是电子数据具有高度的直观性和生动形象性。通过先进的科学技术手段，它可以将与案件有关的图像、声音、符号、文字、数据和其他信息，甚至案件发生的实际状况直观地再现在司法人员面前。三是电子数据的科技含量高，蕴藏的信息量极为丰富。一张三寸软盘储存的文字即可达到72万字左右，而一张光盘储存的图像信息即可播映几个小时。巨大的信息量为侦查破案提供了丰富的材料来源。

电子数据是现代科学技术不断发展的产物。在当今犯罪日益科技化、集团化、智能化、专业化的情况下，电子数据日益显示出其强大的证据作用。在计算机犯罪中，储存于软盘、硬盘、光盘等载体中的计算机信息数据经审查核实成为分析案情、认定犯罪的合法证据，同时也能为侦破案件提供生动、形象、准确的信息，以发现和搜集新的证据。这对于司法机关准确地查明案情、查获犯罪嫌疑人、正确地认定案件性质、审查判断其他证据等，都具有重要的意义。

四、对电子数据的审查与判断

对电子数据，公安司法机关应当着重审查以下内容：（1）是否随原始存储介质移送；在原始存储介质无法封存、不便移动或者依法应当由有关部门保管、处理、返还时，提取、复制电子数据是否由二人以上进行，是否足以保证电子数据的完整性，有无关于提取、复制过程及原始存储介质存放地点的文字说明和签名；（2）收集程序、方式是否符合法律及有关技术规范；经勘验、检查、搜查等侦查活动收集的电子数据，是否附有笔录、清单，并经侦查人员、电子数据持有人、见证人签名；没有持有人签名的，是否注明原因；远程调取境外或者异地的电子数据的，是否注明相关情况；对电子数据的规格、类别、文件格式等注明是否清楚；（3）电子数据内容是否真实，有无删除、修改、增加等情形；（4）电子数据与案件事实有无关联；（5）与案件事实有关联的电子数据是否全面收集。对电子数据有疑问的，应当进行鉴定或者检验。

电子数据具有下列情形之一的，不得作为定案的根据：（1）经审查无法确定真伪的；（2）制作、取得的时间、地点、方式等有疑问，不能提供必要证明或者作出合理解释的。

第十一节　其他证据种类探讨

随着经济的发展、社会的进步，我国司法实践中出现了一些无法包容于《刑事诉讼法》第48条第2款规定的八种证据中的证据资料，或者无法辨别属于哪一种证据种类的证据资料，对于这些证据资料，学术界争论较多，以下对测谎结论、社会调查报告做一简介。

一、测谎结论

（一）测谎结论的应用

测谎是指专门技术人员按照一定规则，运用测试仪器设备记录被检测对象在回答预先设置的问题过程中某些生理参量的变化，并从这些参量变化中分析出被检测对象是否说谎的活动。用来进行心理测试检查的电子仪器通常称为“测谎仪”或“测谎器”，可以分为多参量心理测试仪、语言分析仪、脑电波测谎仪等不同类型。心理测试检查的基本原理是：人在说谎时的生理变化或者人记忆中的一些事件再现时人所产生的心理活动必然引起一系列生理变化（如血压、呼吸、脑电波、声音、皮肤电、瞳孔等的变化），它们一般只受植物神经系统的制约，而不受大脑意识控制。通过测试仪器记录这些生理参量的变化，可以分析其心理的变化，从而判断其对案件的了解程度。

测谎技术兴起于20世纪初期，1921年美国加利福尼亚州的伯克利警察局首次把测谎技术用于审讯中，之后测谎技术逐渐从美国传入加拿大、日本及一些欧洲国家的执法机关，并逐步推广起来。就心理测试检查结论的准确性问题，心理测试领域首席权威专家约翰·

E·雷特在法院主持的一次有关心理测试仪器可靠与否的听证会上作证说，对 35 000 个人的测试鉴定及测试监督表明，有经验的测试鉴定员的测试准确率超过 91%；美国测谎协会通过调查表明，测试准确率在 87%至 96%之间。① 虽然心理测试技术的科学性及其结论的准确性日益被人们所承认，但是对于心理测试技术在刑事程序中的使用，不同国家基于不同的价值判断作出了不同的选择。目前，美国、俄罗斯、加拿大、日本、韩国、土耳其、以色列、波兰、罗马尼亚等五十多个国家都在不同程度地使用着心理测试技术；而另外一些国家则禁止在刑事程序中使用该项技术。即使在认可心理测试技术的国家，就使用该项证据的法律和政策问题也不乏争论。例如，在美国，尽管实践中已经普遍使用心理测试技术，有些联邦巡回区的地方法院也已承认心理测试检查结果的证据能力，但仍有持批评意见者。②

20 世纪 80 年代，我国开始研究和引进心理测谎仪，并逐步将心理测试检查结果运用于刑事侦查和刑事审判活动中。1991 年，我国自行研制了第一台心理测试仪，即 PG-1 型心理测试仪。截至 2003 年，我国已在 20 多个省市的司法机关配置了各种型号的心理测试仪 100 多台，总计办案达 1 000 余起。③

（二）测谎结论的效力

在我国，法律并没有对测谎结论予以规定。最高人民检察院 1999 年 9 月 10 日发布的《关于 CPS 多道心理测试鉴定结论能否作为诉讼证据使用问题的批复》中指出，CPS 多道心理测试（俗称测谎）鉴定结论与刑事诉讼法规定的鉴定结论不同，不属于刑事诉讼法规定的证据种类。人民检察院办理案件，可以使用 CPS 多道心理测试鉴定结论帮助审查、判断证据，但不能作为证据使用。虽然存在最高人民检察院的上述司法解释，但目前我国学界仍存在有关心理测试检查结果是否具备证据资格的激烈争论。大体而言，有以下三种观点：第一种观点否认测谎结论的证据资格，也就是说测谎结论不能作为证据使用。持该观点的学者认为，判断测谎结论是否具有证据资格的关键之处在于其是否具有关联性，而测谎结论只能证明被测试人是否说谎，并不能证明案件事实，因此并不具有证据的关联性，不能作为证据使用。④ 第二种观点则认为，心理测试检查结果具备证据资格，能够在诉讼中作为证据使用。支持该观点的理由主要有：第一，测谎技术的科学机理决定了测谎结论具有证据的客观性、关联性；第二，根据《国家安全法》和《人民警察法》关于技术侦查措施的规定以及刑事诉讼法关于证据的收集方法和种类的规定，测谎结论作为测试人员运用其知识和技能分析通过仪器记录的被测验人的生理反应所作出的判断结论，应具有证据能力。最后一种对测谎结论持“有限肯定”的观点。持该观点的学者认为，测谎结论虽然具有相当的准确性，但是并不完全可靠，因为即使是无罪的人在受审的特殊情况下测试，也会因为紧张而引起生理参量的变化；相反，一个狡猾老练的惯犯，可能因心理训练有素，而在受审的特殊情况下没有明显的生理参量变化。基于上述原因，关于心理测试检查结果的证据资格应当进行限制。关于具体如何限定其证据资格，有学者认为，测试检查结果只能用来审查言词证据的真实可靠性，不能直接用来证明案件事实。具体来说，心理测试检查结

① 参见文盛堂：《测谎技术及其在国外的刑事司法应用》，载《中国刑事法杂志》，1998（3）。

② 参见宋英辉、吴宏耀：《刑事审判前程序研究》，225 页，北京，中国政法大学出版社，2002。

③ 参见叶青：《刑事诉讼证据问题研究》，117 页，北京，中国法制出版社，2003。

④ 参见杨旺年：《关于测谎及其结论的争议与评析》，载《法律科学》，2004（2）。

果只能用来证明犯罪嫌疑人或被告人、民事诉讼的当事人以及证人的陈述是否真实可靠，不能直接用来证明刑事被告人是否有罪，或者民事诉讼的一方当事人应否承担责任。[①] 我们同意最后一种观点，至少在目前我国测谎人员素质参差不齐，测谎技术尚不完善，与测谎相关的法律规范尚不健全的情况下，有必要对测谎结论的证据效力加以限制，它只能作为收集和审查判断证据的参考资料来使用。

二、社会调查报告

社会调查报告，是指社会调查机关（公、检、法机关及其委托的司法行政机关、共青团组织以及其他社会团体组织）对犯罪嫌疑人、被告人的性格特点、家庭情况、社会交往、成长经历、是否具备有效监护条件或者社会帮教措施，以及涉嫌犯罪前后的表现等情况进行调查，所形成的书面报告。在我国目前的刑事诉讼法及其相关规定中，社会调查主要针对的是涉案的未成年犯罪嫌疑人、被告人。最高人民法院《关于审理未成年刑事案件的若干规定》第 21 条规定：开庭审理前，控辩双方可以分别就未成年人被告人性格特点、家庭情况、社会交往、成长经历以及实施被指控的犯罪前后的表现等情况进行调查，并制作书面材料提交合议庭。必要时，人民法院也可以委托有关社会团体组织就上述情况进行调查或者自行进行调查。《关于规范量刑程序若干问题的意见（试行）》第 11 条规定，人民法院、人民检察院、侦查机关或者辩护人委托有关方面制作涉及未成年人的社会调查报告的，调查报告应当在法庭上宣读，并接受质证。该条规定并未明确未成年人社会调查报告的地位。中央综治委预防青少年违法犯罪工作领导小组、最高人民法院、最高人民检察院、公安部、司法部及共青团中央六部门联合出台了《关于进一步建立和完善办理未成年人刑事案件配套工作体系的若干意见》，明确了在办理未成年人案件和执行刑罚时，应当综合考虑案件事实和社会调查报告的内容。在 2012 年《刑事诉讼法》修改后，最高人民法院《解释》第 484 条规定，对未成年被告人情况的调查报告，以及辩护人提交的有关未成年被告人情况的书面材料，法庭应当审查并听取控辩双方意见。上述报告和材料可以作为法庭教育和量刑的参考。最高人民检察院《规则》第 486 条第 1 款规定，人民检察院根据情况可以对未成年犯罪嫌疑人的成长经历、犯罪原因、监护教育等情况进行调查，并制作社会调查报告，作为办案和教育的参考。所以，在接下来的探讨中主要针对未成年人社会调查报告。我国的未成年人社会调查制度是从英美法系国家的量刑前调查制度中借鉴而来的。量刑前调查，是指接受法官委派的缓刑监督官（probation officer），对被告人的犯罪行为、犯罪前科、量刑选择、个人特征、赔偿能力等情节进行调查，提出量刑建议，形成调查报告，帮助法官确定被告人的刑罚、帮助假释机关决定犯罪人是否假释、帮助执行机关决定对罪犯的改造方案等。尽管量刑前调查报告和我国的未成年人社会调查报告在制作主体、内容、功能和审查程序方面都存在一定的区别，但是，二者在理论基础等方面依然存在相似之处，尤其是二者都存在证据上的定位问题。

在英美法系国家，量刑前调查报告系品格证据，在定罪阶段不适用，只能适用于量刑阶段。在我国，对未成年人社会调查报告的法律属性，存有争议。关于未成年人社会调查报告的规定中，都未赋予未成年人社会调查报告以证据的属性，只是将其作为公、检、法

① 参见何家弘：《测谎结论与证据的“有限采用规则”》，载《中国法学》，2002（2）。

机关办案、教育和量刑的参考。也有学者认为，未成年人社会调查报告在我国的使用面再广，也不能作为证据使用，只能作为司法机关处理未成年人刑事案件时的一种重要参考资料。主要理由是：首先，调查报告的内容与案件事实并不存在客观必然的联系。其次，从证据的本质特征来看，调查报告不完全符合证据客观性、关联性和合法性的特点。再次，从证据形式来看，调查报告并不归属于刑事诉讼法规定的法定证据形式的任何一类。[①] 但是，也有一些学者认为，未成年人刑事案件社会调查报告具备了证据的客观性、关联性和合法性，应当被视为证据。未成年人刑事案件社会调查报告是品格证据的一种。[②]

如果将未成年人社会调查报告定位为证据，那么，它属于《刑事诉讼法》第 48 条所规定的哪一种证据呢？有学者认为，社会调查报告是一种"特殊的"证人证言，是社会调查主体通过感觉器官对其观察、访谈的各种事项的感知、记忆，最后以书面的方式记录（表述）形成的书面报告，调查主体一般也满足证人资格的要求，即具有感知、记忆和表达能力，辨别是非能力，了解案件情况的自然人。[③] 也有学者认为，虽然调查员与证人对案件处理结果均无直接利害关系，但二者存在本质不同：一是，证人证言是证人就其所了解的案件情况向司法机关所作的陈述，而调查报告则是对案件事实外的情况的反映，体现了社会对未成年人的人格评价；二是，证人是通过刑事诉讼以外的途径了解案件有关情况的人，出具证言是其法定义务，但调查员是基于司法行政机关的聘任或委托，因而参加诉讼、了解案情的，其不符合证人的条件。[④] 有观点认为，可将社会调查报告视为鉴定意见。也有人认为，调查报告是调查主体对直接感知或传闻的案件事实的客观陈述、主观评价及建议意见，不涉及技术问题，不属于鉴定意见。[⑤] 还有学者认为，未成年人社会调查报告属于专家证据。[⑥]

我们认为，未来刑事诉讼法修改，应当明确社会调查报告的证据属性。但是，绝对不可忽视以下两点：第一，社会调查报告只能作为量刑的依据，不能作为定罪的根据。因为，社会调查报告往往记录有被告人的品行事实，这种事实与其有无犯罪、罪行轻重是没有相关性的。但是，这种品行与对被告人的量刑有着密切的联系，可以作为量刑的根据。第二，社会调查报告的内容是通过走访、查询等方式获得的信息，其中一些信息可能来自社会调查主体直接对未成年人家庭、邻居的观察，另外一些信息则来自于与之相关的人员，这些信息传递给司法人员后，就变成了传闻证据。[⑦] 仅凭社会调查报告这种传闻来定案，往往是不大可靠的。这也是社会调查报告在刑事证据中难以名正言顺的重要原因之一。因而，运用社会调查报告的一个重要原则是，"规制社会调查运用的程序必须体现对犯罪嫌疑人、被告人权利的保障，而且能够发挥社会调查报告的效用"[⑧]。那么，在未成年人刑事案件办理

---

① 参见郭欣阳：《未成年人社会调查报告的法律性质及其在审查起诉中的运用》，载《人民检察》，2007 (11)；郑圣果：《未成年人社会调查报告只能作为办案参考》，载《检察日报》，2011-06-11。

② 参见张静、景孝杰：《未成年人社会调查报告的定位与审查》，载《华东政法大学学报》，2011 (5)；卢君、陈立洋：《社会调查报告可以作为未成年人犯罪的量刑证据》，载《人民司法》，2012 (8)。

③ 参见王蔚：《未成年人刑事案件中社会调查报告的证据属性》，载《青少年犯罪问题》，2010 (1)。

④ 参见郑圣果：《未成年人社会调查报告只能作为办案参考》，载《检察日报》，2011-06-11。

⑤ 参见郑圣果：《未成年人社会调查报告只能作为办案参考》，载《检察日报》，2011-06-11。

⑥ 参见罗芳芳、常林：《〈未成年人社会调查报告〉的证据法分析》，载《法学杂志》，2011 (5)。

⑦ 参见汪贻飞：《论社会调查报告对我国量刑程序改革的借鉴》，载《当代法学》，2010 (1)。

⑧ "Employment of Social Investigation Reports in Criminal and Juvenile Proceedings", *Columbia Law Review*, Vol. 58, No. 5. (1958), p. 723.

过程中，如果欲将社会调查报告作为处理的依据，必须提前将其向相关诉讼参与人予以开示。社会调查主体应当对调查报告进行说明，接受司法机关和相关诉讼参与人的询问。不论是公安机关、检察机关在审前程序中要根据社会调查报告终止诉讼程序，还是法院在审理程序中将社会调查报告作为从重、从轻量刑的依据，都应当以相关诉讼参与人的意见为基础。

【问题与思考】

1. 简述我国刑事证据的法定种类存在的缺陷和完善对策。
2. 如何认识同案犯罪嫌疑人、被告人的口供。
3. 简述对物证、书证的审查判断。
4. 如何看待科技证据?
5. 我国法庭审判中对勘验、检查、辨认、侦查实验等笔录的调查存在哪些问题?
6. 如何看待单位证明材料的证据效力?
7. 如何认识测谎结论的证据效力?
8. 如何看待新刑事诉讼法中规定的“勘验、检查、辨认、侦查实验等笔录”这类证据？这类笔录证据和侦查人员出庭作证制度有何联系?
9. 鉴定人、专家辅助人和证人三者之间有何异同点?
10. 如何评价新刑事诉讼法中规定的侦查人员出庭说明情况和人民警察出庭作证?

【推荐参考论著】

1. 汪建成．司法鉴定基础理论研究．法学家，2009（4）
2. 龙宗智．证据分类制度及其改革．法学研究，2005（5）
3. 孙孝福．被害人陈述之比较研究．法学论坛，2004（3）
4. 王进喜．刑事证人证言论．北京：中国人民公安大学出版社，2002
5. 汪建成，孙远．刑事诉讼中口供规则体系论纲．北京大学学报，2002（2）
6. 樊崇义，温小洁．视听资料研究综述与评价．北京：中国人民公安大学出版社，2002
7. 何家弘．电子证据法研究．北京：法律出版社，2002
8. 何家弘．测谎结论与证据的“有限采用规则”．中国法学，2002（2）
9. [美] 肯尼斯·R·福斯特等．对科学证据的认定——科学知识与联邦法院．北京：法律出版社，2001
10. 裴苍龄．论物证．法律科学，1994（2）

第八章 刑事证据的理论分类

内容导读

刑事证据的理论分类是指从诉讼理论上，依照一定的标准和从不同的角度对刑事证据进行的划分。以证据存在和表现的形式为标准，可以把证据分为言词证据和实物证据。以证据对案件主要事实的证明方式为标准，可以把证据划分为直接证据和间接证据。以证据的来源作为标准，可以把证据划分为原始证据和传来证据。以证据对案件事实的证明作用为标准，可以把证据划分为不利于犯罪嫌疑人、被告人的证据与有利于犯罪嫌疑人、被告人的证据。本章重点阐释了依照上述标准对刑事证据进行划分的证据类别的特征以及运用规则。

第一节　刑事证据的理论分类概述

一、刑事证据的理论分类的概念和意义

刑事证据的理论分类是指从诉讼理论上，依照一定的标准和从不同的角度对刑事证据进行的划分。

刑事证据分类的目的在于对刑事证据进行科学的分组研究，揭示各类证据的特点，提出正确运用各类证据的一般规则，以利于收集、审查、判断证据的工作，使之进行得更自觉、更有效。由于证据分类的角度、标准不同，某一具体证据，依一种分类标准，属于这一类别，而按另一分类标准，则属于其他证据类别。如证人证言，不仅可以是直接证据或间接证据，也可能是原始证据或传来证据，还可能是有利于犯罪嫌疑人、被告人的证据或不利于犯罪嫌疑人、被告人的证据。从不同的角度、标准出发，进一步识别某一证据的类别特征，可以让我们从不同的方面加深对某一证据的认识，这无疑对刑事诉讼中的证明活动具有重要的实践指导意义。

二、对刑事证据进行理论分类应当遵循的原则

18世纪英国著名法学家边沁曾把证据分为：实物证据和人的证据；宣誓证据、言词证据和书证；直接证据和情况证据；原始证据和传来证据等。现代西方国家关于证据的分类主要有：直接证据与间接证据；原始证据与传闻证据；人证与物证；主证与反证（有罪证据和无罪证据，控诉证据和辩护证据）；积极证据与消极证据；通常证据与辅助证据；主证据与补强证据等。当然，证据的分类研究同各国的实际情况以及证据制度是紧密相关的，不同国家的证据理论，其分类标准和方法也不尽相同。

我们认为，对刑事证据进行理论分类，应当遵循以下两项原则：(1) 应当让证据分类在刑事司法活动中具有可操作性，因为对证据的理论分类是人在主观上经过逻辑思维而确定的，它必须以明确、有效和实务的功能作用，为司法人员提供查明案件事实的证明手段，以实现科学、准确、高效地认定案件事实的宗旨；(2) 应当按照严谨、合理的逻辑标准对刑事证据加以划分，即分类的标准要具有明确性、恒定性，避免含混不清或者模棱两可。同一类证据材料在同一标准下，只能归属于某一特定的类别；作为某一特定的证据分类序列，在概括功能上必须穷尽所有的证据形式。

我国学术界的传统观点认为，对刑事证据按照不同的理论分类标准，可以作如下四种划分：一是实物证据和言词证据；二是原始证据和传来证据；三是有罪证据和无罪证据（不利于犯罪嫌疑人、被告人的证据和有利于犯罪嫌疑人、被告人的证据；控诉证据和辩护证据）；四是直接证据和间接证据。上述每种证据分类都具有一定的意义：实物证据和言词证据的分类意义在于，使人们正确认识这两类证据的不同特点，并根据其特点采取不同的收集和审查判断的方法。原始证据和传来证据的分类意义在于，提醒司法人员以及诉讼参与人，原始证据相对来说要可靠一些，传来证据相对来说可靠性要小一些，而且传来证据的可靠程度同传递的次数成不规则反比。因此，司法人员在刑事诉讼中应当尽可能收集原始证据，在原始证据无法获取的情况下，也要尽可能收集同原始证据距离最近的传来证据。不利于被告人的证据和有利于被告人的证据的分类意义在于，要求司法人员在刑事诉讼中客观全面地收集证据，不能只收集不利于犯罪嫌疑人、被告人的证据，不收集有利于犯罪嫌疑、被告人的证据。直接证据和间接证据的分类意义在于，要求司法人员办理刑事案件时，正确分析和认定各种证据的证明力，防止将那些只能认定某些局部事实的证据，作为认定案件主要事实的唯一根据。

三、刑事证据的理论分类和法定种类的关系

证据种类是根据证据事实的表现形式，在法律上对证据所作的划分。证据的理论分类是从诉讼理论上，依照一定的标准和从不同的角度对刑事证据进行的划分。刑事证据的理论分类和法定种类之间的共同之处在于，两者从证据分类入手企图使复杂、凌乱的刑事证据条理化、系统化，以共同研究各类证据的特点、作用、规律等。

刑事证据的理论分类和法定种类之间的区别，主要表现在以下几个方面：

1. 划分的标准和数量不同。证据的法定种类只有一个划分标准即证据的存在形式，而证据的理论分类则有多个划分标准，如证据的表现形式、证据的来源、证据的证明作用、

证据对案件事实的证明方式等。

2. 是否具有法律约束力不同。证据的法定种类由刑事诉讼法加以明确规定，具有法律约束力，不符合法律规定的证据材料不得作为证据使用，同时，法律对每一种证据的收集、审查判断和运用都作了具体规定，司法人员和当事人等在诉讼过程中必须严格遵守；而证据的理论分类是一种诉讼理论上的划分，因而不具有法律上的约束力。

3. 能否全面反映证据的特点不同。证据的法定种类囿于划分标准单一而具有狭隘性，因此对证据的来源、证明力的强弱等均无法反映；而证据的理论分类，由于是按不同标准和从不同的角度对各类证据进行比较和分析，因而能够揭示各类证据的认识规律和运用规则，能弥补证据种类划分上的不足。

第二节　言词证据和实物证据

一、言词证据和实物证据的分类标准及其具体划分

根据证据存在和表现形式的不同，可以把证据分为言词证据和实物证据。

言词证据，是指以人的语言陈述形式表现证据事实的各种证据。证人证言、被害人陈述、犯罪嫌疑人、被告人供述和辩解、辨认笔录属于典型的言词证据。而鉴定意见虽然具有书面形式，但其实质是鉴定人就案件中某些专门性问题进行鉴定后所作的判断，而且在法庭审理时，当事人等有权对鉴定人就鉴定意见发问，鉴定人有义务对这种发问作出口头回答，以阐明或补充其鉴定意见，所以，鉴定意见也是言词证据。

实物证据，是指以客观存在的物体作为证据事实表现形式的证据。这类证据，或以物体的外部特征、性质、位置等证明案情，或以实体物质作为其载体。物证肯定是实物证据；书证是以纸张等物质材料为其载体的，视听资料、电子数据是以录音、录像磁带和计算机数据存储媒介等物质为其载体的，一般也属于实物证据；勘验、检查笔录不是对人的语言表述的记载，而是对勘验、检查的过程以及勘验、检查过程中所发现的物质情况的固定，所以可归为实物证据；侦查实验笔录是对侦查实验过程和结论的载体，也属于实物证据。

言词证据和实物证据的分类尽管是对刑事证据最基本的一种分类方式，但在划分标准、称谓上也存在着不同观点。国内外有的学者将这种分类称为人证与物证，划分的标准有来源说、形态与程序说等。所谓来源说，主要指以获得事实情况的来源是人还是物为划分标准，前者为人证，后者为物证。这种以来源划分的方法，同原始证据与传来证据的分类标准不易区分。所谓形态与程序说，是指人证与物证的划分，除了考虑到证据在形态上的区别外，还考虑到证据在取得和运用程序上的区别，即以这两方面作为分类的标准。这种分类不仅考虑证据本身，还将运用证据的程序作为划分标准。我们认为，人证说归根结底是以人的语言陈述也即以人的言词为证，而不是以其人为证，而且这种分类中的“物证”，与我国现行法律规定的证据种类中的物证概念又容易混同；此外，在这一分类中，犯罪嫌疑人、被告人供述与辩解不好归属，因为我们通常所说的“人证、物证俱在，被告人也供认

不讳”中的人证不包括犯罪嫌疑人、被告人供述与辩解，当然它也不能归属于物证。因此，还是以称言词证据和实物证据为宜。

二、言词证据和实物证据的特点

由于言词证据和实物证据的存在和表现形式不同，所以二者呈现不同的特点。这些特点呈互补性，也就是说，实物证据的优点正是言词证据之不足，而言词证据之优点又是实物证据所不及之处。

首先，实物证据有着较强的客观性，言词证据则有着较强的主观性。由于实物证据是以实体物质形态对刑事案件起证明作用的，所以不容易受人的主观因素的干扰，而且一经收集和固定就具有比较强的稳定性。言词证据则与此相反，言词证据是以人的语言表述对刑事案件起证明作用的，而一份言词证据的形成要经历感知、记忆和表述三个阶段，任何一个阶段上出现故障，都有可能影响证据的真实性；另外，由于其他人为的原因，如基于不良动机或外部压力而故意作虚伪陈述，也会使言词证据失真；同时，由于刑事诉讼中犯罪嫌疑人、被告人时供时翻，证人时证时翻的现象常常发生，因而言词证据还具有不稳定性。

其次，实物证据的收集较言词证据困难。实物证据容易受到自然因素的影响而灭失，如果不及时收集，就可能导致收集不到。此外，一些微量物证必须通过特定的仪器来发现和提取，一旦取证的方法不得当，也有可能使该实物证据的信息被破坏。而言词证据与此相反，言词证据可以通过人的记忆功能保留一段时间，言词证据的提供者在案件发生的一段时间之后，仍然能够将相关事实回忆、表述出来，所以，相对于实物证据而言，言词证据的收集相对容易。

再次，言词证据的信息量较实物证据大，言词证据证明案件事实较实物证据更为直接。言词证据的信息量比较大，常常能够指出案件的主要事实，而且言词证据具有明确的意思表示，它所表述的犯罪事实和过程，犯罪的动机、目的，容易为司法人员了解。较之实物证据需要通过推理才能认识其意义来说，言词证据的证明作用比较明显，特别是感受、记忆、判断、表述能力都很强而又如实陈述的人提供的言词证据，常常具有很强的证明力。但是言词证据的客观性常常受到陈述者主、客观条件的影响。实物证据是客观存在的实体物，具有可触性、可视性，司法人员通过勘验、审查，弄清其与刑事案件的客观联系，即可据以认定案件事实。人们所说的“铁证如山”，主要指的就是这类实物证据。但是，实物证据毕竟是“哑巴证据”，不能直接表达它对案情的证明作用，需要由办案人员经过复杂的推理才能确定其对案件的证明作用。

正是由于言词证据和实物证据的上述不同特点，所以对这两类证据在收集和审查判断上要采取不同的方法。第一，从收集证据的角度看，对言词证据一般要采用讯问或询问的方式，而对实物证据则要采用勘验、检查、搜查、查封、扣押等手段。第二，从审查判断证据的角度看，一是审查的重点不同，对实物证据要着重审查是否因为自然因素的影响而使其实体物质形态遭到破坏，而对言词证据则要审查其是否受到人的主观因素的干扰而失真；二是在审查方法上，言词证据多采用审查证据本身前后是否矛盾，与其他证据相印证，审查言词证据的提供主体的感知、记忆、表述能力是否正常，是否受到人为因素的影响，法庭审理时的讯问、质证等方法，而对实物证据的审查则多采用鉴定、辨认、侦查实验等方法。

三、言词证据和实物证据的运用规则

言词证据和实物证据的运用，包括对其收集、保全和审查判断。

言词证据的收集方法主要是讯问或询问。对犯罪嫌疑人、刑事被告人的审问称为讯问；对刑事被害人、证人等的问话被称为询问。讯问和询问应当按照法律规定的程序进行，以保证陈述人能够如实陈述，保证证据收集的合法性。辨认也是一种收集言词证据的方法，是一种特殊的讯问和询问。虽然辨认是对与案件有关的人或物进行辨别、确认的活动，但辨认的主体是人，在辨认过程中要对辨认人进行讯问或询问，辨认的过程及结果要以辨认笔录的形式记录下来，辨认笔录也是人的一种陈述。辨认必须按照辨认的规则进行，其结果方为有效。言词证据中的鉴定意见，一般是通过委托鉴定机构或鉴定人鉴定的途径取得。鉴定必须按照鉴定的法定程序进行。实物证据的收集，主要是通过勘验、搜查、查封、扣押、冻结、调取、当事人提供等方式进行的。采取上述措施收集实物证据，也必须依照法定的程序进行；对实物证据的取得，要履行必要的交接手续（如填写扣押物品清单、调取证据清单等）。收集实物证据，除针对实物证据容易灭失的特点，强调必须迅速及时地收集证据外，还强调要深入细致地收集，以保证能够提取到各种细微的痕迹物证。

因为言词证据和实物证据的表现形式不同，所以二者的保全方法也不一样。言词证据一般是以笔录的形式加以固定；证人、当事人也可以亲笔书写证词或供词，还可以采用录音、录像的方式加以记录。实物证据的固定保全，以不损毁、不变形、不丢失为原则，尤其是要注意分案分别保管，以防不同案件的证据相互混淆。对实物证据所拍摄的照片，也应注明证据的种类、拍摄的时间、地点、案别等。

言词证据和实物证据的审查判断有所差别。对言词证据，更着重于审查内容是否属实，如陈述人感知的事实是否准确，是否存在影响陈述人如实陈述的因素，陈述人是否如实陈述，等等。对实物证据的审查，则主要是查明与案件的关联性。如通过审查实物证据的来源，查明该物是否来源可靠、出处确切，确与本案有关；通过审查证据的保存情况，查明是否变形或被替换等；通过与其他证据相互印证，查明实物证据与本案有何种关联，能否证明案件事实，能证明案件事实的什么情节；等等。

言词证据与实物证据的运用，最佳途径和方法是把言词证据与实物证据结合起来使用，相互印证，相互补充，发挥各自的优势，克服各自的弱点。言词证据有动态证明的优点，能直接证明案件主要事实的证据可以成为直接证据，司法和执法人员据此可直接、迅速地认识案件的主要事实。但言词证据又容易出现虚假或失真，为避免在认定案情上出现差错，在运用言词证据时，就要把它与实物证据相互印证，发挥实物证据客观性、稳定性强的优点，克服言词证据的弱点。在运用实物证据时，则要注意运用言词证据挖掘实物证据的证明力，如用鉴定、辨认的方式，揭示实物证据与案件事实的联系，用当事人的陈述说明现场的情况等。实物证据具有较强的客观性和稳定性，一旦其证明意义被揭示出来，便成为证明力很强的证据。总之，在证据的运用中，综合运用证据，充分发挥两种不同证据各种不同的优势，克服各自的弱点，才能取得最佳的证明效果。

第三节　直接证据和间接证据

一、直接证据和间接证据的划分标准及其具体划分

直接证据和间接证据，是以证据对案件主要事实的证明方式为标准进行划分的。

凡是单独一个证据所包含的信息内容，能够直接指出案件的主要事实的，就是直接证据。常见的直接证据有：(1) 犯罪嫌疑人、被告人承认实施某一犯罪行为的供述和否认实施某一犯罪行为的辩解。(2) 被害人指控犯罪嫌疑人、被告人实施犯罪行为的陈述。(3) 证人肯定或否定犯罪嫌疑人、被告人实施犯罪行为的证言。(4) 载明犯罪嫌疑人、被告人实施或者未实施犯罪行为的书证。凡是单独一个证据所包含的信息不能直接指出案件的主要事实，而必须同其他证据联系起来才能说明案件的主要事实的，就是间接证据。常见的间接证据有：(1) 刑事案件现场的状况；(2) 证明犯罪嫌疑人、被告人有无犯罪目的和动机的事实；(3) 说明犯罪嫌疑人、被告人有无犯罪条件的事实；(4) 犯罪的工具及其来源和下落；(5) 关于犯罪嫌疑人、被告人是否获得犯罪赃款、赃物及有关赃款、赃物下落的事实；(6) 证明刑事案件发生的时间、空间的事实；(7) 有关作案人行为特征的事实；(8) 被害人死亡或损伤的状况及其鉴定意见；(9) 微量物证及其鉴定意见；(10) 各种物质痕迹及其鉴定意见；(11) 犯罪嫌疑人、被告人案件发生前后的行踪及异常表现。需要指出的是，间接证据所含的信息虽然不能直接指出案件的主要事实，但间接证据仍然必须具备刑事证据的特点，不能把一些与案件事实毫无关系的事实作为间接证据。

在区分直接证据和间接证据时，应当注意以下几点：

1. 所谓案件的主要事实，是指犯罪事实是否发生和犯罪人是谁。简言之，就是犯罪嫌疑人、被告人是否实施了被追诉的犯罪行为。据此，在认定某一个证据是否属于直接证据时，关键是要看该证据的信息内容能否直接确认犯罪嫌疑人、被告人是否实施了某一犯罪行为。

2. 直接证据和间接证据的划分同证据的真假没有关系。在区分直接证据和间接证据时，不能想当然地认为直接证据就是确实可靠的，间接证据就是不确实的。不管是直接证据还是间接证据，都要经过查证属实以后，才能作为定案的根据。这就意味着，即使是直接证据也要经历一个审查核实的过程，在这个过程中同样需要其他证据去补强直接证据的证明力。因此，“孤证不能定案”的法则，在直接证据和间接证据上都是适用的。

3. 直接证据和间接证据的划分同证据的来源没有关系。也就是说，我们不能从一般意义上来理解“直接”和“间接”的含义，而应从证据对案件主要事实的证明方式上来理解这一区分标准。在证据学理论上，按证据的来源只能将证据分为原始证据和传来证据。因此，不能理解为原始证据就是直接证据，传来证据就是间接证据，实际上原始证据很可能是间接证据，传来证据也有可能是直接证据。

4. 直接证据同间接证据之间的主要区别在于，两者对案件主要事实的证明方式不同。直接证据对案件主要事实的证明是直接的，审查核实证据的过程也就是认定案件主要事实的过程；间接证据对案件主要事实的证明则是间接的，该证据虽然经过查证属实，还不能认定案件的主要事实，必须联系其他证据综合分析才能认定案件的主要事实。

二、直接证据和间接证据的特点

直接证据的优点，是它对案件主要事实的证明是直截了当的，直接证据无须借助于其他证据，就可以直接证明案件的主要事实。直接证据的这一特点使得直接证据运用起来比较便捷，一经查证属实便可用作认定案件事实的主要依据。对案件主要事实的直接证明性，是直接证据突出的优点。直接证据的缺点在于，一方面，直接证据的收集和审查判断较为困难。在证据的收集范围上，直接证据较窄，数量少，不易取得，在一些案件中甚至根本无法取得。如某些刑事案件没有目击证人或者被害人已经死亡，犯罪行为是谁实施的，是如何实施的，只有犯罪人本人最清楚，在犯罪嫌疑人、被告人拒不供述的情况下，就无法取得直接证据。另一方面，直接证据大多表现为言词证据，容易受主、客观因素的影响而出现虚假或失真，其客观真实性较难确定，而且稳定性也较差，只靠直接证据定案，一旦出现翻供翻证，案件的质量就没法保证。因此，在证据的运用中，除了要充分发挥直接证据证明直接这一优点外，还必须充分认识到直接证据的弱点，只有经过认真的审查，查证属实的直接证据才可以用作定案的根据。最根本的办法是要把功夫下在表现为实物证据的间接证据的运用上。

与直接证据相对应，间接证据是指这种证据不能独立地直接证明案件的主要事实，而只能证明案件事实的某些情况，证明和案件主要事实有关联的某一事实情节，必须与案内的其他证据结合起来，构成一个证据体系，才能共同证明案件的主要事实，对案件的主要事实作出肯定或否定的结论。间接证据多表现为实物证据，也有言词证据。例如，在犯罪现场留下的物品或痕迹，实施犯罪的工具，被害人的伤情等。

间接证据的特点表现在下列四个方面：一是间接证据的依赖性。间接证据具有互相依赖的特性，任何一个间接证据本身并没有单独的证明作用，它必须依赖其他证据，并且和其他证据结合起来才能具有证明作用。二是间接证据的关联性。任何一个间接证据的证明意义，都是由间接证据与案件事实之间的客观联系，以及与其他证据在证明过程中互相结合所决定的，这就叫间接证据的关联性。间接证据的作用，不仅取决于间接证据本身的真实可靠，而且取决于它在其他证据中的地位，以及它和案件之间的客观联系。这说明，运用间接证据查明案情，不仅要审查间接证据本身是否真实可靠，而且要审查间接证据之间，以及各个间接证据与证明对象之间的客观联系。从它们之间的客观联系中确定其证明作用。三是间接证据与直接证据相比，其证明过程复杂，必须有一个判断和推理的过程。四是间接证据的排他性。各个间接证据所能证明的事实必须是互相一致的，不能是互相矛盾的，必须排除其他的可能性。如果不能排除其他可能性，就应当深入地进行调查研究，进一步查明情况，否则，不能得出证明的结论。间接证据存在以上特点，决定了在运用间接证据时，必须经过复杂的过程，需要具体、综合地分析。

三、直接证据和间接证据的运用规则

（一）直接证据的运用规则

由于直接证据所包含的信息内容比间接证据要多得多，尤其是直接证据包含了有关案件主要事实的信息，所以可以肯定地讲，直接证据的证明作用要大于间接证据。但这种理解不能绝对化到以为有了直接证据就可以定案的程度。所以，在运用直接证据时，必须注意以下两个问题：一是任何一个证据都不能自己证明自己是真实的，因此直接证据也必须依赖其他证据得以查证属实，才能作为定案的根据。二是不同的直接证据能证明的情况的范围是不相同的，因此，不能仅靠一个直接证据来认定案件事实，而必须与其他直接证据或间接证据相结合，才能正确认定案件事实。特别是对于被告人供述和辩解，必须遵照我国《刑事诉讼法》第53条的规定处理，即“只有被告人供述，没有其他证据的，不能认定被告人有罪和处以刑罚”。

（二）间接证据的运用规则

相比直接证据而言，单独一个间接证据所包含的与案件主要事实相关的信息量要少得多，尤其是间接证据没有自然地包含案件主要事实的信息，但是，这并不是说间接证据就没有证明作用。一般认为，间接证据在刑事诉讼中的作用表现在以下几个方面：（1）间接证据是确定侦查、调查方向的向导。在实践中，除了犯罪人自首、被害人或目击证人扭送犯罪人以外，一般案件总是先有间接证据，然后通过分析间接证据，确定侦查和调查方向的。（2）通过间接证据可以获取直接证据。刑事案件的侦破工作，一般总是从收集间接证据入手，一步步扩大战果，在取得了大量的间接证据后，才逐步地集中指向犯罪嫌疑人，然后对他采取必要的强制措施，进而正面接触，通过预审，犯罪嫌疑人供述作案经过，取得直接证据，这是办理刑事案件的普遍规律。（3）运用间接证据能够鉴别、核实直接证据与其他间接证据的真伪。（4）间接证据对于排除作案嫌疑有重要的意义，例如，证明犯罪嫌疑人没有作案时间的证据，就可以排除其犯罪的可能性。（5）在直接证据无法取得的情况下，依靠确实、充分的间接证据，可以认定案件事实。

由于间接证据通常只能作为直接证据的补充或通常以间接证据的证据链来确认案件，所以，在完全依照间接证据定案的情况下，必须经过一个复杂的逻辑推理过程。在这个过程中，必须遵守下列规则：（1）每一个间接证据都必须查证属实，不能有任何怀疑；（2）每一间接证据都必须与案件事实有客观联系，即能证明案件中的某些事实、情节；（3）间接证据必须形成一个完整的证明体系，所有的证明对象都应有相应的间接证据证明；（4）间接证据之间、间接证据与案件事实之间必须协调一致，不能存在任何怀疑；（5）依据间接证据形成的证明体系足以得出肯定的结论，并且这一结论具有排他性。只有严格遵守上述间接证据的运用规则，司法人员才能准确地认定案件事实。最高人民法院《解释》第105条规定：“没有直接证据，但间接证据同时符合下列条件的，可以认定被告人有罪：（一）证据已经查证属实；（二）证据之间相互印证，不存在无法排除的矛盾和无法解释的疑问；（三）全案证据已经形成完整的证明体系；（四）根据证据认定案件事实足以排除合理怀疑，结论具有唯一性；（五）运用证据进行的推理符合逻辑和经验。”

第四节　原始证据和传来证据

一、原始证据和传来证据的划分标准及其具体划分

原始证据和传来证据是以证据的来源作为标准划分的。凡是来源于第一手的证据都是原始证据，例如，刑事案件的被害人、自诉人、犯罪嫌疑人、被告人和证人关于案件事实的亲身所为、亲自感受、亲见亲闻的陈述，物证的原物和书证、视听资料的原件以及鉴定意见、勘验笔录、检查笔录、现场笔录等；凡是来源于第二手或第二手以上的证据都是传来证据，例如，当事人、证人从其他人那里得知案件事实的陈述，物证、视听资料的复制品以及书证的副本、复印本等。

正确理解原始证据和传来证据的划分标准，应注意以下几个问题：

首先，确认是第一手还是第二手，应当有一个客观标准，这个客观标准就是某一个证据在司法人员和取证律师等接触之前处在证据的原始状态，而没有经过传递，即为第一手证据。因此，这种证据分类不是以是否为法院直接调查所得为标准，在公安机关、人民检察院和律师等收集之前，没有经过传递，都应视为第一手证据。这种证据分类也不是以是否为管辖该案的司法机关直接获取为划分标准，即使委托外地司法机关调查，外地司法人员询问案件事实的目睹人而作成的询问笔录，对委托机关的办案人员来说，虽然不是他亲自调查获得的，仍然是第一手的原始证据，因为这一证人叙述的证言内容是他亲自对案件事实的感受，并不是间接得知的。这种证据分类也不是以证据收集的主体为划分标准的，即使属于司法人员亲手收集的证据，也可能属于传来证据，而律师或者自诉人提交的证据，也可能是原始证据。

其次，原始证据和传来证据的划分是依照证据的来源对所有证据进行的划分，任何一个证据都可以依照这样的标准而归于相应的类别，它并不是针对某一类证据进行的分类。因此，这种分类同英美的原始证据和传闻证据的划分是不完全相同的，后者仅仅是针对言词证据这一类证据进行划分的。所以“传来”和“传闻”不仅指用词上的差别，也包含了内容上的区别。

二、传来证据和传闻证据的区别

在英美法系国家的刑事诉讼中，原始证据与传闻证据的区分是十分重要的。它涉及英美法系证据法中十分重要而又烦琐的“传闻证据规则”，也称传闻法则。所谓“传闻证据规则”，是指证人所陈述的非亲自经历的事实，以及证人未出庭作证时向法庭提出的文件中的主张，不得被采为证明所言事实之真相的证据。英美证据法之所以规定传闻规则，主要是因为认为传闻证据具有误传的极大危险，不可靠；原陈述人未到庭宣誓，又不接受反询问，缺乏“信用性”。但是，传闻证据规则在立法中有一系列例外，在英美等国，这些例外不下七十条，而且很少有共同之处。就刑事诉讼而言，主要的例外有：(1) 构成系争事实一部

分的陈述，当提出这些陈述的目的仅仅是证明所述事实时，这些陈述可被采纳。（2）非正式自认。先前有不利于己的陈述，称为非正式自认。根据一个人不会作出不利于己的陈述的理论，先前陈述可以作为自认而予采纳。（3）供认。指在刑事诉讼中，起诉方提出的在没有胁迫、利诱的情况下，刑事被告人自愿作出的不利于己的陈述，可以采纳。（4）死者生前陈述。当能够证明陈述者已经死亡时，转述死者生前的某些陈述，可以采用。这包括谋杀或过失杀人的控告中被害人的"临终陈述"；死者生前所作有损于其金钱或财产利益的陈述；死者生前在执行职务过程中为了记录其行动而作的书面记载或口头陈述；死者在先前诉讼中提出的证言等。（5）1965年的《刑事证据法》规定的贸易或商业记录。该法规定，当所记录事实的直接口头证据可被采纳时，某些贸易或商业记录也可以在刑事诉讼中被采纳为证据。

大陆法系各国在刑事诉讼中采取职权主义模式，对证据的可采性很少加以限制，而只是强调重视调查证据的程序。卷宗之笔录或其他文书等传闻证据，如果经过法庭直接调查，并赋予当事人以辩解的机会，使判决法院能够形成正确的心证，也可作为证据采纳；即使证言来自他人的陈述，只要是确实有根据的，亦并非不可作为证据。

我国的传来证据不同于英美法系国家证据法上的传闻证据。传来证据与传闻证据的区别主要有：（1）传闻证据仅限于言词证据，而不包括实物证据，而我国的传来证据既包括言词证据，又包括实物证据。（2）传闻证据是以法庭审判为中心的，凡在法庭审判外所提供的证言，非证人亲自当庭口头陈述，或陈述内容是非本人亲自所看到、听到或以其他方式观察到的，均属传闻证据。而我国的传来证据不以法庭审判为中心，仅以该证据是否系从第一来源处直接获得为标准。（3）英美法系的传闻证据规则一般都排除传闻证据，只在少数例外的情形下才可采信传闻证据，这与我国传来证据的运用规则也不相同。

传来证据与传闻证据是两个外延有交叉的概念。传来证据中有一部分不属于传闻证据，如传来的实物证据；传闻证据中也有一部分不属于传来证据，如证人在庭外所作的证言笔录。英美法系的传闻证据规则对于保证言词证据的真实性和控辩双方的质证权有重要作用，我国在传来证据的研究上也应当借鉴传闻证据规则。

三、原始证据和传来证据的特点及划分的意义

由于原始证据和传来证据的来源不同，因而二者对案件事实的反映程度也有所差异。一般而言，原始证据是来源于第一手的事实材料，是对案件事实的直接反映；传来证据是来源于第二手或第二手以上的事实材料，是对案件事实的间接反映。原始证据的证明力一般优于传来证据，因为，由于技术设备、人的理解、转述能力等因素的影响，可能使经过转述、传抄、复制的内容发生差错。实践还证明，传来证据的可靠程度同传递的次数成不规则反比。所谓不规则反比，指的是一般来讲传递的次数越多，证据的可靠程度越小，但也不排除在某些情况下传递过程中传递者对证据的原始状态保持得很完美，使传来证据同原始证据相一致。

原始证据和传来证据的不同特点要求，司法机关在刑事诉讼过程中，要尽可能收集原始证据，在掌握传来证据的情况下，要本着探本求源的精神，通过传来证据收集原始证据，即使在收集不到原始证据的情况下，也要尽可能收集同原始证据最接近的传来证据；同时还应注意审查原始证据在转述、传抄、复制过程中是否发生错误。

强调原始证据和传来证据的上述特点及划分意义，并不等于说传来证据毫无价值。传来证据的作用主要体现在：（1）有利于司法机关发现和收集原始证据。在刑事诉讼中，有很多案件都是先发现传来证据，然后再以此为线索，才发现原始证据的。（2）有助于验证、核实原始证据。例如，某目击证人回家后，同时向家里的数人讲述了犯罪发生的过程，那么他家里的人在刑事诉讼过程中，将目击证人当时是如何讲的作为传来证据提供给司法机关，就可以对该目击证人的证言起到核实作用。（3）在无法收集原始证据的情况下，经查证属实的传来证据，同样可用作认定案件事实的根据。（4）在有些案件中，传来证据是提取和固定原始证据的手段，如一些大宗建筑物，就要通过照片这种传来证据起到提取和固定作用。

四、原始证据和传来证据的运用规则

根据原始证据与传来证据的可靠性和证明力特点，关于这两类证据的运用规则应从以下几个方面加以理解和运用。

1. 在证据的收集中，要努力寻找、发现并尽可能地获得原始证据

对于书证，应当收集调取原件，只有当取得原件有困难时或者因保守国家秘密的需要，才可以收集调取副本或复制件。对于物证，应当收集调取原物，原物不便搬运、保存的，才可以拍摄足以反映原物外形或者内容的照片、录像。对于证人证言，应当尽可能寻找到原始证人，从直接耳闻目睹案件事实发生的证人那里获取证言。对于当事人的陈述，也不能满足于书面的证词或供词，而应当面询问或讯问，亲自听取他们的陈述。总之，司法和执法人员应当积极主动地追根求源，尽最大努力去发现原物、原件，直接听取原始证人、当事人的口头陈述，以获得对案件事实的最深入的了解。即使在无法取得原始证据的情况下，也应尽可能地获取最接近案件事实的传来证据。最高人民法院《解释》第 70 条规定，据以定案的物证应当是原物。原物不便搬运，不易保存，依法应当由有关部门保管、处理，或者依法应当返还的，可以拍摄、制作足以反映原物外形和特征的照片、录像、复制品。物证的照片、录像、复制品，不能反映原物的外形和特征的，不得作为定案的根据。物证的照片、录像、复制品，经与原物核对无误、经鉴定为真实或者以其他方式确认为真实的，可以作为定案的根据。最高人民法院《解释》第 71 条规定，据以定案的书证应当是原件。取得原件确有困难的，可以使用副本、复制件。书证有更改或者更改迹象不能作出合理解释，或者书证的副本、复制件不能反映原件及其内容的，不得作为定案的根据。书证的副本、复制件，经与原件核对无误、经鉴定为真实或者以其他方式确认为真实的，可以作为定案的根据。

2. 传来证据的作用也不容忽视

对传来证据的运用，首先，要树立起传来证据也是证据的观念，不要对传来证据视而不见，不去主动收集，也不要未经查证而轻易舍弃。其次，要充分发挥传来证据的作用。传来证据是从原始证据派生而来的，收集到传来证据，往往可以寻根溯源，找到原始证据；传来证据还可以通过与原始证据相互印证、核实，增强原始证据的证明力；在难于收集到原始证据的情况下，可以用传来证据代替原始证据；传来证据经审查属实，也可用作定案的根据。但是，运用传来证据时，除遵守一般的证据规则外，还应遵守相应的特殊规则：（1）来源不明的材料，不能作为证据使用；（2）在运用传来证据时，应采取传闻、转抄、

复制次数最少的材料；(3) 只有传来证据时，定案必须持慎重态度，对案件事实不能轻易作出结论。

第五节 不利于犯罪嫌疑人、被告人的证据与有利于犯罪嫌疑人、被告人的证据

一、不利于犯罪嫌疑人、被告人的证据与有利于犯罪嫌疑人、被告人的证据划分的标准及其具体划分

不利于犯罪嫌疑人、被告人的证据与有利于犯罪嫌疑人、被告人的证据是以证据对案件事实的证明作用为标准划分的。凡是能够证明犯罪嫌疑人、被告人有罪或者罪重的证据，就是不利于犯罪嫌疑人、被告人的证据；凡是证明犯罪嫌疑人、被告人无罪或者罪轻的证据，就是有利于犯罪嫌疑人、被告人的证据。

在我国学术界，有另外两种证据的划分方式近似于不利于犯罪嫌疑人、被告人的证据与有利于犯罪嫌疑人、被告人的证据划分的标准，这两种表达方式就是“有罪证据”和“无罪证据”、“控诉证据”和“辩护证据”。“有罪证据”和“无罪证据”是根据证据的证明作用是肯定还是否定被告人实施了犯罪行为为标准[①]；“控诉证据”和“辩护证据”则根据证据是由执行控诉职能的一方提出还是由执行辩护职能的一方提出为标准。

我们认为，“有罪证据和无罪证据”的划分方法，只有定性分析而没有定量分析，过于简单化。其结果是不能完全反映某一证据是否有利于犯罪嫌疑人、被告人的精神实质，使得一些本来是有利于犯罪嫌疑人、被告人的证据，却要归入有罪证据中。“有罪证据和无罪证据”的分类方法不仅会引起诉讼理论上的混乱，而且不符合刑事诉讼的实践。从我国刑事诉讼的实际运作过程来看，有罪证据和无罪证据两类在性质上泾渭分明的证据同时存在的现象虽然也有，但毕竟是少数，更多的则是表现为证明犯罪情节轻重的差异。在诉讼理论上仅仅作有罪证据和无罪证据的区分是不够的。更有实际意义的，是将证明犯罪嫌疑人、被告人罪重的证据和证明犯罪嫌疑人、被告人罪轻的证据区别开来，以使司法人员客观公正地利用两类证据来认定刑事案件事实。“不利于犯罪嫌疑人、被告人的证据和有利于犯罪嫌疑人、被告人的证据”的分类法正好可以弥补“有罪证据和无罪证据”分类法之不足，反映刑事诉讼的实践过程，满足刑事诉讼的需要。

“控诉证据和辩护证据”的分类法的不可取之处在于，它容易引起诉讼主体的诉讼职能的混乱。在诉讼理论上，控诉和辩护是一对相对应的诉讼职能，既不能互相混淆，也不能互相代替。从辩护职能的角度看，辩护人和犯罪嫌疑人、被告人提出的证据往往都是有利于犯罪嫌疑人、被告人的证据，如果将这一部分证据称为辩护证据，尚不会引起异议。但从控诉职能的角度看，人民检察院及其公诉人提出的证据，却既可能有证明犯罪嫌疑人、

---

① 参见巫宇甦主编：《证据学》，103页，北京，群众出版社，1983。

被告人罪重的证据，也可能有证明犯罪嫌疑人、被告人罪轻的证据。公诉人在论证被告人有罪的同时，也有责任提出被告人自首、防卫过当、中止、从犯等从轻、减轻或免除处罚的情节。公诉人提出的证明被告人有罪和罪重的证据固然可以称为控诉证据，而他们提出的证明被告人罪轻的证据，却很难有一个明确的归属。所以，我们认为不利于犯罪嫌疑人、被告人的证据和有利于犯罪嫌疑人、被告人的证据的分类法，可以使人们从这种二难推理的境地中解脱出来。按照这样的分类法，不管是谁提出的证据，凡是证明犯罪嫌疑人、被告人有罪或罪重的证据，都是不利于犯罪嫌疑人、被告人的证据；凡是证明犯罪嫌疑人、被告人无罪或罪轻的证据，都是有利于犯罪嫌疑人、被告人的证据。

不利于犯罪嫌疑人、被告人的证据和有利于犯罪嫌疑人、被告人的证据的划分，直接反映了各种证据同犯罪嫌疑人、被告人的切身利害关系，反映了两类证据的不同属性，直接指出了两类证据在刑事诉讼中的不同证明作用。这一划分还体现了法律规定的精神。我国《刑事诉讼法》第50条规定："审判人员、检察人员、侦查人员必须依照法定程序，收集能够证实犯罪嫌疑人、被告人有罪或者无罪、犯罪情节轻重的各种证据。"在这一规定中，很明显地将有罪、罪重的证据同无罪、罪轻的证据对应起来。作为两类不同的证据，前者是不利于犯罪嫌疑人、被告人的证据，后者是有利于犯罪嫌疑人、被告人的证据。这一划分方法也符合刑事诉讼的实践。在刑事诉讼过程中，不利于犯罪嫌疑人、被告人的证据和有利于犯罪嫌疑人、被告人的证据总是交织在一起的，尤其是到审判阶段，既有公诉人的指控、被害人的发言，又有辩护人的辩护、被告人的辩解，两类证据同时呈现在审判人员面前。

因此，不利于犯罪嫌疑人、被告人的证据和有利于犯罪嫌疑人、被告人的证据的划分方法的意义就在于，要求司法人员一方面客观全面地收集证据，证据是否对犯罪嫌疑人、被告人有利，是由案件事实本身决定的，司法人员不能根据自己的需要，只收集不利于犯罪嫌疑人、被告人的证据，而不收集有利于犯罪嫌疑人、被告人的证据；另一方面，在定案时，以公正的态度对待两类证据，不能任意取舍证据，凡是出现了有利于犯罪嫌疑人、被告人的证据一定要经过认真的审查，确定其为不真实可靠时，才能排除在定案根据体系之外。

二、不利于犯罪嫌疑人、被告人的证据与有利于犯罪嫌疑人、被告人的证据的运用规则

犯罪嫌疑人、被告人是否有罪，或罪轻、罪重，是刑事诉讼中的一个核心问题，解决这一核心问题的关键还是要靠证据。不利于犯罪嫌疑人、被告人的证据与有利于犯罪嫌疑人、被告人的证据截然不同的区分，为办案人员认定案件的性质和适用法律提供了一个坚实的基础。但是，运用不利于犯罪嫌疑人、被告人的证据与有利于犯罪嫌疑人、被告人的证据认定案件事实，必须遵守运用证据的规则。就不利于犯罪嫌疑人、被告人的证据与有利于犯罪嫌疑人、被告人的证据而言，在使用时要做到以下三点：一是在证据的收集时，要坚持客观、全面的原则，在指导思想和具体的侦查或调查工作中，克服先入为主，既要注意收集与本案有关联的不利于犯罪嫌疑人、被告人的证据，又要注意收集有利于犯罪嫌疑人、被告人的证据，在两类证据的比较和鉴别之中，分清是非、划清界限，准确地认定案件事实。二是在证明标准和要求上，要按照不利于犯罪嫌疑人、被告人的证据和有利于

犯罪嫌疑人、被告人的证据各自所固有的特征，即两者是相互排斥的，只有达到证明的要求和标准，即证据确实、充分的时候，才能否定对方。具体来说，就是只有不利于犯罪嫌疑人、被告人的证据达到了确实、充分的程度，才能排斥有利于犯罪嫌疑人、被告人的证据的存在；反之，只有有利于犯罪嫌疑人、被告人的证据达到确实、充分的程度，才能排斥不利于犯罪嫌疑人、被告人的证据的存在。三是在证明的过程中，不利于犯罪嫌疑人、被告人的证据与有利于犯罪嫌疑人、被告人的证据势均力敌，定也定不了，否也否不掉时，尽了最大的努力仍不能收集新证据，这时只有按照“疑罪从无”的原则，宣告被告人无罪。

第六节　刑事证据的其他理论分类

除了前述我国传统上对刑事证据从四个角度进行的理论分类，在20世纪80年代，一些学者还提出了一些新的证据分类形式，诸如按照诉讼证据与案件的发生有无因果关系，将证据分为主证和旁证；按照证据的证明作用大小，将证据分为证明力强的证据和证明力弱的证据；以证据的证明对象是实体法事实还是程序法事实，将证据分为实体证据和程序证据；以证据能否对案件主要事实起主要的证明作用和一方对另一方是否有担保依赖关系为标准，将证据分为主证据和补强证据；按照证据所证明的案件事实的不同，将证据分为定罪证据和量刑证据。由于篇幅所限，我们以下只就主证据和补强证据、实体证据和程序证据、定罪证据和量刑证据作简要介绍。

一、主证据与补强证据

（一）主证据与补强证据分类的标准与概念

主证据与补强证据是以证据能否对案件主要事实起主要的证明作用和一方对另一方是否有担保依赖关系为标准所作的分类。所谓主证据，又称主要证据，是指基于证据本身的特殊性质，需要其他证据增强或担保其证明力方得认定案件主要事实的诉讼证据。补强证据是专指为了增强、担保主证据的证明力而提出的诉讼证据。

（二）主证据与补强证据的特点

主证据的特点有：（1）主证据具有证明案件主要事实的主要证明价值。如果证据不具有证明案件主要事实存在与否的主要证明价值，则不属于主证据。（2）主证据基于自身的特殊性质，为了确保其真实性，需要其他证据予以补充、担保其证明力。在诉讼证据中并非所有的用以证明案件主要事实存在与否的证据都是主证据。主证据只是用以证明案件主要事实的诉讼证据中的一小部分，是需要其他证据予以补充、增强其证明力方能认定案情的主要证据。主要证据未经补强，不能作为认定案件事实的根据。

补强证据的特点包括：（1）补强证据在诉讼证明中有明确的作用，即增强或担保主证据的证明力。（2）补强证据与主证据一样，都是证明案件主要事实的证据。补强证据应当具有对主证据的客观性和主证据证明的案件主要事实的客观真实性的双重证明作用。

(3) 补强证据的证明对象与主证据具有一定程度的重叠性。只有二者证明对象具有一定程度的重叠性，才能够与主证据相互呼应，避免错误认定事实。(4) 补强证据可以是具有独立证明价值的各种证据，可以是直接证据，也可以是间接证据。

(三) 补强证据适用的条件和规则

补强证据的适用条件：(1) 某一证据已具证据能力，这是前提。也就是说，补强证据只能补强主证据的证明力，而不能补强主证据的证据能力。(2) 主证据的品质有弱点，这是基础。(3) 该弱点足以严重影响证据的证明力，即造成该证据没有完全的证明力，这是关键。(4) 要克服该证据的弱点，必须补充一定数量的其他证据。补强证据的种类没有限制，但必须要有证据能力。补强证据的具体数量也没有要求，但应该满足法官的心证程度。

补强证据的运用规则：(1) 补强证据应当是具有独立来源的证据。如果补强证据由主证据衍生而来，便很难起到增强和补充的作用。(2) 补强证据应当与主证据具有共同的证明对象。补强证据只有与主证据具有共同的证明对象，才能起到印证、加强主证据证明力的作用，但是允许补强证据比主证据具有更强的证明力。(3) 补强证据不能由补助证据来取代。(4) 补强证据应当达到一定的充分性。(5) 运用补强证据增强和担保主要证据的证明力，则补强证据本身同样必须具有客观性、关联性和合法性。

(四) 补强证据在我国的适用

根据我国《刑事诉讼法》第53条的规定，只有被告人供述，没有其他证据的，不能认定被告人有罪和处以刑罚；没有被告人供述，证据确实、充分的，可以认定被告人有罪和处以刑罚。这一规定，强调了不能把被告人的供述作为定罪和处罚的唯一证据，口供必须得到其他证据的补强才具有证明力。由此可见，我国刑事诉讼法确立了口供需要补强的法则。关于证人证言的补强，最高人民法院《解释》第109条规定："下列证据应当慎重使用，有其他证据印证的，可以采信：(一) 生理上、精神上有缺陷，对案件事实的认知和表达存在一定困难，但尚未丧失正确认知、表达能力的被害人、证人和被告人所作的陈述、证言和供述；(二) 与被告人有亲属关系或者其他密切关系的证人所作的有利被告人的证言，或者与被告人有利害冲突的证人所作的不利被告人的证言。"

主证据与补强证据的分类的研究对于指导司法实践中如何运用一些特殊证据，具有非常重要的意义，如如何运用被追诉人的口供等，但必须指出的是，主证据与补强证据的分类，相对于前述几种证据分类而言，适用范围相对狭窄，并不适用于所有证据。只有法律规定某一证据的证明力必须由其他证据来补强、担保的，才会出现主证据和补强证据。

二、实体证据和程序证据

实体证据和程序证据是以证明对象的性质为标准划分的。据以证明实体法事实的证据，称为实体证据；据以证明程序法事实的证据称为程序证据。划分实体证据和程序证据的意义在于：(1) 便于划清实体法事实和程序法事实的界限。划清这个界限不论在理论上还是在实践上都很重要。这个界限划不清，把实体问题和程序问题混淆在一起，既会影响对证据本质的准确理解，也会影响对证据的准确运用。(2) 可以更好地掌握这两类证据的本质、意义和用途，便于更好地收集获取、审查判断和具体运用这两类证据。

实体证据和程序证据的分类，一方面明确指出了诉讼过程中存在的两类性质迥异的证明对象，更为重要的是，这一分类提升了程序法事实在诉讼证明中的地位，有助于纠正

“重实体、轻程序”的错误倾向。

三、定罪证据和量刑证据

定罪和量刑是刑事诉讼中相互衔接的两个重要环节。依据证据与定罪和量刑的关系的不同，可以将证据分为定罪证据和量刑证据。定罪证据是指能够证明某一行为是否构成犯罪、构成何种犯罪的根据。量刑证据是指在行为成立犯罪的前提下，与犯罪行为或犯罪人有关的，体现行为社会危害性程度和行为人人身危险性程度，因而在量刑时，在从重、从轻或者免除刑罚时必须予以考虑的各种具体事实情况。[①] 量刑证据可分为纯正的量刑证据和不纯正的量刑证据。所谓纯正的量刑证据，是指与定罪无关、只影响量刑的证据，包括与被告人的前科劣迹、累犯事实，未成年人个人成长经历及一贯表现的事实，以及犯罪后自首、立功、坦白、认罪悔罪、退赃退赔、赔偿被害人经济损失及取得被害人或其家属谅解的事实相关的证据。所谓不纯正的量刑证据，是指既影响定罪也影响量刑的证据。这类证据既是定罪证据，也是量刑证据，比如与被告人是未成年人、盲、聋哑人、防卫过当、避险过当、犯罪预备、犯罪未遂、犯罪中止、从犯、胁从犯及教唆犯等事实以及犯罪数额、犯罪次数、犯罪结果、特殊的犯罪性质、犯罪对象和犯罪时间等犯罪事实相关的证据。

定罪证据和量刑证据既有着一定的联系，也存在一些区别，主要有：

第一，证明对象不同。定罪依据的事实主要是犯罪构成要件事实，这些要件事实就是定罪证据的证明对象。量刑的依据不仅包括定罪信息，还包括各种法定或酌定的从重、从轻、减轻或者免除处罚情节，因此，量刑证据的证明对象更加广泛。[②]

第二，遵循的运用规则不同。量刑证据规则相比定罪证据规则更宽松。尤其是一些在定罪程序中适用的证据排除规则，在量刑程序中则不适用。比如，传闻证据、意见证据、非任意性自白、品格证据等都可能作为证明量刑事实的根据。

第三，证明案件事实的方式不同。相对于定罪证据而言，量刑证据的证明程序更为简化、自由。一般认为，对定罪证据的调查应实行严格证明，而对量刑证据的调查可以采自由证明模式。量刑证据证明案件事实所应达到的证明标准，相比较于定罪证据更低。在英美法系国家，对定罪事实的证明应达到排除合理怀疑的程度，而对量刑事实的证明一般达到盖然性优势的证明标准即可。当然，对于不同的量刑事实，又可能存在一定的差别。在证明责任的分配上，基于无罪推定原则的要求，对定罪事实（包括与量刑事实重合的定罪事实）的证明，控方承担不可转移的证明责任；而对于单纯的量刑事实的证明，则一般遵循“谁主张，谁举证”的规则。

划分定罪证据和量刑证据，不论在理论上还是司法实务上，都有着重要的意义。第一，它有利于促进量刑程序的独立性。尤其是在我国定罪程序和量刑程序相对分离的制度背景下，区分定罪证据和量刑证据，有利于凸显量刑程序的重要地位。第二，它有利于保证量刑的公正性。在实践中，公、检、法机关往往只注重对定罪证据的收集和审查，而忽视对量刑证据的收集和审查。强调量刑证据收集、审查的重要性以及量刑证据规则和定罪证据规则之不同，有利于保证量刑信息的全面性和量刑结论的公正性，进而实现罪刑相适应和

---

① 参见樊崇义、杜邈：《定罪证据与量刑证据要区分》，载《检察日报》，2012-06-04。

② 参见樊崇义、杜邈：《定罪证据与量刑证据要区分》，载《检察日报》，2012-06-04。

刑罚的个别化原则。

【问题与思考】

1. 简述刑事证据的理论分类和法定种类的关系。
2. 勘验、检查、辨认、侦查实验等笔录属于言词证据还是实物证据？为什么？
3. 直接证据和间接证据的运用规则有何不同？
4. 传来证据和传闻证据有何区别？
5. 你认为刑事证据还可以从哪些角度进行分类？

【推荐参考论著】

1. 刘广三等. 刑事诉讼言词证据：程序与规则. 北京：中国人民公安大学出版社，2007
2. 汪建成. 理想与现实——刑事证据理论的新探索. 北京：北京大学出版社，2006
3. 宋英辉. 我国证据制度的理论与实践. 北京：中国人民公安大学出版社，2006
4. 宋英辉. 证据法学研究述评. 北京：中国人民公安大学出版社，2006
5. 丛杭青. 陈词证据研究. 北京：人民出版社，2005
6. 裴苍龄. 论人证. 现代法学，1996（2）

第三编

刑事证明论

第九章
刑事证明概述

内容导读

证明论是我国证据法学的重要内容之一。在我国传统证据法学中，证据论与证明论是两个彼此相关但基本独立的研究主题。当前，许多学者融合证据于证明活动之中进行研究，或者在证明活动的动态过程中研究证据。在刑事证明的概念上，我国长期存在“大诉讼”与“小诉讼”、“大证明”与“小证明”的争议。前者认为，证明活动不仅存在于审判阶段，同样存在于审前阶段；后者认为，证明仅存在于狭义的诉讼中，即审判阶段。由于民事诉讼、行政诉讼不存在审前阶段，故而关于证明概念的争议，主要存在于刑事证据领域。有关刑事证明概念的争议不仅反映在特征、理念、体系上的“分野”，而且体现在主体、对象、责任、标准、环节、方法等方面的“差异”。

第一节　刑事证明的概念与特征

“证明”这一概念在日常社会生活中的使用极其广泛。根据《现代汉语词典》的解释，“证明”一词有两种含义：一是在动词意义上，是指“用可靠的材料来表明或者断定人或事物的真实性”；二是在名词意义上，是指“证明书”或者“证明信”。在逻辑学中，证明是主体间的一种说服活动，即说服特定主体相信特定的命题为真（证实）或为假（证伪）。在诉讼法、证据法中，证明又被称为诉讼证明、司法证明等，具有特定的含义。一般而言，诉讼法、证据法中的证明，是指诉讼主体按照法定的程序和标准，运用已知的证据和事实来认定案件事实的活动。在此，证明是一种具体的诉讼行为，直接受诉讼法、证据法等法律规范的调整。这是它与自然科学、社会科学中通常的证明活动和人类一般的抽象思维活动最大的差别。概括而论，在诉讼法、证据法中的证明，具有以下特征：一是证明主体是特定的诉讼主体，而非一般意义上的社会公众；二是证明对象是案件事实，而非自然现象或学科难题；三是运用的过程必须遵循法定的程序和标准。

相对于英美法系国家而言，在奉行职权主义的传统大陆法系国家和地区，有关证明的研究成果更为丰富，相关争论也较激烈。针对证明中的诉讼主体、程序、标准、对象等要素，证明与法官心证、事实对象、证据方法、调查程序等的关系，许多学者进行了认真而细致的讨论。具体而言，有关证明的概念，需要细致辨析证明与释明、严格证明与自由证明两组概念。在我国，由于对证明的基本要素的理解存在差异，因而存在“大证明”与“小证明”等的区分。

一、证明与释明

在大陆法系传统中，作为证据法学中的专门术语，“证明”一词包含着静态与动态两层含义：与释明相对应，证明是一个静态的概念，是指称裁判者所应达到或已达到的“主观确信程度”；与自由证明相对应，狭义的证明（即严格证明）则是一个动态概念，指的是当事人说服裁判者所应遵循的过程性要件。①

证明与释明是大陆法系证据法学中的一对基本概念。从德国法学家的研究来看，证明与释明的差别在于法官确信程度的强弱之分。德国刑事法学者罗科信在其所著的《德国刑事诉讼法》中区分了证明与释明：“证明乃指，使法官对所指陈之事实产生确信。相对的，释明则使人相信其具可能性即可。例如对法官之回避、回复原状之声请中理由之释明及对拒绝证言时理由之释明。”② 德国民事诉讼法学者奥特马·尧厄尼希在其所著的《民事诉讼法》中指出：“完全证明（狭义的证明）被提出，如果法院对主张的真实性或者不真实性完全确信……疏明（即释明）与完全证明相比，要求较小的可能性。即主张的真实性或者不真实性仅具有占优势的可能性、‘充分可能性’就足够了。”③

日本和我国台湾地区的一些学者对证明和释明进行了细致的研究，认为证明和释明除了心证程度的差异外，指向的事实对象也有所不同。日本学者兼子一、竹下守夫认为：“要作出裁判，法官必须对认定为判决基础的事项取得确信。这是一个原则。而达到这种确信状态时，就叫做该事项已被证明……不过，在终局性地确定实体权利关系的判决作出之前，暂且做出的保全处分或在诉讼程序进行中所提出的其他申请是否许可的决定，法律上往往只要求稀明（即释明）就可以……稀明是指当事人对自己所主张的事实虽然没有达到证明的程度，但提出足以使法官推测大体上确实程度的证据就可以。法律承认稀明的目的是为了迅速地处理问题，因而稀明时所使用的证据方法也只限于能够立即进行调查的证据方法。”④ 我国台湾地区陈朴生教授认为：“证明，本有广狭两义。前者，包括狭义之证明及释明而言；后者则除释明外之证明。证明与释明，二者在法律上所要求之心证程度并不相同。盖证明，乃裁判官因而就某种事实得有确信之心证；而释明，则以裁判官得从而推定之程度为已足。一般所谓证明，系指狭义之证明而言；且应依证据证明之事实，并不限于实体法上事实，即诉讼上事实亦属之。为释明对象之事实，仅属诉讼程序上之事实。且释明其

① 参见宋英辉、吴宏耀、雷小政：《证据法学基本问题之反思》，载《法学研究》，2005（6）。

② ［德］克劳斯·罗科信：《德国刑事诉讼法》，吴丽琪译，207页，北京，法律出版社，2003。

③ ［德］奥特马·尧厄尼希：《民事诉讼法》，周翠译，258～259页，北京，法律出版社，2003。

④ ［日］兼子一、竹下守夫：《民事诉讼法》，白绿铉译，101页，北京，法律出版社，1995。

原因事实时，当事人仅以叙明其证明之方法为已足，毋庸提出证据；而证明，则不特应指出其证明方法，并应提出其证据。”[①] 我国台湾地区林山田教授也认为：“提出证据而使法官获得完全之确信者，即为证明；惟提出证据，若仅使法官获得大概可信而形成较为薄弱之心证者，则非证明，而称为释明。”“对于事实之认定，原则上应经证明；惟在程序有关之事实，则以释明，即为已足……”[②]

二、严格证明与自由证明

严格证明（狭义证明）与自由证明同样是大陆法系国家证明体系中的另一对基本概念。严格证明强调以法律规定的证据方法和法庭调查程序进行证明。在法庭调查程序中，严格证明必须以法律规定的证据方法进行。该项要求又包括两个方面：其一，用以严格证明的证据方法在形式上必须合乎法律规定。其二，该证据方法依法必须具有证明力。

严格注明一般针对实体性事实。在德国，严格证明一般适用于以下事项：“对于攸关认定犯罪行为之经过、行为人之责任及刑罚之高度等问题的重要事项。”[③] 在日本，成为严格证明对象的事实，是关于刑罚权是否存在及其范围的事实。具体包括：公诉犯罪事实；处罚条件及处罚阻却事由；刑法的加重或减免事由。[④] 在我国台湾地区，严格证明仅限于对本案犯罪事实及其法律效果问题的认定，并且仅适用于审判程序。

相对而言，在德国，对于自由证明，立法则没有明文限定必须适用的调查程序，往往委诸法院根据具体情况裁量决定。实践中，自由证明可以“以一般实务之惯例”选择适当的证明手段，“亦即可不拘任何方式来获取可信性（例如，以查阅案卷或电话询问之方式）”[⑤]。在日本刑事诉讼中，自由证明的调查程序必须注重被告人辩护权的保障。[⑥] 在自由证明的对象上，德国法规定，严格注明之外其他事项，原则上适用自由证明。在日本，自由证明的事项具体包括：犯罪的相关情况；诉讼法上的事实。[⑦] 在我国台湾地区，除严格证明以外的其他事实，如程序争点事实，一般属于自由证明的范围。

三、“大证明”与“小证明”

究竟如何界定证明的概念？在我国证据法学界，尤其是刑事证据法研究中，争议较大。有的将之归纳为“大诉讼”与“小诉讼”的争议，有的将之归纳为“大证明”与“小证明”的争议。“大诉讼”与“大证明”、“小诉讼”与“小证明”之间其实是相互关联的。

（一）“大证明”

在我国，“大证明”又称广义的证明，是我国传统证据法学普遍采纳的一个概念。根据

---

① 陈朴生：《刑事证据法》，156页，台北，三民书局，1979。

② 林山田：《刑事程序法》，373页，台北，五南图书出公司，2001。

③ ［德］克劳斯·罗科信：《德国刑事诉讼法》，吴丽琪译，208页，北京，法律出版社，2003。

④ 参见［日］土本武司：《日本刑事诉讼法要义》，董璠舆、宋英辉译，311～312页，台北，五南图书出版公司，1997。

⑤ ［德］克劳斯·罗科信：《德国刑事诉讼法》，吴丽琪译，208页，北京，法律出版社，2003。

⑥ 参见［日］田口守一：《刑事诉讼法》，刘迪等译，221页，北京，法律出版社，2000。

⑦ 参见［日］土本武司：《日本刑事诉讼法要义》，董璠舆、宋英辉译，311～312页，台北，五南图书出版公司，1997。

“大证明”的观念，证明是贯穿诉讼活动始终的各诉讼主体查明案件事实的一种认识活动。改革开放以来至21世纪初期，“大证明”是学术界通说。其相关背景是，依据“大诉讼”的观念，在刑事诉讼中，无论是侦查、起诉、还是审判，都是查明案件事实的重要阶段，都对事实真相负有不可推卸的责任。

在我国，较早将证明界定为查明，将证明活动界定为查明案件事实的认识活动并展开系统论述的是陈一云教授。其理论依据是辩证唯物主义认识论原理，这一理论主要由以下三个部分构成：一是决定论，即物质第一性，意识第二性，物质决定意识；二是反映论，即意识是对物质的反映；三是可知论，即人的认识可以正确反映客观世界。他在其主编的《证据学》一书中认为，“查明案件事实的过程，就是一个证明过程”；证明是“司法机关或当事人依法运用证据确定或阐明案件事实的诉讼活动”；“刑事诉讼中的人民法院、人民检察院和公安机关，民事诉讼和行政诉讼中的人民法院，都必须依法收集和审查证据，并根据证据查明案件事实”①。

之后，许多学者进一步从认识与实践的关系的角度阐述了证明的概念，认为证明是一种揭示、认识案情的自觉活动。崔敏、张文清教授在他们主编的《刑事证据的理论与实践》一书中指出：“马克思主义的唯物论告诉人们，物质是第一性的，认识第二性的。既然证据是客观存在的，那么人们就可以并能够加以认识。证明是司法实践和逻辑思维的统一。证明要求司法人员依靠群众，深入实际，调查研究，获取各种证据材料，反复进行综合、归纳、推理、判断，进行‘去粗取精、去伪存真，由表及里、由此及彼的制作过程’，逐步得出结论，直至完全证明案情为止。”②

一些学者结合实践论，深化了证明与诉讼阶段的关系。陈光中教授在其主编的《刑事诉讼法》教材中，将刑事证明界定为“侦查、检察、审判人员及其委托的辩护人、代理人依法收集、审查判断和运用证据，认定犯罪是否发生，谁是犯罪分子、罪责轻重以及其他有关案件事实的活动”③。刘金友教授在其主编的《证据法》一书中指出：“诉讼证明，从立案到结案，往往需要经过收集证据材料，进行推理判断，再收集证据材料进行检验，即从实践到认识，从认识到实践多次反复过程。以刑事诉讼而言，在侦查阶段，侦查人员提出假设、检查假设、就是这样的反复过程……在起诉阶段，检查人员进行证明同样也是经过从实践到认识、再到实践的反复过程……在案件的审判阶段更是如此。审判人员从实践中得到的关于案件事实情况的结论，同样要回到实践中去检验，如果确有问题，二审法院或再审法院要予以纠正。”④

根据“大证明”理论，证明在内涵上是一种来源于实践、回到实践的认识活动。确切地说，证明案件事实的过程就是反复认识案情的过程，是主观认识和客观存在相统一的过程。此外，证明在外延上涵括各诉讼阶段中的认定案件事实活动。证明存在于侦查、起诉、审判的各个阶段。凡参与证据收集、审查判断的诉讼法律关系主体，都是证明主体。基本上所有的案件事实情况，包括“犯罪是否发生、谁是犯罪分子、罪责轻重以及其他有关案件事实的活动”，都属于证明对象的范围。

---

① 陈一云主编：《证据学》，113页，北京，中国人民大学出版社，1991。

② 崔敏、张文清主编：《刑事证据的理论与实践》，71页，北京，中国人民公安大学出版社，1992。

③ 陈光中主编：《刑事诉讼法》，2版，178页，北京，北京大学出版社、高等教育出版社，2005。

④ 刘金友主编：《证据法学》，229～230页，北京，中国政法大学出版社，2001。

客观而论，“大证明”理论对司法实践的法律指导功能在于：对于各刑事诉讼主体而言，他们共同参与证明并且受制证明后果；由此，刑事证明的概念构建了一个广泛的职责体系和义务体系，促进实质真实目标的实现。刑事证明的上述概念宣示了对案件事实认定的一种乐观信念：刑事诉讼主体发挥主观能动性，依据认识与实践的辩证关系，最终是能够达到客观真实的。许多学者都试图强化刑事诉讼主体在发现事实真相上的努力：“在我国诉讼证明中，要层层把关，反复实践、反复认识，反复进行推理判断，反复进行调查验证，坚持真理，有错必纠，务必使案件事实达到证据确实充分，案件事实情况的认识达到客观真实。”①

(二)“小证明”

从21世纪初期开始，“大证明”概念受到许多学者的如下批驳：片面强调了证明的认识论属性，却忽略了认识论的辩证法；曲解了绝对真理与相对真理的辩证关系，并在司法过程中低估了可知的相对性，人的认识能力在主客观条件的制约下具有局限性和非至上性；忽视了价值论的应有地位和作用。其核心主张是，围绕诉讼主张而进行的证明活动是以确认法律权益、解决利益争端为直接目的的，尽管此种证明活动无疑包含有认识活动，但绝不仅仅就是认识活动，也不能完全等同于认识活动。王敏远教授主张，作为知道的认识，其过程是从不知到知，这与科学中的发现相似，因此，其所适用的规则是发现的逻辑；而诉讼中的证明，所适用的规则是证明的逻辑。科学中的发现与证明所需的是两种不同的智慧：发现必须仰仗灵感、顿悟；而证明可以全凭逻辑——演绎与归纳。② 卞建林教授在其主编的《证据法学》和《刑事证明理论》中系统阐述了“小证明”概念，即狭义的刑事证明概念：证明在本质上是特定主体提出诉讼主张并举证加以证明以说服裁判者的活动；在诉讼领域，证明是指国家公诉机关和诉讼当事人在法庭审理中依照法律规定的程序和要求向审判机关提出证据，运用证据阐明系争事实、论证诉讼主张的活动。③

许多学者围绕证明与认识的差异，论证了“小证明”概念的基本依据：(1) 诉讼都是以解决利益争端为目的的活动，裁判者就争端的解决作出的裁判结论，并不一定非得建立在客观真实的基础上不可。(2) 诉讼都是在程序法限制和规范下进行的活动，因此，诉讼中的证据运用即使算做一种认识活动，也只能属于极为特殊并受到程序法严格限制的认识活动。(3) 典型的认识活动只存在于刑事诉讼的侦查阶段，而法庭上的活动实际是一种“向裁判者证明”甚至“证明给人看”的活动。(4) 诉讼包含着一系列法律价值的实现和选择过程。面对客观存在的认识局限，现代证明制度在“求真”的大前提下，不得不作出一系列无奈的妥协性选择。例如，默认法庭在不存在合理怀疑状态下作出裁判的正当性，并附以必要的纠错制度；在诉讼认识只能达到半信半疑状态时，借助证明责任制度强行在当事人之间进行风险分配；借助推定等法律手段进行法律上的拟制，人为地确立特定事实间的因果关系；在民事诉讼中，策略性地放弃对纠纷事实原貌的探寻，“除证据之外”，尚得以辩论意旨作为认定事实之基础。④

归纳起来，依据“小证明”概念，证明的基本要素如下：(1) 诉讼证明的主体是国家

---

① 刘金友主编：《证据法学》，229～230页，北京，中国政法大学出版社，2001。

② 参见王敏远：《一个谬误、两句废话、三种学说》，载王敏远主编：《公法》，第4卷，253页，北京，法律出版社，2003。

③ 参见卞建林主编：《证据法学》，264页，北京，中国政法大学出版社，2000；卞建林主编：《刑事证明理论》，13页，北京，中国人民公安大学出版社，2004。

④ 参见黄东熊：《刑事诉讼法》，363页，台北，三民书局，1999。

公诉机关和诉讼当事人。侦查人员、鉴定人员出庭作证或发表意见，不是诉讼证明的主体。（2）诉讼证明的目的是阐明诉讼中的争议事实，论证己方的诉讼主张。（3）诉讼证明只在审判阶段发生，法庭审理前收集、提取证据只是为在法庭上进行诉讼证明打下基础，创造条件。（4）诉讼证明受证明责任的影响或支配。（5）诉讼证明是一种具体的诉讼行为，直接受各类诉讼法律的规范和调整。

第二节　刑事证明的理念

刑事证明的理念，是指从刑事证据法的目的、原则、制度和规范中提炼出来的，能够体现证明活动的内在规律，反映证明活动的本质要求，对证据立法和司法具有指导意义的一系列观念、信念、理想和价值的总和。

我国传统的证明理念可以界定为“实事求是”的证明理念。其特征如下：（1）在证明目的层面，把实质真实的发现作为核心目的。证明活动的本质是认识活动。辩证唯物主义认识论是其唯一的理论基础。（2）在证明价值层面，强调实质真实，对案件事实的认定要达到确实、充分的标准。在价值权衡中，当实质真实与程序正义、诉讼效率等产生冲突时，往往选择实质真实。（3）在证明模式层面，对实体法事实和程序法事实的证明标准未采取严格的区分，对证明活动真实性、客观性的过分追求，在一定程度上抑制了对证明活动正当性、合法性的守护。当前，“实事求是”的证明理念逐步进化至“多元化”状态：认识论仍被普遍视为我国证据制度的理论基础之一，但绝非唯一的理论基础；证明活动是一个特殊的受制于法定程序、标准和步骤的认识过程；“程序正义”、“法律价值及其选择平衡”等理论也受到较为普遍的认可，并逐渐影响和促进了人们在证明理念上的观念革新。我国许多司法解释也日益强调证据裁判原则及法定证明标准。例如，最高人民法院《关于建立健全防范刑事冤假错案工作机制的意见》规定：“坚持证据裁判原则。认定案件事实，必须以证据为根据。应当依照法定程序审查、认定证据。认定被告人有罪，应当适用证据确实、充分的证明标准。”

结合现代证据制度和我国刑事证据的发展，我们认为，刑事证明的基本理念，可以划分为相对真实理念、正当程序理念、价值权衡理念等三个方面。

一、相对真实理念

从刑事证明过程来看，在现代诉讼中，基于证据裁判主义的要求，对犯罪事实的认定必须依据证据。证明活动主要是一个认识过程，对于裁判者而言，恰恰需要通过纠纷双方的证明活动来探求自己未知的事物。在此意义上，证明实质上是一种多主体所进行的运用证据推断已经发生之事实的回溯性认识活动。证明的目的以回归真实为基准，但需要在绝对真实与相对真实之间寻找到合理的立场。

需要注意的是，主观的人的认识，与客观世界或者客观发生的事情，不可能完全一致，而是只能达到最大限度的一致性。辩证唯物主义可知论是从人类在整体上，在无止境的时代更迭中所具有的对客观世界的无限认识能力或所能实现的终极认识目标上来说的，而不是说每一次具体认识活动都能发现或达到绝对真理。具体到诉讼领域，一次诉讼所能查明的事实只能具有相对意义上的客观性，对案件的认识也只能达到一种“相对真理”，证明结果也只能达到一种相对真实。

在过程意义上，证明活动是由纠纷双方和裁判主体共同完成的。根据控审分离原则，在具体案件中，裁判事实能否“符合事实真相”，一方面，取决于控方提出的控诉主张是否符合客观存在的事实，控方是否提出了足以支持自己控诉主张的证据并进行了有效的诉讼证明，辩护方的辩护是否有助于展露事实真相；另一方面，取决于裁判者的个人因素，以及是否遵循经验规则和逻辑法则。法律价值的冲突和协调也容易造成证明的相对性。一种诉讼程序不仅要追求对案件事实的真理性认识，还要在正义、秩序、效率等价值之间作出适当协调。

在方法意义上，证明活动能否获取真理与信息论、概率论等关系密切。系统科学中的信息论表明，案件发生的经过是一个信息转移的过程。诉讼证明是一个案件信息获取、加工处理、反馈和传输的过程。概率论是有关概率问题的科学方法论。概率论对证明的影响主要是可用于评断单一证据的证明力、评断一组证据的证明力、评断全案证据的证明力、评断一方当事人是否有过失等。受制于信息传递、概率计算的影响，证明活动很难获知绝对真理或者完全的事实真相。

在结果意义上，“查明事实真相”作为诉讼活动的基本价值目标之一，是对诉讼制度、证据制度提出的整体性要求；这一价值目标的实现，依赖的是诉讼制度、证据制度的整体合力，而非某一具体制度的自身力量；取决于控、辩、审三方的共同作用。忽视裁判事实与客观存在的事实之间具有的或然性关系，就无法解释许多案件中裁判事实的可错性实践和从实体与程序等方面规范认定事实活动及设立尽可能完备的救济程序的必要性。

二、正当程序理念

从法律调整的角度看，在犯罪的实际认定过程中，刑事诉讼法与刑法、证据法具有一体性。[①] 根据刑事法律一体化原理，对人进行有罪确定时，要经过恰当的法律程序，依据充分的证据证明此人确实犯有刑法规定的罪行。这意味着，刑事诉讼行为实际上要受到程序法定主义、罪刑法定主义和证据裁判主义的三重规制：在程序法定主义的规制下，不得在法定程序之外事后创造不利于被追诉人的临时程序对其加以处置；在罪刑法定主义规制下，不得在刑事诉讼过程中，即在法院进行终局性定罪量刑前，对被追诉人施以法律上的有罪待遇；在证据裁判主义规制下，刑事诉讼裁判者应当依据具有证据资格的证据在法定程序中认定事实，无证据不得认定事实，尤其是在案件事实一般化、法律规范具体化的过程中不得任意裁剪或添加事实。

证明的过程必须遵循正当程序的理念。最高人民法院《关于建立健全防范刑事冤假错案工作机制的意见》规定：“坚持程序公正原则。自觉遵守刑事诉讼法有关规定，严格按照法定程序审判案件，保证准确有效地执行法律。”证明程序本身是诉讼程序的重要表现，应当遵循诉讼程序的正当性标准和要求。一些刑事诉讼程序的基本原则，如裁判中立、控审分离、控辩对等、直接言词等，应当在实际的证明过程中被遵循。就严格的法律调查和事

① 参见陈兴良：《刑法适用总论》，80～81 页，北京，法律出版社，1999。

实认定过程来说，取证、举证、质证、认证等证明环节必须以正当程序为内在理念。我国《刑事诉讼法》以及相关司法解释在刑事证明的过程中进一步贯彻了正当程序原则。如在证据制度方面，进一步明确了“非法证据”的认定标准，建立、健全了申请排除非法证据的程序，以及对取证合法性的审查、调查程序等。

证明过程的正当性是正当程序的内在要求，其实质是尊重诉讼双方对证明的参与权，抑制公权力的滥用，保障事实认定的准确性。充分的、有效的程序参与，也有利于提升证明结论的可接受性。

三、价值权衡理念

证据法体现的价值是多元的。从法的总的实质合理性来看，自由、秩序与效率是必不可少的。证明不仅是认识活动，还涉及各种法律价值的选择和实现。在这些冲突和抵触的价值之间达致某种权衡或平衡，是证明活动的应有之义。

何家弘、刘品新在其主编的《证据法学》一书中主张，证据法所追求法律价值和其他价值之间的平衡，可看作如下不同领域正义观念的权衡：作为外部平衡的法律正义与道德正义，司法公正与经济效率，司法正义与传统文化、宗教信仰、社会观念之间的平衡；作为内部平衡的实体正义与程序正义、案件事实与纠纷解决、个体利益与社会利益之间的平衡。[①] 我们认为，在证明的各个环节，在法律价值内部以及法律价值与其他价值之间，也存在诸多平衡性问题。证明主体范围的宽窄、证明对象构成的内容（免证事由的范围等）、证明标准设置的高低、证明责任分配的彼此、证明环节的多寡等问题，往往都涉及诉讼公正、效率、权威等价值目标之间的取舍和选择。

价值权衡需要依据一定的法律方法，并且需要达到综合利益最大化的目标。这意味着，在证明活动中，价值权衡不要仅仅考虑一个环节的得失、一方主体的损益，或者一个区域的走向，而是要充分考虑利益得失的长期性、综合性、辐射性。以认识论和程序正义之间的权衡为例。在刑事证明中，完全否定证明活动的认识属性，或者完全根据程序正义作出取舍和选择，都可能不是最佳的价值权衡方案。我们认为，由于裁判事实与客观存在的事实之间具有或然性关系，因而证据法学的主要任务之一，应当是在进行价值权衡和平衡各种利益的基础上，寻求适当的法律程序与规则，保障关于案件事实的认识在最大程度上符合或者接近客观存在的事实，以达成合目的的相对真实。在我国《刑事诉讼法》及相关司法解释中，针对物证、书证的相对排除规则，针对瑕疵证据的采纳规则等规定，反映了立法者在实体真实与正当程序、人权保障等价值之间的综合权衡。

第三节 刑事证明的体系

刑事证明的体系，是指刑事证明的逻辑构成和内容框架。在证据法中，对证明外延和

① 参见何家弘、刘品新：《证据法学》，58～70页，北京，法律出版社，2004。

内涵理解不同，可能对其体系的认识也会有所差异。陈一云教授在其主编的《证据学》教材中认为："诉讼中的证明，是由法律所调整的诉讼活动，它的证明主体，证据（证明根据），证明对象，证明任务，证明责任，收集、审查判断证据的规则和程序等，均不同于其他证明活动，而具有诉讼的特定性。"① 受此影响，我国证据法学的研究内容长期以来被分为四部分：史论、证据论、证明论、（证明）程序论；在证明论部分，一般包括以下内容：证明的概念、证明主体的范围、证明对象、证明责任、证明程度或证明标准。至于证据的审查判断，因主要涉及程序问题，一般被归入"（证明）程序论"。

在"大证明"概念受到许多学者的批驳之后，许多学者依据"小证明"概念对其体系进行了建构。从体系的构成来看，有的围绕证明主体、证明对象、证明责任、证明标准、证明手段、证明程序、证明方法等内容展开论述；有的围绕证明责任、证明对象、证明标准、免证事由等内容展开论述。我们认为，证明体系的构成不宜过宽，也不宜过窄。一方面，要考虑实现证明目标所必需的内容或方面；另一方面，要防止不必要的交叉或重复。以证明程序为例。证明程序通常在诉讼法中与一般诉讼程序混合规定在一起。诉讼的过程就是证明的过程，诉讼与证明很难截然分开。在证明环节中也有诸多证明程序的内容。因此，在证明体系中可以不再探讨证明程序。又如证明手段，它与证明根据、证明方法在语词上比较容易产生混淆或者歧义。加上一些学者在论述证明手段时，将证据、证据形式解释为证明手段；有些学者将证据裁判原则、证据规则作为证明手段的基本内容，进而引发了不少争议。因此，在证明体系中也不宜设置证明手段这一相对不确定性的范畴。

相对而言，将证明的体系划分为证明主体、证明对象、证明责任、证明标准、证明环节、证明方法六个方面则较为合理。

一、证明主体

证明主体，是指依法承担证明义务、享受证明权利的主体。证明主体必须有自己的诉讼主张。只有提出了明确的诉讼主张，证明才能有针对性地进行，审判者才能明确审判的事项范围。在诉讼法学研究中，许多学者将证明主体与诉权结合，进一步明确了证明主体所具有的权力和权利属性。

证明主体不仅享有权力和权利，同时兼具责任和义务。证明主体必须实际承担提供证据证明自己所主张的事实成立的行为责任。证明主体有可能承担案件事实真伪不明时的结果证明责任，即证明主体未能充分履行证明责任以说服事实裁判者相信其诉讼主张时，其需承担败诉或其他不利的诉讼后果。

二、证明对象

证明对象，又称待证事实或要证事实，是指在诉讼证明活动中需要运用证据加以证明的案件事实。明确证明对象，才能确定举证责任的范围，明确控辩双方争议的焦点。刑事证明对象，需要与案件有关，具有诉讼意义，而且具有证明的必要性。证明对象一般包括实体法方面的事实和程序法方面的事实。一些学者主张将证据事实也纳入其中。当然，某

① 陈一云主编：《证据学》，113页，北京，中国人民大学出版社，1991。

些事实的作用是减轻证明的负担、提高诉讼的效率，因此没有必要运用证据进行证明，可以界定为免证事实。例如，众所周知的事实、自然规律及定理、法院生效裁判所认定的事实、仲裁机关生效仲裁裁决所认定的事实、公证机关公证文书所认定的事实等。

三、证明责任

证明责任与证明主体不可分离，谈到证明主体，必然涉及证明责任。证明责任是存在纠纷、提出主张、证明主张、承担风险四个要素的统一体。刑事证明责任，是指控辩双方在刑事诉讼中为了避免对己不利的法律后果而承担的提出证据并证明其诉讼主张成立的一种法律负担。刑事证明责任的分配不仅影响到整个刑事诉讼的进程，指导着刑事诉讼主体的诉讼活动，而且决定了控辩双方之间的利益分配，并对刑事诉讼的最终结局产生重大影响。

四、证明标准

证明标准，是指运用证据对案件事实进行证明应当达到的程度。历史上曾经存在过的神示证据制度、法定证据制度和自由心证证据制度的证明标准分别是神示真实、法定真实和主观真实。在案件事实和证明标准的性质上，存在着客观事实与法律事实、客观真实与法律真实、绝对真实与相对真实、实质真实与形式真实四对基本范畴。证明标准的性质应当是法律真实，法律真实为证明标准的多元化提供了制度性基础。在证明过程中，证明主体对案件事实的证明没有达到证明标准的，应当承担不利的法律风险。

五、证明环节

证明环节，是指在证明中收集、运用证据的基本步骤。许多学者主张，取证、举证、质证、认证是证据运用过程中四个依次进行的环节。其中，取证是对证据的发现、收集、固定和保全，其构成了刑事诉讼证明的第一环节，是举证、质证和认证的基础。举证是对己方证据的出示和提供，是衔接取证和质证的中间环节。质证是对对方证据的质疑和质问。举证是质证的前提。认证是审判人员对证据能力和证明力的认定。在刑事诉讼的证明环节中，认证是最关键的，是取证、举证、质证的目的和归宿，而认证又是为认定案件事实服务的。

六、证明方法

证明方法，是指在证明中证明案件事实的具体方式。证明方法与人类的认识能力、推理能力等的发展变化有关。有学者将人类刑事诉讼史上的证明方法归纳为神示证明、法定证明、自由心证、印证证明等四种方法。有学者将常见的证明方法归纳为客观证明方法和情理推断方法。一般而言，证明方法包括逻辑推理、司法认知、推定等。

【问题与思考】

1. 如何理解刑事证明概念的静态性与动态性？

2. 刑事证明具有哪些理念？

3. 如何划分和理解刑事证明的体系？

4. 如何理解刑事证明与认识论、价值论的关系？

【推荐参考论著】

1. 陈一云主编. 证据学. 北京：中国人民大学出版社，1991

2. 陈朴生. 刑事证据法. 台北：三民书局，1979

3. 崔敏，张文清主编. 刑事证据的理论与实践. 北京：中国人民公安大学出版社，1992

4. 刘金友主编. 证据法学. 北京：中国政法大学出版社，2001

5. 王敏远. 一个谬误、两句废话、三种学说. 见王敏远主编. 公法. 第4卷. 北京：法律出版社，2003

6. 卞建林主编. 证据法学. 北京：中国政法大学出版社，2000

7. 卞建林主编. 刑事证明理论. 北京：中国人民公安大学出版社，2004

8. 何家弘，刘品新. 证据法学. 北京：法律出版社，2004

9. 全国人大常委会法制工作委员会. 中华人民共和国刑事诉讼法释义. 北京：法律出版社，2012

第十章 刑事证明主体

内容导读

基于狭义的证明理论，刑事证明主体指的是在刑事审判过程中，提出诉讼主张并劝说法官按照自己的诉讼主张作出裁判的人员。刑事证明主体与刑事证明责任关系密切，根据刑事证明主体所承担的刑事证明责任的不同，可以进一步将刑事证明主体区分为刑事证明责任主体与其他证明主体。前者包括公诉人、自诉人、被告人和附带民事诉讼当事人；后者包括辩护人、被告人与附带民事诉讼当事人的法定代理人和附带民事诉讼当事人的诉讼代理人。

第一节 刑事证明主体概述

一、刑事证明主体的概念

证明主体，概而言之就是在诉讼活动中从事证明活动的主体。刑事证明主体的概念的界定，需要在界定刑事证明概念的基础上展开。关于刑事证明的概念，我国理论界曾有过长期的争鸣，并逐步从广义的证明概念发展至狭义的证明概念。在有关刑事证明概念的讨论中，有两个方面的内容与如何界定刑事证明主体的概念直接相关：

一是刑事证明所对应的诉讼阶段。传统的广义证明理论认为，在刑事诉讼中，证明贯穿于侦查、审查起诉和审判等诉讼阶段。“一个刑事案件从立案开始，到收集、审查、判断、运用证据认定案情的全部过程都是在进行证明活动。只有在诉讼各个阶段都充分得到了证明，才能最终完成诉讼的任务。”① 狭义证明理论则认为，尽管在侦查、审查起诉阶段也存在查明事实的认识活动，但这些并非属于证明活动。由于起诉后才能确定证明的具体

① 崔敏、张文清主编：《刑事证据的理论与实践》，70页，北京，中国人民公安大学出版社，1992。

范围，因而证明只应该存在于审判阶段，即证明仅指国家公诉机关和当事人在法庭审理中依照法律规定的程序和要求，向审判机关提出证据、论证诉讼主张的活动。

二是刑事证明的内容。传统的广义证明理论认为，证明涵盖的内容非常广泛，包括公安司法机关和诉讼参与人收集证据、提出证据和审查判断证据等一系列活动。狭义证明理论则认为，证明是双方当事人为了“说服”事实裁判者——法官而进行的一种法律活动，证明的目标指向的是事实裁判者，也就是向裁判者证明。

基于上述两个方面的区别，不同证明理论对证明主体的界定也差别较大。传统的广义证明理论对证明主体的界定非常广泛。“证明的主体是特定的机关和诉讼参与人。刑事诉讼中的人民法院、人民检察院和公安机关，都应当依法收集和审查证据并根据证据查明案件事实；犯罪嫌疑人、被告人、被害人、自诉人、附带民事诉讼的原告人和被告人以及这些诉讼参与人的辩护人、代理人均需要依法提供证据证明自己的要求和主张。律师参加诉讼活动的，有权依照有关规定，查阅案件有关材料，向有关单位或个人调查取证。上述机关和诉讼参与人都是诉讼程序证明的主体。”① 与此相对，狭义证明理论下的证明主体则仅指在法庭审判阶段从事说服事实裁判者活动的人员。

从广义证明理论到狭义证明理论的演进与我国庭审方式的改革密切相关。1996 年《刑事诉讼法》的修改及之后相应的庭审方式改革，将法官从积极的调查者转变为相对消极、被动的裁判者。2012 年《刑事诉讼法》的再次修改延续了法官应当在庭审中扮演被动的被说服者的角色这一改革思路。我们认为，应当在狭义证明理论的基础上确立刑事证明主体的概念。基于以上分析，我们将刑事证明主体的概念界定为：在刑事审判过程中，提出诉讼主张并进行论证、说理以说服法官按照自己的诉讼主张作出裁判的人员。从这一概念出发，法院及法官毫无疑问不是证明的主体，而是证明指向的对象。需要进一步厘清的是，我国《刑事诉讼法》第 191 条的规定与法官是否是证明主体的关系。该条规定，“法庭审理过程中，合议庭对证据有疑问的，可以宣布休庭，对证据进行调查核实。人民法院调查核实证据，可以进行勘验、检查、查封、扣押、鉴定和查询、冻结”，从而赋予了法官庭外调查核实证据的权力，并规定了多种具体方式。法官有权主动调查核实证据是大陆法系国家职权主义诉讼模式的特点，赋予法官调查核实证据的权力主要是为了探明真相和帮助法官作出公正的裁决。法官调查核实的对象是控辩双方提出的证据，而不是代替控辩双方提出证据，法官调查核实后的证据同样应当经控辩双方质证，因此不能认为法官承担调查核实证据的责任就意味着法官成为证明主体。

二、刑事证明主体的特征

从刑事证明主体的概念出发，可以归纳总结出刑事证明主体的特征，包括：

1. 刑事证明主体必须存在于审判过程中。刑事诉讼是一个前后相继的过程，除了审判阶段之外，还包括审判之前的立案、侦查、审查起诉阶段和审判之后的执行阶段。根据狭义的证明理论，审判以外的诉讼阶段虽然也存在查清案件事实的活动，但并非证明活动，只有在审判阶段说服事实裁判者的活动才能被称为证明。因此，刑事证明主体必须存在于审判过程中，不存在于审判过程或不在审判过程中出现的诉讼主体不是刑事证明主体。基

① 刘金友主编：《证据法学》，167～168 页，北京，中国政法大学出版社，2003。

于此，公安机关等其他侦查机关在侦查阶段承担了侦查职能，虽然其发现、提取并保全的证据材料是公诉机关在法庭审理过程中进行证明的主要依据，但由于其并不在审判过程中提出诉讼主张，因而其不是刑事证明主体。检察机关是我国唯一的公诉机关，其指派的公诉人在法庭审理中承担证明案件事实存在且系被告人所为的职责，毫无疑问其是刑事证明主体，但在审查批准逮捕和审查起诉过程中，批准逮捕和决定起诉的检察官则不是刑事证明的主体。

2. 刑事证明主体必须提出诉讼主张。诉讼主张是指诉讼主体在诉讼过程中提出的请求、声明和看法的统称，反映了诉讼主体对诉讼的态度和立场。只有提出了明确的诉讼主张，证明才能有针对性地进行，事实裁判者才能确定裁判的范围。在刑事诉讼中，诉讼主张由诉辩双方提出，法官则就双方的诉讼主张进行审理并作出裁判。诉讼主张的提出是成为证明主体的潜在前提，不提出诉讼主张就没有证明的必要。基于这一特征，审判过程中的证人、鉴定人和翻译人员等都不是刑事证明主体。公诉案件的被害人如果不是附带民事诉讼的原告人，未提出自己的诉讼主张，也不是刑事证明主体。

3. 刑事证明主体必须提供证据并进行论证说理，以证明其所提出的诉讼主张。证明是一个说服事实裁判者的过程，证明主体提出了诉讼主张，就必须提供相应的证据以支持自己的诉讼主张并在此基础上进行说理，否则就难以说服事实裁判者接受他的诉讼主张。从证明责任的角度看，证明责任可以区分为行为责任和结果责任，其中行为责任就是提供证据的责任和说服责任，证明主体必须承担行为意义上的证明责任。在刑事诉讼中，侦查机关发现、收集的证据是公诉人在法庭上提供证据说服法官的基础，因此侦查机关虽然不是证明主体，但却发挥了协助证明主体履行证明责任的功能。

三、刑事证明主体与刑事证明责任

证明责任与证明主体是两个紧密联系的概念。所谓证明责任，一般包括以下四个方面的含义：（1）诉讼主张的提出是证明责任产生的前提。诉讼主张不但限定了法官的审理范围，而且是证明主体提出证据加以论证的对象。（2）证明责任首先是指提供证据的行为责任。证明主体应当根据诉讼进行的状态，就其主张的事实或反驳的事实提供证据加以证明，这一证明责任也被称为“利用证据推进的责任”或“形式上的举证责任”。（3）证明责任还包括说服责任，即负有证明责任的主体应当承担运用证据对案件事实进行说理、论证，使法官对案件事实形成确信的责任。也就是说，证明主体仅仅提出证据并不算完全履行了证明责任，还必须尽可能地说服法官相信其主张的事实存在或不存在。（4）证明责任最终表现为不利后果的责任，即承担证明责任的主体不能提出足以说服法官确认自己诉讼主张的证据，则须承担败诉或其他不利的后果。①

明确刑事证明责任是确定刑事证明主体的前提。有的观点认为，证明主体与证明责任的关系根本就是同一个问题的两个方面，即证明主体就是承担证明责任的主体，证明主体需要在诉讼过程中承担上述四个方面的证明责任；反过来说，如果某一诉讼主体不须承担或不能承担上述全部四个方面的证明责任，就不是证明主体。在此基础上，证明主体被定义为：“在诉讼中提出自己的诉讼主张，并根据证据证明其诉讼主张，而且在诉讼程序结束

---

① 参见卞建林主编：《证据法学》，371～372页，北京，中国政法大学出版社，2005。

之际，如果案件事实处于真伪不明的状态，由其承担败诉或不利诉讼后果的一方当事人。简言之，证明主体必须有自己的诉讼主张并且需要承担证明责任（包括行为责任和结果责任）。”①

我们认为，刑事证明主体与刑事证明责任关系密切，但二者并非完全的对应关系。刑事证明主体毫无疑问要承担上述证明责任的前三项，即主张责任、提出证据责任和说服责任，但如果认为刑事证明主体同时也必须承担结果责任，则可能过分限缩了刑事证明主体的范围，也与刑事诉讼的特殊情况不相吻合。例如，刑事诉讼中的辩护人具有不依赖于被告人而提出辩护意见的独立属性，即辩护人的诉讼主张可以不同于被告人，辩护人在承担主张责任、提出证据责任和说服责任的同时，却不承担结果责任，因为辩护人行为的法律后果仍归属于被告人。在刑事案件的法庭审理过程中，辩护人所发挥的证明辩方诉讼主张、推动审判进行的作用日益重要甚至不可或缺，但如果因为不承担结果责任而将其排除出刑事证明主体的范围，则是不恰当的。

基于以上分析，我们认为，应当按照刑事证明主体所承担的证明责任的内容，将刑事证明主体进一步区分为刑事证明责任主体和其他刑事证明主体。所谓刑事证明责任主体，指的是承担主张责任、提出证据责任、说服责任和结果责任四个方面刑事证明责任的证明主体，具体包括公诉人、自诉人、被告人和附带民事诉讼当事人。刑事证明责任主体是刑事证明主体的核心和主要组成部分。其他刑事证明主体则是指只承担主张责任、提出证据责任和说服责任，不承担结果责任的证明主体，具体包括辩护人、法定代理人和诉讼代理人。其他刑事证明主体能够帮助、替代刑事证明责任主体履行证明职责。之所以作这样的区分，主要是考虑到辩护人等其他证明主体在法庭审理过程中推动案件审理进度的作用非常重要，但其所扮演的角色又不同于承担结果责任的刑事证明责任主体。

第二节 刑事证明主体的范围

一、刑事证明责任主体

（一）公诉人

在公诉案件中，证明被告人有罪的责任由承担控诉职能的公诉人承担。公诉人作为控诉一方，在法庭审判过程中承担四个方面的证明责任：首先，提出明确的诉讼主张，即指控被告人的行为构成犯罪，并要求法院依法追究其刑事责任；其次，通过在法庭上提出侦查机关收集的证据，就其主张的被告人的行为构成犯罪且应当追究刑事责任进行证明；再次，通过运用证据对案件事实进行说理、论证并与辩方展开辩论，以说服作为裁判者的法官确认并接受其对被告人的指控；最后，如果公诉人未能达到证明标准地证明被告人实施了所指控的罪行并需要承担刑事责任，就要承担起诉失败的结果责任。在公诉案件中，公诉人是最主要的证明主体。

---

① 卞建林主编：《证据法学》，372页，北京，中国政法大学出版社，2005。

我国《刑事诉讼法》对检察机关和公诉人的证明主体地位作了明确规定。《刑事诉讼法》第49条规定，公诉案件中被告人有罪的举证责任由人民检察院承担。第184条规定，人民法院审判公诉案件，人民检察院应当派员出席法庭支持公诉。公诉人作为证明主体，除了对案件的实体问题进行证明外，还承担着对相关程序问题进行证明的责任，尤其是要对证据收集的合法性加以证明。与此同时，《刑事诉讼法》第57条第1款规定，在对证据收集的合法性进行法庭调查的过程中，人民检察院应当对证据收集的合法性加以证明。

2012年修订后的《刑事诉讼法》确立了四种特别程序，其中在"犯罪嫌疑人、被告人逃匿、死亡案件违法所得的没收程序"和"依法不负刑事责任的精神病人的强制医疗程序"两种特别程序中，检察机关作为国家代表向人民法院提出申请、出席法庭审理活动或移送相关证据材料，被指派出庭的检察员虽然不再被称为"公诉人"，但其也是承担证明责任的证明主体。在"犯罪嫌疑人、被告人逃匿、死亡案件违法所得的没收程序"中，人民检察院向人民法院提出没收违法所得的申请并提供与犯罪事实、违法所得相关的证据材料。最高人民检察院《规则》第535条规定，人民法院对没收违法所得的申请进行审理，人民检察院应当承担举证责任。人民法院对没收违法所得的申请开庭审理的，人民检察院应当派员出席法庭，向合议庭证明其所申请没收的财产确系违法所得或其他涉案财产。在开庭审理过程中，法庭应当依次就犯罪嫌疑人、被告人是否实施了贪污贿赂犯罪、恐怖活动犯罪等重大犯罪并已经通缉1年不能到案，或者是否已经死亡，以及申请没收的财产是否依法应当追缴进行调查；调查时，先由出庭的检察员出示有关证据进行证明，后由利害关系人发表意见、出示有关证据，并进行质证。在利害关系人未参加诉讼的情况下，虽然不开庭审理，但人民检察院仍需要通过书面材料履行其证明责任并承担无法证明时的不利后果，其证明主体的地位并未改变，只是证明的方式发生了变化。

在"依法不负刑事责任的精神病人的强制医疗程序"中，对于公安机关移送的或者在审查起诉过程中发现的精神病人符合强制医疗条件的，人民检察院应当向人民法院提出强制医疗的申请，并提供相应的证明材料。人民法院对强制医疗案件开庭审理的，人民检察院应当派员出席法庭，法庭依次就被申请人是否实施了危害公共安全或者严重危害公民人身安全的暴力行为、是否属于依法不负刑事责任的精神病人、是否有继续危害社会的可能进行调查。调查时，先由检察员出示有关证据进行证明，出席法庭的检察员同样是证明主体。

（二）自诉人

自诉人是指在自诉案件中，以自己的名义向法院提起诉讼的人。在自诉案件中，自诉人是最重要的证明主体。《刑事诉讼法》第49条明确规定，自诉案件中被告人有罪的举证责任由自诉人承担。刑事自诉程序由于自诉人的告诉而启动，如果没有自诉人提出的被告人的行为构成犯罪且应当追究刑事责任的诉讼主张，就没有对自诉案件的审判。在法庭审理过程中，自诉人应当提出证据证明其诉讼主张并说服法官。如果其不能提供证据或所提供的证据不充分，不能证明被告人的行为构成犯罪且需要追究刑事责任，则要承担结果责任，即不利的诉讼后果，法官将驳回起诉或判定被告人无罪。《刑事诉讼法》第205条规定，人民法院对于缺乏罪证的自诉案件，如果自诉人提不出补充证据，应当说服自诉人撤回自诉，或者裁定驳回。

最高人民法院《解释》第268条规定，自诉案件当事人因客观原因不能取得的证据，申请人民法院调取的，应当说明理由，并提供相关线索或者材料。人民法院认为有必要的，应当及时调取。需要说明的是，这一规定只是通过要求人民法院协助取证来弥补自诉人取证能力的不足，并不是以人民法院调查取证来代替自诉人的取证和举证，并未改变自诉人证明主体的地位。

（三）被告人

基于"否认者不负证明责任"的法则和现代刑事诉讼"无罪推定"这一基本原则，无论是公诉案件还是自诉案件中的被告人，都不负证明责任。然而，被告人不承担证明责任只是一项概括性的原则，有原则必有例外，在法律规定的例外情况下，被告人仍要对特定事项尤其是证明其无罪或罪轻的一些事项承担部分证明责任。事实上，在坚持公诉人或自诉人承担证明被告人有罪的证明责任的前提下，要求被告人对一部分由其证明更为方便的无罪、罪轻事实也承担证明责任，不但不会损害对被告人权利的保护，而且有利于查清案件事实，提高诉讼效率。这些特殊情形一般包括：(1) 成文法明确规定的应由被告人承担证明责任的情形或其他可反驳的法律上的推定。例如，在我国《刑法》第 395 条规定的"巨额财产来源不明罪"和其他持有型犯罪中，需要被告人证明其持有某些物品的合法性。(2) 阻却违法性及有责性的事实。例如，因未达到刑事责任年龄、属于依法不负刑事责任的精神病人而不负刑事责任等。(3) 被告人的某些积极抗辩主张。这种情况是指被告人针对控方的指控提出的新的主张，这一主张直接关系到控方的诉讼主张——罪与非罪及罪行轻重的认定，但这一事实未被控方所掌握。例如，被告人在案发时不在犯罪现场的抗辩。2012 年修改《刑事诉讼法》新增的第 40 条规定，"辩护人收集的有关犯罪嫌疑人不在犯罪现场、未达到刑事责任年龄、属于依法不负刑事责任的精神病人的证据，应当及时告知公安机关、人民检察院"，即是对被告方承担关于阻却违法性及有责性的事实和不在犯罪现场这一积极抗辩证明责任的一种规定。(4) 被告方独知的事实。依据某种只有他自己知道的事实而提出主张的当事人必须证明他所依据的事实。这种被告方独知的事实，由控诉方证明往往难度较大，需要由被告方承担证明责任。

在这些例外情况下，被告人承担上述四个方面的证明责任，因而成为刑事证明主体。以被告人主张案发时其不在犯罪现场为例，其承担如下证明责任：(1) 主张责任。被告人提出案发时其不在犯罪现场，因此犯罪行为并非其所实施的主张。(2) 提出证据的责任。被告人需要提供证明其犯罪发生时不在犯罪现场的证据，例如犯罪发生时与其在一起的人的证人证言、乘坐飞机前往外地或出境记录等。(3) 说服责任。在提出相应证据的基础上，被告人还应运用这些证据说服法官认可其主张。(4) 结果责任。当被告人不能证明犯罪发生时其不在现场时，就要承担结果责任，即其主张（案发时不在犯罪现场）不能成立。需要指出的是，被告人在特殊情形下承担证明责任成为证明主体时，其所承担的结果责任只是其主张不能成立，而不是被证明构成犯罪，证明被告人构成犯罪的责任仍由控诉方承担。

（四）附带民事诉讼当事人

附带民事诉讼本质上是一种特殊的民事诉讼，适用民事诉讼法的相关规定。在证明责任的分配上，附带民事诉讼受"谁主张，谁举证"原则的调整。附带民事诉讼原告人对其民事赔偿请求所依据的事实应承担提出证据加以证实的责任以及说服责任。如果不能证明则承担结果责任，接受不利的诉讼后果。附带民事诉讼被告人则对其提出的抗辩事实负有证明责任。当附带民事诉讼被告人提出反诉而成为反诉的原告人时，也同样承担主张责任、提出证据责任、说服责任和结果责任。因此，附带民事诉讼原告人和被告人都是刑事证明主体。

二、其他刑事证明主体

（一）辩护人

辩护人，是指接受犯罪嫌疑人、被告人的委托或法律援助机构的指定，帮助犯罪嫌疑人、被告人行使辩护权，以维护其合法权益的人。辩护人参与刑事诉讼的目的在于协助犯罪嫌疑人、被告人行使辩护权，保障其合法权益。虽然辩护人参与刑事审判并非争取对己有利的裁判，因而不负结果意义上的证明责任，但对于辩方的诉讼主张，其毫无疑问地承担事实上的主张责任、提出证据责任和说服责任。刑事诉讼的特殊性质决定了被告人因知识、能力有限或人身自由受到限制或剥夺，在绝大部分情况下很难较好地行使其辩护权，在法庭上难以独立地提出诉讼主张、提出相应的证据并进行说理论证。因此，辩护人需要在法庭审理过程中协助甚至代替被告人履行主张责任、提出证据责任和说服责任。为了保障辩护人履行这一职责，法律还赋予了辩护人（主要是辩护律师）一系列的权利以支持、保障辩护人履行这三项证明责任，例如会见权、调查取证权和阅卷权等。可以这么认为，辩护人的职责涵盖并主要指向其在法庭上提出辩方的诉讼主张、提出相应证据和进行论证说理以说服法官的行为。我国《刑事诉讼法》第 35 条明确规定，辩护人的责任是根据事实和法律，提出犯罪嫌疑人、被告人无罪、罪轻或者减轻、免除其刑事责任的材料和意见，维护犯罪嫌疑人、被告人的诉讼权利和其他合法权益。从这一角度来说，辩护人毫无疑问是证明主体。

最高人民法院《解释》第 51 条规定，辩护律师向证人或者有关单位、个人收集、调取与本案有关的证据材料，因证人或者有关单位、个人不同意，申请人民法院收集、调取，或者申请通知证人出庭作证，人民法院认为确有必要的，应当同意。第 52 条规定，辩护律师直接申请人民法院向证人或者有关单位、个人收集、调取证据材料，人民法院认为确有收集、调取必要，且不宜或者不能由辩护律师收集、调取的，应当同意。人民法院收集、调取证据材料时，辩护律师可以在场。需要说明的是，这些规定只是为了使辩护律师能够有效收集证据以保障被告人行使其辩护权，并不是以人民法院调查取证来代替辩护人的取证和举证，并未改变辩护人证明主体的地位，人民法院也不会因此成为证明主体。

此外，在我国刑事诉讼中，辩护人是具有独立地位的诉讼参与人，依自己的意志依法进行辩护，也不受犯罪嫌疑人、被告人意志的左右，可以提出与犯罪嫌疑人、被告人不同的、独立的辩护意见。在辩护人提出不同于被告人的辩护意见（即诉讼主张）的情况下，辩护人毫无疑问应当承担就该辩护意见提出相应证据并进行论证说理的责任。这也从另一个角度说明了辩护人的证明主体地位。

当然，辩护人作为证明主体履行主张责任、提出证据责任和说服责任的后果全部归属于被告人，其不承担结果意义上的证明责任，不是刑事证明责任主体，但依此不能否认其作为其他刑事证明主体在刑事审判中所发挥的重要作用。

（二）被告人与附带民事诉讼当事人的法定代理人

法定代理人是由法律规定的对被代理人负有专门保护义务并代其进行诉讼的人。《刑事诉讼法》第 106 条第 3 项规定，法定代理人是指被代理人的父母、养父母、监护人和负有保护责任的机关、团体的代表。当刑事诉讼中的当事人或者某些诉讼参与人是未成年人、无行为能力或限制行为能力人时，就需要法定代理人代为参加刑事诉讼。法定代理人参加刑事诉讼依据的是法律的规定，在刑事诉讼中具有独立的法律地位，不受被代理人意志的约束，在行使代理权限时无须获得被代理人同意。法定代理人享有广泛的与被代理人相同的诉讼权利，可以在法庭审理中提出己方的诉讼主张、提出相应的证据并进行论证说理。当被代理人属于刑事证明主体时，其法定代理人也同样是刑事证明主体。因此，如果被告人或附带民事诉讼当事人系未成年人、无行为能力或者限制行为能力人，其法定代理人是刑事证明主体。公诉案件中的被害人如果不是附带民事诉讼的原告，则其法定代理人不是刑事证明主体。

法定代理人在承担主张责任、提出证据责任和说服责任的同时，也不承担结果意义上的证明责任，而是由被代理人承担该责任，因此其不是刑事证明责任主体。

（三）附带民事诉讼当事人的诉讼代理人

诉讼代理人是基于被代理人的委托而代表被代理人参与刑事诉讼的人。《刑事诉讼法》第106条第5项规定，诉讼代理人是指公诉案件的被害人及其法定代理人或者近亲属、自诉案件的自诉人及其法定代理人委托代为参加诉讼的人和附带民事诉讼的当事人及其法定代理人委托代为参加诉讼的人。附带民事诉讼当事人的诉讼代理人是诉讼代理人中的一种，其参与刑事附带民事诉讼的目的是协助被代理人履行诉讼职责，争取对被代理人有利的诉讼结果。其在法庭审判阶段只承担主张责任、提出证据责任和说服责任，不承担结果责任，是刑事附带民事诉讼中的证明主体。

诉讼代理人的职责与权利来源于被代理人，因此公诉案件中的被害人如果不是附带民事诉讼的当事人，被害人本身不是刑事证明主体，其诉讼代理人同样不是刑事证明主体。

【问题与思考】

1. 如何理解刑事证明主体的概念？应当用什么标准来界定刑事证明主体？
2. 为什么要把刑事证明主体划分为刑事证明责任主体和其他刑事证明主体？
3. 参与刑事诉讼的国家专门机关和诉讼参与人中哪些主体属于刑事证明主体？

【推荐参考论著】

1. 卞建林主编. 刑事证明理论. 北京：中国人民公安大学出版社，2004
2. 卞建林主编. 证据法学. 北京：中国政法大学出版社，2005
3. 何家弘. 论司法证明的基本范畴. 北方法学，2007（1）

第十一章 刑事证明对象

内容导读

本章主要介绍刑事诉讼证明对象的概念、特征、范围及具体内容。刑事证明对象是刑事证明的出发点和归宿，只有明确了证明对象，才能讨论有关证明责任的分配、证明标准的确立等问题。合理界定刑事证明对象的范围，是建立科学的证明体系的前提和基础。刑事证明对象不仅包括与定罪量刑有关的实体法事实，也包括控辩双方对此有争议的程序法事实和证据法事实。

第一节 刑事证明对象概述

一、刑事证明对象的概念

证明对象，也称待证事实、要证事实或者证明客体，是指证明活动中需要证明的事实。诉讼中的证明对象，是指司法机关和诉讼当事人在诉讼中必须用证据加以证明的案件事实及有关事实。诉讼性质不同，证明对象也不同。刑事证明对象是指在刑事诉讼过程中，司法机关和诉讼当事人需要用证据加以证明的案件事实及有关事实。

证明对象是证明的首要环节，只有明确了证明对象，才会产生诸如证明主体、证明责任、证明标准、证明方法等问题，因此，证明对象既是证明的出发点，也是证明的归宿。具体而言，证明对象对于诉讼证明活动的作用主要体现在三个方面：（1）限定司法机关和当事人收集证据的范围。只有在明确证明对象的前提下，司法机关和当事人收集证据的活动才能有的放矢，避免被与案件无关的或者细枝末节的事实所干扰。（2）限定诉讼各方举证、质证的范围。诉讼证明主要围绕着诉讼各方的举证、质证活动展开，只有那些被列入证明对象的事实，才有必要由诉讼各方提出证据加以证明，并在此基础上进行质证和辩论。法律规定无须证明的事实，比如属于司法认知的事实，则不需要诉讼各方予以举证和质证，而由法官直接予以确认。(3) 限定法官认证的范围。对于诉讼各方所举的证据，法官首先必须进行关联性判断，以剔除那些与本案证明对象无关的证据，从而避免由于使用这些证据所导致的诉讼拖延或者不公正。

二、刑事证明对象的特征

研究刑事证明对象的特征，对揭示证明对象的本质和确定证明对象的范围有重要意义。刑事证明对象有以下几个特征：

1. 刑事证明对象是法律规定的要件事实。这里所说的“法律”既包括实体法律规范，也包括程序法律规范。要件事实是指判决、裁定和决定合法成立的事实。具体而言，在刑事诉讼中，要件事实包括实体法规定的要件事实和程序法规定的要件事实，前者即与犯罪行为有关的构成要件和量刑情节的事实，后者则是有关诉讼行为合法性的事实。法律没有规定的事实，不属于刑事证明的对象，无须诉讼各方提供证据加以证明。

2. 刑事证明对象是诉讼各方主张或者争议，并且应当提供证据加以证明的待证事实。在刑事诉讼过程中，控诉方或者辩护方往往会依照法律的规定提出各自的诉讼主张，为了使这些主张能够被审判者所采纳，各方必须提出相关的事实以支持其主张，但这种事实主张还仅是单方面的观念的产物，带有主观性。为了使审判者相信事实主张的客观性进而支持其诉讼请求，提出该事实的一方必须用证据对其提出的事实主张加以证明。这样，证明就将证据与事实主张联系起来了，在这个联系中，事实主张处在接受证据予以认知和论证的被动状态，因此便成了证明的对象。

3. 刑事证明对象是指诉讼中需要证据加以证明的事实。证明对象是法律规定的要件事实，但并非所有的要件事实都是证明对象。如果某一个事实因为法律的规定而处在已知状态，无须借助证据这一中介环节使之从未知变为已知，那么它就与证明无关了。证明对象自身则需要通过证据加以证明，在此之前证明对象是不确定的，因此证明对象又被称为待证事实。而那些根据法律规定无须通过证据加以证明的事实，可以通过司法机关的直接认定而成为判决、裁定或者决定的依据，因此又被称为免证事实。有关刑事诉讼中的免证事实，我国《刑事诉讼法》没有规定，根据最高人民检察院《规则》第437条的规定，在法庭审理过程中下列事实不必提供证据进行证明：(1) 对一般人共同知晓的常识性事实；(2) 人民法院生效裁判所确认的并且未依审判监督程序重新审理的事实；(3) 法律、法规的内容以及适用；(4) 在法庭审理中不存在异议的程序事实；(5) 法律规定的推定事实；(6) 自然规律或者定律。

第二节　刑事证明对象的范围

刑事证明对象的范围，既受法律的限制，又受控辩双方诉讼主张的制约，同时也受诉讼模式的影响，因此在不同的国家、不同的诉讼模式下，其内容也不尽相同。我国《刑事诉讼法》第50条规定：“审判人员、检察人员、侦查人员必须依照法定程序，收集能够证实犯罪嫌疑人、被告人有罪或者无罪、犯罪情节轻重的各种证据。”该法第227条规定：“第二审人民法院发现第一审人民法院的审理有下列违反法律规定的诉讼程序的情形之一的，应当裁定撤销原判，发回原审人民法院重新审判：（一）违反本法有关公开审判的规定的；（二）违反回避制度的；（三）剥夺或者限制了当事人的法定诉讼权利，可能影响公正审判的；（四）审判组织的组成不合法的；（五）其他违反法律规定的诉讼程序，可能影响公正审判的。”有学者认为，上述两个条文分别规定了我国刑事证明对象中的实体要件事实和程序要件事实。[①] 我们认为，这两条规定虽然在一定程度上揭示了我国刑事证明对象的内容，但没有全面阐释我国刑事证明对象的范围。目前，有关我国刑事证明对象范围的界定，学界仍存在争议，这主要体现在以下三方面：

一、程序法事实与证明对象

程序法事实，是指引起诉讼法律关系发生、变更和消灭的事实，也称为诉讼法律事实。关于程序法事实是否属于刑事证明对象，学界有三种不同的观点：

第一种观点为肯定说，认为程序法事实可以成为证明对象。其主要理由是：(1) 诉讼法是从程序的角度保证实体法的正确实施，对有关程序法事实的查证属实，有利于司法机关依照法定程序办案，解决实体法方面的争端。(2) 诉讼中对有争议的程序事实，有关司法机关特别是人民法院也要在查清的基础上，通过作出决定或者裁定的方法解决。其中，有的决定或裁定依法可以申诉或者申请复议，有的裁定可以上诉。因此，需要作出决定、裁定的程序法事实，应当是证明对象。(3) 在诉讼过程中确实存在一些对解决诉讼程序问题具有法律意义的事实需要加以证明，否则，不能顺利地采取或继续有关的诉讼行为，从而妨碍诉讼的进程。[②]

第二种观点为否定说，认为程序法事实不能成为证明对象。其主要理由是：(1) 证明对象是一种特殊的诉讼制度，正确地确定诉讼中的证明对象，就是要使整个收集、调查证据的活动过程具有明确的方向，以利于案件事实的切实查明。因此，诉讼中的证明对象，自然是仅指那些具有实体法意义的事实，即那些如果不查明就无法对案件进行实体处理的事实。只有这样正确理解证明对象，才有利于司法机关特别是人民法院在诉讼过程中分清主次，将注意力集中于那些如果不查清楚就不可能正确适用实体法的事实。(2) 程序法事实，特别是一些据以作出决定、裁定的事实，虽然也有一个查明的问题，但是这与证明对象不能同日而语。严格意义上的证明对象，应当仅指具有实体法意义的事实，而不包括程序法上的事实。[③]

第三种观点为折中说或者有限肯定说，认为将程序法事实纳入证明对象，在一定意义上提高了程序法的地位，使程序法与实体法获得了同等的重要性，客观上有利于司法人员遵守法定程序。但是并非所有的程序法事实都是证明对象，因为在诉讼过程中有相当多的程序法事实是无须当事人证明的，例如，有些程序法事实，仅仅需要当事人提出足以达到使法官推测大体上确实的程度的证据就可以了，即达到释明（即自由证明）的程度，而不

① 参见何家弘主编：《新编证据法学》，291～292页，北京，法律出版社，2000。

② 参见陈一云主编：《证据学》，2版，137页，北京，中国人民大学出版社，2000。

③ 参见陈一云主编：《证据学》，2版，137页，北京，中国人民大学出版社，2000。

必达到证明的程度。因此，属于证明对象的程序法事实应受以下三个方面的限制：(1) 能够成为证明对象的程序法事实必须是案件系争的主要事实；(2) 必须是当事人能够以诉的方式加以主张的事实；(3) 必须是法院非依职权调查的事实。根据此种观点，刑事诉讼中有关回避、强制措施、违反法定程序等事实均属于需要释明的事实，不属于证明对象。①

我们倾向于第一种观点，即程序法事实应当成为刑事证明对象，因为自由证明与严格证明只是对证明程度的不同要求，不能将此作为界定证明对象的标准。虽然有关管辖、回避、强制措施、诉讼期间、违反法定程序等程序法事实的证明程度一般应低于实体法事实，但并不能因此而得出其不属于证明对象的结论。在刑事诉讼中，只要需要由当事人以证据加以证明的事实，都应属于刑事证明对象。从其他国家的立法与理论研究来看，一般也将程序法事实列为证明对象。比如苏联学者蒂里切夫等人认为："广义的证明对象，包括对解决案件的实质问题或者个别程序问题具有法律意义的一切情况。"② 日本学者认为，需要证实的事实由实体法上的事实和诉讼法上的事实组成。实体法上的事实包括犯罪事实（构成要件事实、处罚条件事实）和犯罪事实以外的事实（影响法律上构成犯罪的事实，法律上加重、减免理由的事实，酌情减轻处罚或缓期执行条件的事实）。诉讼法上的事实包括作为诉讼条件的事实、作为诉讼行为要件的事实、证明证据能力和证明力的事实和其他诉讼法上的事实。③《意大利刑事诉讼法》第 187 条规定："证明的对象：（一）与控告、可罚性、刑罚或保安处分的适用有关的事实均为证明的对象；（二）与适用诉讼规范有关的事实也是证明对象；（三）如果设立了民事当事人，与因犯罪而产生的民事责任有关的事实也是证明对象。"

二、证据事实与证明对象

关于证据事实应否成为证明对象，学界也有不同的观点。有的学者认为，在实践中，证据材料要转化为作为定案根据的证据，必须通过查证和质证的方法以加强证明的真实性。因此对于司法人员来说，证据事实也属证明对象的范围。④ 有的学者认为，直接证据事实不应该成为证明的对象，或者说不必单列为证明的对象，因为它就是案件的主要事实；但是间接证据事实应该列为证明对象，因为间接证据必须互相印证、互相连接，才能构成案件证明的完整链条。⑤ 也有的学者认为证据事实只是证明手段，不能列为证明对象。最后一种观点目前是证据法学界的通说。

以上各种观点对证据的理解均停留在证据的客观性和真实性层面，而忽略了证据的法律属性。从证据的客观性与真实性角度来看，证据必须经过查证属实才能作为定案根据，但对证据的查证属实并不等于对证据事实的证明活动，证据是用以证明证明对象的，是证明的手段，而非证明对象。因此，在这个层面上，我们赞同通说的观点。但是就证据的法律属性而言，证据的合法性问题在诉讼过程中经常引起控辩双方的争议，并且争议一旦发

① 参见卞建林主编，《证据法学》，205～207 页，北京，中国政法大学出版社，2002。

② ［苏］蒂里切夫：《苏维埃刑事诉讼》，张仲麟译，131 页，北京，法律出版社，1984。

③ 参见［日］田口守一：《刑事诉讼法》，刘迪等译，220 页，北京，法律出版社，2000。

④ 参见宋世杰：《证据学新论》，67 页，北京，中国检察出版社，2002。

⑤ 参见裴苍龄：《证据法学新论》，160～161 页，北京，法律出版社，1989。

生，就需要当事人提供证据加以证明，否则将影响该证据的证据能力和证明力。因此，我国有学者认为证据法事实也应成为刑事证明对象，并可以纳入程序法事实的范围加以讨论。① 我们赞同此种观点。将证据法事实纳入证明对象的范围，对于我国刑事证据法的完善具有极为重要的意义：只有明确了证据法事实属于证明对象，才会产生针对此事实的证明主体和证明责任的分配问题，只有落实了证明责任的归属，证据法所规定的证据规则才能在实践中得以贯彻落实。以非法证据排除规则为例，虽然我国最高审判机关和最高检察机关均在各自的司法解释中对此规则进行了规定，但由于缺乏明确的证明责任分配机制，以至于该规则在实践中根本不能得到适用，司法解释的规定形同虚设。

三、争议事实与证明对象

刑事证明对象是否必须限定于控辩双方争议的事实，对此问题目前主要有两种观点。一种观点认为刑事诉讼的证明对象是指需要运用证据予以证明的一切案件事实，在刑事诉讼过程中，凡是与追究犯罪嫌疑人、被告人刑事责任有关的一切需要查明的事实，包括实体性事实与程序性事实，都是证明的对象。② 另一种观点认为刑事证明对象应当是诉讼中的争议事实，包括事实争议事实与法律争议事实。在刑事诉讼中，争议事实的范围受国家公诉机关和当事人诉讼主张的制约，与国家公诉机关和当事人诉讼主张无关的以及虽然与诉讼主张有关但对立双方无异议的事实应当排除在证明对象之外。③

根据现代刑事诉讼所秉承的控审分离、不告不理原则，刑事证明对象的范围应限于控辩双方所主张的事实。但是刑事证明对象是否应限于控辩双方有争议的事实，则是英美法系国家当事人主义诉讼模式与大陆法系国家职权主义诉讼模式在证明问题上的重要分歧。在英美法系国家当事人主义诉讼模式下，控辩双方主导诉讼的进程，证明对象的范围完全由控辩双方决定，法庭举证、质证的范围仅限于双方当事人有争议的事实，对于双方无争议的事实，法官直接予以认定而无须进一步查明。因此，双方无争议的实体性事实和程序性事实均不属于证明对象。在大陆法系国家职权主义诉讼模式下，对于控辩双方无争议的事实，法官也负有查明的职责，比如《德国刑事诉讼法典》第 244 条第 3 款就规定："为了查明事实真相，法院应当依职权将证据调查延伸到所有的对于裁判具有意义的事实、证据上。"因此，证明对象的确定还要受到法院的干预，并不仅仅限于控辩双方有争议的事实。正是由于这种诉讼模式上的差异，被告人的有罪供认在两大法系国家有着截然不同的效力：在英美法系国家，被告人在审前如果选择有罪答辩，则被视为控辩双方对案件事实无争议，法官无须经过庭审而直接对被告人作出有罪判决；而在大陆法系国家，即便被告人在公开的法庭上表示认罪，法官也不能据此直接作出有罪判决，而必须对全案的证据进行调查，然后综合全案证据作出被告人是否有罪的判决。

根据我国《刑事诉讼法》第 53 条的规定，对一切案件的判处都要重证据、重调查研究，不轻信口供。只有被告人供述，没有其他证据的，不能认定被告人有罪和处以刑罚。根据本条规定，即便是被告人自愿作出有罪供述，也不能直接导致有罪判决，人民法院仍

① 参见卞建林主编：《刑事证明理论》，143 页，北京，中国人民公安大学出版社，2004。

② 参见陈光中主编：《刑事诉讼法》，2 版，179～180 页，北京，北京大学出版社、高等教育出版社，2005。

③ 参见卞建林主编：《刑事证明理论》，132～133 页，北京，中国人民公安大学出版社，2004。

有责任在全面查清案情的基础上作出被告人是否有罪的判决。由此可见，在我国现行法律制度和诉讼模式下，作为刑事证明对象的案件实体要件事实并不限于控辩双方有争议的事实，与被告人定罪量刑有关的事实都在证明对象的范围之内。至于程序要件事实是否限于控辩双方有争议的事实，我国法律并无相关规定。从司法实践来看，对于控辩双方无争议的程序性事实，法院并不列入法庭调查和法庭辩论的范围。因此，准确地说，我国刑事证明对象的范围应当是控辩双方所主张的、与被告人定罪量刑有关的一切实体要件事实，以及控辩双方有争议的程序要件事实（其中包括证据法要件事实）。

第三节 作为刑事证明对象的实体法事实

关于作为刑事证明对象的实体法事实究竟包括哪些内容，最高人民法院《解释》第64条进行了规定："应当运用证据证明的案件事实包括：（一）被告人、被害人的身份；（二）被指控的犯罪是否存在；（三）被指控的犯罪是否为被告人所实施；（四）被告人有无刑事责任能力，有无罪过，实施犯罪的动机、目的；（五）实施犯罪的时间、地点、手段、后果以及案件起因等；（六）被告人在共同犯罪中的地位、作用；（七）被告人有无从重、从轻、减轻、免除处罚情节；（八）有关附带民事诉讼、涉案财物处理的事实；（九）有关管辖、回避、延期审理等的程序事实；（十）与定罪量刑有关的其他事实。"根据我国《刑法》、《刑事诉讼法》的规定和上述司法解释，作为刑事证明对象的实体法事实主要包括以下几个方面：

一、有关犯罪构成要件的事实

犯罪构成要件是指被指控的犯罪行为得以成立的条件。有关犯罪构成要件的事实，是刑事诉讼中首先运用证据加以证明的对象，是证明对象的关键和核心部分。虽然我国《刑法》对不同的犯罪规定了不同的构成要件，但从学理上来说，尽管各种犯罪构成要件不尽相同，但一般都必须具备以下四个方面的要件，才能成立犯罪。这四个方面的要件是：(1) 犯罪客体，是指刑法所保护而为犯罪行为所侵害的社会关系；(2) 犯罪客观方面，是指行为人所实施的危害社会的具体的犯罪行为，以及与犯罪行为有关的各项客观事实，包括犯罪的时间、地点、手段、危害社会的结果等；(3) 犯罪主体，是指实施犯罪行为，达到一定的年龄并且具有刑事责任能力，依法对自己的罪行应当负刑事责任的人；(4) 犯罪的主观方面，是指行为人对其所实施的犯罪行为以及发生的危害结果所持的主观心理态度，即故意或过失，犯罪的动机、目的等。

为了便于掌握和指导司法实践，诉讼理论上将上述犯罪构成要件的事实，概括为"七何"要素，即何人、何时、何地、何种动机和目的、何种手段、何种行为、何种危害后果。英美国家证据法理论也有将此概括为几个"W"的，即Who（何人）、When（何时）、Where（何地）、Why（为何实施犯罪行为）、How（如何实施犯罪行为）、Which（侵害何种对象）、What（产生何种危害后果）。在刑事诉讼中准确表明上述关于"七何"要素的案件事实、情节，对于正确认定罪与非罪、此罪与彼罪、重罪与轻罪，具有决定性意义。

二、有关量刑情节的事实

有关量刑情节的事实，将关系到对行为人处刑的轻重，因此也是刑事证明对象的重要组成部分。根据我国《刑法》的规定，量刑情节包括法定情节和酌定情节两种。

（一）法定量刑情节

法定量刑情节是指刑法明文规定的，量刑时应当或者可以据以从严、从宽或者免除刑罚处罚的各种事实情况。具体而言，包括从重、从轻、减轻、免除处罚四种情形。

1. 从重处罚的事实。比如组织、领导犯罪集团进行犯罪活动或者在共同犯罪中起主要作用；教唆不满18周岁的人犯罪；累犯等。此外，在刑法分则中也有许多涉及从重处罚的情节，比如武装掩护走私，伪造货币并出售或者运输伪造的货币，奸淫不满14周岁的幼女，冒充警察招摇撞骗，引诱未成年人参加聚众淫乱活动，非法拘禁他人具有殴打、侮辱情节，司法工作人员滥用职权非法搜查他人身体、住宅或者非法侵入他人住宅等。对于具有这些情节的被告人，法院可在法定刑幅度范围内判处较重的刑罚。

2. 从轻处罚的事实。如自首，从犯，未遂犯，预备犯，又聋又哑的人或者盲人犯罪，已满14周岁不满18周岁的人犯罪，尚未完全丧失辨认或者控制自己行为能力的精神病人犯罪等。对于具有这些情节的被告人，法院可在法定刑幅度范围内判处较轻的刑罚。

3. 减轻处罚的事实。如自首，从犯，胁从犯，预备犯，又聋又哑的人或者盲人犯罪，未遂犯，造成损害的中止犯，正当防卫、紧急避险明显超过必要限度造成不应有的损害，被教唆的人没有犯被教唆的罪，有重大立功表现等。对于具有这些情节的被告人，法院可在法定刑以下判处刑罚。

4. 免除处罚的事实。如自首且犯罪较轻，预备犯，没有造成损害的中止犯，犯罪后自首又有重大立功表现，又聋又哑的人或者盲人犯罪，正当防卫、紧急避险超过必要限度造成不应有的损害，个人贪污数额在5 000元以上不满5万元的并且犯罪后积极退赃，在收获前自动铲除非法种植的罂粟或者其他毒品原植物，行贿人在被追诉前主动交代行贿行为，介绍贿赂人在被追诉前主动交代贿赂行为等。对于具有这些情节的被告人，法院可依法作出有罪判决，同时免除其刑罚处罚。

（二）酌定量刑情节

酌定量刑情节，是指法律没有明文规定，而是根据刑事立法的精神和司法实践抽象概括出来的，在量刑时酌情予以考虑的情节。在量刑时考虑这些情节，对于提高办案质量，保证量刑适当具有重要意义。在刑事诉讼过程中，这些量刑情节也需有相应的证据加以证明，才能作为法院量刑的依据。因此，这些情节也是刑事诉讼中的证明对象。

酌定量刑情节是多种多样的，概括起来，主要有两类：一类是表明犯罪行为社会危害性的量刑情节，包括：

1. 犯罪对象的情况。由于犯罪侵害的对象具体情况不同，其社会危害性大小也有差异，因而处刑的轻重应有所不同。比如对老、弱、病、残、孕妇、未成年人等弱者进行犯罪侵害，其处刑要比侵害一般犯罪对象严厉。

2. 犯罪的手段。犯罪手段的残忍、隐蔽程度不同，在一定程度上反映了犯罪行为社会危害性的大小不同。对于犯罪手段特别残忍的犯罪行为，比如杀人碎尸行为，较一般的杀人行为，应处以较重的刑罚。

3. 犯罪时的环境和条件，特别是当时的政治、经济形势和社会治安状况。比如在抗震救灾期间实施盗窃、抢劫、强奸等犯罪行为，其社会危害性要比平时大得多；在社会治安状况不好的情况下实施杀人、抢劫、强奸等犯罪行为，其社会危害性要比社会治安状况好的时候大得多。对于具有这些情节的被告人，法院可判处较重的刑罚。

4. 犯罪的结果。犯罪结果是犯罪对客体所造成的损害结果，它直接反映了犯罪的社会危害性程度。因此，犯罪结果严重与否对量刑亦有重要影响。例如，强奸多人要比强奸一人严重，交通肇事罪造成多人死亡要比造成一人死亡严重，量刑相应也重。

另一类是说明犯罪人人身危险性大小的量刑情节，具体而言包括：

1. 犯罪动机。犯罪动机不同，其社会危害性也不相同。一般而言，犯罪动机卑鄙、恶劣的，其主观恶性大，社会危害性大，改造的难度也大，因此，对于这类行为人，法院量刑时可考虑在法定刑幅度内给予较重的处罚。反之，如果犯罪动机不那么卑劣，比如因为生活困难而盗窃、因为义愤而杀人等，相对而言其人身危险性、社会危害性都较小，改造的难度也较小，因此在量刑时可以考虑在法定刑幅度内给予较轻的处罚。

2. 犯罪人的一贯表现。犯罪人的一贯表现反映了其人身危险性的大小，对于量刑情节也有一定影响。如果犯罪人一贯遵纪守法，表现较好，偶尔失足犯罪，应给予从轻处理；反之，如果犯罪人一贯表现不好，存在前科劣迹，应受较重的刑罚处罚。

3. 犯罪人在犯罪后的态度。犯罪人在犯罪以后的态度如何，是真诚坦白悔罪、积极退赃、主动赔偿损失，还是负隅顽抗、拒不认罪、拒不退赃，甚至订立攻守同盟、毁灭罪证、伪造证据，在很大程度上反映了其人身危险性的大小和改造的难易程度。因此，法院在量刑时，应结合犯罪人的悔罪表现，予以区别对待。

三、有关排除行为违法性、可罚性或行为人刑事责任的事实

在司法实践中，虽然有的犯罪嫌疑人、被告人实施的行为符合法定的犯罪构成要件，但由于具有法律规定的排除行为违法性、可罚性或者排除行为人刑事责任的事实，从而被宣告无罪或者被免除刑事责任。根据《刑法》、《刑事诉讼法》等有关法律的规定，这类事实包括以下几个方面：

（一）排除行为违法性的事实

这主要包括《刑法》所规定的正当防卫行为、紧急避险行为、意外事件以及依法行使职权行为等。这些行为虽然客观上造成了损害后果，但由于这些行为是以合法形式出现的，从根本上排除了行为的违法性，因而应依法宣告行为人无罪。

（二）排除行为可罚性的事实

这类事实一经发生，尽管行为人的行为构成犯罪，但不产生相应的刑事处罚责任。这主要指《刑事诉讼法》第 15 条第 2 项至第 6 项规定的情形，具体而言包括犯罪已过追诉时效期限的，经特赦令免除刑罚的；依照刑法告诉才处理的犯罪，没有告诉或者撤回告诉的；犯罪嫌疑人、被告人死亡的，以及法律规定的其他免予追究刑事责任的情形。

（三）排除行为人刑事责任的事实

此类事实主要指行为人没有刑事责任能力或正处在依法不负刑事责任的时期，前者是指行为人未达到法定刑事责任年龄，即不满 14 周岁；后者则指精神病人在不能辨认或者不

能控制自己行为的时候实施危害社会的行为。在这两种情况下，虽然行为人的行为造成了危害后果，但我国《刑法》规定对其不予追究刑事责任。

第四节 作为刑事证明对象的程序法事实

根据《刑事诉讼法》和有关司法解释的规定，作为刑事证明对象的程序法事实，主要包括以下几种情况：有关管辖、回避的事实；有关采取强制措施的事实；有关诉讼期限的事实；有关程序合法性的事实；有关证据规则适用的事实等。

一、有关管辖、回避的事实

刑事诉讼中的管辖主要涉及公、检、法机关在受理刑事案件方面的分工（即立案管辖），以及人民法院系统内部在受理一审刑事案件方面的分工（即审判管辖）。《刑事诉讼法》第二章对于管辖问题进行了明确的规定，公安司法机关应严格依照法律的规定，正确行使管辖权。实践中如果出现案件管辖错误或者出现可能导致对刑事案件有管辖权的法院不能公正审判情形时，当事人应有权提出管辖权异议①，并对其主张提供证据加以证明。

根据《刑事诉讼法》第28条的规定，审判人员、检察人员、侦查人员、书记员、翻译人员、鉴定人、勘验人有下列情形之一的，当事人及其法定代理人有权要求他们回避：（1）是本案当事人或者当事人的近亲属；（2）本人或者他的近亲属和本案有利害关系的；（3）担任过本案的证人、鉴定人、辩护人、诉讼代理人的；（4）与本案当事人有其他关系，可能影响公正处理案件的。如果当事人及其法定代理人申请上述人员回避，应当说明理由。

二、有关采取强制措施的事实

强制措施是公安司法机关为保障刑事诉讼的顺利进行，而对犯罪嫌疑人、被告人采取的暂时限制或者剥夺人身自由的各种强制方法。我国《刑事诉讼法》规定了拘传、取保候审、监视居住、拘留、逮捕五种强制措施。由于强制措施一旦适用，将会导致对犯罪嫌疑人、被告人人身自由的侵犯，为防止强制措施被滥用，《刑事诉讼法》明确规定了各种强制措施的适用条件，公安司法机关应当严格依照这些条件适用强制措施。以逮捕为例，根据《刑事诉讼法》第79条的规定，其适用条件包括三个方面：（1）有证据证明犯罪嫌疑人、被告人实施了犯罪事实；（2）可能判处有期徒刑以上刑罚；（3）采取取保候审、监视居住不足以防止发生社会危险性而有逮捕必要。只有在这三个条件同时具备的情况下所适用的逮捕措施才是合法的。因此，公安机关在决定适用强制措施时，必须有相应的证据支持其

---

① 目前我国《刑事诉讼法》并没有规定当事人有提出管辖权异议的权利。我们认为，从保证诉讼当事人合法权利以及确保诉讼程序公正性的角度看，我国《刑事诉讼法》应增设管辖权异议制度。

决定的合法性。这不仅要求公安机关对犯罪嫌疑人、被告人实施犯罪事实提供证据加以证明，而且要求其对犯罪嫌疑人、被告人存在逮捕必要性提供证据加以证明。根据《刑事诉讼法》第 80 条的规定，这些需要提供证据加以证明的问题包括：犯罪嫌疑人、被告人（1）可能实施新的犯罪的；（2）有危害国家安全、公共安全或者社会秩序的现实危险的；（3）可能毁灭、伪造、隐匿证据，干扰证人作证或者串供的；（4）可能对被害人、举报人、控告人实施打击报复的；（5）可能自杀或者逃跑的；等等。

三、有关诉讼期限的事实

有关诉讼期限的事实包括两种情况：一种是有关当事人耽误诉讼期限并申请予以恢复的事实；另一种是有关公安司法机关是否超越法定期限办案的事实。《刑事诉讼法》第 104 条规定："当事人由于不能抗拒的原因或者有其他正当理由而耽误期限的，在障碍消除后五日以内，可以申请继续进行应当在期满以前完成的诉讼活动。"根据本条规定，当事人申请恢复诉讼期限的，应当提出相应的证据证明其耽误诉讼期限是因为有"不能抗拒的原因"或者其他正当理由。

为保证诉讼当事人的正当权利，防止诉讼过于拖延，《刑事诉讼法》对每一诉讼阶段适用的期限进行了明确的规定，其中包括强制措施的适用期限、侦查羁押期限、审查起诉期限、一审期限、二审期限、再审期限等，公安司法机关应严格依照这些期限办案。对于超越法定期限的情形，当事人有权采取相应的救济措施，比如申请解除强制措施或者提起上诉、申诉等。

四、有关证据合法性的事实

根据《刑事诉讼法》第 56、57 条的规定，当事人及其辩护人、诉讼代理人申请排除以非法方法收集的证据的，应当提供相关线索或者证据。在对证据收集的合法性进行法庭调查的过程中，由人民检察院对证据收集的合法性加以证明。根据上述规定，在控辩双方对证据的合法性产生争议的情况下，应分别对证据的取得方式或者收集程序的合法性承担相应的说明或者证明责任。对于经过法庭审理，确认属于以非法方法收集证据的，或者存在重大疑点，不能排除以非法方法收集证据可能性的，人民法院应对有关证据依法予以排除。

五、一审程序合法性的事实

根据《刑事诉讼法》第 227 条的规定，二审法院发现一审法院的审理有违反法律规定的诉讼程序的情形之一的，应当裁定撤销原判，将案件发回重审，这些情形包括：（1）违反本法有关公开审判的规定的；（2）违反回避制度的；（3）剥夺或限制当事人的法定诉讼权利，可能影响公正审判的；（4）审判组织的组成不合法的；（5）其他违反法律规定的诉讼程序，可能影响公正审判的。根据本条规定，一审判决作出之后，控辩双方有权以一审程序不合法为理由提出上诉，并且在二审程序中就一审违反法定程序的事实提供说明或者证明。

六、其他有关程序合法性的事实

除上述列举的各项程序法事实之外，在刑事诉讼进行过程中，如果出现公安司法机关违反法定程序，侵犯犯罪嫌疑人、被告人及其他当事人、诉讼参与人的合法权利的情况，受害人有权提出申诉或者控告。另外，在刑事判决、裁定执行的过程中，如果出现法律规定的刑罚停止执行或者变更执行的情况，比如死刑的暂停执行或者停止执行、暂予监外执行、减刑、假释等，执行机关应当提供相应的事实材料，由人民法院或者其他决定机关依法作出裁断。

【问题与思考】

1. 在我国现行的刑事诉讼模式下，证明对象是否应限定为控辩双方有争议的事实？
2. 将程序法事实纳入刑事证明对象的范围，对于我国刑事证据法的完善有何重要意义？
3. 刑事证明对象与证明责任、证明标准、证明方法有何关系？

【推荐参考论著】

1. 樊崇义编. 刑事证据法的原理与适用. 北京：中国人民公安大学出版社，2001
2. 卞建林编. 刑事证明理论. 北京：中国人民公安大学出版社，2004
3. 宋世杰. 证据学新论. 北京：中国检察出版社，2002
4. ［英］J. W. 塞西尔特纳. 肯尼刑法原理. 王国庆等译. 北京：华夏出版社，1989
5. ［美］乔恩·R·华尔兹. 刑事证据大全. 2版. 何家弘等译. 北京：中国人民公安大学出版社，2004
6. 叶自强. 民事证据研究. 2版. 北京：法律出版社，2002
7. ［日］熊谷弘，佐佐木史朗，浦边卫，松尾浩也编. 证据法大系Ⅰ证明. 东京：日本评论社，1970

第十二章
推定与司法认知

内容导读

本章对免证事实所涉及的推定和司法认知加以阐述。关于推定，概述推定的概念、特征、刑事诉讼中适用推定的条件、刑事诉讼中涉及的推定和推定的分类。关于司法认知，概述司法认知的概念、特征、对象、种类、效力及程序，最后阐述我国有关司法认知规则的立法及完善问题。

第一节　推　　定

一、推定的概述

（一）推定的概念及其特征

1. 推定的概念

所谓推定，是指根据法律规定或者按照经验法则，从已知的A事实推断出未知的B事实的存在，并允许当事人提出反证予以质疑乃至推翻的一种诉讼证明方式。在这里，已知的A事实被称为前提事实，也被称为基础事实，它是据以作出推断的事实，也就是进行推断所依据的事实；未知的推断出来的B事实被称为推定事实，也被称为结论事实，它是根据前提事实而断定其存在的事实。显而易见，推定是指在B事实需要证明的情况下，通过证明已知的A事实是B事实存在的前提，而推断出B事实的存在。

推定作为一项古老的证据法则，其源头可以追溯到古罗马时期，但学者对创立推定的理论一直存在争议。在英美法上，学者一般认为推定是一种根植于经验或者公共政策，便于认定事实的法则，建立这种法则，是为了在审判中寻求真实。在陪审制度下，法官不能不担心陪审员，因为缺乏法律素养的陪审员往往易受个人的偏见、对弱者的同情及其他各种不正当因素的影响。在这种情况下，法官应当以符合逻辑为前提，建立一定的推定法则给予陪审员指导，来控制陪审团对于证据的判断。①

推定的发生因其依据不同，可分为事实上的推定和法律上的推定。

依据经验法则和逻辑规则的推定被称为事实上的推定。一般来说，若A事实的存在被证明，在没有反证的情况下，则B事实的存在被推定，那么，B事实的存在没有证明的必要。此外，一般的事实已经证明，则其他特别事实的不存在则无须证明。例如，犯罪构成要件的事实一经证明，则违法阻却事由无须证明。当对被推定的B事实的存在产生疑问时，则事实上的推定被推翻，需要证明B事实的存在。此时对B事实的存在负有举证责任的当事人就必须证明该事实确实存在。这是事实上的推定与法律上的推定的不同。事实上的推定无须积极地证明反对事实的存在，只要能够动摇法官的心证，事实上的推定就被推翻。因此，事实上的推定发挥了自由心证原则的功能。②

依据法律规定的推定被称为法律上的推定。法律上的推定是对司法实践中经常运用的相对成熟的事实上的推定在法律上的确认。法律上的推定又可分为允许反证的推定和不允许反证的推定。不允许反证的推定就是拟制（也就是"视为"的规定），它是实质的实体法上要件的变更。③ 如公民经常居住地与住所地不一致的，经常居住地视为住所（《民法通则》第15条），商业广告的内容符合要约规定的，视为要约（《合同法》第15条第2款）等，都是对实体法上要件的一种变更。刑事诉讼中法律上的推定一般属于狭义的推定，是指允许反证的法律上的推定。如果要推翻法律上的推定，必须积极地证明反对事实的存在。

2. 推定的特征

刑事诉讼中的推定，具有两个显著的特征：

其一，推定事实不用证据证明，从而减轻或者免除了一方当事人的举证责任，但是，另一方当事人有权提出反驳。这种对举证责任的作用的效力大小依推定的不同而有所不同。在某些案件中，推定降低了对案件争议问题的证明要求，而在另一些案件中，推定甚至可能使当事人根本不需要证明，或者阻止另一方当事人提出任何证据进行反驳。但是，推定对于举证责任的作用不同于本章第二节中将要讲到的司法认知所带来的举证责任的彻底豁免。

其二，推定事实允许反驳。推定所依据的前提事实与推定事实之间的联系是一种常态的联系。由于还存在一种非常态的可能，因而这种推定不可能完全正确。可以说，较之证据证明的事实，推定事实在准确度上存在着某种程度的差异。为了准确地认定事实，允许当事人对于推定提出证据加以反驳。它可以减轻或者免除一方的举证责任。推定的存在可以节省时间、人力、物力和财力，并保护一定的身份和社会关系。

（二）推定的性质

推定是一种根据所证明的前提事实认定推定事实成立的方法。前提事实的成立是认定推定事实的前提；但是推定事实的成立并不是根据前提事实直接推导出来的，而是法官运用推定规则作出的法律认定。因此，在前提事实与推定事实之间并没有必然的因果关系。

对于推定的法律性质，英国学者认为，推定是一项法律规则，当一方当事人证明了前提事实时，如果没有相反的证据，则推定事实将视为被证明。④

---

① 参见齐树洁主编：《英国证据法》，722页，厦门，厦门大学出版社，2002。

② 参见黄朝义：《刑事证据法研究》，275页，台北，元照出版社，2000。

③ 参见［日］田口守一：《刑事诉讼法》，5版，338页，东京，弘文堂，2009。

④ See Peter Murphy, *Murphy on Evidence*, Blackstone Press Limited, 2000, p. 579.

（三）刑事诉讼中适用推定的条件

如果从前提事实推断出推定事实，当事人没有提出异议，则推定事实成立。但是，如果对于前提事实推断出的推定事实，当事人提出反驳，就会发生举证责任的转移；而如果是被告人提出异议，就会出现举证责任应当如何转移的问题。国外的学者对此持有三种不同的观点：

其一是实质性举证责任转换说。实质性举证责任转换说认为，作为推定的效果，应将举证责任实质性地转换给被告人。但是，针对这一观点有批判者认为，如果举证责任转换给被告人，那么“被告人不是因为犯罪受到处罚，而是因为诉讼的手段拙劣才被处罚”①。

其二是证据提出责任说。证据提出责任说认为，推定只是将证据提出责任转换给被告人。但是，如果仅是将证据提出责任转换给被告人，有可能会发生只要被告人提出个证据，就可以阻止推定的效果，那么推定就失去了意义。

其三是修正的证据提出责任说。修正的证据提出责任说是在证据提出责任说的基础上，认为被告人对于有异议的推定事实应当提出合理的事实。② 修正的证据提出责任说，既发挥了推定的作用，又协调了推定与刑事诉讼原则的关系。应该说，修正的证据提出责任说更为妥当。③

不论怎样理解举证责任的转换，当被告人不能完成其举证责任时，对法院所做的推定的效果都会产生影响。对此如何进行处理，国外的学者也有不同的观点：

第一种观点是推定义务说。该观点认为，法院对推定事实的认定负有义务。在日本民事诉讼中，强制对推定事实进行认定。推定义务说采取的是与此同样的解释。但是，在刑事诉讼中，如果也是这样，就有可能与无罪推定原则相矛盾或者冲突，而且从强制对推定事实进行认定这一点来说，还涉嫌违反自由心证主义。④

第二种观点是推定容许说。该观点认为，在被告人即使想提出证据也有无法提出证据的情况下，应当把被告人没有完成证据提出责任本身作为一个情况证据，法院可以据此认定推定事实。在这里，即使证明了前提事实，法院也并不是直接负有认定推定事实的义务，而是在考虑了被告人未能提出反证事实的基础上，认定推定事实，它与通常的事实认定相同。

我们认为，第二种观点比较妥当，也是可资借鉴的。基于推定容许说，在刑事诉讼中适用推定的条件是：第一，在有关推定的规定中，必须肯定前提事实与推定事实之间存在普遍的、合理的关联性，即紧密关联性。正因为适用推定存在着这样的条件，才使推定的设立在证据法上具有重要的意义。第二，应当为被告人证明推定事实不存在提供必要的便利。因为在苛求被告人提出反证的情况下设立有关推定的规定是不妥当的。

（四）刑事诉讼中涉及的推定

刑事诉讼中涉及的推定主要有：

（1）预决的事实，包括已生效裁判确定的事实和仲裁机构裁决认定的事实，应当推定为真实，对于以后审理的涉及该事实的其他案件起预先决定的作用，除非有相反的证据足以推翻该事实。

（2）公证的事实。公证是国家公证机关根据当事人的申请，依法证明法律行为、有法

① ［日］平野龙一：《刑事诉讼法》，187页，东京，有斐阁，1958。

② 参见［日］田宫裕：《刑事诉讼法》，新版，308页，东京，有斐阁，1996。

③ 参见［日］田口守一：《刑事诉讼法》，5版，338页，东京，弘文堂，2009。

④ 参见［日］铃木茂嗣：《刑事诉讼法》，改订版，191页，东京，青林书院，1990。

律意义的文书和事实的真实性、合法性，以保护公共财产以及保护公民身份上、财产上的权利和合法利益的一种制度。

（3）身份证上记载的出生日期。出生日期涉及被告人承担刑事责任的年龄。我国实行居民身份证制度，被告人的年龄原则上以身份证上所记载的出生日期为准。但是，应允许提出医院的出生证明以及其他证据等推翻该推定。

（4）国家工作人员的巨额财产来源不明，推定为非法所得。我国《刑法》第 395 条规定，国家工作人员的财产、支出明显超过合法收入，差额巨大的，可以责令该国家工作人员说明来源，不能说明来源的，差额部分以非法所得论，处 5 年以下有期徒刑或者拘役；差额特别巨大的，处 5 年以上 10 年以下有期徒刑。财产的差额部分予以追缴。因此，除非他本人能够说明其巨额财产来源是合法的，否则推定为非法所得。

（5）国家禁止或者限制而又没有合法证明的一些行为，推定为犯罪。例如，根据我国《刑法》第 155 条第 1 款第 2 项的规定，在内海、领海、界河、界湖运输、收购、贩卖国家禁止进出口物品的，或者运输、收购、贩卖国家限制进出口货物、物品，数额较大，没有合法证明的，以走私罪论处。刑法所列举的上述行为被推定为走私，除非犯罪嫌疑人、被告人能够提出该行为合法的证明。

（6）对于“明知”的推定。根据最高人民法院等机关颁布的司法解释，对于行为人“明知”的推定，通常发生在毒品犯罪、走私犯罪、盗抢机动车犯罪、盗伐或者滥伐林木犯罪及销售假冒注册商标商品的犯罪案件中。例如，根据最高人民法院、最高人民检察院 2004 年颁布的《关于办理侵犯知识产权刑事案件具体应用法律若干问题的解释》第 9 条第 2 款的规定，具有下列情形之一的，应当认定为“明知”所销售的是假冒注册商标的商品：1）知道自己销售的商品上的注册商标被涂改、调换或者覆盖的；2）因销售假冒注册商标的商品受到过行政处罚或者承担过民事责任、又销售同一种假冒注册商标的商品的；3）伪造、涂改商标注册人授权文件或者知道该文件被伪造、涂改的；4）其他知道或者应当知道是假冒注册商标的商品的情形。

（7）犯罪目的的推定。我国刑法分则确立的一些金融诈骗类犯罪，都是以非法占有为目的的犯罪。在被告人拒不供述，案件也不存在其他直接证据时，认定行为人“以非法占有为目的”经常会面临困难。最高人民法院的司法解释中确立了推定规则。例如，根据最高人民法院 2001 年颁布的《全国法院审理金融犯罪案件工作座谈会纪要》的规定，对于行为人通过诈骗的方法非法获取资金，造成数额较大资金不能归还，并具有下列情形之一的，可以认定为具有非法占有的目的：1）明知没有归还能力而大量骗取资金的；2）非法获取资金后逃跑的；3）肆意挥霍骗取资金的；4）使用骗取的资金进行违法犯罪活动的；5）抽逃、转移资金、隐匿财产，以逃避返还资金的；6）隐匿、销毁账目，或者搞假破产、假倒闭，以逃避返还资金的；7）其他非法占有资金、拒不返还的行为。

此外，在司法实践中，还涉及一些事实推定。例如，交通肇事后逃逸的，推定肇事司机有过失等。

综上所述，我国刑法确立了大量的推定规则。而最高人民法院等机关的司法解释也确立了越来越多的推定规则。这些推定规则已被确立在实体法中，按其性质都属于“法律推定”。

二、推定的分类

按照不同的分类标准，推定可以分为不同的类型。

1. 法律上的推定与事实上的推定

按照推定发生的依据不同，推定可分为法律上的推定和事实上的推定两种类型。

(1) 法律上的推定

法律上的推定，是指在法律上有明确规定的推定。当确认某一事实存在时，就应当据以假定另一事实的存在，而这种被推定的事实不用加以证明。法律上的推定仅是一种假设，应当允许反证，且可以被推翻，应由推翻这一推定的当事人承担举证责任。法律上的推定也就是当法律明确规定，如果已知的前提事实（A事实）存在时，就可认定推定事实（B事实）的存在，除非有相反的证据足以推翻B事实。法律上的推定建立在事实推定的基础之上，是对司法实践中经常运用的、相对成熟的事实推定在法律上的确认。因此，当存在法律上推定的前提事实时，法院必须适用这一推定。

大多数学者认为，从举证责任分配的影响看，法律上的推定影响实体意义上的举证责任。实体意义上的举证责任，是指当事人提出证据证明其实体主张成立，以使法官最终作出对其有利判决的义务。在法律上预先规定可以适用推定的具体情况，就表明从法律上已对当事人之间的举证责任予以分配，而无须在司法实践中由法官根据案件的特定情况，以及对证明责任的认识，对当事人是否承担举证责任进行裁量。因此，从某种程度上说，法律上的推定免除了一方当事人实体意义上的举证责任，而要求承担法律规定的不利后果的一方承担这种硬性的举证责任。①

但是，我们认为，从严格的意义上说，推定并不是将推定事实的实质上的举证责任转移给另一方，而只是产生了需要对方承担举证推定事实不存在的责任。在适用法律上的推定的情况下，只要证明了前提事实，就强制认定了推定事实，而不需要再对推定事实进行举证。对方需要对反对事实进行举证。如果对方对反对事实的举证推翻了推定，举证责任方才有必要对推定事实进行举证。因此，在适用法律上的推定的情况下，并不是实质上地影响了举证责任。但是，由于法律上的推定强有力且没有反对事实就无法被推翻，因而如果反对事实真假不明时，推定事实就会被认定，其结果是，产生的效果与推定事实的实质举证责任转移给对方的效果一样而已。

(2) 事实上的推定

事实上的推定，是指在诉讼过程中，根据已经确认的事实，按照一定的经验法则和逻辑规则，推断另一事实的存在。

事实上的推定是否对举证责任分配产生影响？理论界对此存在争议。关于事实上的推定的不同定义，直接反映了事实上的推定能否对举证责任分配产生影响。

一种观点认为，事实上的推定，是指当法官在审判案件时，根据经验法则及两个事实之间的常态联系，在明确A事实存在时则推定B事实存在，享有推定利益的一方当事人，无须就B事实的存在承担举证责任。而且，事实上的推定只影响程序意义上的举证责任。所谓程序意义上的举证责任，是指当事人提出证据证明其程序主张成立，借此推动诉讼程序不断进行的义务。

另一种观点认为，事实上的推定，是指法官基于职务上的需要，根据一定的经验法则，以已知的事实作为前提事实，进而推论未知事实的证明手段。作为事实推定，并无转移证明责任的功能，这也反映了事实推定在证明效果上要弱于法律规定的特征。即便是因前提

---

① 参见陈卫东、谢佑平主编：《证据法学》，240页，上海，复旦大学出版社，2005。

事实被确认而使推定事实处于假定的存在状态，证明责任也并未就此转移给对方当事人，主张事实存在的一方当事人仍不能免除其证明责任。因为事实上的推定尽管是根据事物之间的常态联系，如日常生活中的某些经验规则等作出的，但所推论出的事实在内容上具有相对性、或然性。如果事实上的推定能够导致证明责任的转移，这就在很大程度上可能使本来承担证明责任的一方当事人在举证不能或者所举证据不充分的情况下获得胜诉，也会使证明程度与证明责任之间的关系产生混乱。

从推定的功能看，事实推定的适用对证明责任的分配产生一定的影响。尽管事实上的推定不像法律上的推定那样对当事人之间的证明责任分配影响那样明显，但从事实推定的结果看，尤其是对案件事实的一个环节的事实推定，享受此方面推定利益的一方当事人的举证责任就会相应地减轻。

2. 不可反驳的推定与可以反驳的推定

按照在诉讼上所具有的法律效力的不同，推定可分为不可反驳的推定和可以反驳的推定两种类型。

（1）不可反驳的推定

不可反驳的推定（irrebuttable presumption），又称为结局性推定或者绝对推定，是指不允许当事人提出反证加以推翻的推定。

在英美法上，不可反驳的推定主要包括：

1）知悉法律的推定。根据该项规定，任何人均不得以其不知道法律有此规定而提出反证请求免责，即任何人皆知法律，不允许以相反证据加以反驳或者推翻。这个推定来源于罗马法谚语："任何人均不容许不知法律"，即"任何人皆知法律"。

2）预料行为当然结果的推定。一般而言，该项推定仅适用于精神正常的成年人，对于未成年人以及心神丧失者，则不能适用这种推定。

在英美法上，预料行为当然结果的推定又派生出以下四项具体推定：第一，以书面方式损害他人名誉的，推定有损害他人的意思，即有故意；第二，使用凶器或者毒物致人死亡的，推定有杀人的故意；第三，关于未成年人行为能力的推定，即未满7岁的未成年人推定为无犯罪能力，未满14岁的男子推定为无犯强奸罪的能力；第四，古文书的推定，即30年间有正当保管人保管且无任何涂改的文书，推定其为合法制作。

如前所述，就其实质而言，不可反驳的推定并非证据法意义上的推定法则。对此，英国证据法学者奥斯丁曾指出："所谓不可反驳的推定，在罗马法中从未见之，而为后人所捏造。它纯属实体法上而非诉讼法上的问题，也即实为法律上的设定，其效果等于实体法。"①

（2）可以反驳的推定

可以反驳的推定（rebuttable presumption），又称为相对推定，是指允许当事人提出反证加以反驳、推翻的推定。

在英美法上，较为典型和经常适用的可以反驳的推定有：

1）无罪推定。刑事诉讼法上的无罪推定原则的牢固性很强，为了驳倒它，必须将被告人的罪行证明到"排除一切合理怀疑"的程度。

2）婚姻推定。如果男女在外观上犹如夫妻一般共同生活，可推定其存在婚姻关系；由

---

① 转引自江伟主编：《证据法学》，136页以下，北京，法律出版社，2004。

这种同居而引起的生育被推定为合法。

3）对行为方式的适当性或者习惯性的推定。根据该项推定，任何行为都被推定为是以适当的、习惯的方式实施的，任何政府机构的事务都是按照正常的程序进行的。例如，公文书推定为制作真实。

4）关于精神状态的推定。每一个人都被推定为精神正常，除非得到反面证实。

5）关于保持现状的推定。即任何事物的现存状态都会持续一段时间。

6）关于所有权的推定。财产（包括动产和不动产）的拥有人被推定为该财产的全权所有人；相应的，不动产的拥有人又被推定为该不动产的无条件继承人。

3. 推论推定与直接推定

按照是否需要前提事实为标准，推定可分为推论推定和直接推定两种类型。

（1）推论推定

推论推定，又称为需要前提事实的推定，是指只有在前提事实成立的情况下，才能推断出相应的结论事实。证据法意义上的推定都需要以特定的前提事实为前提条件。主张该项推定的当事人，为了获得有利于己的推定事实，必须先对前提事实提出有效的证明。也就是说，推定并非免除了主张推定方的举证责任，而是将其举证责任的事实对象由推定事实转换成了更容易证明的前提事实。在此基础上，对方当事人则负有推翻推定事实的举证责任。对于推定事实的举证责任，则是通过推定转换给了对方当事人。

（2）直接推定

直接推定（direct presumption），又称为没有前提事实的推定（presumption without basic facts），是指不需要证明前提事实即可直接适用的推定，否定这种推定事实的当事人应当承担举证责任。最典型的没有前提事实的推定是无罪推定和精神正常的推定。如“所有受刑事控告的人，有权在未经依法确定有罪之前，被推定为无罪”（《公民权利和政治权利国际公约》第 14 条第 2 款）。基于无罪推定原则，犯罪嫌疑人、被告人对其无罪不负举证责任，而控诉方应当承担证明被告人有罪的责任。精神正常的推定，则是指每一个人都被推定为精神正常的人，除非相反情况得到证明。

所谓直接推定，其功能主要不在于认定事实，而在于通过该项推定，预先分配举证责任。因为主张该项推定的当事人不需要证明前提事实，而反对方则对推定事实负有举证责任，所以，对于反对方，其举证责任并非来自对方，而是直接来自法律上所确立的直接推定。故此，有学者认为，直接推定不是真正的推定。

第二节　司法认知

一、司法认知概述

（一）司法认知的概念

司法认知（judicial notice），又称为审判上的认知或者审判上的知悉，是指对于应当适用的法律或者某一待认定的事实，法官依照申请或者依其职权直接予以认定，而无须当事人举证证明的一种诉讼证明方式。

关于司法认知的起源，赛耶曾引证古代的法谚“显著之事，无须证明”（What is known need not be proved），认为司法认知可以追溯到罗马法时代或者寺院法时代。而在成文法中对司法认知加以规定始于由英国高等法院法官斯蒂芬起草的印度证据法（自1892年起施行）。

各国的法律及法院，无论是大陆法系国家还是英美法系国家，不论法律有明文规定还是没有明文规定，都有司法认知的事项以及存在的相应问题。我国对于司法认知的研究还处于初级阶段。关于司法认知的规则，还没有明确的法律规定，人民法院也缺乏司法认知的观念。但是，在司法实践中存在司法认知的应用。

司法认知规则是由“众所周知的事实无须证明”演变而来。即使在刑事诉讼法中没有明确的规定，对于众所周知的事实也不需要证明，其理由在于，众所周知的事实，即使通过证据证明，其证明力也不会有实质性的变化；即使证明力有所变化，也只是微小的增长，而其信用性本来就合理地存在着。因此，只依据众所周知的事实，既不存在在刑事审判中错误认定事实的可能性，也不会损害事实认证的公正性。①

（二）司法认知的特征

1. 司法认知的主体是法官。司法认知专属于人民法院，只能由人民法院的法官作出。法官是审判活动中具有主观能动性的主体，享有法律赋予的包括自由裁量权在内的审判权。司法认知是法官在审判活动中对特定事实予以确认的职权行为，是法官基于对特定事实的感知，以及综合社会公民对该事实的理解、熟知程度而作出的。司法认知具有直接的法律约束力，直接影响案件的处理结果。法官可以依其职权直接确认司法认知事实，也可以依照当事人的申请对特定事实进行司法认知。当事人只能提出申请，而无权自行采取司法认知。司法认知只是在审判活动中，由法官进行。

2. 司法认知的客体是特定事实。司法认知的特定事实必须是明确的、显而易见的事实，或者是当事人没有合理争议的，不得对需要进一步证明的、存在合理争议的事实采取司法认知。

二、司法认知的对象

（一）司法认知的对象的属性

为了论述司法认知的对象，需要先了解它的属性。司法认知的对象具有下列两个属性：

1. 客观性。司法认知的对象是法律、众所周知的事实、科学规律及经验定理，这些事项都是客观存在的、不以个人主观愿望为转移的事实。

2. 公认性。司法认知的事项为大众所周知，并得到普遍的认可。而推定事实并不需要具有公认性，故这一特征使其与推定区别开来。

（二）司法认知的对象

司法认知的对象包括法律和事实两个部分。这里的“法律”，是法官在审判过程中行使

---

① 参见［日］冈部泰昌：《众所周知的事实》，载［日］熊谷弘、佐佐木史朗、浦边卫、松尾浩也编：《证据法大系Ⅰ证明》，42页，东京，日本评论社，1970。

其职责，在查清案件事实的基础上，将它准确地适用于特定的、真实的事实。因此，认知法律就成为法官的义务。就“事实”而言，是指社会上已成为常识或者众所周知的、无可争辩的事实，法官作为社会中的一个成员，同样应该知晓这些事实，并负有对其进行认知的责任。

1. 法律

作为司法认知对象的法律，包括本国法、国际条约及外国法。法官必须认知法律是诉讼的基本准则。

（1）本国法。本国法包括宪法、各种法律、行政法规及地方性法规等。

关于宪法的认知，在单一制国家，是指统一的国家宪法；在联邦制国家，包括联邦宪法及其修正案以及州宪法。

法院对各种法律的认知，在单一制国家，是指统一的国家立法机关制定的法律；在联邦制国家，联邦法院必须认知联邦的及每个州的法律，但管辖上诉案件的法院，则只需认知下级法院所应知道的法律；州法院必须认知该州现行的法律。在英国，法官对于议会通过的法律采取司法认知。大陆法系国家以成文法为认知对象；英美法系国家除对制定法或者成文法进行认知以外，还包括大量普通法或者判例法。

法院对行政法规的认知，在单一制国家，是指中央政府所制定的行政法规，及其各个政府部门所制定的行政规章。在联邦制国家，联邦议会通过的公共事项法案，以及影响力波及全国或者一州的行政命令或者公告，属于联邦法院和各州法院认知的对象；各州法律赋予法律效力的行政规章属于各州法院认知的对象。

在单一制国家，对于需对地方性法律予以认知，尚缺乏实证资料。不过从理论上讲，我们认为应当采取予以认知的态度，特别是在信息化、网络时代，已经使认知具备了物质条件。当然具体是采取无条件的认知还是附条件的认知，还有待进一步的探讨。

在联邦制国家，如美国，过去依照普通法传统，州法院对于国内其他州的成文法或者判例法是不予认知的，但是现在这种状况已有改变。美国“涉外法律统一认知法案”规定，对于他州之法律应该予以认知。此规则已被多数州所采用。现在美国一半以上的州法院对其他各州的法律都采用司法认知。①

（2）国际条约。在理论和实践上，无论是多边的还是双边的国际条约，只要是缔约国依法定程序参加、接受，从而对其产生约束力的，都应属于司法认知的对象。美国联邦宪法规定：“以合众国之权力所缔结的条约，应视为本国之最高法律，即使与任何州之宪法或者法律有抵触时，各州法官均应受其约束。”英国要求对欧共体条约、欧共体的官方公报以及欧洲法院作出的判决和意见采取司法认知。②

（3）外国法。外国法包括成文法和判例法。对于外国法的司法认知，存在着不同的主张。

在英美法系国家，传统上视外国法为待证事实。在大陆法系国家，外国法一般不作为事实看待，至少不作为纯粹的事实看待。法院没有认知外国法的义务，但有确定外国法的

---

① 参见［美］乔恩·R·华尔兹：《刑事证据大全》，何家弘等译，328页，北京，中国人民公安大学出版社，1993。

② 参见齐树洁主编：《英国证据法》，760页，厦门，厦门大学出版社，2002。

义务。法院可以参考书籍，询问本国的大学和研究所、外国使领馆。当事人可以提出国内外法学学者的书面意见以支持其论点。① 我们认为，根据国家主权原则，外国法原则上不能采用司法认知，应视为待证事实，由证据加以证明。

2. 事实

（1）众所周知的事实，亦称为常识性的事实、显著的事实，是一般人对该事实的存在都没有疑问的事实。对于何谓众所周知的事实，学者们的见解各不相同。有的学者认为，是指在一定的地域范围内为公众所普遍了解的事实②；有的学者认为，是指一定区域内大多数人都知道的事实③；有的学者认为，是指具有一般知识的人都知道的事实④；有的学者认为，是指在负责审理案件的法院的地域管辖范围内众所周知的事实⑤；还有的学者认为，凡一国之内，一省之内，一县之内，社会大众都知悉的事实，或者按经验规则众所周知的事实，均可视为众所周知的事实。⑥ 我们认为，众所周知的事实中的"众所周知"是相对的，其事实并不需要作为全国领域内的问题，只要在特定的一个地方、一定的时间是众所周知的就可以了。是否是众所周知的事实，根据其所发生的时间不同也有所不同，即使在一定时期是众所周知的事实，过了这个时期也可能就不是众所周知的了。众所周知的事实不需要证明，没有收集证据的必要性，但是众所周知性因时间、地点的不同是相对的。因此，在对众所周知性产生疑问的时候，应该允许对众所周知的事实进行证明。也就是说，即使是众所周知的事实，也允许提出反证证明其不具有周知性或者真实性。⑦

究竟什么样的事实被认为是"众所周知的事实"。美国的刑事判例认为，这一类的司法认知包括：违禁品常常被偷偷带进监狱的事实；刀子和其他小型武器可能藏在皮夹内；在一般情况下，宣读大约四十页的证词用不了一个小时；一个人出现了醉酒的症状，但未必丧失形成犯罪意图的能力；出售和使用毒品者经常把毒品放入口中咽下，试图消灭其有罪的证据；"红色"、"红鬼"、"圣诞树"指的是巴比妥类镇静药等。⑧ 英国学者经常列举的作为司法认知对象的众所周知的事实包括：妇女的怀孕期约为九个月；猫是家畜；圣诞节的日期和维多利亚女王的忌日；伦敦的街道上交通拥挤，因而一个孩子骑自行车通过街道是危险的；看电视是日常生活中一种普遍的消遣方式；囚犯的生活谈不上什么幸福；普通英语词汇的含义；万能钥匙常用于盗窃等。⑨ 日本学者在论述众所周知的事实时，经常引用的案例有：麻将的胜败主要是由偶然的事情所左右（大判昭10·3·28刑集十四·三四三）；特定的某个人在某日进行的某市长选举中作为候选人当选（最判昭31·5·17刑集十·五·六八五）；在东京都内汽车的最高时速原则上是40公里的规定由东京都公安委员会设置的道路标识表示（最判昭41·6·10刑集二十·五·三六五）。⑩

---

① 参见沈达明编著：《比较民事诉讼法初论（上）》，323页，北京，中信出版社，1996。

② 参见何家弘主编：《新编证据法学》，288页，北京，法律出版社，2000。

③ 参见卞建林主编：《证据法学》，314页，北京，中国政法大学出版社，2000。

④ 参见陈一云主编：《证据学》，154页，北京，中国人民大学出版社，2000。

⑤ 参见卞建林主编：《刑事证明理论》，146页，北京，中国人民公安大学出版社，2004。

⑥ 参见叶自强：《民事证据研究》，2版，31页，北京，法律出版社，2002。

⑦ 参见［日］石井一正：《刑事实务证据法》，3版，237页，东京，判例时报社，2004。

⑧ 参见［美］乔恩·R·华尔兹：《刑事证据大全》，何家弘等译，322页以下，北京，中国人民公安大学出版社，1993。

⑨ 参见齐树洁主编：《英国证据法》，757页以下，厦门，厦门大学出版社，2002。

⑩ 参见［日］增井清彦：《简明刑事证据法》，13～14页，东京，立花书房，1985。

（2）易于确证的事实，主要包括一些自然规律和科学原理。自然规律，是客观存在的，能够反映客观事物在一定条件下所发生的本质联系和必然趋势。科学原理，是指在科学活动过程中被反复证明，已为人们普遍采用的原理性、普通性的命题和公式。对于自然规律和科学原理，法官可以直接予以认知，无须再花费时间、精力进行试验等论证来举证证明。

（3）裁判上显著的事实，是指虽不是众所周知的事实，但是法官在职务上明确知道的事实。与法官的职务没有关系，纯属于依个人经验所知的事实，不能成为裁判上显著的事实，是需要证明的。

三、司法认知的种类

在英美证据法上，司法认知分为强制司法认知和任意司法认知。

（一）强制司法认知

强制司法认知，是指不论当事人是否提出司法认知的请求，法院都必须采取的司法认知。强制司法认知的对象，主要是法律明确规定的某些事项，如众所周知的事实、国内法、国际条约等。根据《美国加利福尼亚州证据法典》第451条的规定，对于以下问题，法院应当主动采取司法认知：加州和联邦法律，包括判例法、宪法性法律和公共成文法；加州市郡的宪章规定；加州法庭规则；加州律师协会职业行为规则；单词、短语和合法表达；普遍为人所知的事实。对于上述法律或者事实进行司法认知是强制性的，如果法院没有进行司法认知，则属于程序上的瑕疵。

对于强制司法认知的事项，即使法官不知，控辩双方都可以提供信息，协助法官作出认知。认知一旦作出，便具有绝对的效力，不允许控辩双方进行反驳。

（二）任意司法认知

任意司法认知，是指因当事人申请而进行的司法认知。任意司法认知的对象，包括经验定理、习惯、行业惯例、地方性法规、外国法等。这些内容是可以借助不容置辩的合理手段加以确认的。例如，《美国加利福尼亚州证据法典》第452条规定："在未被第451条涵盖的范围内，可以对下列问题进行司法认知：（a）合众国任何州的判例法、宪法性法律和成文法，以及合众国法令和木州立法机关的决议和私法法案；（b）由合众国当局或者合众国的任何公共实体颁布的条例和立法法令；（c）合众国和合众国各州的立法、行政、司法部门的官方法案；（d）（1）本州任何法院的记录，或者（2）合众国或者合众国各州任何法院的纪录；（e）（1）本州任何法院的法庭规则，或者（2）合众国或者合众国各州任何法院的法庭规则；（f）国家一个团体的法律，外国以及外国公共实体的法律；（g）在法院的司法辖区内，作为常识的事实和主张，它们不可能成为争议的内容；（h）合理地不会被争议的事实和主张，能够及时和精确地通过诉诸其不可置辩的准确性来源进行裁决的。"

如果控辩一方提出请求，并向法庭提供了相应的信息，法官必须就该问题是否能够进行司法认知作出裁定。对于任意司法认知的事项，允许控辩双方提供证据进行反驳，如果控辩的一方有充分的证据推翻认知，则该事项将归于待证事实的范围，需要运用证据来加以证明。

四、司法认知的效力

司法认知是证据法的内容，以下主要从证据的角度来说明司法认知的效力。

（1）无须举证，即免除当事人的举证责任，这是司法认知的首要效力。无论是待证的主要事实，或者是用以证明主要事实的证据事实，均可认知而免于举证。

（2）凡是法律规定必须认知的事项，当事人及其诉讼代理人可以通过行使请求认知权请求法院认知。对于当事人或者其律师依法提出的认知主张，法官应当认知；即使当事人没有提出认知的主张，法官亦应给予认知，此为法院的一项义务。

（3）对于一般性常识，法官可予以认知。至于案件的特定当事人是否知道此事项或者具备此常识，则不是认知的范围，而是属于推定的范围。因为法官对于该事项已经给予认知，在判例上也通常认为当事人必知悉。

（4）法官认知事实，对于证明其他事实可以构成证明的逻辑链条。在司法实践中，认知的采用，往往可以促成证据的许可。如果认知的结果，使一组事实成为证据，则可构成证明的逻辑上的链条，也就是说，该项认知行为，导致了一系列的证据，从而在逻辑上构成一条完整的证明链。

（5）在判例上，法院就常识、自然规则和一般性经验，以及众所周知的事实予以认知，即使存在与之相冲突的意见（如当事人的自认、证人的证言以及专家的意见等），法院亦必须维持认知而不采信这些意见。在这里，认知的效力是绝对的。①

五、司法认知的程序

司法认知一般遵循以下程序：

（一）主动认知或者接受申请认知

在法庭审判中，法官对于有关事项可以主动进行司法认知；当事人也可以提出申请，要求法院进行司法认知。如果法官认为当事人提出申请的事项不属于司法认知的范围，可以拒绝认知。② 但是，对于法律及众所周知的事实，不需当事人的申请，法官必须自动予以认知；对于国家权力机关的议案、政府机关的行政法规或者规章、外国法等事项，不需当事人申请，法官可以主动认知。

（二）告知控辩双方

法官对某一事项进行司法认知时，负有将其告知控辩双方的义务，以使控辩双方了解认知的内容以及作出认知决定的适当性。在有陪审团参加审判时，法官应当指示陪审团将已认知的事实作为结论性事实加以采纳③；在无陪审团参与时，法官应在纪录中载明该事实是援用司法认知原则确定的。

（三）上级法院的认知

上级法院可以对未被下级法院认知的事实加以认知。如果控辩双方对下级法院作出的认知有争议，可以在上诉审程序中提出有关请求。下级法院的认知或者拒绝认知，均应记载明确，以供上级法院审查。

---

① 参见叶自强：《民事证据研究》，2版，35页以下，北京，法律出版社，2002。

② 参见《美国联邦刑事诉讼规则和证据规则》，卞建林译，第201（d）条，北京，中国政法大学出版社，1996。

③ 参见《美国联邦刑事诉讼规则和证据规则》，卞建林译，第201（g）条，北京，中国政法大学出版社，1996。

（四）认知前的调查程序

法院在认知之前，可以要求控辩双方提供相关资料，法官也可以咨询有关人员并利用有关资料。这种调查不同于对待证事实所进行的证明。

（五）裁判前的反驳

法院在对某一事实进行司法认知前，应当将该事实告知控辩双方，控辩双方可以就该事项是否属于认知范围提出反对意见。如果该事项属于必须认知的事实，则各级法院均可作出同样的认知；而且在下级法院未认知时，上级法院仍可以认知。如果该事项属于法官不应认知的事实，则须视为待证事实。

六、我国司法认知规则的立法及完善

如前所述，我国《刑事诉讼法》对于刑事诉讼中的司法认知未作明确规定。但 2012 年 10 月 16 日修订的最高人民检察院《规则》第 437 条规定："在法庭审理中，下列事实不必提出证据进行证明：（一）为一般人共同知晓的常识性事实；（二）人民法院生效裁判所确认的并且未依审判监督程序重新审理的事实；（三）法律、法规的内容以及适用等属于审判人员履行职务所应当知晓的事实；（四）在法庭审理中不存在异议的程序事实；（五）法律规定的推定事实；（六）自然规律或者定律。"上述规定虽然只是在人民检察院的规则中作出的，但是它既是司法实践的需要，也是司法经验的总结，具有积极的意义。该规定中的第 1、3、6 项属于司法认知的对象，而第 2、4、5 项属于推定的对象。将司法认知与推定混同在一起的做法，还是有待修改及完善的。

另外，特别是在民事诉讼程序的相关规定中，司法机关在总结审判实践经验的基础上，对于司法认知进行了规定。例如，1992 年 7 月 14 日通过的最高人民法院《关于适用〈中华人民共和国民事诉讼法〉若干问题的意见》第 75 条规定：下列事实，当事人无需举证：（1）一方当事人对另一方当事人陈述的案件事实和提出的诉讼请求，明确表示承认的；（2）众所周知的事实和自然规律及定理；（3）根据法律规定或已知事实，能推定出的另一事实；（4）已为人民法院发生法律效力的裁判所确定的事实；（5）已为有效公证书所证明的事实。我们在肯定这一规定的积极意义的同时，也要看到它同前述最高人民检察院《规则》第 437 条的规定一样，存在将司法认知与推定等并列加以规定的瑕疵。

此外，有关司法认知的规定还有，2002 年 4 月 1 日施行的最高人民法院《关于民事诉讼证据的若干规定》第 9 条规定："下列事实，当事人无需举证证明：（一）众所周知的事实；（二）自然规律及定理；（三）根据法律规定或者已知事实和日常生活经验法则，能推定出的另一事实；（四）已为人民法院发生法律效力的裁判所确认的事实；（五）已为仲裁机构的生效裁决所确认的事实；（六）已为有效公证文书所证明的事实。前款（一）、（三）、（四）、（五）、（六）项，当事人有相反证据足以推翻的除外。"2002 年 10 月 1 日起施行的最高人民法院《关于行政诉讼证据若干问题的规定》第 68 条规定："下列事实法庭可以直接认定：（一）众所周知的事实；（二）自然规律及定理；（三）按照法律规定推定的事实；（四）已经依法证明的事实；（五）根据日常生活经验法则推定的事实。前款（一）、（三）、（四）、（五）项，当事人有相反证据足以推翻的除外。"

由此可见，在我国，有必要加大对司法认知的理论研究，结合司法实践和经验，对司法认知的规则作进一步的完善。通过明确司法认知的对象范围、效力及程序等问题，发挥司法认知提高诉讼经济及效率的巨大作用。

【问题与思考】

1. 推定的概念是什么？
2. 推定可以有哪些分类？
3. 司法认知的概念是什么？
4. 司法认知的对象包括什么？

【推荐参考论著】

1. 陈瑞华. 刑事证据法学. 北京：北京大学出版社，2012

2. 宋英辉，汤维建主编. 证据法学研究述评. 北京：中国人民公安大学出版社，2006

3. 卞建林主编. 刑事证明理论. 北京：中国人民公安大学出版社，2004

4. 齐树洁主编. 英国证据法. 厦门：厦门大学出版社，2002

5. 叶自强. 民事证据研究. 2版. 北京：法律出版社，2002

6. ［美］乔恩·R·华尔兹. 刑事证据大全. 何家弘等译. 北京：中国人民公安大学出版社，1993

7. ［日］熊谷弘，佐佐木史朗，浦边卫，松尾浩也编. 证据法大系Ⅰ证明. 东京：日本评论社，1970

第十三章 刑事证明责任

内容导读

刑事证明责任是刑事证据法学的一个核心问题。在我国刑事诉讼的理论与实践中，什么是刑事证明责任以及如何分配刑事证明责任是一个众说纷纭的话题。本章不仅系统论述了刑事证明责任的一般理论，如刑事证明责任的含义、性质、分配原则、倒置以及两大法系国家刑事证明责任的理论与实践，而且对我国刑事证明责任的分配、承担主体等问题进行了初步分析。

第一节　刑事证明责任的含义与性质

一、刑事证明责任的含义

刑事证明责任是刑事证据法中的一个核心问题。因为刑事证明责任的分配不仅影响到整个刑事诉讼的进程，指导着刑事诉讼主体的诉讼活动，而且决定了控辩双方的利益分配，并对刑事诉讼的最终结局产生重大影响。或许正是基于证明责任在诉讼活动中的重要地位，德国一句有名的法律谚语将证明责任称为“诉讼之脊梁”①。刑事证明责任是一个博大精深的理论话题。自古罗马以来，无论是在大陆法系国家还是在英美法系国家，学术界关于刑事证明责任的研究和争论就从来没有停止过。

对我国而言，刑事证明责任这个概念无疑是个舶来品。我国对刑事证明责任的引进始于清朝末年。当时清朝政府借鉴的对象主要是日本。而日本关于刑事证明责任的理论与实践又来源于德国。新中国成立以后，我国又开始学习苏联的证明责任理论。近年来，随着程序正义理论的兴起，我国理论界又对英美法系的刑事证明责任理论产生了浓厚的兴趣。

① ［德］汉斯·普维庭：《现代证明责任问题》，吴越译，30页，北京，法律出版社，2000。

令人遗憾的是，由于我国在学习国外刑事证明责任理论与实践的过程中忽略了各国法律制度、司法传统等方面的差异，再加上翻译方面的问题，因而我国目前的刑事证明责任理论显得比较混乱，甚至存在一些似是而非的认识。例如，仅就证明责任与举证责任之间的关系而言，学术界就存在并列说、大小说、种属说、包容说、前后说、性质区别说等多种观点。[①] 而近年来随着我国学者对国外刑事证明责任理论的理解越来越深刻，学术界又越来越倾向于认为证明责任与举证责任在本质上其实是一个概念，只是翻译或者用语习惯不同而已。[②] 又如，自20世纪80年代以来，学术界对于公安机关与法院在刑事诉讼中究竟是否应该承担证明责任问题一直争论不休，迄今为止仍然未达成比较统一的意见。尤其值得一提的是，在学习和研究两大法系国家的证明责任制度与理论的过程中，不少学者“简单地把大陆法系的行为责任比做英美法系的提供证据责任，把大陆法系的结果责任比做英美法系的说服责任，甚至得出结论认为，在两种法系的证明责任理论中，后者均是前者在刑事诉讼中的映射或者反映”[③]。

在我们看来，我国目前的刑事证明责任理论之所以比较混乱，一个重要的原因在于我国学者对于证明责任的理解还没有形成广泛的共识。总体而言，随着两大法系国家证明责任分层理论的引入，我国学者很少再从一个角度去理解证明责任的含义[④]，而是普遍将证明责任当成是一个复合的概念。但证明责任究竟应该包括哪些具体的含义，以及应该如何表述证明责任，在理论界仍然存在较大分歧。如有的学者认为，证明责任是指司法机关应当收集证据证明其所认定的案件事实，某些当事人应当提供证据证明有利于自己的主张，否则，将承担其认定或主张不能成立的危险的责任。[⑤] 有的学者认为，证明责任就是诉讼当事人在审判中向法庭提供证据证明其主张之案件事实的责任。[⑥] 有的学者认为，证明责任是指证明主体为了使自己的诉讼主张得到法院裁判的确认，所承担的提供和运用证据支持自己的主张以避免对于己方不利的诉讼后果的责任。[⑦] 有的学者认为，证明责任是指争议双方当事人提供证据证明有利于己的案件事实的责任，以及因证明不能（事实真伪不明）而应承担的不利风险。[⑧] 还有学者认为，理论和实践中一般是从行为和结果两个方面来理解证明责任的含义，行为意义上的证明责任是指当事人负责证实事实的责任，是当事人在审理某种事实时提出一定证据的责任；结果意义上的证明责任是指当事实真相真假不明时，

---

① 参见樊崇义主编：《刑事诉讼法学研究综述与评价》，263页，北京，中国政法大学出版社，1991；崔敏主编：《刑事诉讼证据理论研究综述》，89～91页，北京，中国人民公安大学出版社，1990；樊崇义等：《刑事证据法原理与适用》，271页，北京，中国人民公安大学出版社，2001。

② 参见何家弘、刘品新：《证据法学》，295～296页，北京，法律出版社，2004；樊崇义主编：《证据法学》，3版，275～276页，北京，法律出版社，2003；叶青主编：《诉讼证据法学》，241～242页，北京，北京大学出版社，2006。值得注意的是，经过2012年3月14日第十一届全国人民代表大会第五次会议修正之后的《刑事诉讼法》第49条明确采用了举证责任这个称谓。

③ 黄永：《刑事证明责任分配研究》，73页，北京，中国人民公安大学出版社，2006。

④ 例如，行为责任说认为，证明责任就是提供证据这种行为的责任；结果责任说认为，证明责任是在案件事实不清的情况下，由负证明责任的一方当事人承担不利后果的责任；等等。参见江伟主编：《证据法学》，82～83页，北京，法律出版社，1999。

⑤ 参见陈一云主编：《证据学》，2版，165页，北京，中国人民大学出版社，2000；樊崇义主编：《证据法学》，3版，275页，北京，法律出版社，2003。

⑥ 参见何家弘、刘品新：《证据法学》，295～297页，北京，法律出版社，2004。

⑦ 参见卞建林主编：《证据法学》，325页，北京，中国政法大学出版社，2000。

⑧ 参见黄永：《刑事证明责任分配研究》，97页，北京，中国人民公安大学出版社，2006。

在法律判断上处于不利地位的当事人承担的责任，它实际上是一种承担不利判决的责任。[①]

研究上述含义之后不难看出，我国理论界对于证明责任的理解似乎难以摆脱两大法系国家证明责任分层理论的影响，在界定证明责任的含义时总是有意或者无意地带有法律移植的痕迹，即要么是模仿大陆法系国家的证明责任理论，要么是模仿英美法系国家的证明责任理论，或者是将二者搅和在一起。我们认为，对于证明责任的界定，当然应当参考两大法系国家已经发展得比较成熟的证明责任分层理论。但是，我们在借鉴两大法系国家证明责任分层理论时，应当充分考虑它们各自产生的制度背景、逻辑结构和表述方式，并在此基础上深刻领悟证明责任的一般规律，而不是简单奉行拿来主义。我们认为，对于证明责任的界定，无论是大陆法系国家的证明责任分层理论，还是英美法系国家的证明责任分层理论，均离不开以下四个基本要素：

第一，存在争议。诉讼当事人双方之间存在争议既是裁判产生的前提，也是证明责任产生的必要条件。如果没有争议，也就无所谓裁判；而没有裁判，证明责任也就无从谈起。值得说明的是，争议的存在并不必然导致证明责任问题。这是因为，一方面，两个人之间虽然存在争议，但是争议的内容有可能不属于法律调整的范围，而无法通过诉讼的方式解决他们之间的争议，如道德、情感、学术上的争议等；另一方面，尽管两个人之间的争议具有法律意义，但是他们有可能通过其他的渠道而不是诉讼的方式来解决他们之间的争议。

第二，提出主张。提出主张是产生证明责任的基本前提。如果没有主张，那么不可能有证明责任问题。这是因为，一方面，诉讼主张是诉讼证明的逻辑前提。在诉讼过程中，只有当一方当事人提出了明确的诉讼主张之后，该当事人才需要进一步提出证据来证明自己的主张，而对方当事人才有可能反驳其诉讼主张。如果诉讼案件没有诉讼主张，诉讼证明活动就会因为失去需要加以证明的对象而成为无源之水，不可能正常进行，也没有必要进行。另一方面，诉讼主张既是法庭审判的对象，也限定了法庭审判的范围。换句话说，诉讼主张既是法庭审判的起点，也是法庭审判的归宿。在诉讼过程中，基于司法的被动性和中立性，法庭审判活动只能围绕诉讼主张而展开，而不可能脱离当事人的诉讼主张而独立存在。如果没有诉讼主张，法庭审判活动就会成为空中楼阁，没有现实意义。

第三，证明主张。从人类的经验和常识来看，只要某个人提出了一定的主张，他就应该证明他的主张是正确的；否则，没有人相信他的主张。同样，在诉讼活动中，一方当事人提出诉讼主张之后，也需要证明自己的诉讼主张。这是因为，一方面，当事人提出了诉讼主张以后，并不意味着该诉讼主张就能够自然而然地成立，并且获得法庭的支持。要想使该诉讼主张能够成立和得到法庭的支持，提出诉讼主张的当事人必须提出证据来证明它。另一方面，一方当事人提出诉讼主张以后，对方当事人为了保护自己的利益，将会想方设法反驳该诉讼主张。而提出诉讼主张的一方当事人为了预防或者应付对方当事人的反驳，他同样需要证明自己的诉讼主张。

第四，承担风险。在诉讼过程中，一方当事人提出诉讼主张以后之所以需要提出证据加以证明，不仅在于逻辑上他应当那样做，而且更重要的是，按照法律的规定，如果他无

① 参见陈卫东、谢佑平主编：《证据法学》，280页，上海，复旦大学出版社，2005。

法证明自己提出来的诉讼主张，他就会有可能因此而承担对己不利的法律后果。值得说明的是，这种不利的法律后果仅仅是一种潜在的风险。因为只有当提出诉讼主张的一方当事人无法证明自己的诉讼主张成立时，他才有可能因此而承担对己不利的法律后果。经过一系列的诉讼证明活动之后，如果他提供的证据能够证明自己的诉讼主张，他就无须承担对己不利的法律后果。承担不利法律后果的风险既是证明责任的本质要素，也是证明责任最重要的一个要素。如果没有这种风险，诉讼当事人就没有必要提出证据来证明自己的诉讼主张。

证明责任是存在纠纷、提出主张、证明主张、承担风险四个要素的统一体。缺少任何一个因素，都无法准确地界定证明责任的含义，也无法圆满解释证明责任在诉讼证明活动中所体现出来的逻辑、心理和程序结构。在构成证明责任时，上述四个要素相互依存、不可分割。例如，只有在当事人之间存在争议的情况下，一方当事人才会为了维护自己的利益而向法院提出一定的诉讼主张；而为了使诉讼主张能够得到法庭的支持，并且为了避免其诉讼主张无法成立而承担不利的法律后果，该当事人必须提出一定的证据来证明自己的诉讼主张；在一方当事人提出诉讼主张而无法证明其诉讼主张成立时，法庭符合逻辑的做法就是让其承担不利的法律后果。综合上述四种因素，可以将证明责任定义如下：它是指提出诉讼主张的一方当事人为了避免对己不利的法律后果而承担的提出证据并证明其诉讼主张成立的一种法律负担。准确地理解证明责任除了弄清证明责任的四个构成要素之外，还必须结合证明标准这个概念来解释。因为提出诉讼主张的一方当事人只有在无法证明其诉讼主张能够成立的情况下才会承担对己不利的法律后果，而证明标准就是衡量当事人证明其诉讼主张是否成立的一种尺度。如果当事人对其诉讼主张的证明达到了法律规定的要求，那么该诉讼主张就能够获得成立；反之，如果当事人对其诉讼主张的证明无法达到法律规定的要求，那么该诉讼主张就不能够成立。从这个角度讲，刑事证明责任与民事证明责任在本质上是一致的，其区别主要在于诉讼当事人对诉讼主张的证明所要达到的标准有所不同。一般而言，刑事证明标准高于民事证明标准。

在弄清了证明责任的概念之后，刑事证明责任的概念也就不言而喻了。我们认为，所谓刑事证明责任是指，控辩双方在刑事诉讼中为了避免对己不利的法律后果而承担的提出证据并证明其诉讼主张成立的一种法律负担。据此不难看出，刑事证明责任实际上包含四层含义：第一，控辩双方提出诉讼主张。从理论上讲，诉讼主张既包括事实方面的主张，也包括法律方面的主张。但值得注意的是，这里的“诉讼主张”是指事实上的主张，而不是法律上的主张。因为，证明责任的设立宗旨就是为了解决要件事实真伪不明时法官无法裁判的问题。第二，为了证明其诉讼主张，控辩双方提出相应的证据。第三，控辩双方用各自提出来的证据证明其诉讼主张。第四，如果控辩双方不能证明其诉讼主张，那么承担对己不利的法律后果。因此，刑事证明责任是与诉讼主张、诉讼证明以及法庭审判等因素密切相关的一个概念。如果没有诉讼主张、诉讼证明以及法庭审判，刑事证明责任就没有用武之地。综合两大法系刑事证明责任的理论与实践，刑事证明责任在刑事审判过程中的运用实际上是一个动态的过程。这个过程包含三个层次：首先，形成争点。这是指控辩双方为了获得对己有利的裁判结果，而促使法官将自己的诉讼主张列为法庭的裁判对象。其次，说服事实裁判者。这是指控辩双方说服事实裁判者对事实认定作出有利于自己的裁判。最后，提供证据。这是指控辩双方在法庭审判过程中为了形成争点或者说服事实裁判者，而向法庭提供一定的证据，推进诉讼的前进。[①] 很显然，提供证据既是控辩双方形成争点的需要，也是控辩双方说服事实裁判者的必然要求。

二、刑事证明责任的性质

刑事证明责任的性质取决于证明责任的性质。在我国理论界，如何界定证明责任的性质也是一个众说纷纭的话题。目前，理论界比较具有代表性的观点是权利说、义务说、责任说以及负担说。[②] 权利说认为，证明责任是诉讼当事人所享有的一项权利。其理由主要有两点：第一，因为诉讼是法律赋予公民的一项权利，所以当事人在诉讼中提出事实主张和运用证据进行证明也是一种权利。第二，当事人对诉讼标的有处分的权利，而提出诉讼主张和运用证据进行证明正是这种处分权的体现。[③] 义务说认为，证明责任是诉讼当事人的一种义务。这是因为，既然当事人向法庭提出某种事实主张，就应该向法庭承担相应的证明义务，如果当事人不进行相应的证明，就必须承担不利的法律后果。如果当事人对自己主张的事实不履行证明义务，法官在认定该事实时就会作出对其不利的裁判。[④] 责任说认为，证明责任既不是权利也不是义务，而是诉讼当事人的法律责任，这种责任既包括当事人提供证据证明其主张、司法机关收集证据以便证明据以认定案件事实的责任，也包括在不能证明时，承担其主张或认定不能成立的风险的责任。[⑤] 负担说认为，证明责任属于诉讼当事人的负担，即当事人为了获得胜诉判决而不得不接受的负担。因为，负有证明责任的当事人不进行证明或者没有完成法律所要求的证明，就必须面对不利的诉讼后果。如果其不愿意接受不利的诉讼后果，就必须在诉讼中接受证明的负担。[⑥] 目前，我国学者多数持负担说。[⑦]

我们认为，应当从不同的角度去理解证明责任的性质。因为，证明责任本身就是一个复合的概念，我们很难从单一的角度去把握它的性质。一方面，从诉权的角度出发，为了使胜诉的资格转化为胜诉的现实，诉讼当事人在法庭审判过程中有权提出证据，以便证明自己的诉讼主张。这对当事人来说显然是一种权利，而不是一种义务。因为，在法庭审判过程中，诉讼当事人既可以提出证据来证明自己的诉讼主张，也可以不这样做。另一方面，在法庭审判过程中，由于负有证明责任的当事人如果证明不力或者证明不能，就必须面临对己不利的法律后果，因此，负有证明责任的当事人为了避免这种对己不利的法律后果，他不得不提出足够的证据，以便证明自己的诉讼主张能够成立。在这种情况下，对当事人来说，证明责任很难说是一种权利，而是体现了义务的特性。考虑到责任、负担与义务这

---

① 在我国，也有不少学者将上述三个层次分别称为形成争点的责任、说服责任和提供证据的责任。为了避免上述概念与证明责任之间产生混淆，我们没有采用“责任”这样的概念，而是直接使用形成争点、说服事实裁判者和提供证据。

② 在国外，证明责任的性质同样是一个争议比较大的问题。例如，对于证明责任究竟是一项义务、一项权利、一个责任或者一个实际需要等问题，德国学者就存在较大分歧。参见［德］莱奥·罗森贝克：《证明责任论》，庄敬华译，56～63页，北京，中国法制出版社，2002。

③ 参见何家弘、刘品新：《证据法学》，297～298页，北京，法律出版社，2004。

④ 参见何家弘、刘品新：《证据法学》，298页，北京，法律出版社，2004。

⑤ 参见陈一云主编：《证据学》，153页，北京，中国人民大学出版社，1991。

⑥ 参见何家弘、刘品新：《证据法学》，298页，北京，法律出版社，2004。

⑦ 参见何家弘主编：《新编证据法学》，362页，北京，法律出版社，2000。

三个概念之间并没有本质上的差异，而责任、负担这两个概念又比较模糊，我们认为证明责任既不是纯粹的权利，也不是纯粹的义务，而是权利与义务的一种混合体。

第二节 刑事证明责任的分配

一、刑事证明责任分配的一般规则

经过双方当事人的举证、质证和辩论之后，系争事实的证明结果不外乎真实、虚假和真伪不明这三种情况。显而易见，经过诉讼证明之后的系争事实无论是真实的还是虚假的，都不影响法官根据法律作出相应的裁判。但是，当诉讼证明活动结束以后系争事实仍然真伪不明时，法官将会面临如下问题：一方面，基于裁判职责的需要，尽管法官无法直接作出适用或者不适用某个法律规范的判决，但是法官并不能以系争事实真伪不明为由拒绝作出裁判；而另一方面，基于裁判确定的需要，法官又不能按照真伪不明的系争事实作出模棱两可的裁判。一般认为，设立证明责任制度的初衷就是为了解决法官在系争事实真伪不明时所面临的无法裁判而又不能拒绝裁判的尴尬处境。进一步而言，当系争事实真伪不明时，证明责任为法官将不利的法律后果课以没有能完成其证明责任的一方当事人提供了法律依据。显然，当事人是否完成其证明责任的逻辑前提必然是该当事人承担相应的证明责任。而当事人是否承担证明责任以及承担什么样的证明责任，就是证明责任分配所要解决的问题。所谓证明责任的分配，也叫证明责任的分担或者证明责任的承担，它是指在诉讼证明过程中，根据一定的标准或者原则，决定由谁来承担证明责任的一种证据制度。由于证明责任的分配既在程序法上决定了诉讼当事人的诉讼证明活动，又在实体法上影响到诉讼当事人实体利益的实现，因而证明责任的分配是证明责任制度与理论的一个核心范畴。在现代刑事诉讼中，证明责任的分配应当遵循一定的规则。根据证明责任分配的基本原理和刑事诉讼的特点，无罪推定原则以及“谁主张，谁举证”原则是刑事证明责任分配的一般规则。

（一）无罪推定原则

在现代刑事诉讼制度中，无罪推定原则是人类文明进步以及刑事诉讼走向科学与民主的重要标志，它与刑法中的罪刑法定原则一起构成了现代刑事法律制度的基石。正因如此，无罪推定原则不仅在现代法治国家的刑事诉讼法甚至宪法中得到了广泛的确认，而且是国际社会公认的一项刑事司法准则。尽管在不同国家或者不同国际法律文件中，无罪推定原则的语言表述有所不同，但其基本含义都是一致的。简而言之，无罪推定原则的基本含义包括如下两个方面：一方面，任何人只有由法院经过法定的程序才能被确定为有罪。由于犯罪是国家和社会对公民极为严重的否定性评价，因而一旦某个公民被国家贴上犯罪的标签，就不可避免地承受各种各样的不利后果。这决定了国家对一个公民的定罪是非常严肃而又十分慎重的事情。正因如此，无罪推定原则对公民的定罪问题进行了严格的限制。首先，在现代法治社会，法院作为国家专门解决纠纷的机构，是确定公民有罪的唯一适格主体，而其他任何机构或者个人都无权将公民确定为有罪。所谓“确定为有罪”，是指法院通过发生法律效力的裁判判定受到刑事指控的被告人有罪；而法院作出的有罪判决一旦发生法律效力，就意味着国家可以对被告人的行为追究刑事责任，被告人也因此而被国家贴上罪犯的标签。其次，在现代法治社会，法院只有经过法律规定的诉讼程序之后才能确定某个公民有罪，而不能随心所欲地作出有罪裁判。理解上述含义时需要强调指出的是，尽管追诉机关的刑事指控必须建立在其认为被追诉者触犯刑律的基础之上，但是追诉机关的这种认识只是其主观认识，并不必然带来被追诉者有罪的法律效果，更无法与法院判定被追诉者有罪相提并论。也正因如此，在被追诉者受到刑事审判之前，包括追诉机关在内的所有组织和个人只能将被追诉者作为犯罪嫌疑人看待，而不能将其作为罪犯看待。另一方面，任何人在被法院依法确定有罪之前，应当被视为或推定为无罪的人。尽管被推定为无罪并不等同于被追诉者在事实上就是无罪之人，但是这种法律上的假设仍然具有十分重要的诉讼意义。因为在被推定为无罪的情况下，被追诉者不仅应该被当作无罪的人来看待，而且享有法律规定的各种诉讼权利。尤其对于司法人员来说，他们除了依照法律规定的程序对被追诉者进行证据调查或者采取强制措施之外，应该充分尊重被追诉者的人格和尊严，将其视为与社会其他人员在权利上并无二致的社会主体，而不能像对待罪犯那样对待被追诉者。[①] 相反，如果司法人员在法院依法确定被追诉者有罪之前就将其当作罪犯看待，不仅极易形成被追诉者有罪的舆论氛围，使其无法在社会民众面前摆脱随之而来的负面评价，而且可能导致司法人员在办案过程中缺乏对被追诉者的应有尊重，而将本来作为预防性的强制措施当作惩罚性的强制措施，对被追诉者的人身自由随意加以剥夺或者限制。

在现代刑事证据法中，无罪推定原则最重要的意义就是，它为刑事证明责任的分配奠定了基础。因为从无罪推定原则所蕴涵的逻辑来看，无罪推定原则可以推导出最基本的两项刑事证明责任分配规则：第一，追诉机关承担证明被告人有罪的义务。由于被告人在法院依照法律程序确定有罪之前被推定为无罪的人，因而追诉机关要想完成指控犯罪的目的，不得不承担证明被告人有罪的义务。换句话说，只有当追诉机关对被告人的有罪指控得到足够的证据加以证明时，法院才能判决被告人有罪。第二，被告人不承担证明自己无罪的义务。正因为被告人在法院根据法定程序判决其有罪之前已经事先被视为或者推定为无罪的人，所以被告人没有承担证明自己无罪的义务。进一步而言，证明无罪对被告人来说是一种权利。这意味着在刑事审判过程中，被告人既可以通过一定的证据证明自己无罪，也可以仅仅对追诉机关提出的证据或者主张进行反驳，以便达到使控方指控不能成立的目的。当被告人放弃这种权利或者无法证明自己无罪时，法院也不能因此而推定被告人有罪，而只能根据追诉机关的指控是否达到有罪判决的证明标准来确定被告人是否有罪。

无罪推定原则在本质上是一种可以反驳的推定。因为公民被推定为无罪只是法律上的一种假设，它既不等同于对客观事物的真实描述，也不是对被追诉者作出无罪的判定或终结性结论。只要追诉机关提供的证据能够达到有罪判决证明标准的程度，法院就应该判决被追诉者有罪，除非被追诉者能够提供新的证据或者主张来推翻追诉机关的指控。而在法

---

① 也就是说，被推定为无罪实际上就是被追诉者所享有的一种法律待遇。毕竟，犯罪嫌疑人与罪犯所享有的权利在法律上不可同日而语。但值得注意的是，尽管被追诉者应当被推定为无罪的人，但是他还不能与社会上的普通人完全画等号，因为被追诉者毕竟是追诉机关根据法律和事实认为“有可能实施犯罪行为”的人（即犯罪嫌疑人）。虽然追诉机关的主观认识还需要等待法院的检验，而且被追诉者在法律上仍然应该被视为无罪的人，但是被追诉者在诉讼程序上毕竟处于受追诉的地位，而这种地位决定了被追诉者有义务接受国家授权的司法机关对其“可能实施的犯罪行为”进行的刑事追诉活动。

院判决被告人有罪的情况下，被追诉者也因为追诉机关推翻无罪的假设而失去无罪推定原则的保护。由于证明责任作为诉讼上的一种风险负担，是同当事人的诉讼主张以及当事人证明不力时所要承担的不利法律后果相联系的一个特定概念，因而，一旦控方的证明活动无法达到法定的证明标准，即没有履行其证明被告人有罪的证明责任（或义务），法官合乎逻辑的做法就是作出有利于被告人的解释，作出被告人无罪的判决。这在理论上被称为疑罪从无原则。在法院判决被追诉者无罪的情况下，基于无罪推定原则而假设的无罪就会在法律上转化为确定的无罪，被追诉者也因为法院判决其无罪而不再需要无罪推定原则的保护。除了疑罪从无原则之外，无罪推定原则还可以推导出与证明责任分配密切相关的不被强迫自证其罪规则。在刑事诉讼过程中，由于追诉机关需要承担证明被告人有罪的义务，而被追诉者没有证明自己无罪的义务，因而面对追诉机关的刑事指控，被追诉者既可以选择合作而主动交代自己的犯罪行为，也可以选择不合作而拒绝陈述任何案件情况。当被追诉者选择沉默时，追诉机关和审判机关既不能据此作出不利于被追诉者的推断，也不能采取肉体上的或者精神上的强制性手段而强迫被追诉者证明自己有罪。

（二）“谁主张，谁举证”原则

“谁主张，谁举证”原则起源于古罗马时期。一般认为，“谁主张，谁举证”原则包含两项具体规则：第一，一方当事人对自己所主张的事实，有提出证据证明的义务，否认的一方没有证明责任；第二，双方当事人对自己的主张都提不出足够的证据时，负证明责任的一方败诉。由此不难看出，“谁主张，谁举证”原则的本质要求就是，证明责任由提出积极主张的当事人来承担，如果对方当事人对该积极主张仅仅持消极否定态度，而没有提出自己的积极主张，那么他不承担证明责任。尽管随着证明责任理论的不断发展，“谁主张，谁举证”原则遭到越来越多的批评，但是该原则作为确定证明责任分配的一项古老原则和基本原则，仍然具有旺盛的生命力。

长期以来，在刑事诉讼法学界，不少学者认为“谁主张，谁举证”原则是民事证明责任分配的一项原则，而不适用于刑事证明责任的分配。这不仅是对“谁主张，谁举证”原则的误解，也是对刑事诉讼的一种误解。我们认为，“谁主张，谁举证”原则完全可以作为刑事证明责任分配的一项基本原则。首先，无罪推定原则无法完全解决刑事证明责任的分配问题。由于刑法规范既包括犯罪构成要件方面的法律规范，也包括阻却违法、阻却责任等方面的法律规范，因而在刑事法庭审判过程中，系争事实不仅包括控方指控的犯罪事实是否符合犯罪构成要件，而且包括辩护方提出的阻却违法事由或者阻却责任事由是否符合刑法规范。而根据无罪推定原则，它只解决了刑事证明责任分配中的核心问题——由谁来承担证明被告人有罪的责任，而并没有解决阻却违法事由或者阻却责任事由的证明责任的分配问题。而“谁主张，谁举证”原则既可以解释犯罪构成要件的证明责任问题，也可以解释阻却事由的证明责任问题。一方面，按照证明责任的定义，为了避免出现对控方不利的法律后果，控方必须对犯罪构成要件承担证明责任；另一方面，阻却事由的证明责任不可能由控方来承担。这是因为，在犯罪构成要件与阻却事由相互对立——犯罪构成要件的成立意味着阻却事由不成立，而阻却事由的成立则意味着犯罪构成要件不成立——的情况下，控方既不可能同时提出有关犯罪构成要件和阻却事由的诉讼主张，也不可能同时承担犯罪构成要件与阻却事由的证明责任。因为，公平的刑事诉讼制度不可能要求控方在履行其提供证据的责任时先发制人地否定辩护方所有可能存在的积极主张。这就意味着，在控方已经提出有关犯罪构成要件的诉讼主张并且承担证明责任的情况下，只能由从阻却事由中获取利益的辩护方提出该诉讼主张并承担相应的证明责任。[①] 其次，在刑事法庭审判过程中，辩护方面对控方的刑事指控时，他既可以采取消极抗辩的方式，也可以采取积极抗辩的方式。当辩护方仅仅采取消极抗辩的方式，无法促使法官对被告人是否有罪作出合理的怀疑，或者不足以动摇法官对被告人形成有罪的内心确信，从而导致被告人即将面临有罪判决的情况下，辩护人只能采取积极抗辩的方式。而辩护人一旦采取积极抗辩的方式，就必须提出相应的积极主张。对于辩护方的积极主张，只能由辩护方来承担证明责任；否则，辩护方所提出来的积极主张既不会成为系争事实，也无法构成法庭裁判的对象。因此，辩护方就其积极主张承担证明责任是"谁主张，谁举证"原则的一种具体表现。

根据无罪推定原则，证明被告人有罪的证明责任永远只能由控方来承担，但是这并不意味着被告人对所有的无罪事由同样不承担证明责任。从诉讼证明的具体过程来看，当控方已经顺利完成其证明责任从而导致被告人即将面临被判决有罪时，无罪推定原则对被告人的保护就宣告结束。而在无罪推定原则被推翻的情况下，为了避免被告人被判决有罪，辩护方往往不得不提出自己无罪或者足以使法官作出无罪判决的诉讼主张。但是，这种诉讼主张并不能达到一经提出立即成立的效果。因为，根据"谁主张，谁举证"原则，辩护方必须提出一定的证据证明其诉讼主张能够成立。从国外刑事证明责任分配的理论与实践来看，根据"谁主张，谁举证"原则，当辩护方提出下列事实主张时，辩护方应当承担相应的证明责任：(1) 阻却违法或者阻却责任的事实，如正当防卫、紧急避险、精神不正常、不可抗力、意外事件等；(2) 某些积极的抗辩主张，如不在犯罪现场等；(3) 某些程序性事实，如证据的可采性等；(4) 被告人独知的事实。[②] 值得强调的是，尽管被告人在某些特殊情况下承担证明责任，但是辩护方承担证明责任的证明标准应当低于控方，如辩护方的证明责任通常只需要达到优势证明的程度，而控方的证明责任则需要达到排除合理怀疑的程度。

二、刑事证明责任分配的特殊规则

有原则就有例外，刑事证明责任的分配同样如此。尽管无罪推定原则和"谁主张，谁举证"原则从总体上解决了刑事证明责任的分配问题，但在某些特殊情况下，基于程序正义、诉讼经济、政策、公平等方面的考虑，刑事证明责任的分配表现出与无罪推定原则以及"谁主张，谁举证"原则大不相同的规则。从国内外刑事证明责任制度的理论与实践来看，刑事证明责任分配的特殊规则主要包括以下两个方面。

(一) 刑事推定

推定在证据法学中是一个颇具争议的概念。就刑事推定而言，代表性的观点认为，刑事推定是指在刑事诉讼中，依照法律规定或者由法院按照经验法则，从已知的基础事实推断未知的推定事实存在的一种证据法则。刑事推定包括以下几个基本要素：(1) 推定涉及

---

① 值得注意的是，在坚持无罪推定原则的情况下，辩护方并没有必要总是证明阻却事由的存在。只有在控方已经证明犯罪构成要件成立的情况下，辩护方才有必要提出并证明阻却事由。当辩护方证明阻却事由存在时，控方则需要进一步证明犯罪构成要件能够成立，否则，法官应当判决被告人不构成犯罪。

② 参见卞建林、郭志媛：《刑事证明主体新论——基于证明责任的分析》，载《中国刑事法杂志》，2003 (1)；何家弘：《刑事诉讼中举证责任分配之我见》，载《政治与法律》，2002 (1)；陈永生：《论刑事诉讼中控方举证责任之例外》，载《政法论坛》，2001 (5)。

两种事实，即已知事实和未知事实，或者基础事实和推定事实。（2）推定的依据是法律的规定或者经验法则。（3）推定的救济方法是反证，即对于可反驳的推定，允许当事人提出反证，推翻推定事实，进而使推定规则失去作用。

刑事推定在性质上可以看成是刑事证明责任分配的一种特殊规则。这是因为，一方面，在由已知事实推定未知事实的过程中，实际上包含了证明责任的分配。根据推定的基本原理，只要一方当事人能够证明基础事实存在，那么该当事人就无须证明推定事实的存在，推定事实由法院直接加以认定。但是，当该推定事实是一项可以被反驳的推定时，对方当事人可以提供一定的证据证明该推定事实不存在。一旦对方当事人能够证明该推定事实不存在，那么一方当事人所提出的基础事实也就不能成立。另一方面，在推定过程中，尽管存在证明责任的分配，但是这种分配主要不是基于无罪推定原则或者“谁主张，谁举证”原则方面的考虑，而更多的是基于公共政策、诉讼公平、证明便利等方面的考虑。毕竟，控方对于某些事实的证明在客观上确实存在非常大的难度。如果不免除控方在这些事实上的证明责任，那么控方往往无法完成对被告人的犯罪指控。在我国刑法中，比较典型的刑事推定是巨额财产来源不明罪和非法持有型犯罪。对于巨额财产来源不明罪，之所以由辩护方证明差额财产的合法性，一个重要的原因在于，即使被告人的差额财产的确是非法所得，由控方证明差额财产的非法性也比较困难，而如果被告人的差额财产确实有合法的来源，那么让辩护方进行证明还是比较方便的。在非法持有型犯罪中，只要控方能够证明被告人持有国家明文禁止的物品（如毒品、国家绝密文件等），就可以推定被告人是非法持有这些物品，除非被告人能够证明他持有这些物品是合法的。如果被告人无法证明其合法地持有这些物品，那么他应当构成非法持有型犯罪。另外，值得一提的是，为了加大反腐败的力度，我国已经批准生效的《联合国反腐败公约》对腐败犯罪的主观构成要件也实行了刑事推定规则。《联合国反腐败公约》第28条规定，根据本公约确立的犯罪所需具备的明智、故意或者目的等要素，缔约国可以根据客观实际情况予以推定。《联合国反腐败公约》之所以通过推定的方式降低控方对腐败犯罪的主观要件的证明责任，主要是因为控方很难证明腐败犯罪行为人的主观心理状态。毕竟，腐败犯罪案件的犯罪主体的文化层次往往比较高，犯罪嫌疑人在作案之前往往进行周密的计划，作案手段也比较隐蔽、先进，犯罪嫌疑人通常具有比较强的反侦查能力，其主观心理状态很少留下相关的证据。而且，降低控方对于腐败犯罪主观要件的证明责任，显然更加符合《联合国反腐败公约》关于高效而有力地预防和打击腐败的宗旨。

根据不同的标准，可以对刑事推定作出不同的分类。首先，根据推定的依据不同，可以将推定分为事实推定和法律推定两种类型。事实推定是指法院根据经验法则，由已知事实推定与之相关的需要证明的未知事实存在的一种推定。例如，在被告人身边发现被盗窃的赃物，而被告人又无法说出该赃物的取得途径，那么法官可以根据经验法则，推定该赃物系被告人通过非法手段获得的。法律推定是法院根据法律的规定，由已知事实推定与之相关的需要证明的未知事实存在的一种推定。例如，无罪推定就是一种法律推定。对于事实推定，一般由法官进行自由裁量，而对于法律推定，法官不享有自由裁量权，在辩护方无法提出反证的情况下，法官只能适用法律关于推定的规定。尽管事实推定不依赖于法律的规定，但是立法机关可以通过立法的方式将事实推定上升为法律推定。其次，根据被推定的事实是否可以反驳为标准，可以将法律推定分为可反驳的推定和不可反驳的推定两种类型。可反驳的推定是指根据法律的规定，由已知的基础事实推定未知的推定事实的存在，除非对方当事人能够提出相反的证据证明推定事实不存在。无罪推定就是一种可反驳的推定。不可反驳的推定是指根据法律的规定，从已知的基础事实必然得出推定事实能够成立，或者无法用任何反证来推翻推定事实的一种推定。例如，如果法律规定刑事责任年龄为18周岁，那么对于不满18周岁的被告人，必然得出该被告人无刑事责任能力从而无罪的结论。最后，根据推定事实是否有利于被告人，可以将推定分为有利于被告人的推定和不利于被告人的推定两种类型。例如，无罪推定就是一种有利于被告人的推定，巨额财产来源不明罪中的推定就是不利于被告人的推定。一般而言，有利于被告人的推定有助于提高被告人的防御能力，而不利于被告人的推定有助于减轻控方的证明责任。

（二）刑事证明责任的倒置

证明责任倒置是相对于证明责任分配的一般原则来说的，因为如果没有证明责任分配的一般原则，也就没有所谓的证明责任的倒置问题了。因此，证明责任分配的一般原则可以称为证明责任的正置。而在某些特殊情况下对证明责任的非常规性配置就是证明责任的倒置。所谓证明责任的倒置，是指基于政策、公平等因素的需要，法律规定不是按照一般原则进行证明责任的分配，而是由本该承担证明责任的一方当事人的相对方来承担证明责任。值得注意的是，这里被倒置的证明责任是指败诉风险意义上的证明责任，即两大法系双层次证明责任理论中的说服责任或者结果责任，而不是提供证据意义上的证明责任，即两大法系双层次证明责任理论中的提供证据责任或者行为责任。由此不难看出，证明责任倒置的本质就是法律将本来应当由一方当事人承担的不利法律后果的风险交给对方当事人来承担。根据无罪推定原则，由于控方始终承担证明被告人有罪的证明责任，因此，根据无罪推定原则进行的证明责任分配不存在刑事证明责任的倒置问题。这实际上意味着在刑事诉讼中，证明责任倒置只能是与“谁主张，谁举证”相反的一种证明责任分配方式。综上所述，我们认为刑事证明责任倒置是指，在刑事诉讼中，本来应当由一方当事人承担某刑事法律要件事实存在的证明责任，却转由另一方当事人就不存在该要件事实承担证明责任。

在刑事诉讼中，有可能构成证明责任倒置的是刑讯逼供等非法取证行为的证明责任。按照“谁主张，谁举证”原则，在法庭审判过程中，如果辩护方提出控方证据是通过刑讯逼供等非法取证行为所获取的，那么辩护方对于刑讯逼供等非法取证行为的事实主张应当承担证明责任。但是，在侦查程序封闭性较强而辩护方的举证能力非常有限的情况下，让辩护方承担刑讯逼供等非法取证行为存在的证明责任几乎是一件不可能完成的事情。而且，根据无罪推定原则和程序法治的理念，控方不仅需要承担被告人有罪的证明责任，而且必须运用合法的证据来证明被告人的犯罪行为。如果控方证据不需要由检察机关证明其合法性，那么刑讯逼供等非法取证行为就会成为侦查机关收集证据的法宝。而在这种情况下，刑事诉讼的正当性就会丧失殆尽。相比较而言，由控方来证明侦查程序的合法性或者没有实施刑讯逼供等非法取证行为要比由辩护方证明存在刑讯逼供等非法取证行为方便得多。有鉴于此，我们可以对刑讯逼供等非法取证行为实行证明责任倒置，即在法庭审判过程中，在辩护方提出初步理由或者一定证据，从而促使法院对控方证据的合法性产生怀疑之后，控方就应当承担取证行为合法的证明责任。如果控方无法证明取证行为的合法性，那么法院就应当认定辩护方关于控方存在刑讯逼供等非法取证行为的主张成立，从而按照非法证据排除规则的要求排除控方的非法证据。

值得注意的是，尽管非法取证行为的证明责任可以倒置给控方，但是这并不意味着辩护方对于非法取证行为的争点形成责任也可以倒置给控方。这是因为，尽管辩护方的非法证据排除申请一经提出即告成立的做法更有助于保障被告人的利益，但是这势必会增加“无聊申请”的比例，从而增加控方乃至法庭的负担，造成诉讼的拖延。进一步而言，在提出控方存在非法取证行为从而申请排除非法证据的主张之后，如果辩护方不用承担任何证明责任，那么，即使控方不存在非法取证行为，辩护方为了争取对其有利的判决结果也会抱着侥幸的心态不断地提出排除非法证据的申请。而为了避免控诉失败，控方只好不断地证明取证行为的合法性。法庭也需要不断地展开专门调查，以便确认控方证据是否具有合法性。但是，在司法实践中，同控方所获得的合法证据相比，非法证据毕竟是少数。如果不让辩护方承担一定的证明责任，那么势必导致许多本来不需要加以证明其合法性的控方证据也被“强行”纳入法庭针对非法证据所举行的专门调查之中。其结果必然是司法资源的不必要浪费和诉讼效率的下降，甚至导致刑事审判因为过于冗长而面临崩溃的危险。有鉴于此，在提出控方存在非法取证行为的主张时，辩护方应当承担提出证据推进诉讼的责任，或者说是促使法院对控方证据的合法性产生怀疑从而启动非法证据排除程序的争点形成责任。[①] 这就意味着，在法庭审判过程中，如果辩护方仅仅提出控方存在非法取证行为的主张，而没有提出相应的证据或者理由引起法院对控方证据合法性的怀疑，那么法院可以不启动非法证据排除调查程序，而控方也没有必要举出证据来证明取证行为的合法性。只有当辩护方提出一定的证据或者理由促使法院对控方证据的合法性产生怀疑时，控方才会面临控诉证据被排除的风险，进而需要向法庭提交证据证明取证行为的合法性，以便履行其被倒置的证明责任。

从上面的论述我们不难看出，在证明责任倒置过程中，存在刑事推定的因素。或者说，刑事推定本来就是实现刑事证明责任倒置的一种重要途径。这是因为，在推定的过程中，主张推定事实的一方当事人被免除其证明责任，而是由对方当事人承担推定事实不存在的证明责任。如果按照证明责任分配的一般原理，一方当事人所主张的推定事实存在的证明责任属于法律规定通常所说的说服责任或者客观责任，那么对方当事人承担的推定事实不存在的证明责任实际上相当于承担被倒置的证明责任。这意味着，如果一方当事人主张的推定事实存在的证明责任属于提供证据责任，那么这种推定就不存在刑事证明责任的倒置问题。换句话说，在推定的过程中，如果存在证明责任倒置问题，那么主张推定事实的当事人仍然需要对基础事实的存在承担证明责任，而不能将基础事实和推定事实的证明责任同时倒置给对方当事人；只有当该当事人完成基础事实的证明责任之后，才能将推定事实不存在的证明责任倒置给对方当事人。

或许正因如此，许多学者将我国刑法规定的巨额财产来源不明罪、非法持有型犯罪的证明责任当作证明责任倒置来看待。而根据前文所述刑事推定与刑事证明责任倒置之间的有机联系来看，这两种犯罪的证明责任分配实际上既有刑事推定的因素，又有刑事证明责任倒置的因素。以巨额财产来源不明罪为例。一方面，按照刑事证明责任分配的一般原理，

① 值得注意的是，尽管辩护方在排除非法证据的过程中应当承担争点形成责任，但是为了更好地促使侦查机关严格依法收集证据以及检察机关尽可能将合法证据作为指控犯罪的根据，立法者应当为辩护方设置较低的证明标准。否则，辩护方的非法证据排除申请很难促使法院启动非法证据排除调查程序。在非法证据排除调查程序难以启动的情况下，非法证据排除规则在抑制程序违法方面的功能就会大打折扣。相对于辩护方而言，由于控方承担的证据合法性之证明责任是说服法院排除非法证据嫌疑的证明责任，因而立法者应当为控方证据的合法性设置较高的证明标准。

检察机关本来应当对被告人明显超出合法收入的巨额财产的非法来源直接承担证明责任，但是这对检察机关来说几乎是不可能完成的诉讼任务。有鉴于此，为了加大惩治腐败的力度，再加上被告人更容易证明其财产的来源，就有必要通过证明责任倒置来减轻检察机关的证明负担，由被告人对明显超出合法收入来源的巨额财产的合法性承担证明责任。如果被告人无法承担该证明责任，那么被告人就应当承担被判构成巨额财产来源不明罪的不利后果。另一方面，巨额财产来源不明罪的证明责任分配中也存在推定因素。进一步而言，检察机关需要对被告人的财产或者支出明显超过合法收入而且差额巨大这一基础事实承担证明责任。只有在检察机关完成这一证明责任之后，被告人才需要对差额巨大的财产或者支出的合法来源承担证明责任。如果被告人无法证明其合法来源，那么差额巨大的财产或者支出就会被推定为被告人的非法所得，从而构成巨额财产来源不明罪；反之，如果被告人能够证明其合法来源，那么就不构成巨额财产来源不明罪。

此外，我们还应当克服这样的一种推论或者倾向：在刑事诉讼中，由于控方承担证明责任是一项基本原则，因而在例外的情况下被告人承担证明责任时，也属于刑事证明责任的倒置。根据无罪推定原则，控方承担被告人有罪的证明责任的确是一项基本原则，但是，一方面，刑事证明责任的内容不仅包括控方承担被告人有罪的证明责任，而且涵盖形成争点的证明责任以及提供证据的责任；另一方面，刑事证明责任分配的一般原则不仅包括无罪推定原则，而且包括“谁主张，谁举证”原则。在刑事证明责任的分配中，尽管根据无罪推定原则，被告人不应当承担证明自己有罪或者无罪的责任，但是根据“谁主张，谁举证”原则，被告人在某些情况下承担证明责任是再正常不过的事情。而当被告人根据“谁主张，谁举证”原则承担证明责任时，这是刑事证明责任分配的常规性配置，而不属于刑事证明责任分配的倒置。

第三节　两大法系刑事证明责任

一、英美法系刑事证明责任

1890 年美国著名证据法学家赛耶在《哈佛大学法律评论》发表了《证明责任》一文，指出证明责任包含两层含义：一层含义是指各方当事人对正在争议的问题，有提出主张的责任，如果他不提出主张，那么他就会败诉；另一层含义是指不论在案件开始时还是在庭审、辩论的过程中，当事人都具有推进辩论或者提供证据的责任。[①] 在赛耶之后，许多英美证据法学家对上述理论进行了完善，并最终形成了著名的证明责任双层次理论。目前证明责任双层次理论已经成为英美证据法的通说。根据证明责任双层次理论，证明责任包括两个层次：第一，提供证据责任（the production burden），又称提出证据推进诉讼的责任（the burden of putting forward with evidence），它是指当事人承担的提供证据，并且促使事

① See James B. Thayer, “The Burden of Proof”, *Harvard Law Review*, Vol. 4, No. 2. (May 15, 1890), pp. 45-70.

实裁判者对某一争议事项加以考虑的责任。第二，说服责任（the persuasion burden），它是指当事人承担的证明某一争议事实存在或者不存在的责任。下面结合刑事诉讼，对英美法系证明责任双层次理论进行简单的论述。

(一) 提供证据责任与说服责任的区别

一般认为，提供证据责任与说服责任的区别主要表现在以下几个方面：

第一，发生顺序和阶段不同。提供证据责任产生于说服责任之前。这是因为，提供证据责任具有设定争议事项的功能，一方当事人的主张能否在法庭审判过程中被确定为裁判的对象，首先要由法官审查该当事人完成提供证据责任的情况。只有在当事人完成提供证据责任的情况下，法官才将当事人的主张提交陪审团进行裁决。只有在法官已经将当事人的事实主张提交陪审团裁决后，当事人才需要承担说服责任，即说服陪审团确信争议事实是真实的。正因如此，提供证据责任贯穿于整个庭审阶段，而说服责任仅仅发生于定罪阶段。

第二，针对的裁判者不同。提供证据责任与说服责任的区分主要是由于英美法系职业法官与陪审团之间的分工而产生的。职业法官主要裁决法律问题，如控方指控是否受理、证据是否表面成立，以及程序性的事实等。而陪审团只裁决事实问题，如被告人是否有罪，以及辩护方的事实主张是否成立等。由于职业法官和陪审团之间的分工，英美法系的刑事审判被分成两个组成部分：一个是职业法官的审查，另外一个就是陪审团的审查。当职业法官对证据或者控辩双方的事实主张进行审查时，当事人承担提供证据责任；当陪审团对证据或者事实主张进行审查时，当事人承担说服责任。职业法官对事实主张的审查只是从法律或者程序的角度进行初步的审查，一般不对事实主张是否成立进行评价。陪审团则需要对控辩双方的事实主张进行最终的审查，并明确给出被告人是否有罪的裁决。正因如此，提供证据责任的目的在于使法官将争议事项提交陪审团审理，或者继续听审，以便审查新的证据；而说服责任的目的是使事实裁判者最终就争议事实作出有利于自己的裁决。

第三，承担责任的程度不同。提供证据责任只需要达到表面成立即可，不需要当事人对证据的内容或者证明力进行解释和阐明。而说服责任则需要当事人对证据的内容或者证明力进行详细的解释和阐明，并说服陪审团或者法官确信争议事实是真实的。当事人需要说服的争议事实不同，其说服需要达到的标准也有所不同。对于控方而言，无论是说服事实裁判者相信被告人实施了被指控的犯罪，还是对每一个犯罪构成要件的证明，其说服责任都应当达到排除合理怀疑的程度；对于辩护方而言，说服责任无须达到排除合理怀疑的最高证明标准，一般只需要达到优势证据标准即可。

第四，承担责任的法律后果不同。由于证明责任是与不利法律后果相联系的一个概念，因而无论是控方还是辩护方，在无法完成提供证据责任或者说服责任的情况下，都需要承担不利的法律后果，但是控辩双方承担不利法律后果的内容并不相同。对于控方而言，如果不能完成提供证据责任，那么法官可以裁定案件不交陪审团裁决，或者直接判决被告人无罪，辩护方也没有必要提出证据；如果不能完成说服责任，那么陪审团将裁决被告人无罪。对于辩护方而言，如果不能完成提供证据责任，那么辩护方应当承担其事实主张不被陪审团加以考虑的不利后果；如果不能完成说服责任，那么将承担陪审团对其主张的事实的不利判断。值得强调的是，受无罪推定原则的影响，即使辩护方未能完成其提供证据责任或者说服责任，也不必然导致有罪判决。

第五，能否发生转移不同。在法庭审判过程中，提供证据责任可以在控辩双方之间发生转移。在法庭审判过程中，通常是由控方提出证据证明某一事实主张，当达到表面成立时，控方解除了提供证据责任，被告方进入危险区域。而被告人为了避免被定罪的危险，有必要承担提供证据责任，以便反驳控方的事实主张。一旦辩护方完成提供证据责任，控方就进入危险区域。控方为了避免败诉的风险，就需要再次提出证据以便将败诉的风险转移给辩护方。这样，通过提供证据责任的相互转移，控辩双方不断地推进法庭审判。对于说服责任而言，其无法在控辩双方之间进行转移。这是因为，陪审团对于事实争议的裁判是在控辩双方结束举证、辩论的情况下作出的最终裁决。正因如此，提供证据责任有时被称为暂时的责任（provisional burden），而说服责任被称为固定的责任（fixed burden）。

（二）刑事证明责任的分配

在英美法系证据法中，刑事证明责任分配的一项基本原则是，对于有争议的指控犯罪事实，提供证据责任和说服责任都由控方承担。简要说来，在任何刑事案件中，凡是由于被告人不认罪而进入正式审判程序的，控方必须先向法庭举证，并且说服事实的裁判者相信被告人确实犯了指控的罪行，而且控方对每一构成要件的证明均须达到“排除合理疑问”的程度。控方如果不能提供充分的证据，或者提供的证据不能使事实的裁判者相信被告人犯了被指控的罪行，它将承担败诉的不利后果：要么是案件在控方举证结束后即被法官裁定“无辩可答”或直接判决被告人无罪；要么是控辩双方举证、辩论以后，经过陪审团评议裁决被告人无罪。在定罪之后的量刑程序中，如果对有关加重罪责的事实或情节（如存在适用死刑的加重情节等）存在争议，也由控方承担证明其存在的责任。[①]

尽管控方承担被告人有罪的证明责任是英美法系证据法的一项基本原则，但是在某些特殊情况下，被告人也应当承担提供证据责任或者说服责任。如有学者指出，在英国证据法中贯穿着这样一条金线：除非要证明被告人无罪或者在任何实体例外的情况下，证明被追诉者有罪的责任在控诉方。[②] 在英国证据法中，由被告人承担证明责任的特定事项主要包括：（1）受胁迫；（2）必要性（“情景胁迫”）；（3）正当防卫；（4）受挑衅；（5）合法使用武器；（6）自动症（梦游）；（7）非自愿事件（机械事件）；（8）认识错误；（9）同性之间性行为的“合意”和合法性；（10）不在犯罪现场。[③] 在美国，根据《模范刑法典》、《联邦刑事诉讼规则》的规定，由被告人承担提供证据责任的特定事项包括：（1）执行军事命令；（2）醉酒；（3）受胁迫；（4）正当行为（如具有必要性的行为，执行公务或协助执行公务，正当防卫，处于执行法律、监管、监护或类似责任而合法使用强制力等）；（5）精神失常；（6）受强迫；（7）不在犯罪现场。由被告人同时承担提供证据责任和说服责任的特定事项包括：（1）自动症；（2）无知或认识错误；（3）被害人同意；（4）警察圈套。[④] 由此可见，在英美法系证据法中，在特殊情况下，被告人不仅要承担提供证据责任，而且要承担说服责任。但是，我国不少学者认为，在英美法系证据法中，被告人只承担提供证据责任，而不承担说服责任。我们认为，这种观点并不贴切。这主要是因为，在被告人承担提供证据

① 参见孙长永：《论刑事诉讼中的证明责任》，载《中外法学》，2004（3）。

② See John A. Andrews & Michael Hirst, *Andrews & Hirst on Criminal Evidence*, Jordan Publishing, 2001, p. 58.

③ 参见孙长永：《论刑事诉讼中的证明责任》，载《中外法学》，2004（3）。此外，在英国刑事证据法中，对于被告人承担证明责任的情形，还可以参见齐树洁主编：《英国证据法》，183～186页，厦门，厦门大学出版社，2002。

④ 参见孙长永：《论刑事诉讼中的证明责任》，载《中外法学》，2004（3）。

责任的某些事实主张中，不仅需要职业法官进行初步的审查，而且需要陪审团作出最终的评判。既然如此，被告人就有必要对某些事实主张承担说服责任。对于这些事实主张，如果被告人仅仅承担了提供证据责任，而没有进一步承担说服责任，那么同样有可能承担对己不利的法律后果，即被告人的某些事实主张不被陪审团采纳。

二、大陆法系刑事证明责任

在大陆法系国家，传统上一直遵循古罗马时期确立的“谁主张，谁举证”原则，但是，随着诉讼制度的不断发展和完善，“谁主张，谁举证”这项古老的证明责任分配原则逐渐被更复杂的证明责任规则所取代。这种复杂的证明责任规则便是大陆法系国家关于证明责任分配的分层理论。1883年德国学者格拉泽最早提出了证明责任的分层理论，他将证明责任分为实体的证明责任（实质的证明责任）和形式的证明责任（诉讼上的证明责任）两种类型。[①] 随后德国学者不断地对证明责任分配问题进行研究，并使用了诸多分类方法，如主观责任与客观责任、抽象责任与具体责任、本证责任与反证责任、证明责任与确定责任等。[②]尽管上述各种分类方法的名称有所不同，但都采用了两分法。我们姑且将这称为德国式的证明责任分层理论。目前这种理论已经成为大陆法系国家证明责任理论中最具有代表性的一种理论。

（一）主观证明责任与客观证明责任

在德国证明责任分层理论中，关于证明责任最重要的分层方法是将证明责任分为主观证明责任和客观证明责任两种类型。[③] 主观证明责任，又称形式证明责任或者行为责任，它是指当事人为了避免败诉而通过自己的活动对争议事实进行证明的一种责任。主观证明责任又可分为抽象证明责任和具体证明责任两种类型。抽象证明责任是指抛开具体的诉讼程序和具体的案件事实，根据法律对要件事实的抽象规定，应当由谁在诉讼中对该要件事实提供证明的责任。具体证明责任是指在一个特定的诉讼中，当法官对某一特定的要件事实已经形成临时的心证时，需要由哪一方当事人承担提供证据的责任。客观证明责任，又称实质证明责任或者结果责任，它是指法律规定的要件事实在法律审理的最后阶段仍然真伪不明时，由对该要件事实负有主张责任的当事人承担不利后果的责任。

主观证明责任与客观证明责任既有区别又有联系。就联系而言，客观证明责任在原则上总是符合抽象证明责任，或者说抽象证明责任的分配应当完全按照客观证明责任来进行。主观证明责任与客观证明责任的区别主要表现在如下几个方面：第一，功能或者目的不同。客观证明责任要解决的问题是，当要件事实真伪不明时不利法律后果由哪方当事人承担的问题。而主观证明责任要解决的问题是，哪一方当事人应当对具体的要件事实进行证明。第二，由于客观证明责任已经由法律事先加以规定，而且任何法律都不可能详细规定具体案件的责任分配，因而客观证明责任总是属于抽象的证明责任。而主观证明责任既可以是抽象的，也可以是具体的。在诉讼程序开始之前，由谁来证明通常是抽象的证明责任；而

---

① 参见［德］莱奥·罗森贝克：《证明责任论》，庄敬华译，19页，北京，中国法制出版社，2002；［德］汉斯·普维庭：《现代证明责任问题》，吴越译，11页，北京，法律出版社，2000。

② 参见［德］汉斯·普维庭：《现代证明责任问题》，吴越译，9～21页，北京，法律出版社，2000；［德］莱奥·罗森贝克：《证明责任论》，庄敬华译，12页，北京，中国法制出版社，2002。

③ 参见［德］汉斯·普维庭：《现代证明责任问题》，吴越译，10页，北京，法律出版社，2000。

在诉讼程序进行当中，由谁来提出证据证明特定的事项则属于具体的证明责任。第三，是否发生转移不同。客观证明责任的分配是由实体法决定的，对某个具体的案件而言，客观证明责任已经事先由法律分配完毕，因此它在整个诉讼程序中不能发生转移。尽管在诉讼程序开始之时，抽象证明责任与具体证明责任一定是相符的，但是随着诉讼程序的进行，当法官形成了临时心证后，具体证明责任开始与抽象证明责任发生分离，而在双方当事人之间相互转移。第四，客观证明责任是实体法上的风险分配，它独立于具体诉讼案件而存在，因此它纯粹是一个法律问题。而主观证明责任则属于诉讼法的范畴，离不开具体的诉讼案件。在诉讼过程中，具体证明责任取决于每一次的证明评价，因此它属于事实问题，原则上它仅仅是作为法官对事实评价的附随而存在。

（二）刑事证明责任的分配

在大陆法系国家，由于实行无罪推定原则，因而在刑事诉讼中，证明被告人有罪的客观证明责任总是由控方来承担。当控方证据不能证明被告人有罪达到使法官内心确信的程度时，法官应当判决被告人无罪，即实行疑罪从无原则。因此，德国学者认为，在检察官和刑事被告人之间进行客观证明责任的分配，一般是按照"遇疑义时有利于被告"的原则进行。[①] 根据德国刑法典的规定，在某些特殊情况下，被告人也承担一定的客观证明责任。例如，根据刑法典第186条的规定，被告在"当事实不能证明为真时"，将因为"毁谤性言词"而受到惩罚；根据刑法典第69条、第330条的规定，如果被诉人所主张的要件事实不清，被诉人将承担证明责任。[②]

根据德国证明责任分层理论，在主观证明责任的分配中，抽象证明责任的分配应当完全按照客观证明责任来进行。这是因为，一般说来，同一个证明责任规范不仅分配了主观证明责任，而且分配了客观证明责任。[③] 从这个角度讲，对于主观证明责任的分配，主要是对具体证明责任进行分配。但是，由于德国证明责任分层理论主要是基于民事诉讼和民法而言的，再加上德国民事诉讼实行辩论主义，而德国刑事诉讼传统上实行职权主义，因而上述主观证明责任的分配在刑事诉讼中面临一定困境。这是因为，在德国等大陆法系国家传统上实行职权主义的情况下，法官在诉讼中为了追求案件的事实真相，可以主动进行证据调查活动，而不必依据当事人的举证。在这种情况下，主观证明责任分配往往形同虚设。有的德国学者甚至宣称，在刑事诉讼中的法官职权探知主义原则领域，根本不存在主观证明责任。[④] 德国刑事立法也显示了这一点。例如，在德国，公诉犯罪事实、违法阻却事由或责任阻却事由、加重或减免刑罚处罚的情节等，均由法院依职权加以调查，检察官和被告人没有提出证据加以证明的责任。[⑤] 但是，在司法实践中，为了避免对己不利的法律后果，控辩双方还是愿意积极地提供证据，对某些争议事实进行证明。德国和法国的一些判例也认为，被告人在某些特殊情况下也应当承担证明责任，如德国判例认为，被告人应当对自己犯罪时无责任能力承担证明责任，如果被告人不能证明自己无责任能力，则应对醉酒状态下实施的犯罪承担刑事责任；法国判例认为，违法阻却事由（如正当防卫、受合法当局

① 参见［德］汉斯·普维庭：《现代证明责任问题》，吴越译，59页，北京，法律出版社，2000。
② 参见［德］汉斯·普维庭：《现代证明责任问题》，吴越译，58页，北京，法律出版社，2000。
③ 参见［德］汉斯·普维庭：《现代证明责任问题》，吴越译，43页，北京，法律出版社，2000。
④ 参见［德］汉斯·普维庭：《现代证明责任问题》，吴越译，55页，北京，法律出版社，2000。
⑤ 参见孙长永：《论刑事诉讼中的证明责任》，载《中外法学》，2004（3）。

指挥等）和责任阻却事由，应当由被告人承担提供证据责任。[①]

三、两大法系刑事证明责任之比较

在理论上两大法系刑事证明责任都可以被称为证明责任分层理论。对于这两种理论，我国有的学者认为存在一一对应关系：大陆法系的客观责任对应英美法系的说服责任，大陆法系的主观责任对应英美法系的提出证据责任。[②] 但也有学者认为，尽管两大法系在刑事证明责任的设置上确有某些相似之处，但并不能简单地认为两者之间具有一一对应关系。因为，不仅在结果责任的意义上，客观证明责任与说服责任的侧重点不同，而且主观证明责任与提出证据责任在结构上也不相同。[③] 我们认为，尽管大陆法系和英美法系都从分层的角度对证明责任进行界定和分配，但是二者存在明显的区别。这是因为，大陆法系证明责任分层理论主要是建立在职权主义的诉讼制度以及实体法规范基础之上，并以事实真伪不明的不利后果的分配作为出发点，来映射主观证明责任；而英美法系的证明责任分层理论主要是建立在当事人主义的诉讼制度以及法官和陪审团之间职能分工的基础之上。这就决定了很难对二者的概念体系进行简单的对比。[④] 但是，由于现代刑事诉讼都奉行无罪推定原则和疑罪从无原则，因而两大法系在刑事证明责任的设置上仍然具有诸多相同之处。例如，两大法系的刑事证明责任分配中均包含了事实真伪不明时不利法律后果的分担问题。再如，两大法系一般不要求被告人证明其无罪，被告人只有在某些特殊情况下才承担一定的证明责任。

第四节　我国的刑事证明责任

一、控方的刑事证明责任

尽管根据无罪推定原则，控方应当承担被告人有罪的证明责任，但是1979年《刑事诉讼法》和1996年《刑事诉讼法》及其司法解释都没有直接对控方的刑事证明责任问题作出非常明确的规定。直到2012年3月14日第十一届全国人民代表大会第五次会议通过《关于修改〈中华人民共和国刑事诉讼法〉的决定》以后，《刑事诉讼法》第49条才明确规定："公诉案件中被告人有罪的举证责任由人民检察院承担，自诉案件中被告人有罪的举证责任由自诉人承担。"考虑到1996年修改《刑事诉讼法》之后，我国刑事审判方式已经由职权主义向当事人主义过渡，因此，我们拟以英美法系证明责任双层次理论作为参考，对我国

① 参见孙长永：《论刑事诉讼中的证明责任》，载《中外法学》，2004（3）。

② 参见卞建林、郭志媛：《刑事证明主体新论——基于证明责任的分析》，载《中国刑事法杂志》，2003（1）。日本学者也认为，客观证明责任与说服责任相对应，主观证明责任与提出证据责任相对应。参见［日］田口守一：《刑事诉讼法》，刘迪等译，226页，北京，法律出版社，2000。

③ 参见黄永：《刑事证明责任概念的比较法分析》，载《政治与法律》，2003（6）。

④ 参见黄永：《刑事证明责任分配研究》，99～100页，北京，中国人民公安大学出版社，2006。

刑事证明责任问题加以分析。根据2012年全国人大修正之后的《刑事诉讼法》以及有关司法解释的规定，控方的刑事证明责任主要体现在如下两个方面：

（一）控方的说服责任

从理论上讲，由于指控被告人犯罪是控方的一种主张，因而根据“谁主张，谁举证”原则，控方应当承担证明责任。而且，根据无罪推定原则，控方应当承担被告人有罪的证明责任。在1996年和2012年全国人大先后修改《刑事诉讼法》之后，尽管我国《刑事诉讼法》没有对无罪推定原则作出明确的规定，但是有不少规定已经体现了无罪推定原则的基本精神，如未经法院依法判决，任何人不得被确定有罪原则；不被强迫自证其罪原则；疑罪从无原则，以及犯罪嫌疑人与被告人之间的区分等。既然我国刑事诉讼法已经体现了无罪推定原则的基本精神，那么控方承担被告人有罪的说服责任也就顺理成章了。这在《刑事诉讼法》第195条中得到了最为明显的体现。根据《刑事诉讼法》第195条的规定，在被告人最后陈述后，审判长宣布休庭，合议庭进行评议，根据已经查明的事实、证据和有关的法律规定，分别作出以下判决：（1）案件事实清楚，证据确实、充分，依据法律认定被告人有罪的，应当作出有罪判决；（2）依据法律认定被告人无罪的，应当作出无罪判决；（3）证据不足，不能认定被告人有罪的，应当作出证据不足、指控的犯罪不能成立的无罪判决。这意味着，在我国刑事诉讼中，公诉机关对被告人的指控必须达到案件事实清楚、证据确实充分的程度，法官才能作出有罪的判决；如果公诉机关对被告人的指控无法达到案件事实清楚、证据确实充分的程度，那么法官将作出证据不足、指控的犯罪不能成立的无罪判决。这表明刑事诉讼的最终结局与公诉机关的控诉主张之间产生了直接的联系。换句话说，在法庭审判结束以后，如果公诉机关的犯罪指控仍然无法达到法定的证明标准——没有说服法官确信被告人构成犯罪，那么公诉机关必须承担由此带来的对己不利的法律后果，那就是指控主张不能成立，法官应当判决被告人无罪。由此不难看出，在公诉案件中，公诉机关应当承担被告人有罪的说服责任。

在自诉案件中，自诉人像公诉机关一样，也应当承担被告人有罪的说服责任。这是因为，根据最高人民法院《解释》第276条的规定，自诉案件审理结束之后，法官仍然应当按照刑事诉讼法规定的有罪判决证明标准，衡量自诉人是否完成证明被告人有罪的说服责任。一旦自诉人对被告人的指控无法达到犯罪事实清楚、证据确实充分的程度，法官就会作出对自诉人不利的法律后果——判决被告人无罪。

（二）控方的提供证据责任

在我国刑事诉讼中，既然控方需要承担被告人有罪的说服责任，那么控方承担被告人有罪的提供证据责任也就水到渠成了。这是因为，在法庭审判过程中，如果控方不承担提供证据责任，那么控方不可能完成其证明被告人有罪的说服责任；而为了达到指控犯罪的目的，或者为了避免对己不利的法律后果，控方只能提供相应的证据使法庭审判朝着有利于自己的方向发展。我国《刑事诉讼法》的有关规定实际上已经体现了控方的提供证据责任。根据《刑事诉讼法》第50条的规定，公安机关和检察机关应当收集能够证实犯罪嫌疑人、被告人有罪或者无罪、犯罪情节轻重的各种证据。根据《刑事诉讼法》第160条的规定，公安机关侦查终结的案件，应当做到犯罪事实清楚，证据确实、充分，并且写出起诉意见书，连同案卷材料、证据一并移送同级人民检察院审查决定。根据《刑事诉讼法》第172条的规定，人民检察院认为犯罪嫌疑人的犯罪事实已经查清，证据确实、充分，依法应当追究刑事责任的，应当作出起诉决定，按照审判管辖的规定，向人民法院提起公诉，并将案卷材料、证据移送人民法院。显而易见，上述活动无不是公诉机关为了顺利完成提供证据责任所做的必要准备。根据《刑事诉讼法》第181条的规定，在庭前准备阶段，人民法院需要对起诉书是否具有明确的指控犯罪的事实进行审查。在起诉书中如果没有明确的指控犯罪事实，人民法院将有权拒绝将案件交付法庭审判。同时根据《刑事诉讼法》第186条、第187条、第189条、第190条、第192条的规定，在法庭审理过程中，公诉机关应当根据起诉书所指控的每一个犯罪构成要件，通过讯问被告人，申请传唤证人、人民警察、鉴定人出庭作证，向被害人、证人、人民警察、鉴定人等发问，宣读笔录，以及出示实物证据等方式，承担其证明被告人有罪的提供证据责任。在法庭审判过程中，如果公诉机关无法承担上述提供证据的责任，那么公诉机关就有可能面临败诉的风险。

同样的道理，在自诉案件中，自诉人也必须承担证明被告人有罪的提供证据责任。如果自诉人针对自己的控诉主张不承担提供证据的责任，那么在庭前审查阶段，其案件将不被法院受理，而在法庭审判阶段，自诉人将面临败诉的风险。

二、被告人的刑事证明责任

在我国刑事诉讼中，控方承担被告人有罪的证明责任是一项基本原则，而被告人一般不承担证明责任。在被告人不提出证据证明自己无罪的情况下，并不必然产生自己有罪的不利后果。因为，在刑事审判过程中，被告人是否有罪，主要取决于控方是否完成被告人有罪的证明责任。但是，根据我国《刑事诉讼法》和《刑法》的有关规定，被告人在特殊情况下也应当承担一定的证明责任。最明显的例证就是，我国刑法典在刑事推定方面的规定。例如，根据《刑法》第395条的规定，被告人应当承担差额财产来源合法的证明责任；根据《刑法》第282条第2款的规定，被告人应当承担合法持有国家绝密、机密文件、资料、物品的证明责任。此外，尽管我国《刑法》和《刑事诉讼法》没有作出十分明确的规定，但在刑事司法实践中被告人对于某些事实实际上也承担一定的证明责任。例如，根据《刑法》第128条第1款的规定，被告人承担合法持有枪支、弹药的证明责任；根据《刑法》第348条的规定，被告人承担合法持有毒品的证明责任。又如，根据《刑法》和《刑事诉讼法》的有关规定，被告人对于某些积极抗辩事由，如正当防卫、紧急避险、意外事件、不可抗力、不在犯罪现场、某些程序性的事实（如非法证据排除、回避、管辖等），以及有关减轻、从轻或者免除刑事处罚情节的事实（如自首、立功等）等，也承担一定的证明责任。尽管根据我国刑法以及司法实践中的实际做法，被告人对于某些特定的事实也承担一定的证明责任，但是被告人承担的证明责任究竟应该达到什么标准，法律缺乏明确的规定，完全依赖于法官的自由裁量。此外，在司法实践中，对于被告人承担的证明责任究竟是提供证据责任还是说服责任，也不明确。但是我国学者一般认为，被告人承担证明责任的标准应当低于控方承担证明责任的标准；被告人只承担提供证据责任，而不承担说服责任。

三、侦查机关和人民法院是否承担证明责任

从两大法系证明责任双层次理论来看，刑事证明责任只能在控辩双方之间进行分配，而与刑事诉讼中的其他主体无关。但在我国刑事诉讼中，侦查机关和人民法院是否应当承

担证明责任却是一个饱受争议的话题。翻阅目前使用比较广泛的教科书，大部分学者都认为侦查机关和法院应当承担证明责任。[①] 不少学者之所以认为侦查机关和法院也应当承担证明责任，主要是因为，一方面他们将诉讼证明当作贯穿于整个诉讼过程的一种认识活动，认为在探求案件事实真相的活动中起主导作用的公安司法机关都是诉讼证明的主体，因此，公安机关、人民检察院和人民法院都应当承担证明责任。另一方面他们认为证明责任不是来自于当事人的诉讼主张，而是来自于公安司法机关运用证据查明、证实和确定案件事实的一种法定职责，因此，证明责任理所当然地由各个诉讼阶段主持诉讼的公安司法机关来承担。[②] 我们认为，刑事证明责任只能由控方或者辩护方来承担，而不可能由侦查机关和法院来承担。

首先，证明责任离不开诉讼证明活动。由证明责任的四个构成要素我们不难看出，证明责任是与诉讼证明活动紧密相连的一个概念。如果没有诉讼证明活动，那么不可能产生证明责任的分配问题。而诉讼证明又是与法庭审判相联系的一个特定概念。毕竟，诉讼证明活动指的是承担证明责任的诉讼主体在裁判者面前提出诉讼主张并运用证据加以证明的过程。因此，如果没有法庭审判，也就无所谓诉讼证明问题。这就决定了侦查机关在刑事诉讼中不可能承担证明责任。一方面，侦查机关的侦查活动是自我说服、自我证明的一种活动，这种活动由于不存在控、辩、裁三方构造，因而不是诉讼证明活动。另一方面，侦查机关的诉讼职能是收集证据，为公诉机关提起公诉做准备，侦查人员即使参与法庭审判，也不可能成为法庭审判三方构造当中的一方。[③]

其次，提出诉讼主张是承担证明责任的逻辑前提。如前文所述，证明责任产生的前提条件是与案件存在利益关系的一方当事人提出自己的诉讼主张。如果没有诉讼主张，证明责任的分配也就无从谈起。在刑事诉讼中，无论是侦查机关还是法院，都没有自己的诉讼主张，这就决定了侦查机关和法院都不能成为证明责任的承担主体。一方面，尽管侦查机关与案件结局存在直接的利益关系，但是侦查机关不是法庭审判的一方诉讼主体，它无法在诉讼证明活动中提出自己的诉讼主张。侦查机关的利益主要是通过公诉机关在法庭审判过程中的控诉来实现，这决定了控方证明责任的承担主体是公诉机关而不是侦查机关。另一方面，由于法院属于中立的裁判者，它在刑事诉讼中并没有自己的具体利益，因而法院不可能在刑事诉讼中提出自己的诉讼主张。

再次，承担败诉风险是证明责任主体证明不力时的逻辑结果。在诉讼证明活动中，诉讼当事人之所以需要承担证明责任，以便证明自己的诉讼主张能够成立，一个最重要的原因在于，如果他不这样做，将会导致对己不利的法律后果。换句话说，如果不是因为承担败诉的风险，诉讼当事人根本没有必要承担证明责任。因此，证明责任实际上是一种风险

---

① 从新中国成立之后到20世纪90年代初期，学术界曾经就侦查机关和人民法院是否承担证明责任问题进行过激烈的争论。参见崔敏主编：《刑事诉讼证据理论研究综述》，100～105页，北京，中国人民公安大学出版社，1990；樊崇义主编：《刑事诉讼法学研究综述与评价》，264～265页，北京，中国政法大学出版社，1991。

② 为了自圆其说，不少学者还将证明责任与举证责任区分开来，认为证明是国家专门机关的一种职权活动，而举证是当事人的一种诉讼行为，因此公安司法机关按照职权责任原则承担证明责任，而诉讼当事人按照“谁主张，谁举证”原则承担举证责任。长期以来，我国学者之所以对证明责任和举证责任之间的关系争论不休，恐怕与上述观点有极大的关系。

③ 考虑到侦查机关和检察机关在性质上均属于追诉机关，再加上侦查机关收集的证据又是决定公诉成败的关键，因此，尽管侦查机关在刑事审判过程中不承担刑事证明责任，我们也不妨将侦查机关依法收集证据的义务视为辅助性的刑事证明责任；或者说，侦查机关是检察机关履行刑事证明责任的辅助承担者。

负担，它是与当事人的诉讼主张以及当事人证明不力时所要承担的不利法律后果相联系的一个特定概念。而在诉讼证明活动中，由于公安机关和法院既没有独立的诉讼主张，又不需要承担败诉的风险，因而，它们不可能成为证明责任的承担主体。

最后，法院承担证明责任不仅违背程序正义原则，而且破坏证明责任分配机制的生存空间。在现代刑事诉讼中，法官没有具体的诉讼主张和诉讼利益，裁判的最终结果与其没有直接的利害关系，因此，法官参与刑事诉讼的重要目的在于以中立、消极的第三者身份对控辩双方的争议作出权威的裁判。如果让法官承担证明责任，不管是证明被告人有罪，还是证明被告人无罪，都会形成法官既证明又裁判的局面，法官在裁判时很难对自己证明的案件事实保持客观、公正而冷静的心态，从而不偏不倚地作出公正的判决。进一步讲，为了完成自己的证明责任，法官就会主动地调查案件事实真相，其结果不仅破坏了法官的消极、中立性，而且导致案件事实不会存在真伪不明的情况，承担证明责任的一方即使证明不力也不会带来相应的法律后果。[①] 所有这些无不从根本上破坏了证明责任分配机制的生存空间。

【问题与思考】

1. 设立证明责任的初衷是为了解决要件事实真伪不明时法官无法裁判的问题吗?
2. 证明责任具有哪些功能?
3. 如何理解无罪推定原则与“谁主张，谁举证”原则之间的关系?
4. 刑事推定与刑事证明责任倒置之间的关系如何?
5. 两大法系刑事证明责任分配理论具有哪些异同?
6. 我国刑事证明责任分配存在哪些问题和缺陷?

【推荐参考论著】

1. 黄永．刑事证明责任分配研究．北京：中国人民公安大学出版社，2006
2. 叶自强．举证责任及其分配标准．北京：法律出版社，2005
3. ［美］约翰·W·斯特龙主编．麦考密克论证据．汤维建等译．北京：中国政法大学出版社，2004
4. 李浩．民事证明责任研究．北京：法律出版社，2003
5. ［德］莱奥·罗森贝克．证明责任论．庄敬华译．北京：中国法制出版社，2002
6. ［德］汉斯·普维庭．现代证明责任问题．吴越译．北京：法律出版社，2000
7. 卞建林，郭志媛．刑事证明主体新论——基于证明责任的分析．中国刑事法杂志，2003（1）
8. 孙长永．论刑事诉讼中的证明责任．中外法学，2004（3）
9. 左卫民，周光权．刑事证明责任分配机制的法理学分析．现代法学，1993（3）
10. 王兆鹏．刑事举证责任理论——由英美法理论出发．台大法学论丛，1999（4）

---

① 案件事实真伪不明以及举证不能时的风险承担是证明责任分配的基本要件。但在法官承担证明责任的情况下，这两个要件不可能存在。一方面，即使案件事实真伪不明，或者没有达到法定的证明标准，法官也不会直接作出相应的裁判，而会主动地调查案件事实，直到查明案件事实真相为止。另一方面，即使控方举证不能，也不会承担相应的败诉风险。因为，当控方举证不能时，法官也无法完成自己的证明责任，即判决无法建立在犯罪事实清楚、证据确实、充分的基础之上，从而使自己的判决存在错判的可能。而为了避免错判的风险，确保判决的正确性，法官就会主动地通过各种调查活动来查明案件事实真相。

第十四章
刑事证明标准

内容导读

证明标准是证据法学的一个基本理论问题，它指的是运用证据对案件事实进行证明应当达到的程度。历史上曾经存在过的神示证据制度、法定证据制度和自由心证证据制度的证明标准分别是神示真实、法定真实和主观真实。在案件事实和证明标准的性质上，存在着客观事实与法律事实、客观真实与法律真实、绝对真实与相对真实、实质真实与形式真实四对基本范畴。证明标准的性质应当是法律真实，法律真实为证明标准的多元化提供了制度性基础。英美法系国家有罪判决的证明标准是“排除合理怀疑”，大陆法系国家有罪判决的证明标准是“内心确信”。我国法定的刑事证明标准“案件事实清楚，证据确实、充分”在理论上存在着缺陷，在实务中导致陷入困境，应当予以改革，以法律真实为基础，构建多元化的刑事证明标准。

第一节　证明标准的概念

一、证明标准的概念

证明标准是证据法学的一个基本理论问题。证明标准这一术语源自于西方国家诉讼法或者证据法。因此，要明确证明标准的概念，应当追根溯源，到西方国家的诉讼法或者证据法中去探究。然而，以法国、德国为代表的大陆法系国家尽管在认定案件事实过程中有相对的证明标准，但由于在传统上更重视实体法规范，并不存在一般意义上的证据法典，没有一系列证据规则，实行的是较完全的自由心证，因而证明标准的重要性不如英美法系国家那样突出，学者们的关注也相对较少。以美国和英国为代表的英美法系国家素有注重程序法规则的传统，其证据规则之丰富自不待言，并伴有成文的证据法典和大量的经典判例，证明标准无论在理论上还是在实践中都是法官、学者们关注的热点问题。

在英美法系国家的证据法中，证明标准一般以“standard of proof”、“the degrees of proof”等词汇表述。关于证明标准的含义，英国学者墨菲指出：“‘证明标准’术语，是指卸除证明责任必须达到的范围或程度。它是证据必须在事实审理者头脑里形成的确定性或盖然性程度的尺度；是负担证明责任的当事人在有权赢得诉讼之前必须运用证据说服事实审理者的标准，或是他为获得有利于己的认定而对某个事实争议进行证明所应达到的标准。因此，从卸除证明责任的角度看，它是证据的质量和说服力应达到的尺度。”[①] 艾里欧特认为，证明标准是“承担证明责任的当事人举证的分量相对于对方当事人举证分量来说，应当超过多少?”[②] 理查德·梅认为：“证明标准意指证据应当被确立的标准或程度。”[③] L.B.科尔森认为：“必须有与主张的严重性相当的使人信服的证据，证明标准即是关于此的一种盖然性的平衡。”[④] 美国学者彼得·G·伦斯特洛姆认为：“证明标准是在法律争议中提交的证据所应当达到的说服力程度。证明标准确立了举证责任，即必须把案件中争议的事实明确地用证据加以证实。”[⑤] 约翰·M·玛盖瑞等则用“提出证据责任的负担”和“说服责任的负担”来阐述证明标准，并使用了“要求多少证据”的字眼。[⑥] 可见，在英美证据法中，证明标准即是运用证据对案件事实进行证明应当达到的程度，它与证明责任密切相关，是法定责任的卸除标准，是案件事实得到证明对证据的质和量所提出的具体要求。简而言之，证明标准就是运用证据对案件事实进行证明应当达到的程度。

在我国，就证明标准，还曾存在过一些与之类似的说法，如证明任务、证明要求。有些学者认为证明标准与证明任务、证明要求的含义相同，如“诉讼中的证明任务，或称证明要求，是指诉讼中对案件事实证明所要达到的程度或标准”[⑦]；证明要求“是指司法人员在诉讼活动中运用证据证明案件事实需要达到的程度，也就是为了实现证明目的在证据的数量和质量上应达到的标准”[⑧]。但也有一些学者认为证明标准与证明任务、证明要求不是同义词，不能混用，其理由是：“要求”、“任务”与“标准”的内涵不一样，“要求”意指希望达到或者满足某种愿望，而要实现这种愿望，往往需要树立具体的参照物作为标准；“任务”系指某一主体被指定（或法定）担任的工作，或者被指定（或法定）承担的责任。证明任务是主体的责任，证明标准是一个客观尺度，证明标准虽然是证明任务是否完成、证明要求是否达到的参照物，但任务和要求不等于标准本身。[⑨] 我们认为，语言是约定俗成的，只要人们在使用中不会造成误解和歧义，就没有必要过分苛求字面含义与概念内涵的统一。在人们长期的使用过程中，既然已经赋予了证明要求、证明任务与证明标准等同的

---

① Perter Murphy, *Murphy on Evidence*, Blackstone Press Limited, 2000, p. 119.

② Phipson and Elliot, *Manual of The Law of Evidence*, Sweet & Maxwell, 1980, p. 70.

③ Richard May, *Criminal Evidence*, Sweet & Maxwell, 1990, p. 56.

④ ［英］L.B.科尔森：《朗文法律词典》，398页，北京，法律出版社，2003。

⑤ ［美］彼得·G·伦斯特洛姆编：《美国法律辞典》，贺卫方等译，202页，北京，中国政法大学出版社，1998。

⑥ See John M. Maguire, Jack B. Weinstein, James H. Chadbourn, John H. Mansfield, *Evidence: Cases and Materials*, Foundation Press, 1973, pp. 1023-1030.

⑦ 陈一云主编：《证据学》，2版，115页，北京，中国人民大学出版社，2000。

⑧ 崔敏、张文清：《刑事证据的理论与实践》，85页，北京，中国政法大学出版社，1992。

⑨ 参见徐静村：《我的“证明标准”观》，载陈光中主编：《诉讼法理论与实践（上）》，199页，北京，中国政法大学出版社，2002。

含义，就没有必要硬性加以区分。在通说已经基本摒弃证明任务、证明要求等术语的今天，接受并使用证明标准这一术语是合适的。

证明标准对诉讼活动具有指导意义。首先，证明标准是衡量诉讼当事人（包括刑事诉讼中的公诉方）是否完成法律所要求的证明责任的尺度，因此可以引导负有证明责任的当事人积极有效地收集证据和提供证据；其次，证明标准是衡量法官对案件事实的认定是否达到法律要求的尺度，因此可以指导法官对证据的审查与评断。

二、证明标准与证明责任的关系

证明标准与证明责任关系密切，其是法定证明责任的卸除标准。按照《美国加利福尼亚州证据法典》第115条的规定，证明标准“是指当事人一方有义务通过证据在事实裁定者和法庭心目中建立有关事实的必需的可信度”。在诉讼过程中，证明标准就像一支晴雨表，昭示着当事人的证明责任能否解除。当事人提供的证据达到了证明标准，我们便说，当事人履行完了他的证明责任，这意味着，当事人不会因为该特定待证事实的证明问题而受到诉讼中的不利益；反之，如果当事人提供的证据未能达到证明标准，我们便说，当事人的证明责任没有能够履行完毕，这意味着，当事人将因为该特定待证事实的证明问题而受到诉讼中的不利益。因此，证明标准和证明责任本质上是一物两面的概念，它们是从不同的角度就同一个诉讼现象进行考察所得出的不同概念。证明责任是从诉讼主体角度观察的证明标准，实质上是证明标准的主体化；证明标准是从诉讼客体角度观察的证明责任，实质上是证明责任的客体化。证明责任回答的问题是，就特定的待证事实，应当由谁提供证据加以证明；证明标准回答的问题是，就特定的待证事实，当事人应当提供多少证据加以证明。证明责任确定了提供证据的主体，证明标准确定了提供证据的内容。证明标准是在证明责任的基础上产生的概念，证明责任在诉讼过程中演变到某个特定的时间点或状态点，便呈现出了证明标准的诉讼价值。没有真正意义上的证明责任制度，便没有真正意义上的证明标准制度。没有证明标准，证明责任便是毫无内容、毫无目标、毫无约束性的空中楼阁。由此，证明责任和证明标准便成为一对相互匹配的概念，形影相随，密不可分。对于这一点，我们从《美国加利福尼亚州证据法典》第115条对“证明责任”的进一步解释即可得知，该条规定：“……证明责任可以要求一方提出有关事实存在或不存在的合理怀疑，或一方通过优势证据，或通过清楚和令人信服的证明，或通过超出合理怀疑的证明来确认一个事实的存在或不存在。”

三、证明标准的特点

根据《现代汉语词典》的解释，标准是指衡量事物的准则。[1] 也就是说，标准是人们评价事物的尺度。证明标准也是人们评价事物的尺度，只不过，它是人们在诉讼过程中评价证据的质和量以及证明力是否达到能够证明案件事实程度的尺度。证明标准具有以下特征：

第一，证明标准是主观的，但离不开一定的客观基础。这是因为任何标准都是人制定的并为人所用，选择一个什么样的标准必须发挥人的主观能动性。同时，标准的适用也离

① 《现代汉语词典》，5版，89页，北京，商务印书馆，2005。

不开人的主观因素，因为标准本身不能去主动评价客体，评价只能是人的一项有意识、有目的的活动，离开了主体，标准就无法与被评价物发生联系。而任何标准的制定都离不开一定的客观基础，这些基础包括物质基础、社会经济文化基础、历史基础等，这些基础都是不以人的意志为转移的，我们制定的标准只有建立在这些基础之上并反映这些客观实际才是科学的和可行的。同时，标准一经制定就能在特定领域发挥评价尺度的作用，从而使该领域的评价带有确定性和可预测性，并指导人们的行为，使之符合标准的要求。

第二，证明标准是衡量事物的尺度，但它又不是被衡量的事物本身。标准应当是外在于客观事物本身，是人的发明与创造，就像人类发明了长度单位去测量距离，发明了重量单位去测量质量一样，被测量的物体并不是标准本身。标准外在于被评价的事物，属于主观范畴，这也使得运用标准对事物进行评价的过程带有浓重的主观色彩。对同一事物，不同的人可能有不同的评价。当然，这并不意味着我们将支持所有的评价，特别是在证明标准适用的问题上，我们所支持的只是法律所认可的、符合诉讼目的和价值取向的评价。

第三，证明标准应当是确定的、稳定的，但并不排斥灵活性。标准的确定性意味着它不是朝令夕改、变化无常的，我们可以认识它、把握它，这也正是使用标准去衡量事物的前提。人们之所以需要标准的原因之一就在于有了它，我们就可以用同一尺度去评价事物。任何标准都应当具有一定的确定性，只有具有确定性的标准才能成为评价、衡量的尺度，但标准的确定性并不排斥灵活性。确定、稳定的证明标准是法治的体现和保障，但灵活性使得证明标准不是一把僵硬的尺子，而是一个开放的体系，可以包含更多的价值目标和利益追求，更加贴近现实生活。

第二节　历史上存在过的几种证据制度的证明标准

与人类从野蛮走向文明、从蒙昧走向科学的进程相伴随，证据制度也经历了神示证据制度、法定证据制度和自由心证证据制度，而不同类型的证据制度又有着不同的诉讼证明标准。证明标准是随着社会的发展而变化发展的，逐步从非理性走向理性。

一、神示证据制度下的证明标准

神示证据制度是人类历史上最原始的一种证据制度，普遍存在于亚欧各国的奴隶社会。在当时的历史条件下，出于维护阶级统治的需要，加之生产力发展水平十分低下，人们不可能通过科学的方式正确认识各种自然现象和社会现象。那时的人们普遍信奉神灵，认为神是人类的主宰，是无所不知的。因此，对于难以查明的案情和难以决断的争议，人们便求助于神灵来判断是非、解决争端。神示证据制度中具有代表性的显示神意的方式有对神宣誓、水审法、火审法、热油审、抽签审等。那时的当事人不是用证据来说服法官或陪审员接受他的主张，而是求助于超自然的力量或神明的“示意”来证明其主张。法庭审判无非是为求得这种“神明示意”提供一个舞台，并将“神明示意”的结果作为认定案件事实的手段和判断是非曲直的标准。同时，由于人们对神盲目崇拜，对神示的结果深信不疑，因而根本就不会考虑到可能有其他结果。可见，当时的诉讼证明标准是“神示真实”。

二、法定证据制度下的证明标准

随着社会的进步，法定证据制度登上历史舞台。所谓法定证据制度，是指一切证据的证明力的大小，以及对它们的取舍和运用，都由法律预先明文加以规定，法官在审理案件过程中不得自由评断和取舍的一种证据制度。由于这种证据制度只要求法官查证案件情况是否符合法律事先规定的各项规则，而不问其是否符合案件的客观真实情况，故又称形式证据制度。法定证据制度的证明标准是“法定真实”或“形式真实”。

三、自由心证证据制度下的证明标准

随着产业革命的完成和资产阶级人权思想的诞生，自由心证证据制度取代了法定证据制度，使人类证据制度向前迈出了关键性的一步。所谓自由心证证据制度，是指一切证据证明力的大小以及证据的取舍和运用，法律不预先作出规定，而是由法官根据自己的良心、理性自由判断，并根据其形成的内心确信认定案件事实的一种证据制度。与法定证据制度相比，自由心证证据制度有两个主要特点：一是将审查判断证据的权力赋予法官，由法官凭借自己的良心、理性自由判断、运用证据；二是法官在其“良心”的基础上“自由”地发挥其“理性”，审查判断各种证据，在其内心形成心证。当这种心证达到深信不疑或排除合理怀疑的程度，也就产生了确信，案件事实便得以认定，法官据此进行裁判。因此，相对于法定证据制度下的“法定真实”或“形式真实”证明标准，自由心证证据制度下的证明标准可称为“主观真实”或“诉讼上的真实”。

第三节　关于证明标准性质的理论探讨

案件事实能够证明到什么程度，在学理上有着不同的概括和认识。在对学理上的争论进行介绍和评析之前，有必要分析与案件事实相关的几对哲学范畴。

一、与案件事实相关的哲学范畴

(一) 客观事实与法律事实

客观事实与法律事实是关于案件事实性质的一对重要范畴。客观事实即客观存在的事实。就诉讼证明活动而言，是指确实在客观世界中发生的案件事实。法律事实是法律意义上的事实，是由法律规范所调整或认可的，可以引起一定法律后果的事实。在诉讼活动中，法律事实指由证据证明的案件事实，是经过人的主观活动明确或确认的案件事实。

法律事实是以客观事实为基础的，是由客观事实决定的。但是，法律事实并不完全等同于客观事实。在任何案件的诉讼活动中，法律事实和客观事实都存在着质和量的差异。

在质上，法律事实是由证据证明的事实，而用证据证明是一种人的行为，带有主观性，因此法律事实并不完全是客观的东西，其中或多或少都会掺杂一定的人的主观因素或作用。在量上，一般来说，案件中客观事实的数量都会大于法律事实的数量，因为并非所有与案件有关的客观存在或发生的事实都可以由证据加以证明，都可以成为法律事实。

（二）客观真实与法律真实

客观真实和法律真实是以客观事实和法律事实为基础的一对范畴，但是客观真实和法律真实的概念并不完全等同于客观事实和法律事实的概念。客观事实和法律事实回答的是“什么是诉讼证明中的事实”这一问题；客观真实和法律真实回答的是“诉讼证明中的认识怎样才为真实”这一问题。

所谓客观真实，是指在诉讼活动中人们对案件事实的认识完全符合客观的实际情况，即符合客观标准的真实。所谓法律真实，是指在诉讼活动中人们对案件事实的认识符合法律所规定或认可的事实，是法律意义上的真实，是在具体案件中达到法律标准的真实。

法律真实是建立在客观真实基础之上的真实，是包含有客观真实内容的真实，但法律真实并不等同于客观真实。按照客观真实的要求，诉讼证明的结果都是符合客观实际情况的，必须是完全正确的，不能有任何误差。法律真实是法律认可的真实，其中既包含有符合客观实际情况的内容，也可能包含有不符合客观实际情况的内容。众所周知，法官认定案件事实离不开证据，但证据中存储的与案件事实有关的信息并不等于客观存在的案件事实，可能是真实的，也可能是虚假的，还有可能是真假混杂的。即便是法官采信的证据，往往也包含有不真实的成分。法律真实就是建立在这种证据基础之上的真实。

但法律真实并不属于主观真实的范畴。所谓主观真实，是指在诉讼活动中人们对案件事实的认识符合主观的标准，是脱离客观事实情况的真实。换言之，检验一个认识是否真实的标准不是客观实际情况，而是主观认识，是用权威性的认识去检验具体诉讼证明中的认识。法律真实不是这种意义上的真实。

（三）绝对真实与相对真实

诉讼证明是人的活动，因此就存在认识结论是否真实以及在何种程度上真实的问题。绝对真实和相对真实即是关于这个问题的一对范畴，是由客观真实和法律真实衍生出来的。所谓绝对真实，就是说诉讼证明所确认的案件事实完全符合客观发生的或存在的事实，是100%的真实。所谓相对真实，是说诉讼证明所确认的案件事实只是一定程度上符合客观发生或存在的事实，不是100%的真实，可能只是90%、80%或51%的真实。

人类的认识能力具有相对性，诉讼证明的结果也具有相对性。只有在无限发展的认识进程中，人类的认识能力和诉讼证明的结果才能摆脱相对性的约束，进入绝对真实的王国。换言之，绝对真实不是在一次具体的认识活动中完成的，而是在无限发展的认识进程中实现的。审判人员对案件事实的认定属于认识的“个别实现”，因此，在任何一个具体案件中，审判人员对案件事实的认定都不可能是100%的“真实”，而只能是不同程度的“真实”。即便是正确的判决也并不一定要求所有案件细节都达到100%的真实。当然，相对真实与绝对真实也并不是完全对立或者截然分开的，相对真实中总会或多或少地包含着绝对真实的内容。正是在这个意义上讲，诉讼证明的结果中也包含有相对真实的内容。

（四）形式真实与实质真实

所谓实质真实，是指证明活动的结果在实质上符合客观真实，是实质内容的真实。所谓形式真实，是指证明活动的过程和形式符合证明规律的要求，是形式所表见的真实。在诉讼活动中，诉讼证明的形式真实通常表现为程序的正当与合理，因此其又可称为程序真实，或程序意义上的真实。

实质真实和形式真实，在一定程度上反映着诉讼证明活动的内容与形式之间的关系，二者是对立的统一。但是在具体的诉讼证明活动中，如何阐释实质真实和形式真实之间的关系，学界主要有三种观点。这三种观点也在一定程度上反映了实质真实和形式真实之间对应关系的三种基本模式。

第一种模式为实质真实决定形式真实，实质真实被奉为诉讼证明中唯一的而且是神圣的目标。这种模式强调的是结果意义上的真实。第二种模式为实质真实和形式真实相互融合、不可分割，二者在功能上是互补的，在地位上是对等的。这种模式强调的是过程意义上的真实。第三种模式为形式真实决定实质真实。诉讼证明的内容确定之后，形式的合理与否、程序的正当与否，就成为决定性因素。这种模式强调的是程序意义上的真实。[①]

二、关于证明标准性质的理论观点

以诉讼证明活动中的案件事实的性质是客观事实还是法律事实为基础，关于诉讼证明标准的性质，存在着客观真实和法律真实、绝对真实和相对真实、实质真实和形式真实三对范畴。而对于诉讼证明标准性质的认识，也相应存在着客观真实说、主观真实说、法律真实说、相对真实说等学说。

客观真实说认为，诉讼中对事实的证明，应当达到客观真实的程度。查明案件的客观真实，不但是必要的，而且是完全可能的。[②] 客观真实说的主要理由包括：第一，马克思主义认识论认为，存在是第一性的，意识是第二性的，存在决定意识；人类具有认识客观世界的能力，能够通过调查研究认识案件的客观真实，查明客观真实具有科学的理论根据。第二，客观上已经发生的案件事实，必然在外界留下这样或那样的物品、痕迹，或者为某些人所感知，这为查明案件的客观真实提供了事实根据。[③] 我国的司法实务人员也自觉或不自觉地在诉讼活动中将“客观真实说”作为指导原则。这种观点在国外也有不少人支持。客观真实说从一定程度上注意到了案件事实的客观性，这是正确的。但是，人的认识能力在具体的时空条件下是受到限制的，比如，受到诉讼期限的限制，司法人员不能无穷无尽地去探求案件的真相；受到证据规则的限制，不适格的证据不能作为定案根据。此外，现代诉讼以审判为中心，而审判的主要目的是解决纠纷。如果要求最终证明的案件事实与客观上发生的事实完全一致，则有点理想化了，这在现实中是做不到的，也没有必要在每个案件中做到。此外，客观真实说完全忽视了人的认识活动中主观性的一面，也是不正确的。

主观真实说认为，在诉讼中证明的案件事实，实际上是一种主观真实。法官或事实认定者对案件事实的认识中不可避免地渗透了人的主观意志，其发现和认定的事实，并不是诉讼之前在特定时间、地点发生的“客观事实”，而是属于主观认识的范畴。[④] 例如，有的西方学者指出，法院所能判明的只能是“主观的真实，无论如何不能是客观的真实”；有的

---

① 参见何家弘、刘品新：《证据法学》，328～334页，北京，法律出版社，2004。

② 参见樊崇义：《客观真实管见》，载《中国法学》，2000（1）。

③ 参见樊崇义等：《刑事证据法原理与适用》，285页，北京，中国人民公安大学出版社，2001。

④ 参见何家弘、杨迎泽：《检察证据教程》，120页，北京，法律出版社，2002。

台湾学者也认为，证明要求“发生高度之确信”，即“主观信其为真实”①。这种观点强调了人的思维或者认识活动的主观性的一面，有可取之处，但是，它将人的思维或者认识活动的客观性的一面完全忽视了，因此，也是不正确的。

相对真实说认为，诉讼证明因其自身的特殊性，即证明主体、证明客体、证明时空和资源的局限性，以及受到证明程序和证据规则的制约，在大多数情况下达不到证明结果与案件客观事实完全一致的程度，只可能达到近似真实，“最大限度的盖然性”，而不可能达到绝对真实。② 然而，相对真实论者否认了真实的相对性和绝对性之间的辩证统一关系，因此，也是不可取的。

法律真实说认为，在法律世界中，没有什么“本来是”真实的东西，没有什么“绝对的”事实，有的只是有关机关在法律程序中所确定的事实。因此，被证明的案件事实是一种法律上的真实，它同时包含着客观性、主观性和法律性三种性质。实际上，这种事实的客观性和主观性，也可以看作是法律要求的结果。由于这种事实既非原来发生的客观事实，又非单纯的主观产物，因此称之为法律事实。③

我们认为，一切案件都是发生在过去的事件，法官不可能亲眼目睹案件发生的过程和结果。在刑事诉讼过程中，受到主、客观条件的限制，要使法官认定的案件事实完全符合客观发生的案件事实，几乎是不可能的。法官只能根据控辩双方在法庭上提交的证据，遵照法律程序，通过合理的推理、判断，认定案件的事实情况。法官认定的事实是在法律程序中确定的事实，是建立在客观证据的基础之上所确定的事实。在这里，证据是“事”，案件事实的真实与否是“是”，这正是一个实事求是的过程。同时，诉讼证明是一种法律活动，它不仅要追求证明的真理性，还要追求证明的正当性。尊重法律和法律程序，正是证明活动具有正当性的表现。某些证据规则的存在，在客观上限制了真实的发现。此外，证明标准的确定还需要在不同的价值取向之间寻求平衡。

诉讼证明的结果应当是法律真实，法律真实是诉讼证明活动必须达到的真实。任何一个国家的法律都必须为诉讼活动规定具有现实意义的证明标准。诉讼证明标准不能是难以实现的客观真实，而应是切实可行的法律真实。据此，把“法律真实”作为诉讼证明的标准是比较合适的，它既形象地描述了审判人员所认定的案件事实的性质，又准确地体现了诉讼证明标准所要求的正当性与合理性。然而，法律真实只是界定了诉讼证明标准的性质，并没有具体回答诉讼活动中的证明标准是什么。各国对于诉讼证明标准的具体表述并不一致，甚至在同一国家，对于不同种类诉讼、不同种类案件、诉讼不同阶段、不同证明主体、不同证明对象的证明标准的表述也存在差异。

第四节 诉讼证明标准的多元化

在一个国家的诉讼制度中，证明标准是否应分为不同的等级或层次，这是一个很值得

① 陈一云主编：《证据学》，2版，117页，北京，中国人民大学出版社，2000。

② 参见卞建林、郭志媛：《论诉讼证明的现对性》，载《中国法学》，2001（2）。

③ 参见樊崇义等：《刑事证据法原理与适用》，286～287页，北京，中国人民公安大学出版社，2001。

研究和讨论的问题。在这个问题上存在着两种观点或做法：一种是“一元化”的标准；一种是“多元化”的标准。所谓“一元化”标准，就是说在一个国家的诉讼活动中只有一种统一的证明标准。所谓“多元化”标准，就是说在一个国家的诉讼活动中有多种证明标准，证明标准可以根据案件和诉讼阶段的不同而有所区别。例如，在美国证据法则和证据理论中，将证明的程度分为九等：第一等是绝对确定。由于认识论的限制，这一标准无法达到。第二等为排除合理怀疑。这为刑事案件作出定罪裁决所要求，也是诉讼证明方面的最高标准。第三等是清楚和有说服力的证据。某些司法区在死刑案件中当拒绝保释以及作出某些民事判决时有这样的要求。第四等是优势证据。这是作出民事判决以及肯定刑事辩护时的要求。第五等是可能的原因。适用于签发令状，无证逮捕、搜查和扣押，提起大陪审团起诉书和检察官起诉书，撤销缓刑和假释，以及公民扭送等情况。第六等是有理由的相信。适用于“拦截和搜身”。第七等是有理由的怀疑。适用于将被告人宣布无罪。第八等是怀疑。适用于开始侦查。第九等是无线索。适用于不采取任何法律行为。[①] 我们认为，采用“多元化”的证明标准，有利于诉讼活动中各种价值目标的平衡，也有利于司法实务人员对证明标准的掌握和运用。法律事实和法律真实为证明标准的多元化提供了制度性基础，也就是说，不同种类诉讼、不同种类案件、不同诉讼阶段、不同证明主体、不同证明对象适用不同的证明标准有了理论上的可能。

一、不同种类诉讼证明标准的差异

不同种类的诉讼活动可以适用不同的证明标准。一般来说，刑事案件有罪判决的证明标准应该高于民事案件的证明标准。在英美法系国家，刑事诉讼中作出有罪判决的证明标准是“排除合理怀疑”，而民事诉讼中的证明标准是“优势证据”。对于刑事诉讼证明标准和民事诉讼证明标准的差异，英国著名的丹宁勋爵于 1947 年在 Miller v. Minister of Pensions 一案中进行了经典的阐述：“在刑事案件中，当被告被认定有罪之前，必须就证据所具有的说服力应具备的标准等级予以妥当确定……排除合理怀疑的证明并不意味着连怀疑的影子都必须排除掉，如果法律允许幻想的可能性妨碍司法的过程，它就不能有效地保护社会。如果不利于被告人的证据十分有力，以致有利于被告人的可能性甚微，就应当以如下裁决来驳回这种可能性，‘当然，它是可能的，但一点也不确实’。倘若如此，此案的证明即已达到了排除合理怀疑的程度，但任何小于此种程度的证明都不够充分。”[②] “在民事案件中，证明责任何以卸除，其证据所具有的说服力应根据具备的标准等级予以妥当确定。它必须能达到合理的盖然性程度，但不必有刑事案件中要求的证明标准程度高。如果证据如同法庭所说，‘我们认为是的可能性比不是的可能性高’，则证明责任得到卸除，但如果可能性相同，则证明责任不能卸除。”[③] 美国的华尔兹教授则解释道：“这两种标准可以用一个简单方法来说明：在 1 至 10 分的评分表上，超出合理怀疑的证明需要 9 分，而优势证明只需要 6 分。”[④]

---

① 参见《美国联邦刑事诉讼规则和证据规则》，卞建林译，22 页，北京，中国政法大学出版社，1996。

② [1947] 2 All E. R. 373.

③ [1947] 2 All E. R. 372.

④ [美] 乔恩·R·华尔兹：《刑事证据大全》，何家弘等译，313 页，北京，中国人民公安大学出版社，1993。

至于大陆法系国家，虽然刑事案件中的证明标准和普通民事案件中的证明标准都可以表述为“内心确信”，但二者仍然有区别。法国《拉鲁斯大百科全书》（第16卷）即叙述道：“证明刑事被告人有罪的责任远较民事原告为重，当证据显然不足时，应该释放被告人，因为证据‘有疑点是有利于被告人的’。”①

为何刑事诉讼中有罪判决的证明标准要高于民事诉讼的证明标准？这在很大程度上是因为案件性质不同。刑事诉讼解决的是被告人的刑事责任问题，它往往关涉人的生命、自由；而民事诉讼解决的是当事人之间的民事权利、义务关系，关涉的通常是财产责任。错误的刑事判决比错误的民事判决带来的后果更为严重，会导致生命被剥夺和自由的丧失，而生命被剥夺和自由的丧失不像财产的转移那样可以得到回复。因此，相比民事诉讼，在刑事诉讼中说服裁判者时对证据质和量的要求更高，这也是程序正义的要求。

至于行政诉讼，其客体是被诉行政行为的合法性，直接涉及公共利益和公民、法人或者其他组织的财产权及一定范围的人身权。相比而言，行政诉讼客体对公共利益和个人利益的影响要比民事诉讼高、比刑事诉讼低，因此，行政诉讼的证明标准也应当高于民事诉讼、低于刑事诉讼。

二、不同种类案件证明标准的差异

案件的种类不同，适用的证明标准可以不同。对于刑事案件，英国学者塞西尔·特纳指出：“犯罪的性质越严重，必要的证据最低要求就越高。”② 例如，死刑案件的证明标准就应当高于普通刑事案件的证明标准，这是由死刑案件犯罪性质严重、判决结果事关人的生命所决定的。在美国，认为死刑案件较一般刑事案件应当适用更高的证明标准为一些人士所主张，“一个最常提出的改革方案就是在判处被告人死刑之前提高陪审团判处被告人有罪的确定性”③，如有的律师在纽约上诉法院中提出对死刑案件适用“新的、更高的证明标准：排除任何怀疑（beyond any doubt）”④，也有人主张对死刑案件实行高于排除合理怀疑的排除一切怀疑（beyond all doubt）的证明标准⑤，还有人主张排除一切可能的怀疑（beyond all possible doubt）的证明标准。⑥ 在联合国有关死刑的法律文件中，死刑案件适用的证明标准即被规定为“明确和令人信服的证据并且对事实没有其他解释余地”⑦。所谓“对事实没有其他解释余地”，实际上就是要求证明事实的排他性和绝对肯定性⑧，这显然高于“排除合理

---

① 转引自黄道主编：《诉讼法》，213页，北京，知识出版社，1981。

② ［英］塞西尔·特纳：《肯尼刑法原理》，王国庆等译，549页，北京，华夏出版社，1989。

③ Erik Lillquist, “Absolute Certainty and the Death Penalty”, *42 Am. Crim. L. Rew*, p. 45.

④ “New York Ponders ‘Beyond Any Doubt’ Standard for Capital Cases”, available at http://www.Daubertontheweb.com/2004/01/new-york-pnders-beyond-any-doubt.html, October 24, 2005.

⑤ See “Death Penalty Standard Should Be Beyond All Doubt”, available at http://talkleft.com/new_archivers/010060.html, October 26, 2005.

⑥ See “Impose Death Only When the Proof of Guilt is Beyond All Possible Doubt”, available at http://patterico.com/2004/01/26/1176/impose-death-only-when-the-proof-of-guilt-is-beyond-all-possible-doubt, November 2, 2005.

⑦ 《关于保护死刑犯权利的保障措施》第4条，载程味秋等编：《联合国人权公约和刑事司法文献汇编》，205页，北京，中国法制出版社，2000。

⑧ 参见陈光中等：《刑事证据制度与认识论》，载《中国法学》，2001（1）。

怀疑”的证明标准。

在我国，对于不同刑事案件（尤其是死刑案件与普通刑事案件）是否适用不同的证明标准，学者有不同看法。有学者认为，死刑案件与普通刑事案件应适用相同的证明标准，理由是：第一，如果规定死刑案件的证明标准高于普通刑事案件，将会导致普通刑事案件定罪标准降低、案件审判质量下降；第二，对死刑案件的高标准、严要求完全可以通过严格的程序、制度来实现，如上审判委员会、死刑复核程序等，没有必要规定比普通刑事案件更高的证明标准。①

然而，也有不少学者主张，应区分死刑案件与普通刑事案件的证明标准，前者应当高于后者。例如，有学者认为，“一般案件有罪判决的证明标准应当和死刑案件的证明标准具有不同层次，一般刑事案件的证明标准为案件事实清楚，证据确实、充分，排除合理怀疑；死刑案件的证明标准应当为案件事实清楚，证据确实、充分，具有排他性和唯一性。即是说，死刑案件的证明标准要比一般刑事案件的证明标准更为严格”②。有学者主张，“宜将证据确实、充分作为普通刑事案件的证明标准，而将对事实没有任何解释余地作为死刑案件的证明标准”③。

此外，还有学者提出，有罪判决的证明标准可分为三个层次：确定无疑、排除合理怀疑、有确实证据的推定。其中，确定无疑即证据确实充分、排除其他可能性，是我国作出有罪判决的最高标准，也是一般的证明标准。排除合理怀疑指的是“高度盖然性”、“最大限度真实性”。该标准可适用于以下情形：(1) 个别危害大、取证困难的刑事案件。(2) 对案件犯罪构成的主观要件的证明。(3) 对被告人自愿认罪的轻罪或较轻罪案件的证明。(4) 对某些有利于被追诉人而又需要证明的事实的证明。有确实证据的推定，反映的只是一种高度的可能性，通过推定认定的事实一般没有达到排除合理怀疑的证明程度，因此有确实证据的推定在证明程度上是不同于确定无疑和排除合理怀疑的另一种类型。如我国刑法规定的巨额财产来源不明罪、非法持有国家绝密、机密文件、资料、物品罪等，都存在推定。④

根据最高人民法院、最高人民检察院、公安部、国家安全部、司法部于2010年6月13日颁布的《办理死刑案件证据规定》，我国死刑案件的证明标准是“结论的唯一性”，该标准高于《刑事诉讼法》规定的普通刑事案件有罪判决所适用的“案件事实清楚，证据确实、充分”这一证明标准。

三、诉讼不同阶段证明标准的差异

在我国，一个公诉案件有罪判决的作出，大抵要依次经过立案侦查、逮捕、移送审查起诉、提起公诉和判决等几个阶段。在刑事诉讼过程中，立案侦查的案件可能被撤销，犯罪嫌疑人被逮捕的案件可能并不移送审查起诉，侦查终结移送审查起诉的案件经审查后可能作出不起诉的决定，提起公诉的案件被告人可能被判无罪。无论从程序的角度还是从实体的角度来看，当刑事诉讼活动随着诉讼阶段的不同而依次推进时，后一阶段对

① 参见李玉华：《刑事证明标准研究》，197页，北京，中国人民公安大学出版社，2008。

② 黄芳：《死刑适用的国际标准与国内法的协调》，载《法学评论》，2003 (6)。

③ 何宗弦、南英主编：《刑事证据制度改革研究》，326～327页，北京，法律出版社，2003。

④ 参见陈光中：《构建层次性的证明标准》，载陈光中主编：《诉讼法论丛》，第7卷，3～10页，北京，法律出版社，2002。

证据的质和量的要求应当高于前一阶段。也就是说，立案侦查的证明标准应当低于逮捕的证明标准；逮捕的证明标准应当低于侦查终结移送审查起诉的证明标准；侦查终结移送审查起诉的证明标准应当低于提起公诉的证明标准；提起公诉的证明标准应当低于作出有罪判决的证明标准。这是符合诉讼进程和证明的客观规律的。

诉讼不同阶段证明标准的差异并不只是存在于我国，如前所述，美国的证明标准在不同阶段也存在差异。此外，在大陆法系国家，例如德国，证明标准的层次性也很明显。根据《德国刑事诉讼法典》第 112 条的规定，逮捕须具有"重大嫌疑"且"根据一定事实"可以确定被指控人有逃跑或隐藏、逃亡之虞以及干扰作证等行为。对于起诉，该法典第 152 条第 2 款规定，须"在有足够的事实根据时，检察院具有对所有的可予以追究的犯罪行为作出行动的义务"。在检察院起诉之后，则由对案件审判享有管辖权的法院裁判是否启动审判程序或暂时停止程序。此时，根据该法典第 203 条的规定，须"认为被诉人有足够的犯罪行为嫌疑"，方可裁定启动审判。对于有罪判决，适用"自由心证"的证明标准，该法典第 261 条对此作了相应的规定。

四、不同证明主体证明标准的差异

在刑事诉讼中，证明主体不同，证明标准也应当有所不同。以英美法系国家的刑事诉讼为例，在一般情形下，证明被告人有罪的责任由公诉方承担，被告方不承担证明自己无罪的义务，在法庭上可以不用举出任何证据。公诉方对被告人罪行的证明必须达到"排除合理怀疑"的程度，如果法官或陪审团对被告人的罪行存在任何合理的怀疑，都应当判决被告人无罪。

在例外的情形下，也就是在被告方提出积极抗辩的情形下，被告方对于抗辩事实承担说服性的证明责任，其必须举出证据予以证明，但其不用像公诉方那样达到"排除合理怀疑"的证明程度，只需要达到"优势证据"的证明程度即可。

五、不同证明对象证明标准的差异

证明对象不同，证明标准也可以有所不同。一般来说，实体法事实的证明标准要高于程序法事实的证明标准；案件主要事实或犯罪构成要件事实的证明标准要高于案件次要事实的证明标准。例如，有些国家和地区的法律把证明分为严格证明和自由证明。前者是指对某些案件事实的证明必须达到很高的程度，符合较高的证明标准，如"案件事实清楚、证据确实充分"或者"排除合理怀疑"；后者是指对某些案件事实可以采用较低的证明标准，例如有基本的"心证"或者内心确信就可以了。

第五节 英美法系国家的刑事证明标准

在英美法系国家，在刑事诉讼中认定被告人有罪时适用的法定证明标准是"排除合理怀疑”。按照这一标准，公诉方必须在法庭上运用证据“排除合理怀疑”地证明被告人实施了所指控的罪行。乔恩·R·华尔兹教授指出：“要想使陪审员们认定被告人犯有指控的罪名，就必须说服他们相信该犯罪的全部要素都已经得到了超出合理怀疑的证明。”① 只要公诉方的证明没有达到“排除合理怀疑”的程度，或者说裁判者对被告人有罪的证明还存在合理的怀疑，就应该在认定案件事实时作出有利于被告的推定或解释，就应该判决被告人无罪。

排除合理怀疑证明标准的形成有一个较长的历史过程。据美国学者威格莫尔考证，英国最早在判例法上确立“排除合理怀疑”的证明标准，是在18世纪初期，但那时这一标准仅适用于死刑案件，而对其他刑事案件并未作如此要求。在其他刑事案件中，最初适用的证明标准乃是对被告人的定罪量刑必须具有“明白的根据”。直到1798年在苏格兰首府都柏林审判的叛乱案中，“排除合理怀疑”始作为一个固定的名词，一直沿用至今。②

然而，究竟什么是“合理怀疑”，制定法很少有明确的回答，法官在审理案件时所作的指示差异很大，学者们也都各有不同的理解。英国戈达德勋爵在1955年的R v. Hepworth and Fearnley案中甚至指出，“关于什么是合理怀疑以及什么不是合理怀疑的特定解释通常特别难以遵循，并且特别难以告知陪审团什么是合理怀疑。给陪审团解释说合理怀疑不是一个合理的怀疑，就等于没有作出任何真正的指导；告知陪审团合理怀疑是使他们在自己的事务中产生犹豫的那种怀疑，在我看来也没有提出任何特殊的标准。因为，一位陪审员认为会犹豫的事，另一位陪审员可能会说那件事对他来说根本不会犹豫。”③ 美国联邦最高法院则以敷衍的姿态，宣称“合理怀疑”一词是不言而喻的，因此本质上无法作出更进一步的明确定义，也不需要对“排除合理怀疑”进行任何详细的阐述或者解释。联邦最高法院宣称：“试图解释‘合理怀疑’此一词语，反而往往无法让陪审员更加明白其意涵何在。”④ 然而，制定法、法官和学者们还是努力地对“合理怀疑”作出了一些定义或解释。英国的枢密院和上诉法院认可的含义是：“当你们在处理自身事务的重要问题时，能以各种方式影响你作出决定的那种性质和种类的怀疑。”⑤ 在美国法院中得到普遍使用的定义是Devitt v. Blackmar案的法官对陪审团作出的指示：“合理怀疑是依据理智和常识的怀疑——某种会使得有理智的人在行动时犹豫不决的怀疑。”因此，排除合理怀疑的证明必须是非常令人信服的，以至于“一个有理智的人在其处理自己最为重要的事务时会毫不犹豫地依赖它并遵照它来行事”⑥。另一个得到广泛引用的定义是《美国加利福尼亚州证据法典》第1096条的规定：“它不仅仅是一个可能的怀疑；因为任何与人类事务相关并且依赖于品行证据的一切事情都可能有某种可能的或者虚构的怀疑。它是指该案的状态，在经过对所有证据的总的比较和考虑之后，陪审员的心理处于这种状况，他们不能说他们对指控罪行的真实性得出永久的裁决已达到内心确信的程度。”英国学者塞西尔·特纳认为，所谓合理的怀疑，指的是陪审员对控告的事实缺乏道德上的确信，对有罪判决的可靠性没有把握时所存

① ［美］乔恩·R·华尔兹：《刑事证据大全》，何家弘等译，314页，北京，中国人民公安大学出版社，1993。

② 参见汤维建、陈卅欣：《试论英美证据法上的刑事证明标准》，载《政法论坛》，1993（4）。

③ ［1955］2 Q. B. 600；39 Cr. App. R. 152.

④ ［美］艾伦·德肖微茨：《合理的怀疑》，高忠义、侯荷婷译，105页，台北，商周出版社，2001。

⑤ Walters v. R. ［1969］2 A. C. 26.

⑥ Devitt & Blackmar, *Federal Jury Practice and Instruction* 11. 14 (3d ed. 1977).

在的心理状态。[①]我国台湾地区学者李学灯认为：所谓怀疑，当然只是一种可以说出理由的怀疑，而不是无故怀疑。否则，对于任何纷纭的人、事，都可以发生想象的或幻想的怀疑。因此，所谓合理之怀疑，必非以下各种的怀疑：非任意妄想的怀疑；非过于敏感投机的怀疑；非仅凭臆测的怀疑；非故为被告解脱以逃避刑责的怀疑。如果属于以上各种怀疑，即非通常有理性的人，所为合理、公正诚实的怀疑。[②] 美国学者布莱克则认为，所谓排除合理怀疑，“是指全面的证实、完全的确信或者一种道德上的确定性；这一词汇与清楚、准确、无可置疑这些词语相当。在刑事案件中，被告人的罪行必须被证明到排除合理怀疑的程度方能成立，意思是，被证明的事实必须通过它们的证明力使罪行成立”。“排除合理怀疑的证明，并不排除轻微可能的或者想象的怀疑，而是排除每一个合理的假设，除非这种假设已经有了根据；它是‘达到道德上确信’的证明，是符合陪审团的判断和确信的证明，作为理性的人的陪审团成员在根据有关指控犯罪是由被告人实施的证据进行推理时，是如此确信，以至于不可能作出其他合理的推论。”[③]

无论对“合理怀疑”或者“排除合理怀疑”如何解释或定义，制定法、法官和学者们的共识是：这是一个很高的证明标准，但是并非要求排除一切怀疑，而是要求排除确有理由、确有根据的怀疑，不是无中生有、主观臆测的猜疑。话虽如此，但陪审团在审判中究竟应如何把握它呢？事实胜于雄辩。且让我们来分析一下陪审团在辛普森案中对合理怀疑的理解和对排除合理怀疑证明标准的把握，这将有助于我们更好地认识这一标准。

在辛普森一案中，审理案件的伊藤法官这样定义“合理怀疑”：“这不仅只是可能的怀疑，因为任何与人相关的事物都存在某种可能或想象的怀疑。‘合理的怀疑’是指整个指控，在经过对所有证据全盘的比较与考量之后，陪审团心里仍然觉得没办法一直全然确信公诉方所指控的事实。”[④] 在这种指导下，辛普森一案中陪审团的怀疑究竟“合理”与否呢？该案的辩护律师之一德肖微茨教授指出：“当然我们永远无法确知这个答案，因为我们没有办法了解每一个陪审员当时的思维过程。”[⑤] 但德肖微茨教授在案件审理后对几位陪审员进行了访谈，对陪审团的思维模式进行了分析，认为有些陪审员可能是这么想的：（1）我们认为那五位警察对搜证过程有所欺瞒。（2）我们怀疑公诉方提出的警察证人范耐特可能将携带在身上的辛普森的血液，洒在袜子与后门上。虽然我们无法确定，但确实有这个可能，尤其是因为有关采集的血液的数量前后证词不一、原先报告中没有提到的血渍、不在录影带里搜索物清单上的袜子、袜子上血迹散布的情况、里头含有 EDTA 成分的事实以及在新鲜血液中才会发现的高浓度 DNA。（3）我们无法信任公诉方提出的警察证人富尔曼跟我们说的任何事情，特别是在这些说辞无法被独立证实的情况下。他对我们说谎，也是个有种族偏见的人。我们必须怀疑富尔曼有假造手套证据的可能性，尽管这也有可能不是真的，不过照一切情形看来，他还是有栽赃的机会与动机。而令人怀疑的是，在富尔曼声称寻获到手套的现场周围，并未发现有任何血迹的反映。再者，手套并不符合辛普森手掌的尺寸。我们亲眼看到这个事实。（4）姑且不提以上三点，还是有其他更多的证据可以证明辛普森

① 参见［英］塞西尔·特纳：《肯尼刑法原理》，王国庆等译，549 页，北京，华夏出版社，1989。

② 参见李学灯：《证据法比较研究》，667 页，台湾，五南图书出版公司，1989。

③ 转引自樊崇义主编：《证据法学》，219 页，北京，法律出版社，2001。

④ 转引自［美］艾伦·德肖微茨：《合理的怀疑》，高忠义、侯荷婷译，107～108 页，台北，商周出版社，2001。

⑤ ［美］艾伦·德肖微茨：《合理的怀疑》，高忠义、侯荷婷译，108 页，台北，商周出版社，2001。

的罪行，不过上述三点使得我们也对其他证据起了疑心。假使我们相信其他一切证据都是未受破坏的，这仍然有可能将他定罪。但是我们对遗留在汽车上的血迹，以及其他一些证据仍然心存怀疑。我们也听了许多专家针对血液采集与分析的意见，其中包括各种相互冲突的意见。(5) 综观一切，此案给人一种不舒服的感觉。因为有些证据已经遭到破坏；其他证据也因为小小的疏失而受到质疑；我们不晓得相信谁，也不知道该信任谁的说辞；而那些毫无意义的证据，也相当暧昧而无法作出明确的决定。(6) 法官曾经指示我们，倘若发现证人对某个论点说谎，我们应该对他其余的证据也抱怀疑的态度，甚至可以全盘否定他的证词。换句话说，如果我们相信公诉方所提出的证据有部分是刻意伪造、变造的，我们对其他证据就应该也抱怀疑的态度。这样听起来才合理。我们也真的对检察官提出的警察证人失去了信心，还记得主诉检察官克拉克在结辩中发表了一段感言，谈到自己为什么会成为一位检察官，原因就是她只想传唤会说出真相的证人出庭。令人百思不解的是，说这番话的检察官竟然传唤进行非法搜索的警官富尔曼、范耐特和其他警员出庭作证。(7) 因此，尽管我们不见得认定辛普森是清白的，不过对他的罪嫌也有合理的怀疑。①

第六节　大陆法系国家的刑事证明标准

关于大陆法系国家的刑事证明标准，我国学者通常概括为“内心确信”。1808 年的《法国重罪审理法典》第一次用立法的形式对内心确信这一证明标准作出明确规定。② 自此之后，法国的刑事证明标准基本上沿袭之。现行《法国刑事诉讼法》第 353 条规定：“在重罪法庭休庭前，审判长应责令宣读下列训示，并将内容大写书写成布告，张贴在评议室最显明处：法律并不考虑法官通过何种途径达成内心确信；法律并不要求他们必须追求充分和足够的证据；法律只要求他们心平气和、精神集中，凭自己的诚实和良心，依靠自己的理智，根据有罪证据的辩护理由，形成印象，作出判断。法律只向他们提出一个问题：你是否已形成内心确信？这是他们的职责所在。”

1808 年《法国重罪审理法典》确立的内心确信的证明标准对世界各国的证据制度产生了广泛而深远的影响。欧洲大陆各国普遍采用了这一证明标准。《德国刑事诉讼法典》第 261 条“自由心证”规定：“对证据调查的结果，由法庭根据它在审理的全过程中建立起来的内心确信而决定。”有学者就自由心证原则展开了论述，认为该原则“要求法官根据他个人的自由确信而确定证据。法官的个人确信，是指他的个人确认。这种确认，必须依据明智推理，建立在对证据结果之完全、充分、无相互矛盾的使用之上”③。

在亚洲的日本，1996 年的《刑事证据法》第 318 条“自由心证主义”规定：“证据的证

---

① 参见［美］艾伦·德肖微茨：《合理的怀疑》，高忠义、侯荷婷译，134～136 页，台北，商周出版社，2001。

② 参见卞建林、刘玫：《外国刑事诉讼法》，150 页，北京，人民法院出版社、中国社会科学院出版社，2002。

③ ［德］约阿希姆·赫尔曼：《〈德国刑事诉讼法典〉中译本引言》，载《德国刑事诉讼法典》，李昌珂译，17 页，北京，中国政法大学出版社，1995。

明力由法官自由判断。”日本学者田口守一、松岗正章将证明分为自由证明与严格证明两种类型，严格证明系指用有证据能力的证据并经过正式的证据调查程序作出的证明；自由证明系指依据证明力不完全充足的证据、调查证据的程序不严格所得出的证明。[①] 其中，严格证明要达到“内心确信”的程度，自由证明要求“低度的确信”（相当于英美法中的优势证明）[②]。对于实体法中作为犯罪构成要件的事实，倾向于从重、加重被告人刑罚的事实，要进行严格证明，其他的实体法事实则可进行自由证明；对于程序法事实，只需进行自由证明。可见，在日本，定罪的事实需要严格证明，要达到“内心确信”的程度。不过，随着其诉讼结构的当事人化，内心确信和排除合理怀疑这两项证明标准在日本已经达到了高度统一，如日本早稻田大学田口守一教授指出，“日本传统证明标准是高度的盖然性”，“现在要求证明的程度必须是无合理怀疑”[③]。

苏联刑事诉讼中采用的是内心确信的证据制度。俄罗斯联邦刑事诉讼中继续沿用该证据制度。《俄罗斯联邦刑事诉讼法典》第 71 条“评定证据”规定：“法院、检察长、侦查员和调查人员，应遵循法律和社会主义意识，依靠以全面、充分和客观地审核案件全部情况为根据所形成的自己的内心确信来评定证据。任何证据对于法院、检察长、侦查员和调查人员，都没有预定的效力。”这里，“内心确信”主要是指审判员心理上对案件所作结论的正确性和可靠性的信念。这种信念是审判员通过对各种证据的调查研究、综合分析以后产生的复杂心理思维活动的结果，它使审判员内心深处深信其对案件的认定和裁判是正确的。审判员的内心确信由主、客观两方面的因素形成。客观因素即证据，是形成内心确信的根据和基础，主观因素是指审判人员的社会生活经验、业务能力、世界观、法律意识。内心确信的形成是主、客观因素相互作用的结果。虽然苏联的证据理论认为内心确信证据制度与自由心证证据制度有着本质的区别，即它以社会主义法律意识和“社会主义良心”取代资产阶级法律意识和良心，但是现在，有的学者已基于内心确信证据制度与自由心证证据制度具有实质上的共同点——由判断主体主观确定有关证据问题，而将其归入自由心证证据制度之中。[④] 我们赞成这一观点，认为苏联和俄罗斯联邦采用的内心确信证据制度实质上即是自由心证证据制度，在刑事诉讼中实行的是内心确信的证明标准。

由上可知，大陆法系国家，包括日本、苏联（现在的俄罗斯联邦），实行的是内心确信的刑事证明标准。在证据法理论中，也有学者将其概括为“高度盖然性”，这与英美法系国家“排除合理怀疑”的刑事证明标准的要求在实质上是一致的，具有明显的同一性。具体表现在：第一，它们要求达到的证明程度是相同的，即在信念上确信，并且这种确信出于良知或者是真诚地形成的，是理性的；第二，无论是“排除合理怀疑”，还是“内心确信”，都并不是完全主观和任意的，它们也都要求据以形成确信的证据基础；第三，都要通过这种要求，来防止法官或陪审团错误地认定案件事实。但我们要看到的是，“排除合理怀疑”和“内心确信”体现的思维方式并不相同。“内心确信”是对证明标准的正向表述；“排除合理怀疑”是对证明标准的反向表述。不过，在诉讼证明中，只有“排除合理怀疑”，才能

---

① 参见［日］田口守一：《刑事诉讼法》，刘迪译，北京，法律出版社，2000；［日］松岗正章：《严格证明与自由证明》，载《法学译丛》，1981（5）。

② 参见熊秋红：《对刑事证明标准的思考——以刑事证明中的可能性和确定性为视角》，载《法商研究》，2003（1）。

③ 转引自王以真主编：《外国刑事诉讼法学参考资料》，182 页，北京，北京大学出版社，2000。

④ 参见卞建林、刘玫：《外国刑事诉讼法》，89 页，北京，人民法院出版社、中国社会科学出版社，2002。

达成“内心确信”；而要达成“内心确信”，又必须“排除合理怀疑”。此二者互相渗透、互相贯通，是对同一证明标准的两种不同表述。如果说二者之间有所区别的话，那么这种差别表现在：内心确信的表达方式更为强调证明标准的主观方面，而排除合理怀疑的表达方式则同时强调了证明标准的客观基础，注意了主、客观之间的平衡。同时，这种表达方式更为接近事实认定的实际过程。[①]

此外，应当注意的是，由于“排除合理怀疑”与“内心确信”的基本立场一致，加上近代两大法系的融合，大陆法系国家与英美法系国家在证明标准上已相互借鉴，兼采并用，而使证明标准趋于同一，例如日本。只不过由于英美法原则的普遍化以及英美法系国家的证明标准可能更具操作性，因而“排除合理怀疑”的适用具有更普遍的趋势。

第七节 我国的刑事证明标准

一、案件事实清楚，证据确实、充分

（一）有罪判决的证明标准

2012年《刑事诉讼法》第195条规定：“在被告人最后陈述后，审判长宣布休庭，合议庭进行评议，根据已经查明的事实、证据和有关的法律规定，分别作出以下判决：（一）案件事实清楚，证据确实、充分，依据法律认定被告人有罪的，应当作出有罪判决；（二）依据法律认定被告人无罪的，应当作出无罪判决；（三）证据不足，不能认定被告人有罪的，应当作出证据不足、指控的犯罪不能成立的无罪判决。”据此，一般认为《刑事诉讼法》规定的有罪判决的证明标准是“案件事实清楚，证据确实、充分”。

但是，何谓“案件事实清楚，证据确实、充分”？在2010年《办理死刑案件证据规定》颁布前以及2012年《刑事诉讼法》修改前，立法和司法解释均没有作出明确的解释或规定，理论界和实务界的认识也不完全一致。有些学者从总体上对“案件事实清楚，证据确实、充分”进行把握，认为这一标准可作如下理解：（1）据以定案的证据均已查证属实。这是指作为定案根据的每一个证据都具有证据的本质属性，即客观性、关联性和合法性。（2）案件事实均有必要的证据予以证明。这是指司法机关所认定的对解决争议有意义的事实均有证据作根据，不得认定没有证据证明的事实。（3）证据之间、证据与案件事实之间的矛盾得到合理的排除。办案中收集到的证据可能与其他证据和案件事实有矛盾，这时，必须继续收集证据，深入调查研究，有根据地排除矛盾，弄清事实真相。绝不可置矛盾于不顾，勉强作出结论。（4）对案件事实的证明结论是唯一的，排除了其他的可能性。以上四点必须同时具备，才能认为达到了案件事实清楚、证据确实充分的标准。[②] 另一些学者在此基础之上，进一步认为“犯罪事实清楚，证据确实、充分”要求证据间的相互印证性和不矛盾性、证据锁链的闭合性、证明结论的唯一性和排他性，以及司法人员在此基础上形

---

① 参见江伟主编：《证据法学》，271页，北京，中共中央党校出版社，2002。

② 参见陈一云主编：《证据学》，118页，北京，中国人民大学出版社，2000。

成的内心确信。[①]

有些学者则把“案件事实清楚，证据确实、充分”拆开来理解，认为：所谓案件事实清楚，是指凡与定罪量刑有关的事实和情节，都必须查清。至于那些不影响对被告人定罪量刑的细枝末节的事实，则没有必要都搞清楚。所谓证据确实、充分，是对定案证据的质和量的总的要求。“确实”是对定案根据质的方面的要求，其含义首先是指据以定案的单个证据必须查证属实；其次是指经查实的单个证据必须具有证明力，也就是和待证、待查的犯罪事实之间存在客观联系，可以据此推论出犯罪事实。“充分”是对定案证据量的方面的要求，指具有上述质的属性的证据在数量上必须符合法律关于定罪的要求。其含义首先是指所有证据在总体上已足以对犯罪实施者得出确定无疑的结论，并排除其他一切可能；其次是指属于犯罪构成各要件的事实均有相应的证据加以证明。[②] 上述不管哪种观点都提到证明结论的唯一性或者排除其他一切可能，但这仅是学者的看法，并没有得到立法和司法解释的认可。

虽然此前的立法和司法解释均未对“案件事实清楚，证据确实、充分”作出明确的解释和规定，但最高人民检察院 1999 年颁布的《人民检察院刑事诉讼规则》第 286 条具体规定了属于“证据不足”的情形：据以定罪的证据存在疑问，无法查证属实的；犯罪构成要件事实缺乏必要的证据予以证明的；据以定罪的证据之间的矛盾不能合理排除的；根据证据得出的结论具有其他可能性的。这是从反面对原《刑事诉讼法》规定的证明标准的内涵的一种阐释。此外，2010 年颁布的《办理死刑案件证据规定》第 5 条第 2 款对死刑案件中的“证据确实、充分”规定的条件是：定罪量刑的事实都有证据证明；每一个定案的证据均已经法定程序查证属实；证据与证据之间、证据与案件事实之间不存在矛盾或者矛盾得以合理排除；共同犯罪案件中，被告人的地位、作用均已查清；根据证据认定案件事实的过程符合逻辑和经验规则，由证据得出的结论为唯一结论。

2012 年《刑事诉讼法》修改时在第 53 条增加了对于普通刑事案件中“证据确实、充分”的解释性规定，即“证据确实、充分，应当符合以下条件：（一）定罪量刑的事实都有证据证明；（二）据以定案的证据均经法定程序查证属实；（三）综合全案证据，对所认定事实已排除合理怀疑。”2012 年《刑事诉讼法》首次采用“排除合理怀疑”的表述，为法官综合全案证据，对案件事实最终形成确定无疑的内心确信提供了指引。《刑事诉讼法》的这一规定，合理吸收了前述司法解释对于证据确实、充分的具体衡量标准的规定，对于统一司法实务部门对于证明标准的认识具有重要意义。

此外，根据《刑事诉讼法》的规定，立案侦查的证明标准是“认为有犯罪事实需要追究刑事责任”，逮捕的证明标准是“有证据证明有犯罪事实”，移送审查起诉、提起公诉与作出有罪判决的证明标准一样，表述都是“证据确实、充分”。

（二）证据合法性以及排除非法证据的证明标准

最高人民法院、最高人民检察院、公安部、国家安全部、司法部 2010 年 6 月 13 日颁布的《非法证据排除规定》就控方对被告人审判前供述合法性的证明标准进行了规定。根据《非法证据排除规定》第 7 条的规定，对被告人审判前供述的合法性的证明责任，由控方承担。根据《非法证据排除规定》第 10、11、12 条的规定，控方对被告人审判前供述合

① 参见徐静村：《我的“证明标准”观》，载陈光中、江伟主编：《诉讼法论丛》，第 7 卷，13～14 页，北京，法律出版社，2002。

② 参见陈光中主编：《刑事诉讼法学（新编）》，165～166 页，北京，中国政法大学出版社，1996。

法性的证明须达到的证明标准是"证据确实、充分"。排除非法取得的被告人审判前供述的证明标准则是公诉人不提供证据加以证明或者已经提供的证据不够确实、充分。辩护方在例外情况下负有对证据合法性的证明责任，即如果检察人员认为辩护人提出的未到庭证人的书面证言、未到庭被害人的书面陈述是非法取得的，那么作为举证方的辩护人应当对其取证的合法性予以证明，但《非法证据排除规定》对辩护方所须达到的证明标准没有作出规定。

2012年《刑事诉讼法》合理吸收了《非法证据排除规定》的内容并有所发展，即进一步明确了非法证据的范围、排除后果和适用程序。不过，2012年《刑事诉讼法》并没有对证据合法性的证明标准进行规定，而是对非法证据排除的证明标准进行了规定。《刑事诉讼法》第58条规定："对于经过法庭审理，确认或者不能排除存在本法第五十四条规定的以非法方法收集证据情形的，对有关证据应当予以排除。"据此，对于非法证据排除的证明标准，2012年《刑事诉讼法》的规定比《非法证据排除规定》的规定的适用范围更广泛，可操作性更强。首先，从适用对象上来看，前者针对《刑事诉讼法》第54条规定的所有形式的非法证据，包括非法言词证据和非法实物证据，即非法取得的犯罪嫌疑人、被告人供述，证人证言，被害人陈述，物证和书证；而后者仅仅针对非法取得的被告人审判前的供述。其次，两者都规定了排除非法证据的证明标准，但是具体内容不同。前者是确认或者不能排除存在非法取证行为；后者是公诉人不提供证据加以证明或者已经提供的证据不够确实、充分。根据2012年《刑事诉讼法》的规定，只要法庭不能确信证据系合法取得的，不管是已经确认证据系非法取得，还是怀疑取证非法，在处理结果上都是一样的，即合法性有争议的证据应当予以排除。这是对《非法证据排除规定》"已经提供的证据不够确实、充分"的补充和完善，使得非法证据排除的证明标准更有可操作性。不过，2012年《刑事诉讼法》对辩护方所提供的非法证据的排除所须达到的证明标准没有作出规定。

(三) 公诉案件当事人和解的证明标准

公诉案件的当事人和解，可以简称为刑事和解。近年来，在构建和谐社会和贯彻宽严相济刑事政策的背景下，我国各地多家公、检、法机关开始探索和试点在公诉案件中鼓励当事人和解的办案方式，并取得了积极的效果。刑事和解迅速成为理论界和实务界的热门话题，并最终被2012年《刑事诉讼法》规定为四种特别程序之一，即"当事人和解的公诉案件诉讼程序"。刑事和解被《刑事诉讼法》规定，体现了立法者对实践探索及其价值的认可，并希望通过法律上的明确规定对其具体操作予以规范。

早在2012年《刑事诉讼法》在立法上确立"当事人和解的公诉案件诉讼程序"之前，我国各地司法实务部门就对这种新的案件处理方式进行了探索和试点，其基本内容是：经由办案机关或者其他机构、人员主持，加害人与被害人在平等、自愿的基础上进行对话、协商，通过赔礼道歉、经济赔偿、提供特定服务和宽恕等方式达成双方和解，从而修复被犯罪破坏的社会关系；办案机关在当事人达成和解协议的基础上，综合案件情况，特别是犯罪的危害性、加害人悔过、赔偿情况及被害人态度，作出撤销案件、不起诉决定或者在量刑上从宽处理。① 根据2012年《刑事诉讼法》第277、278、279条的规定，刑事和解指的是犯罪嫌疑人、被告人真诚悔罪，通过向被害人赔偿损失、赔礼道歉等方式获得被害人谅解，被害人自愿和解的，双方当事人可以和解；公安机关、人民检察院、人民法院听取

① 参见宋英辉等：《我国刑事和解实证分析》，载《中国法学》，2008 (5)。

当事人和其他有关人员的意见，对和解的自愿性、合法性进行审查，并主持制作和解协议书；对于达成和解协议的案件，公安机关可以向人民检察院提出从宽处理的建议。人民检察院可以向人民法院提出从宽处罚的建议；对于犯罪情节轻微，不需要判处刑罚的，可以作出不起诉决定。人民法院可以依法对被告人从宽处罚。

刑事和解是否需要以“案件事实清楚，证据确实、充分”为前提，或者说，刑事和解的证明标准是什么？在2012年修改《刑事诉讼法》之前，理论界和实务界对在适用刑事和解时案件事实清楚的程度尚存在争议，观点有四：(1) 认为能够进行刑事和解的前提之一是案件事实清楚，只有案件事实清楚才能确定加害人所应当承担的责任，才能进行刑事和解。例如，南京市人民检察院2006年6月出台的《南京轻罪案件公诉政策运用指导意见(试行)》的规定。有的地区，例如苏州市平江区公安机关、人民检察院和人民法院联合制定的《关于公检法机关在刑事和解工作中进一步加强配合与监督的若干意见（试行）》甚至指出，事实不清、证据不足的案件，不得适用刑事和解程序。(2) 认为只要基本事实清楚即可适用和解。例如湖南省人民检察院《关于检察机关适用刑事和解办理刑事案件的规定(试行)》的规定。(3) 认为刑事和解对证据和事实的要求是“有证据证明有犯罪事实”。例如烟台市《关于推行平和司法程序实施意见》第3条的规定。(4) 认为只要当事人自愿，就应当允许和解。① 其中，主张刑事和解的前提应是案件事实清楚的学者的理由如下：公诉案件的利益争端存在于加害人、被害人和公共政府之间。与自诉程序以纠纷解决为基本取向，只要能恰当地调和自诉人与被告人之间的利益冲突就可以对案件事实本身在所不问不同，公诉程序蕴涵了公共利益的追诉愿望，责任的确定与承担必须以明确的案件事实为前提。以审查起诉阶段的和解为例，刑事和解是不起诉裁量的前置程序，在公诉机关的权威性决定作出之前，必须对案件事实有清楚的确认。②

从2012年修改《刑事诉讼法》之前试点地区的实践来看，既有侦查阶段的和解，也有审查起诉阶段的和解，还有审判阶段的和解，甚至有执行阶段的和解。而根据2012年《刑事诉讼法》的规定，侦查阶段、审查起诉阶段和审判阶段均可和解。侦查阶段、审查起诉阶段和审判阶段对事实清楚的程度的要求是依次递进的，在侦查阶段很难做到事实清楚。既然事实清楚只是法律真实下的事实清楚，那么，要求每个诉讼阶段的刑事和解的事实清楚的程度统一是不符合证明的客观规律的。在实践中，既有因为事实尚未完全查清而和解不成功的案件，也有案件事实尚未完全查清也成功和解的案件。③ 据此，我们认为，案件事实清楚、证据确实充分并不是刑事和解的必要条件。

还有一个问题就是，刑事和解主要解决的是民事问题，民事诉讼采用的证明标准是优势证据；刑事诉讼中认定有罪的证明标准是排除合理怀疑。同样的证据，以民事诉讼证明标准来看，可能是事实清楚，但以刑事诉讼证明标准来看，则事实不清楚。从这个角度来

---

① 例如，有学者主张，存疑的刑事案件同样可以实行刑事和解。参见刘品新：《查明真相：刑事和解的必要前提?》，载《检察日报》，2006-07-26。还有学者主张，有的案件证据不充分，但犯罪嫌疑人自己承认，如果适用和解，刚好解决了证据不充分的问题，因此，条件过严也不好。参见李建明等：《刑事和解适用的案件范围和条件》，载《国家检察官学院学报》，2007 (4)。

② 参见向朝阳、马静华：《刑事和解的价值构造及中国模式的构建》，载《中国法学》，2003 (6)。

③ 这种案件主要包括故意伤害、寻衅滋事等加害人与被害人均有过错的案件。这些案件既有可能因双方责任难以彻底查清，加害人与被害人“各执一词”而无法达成和解协议，也有可能因加害人与被害人“各退一步”而达成和解协议。参见宋英辉等：《公诉案件刑事和解实证研究》，载《法学研究》，2009 (3)。

讲，要求刑事和解的必要条件是事实清楚也存在内在的逻辑矛盾。

此外，要求查清事实后再进行刑事和解，并不符合刑事和解的效率价值。例如，甲、乙、丙、丁四人素昧平生，一日发生群殴，甲受轻伤。法医鉴定表明，被害人的创伤系一人行为所致，与另外两人无关。但所有证据都不足以表明谁是直接致伤者，即无法判断何人有罪。此时，若乙、丙、丁三人均表示可以共同赔偿来换取刑事结案，甲亦表示认同，那么此案可以直接和解吗？我们认为，至少在这种难以查明损害责任归属的轻伤害案件中，要求对犯罪事实已经查清之后才能进行刑事和解，是完全多余的。

不过，说刑事和解不要求“案件事实清楚，证据确实、充分”，并不是说刑事和解完全可以不以证据和事实为依据。在有关学者所进行的针对司法工作人员的调查问卷中，大部分人认为刑事和解需要有一定的事实和证据基础，占84.6%。具体如下：37.3%的人认为应查清全部案件事实；38.3%的人认为有证据证明有犯罪行为发生且有证据证明加害人实施了犯罪行为即可；9.0%的人认为有证据证明有犯罪行为发生即可；只有14.4%的人认为只要当事人双方无争议，就不需要查清案件事实。①

从法理上来讲，刑事和解制度中对案件事实的要求并不像传统刑事司法那样，要求案件事实清楚、证据确实充分，但要求对案件事实的掌握达到一定的程度。因为在刑事和解制度中，只有在犯罪事实基本确定的基础上，才能够进一步考量被害人受到的伤害以及加害人所应该承担的赔偿责任及其他义务。同时，这也是为了避免和解双方在以后因某种原因未能履行达成的和解协议时，因时过境迁无法收集证据查明案件事实而导致诉讼无法进行。② 据此，我们认为，刑事和解的前提条件仍然是基础事实清楚，即对于证明“加害人是否有罪，属于何罪”的事实仍然要求证据确实、充分。

不过，在2012年修改《刑事诉讼法》后，最高人民法院2012年颁布的《关于适用〈中华人民共和国刑事诉讼法〉的解释》、最高人民检察院2012年颁布的《人民检察院刑事诉讼规则（试行）》、公安部2012年颁布的《公安机关办理刑事案件程序规定》对适用刑事和解的案件的证据和事实条件进行了规定。根据最高人民法院2012年颁布的《关于适用〈中华人民共和国刑事诉讼法〉的解释》第496条的规定以及最高人民检察院2012年颁布的《人民检察院刑事诉讼规则（试行）》第510条的规定，和解的公诉案件应当事实清楚，证据确实、充分。公安部2012年颁布的《公安机关办理刑事案件程序规定》第324条“公安机关应当审查案件事实是否清楚”的规定也体现了和解的公诉案件应当事实清楚，证据确实、充分。据此，根据上述解释性规定，适用刑事和解时所要达到的证明标准是案件事实清楚、证据确实充分。

二、“两个基本”原则

1981年5月，彭真同志在“全国五大城市治安座谈会”上指出：“现在，有的案件因为证据不很完全，就判不下去。其实，一个案件，只要有确实的基本证据，基本的情节清楚，就可以判。一个案件几桩罪行，只要主要罪行证据确凿也可以判，要求把每个犯人犯罪的

---

① 参见宋英辉等：《公诉案件刑事和解实证研究》，载《法学研究》，2009（15）。

② 参见侯静：《刑事和解制度研究》，吉林大学硕士学位论文，39页，2007。

全部细节都搞清楚，每个证据都拿到手，这是极难做到的，一些细枝末节对判刑也没有用处。”[①] 这个标准在理论上和实务上通常被称为“两个基本”，即基本事实清楚、基本证据确实充分。2001 年 4 月 13 日，最高人民法院在关于严厉打击犯罪活动的“通知”中强调，要在证明标准问题上实行“两个基本”原则，即案件审判要保证基本事实清楚、基本证据扎实。[②] 原最高人民检察院副检察长张穹在 2001 年发表的《关于“严打”整治斗争中的法律适用问题》一文中，提出要全面理解和适用“两个基本”原则，他说：“‘基本事实清楚、基本证据确凿’是实践中办理刑事案件的证明要求，适用‘两个基本’认定案件，必须达到确定无疑的程度，必须排除其他可能性，保证对被告人定罪量刑的正确。”[③]

从官方文件上来看，“两个基本”原则只适用于特定时期的特定案件，即“严打”时期的某些特殊案件。

三、结论的唯一性

最高人民法院、最高人民检察院、公安部、国家安全部、司法部于 2010 年 6 月 13 日颁布的《办理死刑案件证据规定》对死刑案件的证明标准进行了规定。《办理死刑案件证据规定》第 5 条第 1 款规定：“办理死刑案件，对被告人犯罪事实的认定，必须达到证据确实、充分。”死刑案件所要求的“证据确实、充分”与普通刑事案件所要求的“证据确实、充分”有无区别?《办理死刑案件证据规定》第 5 条第 2 款对此进行了规定：“证据确实、充分是指：（一）定罪量刑的事实都有证据证明；（二）每一个定案的证据均已经法定程序查证属实；（三）证据与证据之间、证据与案件事实之间不存在矛盾或者矛盾得以合理排除；（四）共同犯罪案件中，被告人的地位、作用均已查清；（五）根据证据认定案件事实的过程符合逻辑和经验规则，由证据得出的结论为唯一结论。”与 2012 年《刑事诉讼法》第 53 条对于普通刑事案件中“证据确实、充分”的解释性规定相比，《办理死刑案件证据规定》对于死刑案件中“证据确实、充分”的界定，多了一个条件——“结论的唯一性”。结论的唯一性，相当于联合国《关于保护死刑犯权利的保障措施》中所规定的“对事实没有其他解释余地”的表述方式。如果说排除合理怀疑是第二等级的证明标准；那么结论的唯一性是第一等级的证明标准，显然高于排除合理怀疑的证明标准。也就是说，死刑案件的证明标准必须是最高、最严的，以确保判处死刑的案件万无一失。

死刑案件的证明标准要求“结论的唯一性”，是否所有事实的证明均要求达到“结论的唯一性”呢？最高人民法院、最高人民检察院、公安部、国家安全部和司法部有关负责人就《办理死刑案件证据规定》和《非法证据排除规定》的基本精神和主要内容涉及的相关问题回答记者提问时指出，并不是普通刑事案件所有事实都要适用这样的证明标准，对于不影响定罪量刑的事实，或者对被告人从轻处罚的事实不需达到这样的证明标准即可予以采信。《办理死刑案件证据规定》第 5 条第 3 款规定了“被指控的犯罪事实”，包括认定被告人有罪的事实和对被告人从重处罚的事实，必须达到事实清楚，证据确实、充分的程度，并对被指控的犯罪事实的具体内容进行了列举：“办理死刑案件，对于以下事实的证明必须

---

① 转引自崔敏主编：《刑事证据理论研究综述》，83 页，北京，中国人民公安大学出版社，1990。

② 参见朱捷：《“两个基本”原则之合理性分析》，载《检察日报》，2001-09-27。

③ 张穹：《关于“严打”整治斗争中的法律适用问题》，载《检察日报》，2001-07-23。

达到证据确实、充分：（一）被指控的犯罪事实的发生；（二）被告人实施了犯罪行为与被告人实施犯罪行为的时间、地点、手段、后果以及其他情节；（三）影响被告人定罪的身份情况；（四）被告人有刑事责任能力；（五）被告人的罪过；（六）是否共同犯罪及被告人在共同犯罪中的地位、作用；（七）对被告人从重处罚的事实。”这样规定，既可以避免司法实践中因一些细枝末节的问题使案件久拖不决，还突出了对指控的犯罪事实的证明必须达到“确实、充分”的证明标准。[①] 据此，死刑案件并不要求对所有事实的证明都达到“结论的唯一性”；而只是对于关键事实要求“结论的唯一性”；对于其他事实，例如犯罪目的、犯罪动机等，并不要求“结论的唯一性”。

《办理死刑案件证据规定》虽然规定了死刑案件证明标准的结论的唯一性，但对于关键事实的证明达不到“结论的唯一性”的案件应当如何处理，却没有明确规定。司法实践中的做法一般是发回重审，而不是疑罪从无。也就是说，司法实践中的做法是保证不错杀，但并不保证不错判。

四、我国刑事证明标准的改革

（一）“案件事实清楚，证据确实、充分”标准的实务困境

在我国，不论是将“案件事实清楚，证据确实、充分”作为一个整体来理解，还是将其拆开来解释，传统的看法都认为这里的“事实”指的是“客观事实”。以客观事实这个范畴为基础，传统的观点认为我国刑事诉讼中的证明标准追求的是客观真实，进而形成了关于证明标准的客观真实说。

“案件事实清楚，证据确实、充分”是我国的法定刑事证明标准，我国的司法实务人员也自觉或不自觉地在诉讼活动中将客观真实说作为指导原则。那么，在实践中，这个标准是否容易认识和把握呢？曾有人在2000年对从事基层审判工作的法官进行了问卷调查，其中有题目是考察法官对“确实、充分”证明标准的可把握性的认识，调查结果显示，认为该标准不好把握的占54.3%，认为该标准较好把握的占45.7%，而认为该标准很好把握的没有一个人。[②]

我国另有法官在2001年查阅了57个作出有罪判决的刑事案件，发现法官在判决书中判定属于犯罪事实清楚、证据确实充分和犯罪基本事实清楚、足以认定的有34件，占总数的59.6%；此外，尚有33.3%的案件或者是证据基本能够印证和采信，法官比较勉强地认定案件事实，或者是间接证据基本能够形成锁链，犯罪事实可以认定，或者是因证据力较弱而降格处理，还有个别的案件严格说是基于不相关因素降低了最低证明要求而将“疑罪”认定为犯罪。这说明我国的法定证明标准与实践中运用的情况距离比较大，立法标准与实践标准之间有很大距离，立法并不符合实际，或者说司法实务无法达到法律规定的要求。[③]

综上可知，我国《刑事诉讼法》规定的“案件事实清楚，证据确实、充分”的证明标准不够明确、具体，缺乏可操作性，在实践中难以把握。2012年《刑事诉讼法》虽然在第

---

① 参见《五部委有关负责人就两个“证据规定”答问》，见新华网，发布时间：2010-05-30。

② 参见陈碧：《关于刑事审判中认证问题的思考》，载何家弘主编：《证据学论坛》，第2卷，479页，北京，中国检察出版社，2001。

③ 参见胡建萍：《证明标准问题之司法实务考察》，载曹建明主编：《诉讼证据制度研究》，27页，北京，人民法院出版社，2001。

53条增加了对于普通刑事案件中“证据确实、充分”的解释性规定，但并不能改变该标准的实质。该标准以客观真实说为指导，既忽视了人的认识活动的主观性以及诉讼活动的特殊性，又对法官运用证据认定案件事实提出过高的要求，把诉讼证明追求的目的误认为是诉讼证明的标准。证明标准应当以正当性的最低限度为标准，而不是以所要追求的最高理想为标准。“案件事实清楚，证据确实、充分”实际上是最高证明标准而非原本意义上的最低证明标准，准确说应当是证明目的。

（二）我国法定刑事证明标准的改革方向

一个国家在立法上设定证明标准，至少需要考虑以下几个方面的因素：首先，应当坚持主观与客观相结合的原则。如前所述，证明标准离不开一定的客观基础，但它却是主观的，是审判人员在实体法和程序法的规范和约束下依赖证据对事实进行主观认识的结果，不应脱离开主观而设定所谓的纯粹的客观标准，但也不应脱离客观设定纯粹的主观标准。其次，证明标准应当是一种明确的、具体的、可操作的法律标准，因为诉讼中确立证明标准的目的就是为诉讼当事人和审判人员进行相应的诉讼行为提供基准和参照，所以将证明标准理解为一种应然模式和理想状态不符合诉讼实践的需要。最后，证明标准应当是大多数诉讼在时空限制和资源许可的情况下所能达到的标准。诉讼证明总是在特定的时空范围内进行的，受到有限资源的制约，必须考虑成本、效益、效率等因素。若对履行证明责任的诉讼一方要求过高，则不利于保护当事人的合法权益；若要求司法机关为寻求某案件的绝对真实而不惜一切代价、不计任何成本，同样也是脱离司法实际的。这里有一个不同价值取向之间相互平衡的问题，不能单纯以认识论为转移。这三点是在立法上设定证明标准时应当坚持的原则。

如前所述，用“法律真实”来界定诉讼证明的标准是比较合适的。法律真实说即主张用“排除合理怀疑”来表述刑事诉讼中认定被告人有罪的证明标准。而“排除合理怀疑”标准完全符合上述三个原则，它符合审判人员依赖证据认定案件事实的过程，在实践中容易把握、操作，所要排除的怀疑都是合理的、有客观依据的，在一定的时空条件下，如果审判人员不能依赖公诉方提供的证据对公诉方针对被告人有罪的指控排除合理怀疑，则应当宣判被告人无罪。因此，我国在立法上设立“排除合理怀疑”的刑事证明标准是适当的。

虽然2012年《刑事诉讼法》修改，再次在立法上确认了定罪标准为“案件事实清楚，证据确实、充分”，但在对“证据确实、充分”进行解释时，却使用了“排除合理怀疑”的表述方式。这无疑是一个巨大的进步。基于“案件事实清楚，证据确实、充分”标准在实务中理解和适用上的困境，我们建议，对于刑事诉讼有罪判决的证明标准，可以使用“证据确实、充分，排除合理怀疑”的表述方式。“证据正确、充分，排除合理怀疑”是在审判阶段作出有罪判决时应当达到的标准，即定罪标准；如果公诉方举出的证据不能达到“确实、充分”的程度，不能“排除合理怀疑”地证明被告人有罪，应当宣告被告人无罪。此外，系统性地构建刑事诉讼中的证明标准还应当注意以下几点：（1）应当区分不同种类案件的证明标准。“证据确实、充分，排除合理怀疑”只是认定被告人有罪的最低标准，在某些特殊类型的案件，如死刑案件中，适用的标准应当高于“证据确实、充分，排除合理怀疑”，可以表述为“证据确实、充分，结论唯一性”，但这并不违反“排除合理怀疑”的法定标准，也不是该标准的例外，这是由死刑案件犯罪性质严重、判决结果事关人的生命决定的。尤其是在最高人民法院收回死刑复核权的大背景下，可以将死刑案件的证明标准表述为“证据确实、充分，结论唯一性”，以高于普通刑事案件的证明标准“证据确实、充分，排除合理怀疑”。(2) 在刑事诉讼中，应当构建层次性的证明标准，即随着诉讼阶段的推进而设置从低到高的证明标准。可以将立案侦查的证明标准表述为“合理犯罪嫌疑”，逮捕的证明标准表述为“优势证据”，侦查终结移送审查起诉和提起公诉的证明标准表述为“明晰可信”，有罪判决的标准表述为“证据确实、充分，排除合理怀疑”。(3) 应当明确在刑事诉讼中，被告方承担说服性证明责任时的证明标准低于公诉方证明被告人有罪时应当达到的证明标准，可以表述为“优势证据”。

【问题与思考】

1. 试论述证明标准的客观性与主观性。

2. 如何理解证据法上关于证明标准性质的几种学说，如“客观真实说”、“法律真实说”、“主观真实说”?

3. 试比较英美法系国家的刑事证明标准“排除合理怀疑”和大陆法系国家的刑事证明标准“内心确信”之间的异同与优劣。

4. 如何理解诉讼证明标准的多元化?

5. 如何理解“基本事实清楚，基本证据确实”的刑事证明标准?

6. 如何理解最高人民法院、最高人民检察院、公安部、国家安全部、司法部《办理死刑案件证据规定》对死刑案件证明标准所规定的“结论唯一性”?

7. 公诉案件刑事和解需要达到什么样的证明标准?

8. 试论述我国法定刑事证明标准的缺陷及其完善。

9. 1994 年 6 月的一天，美国橄榄球明星辛普森的前妻尼科尔·布朗·辛普森和男友罗纳德·戈德曼被发现死于距离好莱坞影城不远的布莱特伍德区的一座住宅里。辛普森被认为有重大嫌疑而被警方逮捕，并被送上法庭。该案的审判持续了一年多的时间。1995 年 10 月，辛普森在所谓的“世纪审判”中被陪审团宣告无罪。这个无罪判决在法律意义上的含义是：由于公诉方的证据没能“排除合理怀疑”地证明辛普森有罪，因而陪审团认为辛普森不一定是杀人凶手，只能宣布其无罪。但在后来的民事审判中，基于同样的证据，另一个陪审团却认为辛普森“有罪”，判决其承担巨额民事赔偿。试分析为什么辛普森在刑事诉讼中胜诉，但在民事诉讼中却又败诉了。

【推荐参考论著】

1. 李浩. 证明标准新探. 中国法学，2002 (4)

2. 何家弘. 论司法证明的目的和标准. 法学研究，2001 (6)

3. 樊崇义. 客观真实管见. 中国法学，2000 (1)

4. 张继成，杨宗辉. 对“法律真实”证明标准的质疑. 法学研究，2002 (4)

5. 王圣扬. 论诉讼证明标准的二元制. 中国法学，1999 (3)

6. 韩象乾. 民、刑事诉讼证明标准比较论. 政法论坛，1996 (2)

7. 汤维建，陈开欣. 试论英美证据法上的刑事证明标准. 政法论坛，1993 (4)

8. 廖明. “排除合理怀疑”标准在英美国家的理解与适用. 见：证据学论坛. 第 7 卷. 北京：中国检察出版社，2004

9. 廖明. 论刑事和解的客体. 比较法研究，2012 (5)

10. 廖明. 我国死刑案件证据制度之完善. 昆明理工大学学报（社会科学版），2009 (11)

11. 李学宽，汪海燕，张小玲. 论刑事证明标准的层次性. 中国法学，2001 (5)

12. 王敏远主编. 公法. 第 4 卷. 北京：法律出版社，2003

第十五章 刑事证明环节

内容导读

证明的准备、举证、质证、认证是证据运用过程中四个依次进行的环节，这四个环节构成了一条流水线，缺一不可。离开任何一个环节，刑事诉讼证明都会成为残缺的链条，证明的任务也就很难科学地完成。其中，证明的准备主要是指取证，是对证据的发现、收集、固定和保全，其构成了刑事诉讼证明的第一环节，是举证、质证和认证的基础。举证是对己方证据的出示和提供，是衔接取证和质证的中间环节。质证是对对方证据的质疑和质问。举证是质证的前提。认证是审判人员对证据能力和证明力的认定。在刑事诉讼的证明环节中，认证是最关键的，是证明的准备、举证、认证等活动的目的和归宿，而认证又是为认定案件事实服务的。

第一节 证明的准备

如果从狭义上来理解证明，证明仅包括举证、质证、认证三个环节。如果从广义上来理解证明，证明还应包括证明的准备环节。证明的准备环节主要是指取证。我国的刑事司法在很大程度上仍然以侦查程序为中心，因此，证明的准备环节，特别是取证，就显得尤为重要。

一、取证的概念

刑事诉讼中的取证，是指法定的机关和人员，在法律规定的权限范围内，依照法律规定的程序，发现、提取、固定和保全证据的活动。

刑事诉讼中的取证作为一种诉讼活动，具有以下几个特点：

1. 主体特定。并非所有参与刑事诉讼诉讼活动的人都可以取证，只有法律规定的机关或者人员才有取证的权力或权利。

2. 权限特定。从取证的手段是否具有强制性这一角度，可以将取证分为任意性取证和强制性取证两种类型。任意性取证是指在不侵犯他人基本权利的前提下，包括在征得证据提供者同意的前提下收集证据；强制性取证是指采用一定的对他人基本权利有所限制或者侵犯的强制方法收集证据。不同的取证主体在能否使用强制性手段收集证据的权限上是不同的，为防止公民的基本权利受到任意侵害，法律对哪些主体能够使用强制方法收集证据应当作出明确规定。

3. 程序特定。由于强制性的取证方法会对公民的人身自由、财产或者隐私造成一定的限制或者侵犯，因而法律有必要从程序上对这种取证活动加以约束，取证主体应当严格依照法律规定的程序收集证据。

4. 内容特定。取证不仅仅体现为对证据的发现和提取，还包括及时对提取到的证据进行及时的固定和保全，以防止证据因为各种主、客观原因发生变化，从而影响其对案件事实的证明作用。

取证和审查判断证据是紧密联系的。一般来说，取证在前，审查判断证据在后。但在某些情况下，取证时就需要判断。例如，侦查人员在杀人现场发现一把水果刀，它是不是本案的证据？应否将它收集归案？对此，就需要判断。此外，取证的工作不是一蹴而就，而是从多方面不断进行的。在审查判断证据时，发现现有证据之间有矛盾或现有证据还不能证明案件事实时，就需要再次取证。因此，取证和审查判断证据又是互相渗透、交替进行的，不能截然分开。

二、取证的主体

取证的权力或权利是由法律明确规定的，在刑事诉讼过程中，只有法定的主体，才能取证。根据我国《刑事诉讼法》和相关司法解释的规定，刑事诉讼中的取证主体包括：

1. 人民法院及其审判人员。《刑事诉讼法》第 52 条规定："人民法院、人民检察院和公安机关有权向有关单位和个人收集、调取证据。"第 50 条规定："审判人员、检察人员、侦查人员必须依照法定程序，收集能够证实犯罪嫌疑人、被告人有罪或者无罪、犯罪情节轻重的各种证据。"据此，人民法院及其审判人员是取证的重要主体。《刑事诉讼法》第 41 条规定："辩护律师经证人或者其他有关单位和个人同意，可以向他们收集与本案有关的材料，也可以申请人民检察院、人民法院收集、调取证据，或者申请人民法院通知证人出庭作证。"第 191 条规定："法庭审理过程中，合议庭对证据有疑问的，可以宣布休庭，对证据进行调查核实。人民法院调查核实证据，可以进行勘验、检查、扣押、鉴定和查询、冻结。"据此，人民法院及其审判人员调查取证有两种情况，一种是在庭审前，依辩护律师的申请调查收集证据；另一种是在法庭审理过程中，对证据有疑问时，对证据的调查核实。

2. 刑事侦、控机关及其工作人员。刑事侦、控机关是指在刑事诉讼中享有刑事侦查权和刑事起诉权的公安司法机关。在我国，刑事侦查机关包括公安机关、人民检察院、国家安全机关、军队保卫部门、监狱；公诉机关则只有人民检察院。

根据《刑事诉讼法》第 50 条和第 52 条的规定，公安机关、人民检察院及其工作人员都有权取证，是取证的适格主体。《刑事诉讼法》第 4 条规定："国家安全机关依照法律规定，办理危害国家安全的刑事案件，行使与公安机关相同的职权。”《刑事诉讼法》第290条规定：“军队保卫部门对军队内部发生的刑事案件行使侦查权。对罪犯在监狱内犯罪的案件由监狱进行侦查。”据此，国家安全机关、军队保卫部门和监狱，在刑事诉讼过程中也有取证的权力。刑事侦、控机关及其工作人员的取证，有以下几个特点：(1) 取证的方法最为广泛；(2) 取证的手段具有明显的强制性；(3) 取证的目的是打击犯罪。

3. 辩护律师。《刑事诉讼法》第41条规定：“辩护律师经证人或者其他有关单位和个人同意，可以向他们收集与本案有关的材料，也可以申请人民检察院、人民法院收集、调取证据，或者申请人民法院通知证人出庭作证。辩护律师经人民检察院或者人民法院许可，并且经被害人或者其近亲属、被害人提供的证人同意，可以向他们收集与本案有关的材料。”可见，辩护律师的取证并无强制性，因为法律不仅没有规定律师调查时相对方有义务接受律师的调查，而且规定律师在进行调查时必须经有关单位或者个人同意。这种规定会使律师的取证活动遇到相当大的困难。

在刑事诉讼中，对于刑事公诉案件，取证基本上是在侦查阶段由公安机关或人民检察院进行。但是，在审查起诉阶段，人民检察院为了查明案件事实，不仅可以根据当事人或者律师的申请调取证据，而且可以主动取证。例如，人民检察院审查公安机关移送起诉的案件时，如果发现犯罪事实不清，证据不足，需要补充侦查的，可以自行侦查、取证。在刑事审判阶段，在一审人民法院审理案件的过程中，合议庭如果认为公诉方或辩护方提供的证据存有疑问，有权宣布休庭，对证据进行调查核实，并进行勘验、检查、扣押等活动而收集新证据。在当事人对一审判决不服提出上诉后，二审人民法院经过审理，如果发现原判决事实不清或者证据不足的，可以自行取证以查清事实。人民法院的取证一般是在开庭审理案件以后，由人民法院在控辩双方举证的基础上根据需要而进行的。

三、取证的步骤

取证通常包括发现、提取、保全三个环节，每个环节都有各自的任务和特点。

1. 发现证据

发现证据是指运用某种手段和方法看到或者找到能够证明案件事实情况的材料。只有发现了证据，才能取得证据。刑事案件的情况非常复杂，许多证据是不易发现的，因为犯罪分子为了逃避惩罚，其犯罪活动一般都是采取隐蔽的形式和狡猾的手段进行。他们犯罪之后，往往又伪造现场，毁灭罪证，制造假象，千方百计地掩盖罪行，力图欺骗、迷惑公安司法人员，阻挠他们发现犯罪证据。同时，随着时间的推移，犯罪现场和其他场所留下的能够反映犯罪活动的痕迹、物品也会发生变化，如痕迹消失、犯罪工具被损坏等。知情人也可能因时间久远而记忆不清，不能准确地提供情况；或者因心存顾虑，不敢如实地反映案情。诸如这些情况，都会给证据的发现工作带来一定困难。但是，任何犯罪活动，都是在特定的时空条件下发生的，只要犯罪分子实施了犯罪活动，不论他如何狡猾、诡秘，善于伪装，总会在作案过程中留下有关犯罪活动的痕迹和物品。因此，只要采用正确的方法，进行深入细致的调查研究，就一定能够发现与案件相关的证据。

2. 提取证据

提取证据是指运用一定的方法、手段和设备去获取已经发现的证据材料。办理案件是一项面对社会的工作，公安司法人员不仅要自己弄清案件事实，而且在审理时还要当庭展示证明案件事实情况的证据。因此公安司法人员一旦发现了证据，还必须采取一定的方法把它提取出来。提取证据的方法是多种多样的，根据《刑事诉讼法》的规定，提取证据的方法包括讯问、询问、辨认和鉴定等。不论采取何种方法提取证据，都要保持证据的原状和真实性，防止因提取而导致其发生变化。总之，要尽可能使取得的证据与被发现的证据保持一致。

3. 保全证据

保全证据一般称为“证据保全”，包括证据的固定和保管，是指运用一定的方法、手段或者设备将已经发现或提取的证据固定下来，妥善保管，以便在以后的诉讼活动中证明或认定案件事实时使用。证据保全是取证活动的重要环节，是收集证据工作过程中不可分割的组成部分。提取证据的目的是使用这些证据证明案件事实。但是，无论在时间上还是空间上，提取证据与使用证据之间都有一定的距离。如果因保全措施不当而使提取到的证据受到损坏甚至灭失，那么收集证据的任务就等于没有完成，而且很可能再也无法完成了。因此，为了实现收集证据的目的，必须重视证据保全工作。

四、取证的原则

取证是一项重要的诉讼活动，为了保证其顺利进行和取得成效，为正确处理案件提供可靠的依据，必须遵循一定的原则。

1. 合法性原则。为了保证一切与案件有关或者了解案情的公民，有客观、充分地提供证据的条件，防止可能出现的偏差和错误，使取证工作能够有效地进行，取证必须遵循合法性原则。该原则包括三个具体要求：其一，取证主体合法。只有依法享有调查收集证据权力或权利的机关或者个人，才能在刑事诉讼中向犯罪嫌疑人、被告人、证人、被害人、鉴定人等收集证据。尤其是那些强制性的证据收集手段，比如讯问，只能由法律明确授权的主体使用。其二，取证手段合法。一方面，不同的取证主体只能使用法律授权范围内的各种手段去收集证据；另一方面，有些取证手段，即便是依法享有强制调查收集证据权力的机关也不能采用，比如刑讯逼供、诱供或者骗供。其三，取证程序合法。在法律授权的范围内收集证据，还必须遵守相应的程序性规定。我国《刑事诉讼法》明确规定，司法人员应当按照法定程序收集与案件有关的各种证据。我国《刑事诉讼法》还规定了各种具体的取证方式、方法。此外，为了保证公安司法人员依照法定程序取证，法律还对采用某些非法方法取证的行为，规定了制裁措施。例如，我国《刑法》第247条规定了刑讯逼供罪。

2. 及时性原则。能够证明案件事实情况的证据，要由一定的物品、痕迹或者人的语言文字表现出来。一般来说，离案发时间越近，这些能反映案件事实情况的物品、痕迹就越容易查找，知情人对案件事实的记忆也越清晰，表达会越清楚；相反，离案发时间越远，能够证明案件事实情况的物品和痕迹就会发生变化或者消失，知情人对案件事实的记忆就容易模糊，难以表述清楚。犯罪人也会隐匿证据，或者伪造一些对自己有利的证据。在这种情况下，要取得确实、充分的证据，就会非常困难，甚至形成疑难案件。因此，公安司法人员在刑事诉讼过程中必须及时取证。一般来说，公安司法人员在发现有犯罪事实后，应尽快赶赴犯罪地点，抓住发案不久，犯罪痕迹比较明显、罪证容易收集的有利时机，及时进行勘验、检查、搜查、扣押，询问受害人、证人等专门性调查工作，以利于发现和提取确实、充分的证据。

3. 客观、全面原则。为了查明案件的真实情况，认识案件事实的本来面目，公安司法人员在取证时，必须采取实事求是的科学态度。对于客观存在的证据，不能加以夸大或缩小，也不能用主观想象代替客观事实，按照主观设想的框框去取证；更不能弄虚作假，歪曲事实，制造虚假的证据。只有全面取证，才能查明犯罪发生的时间、地点、动机、目的、手段、方法、过程、危害后果、犯罪人；才能据以正确确定是故意犯罪还是过失犯罪；是共同犯罪还是个人犯罪；被告人应否负刑事责任。该原则是针对刑事诉讼中的国家专门机关尤其是侦查机关所提出的特别要求。我国《刑事诉讼法》第50条明确要求公、检、法机关及其工作人员应当客观、全面地收集证据。根据这些规定，公安司法人员在取证时，必须克服先入为主的观念和片面性。在刑事诉讼过程中，不能只注意收集证明犯罪嫌疑人、被告人有罪和罪重的证据，而不注意收集证明犯罪嫌疑人、被告人无罪和罪轻的证据；也不能只注意收集加重犯罪嫌疑人、被告人罪责的证据，而不注意收集可以从轻、减轻或者免除犯罪嫌疑人、被告人罪责的证据。

4. 深入、细致原则。犯罪分子实施犯罪后，往往制造各种假象，混淆视听。公安司法人员不能被表面现象所迷惑，必须到案发地和其他有关场所，深入群众，收集那些不易被发现或被当事人掩盖、隐匿的证据，以便查清案件事实。如果收集到的证据是传来证据，还应追根溯源，尽可能地查找原始证据。案件中的各种证据，有许多是不易被发现的，例如，一根毛发、一个指纹、一滴血迹、片纸只字、微量泥土等。这些看起来似乎微不足道的物品和痕迹、无关紧要的“平常情况”，很可能成为证明案件事实的有力证据。因此，取证必须细致，要注意那些不明显的证据，更不能放过任何疑点。

五、取证的方法

取证的方法既包括刑事诉讼法和相关司法解释明文规定的各种调查措施和手段，也包括法律、法规未明确规定的方法。刑事诉讼法和相关司法解释规定的取证方法包括询问、讯问、辨认、搜查、勘验、检查、采集生物样本、侦查实验、鉴定、技术侦查。然而，刑事诉讼法和相关司法解释显然并不能囊括司法实践中采用的所有取证方法，使用那些尚未得到法律确认的取证方法亦是普遍现象，例如悬赏取证、“收买取证”，以及一些在学理上暂无约定名称的取证方法等。不论采用何种具体的取证方法，取证人员都必须遵守法制要求，依法办事。

按照不同标准可以对取证方法进行多种分类。除了前面提到的任意性取证和强制性取证的分类外，依据法律规定的不同，可以将取证分为询问、讯问、辨认、搜查、勘验、检查、采集生物样本、侦查实验、鉴定以及保全方法等。依据主体的权限的性质不同，可以将取证分为权力型取证与权利型取证，前者是指公安司法机关及其工作人员开展的强制性收集与保全证据的做法，后者是指辩护律师开展的非强制性收集与保全证据的做法。依据事务是否经过委托，可以将取证分为本调查与受托调查，前者是指由承担取证义务的主体收集与保全证据的做法，后者是指某人本来不承担取证义务，在接受他人的委托后而收集和保全证据的做法。依据涉及的区域不同，可以将取证分为国内取证与国际取证，当前我国开展的国际取证主要包括国际协查、国际联查与域外取证。

下面，我们主要介绍我国《刑事诉讼法》规定的取证方法，并以《刑事诉讼法》和相关司法解释的规定为基础，介绍各种取证方法的原理、原则和要求。

(一) 讯问

1. 讯问的概念

讯问是指公安司法人员为了查明和证明刑事案件的事实，依法对犯罪嫌疑人或被告人进行的审查和盘问。讯问是公安司法人员的一种职务行为。

2. 讯问的类型

(1) 侦查讯问、检察讯问和审判讯问

根据讯问主体与目的的不同，刑事诉讼中的讯问可以分为侦查讯问、检察讯问和审判讯问。侦查讯问是指在侦查阶段由侦查人员对犯罪嫌疑人进行的讯问。检察讯问是指在审查起诉阶段，由检察人员对犯罪嫌疑人进行的讯问。审判讯问是指在审判阶段，由审判人员对被告人进行的讯问。侦查讯问的目的和任务是获取口供；检察讯问的目的是审查核实证据，并检验侦查活动是否合法；审判讯问的目的是审查证据的证据能力和证明力，为认证做准备。

(2) 第一次讯问和后续讯问

根据讯问时间的不同，刑事诉讼中的讯问可以分为第一次讯问和后续讯问。第一次讯问是指侦查机关自立案之日起对犯罪嫌疑人进行的首次讯问。后续讯问是指对犯罪嫌疑人进行的第二次及以后的讯问。第一次讯问是我国法律规定的辩护律师介入刑事诉讼的条件之一。《刑事诉讼法》第 33 条规定："犯罪嫌疑人自被侦查机关第一次讯问或者采取强制措施之日起，有权委托辩护人；在侦查期间，只能委托律师作为辩护人。被告人有权随时委托辩护人。"

3. 讯问的规则

(1) 讯问的主体

在刑事诉讼的侦查阶段，讯问犯罪嫌疑人的主体只能是公安机关、国家安全机关和检察机关的侦查人员，其他单位的人员不得讯问。在审查起诉阶段，讯问犯罪嫌疑人的主体是检察机关的有关人员。讯问犯罪嫌疑人的时候，侦查人员不得少于 2 人，以便互相协助、互相监督，从而保证讯问手段、程序的合法性，以及有关人员的安全。

(2) 讯问的对象

在刑事诉讼的侦查阶段，讯问的对象是犯罪嫌疑人，包括依法被逮捕的犯罪嫌疑人，依法被拘留的现行犯和重大嫌疑分子，以及不需要逮捕、拘留的犯罪嫌疑人。在审查起诉阶段，讯问的对象是依法被逮捕的犯罪嫌疑人，以及不需要逮捕的犯罪嫌疑人。

(3) 讯问的时间

对于不需要逮捕、拘留的犯罪嫌疑人，可以以传唤、拘传的方式对其进行讯问。传唤、拘传持续的时间不得超过 12 个小时；案情特别重大、复杂，需要采取拘留、逮捕措施的，传唤、拘传持续的时间不得超过 24 个小时。不得以连续传唤、拘传的形式变相拘禁犯罪嫌疑人。传唤、拘传犯罪嫌疑人时，应当保证犯罪嫌疑人的饮食和必要的休息时间。对于拘留或逮捕的犯罪嫌疑人，侦查人员应当在拘留或逮捕后的 24 个小时之内进行讯问。

(4) 讯问的场所

讯问应当在法定地点进行。对于不需要逮捕、拘留的犯罪嫌疑人，可以传唤到犯罪嫌疑人所在市、县内的指定地点或者到他的住处进行讯问，但应当出示人民检察院或者公安机关的证明文件。对在现场发现的犯罪嫌疑人，经出示工作证件，可以口头传唤，但应当在讯问笔录中注明。对于已经拘留、逮捕的犯罪嫌疑人的讯问，应当在羁押犯罪嫌疑人的看守所内进行。但不论在哪里讯问，讯问的场所应能保证讯问不受外界干扰，以有利于犯罪嫌疑人如实供述。

（5）个别讯问

讯问犯罪嫌疑人一般应当个别进行，以防止相互影响或串供。但是，在必要时也可以让犯罪嫌疑人互相质证。

（6）问前告知

在正式讯问犯罪嫌疑人之前，讯问人员应当告知犯罪嫌疑人依法享有的各项权利和承担的义务，包括如实回答问题的义务，拒绝回答与本案无关问题的权利，聘请辩护律师的权利，以及如实供述自己罪行可以从宽处理的权利等。

（7）第一次讯问

第一次讯问犯罪嫌疑人时，讯问人员应当首先问明犯罪嫌疑人的姓名、职业等基本情况；然后讯问犯罪嫌疑人是否犯有被指控的罪行，让其供述犯罪事实及其情节或者进行无罪辩解；之后再按照事先拟定的讯问计划和提纲向犯罪嫌疑人提出问题。

（8）讯问的方法

讯问人员在全面熟悉案情及了解犯罪嫌疑人心理的基础上，应制定切实可行的讯问计划，以保证讯问工作有计划、有步骤地进行，防止讯问活动的随意性和盲目性。讯问嫌疑人时可以使用各种策略和方法，但必须是合法的。讯问人员必须依照法定程序进行讯问，严禁刑讯逼供和以威胁、引诱、欺骗以及其他非法的方法获取犯罪嫌疑人的口供。

（9）特殊讯问对象

讯问不满18周岁的未成年犯罪嫌疑人、被告人时，为保证讯问的正常进行，应当通知未成年犯罪嫌疑人、被告人的法定代理人到场。无法通知、法定代理人不能到场或者法定代理人是共犯的，也可以通知其他合适的成年人，包括未成年犯罪嫌疑人、被告人的其他成年亲属，所在学校、单位、居住地基层组织或者未成年人保护组织的代表到场，并将有关情况记录在案。到场的法定代理人可以代为行使未成年犯罪嫌疑人、被告人的诉讼权利。对于到场的法定代理人或其他合适的成年人，讯问人员应当告知其有关的权利和义务。到场的法定代理人或者合适的成年人认为办案人员在讯问中侵犯未成年人合法权益的，可以提出意见。讯问女性未成年犯罪嫌疑人，应当有女性工作人员在场。如果发现法定代理人或者其他合适的成年人有干扰讯问的行为，讯问人员可以令其退场。

讯问聋、哑的犯罪嫌疑人时，应当有通晓手语的人参加担任翻译，并将这一情况记入笔录。翻译人员应当在讯问笔录上签名或盖章。

询问不通晓当地语言的犯罪嫌疑人时，应当有翻译参加，并将这一情况记入笔录。翻译人员应当在讯问笔录上签名或盖章。

（10）讯问的记录

讯问犯罪嫌疑人应当制作笔录。讯问人员应当将问话及犯罪嫌疑人的供述或辩解如实地记录下来，不得改变原意，不得随便取舍。制作讯问笔录，应当使用钢笔、毛笔和专用纸张，以便附卷保存。在必要而且条件允许的情况下，可以对讯问过程进行录音或者录像；对于可能判处无期徒刑、死刑的案件或者其他重大犯罪案件，应当对讯问过程进行录音或者录像。录音或者录像应当全程进行，保持完整性。录音或者录像应当同时制作两份，一份在侦查和审查起诉中使用，一份密封保管，以备查核。有关录音或者录像的情况应当在笔录中注明，并由有关人员签名。犯罪嫌疑人要求自己书写供词的，讯问人员应当准许，并提供有关条件。

(11) 讯问笔录的审核

讯问笔录应该交给犯罪嫌疑人查阅核对，如果犯罪嫌疑人没有阅读能力，应当向其宣读。对于未成年犯罪嫌疑人，讯问笔录应当交给到场的法定代理人或者其他合适的成年人阅读或者向其宣读。如果犯罪嫌疑人或者未成年犯罪嫌疑人的法定代理人或其他合适的成年人在以阅读或听读方式核对笔录时发现不准确的地方，讯问人员应当对笔录进行相应的修改、补充或说明。犯罪嫌疑人承认笔录准确无误的，讯问人员应当让其在笔录末页紧接最后一行处写上“以上笔录我看过（或向我宣读过），记录无误”的字样，并签名。笔录中补充、更正的地方都要由犯罪嫌疑人捺指印，作为证明。如果犯罪嫌疑人拒绝捺指印或签名，讯问人员应当在讯问笔录中说明。讯问人员也应当在笔录上签名。

(二) 询问

1. 询问的概念

询问是提取证人证言、被害人陈述这两种言词证据的手段，指的是公安司法人员、辩护律师按照法定程序，以言词的方式向证人或被害人就其了解的案件情况进行调查、询问的一种活动。询问的主体必须是公安司法人员、受当事人委托的律师或者人民法院指定的律师；询问的对象是被害人和证人；询问的内容必须是与案件有关的事实和情节。

在司法实践中，询问不仅可以为查明案件事实提供证人证言、被害人陈述，而且可以为收集其他证据提供线索和依据。

2. 询问的种类

根据询问对象的不同，询问可以分为询问证人和询问被害人；根据询问主体的不同，询问可以分为侦查询问、检察询问、审判询问和律师询问。此外，询问还包括以下分类。

(1) 正式询问和非正式询问

正式询问，是指询问人员依照法律规定所进行的具有法律效力的询问。正式询问一般都应该制作笔录，这一笔录可以作为诉讼中的证据使用。非正式询问，是指询问人员为了了解案情而与有关人员进行的一般性谈话，它不具有法律效力，一般也不宜制作笔录。

(2) 走访询问和传唤询问

走访询问，是指询问人员前往询问对象的家中或工作单位进行的询问。它既可以是正式询问，也可以是非正式询问。传唤询问，是指询问人员根据法律规定，依照法定程序，把询问对象传唤到特定地点进行的询问。它属于正式询问，一般由有权传唤的公安司法机关进行。

(3) 公开询问和秘密询问

公开询问，又称正面询问，是指询问人员以公安司法人员或律师的身份出现，公开就某些与案件有关的问题进行询问。它既可以是正式询问，也可以是非正式询问。秘密询问，又称侧面询问，是指询问人员不以公安司法人员的身份出现，在不暴露其真实意图的情况下，就某些与案件有关的问题进行询问。它只能是非正式询问。秘密询问通常有两种方式：其一是由侦查人员化装成某种角色接近询问对象并进行谈话；其二是由侦查人员挑选既具备接近询问对象的条件又安全可靠的人，代替自己与询问对象就某些与案件有关的问题进行谈话。

3. 询问的规则

(1) 询问的主体

在刑事案件的侦查阶段，询问证人和被害人应当由侦查机关指定的办案人员进行。正式询问应当由2名以上办案人员共同进行。辩护律师在得到证人同意的情况下可以询问证人，在得到公安司法机关许可并且被害人、被害人提供的证人同意的情况下，也可以询问被害人、被害人提供的证人。

（2）询问的时间、地点

询问证人和被害人可以在现场进行，也可以到证人、被害人所在单位、住处或者证人、被害人提出的地点进行，必要的时候，可以通知证人、被害人到人民检察院或者公安机关提供证言、陈述。在现场询问证人、被害人时，应当出示工作证件；到证人、被害人所在单位、住处或者证人、被害人提出的地点询问证人、被害人时，应当出示人民检察院或者公安机关的证明文件。

（3）证人作证的义务

证人接到公安机关、人民检察院和人民法院的作证通知后，应当按时到指定场所接受询问。如果因故不能到场，证人应当事先向发出通知的机关说明情况。在询问过程中，证人应当如实向询问人员陈述自己所了解的案件事实情况。如果案件情况涉及国家机密，证人可以要求询问在保密的情况下进行，但不得借故拒绝提供证词。证人对询问中涉及的国家机密负有保密义务。

（4）个别询问

询问证人应当个别进行。如果一个案件中有数名证人，应当分别、单独、地询问每一个证人，而且在询问之前或询问过程中避免让证人相互接触或交流。多名证人的询问顺序应当根据案件情况和询问对象的情况来确定。

（5）问前告知

询问人员在进行正式询问之前，应当向询问对象出示有关的证明文件，并告知询问对象在参与诉讼的过程中所依法享有的各项权利和承担的如实陈述义务，以及故意提供伪证或者隐匿罪证所要承担的法律责任。

（6）询问方法

询问证人的方法可以多种多样，但必须是合法的。询问人员不得以暴力、威胁等非法方法进行询问。询问人员在实施询问的过程中，应当尊重询问对象的人格、尊严与权利。

（7）特殊询问对象

询问不满18周岁的未成年证人、被害人时，为保证询问的正常进行，应当通知未成年证人、被害人的法定代理人到场。无法通知、法定代理人不能到场或者法定代理人不适宜到场的，也可以通知其他合适的成年人，包括未成年证人、被害人的其他成年亲属，所在学校、单位、居住地基层组织或者未成年人保护组织的代表到场，并将有关情况记录在案。到场的法定代理人可以代为行使未成年证人、被害人的诉讼权利。对于到场的法定代理人或其他合适的成年人，询问人员应当告知其有关的权利和义务。如果发现其有干扰询问的行为，询问人员可以令其退场。到场的法定代理人或者其他人员认为办案人员在询问中侵犯未成年人合法权益的，可以提出意见。询问女性未成年证人、被害人时，应当有女性工作人员在场。

询问聋、哑证人、被害人时，应当有通晓手语的人参加担任翻译，并将这一情况记入笔录。翻译人员应当在询问笔录上签名或盖章。

询问不通晓当地语言的证人、被害人时，应当有翻译参加，并将这一情况记入笔录。翻译人员应当在询问笔录上签名或盖章。

(8) 询问的保密

询问人员在询问过程中要严守工作秘密，不得向询问对象泄露其不应知晓的案件情况和侦查工作的情况。对于询问中所涉及的个人隐私，询问人员也应当保守秘密。

(9) 询问的记录

询问证人应当制作笔录。询问笔录应当客观、准确、全面、清晰地反映询问对象的陈述。在必要而且条件允许的情况下，可以同时进行录音、录像。询问人员和询问对象都应当在笔录上签名或盖章。

(10) 询问笔录的审核

询问笔录是固定证人证言和被害人陈述的主要形式，也是认定案件事实的重要依据。因此，询问人员必须按照法律的有关规定，仔细审核笔录的内容。询问结束时，询问人员应当向询问对象说明笔录的法律意义，然后将笔录交给询问对象查阅或向其宣读，并经其核对无误之后再签名或盖章。对于未成年证人、被害人，询问笔录应当交给到场的法定代理人或者其他合适的成年人阅读或者向其宣读。如果询问对象，或者未成年证人、被害人的法定代理人或其他合适的成年人在以阅读或听读方式核对笔录时发现不准确的地方，询问人员应当对笔录进行相应的修改、补充或说明。

(三) 辨认

1. 辨认的概念

辨认是指公安司法机关为查明案件事实而组织安排熟悉或了解辨认对象特征的人对与案件有关的人、物、场所进行的辨识和再认。辨认属于具有同一认定性质的认识活动。当辨认人看到辨认对象时，立即将有关信号输入自己的大脑，在储存的记忆表象中进行查找和比对，并作出是否同一的结论。

2. 辨认的种类

(1) 证人辨认、被害人辨认、犯罪嫌疑人或被告人辨认

根据主体在诉讼活动中的身份不同，辨认可以分为证人辨认、被害人辨认、犯罪嫌疑人辨认和被告人辨认。在诉讼活动中，辨认结果相应地表现为证人证言、被害人陈述、犯罪嫌疑人或被告人的供述和辩解。在诉讼活动中的身份不同，则辨认主体与案件的关系就不同，与审判结果的利害关系也就不同。因此，对这些辨认结果的审查和运用也应该有所不同。

(2) 人身辨认、物体辨认、场所辨认

根据客体或对象的不同，辨认可以分为人身辨认、物体辨认和场所辨认。人身辨认包括对活体的辨认和对尸体的辨认，其目的主要是解决人身是否同一的问题，如确认犯罪嫌疑人是否是实施犯罪行为的人，某无名尸体是否系某失踪人。物体辨认的对象包括与案件有关的各种物品，如作案工具、现场遗留物、作案标的物等，其目的一般是解决物体是否同一的问题，如确认某物品是否属于某人所有，某物体是否曾由某人加工或使用。场所辨认的对象包括案发现场和相关场所，其目的是解决场所是否同一的问题。

(3) 公开辨认和秘密辨认

根据组织辨认的方式不同，辨认可以分为公开辨认和秘密辨认。公开辨认，是指由侦查人员组织辨认人在被辨认人或被辨认物的持有人知晓的情况下进行的辨认。常见的公开辨认对象包括：犯罪嫌疑人、逃犯、无名尸体、无主物品、现场遗留物等。秘密辨认，是指由侦查人员组织辨认人在被辨认人或被辨认物的持有人不知晓的情况下进行的辨认。秘密辨认的

对象多为犯罪嫌疑人、赃物等。秘密辨认的结果只能作为破案的线索，供侦查人员参考。

(4) 直接辨认和间接辨认

根据辨认的途径或方法不同，辨认可以分为直接辨认和间接辨认。直接辨认，是指辨认人通过对辨认对象的直接观察或感知而进行的辨认。间接辨认，是指辨认人通过某种中介了解辨认对象的特征，并以此为基础进行的辨认。常见的辨认中介有照片、模拟画像、录音、录像等。间接辨认结论的可靠性不如直接辨认，但其优点是比较简便。

3. 辨认的规则

(1) 辨前询问

在组织辨认者辨认之前应该详细询问辨认人，让其讲述其认识或接触辨认对象的时间、地点、方式等情况，并让其描述辨认对象的具体特征，从而了解辨认人进行辨认的依据或基础。与此同时，通过辨前询问掌握辨认人的感知、记忆和表达能力，为正确组织辨认和评断辨认结果提供客观依据。

(2) 辨前告知

组织辨认者在询问辨认人时应根据辨认人的具体情况作必要的解释和说明，帮助其消除紧张情绪和畏惧心理，并明确告知其依法享有的权利和承担的义务，然后向其宣布辨认的规则和纪律。

(3) 单独辨认

当案件有两个以上辨认人对同一辨认对象进行辨认时，要让其分别单独进行，以免互相影响，使辨认结果失去客观性；当案件中有两个以上辨认对象需要同一个辨认人进行辨认时，也应当让辨认人分别进行，以免辨认对象的不同形象干扰辨认人感知的专一性，导致辨认结果的误差。

(4) 混杂辨认

在对人或物进行辨认时，应当将辨认对象混杂在若干个与其相似的人或物中间，以保证辨认的客观性。例如，公安部2012年颁布的《规定》第251条规定，辨认犯罪嫌疑人时，被辨认的人数不得少于7人；对犯罪嫌疑人的照片进行辨认的，不得少于10人的照片；辨认物品时，混杂的同类物品不得少于5件。最高人民检察院2012年颁布的《规则》第260条规定，辨认犯罪嫌疑人、被害人时，被辨认的人数为5到10人，照片5到10张。辨认物品时，同类物品不得少于5件，照片不得少于5张。组织辨认者不得把辨认对象单独提供给辨认人进行辨认。当辨认对象是人时，混杂客体的性别、年龄、身高和体态等应与辨认对象相似；当辨认对象是物体时，混杂客体的种类、形状、型号和颜色等应与辨认对象相似；利用照片、录像、录音辨认时也应当尽量遵守混杂辨认的规则。对犯罪嫌疑人的秘密辨认，由于将辨认地点安排在辨认对象日常工作、生活和活动的场所，所以辨认对象实际上已处于自然混杂的状态。如果只是要求辨认人判断其是否见过辨认对象，如某件杀人凶器，从而作为调查辨认对象来源的线索，则不一定采用对象混杂的方法。此外，对无名尸体和犯罪场所的辨认，可能因条件限制也无法安排混杂辨认。

(5) 独立辨认

任何辨认都必须保证辨认人独立自主地进行辨认。在辨认前或辨认过程中，组织辨认者不得用任何方式向辨认人暗示或诱使辨认人按照组织辨认者的意图进行指认。例如，组织辨认者不得在辨认前让辨认人单独看到辨认对象。在辨认过程中，组织者可以帮助辨认人全面、细致地观察客体的特征，也可以进行必要的解释，但必须保持客观的态度。

(6) 公开辨认

组织公开辨认，主持的公安司法人员不得少于2人，同时应当邀请2名与案件没有利害关系、为人公正的公民担任见证人。

(7) 辨认的记录

秘密辨认，组织辨认者应当写出辨认报告；公开辨认，组织辨认者应当制作正式的辨认笔录。在必要而且条件许可的情况下，也可以在辨认的同时进行录音或录像，并且将有关情况在笔录中注明。

(8) 辨认笔录的核实

辨认笔录制作之后，组织辨认者应当交给辨认人和见证人阅读，或者向他们宣读。辨认人和见证人核实无误之后，应当在笔录上签名或盖章。组织辨认者也应当在笔录上签名或盖章。

(四) 搜查

1. 搜查的概念

搜查是指侦查人员为了收集犯罪证据，查获犯罪嫌疑人，依法对犯罪嫌疑人以及可能隐藏犯罪嫌疑人或者犯罪证据的人身、物品、住处和其他场所进行搜索、检查的一种侦查活动。搜查既是刑事案件中一种重要的侦查措施和取证方法，又是一种直接关系到公民的人身权利和住宅权利的侦查行为，因此其实施必须履行严格的审批手续，必须严格遵守法律的有关规定。

在犯罪侦查过程中，侦查人员在拘留、逮捕犯罪嫌疑人的同时，一般都要对其人身、住处及其他可能隐藏证据的场所进行搜查。另外，当侦查人员通过询问、讯问或其他途径获得与藏匿的犯罪嫌疑人或证据有关的线索之后，也应该对有关的场所进行搜查。

2. 搜查的种类

根据不同搜查对象的特点和相应的搜查方法的特点，可以把搜查分为四种，即人身搜查、物品搜查、室内场所搜查和室外场所搜查。

(1) 人身搜查，即以人的身体为对象的搜查。在犯罪侦查中，人身搜查的对象多为犯罪嫌疑人，但是也包括其他可能在身体上藏匿证据的人。人身搜查可以与场所搜查同时进行，也可以单独进行。

(2) 物品搜查，即以物品为对象的搜查。在犯罪侦查过程中，物品搜查的对象多为具有一定空间的物体，如汽车、火车、船只、飞机等。物品搜查可以与场所搜查、人身搜查同时进行，也可以单独进行。

(3) 室内场所搜查，即以室内场所为对象的搜查，又称为住所搜查。这里所说的“室内场所”，包括住宅、宿舍、办公室、旅馆、饭店、车间、仓库等。室内场所搜查是一种难度较大的场所搜查。

(4) 室外场所搜查，即以室外场所为对象的搜查，又称为露天场所搜查。作为搜查对象来说，室外场所通常是指与搜查对象的住宅相毗连的庭院、菜园、花园等场所，因此室外场所搜查往往是对室内场所搜查的延续。当然，在有些情况下也可能单独进行。

3. 搜查的规则

(1) 搜查的主体

搜查的主体只能是公安机关、国家安全机关、人民检察院负责案件侦查的人员，其他任何机关、单位和个人均不得以任何原因、任何理由对公民的身体及其住宅实施搜查。实施搜查时，参加搜查的侦查人员不得少于2人。

（2）搜查证

侦查人员搜查时，必须持有侦查机关签发的搜查证。搜查证由县级以上公安机关、检察机关的负责人签发。执行搜查时，侦查人员必须向被搜查人或被搜查物、住所的所有人或看管人出示搜查证。在执行拘留、逮捕时，如果遇紧急情况，侦查人员凭拘留证、逮捕证可以实施搜查。这里所说的“紧急情况”，主要是指在执行拘留、逮捕时，犯罪嫌疑人可能随身携带凶器的，可能隐藏爆炸、剧毒等危险品的，可能隐匿、毁弃、转移犯罪证据的，以及可能隐匿其他犯罪嫌疑人等情况。

（3）搜查的见证人

侦查人员进行搜查时，应该有见证人在场，以保证搜查的客观性和搜查结果的有效性。在条件许可的情况下，侦查人员应当尽量邀请与案件无关的人担任见证人，也可以邀请被搜查人的家属或邻居担任见证人。

（4）人身搜查

侦查人员在对犯罪嫌疑人的身体进行搜查时，不得使用侮辱性的语言和动作，不得造成人体的伤害或健康的损害，必要时可以请医生参加和指导。搜查妇女的身体时，应当选择有遮蔽的非开放性场所，而且必须由女性侦查人员进行，见证人也应当是女性。

（5）搜查中的保密

在搜查中发现的与案件无关的个人隐私，侦查人员应该保密，不得泄露。在搜查中发现的涉及国家机密的文件，侦查人员应该立即加以保护，防止包括见证人和被搜查人家属在内的无关人员接触，防止以任何方式泄密。

（6）搜查中的扣押

侦查人员在搜查中发现的可以证明犯罪嫌疑人有罪或无罪的物品和文件，应当依法扣押。对于需要扣押的物品和文件，侦查人员应当尽量先在原地拍照，然后会同该物品或文件的所有人或持有人以及搜查的见证人，当场进行清点并开列清单，三方分别在清单上签名或盖章。如果所有人或持有人拒绝签名或盖章，侦查人员应在搜查笔录中注明，并应将扣押物品或文件与所有人或持有人一起拍照片，附卷备查。扣押的物品或文件应当妥善保管，不得遗失或损坏。

（7）搜查的记录

无论哪一种搜查，侦查人员都应该当场制作笔录。笔录的内容应当包括搜查的起止时间、范围、过程、有关人员的情况、搜查中发现的情况、扣押的物品或文件的情况等。执行搜查的侦查人员、被搜查人或者家属、见证人都应当在笔录上签名或盖章。如果被搜查人在逃，或者被搜查人或其家属拒绝签名，侦查人员应当在笔录上注明。

（8）善后处理

搜查结束之后，侦查人员应当及时做好有关人员、场所、物品的善后处理工作。需要暂时封存的场所或物品，应当落实封存的具体方法和责任人员。

（五）勘验、检查

1. 勘验、检查的概念

勘验是指公安司法人员为了查明案件情况、发现和收集证据，对与案件有关的场所、物品、尸体进行的勘察和检验。检查是指公安司法人员为了查明案件情况，确定犯罪嫌疑人或被害人的人体特征、生理状态、损伤情况等，而对犯罪嫌疑人或被害人的身体进行的检验和查看。

勘验、检查属于侦查措施，因此，勘验、检查的主体一般为公安机关、国家安全机关、检察机关的侦查人员。然而在审查批捕、审查起诉阶段和审判阶段，有关的检察人员和审判人员为了调查核实证据，也可以进行勘验和检查。

2. 勘验、检查的种类

根据对象的不同，勘验、检查可以分为现场勘验、物证检验、尸体检验和人体检查。

3. 勘验、检查的规则

(1) 现场勘验规则

侦查机关在发现需要勘验的现场后，应当及时派人采取妥善的措施进行保护，以防止现场由于自然力或人为的因素而被破坏或发生影响勘验的变化。

侦查人员、司法人员进行现场勘验时．应当持有侦查机关或司法机关的证明文件。

现场勘验应当由侦查人员或司法人员主持，但是在必要时可以请专门技术人员参加。

组织现场勘验时，侦查人员、司法人员应当请两名与案件无利害关系而且为人公正的公民担任见证人。

侦查人员、司法人员应当对现场勘验的情况进行客观、全面、准确的记录。记录一般由三部分组成，即现场勘验笔录、现场照相、现场绘图。在必要而且条件允许的情况下，也可以同时进行录像。现场勘验人员和见证人应当在勘验笔录上签名或盖章。

(2) 物证检验规则

物证检验应当由侦查人员或司法人员指派或聘请的专门技术人员进行。物证检验可以在提取物证的现场进行，也可以在实验室进行。如果在实验室进行，应当有专人负责物证的保管和移送。

物证检验人员在进行检验之前应当仔细检查物证的提取、保管、移送等情况。如果发现物证可能有被调换、损坏、污染等情况，应当立即与负责提取物证的侦查人员进行核实，并告知有关情况。

物证检验的方法应当在有关学科领域内具有公认的科学性。必要时，检验人员应该提供其检验方法科学性的证明。

检验人员应当对物证检验情况进行客观、全面、准确的记录。必要时，可以使用照片、绘图等方式对检验情况予以说明。检验人员应当在检验笔录上签名或盖章。

(3) 尸体检验规则

尸体检验应当由侦查人员或司法人员指派或聘请的法医或医师进行。尸体外表检验一般在发现尸体的现场进行；尸体解剖检验一般应该在专门的解剖室或实验室进行。确因特殊情况而需要在现场进行尸体解剖的，应当采取适当的隔离、遮挡措施。

移动现场尸体之前，应当先对尸体的原始位置、状况，以及周围的痕迹、物品进行详细的记录并拍照。

尸体解剖检验时应该根据侦查机关或司法机关的不同要求，进行全面解剖检验或局部解剖检验。

对于死因不明的尸体，侦查机关有权决定进行解剖检验。侦查机关决定解剖检验的，应当通知死者家属并请其到场，但是死者家属对解剖的态度和是否到场，不影响解剖的正常进行。

如果死者是少数民族成员，侦查机关在进行解剖检验时应当尊重少数民族的风俗习惯。

检验人员应当对尸体检验的情况进行客观、全面、准确的记录，并且在尸体检验笔录上签名或盖章。

(4) 人身检查规则

人体检查一般由侦查人员进行，必要时可以请医师参加。

除紧急情况外，进行人体检查须经侦查机关的负责人批准。

人体检查一般应得到被检查人的同意。但是，在犯罪嫌疑人拒绝接受检查的情况下，如果侦查人员认为有必要进行检查，经侦查机关负责人批准，可以强制进行检查。

人体检查不得损害被检查人的身体健康，不得有侮辱人格或有伤风化的行为。

检查妇女的身体，应当由女性工作人员或医师进行。

检查人员应当对人体检查的情况进行客观、全面、准确的记录，并且在检查笔录上签名或盖章。

(六) 采集生物样本

1. 采集生物样本的概念

人体生物样本检验是利用现代高科技手段获取犯罪信息，查明案件事实真相的重要手段。通过样本检验，可以确定特定人员与犯罪行为或犯罪现场的关联关系，有助于案件事实的查明，也有助于提高侦查工作的效率。在我国的侦查实践中，采集指纹、毛发、特定体液的做法业已存在，而且有的已经相当普遍，有必要在法律上予以规范。因此，2012 年《刑事诉讼法》第 130 条在 1996 年《刑事诉讼法》第 105 条的基础上，增加了采集生物样本的规定。亦即，为了确定被害人、犯罪嫌疑人的某些特征、伤害情况或者生理状态，可以对人身进行检查，提取指纹信息，采集血液、尿液等生物样本。被害人死亡的，应当通过被害人近亲属辨认、提取生物样本鉴定等方式确定被害人身份。

“生物样本”是指包含有个人生物信息的脱落物、分泌物、排泄物、机体组织、血液、体纹、印记等样本。通常包括毛发、指纹、血液、粪便等。“采集”包括提取、抽取、黏附等多种手段。采集生物样本是体征检验的一个环节，是人身检查的手段之一，应当遵守人身检查的相关规定。

2. 采集生物样本的规则

采集样本应当征得被害人、犯罪嫌疑人的同意才能进行。因此，在采集样本之前，侦查人员应当告知被害人、犯罪嫌疑人提取样本的原因、样本的用途，以消除被害人、犯罪嫌疑人的疑虑。对于犯罪嫌疑人而言，如果拒绝检查、提取、采集样本，侦查人员认为必要的时候，经办案部门负责人批准，可以强制检查、提取、采集样本。

应当认真保管采集的指纹、血液、尿液等生物样本，避免生物样本因保管不当或其他原因遭到污染、变质，从而无法作为证据使用。应当确保仅系出于办案需要而使用所采集的生物样本，不得用作其他用途。因侦查人员保管不当造成生物样本污染、变质，或者侦查人员将所采集的生物样本用作其他用途的，应当依法追究责任。

(七) 侦查实验

1. 侦查实验的概念

侦查实验，是指在犯罪侦查过程中，侦查人员为了查明或验证某个案件事实或情节，按照案件发生时的条件，对该事实或情节进行的模拟演示。侦查实验对于刑事案件的调查取证具有重要意义。首先，侦查实验可以用来审查案件中的证据。其次，侦查实验可以用来验证有关案件情节的推断。最后，侦查实验可以帮助侦查人员发现新的案情线索和证据。

2. 侦查实验的种类

(1) 根据对象不同，侦查实验可以分为有关人的实验、有关动物的实验和有关物体的实验。有关人的实验，即以某个人的行为能力或感知能力等为对象的实验；有关动物的实验，即以某种动物的特征、属性、能力等为对象的实验；有关物品的实验，即以某种物品的特征、属性等为对象的实验。

(2) 根据解决的问题不同，侦查实验可以分为有关感知能力的实验、有关行为能力的实验、有关物质属性的实验。有关感知能力的实验，即测试人的感觉或知觉能力的实验，它可以确定实验对象能否在一定条件下感知某一现象或事实的存在或发生。有关行为能力的实验，即测试人的行为能力的实验，它可以确定实验对象在特定情况下能否完成某一行为。有关物质属性的实验，即测试某一物品是否具有某种属性，或者在某些条件下是否会发生某一结果的实验。

(3) 根据是否采用对照方式，侦查实验可以分为单一实验和对照实验。所谓单一实验，即仅就单一对象进行的实验。所谓对照实验，即就两个或两组对象同时在不同条件下所进行的实验。

3. 侦查实验的规则

(1) 侦查人员组织侦查实验，必须经过县级以上公安机关负责人、检察院负责人同意后方可进行。

(2) 侦查人员组织侦查实验，必须请两名与案件没有利害关系而且为人公正的公民担任见证人。

(3) 侦查人员应尽可能在案件发生的原地点和相同时段，使用相同的器物和方法进行实验；如果已不具备这样做的可能性，则应使模拟实验的条件尽可能近似于案件发生时的条件。

(4) 侦查实验的对象可以是证人、被害人、犯罪嫌疑人和被告人。侦查人员可以根据需要，要求上述人员参加实验，但不能强迫其参加。如果对方不同意参加实验，侦查人员可以安排与其条件相似，而且与案件没有利害关系的公民作为替代人参加实验。

(5) 侦查人员可以根据情况需要，就同一事实或情节在相同或不同条件下多次进行实验，以保证实验结论的科学性和客观性。

(6) 侦查人员在组织侦查实验的过程中，不得有任何有伤风化、侮辱人格或可能造成生命、财产危险的行为。

(7) 侦查实验应该秘密进行。除司法活动需要外，侦查实验的参加者都不得公开实验的过程和结果。

(8) 侦查人员应当客观、全面、准确地记录侦查实验的情况。记录的方式一般包括笔录、照相和绘图，必要时还可以进行录音和录像。侦查人员、实验人员和见证人都应当在实验笔录上签名或盖章。

(八) 鉴定

1. 鉴定的概念

鉴定是指具有专门知识的人接受公安机关、检察机关、审判机关、诉讼当事人及其律师的委托，对案件中的专门性问题进行检验、分析、鉴别、判断的活动。鉴定是查明案件事实的重要方法，鉴定意见是证明案件事实的重要证据。

在司法实践中，鉴定主要有两种情形：其一是鉴定人对亲自勘查现场所发现并提取的物品、痕迹等客体进行的鉴定；其二是鉴定人接受其他机关或单位的委托，对其送检的物品、痕迹等客体进行的鉴定。

2. 鉴定的种类

司法实践中的鉴定有很多种类，如物证技术学鉴定、法医学鉴定、司法精神病学鉴定、司法会计学鉴定等。

3. 鉴定的规则

（1）了解案情

鉴定的目的和要求必须具体、明确。必要时，鉴定人可以向案件的侦查人员或其他送检人员了解与鉴定对象有关的情况，以明确鉴定的具体目的和要求，但是所了解的情况不能影响鉴定的客观性，不能使鉴定人对鉴定问题形成先入为主的认识。

（2）鉴定机构

我国在司法活动中实行鉴定权制度，即鉴定机构必须经过国家认可才能够从事与司法活动有关的鉴定事务。

（3）鉴定人

鉴定权属于鉴定机构，但是在具体案件中鉴定权的行使要由鉴定人来完成。换言之，鉴定的主体应该是鉴定人，而不是鉴定机构。因此，鉴定意见上不能仅有鉴定机构的公章，还必须有鉴定人的签名或盖章。司法活动中与鉴定人有关的规则如下：鉴定人必须在鉴定所涉及的专门领域内具有鉴定资格。与本案有利害关系、可能影响公正鉴定的人，不能担任本案的鉴定人。鉴定人必须遵守职业道德规范，在鉴定过程中不得私下会见案件当事人及其委托人，不得接受请客、送礼，不得有任何违反科学、公正鉴定原则的行为。鉴定人在鉴定中处于独立的地位，不受包括委托人在内的其他人员的干扰，只忠实于案件事实，根据鉴定材料科学地作出鉴定意见，对案件中涉及的法律问题不应发表意见。

（4）鉴定程序

在刑事诉讼的侦查和审查起诉阶段，公安机关、检察机关、当事人及其辩护人、提供法律帮助的律师或诉讼代理人，都有权委托鉴定人进行鉴定；在审判阶段，法庭认为仍有必要进行鉴定时，也可以委托鉴定人进行鉴定。

鉴定人接受委托时，要填写受理鉴定登记表，并查验送检材料能否满足鉴定的要求。

鉴定人接受委托后，要及时进行鉴定，以免错失侦查时机或者导致对犯罪嫌疑人或被告人的超期羁押。

鉴定一般应当由两名鉴定人进行，其中一人鉴定，一人复核。如果复核人与鉴定人的意见不一致，鉴定机构应该组织“会同鉴定”。原鉴定人和复核人不应参加。当会同鉴定的专家意见不一致时，不能采用少数服从多数的办法得出鉴定意见，而应当客观地记录各位专家的意见。

委托鉴定的机关或者使用鉴定意见的机关对鉴定意见有异议时，可以要求原鉴定机关进行补充鉴定，也可以委托原鉴定机关同一系统的上级鉴定机关进行复核鉴定，或者委托其他鉴定机关进行重新鉴定。

在鉴定过程中，鉴定人应当妥善保管和恰当使用委托人提供的鉴定材料，并承担相应的保密义务。鉴定结束后，鉴定人应当将无须附卷的鉴定材料全部返还委托人。

（5）鉴定意见

鉴定人在鉴定结束之后应当立即写出鉴定意见。鉴定意见应当按照统一规范的标准和格式制作，并附有必要的图表和照片等说明材料。补充鉴定的鉴定意见应当单独制作。

鉴定意见必须加盖鉴定机构的科学技术鉴定专用章，并有鉴定人、复核人等有关鉴定人员的签名或盖章。

(九) 特殊取证手段

1. 特殊取证手段的概念

特殊取证手段指的是2012年《刑事诉讼法》新增章节“技术侦查措施”中所规定的技术取证手段。1996年《刑事诉讼法》中对技术侦查措施并无规定，仅在1993年颁布的《国家安全法》和1995年颁布的《人民警察法》中有所涉及。《国家安全法》第10条规定：“国家安全机关因侦察危害国家安全行为的需要，根据国家有关规定，经过严格的批准手续，可以采用技术侦察措施。”《人民警察法》第16条规定：“公安机关因侦查犯罪的需要，根据国家有关规定，经过严格的批准手续，可以采用技术侦察措施。”但实际上，这些手段早已在实践中采用。以控制下交付为例，我国公安机关1988年2月破获的利用锦鲤鱼藏毒向美国贩卖海洛因的特大毒品案件，就是由国际刑警组织协调，与美国警方合作实施控制下交付手段而破获的。[①] 在毒品犯罪案件侦查过程中，我国也大量地使用刑事特情[②]和诱惑侦查手段；在黑社会性质组织犯罪案件侦查过程中，我国也多次使用卧底侦查。实践证明，控制下交付、刑事特情、诱惑侦查、监听等特殊侦查手段的使用，对查获赃证赃物、抓获犯罪嫌疑人和收集犯罪证据非常有效，是侦破毒品犯罪、腐败犯罪、黑社会性质组织犯罪等隐蔽犯罪或重大复杂犯罪的重要方法。

控制下交付、刑事特情、诱惑侦查、监听等特殊侦查手段与常规侦查手段不同，有的学者称之为技术侦查，有的学者称之为秘密侦查，《联合国反腐败公约》和《联合国打击跨国有组织犯罪公约》则称之为特殊侦查手段。2012年《刑事诉讼法》采用了“技术侦查措施”的提法。实际上，在大多数情况下，特殊侦查手段与技术侦查、秘密侦查的内涵与外延是一致的，只不过名称不同而已。但无论是技术侦查，还是秘密侦查，都不能完全涵盖这些侦查手段的特点；而技术侦查和秘密侦查与传统的常规型侦查手段相比，都具有特殊性。从这个角度来讲，以特殊侦查手段来命名这些侦查手段可能更合适。从收集证据的角度来看，则使用特殊取证手段的称呼比使用技术取证手段、秘密取证手段的称呼更合适。

技术取证手段是一柄双刃剑，它能够有效打击犯罪；但如果滥用或者使用不当，也非常容易对公民的合法权利造成侵犯。立法应当对特殊取证手段的使用进行严格限制。

2. 特殊取证手段的特点

特殊取证手段是与传统的常规型取证手段相对应的专门性、技术性取证措施，通常在当事人不知晓的情况下进行，并且一般会利用先进的科学仪器。现代意义上的特殊取证手段最早出现于第二次世界大战后，英美法系国家和前英国殖民地统治地区等，为了有效地打击和遏制所在地区贪污腐败犯罪以及有组织犯罪，设置了诸如电子监控等现代科学

① 参见赵秉志：《关于我国刑事法治与〈联合国反腐败公约〉协调的几点初步探讨》，载《法学杂志》，2005(1)。

② 刑事特情并不更改姓名或身份，一般和警察单线联系，其大致情况在公安分局一级备案，但是确切名字只有负责与其联系的警察才知道，这种操作的秘密性是为了保证特情人员的安全考虑。

技术取证手段。随着科学技术的不断进步以及为应对犯罪活动日益隐蔽化和组织化的趋势，越来越多的国家开始突破传统的取证方法，根据案件的具体情况采用一些特殊的取证手段。一些国家，例如英美法系的美国、英国、加拿大、澳大利亚和大陆法系的法国、德国、意大利、日本、瑞士等，更是制定了专门的法律、法规，赋予侦查部门在打击有组织犯罪方面，享有使用控制下交付、监听、卧底侦查、诱惑侦查等特殊取证手段的特殊权力。

特殊取证手段具有以下几个特点：

（1）秘密性和技术性。特殊取证手段是将取证的意图和行为隐蔽化，在取证对象不知不觉、处于一种自然行为状态下，探测与犯罪事实有关的证据，此种情况所收集的证据能够保持较强的客观性和真实性。这种秘密性以高科技的技术装备为载体，与高尖端技术科学相结合，依赖于特殊的科学手段和掌握这些科学技术的专门人员。收集到的证据材料也多以技术为载体，以录音、录像等视听资料的形式出现，具有较高的科技含量，受主、客观因素的影响而失真的可能性较小，但其秘密性伴随着人权保护力度的增大而有所减弱。

（2）多样性和灵活性。因有组织犯罪案件复杂多样，并经常涉及其他国家或地区，而且跨国有组织犯罪总是以多种名目的混合形式而存在，故特殊取证手段作为一种秘密的证据收集手段，应根据案件具体情况和取证的实际需要灵活多变。如控制下交付而监听，亦可采用耳目或同时采用陷阱侦查手段。特殊取证手段随着犯罪的变化体现了多样性的特点。在具体案件的取证过程中，特殊取证手段既可以单独使用，也可以与常规取证手段并用；既可以作为主要的取证手段使用，也可以作为辅助的取证手段使用。特殊取证手段针对具体案件或犯罪嫌疑人的个性特点，在法律的框架内随机应变，具有较强的灵活性。

（3）快速性和广泛性。特殊取证手段不同于常规性的取证手段，其自身要求反应快速、灵敏，快速性是特殊取证手段的出发点，也是秘密性的立足点。在取证实践中，运用特殊手段取证有利于抓住瞬息即逝的证据收集时机，能够做到机警敏捷、快速出击、迅速获证，不给犯罪分子以喘息之机。这一优点是常规取证手段无法比拟的。特殊取证手段秘密性强，与常规取证手段相比，证据收集的内容、范围和辐射面相当广泛，不仅能探测人的自然活动，而且还能探视人的隐私行为。①

3. 特殊取证手段的规则

特殊取证手段往往带有隐蔽性，属于强制性取证行为，若不当使用，非常容易侵犯公民的合法权利。特殊取证手段的使用要遵循严格的法定规则：

（1）案件范围

只有属于法律规定的案件范围，才能采用特殊取证手段。根据 2012 年《刑事诉讼法》的规定，特殊取证手段的适用范围是：

1）危害国家安全犯罪、恐怖活动犯罪、黑社会性质的组织犯罪、重大毒品犯罪或者其他严重危害社会的犯罪案件，根据证据收集的需要，经过严格的批准手续，可以采取特殊取证手段。一般认为，公安机关可以对下列严重危害社会的犯罪案件采取特殊取证手段：A. 危害国家安全犯罪、恐怖活动犯罪、黑社会性质的组织犯罪、重大毒品犯

---

① 参见杨宇冠、吴高庆主编：《〈联合国反腐败公约〉解读》，417～418 页，北京，中国人民公安大学出版社，2004。

罪案件；B. 故意杀人、故意伤害致人重伤或者死亡、强奸、抢劫、绑架、放火、爆炸、投放危险物质等严重暴力犯罪案件；C. 集团性、系列性、跨区域性重大犯罪案件；D. 利用电信、计算机网络、邮寄渠道等实施的重大犯罪案件，以及针对计算机网络实施的重大犯罪案件；E. 其他严重危害社会的犯罪案件，依法可能判处 7 年以上有期徒刑的。

2）重大的贪污、贿赂犯罪案件以及利用职权实施的严重侵犯公民人身权利的重大犯罪案件，根据证据收集的需要，经过严格的批准手续，可以采取特殊取证手段。一般认为，这里的“重大的贪污、贿赂犯罪案件”指的是涉案数额在 10 万元以上、采取其他方法难以收集证据的重大贪污、贿赂犯罪案件；这里的“贪污、贿赂犯罪”包括刑法分则第八章规定的贪污罪、受贿罪、单位受贿罪、行贿罪、对单位行贿罪、介绍贿赂罪、单位行贿罪、利用影响力受贿罪。这里的“利用职权实施的严重侵犯公民人身权利的重大犯罪案件”包括有重大社会影响的、造成严重后果的或者情节特别严重的非法拘禁、非法搜查、刑讯逼供、暴力取证、虐待被监管人、报复陷害等案件。

3）追捕被通缉或者批准、决定逮捕的在逃的犯罪嫌疑人、被告人，经过批准，可以采取追捕所必需的特殊取证手段。所谓被通缉的犯罪嫌疑人、被告人是指被公安机关发布通缉令通令缉拿的犯罪嫌疑人、被告人。被批准、决定逮捕的在逃的犯罪嫌疑人、被告人是指被人民检察院批准或人民法院决定逮捕而在逃的犯罪嫌疑人、被告人。

4）为了查明案情，在必要的时候，经公安机关负责人决定，可以由有关人员隐匿其身份实施证据收集的活动。但是，不得诱使他人犯罪，不得采用可能危害公共安全或者发生重大人身危险的方法。另外，对涉及给付毒品等违禁品或者财物的犯罪活动，公安机关根据证据收集的需要，可以依照规定实施控制下交付。

需要说明的是，对于上述案件，在具体适用时，还应当遵循比例原则，综合考虑可能判处的刑罚、案件的性质、犯罪行为的严重性、人身的危险性和特殊取证手段的有效性等因素。

(2) 适用主体

特殊取证手段只能由法律规定的专门机关使用。在我国，根据 2012 年《刑事诉讼法》的规定，只有公安机关、国家安全机关、人民检察院有权决定采用特殊取证手段，只有公安机关、国家安全机关有权执行。具体来说，人民检察院等部门决定采取特殊取证手段的，交公安机关或国家安全机关执行。交公安机关执行的，由设区的市一级以上公安机关按照规定办理相关手续后，交负责采取特殊取证手段的部门执行，并将执行情况通知人民检察院等部门。

(3) 批准手续

采用特殊取证手段，要经过严格的批准手续。无论是由公安机关、国家安全机关决定采用，还是由人民检察院决定采用，都必须经过严格的批准手续。

公安机关需要采取特殊取证手段的，应当制作呈请采取特殊取证手段报告书，报设区的市一级以上公安机关负责人批准，并制作采取特殊取证手段决定书。检察机关需要采取特殊取证手段的，则是按照有关规定报请批准。

在有效期限内，需要变更特殊取证手段种类或者适用对象的，应当重新办理批准手续。

采取特殊取证手段收集的材料作为证据使用的，批准采取特殊取证手段的法律文书应当附卷，辩护律师可以依法查阅、摘抄、复制。在审判过程中这些证据可以向法庭出示。

(4) 适用对象

特殊取证手段的适用对象要严格限制，不能随意扩大。特殊取证手段的适用对象只能是犯罪嫌疑人、被告人以及与犯罪活动直接关联的人员。当然，每种特殊取证手段还有自己的适用限制或者例外。例如，对于监听，与律师的交流和律师的通信应排除在外，除非有证据证明律师是犯罪共犯或者律师本人涉嫌法定被监听之罪。[①]

(5) 适用条件

一般来说，只有在常规取证手段不能或者难以达到收集证据或者抓获犯罪嫌疑人的情况下，才可以使用特殊取证手段。也就是说，特殊取证手段具有“最后手段性”或“补充性”特征。

(6) 适用期限

特殊取证手段的适用期限为自批准决定签发之日起3个月内。对于不需要继续采取特殊取证手段的，应当及时解除。对于复杂、疑难案件，期限届满仍有必要继续采取特殊取证手段的，经过批准，适用期限可以延长，但每次不得超过3个月。

(7) 保守秘密

适用特殊取证手段，应当遵守保守秘密的规则。取证人员对于采取特殊取证手段过程中知悉的国家秘密、商业秘密和个人隐私，应当保密；对于采取特殊取证手段获取的与案件无关的信息和事实材料，应当及时销毁。采取特殊取证手段获取的材料，只能用于对犯罪的侦查、起诉和审判，不得用于其他用途，包括行政管理和处罚、民事纠纷的调处解决、纪律惩戒、商业用途等。取证机关和取证人员依法采取特殊取证手段，有关单位和个人应当配合，并对有关情况予以保密。

(8) 证据使用

采取特殊取证手段所收集的材料在刑事诉讼中可以作为证据使用。如果使用该证据可能危及特定人员的人身安全，或者可能产生其他严重后果，应当采取不暴露特定人员真实身份等保护措施，必要的时候可以由审判人员在庭外对证据进行核实。这里的“可能产生其他严重后果”，一般理解指的是涉及国家秘密或者公开后可能暴露侦查秘密或者严重损害商业秘密、个人隐私。所谓“使用”证据是指用收集来的物证、书证、视听资料、电子数据、证人证言等证据材料证明案件事实，包括相关证据的出示以及相关人员的出庭作证。“危及特定人员的人身安全”主要是指危及实施特殊取证手段的人员、线人以及其他有关人员的人身安全。具体的保护措施包括：1）限制公开部分信息，避免暴露有关人员身份；2）对有关材料、信息作技术转化处理，如声音转化，或者让有关人员以特殊的方式作证；3）其他技术保护方法。对于采取特殊取证手段所收集的材料，在必要的情况下，允许审判人员在庭外核实证据。

(9) 不当使用的事后救济

如果发现特殊取证手段使用不当侵犯了公民的基本权利，取证对象有权申请检察机关在审查起诉阶段或者法院在审判阶段进行事后审查，排除非法使用特殊取证手段获取的证据作为定案根据；并可提起诉讼，要求追究取证机关和取证人员的民事责任、行政责任，甚至刑事责任。

---

① 律师介入刑事诉讼是为了维护涉案当事人的合法权益，监督侦查机关依法文明执法，如果对其与当事人的通信进行监听，则不利于律师正常开展工作，导致其无法有效地履行其辩护职责。

第二节　举　证

一、举证的概念

刑事诉讼中的举证具有特殊的含义，它主要指控辩双方在审判或者证据交换过程中，向法庭提供证据证明其主张之案件事实的活动。它囊括将证据提交给法庭的各种工作，如讯问被告人，询问被害人、证人、鉴定人，宣读未到庭证人的证言、被害人的陈述、鉴定人的鉴定意见，出示有关的物证、书证，播放视听资料等。

从这个概念可以看出，举证的主体应当是刑事诉讼中的控辩双方，而不包括审案的法官。虽然按照刑事诉讼法的规定，人民法院在特定条件下可以依职权调查收集一部分证据，但这些证据不宜由法官在法庭上出示，而应当由某一方当事人出示。因为这些证据总是对一方当事人有利，对另一方当事人不利。如果由法官出示的话，就会形成不便于质证，甚至法官不中立的局面。因此，我们认为，那些由法官获取的证据对控辩哪一方有利，就应交由哪一方去完成举证程序。

举证的客体是对本方当事人有利的证据，即本证。在我国刑事司法实践中，侦查人员在侦查阶段可能收集到了一些证明被告人无罪、罪轻的证据，但公诉人在审查过程中认为这些证据不属实，不属于指控范围的证据，没有向法庭移送；而辩方律师通过种种渠道知道了控方掌握着证明被告人无罪、罪轻的证据，遂在法庭上要求公诉人当众出示或宣读，结果往往遭到公诉人的拒绝。我们认为，这些潜在的证据属于控方的反证、辩方的本证，故不宜由控方出示，否则控方便难以对之展开质证了。现实的做法是，辩方可以向法庭提出申请，由控方将所掌握的对被告人有利的特定证据交给值庭法警，并转交辩护人出示，然后控方可以对此发表质证意见。

举证主要发生在庭审阶段，也包括庭前的证据交换。庭审时当事人各方出示证据会产生明确的法律后果，属于真正的举证。除此之外，在庭审前的证据交换过程中，诉讼各方在法庭的主持下要按照一定规则和程序把己方证据告知对方，以便对方在开庭前做好相应准备，这就是所谓的证据交换行为、证据展示行为或证据开示行为。这可以视为举证的预备程序，也可以称之为宽泛意义上的举证。这种制度早已为世界上许多国家所采用，我国刑事诉讼实践中也在积极探索。

二、举证的顺序

（一）举证顺序的基本原则

在刑事诉讼中，举证顺序必须遵循控诉方先行举证的原则。控诉方先行举证原则，是指控诉方先行举证，然后由辩护方进行举证；在第一轮举证之后，如果双方还有反驳证据，可以再按照先控诉方后辩护方的顺序进行第二轮、第三轮的举证。控诉方先行举证，不是说控诉方有优先权或特权，而是基于控诉方的职责以及控方和辩方的关系设定的。控诉方执行控诉职能，处于积极追诉地位，其行为会带来被告人利益的丧失，这些利益包括财产、自由、人格尊严，甚至生命。控诉人提出被告人实施了犯罪行为的事实主张，直接使被告人处于不利的法律地位，因此，控诉人必须先行向法庭提供证据来证实自己的事实主张。如果控诉人不能提出证据，辩方就无须举证，控方的事实主张就不会被法庭支持。辩方实际上是处于消极的、被引起的地位，没有控方的控诉，就没有辩方的辩护。辩方的举证基于辩护权的行使产生，如果控方不控诉且举证，则辩方的举证就没有前提条件或引起条件。总之，控方先行举证，实质上是对被告人的保护，不是控方享有优先权的体现。

（二）几种常见的举证顺序

由于控方承担举证责任，且要在法庭出示大量证据，而辩方的举证是为辩驳控方的证据，所以辩方的举证受制于控方的举证，要根据控方的举证情况来安排举证活动。这样，辩方的举证顺序就是随机应变的，而控方要在庭前周密安排，确定举证顺序。因此，下面所列举的几种常见的举证顺序主要是针对控方而言的。

1. 按照事件发生的时间顺序进行举证

犯罪行为的实施一般都需要一个过程，在这个过程中包含着先后实施的多个行为、动作，这样就可以按照时间的顺序，即事件发生的先后顺序来进行举证。这种举证顺序主要适用于两类案件：一是犯罪行为是由一系列相对独立而且时间顺序清楚的具体活动构成；二是同类数罪案件。如被告人被指控先后实施了多起同类犯罪行为，如盗窃、抢劫，控诉方就可以按照犯罪行为实施的先后顺序来进行举证。对于异种数罪，如果没有特别必要，也可按照时间顺序来进行举证。如果被告人被指控间隔一段时间实施了同种数罪和异种数罪，例如被告人先实施了盗窃，间隔半个月实施了抢劫，又间隔半个月实施了盗窃；对这种情况，公诉人可以先就同种数罪按照时间先后进行举证，然后再按照时间先后举证异种罪。这种举证顺序的优点在于：能够清晰地向法庭展示犯罪发生、发展的脉络，符合人们的认知规律。缺点是：有些突发性案件和犯罪过程极短、行为之间时间先后顺序不明显的案件，就不适宜用这种举证顺序。另外，这种举证顺序难以突出重点。

2. 按照事实要素在案件中的重要程度进行举证

在有些案件的诉讼活动中，由于案件事实要素之间的时间顺序不太明显，或者不太重要，所以举证不宜按照事件发生的时间顺序进行。每一个案件都是由一系列的案件事实要素构成，各个事实要素在案件中的重要程度不同，而且层次比较清晰，控诉方便可以根据各事实要素在案件中的性质和地位安排举证顺序。这种举证顺序一般有两种情况：第一种是“从内向外”的举证顺序，即先就案件的核心事实要素进行举证，然后再就案件的外围事实要素进行举证；第二种是“从外向内”的举证顺序，即先就案件的外围事实要素进行举证，然后再就案件的核心事实要素进行举证。这种举证顺序有利于突出重点，分清主次矛盾，适用于案情复杂、证据庞杂的案件。

3. 按照事实要素之间的因果关系进行举证

在有些案件的诉讼活动中，由于案件事实或行为之间的因果关系比较明确，所以举证可以按照事件的因果关系进行。具体可以分为两种情况：一是先因后果的举证顺序，即先就案件中的原因进行举证，然后再就案件中的结果进行举证；二是先果后因的举证顺序，即先就案件中的结果进行举证，然后再就案件中的原因进行举证。这种举证顺序有利于把握案件事实之间的关系。

4. 按照共同被告人在案件中的主次地位进行举证

在共同犯罪案件中，一般存在主犯、从犯之分，实行犯、帮助犯、教唆犯和组织犯之分。对此，一般可采取两种举证顺序：一是先主犯后从犯的举证顺序。由于主犯在共同犯罪中起到主要作用，一般是犯罪的策划者、组织者、有力的实施者，先对其实施的犯罪进行举证有利于全面了解案件的情况。二是先实行犯后非实行犯的举证顺序。实行犯是犯罪实行行为的实施者，其行为表明整个犯罪行为的性质，先对其进行举证，有利于把握整个案件的性质，也有利于对非实行犯进行举证。另外，如果主犯不认罪，举证也可以先从从犯开始。这种方法，又称换位举证。这样先易后难，即运用迂回包抄、竭泽而渔的策略，首先对从犯讯问举证，扫清外围，待犯罪事实被合议庭确认之后，再集中全力攻克主犯，有利于举证的顺利进行。[①]

此外，在附带民事诉讼的刑事案件中，一般应当按照“先刑事后民事”的顺序分别就有关的案件事实或主张进行举证。

三、举证的方法

举证方法，是指控辩双方向法庭出示证据所采取的方法。举证方法得当与否，直接关系到举证的效果。如果采取的举证方法不合适，导致证据展示不全面、不清晰，就会影响证据的证明力。当然，不同的证据所采取的举证方法也不相同。同一类法定证据，在不同案件中也会采取不同的举证方法。举证方法的选择要根据证据本身的特点和证明的需要来确定。

（一）举证的基本方法

对于单个证据来说，应注意这三项规则：

（1）言词证据的举证方法应该以口头陈述为主，以书面陈述和笔录等为辅。证人证言、被害人陈述、被告人的供述或辩解、鉴定意见等这些言词证据，原则上都应该以证人、被害人、被告人、鉴定人到庭直接陈述的方式提供，有关的书面陈述和笔录等作为对照和补充。这主要是因为，在控辩式庭审中，实行直接言词原则，任何言词证据都要在法庭上经过控辩双方质证。如果言词证据不以直接陈述方式举证，那么就无法进行质证，认证也无法进行，同时也影响证据的证明力。在某些特殊情形下，如果证人、被害人、鉴定人不便出庭，可以采取屏蔽作证、远程作证的方式让证人、被害人、鉴定人接受控辩双方的质证。当然，在我国，还是实行以书面证据为中心的审判模式，笔录和书面陈述大量在审判中运用。在这种情况下，如果对书面陈述和笔录的内容有争议或疑问时，法官应当传唤书面陈述和笔录的制作人出庭说明有关情况。

（2）实物证据的举证方式应该以原始物为主，以复制物为辅。例如，物证应提供原物，书证应提供原件，视听资料应提供原带等。之所以这样规定，是因为在一般情况下，原始证据比传来证据更有证明力。当然，在确实无法提供原始物的情况下，经法官许可，可以以复制物的方式举证，但是在对证据内容有争议或疑问时，法官应当传唤复制物的制作人或提取人出庭说明有关情况，或者要求当事人举出其他证据进行“补强”。

---

① 参见何家弘、杨迎泽：《检察证据教程》，226～227页，北京，法律出版社，2002；何家弘、南英主编：《刑事证据制度改革研究》，311～313页，北京，法律出版社，2003。

(3) 出示证据时，要对证据进行必要的说明。对证据进行说明是举证的当然内容。对证据进行必要说明，有利于法庭对证据的认识、了解。一般来讲，在出示某一项证据时，应向法庭说明将出示的是什么证据、该证据的获得情况、证据的基本内容、要证明的事实主张、与案件事实和其他证据的联系等。

(二) 多媒体示证

为了生动形象地说明证据的内容或特征，控辩双方可以在法庭上采用多媒体方式进行举证。多媒体示证，是指在法庭开庭审理过程中，控辩双方运用计算机多媒体技术向法庭出示各种证据的举证方式。近几年，多媒体示证在检察机关出庭公诉活动中得到运用，如在北京、上海、广东等省、市、区的检察系统已得到广泛应用。在成克杰案、胡长清案和厦门远华走私案等案件的庭审过程中，检察机关都运用了这种举证方式，并取得了良好的社会效果。

多媒体法庭示证系统由两部分构成：一是软件部分，包括法庭示证系统软件、数据库、操作系统、应用软件等；二是硬件部分，包括电脑、投影机、投影屏幕、数码相机、红外线扫描仪、摄像机、录像机、视频采集盒等。运用多媒体法庭示证系统的基本方法是，在出庭前，把需要在法庭上出示的各种证据材料通过扫描、照相、录像等方法形成数据信息，借助输入设备储存到电脑中，按照举证顺序，根据各个证据材料的特点，进行编辑制作，然后输入、储存在电脑中或刻制成光盘。开庭时，依据出庭预案操作多媒体投影机，出示电脑中储存的证据。①

总体来说，计算机多媒体技术在举证中的运用，减轻了劳动强度，突破了语言表述的局限，增强了证据的证明力，很好地体现了审判公开、民主的宗旨，适应了庭审改革的发展趋势。具体来说，多媒体示证的优点在于：一是提高了效率。过去，一些证据，如物证等，要在法庭上传看、辨认，浪费时间，现在直接用大屏幕等工具向法庭展示，能够让大家同时观看、认知、分析，减少了传送时间。二是生动、具体、简洁、直观、形象。无论多么庞大或微小的证据，都可以以适当的面积在屏幕等载体上显示，并且可以多角度、多层次显示，避免了对于一些不便出示的证据仅凭举证方口头描述或图片举证所可能引起的歧义，也避免各方产生厌倦情绪。三是提高质证的针对性。多媒体示证，可以根据质证的需要，将证据或其部分内容固定显示，以便控辩双方进行质证，避免双方空口而谈，无法直接指认证据上的问题，这样做使双方能更有针对性地进行质证。

多媒体示证有很多优点，但也有它的不足：一是它需要技术和金钱的支持，增加了诉讼成本。目前，控方使用多媒体示证也仅发生在经济发达的地区。辩方使用多媒体示证的情况还不多。二是并非针对所有证据运用多媒体进行举证都会有良好的效果。七种法定证据中，首先，物证、视听资料很适合采取多媒体进行举证。物证是以其自身属性、特征或存在状况证明案件事实的物品和物质痕迹。多媒体示证可以多角度、多层次、立体地展示物证，尤其对于能够证明案件事实的部分，可以采取定位、放大或缩小等手段让法庭仔细辨认、分析。另外，对一些微小的物证可以放大处理，对于体积很大不便当庭出示的物证，多媒体示证也可以充分展现其特征。视听资料本来就属于高科技证据，运用多媒体进行举证，更具灵活性和高效性。其次，对于书证、鉴定意见、勘验检查笔录，要根据情况确定是否采取多媒体示证。一般来说，对于简单的书证，鉴定人、勘验检查人未到庭的鉴定意

① 参见姜伟、钱舫、徐鹤喃：《公诉制度教程》，395页，北京，法律出版社，2002。

见和勘验检查笔录，就不必采取多媒体进行举证。如果书证比较复杂，例如一些票据、图表等，还有一些书证同时还是物证，这就要采取多媒体进行举证。鉴定人、勘验检查人到庭直接陈述鉴定意见、勘验检查笔录，如果结合多媒体进行举证，就会获得更好的效果。最后，对于证人证言、被害人陈述、被告人的供述或辩解等言词证据，就不必采取多媒体示证。[1]

（三）屏蔽作证、远程作证

2012年《刑事诉讼法》第62条规定："对于危害国家安全犯罪、恐怖活动犯罪、黑社会性质的组织犯罪、毒品犯罪等案件，证人、鉴定人、被害人因在诉讼中作证，本人或者其近亲属的人身安全面临危险的……采取不暴露外貌、真实声音等出庭作证措施……"第152条规定："如果使用该证据可能危及有关人员的人身安全，或者可能产生其他严重后果的，应当采取不暴露有关人员身份、技术方法等保护措施……"不暴露外貌、真实声音、身份的出庭作证措施目前主要是指屏蔽作证。屏蔽作证指的是，证人、被害人、鉴定人不出现在法庭里，而是在特定的证人作证室内，通过视频和音频的连接同步作证，并接受控辩双方的交叉询问。2009年3月23日，全国首例证人屏蔽作证案在上海市第一中级人民法院开庭审理。屏蔽作证主要有三个功能：一是对证人、被害人、鉴定人的隔离功能。证人、被害人、鉴定人通过视频方式作证，不必在法庭上直接面对被告人及旁听人员，可以一定程度上消除证人、被害人、鉴定人的紧张情绪，打消其出庭作证的顾虑。二是对证人、被害人、鉴定人的屏蔽保护功能。在视频作证方式下，通过技术操作，可以使证人、被害人、鉴定人的真实面貌和声音不在庭审公开质证时暴露，以防止对证人、被害人、鉴定人的打击报复。三是对证人的隐名作证功能。在视频作证和证人面貌、声音被屏蔽的情况下，法庭可以在庭审中不公布某些特殊证人的真实姓名，进行隐名作证。

远程作证是指在案件审理期间，对于无法出席法庭但可以作证的证人、被害人、鉴定人，法院运用互联网视频技术，让法官和控辩双方直接向证人、被害人、鉴定人发问，完成证据的举证和质证。在司法实践中，证人、鉴定人出庭率极低，尤其是对于交通不便、路途遥远、工作繁忙的证人、被害人、鉴定人，如果通过远程的方式，法院利用网络视频让证人、被害人、鉴定人远程作证，约定好作证时间通过视频连接作证，就不会耽误证人、被害人、鉴定人太多时间，节约了诉讼成本；在当地作证不需长途跋涉，又给证人、被害人、鉴定人作证提供了便利；尤其是通过网络视频作证，不影响控辩双方及法官对证人、被害人、鉴定人的询问、质证，与证人到庭作证效果一样，因此值得推广。

屏蔽作证和远程作证是两种不同的作证方式。在某些特殊情形下，屏蔽作证和远程作证可以一并使用；或者说，在某些特殊情形下的作证兼具屏蔽作证和远程作证的特点，因此，可以称之为远程屏蔽作证。例如，证人在外地而不能到达案件审理地，并且不能暴露证人的外貌、真实声音、身份，这个时候就要采取远程屏蔽作证的方式了。

四、庭前会议制度

庭前会议制度是2012年《刑事诉讼法》新增设的制度。2012年《刑事诉讼法》第182

---

① 参见何家弘、南英主编：《刑事证据制度改革研究》，326～327页，北京，法律出版社，2003。

条规定："在开庭以前，审判人员可以召集公诉人、当事人和辩护人、诉讼代理人，对回避、出庭证人名单、非法证据排除等与审判相关的问题，了解情况，听取意见。"最高人民法院《解释》第183条规定："案件具有下列情形之一的，审判人员可以召开庭前会议：(一）当事人及其辩护人、诉讼代理人申请排除非法证据的；（二）证据材料较多、案情重大复杂的；（三）社会影响重大的；（四）需要召开庭前会议的其他情形。召开庭前会议，根据案件情况，可以通知被告人参加。"第184条规定："召开庭前会议，审判人员可以就下列问题向控辩双方了解情况，听取意见：（一）是否对案件管辖有异议；（二）是否申请有关人员回避；（三）是否申请调取在侦查、审查起诉期间公安机关、人民检察院收集但未随案移送的证明被告人无罪或者罪轻的证据材料；（四）是否提供新的证据；（五）是否对出庭证人、鉴定人、有专门知识的人的名单有异议；（六）是否申请排除非法证据；（七）是否申请不公开审理；（八）与审判相关的其他问题。审判人员可以询问控辩双方对证据材料有无异议，对有异议的证据，应当在庭审时重点调查；无异议的，庭审时举证、质证可以简化。被害人或者其法定代理人、近亲属提起附带民事诉讼的，可以调解。庭前会议情况应当制作笔录。"

庭前会议并非每个刑事案件的必经程序，为充分体现繁简分流的原则，应准确把握庭前会议的适用范围。原则上，庭前会议应适用于事实较为复杂、证据量大、法律适用困难、争议较大、社会影响大的案件。对于以上案件，通过提前召开庭前会议，明晰争议焦点，可以有力保障庭审中集中、充分和高效的审理。

庭前会议的目的主要是将程序性争议在开庭之前解决，以及使控辩双方明确主要争议焦点，以便于庭审集中于与犯罪事实有关的实质性问题，使庭审更加实质化、高效化。庭前会议可以进行证据开示，帮助控辩双方更为全面地了解对方的诉讼主张，开展有针对性的庭前准备，但不应把庭前会议变成"小庭审"，控辩双方不应针对案件事实及证据发表实质意见或进行辩论，否则会违背庭前会议制度的立法初衷和本身的存在价值。而且，将与案件有关的实质性问题留在庭审时解决，也更有利于保护被告人的合法权益。

庭前会议解决的大部分事项涉及被告人权益，如回避、管辖异议等程序性问题和非法证据排除申请等事项。为保证被告人的诉讼权益，原则上应通知被告人参加；如果庭前会议仅涉及控、辩、审三方提前沟通庭审的示证方式、顺序或者了解辩护人搜集证据的情况等事项，对被告人诉讼权益影响不大时，可以不通知被告人参加。

庭前会议是由控、辩、审三方共同参与的正式司法活动，庭前会议记录记载的达成合意的内容，经三方签字确认后，应当具有一定的法律效力，无合理理由，不应在庭审中随意推翻。当然，庭前会议毕竟不同于庭审程序，如果在庭审过程中一方确实有合理理由能够证明，在庭前会议中达成合意的内容确实与事实或法律不符，或者发现新证据与新事实的，应当允许推翻合意，并以庭审中重新认定的内容为准。

庭前会议仅仅是非法证据排除的申请环节，在庭前会议中，当事人、辩护人、诉讼代理人可以向法官提供非法证据排除的线索与证据，检察机关可以进行说明或在庭前会议后进行调查，由法官决定是否在庭审中启动非法证据排除程序，而不应在庭前会议中对非法证据进行排除。概言之，针对非法证据排除，庭前会议的意义在于给双方提供一个初步阐述排除理由和说明情况的平台，为正式庭审时合议庭作出是否启动非法证据排除程序提供准备。

第三节　质　证

一、质证的概念

刑事诉讼中的质证，指的是控辩双方在审判过程中针对对方举出的证据所进行的质疑和质问。简而言之，质证就是对对方证据的质疑和质问。

首先，从词源上说，“质”与“疑”、“问”等字组合时，所表达的意思都是“质疑问难”、“质问大义”①，“问人而正其是非”，“心有所疑，就正于人”②。质证就是有疑有问、因疑而问、问以解疑、问以证疑。仅仅出示证据，没有对方的质疑和质问，并不是质证。从本方角度、中立角度对证据的审查、评述、判断，也不是质证。只有从对立的角度对证据进行质疑和质问才是质证。在质证活动中，质疑和质问是相辅相成、不可偏废的。二者既有联系，即都是对对方证据有所疑问；又有区别，质疑是质证的根本目的，即对对方证据产生怀疑，质问是质证的基本形式，即对举出证据的人（包括证人、鉴定人、勘验人、检查人等）提出问题。

其次，质证的本质就是要攻击对方证据的弱点，排除其可采性，动摇其可信性。对对方证据的认可和接受，不是质证；而仅仅对对方证据提出不同看法，也不是真正意义上的质证。

质证是刑事诉讼证明的基本环节之一，是控辩双方反驳和攻击对方证据的重要手段。在诉讼证明活动的四个环节中，举证是质证的前提，没有举证，就无从质证；而认证与质证也有区别，质证是控辩双方的行为，认证是法官的行为。质证是认证的必要前提，质证是为认证服务的，是帮助和影响法官认证的重要途径，通过控辩双方的质证，使得法官能够更好地认证。

在古今中外的诉讼实践中，质证活动都是普遍存在的。但是在很长的一段时间内，人们并没有把质证作为一个专门术语在理论上加以阐释和在法律上加以界定。在我国，1979年《刑事诉讼法》和1982年《民事诉讼法（试行）》都没有明确使用“质证”这一概念。当时在职权主义诉讼模式的影响下，法律的着眼点是司法人员对证据的审查判断。人们更关注的、更有实际意义的是司法人员怎样认定和采用证据，当事人对证据的对质常常是被忽略的，实际作用也不大。1991年《民事诉讼法》首次在法律上明确了当事人的质证权，规定“证据应当在法庭上出示，并由当事人互相质证”。1996年《刑事诉讼法》也使用了“质证”这一概念，规定“证人证言必须在法庭上经过公诉人、被害人和被告人、辩护人双方讯问、质证”。这样，两部关于诉讼程序的基本法律都直接、明确地使用了“质证”这一概念。但在司法实践中，质证问题并未引起足够的重视，仍然没有成为独立的诉讼证明环节。直到20世纪90年代中期，伴随着审判方式的改革，尤其是对证据问题的重视和当事人举证责任

---

① 《辞海》，269页，上海，上海辞书出版社，1979。

② 《辞源》，2972页，北京，商务印书馆，1983。

的加强，以及法官居中裁判等观念的出现，质证问题才越来越受到重视，学者和司法人员越来越多地、深入而广泛地讨论质证问题。“质证”一词日渐频繁地出现在司法实务和学术论著之中。“质证”概念的明确和强化，在一定程度上反映了诉讼模式和司法理念的转变。2012 年《刑事诉讼法》第 59 条再次明确了刑事诉讼中控辩双方的质证权，规定“证人证言必须在法庭上经过公诉人、被害人和被告人、辩护人双方质证并且查实以后，才能作为定案的根据”。

二、质证的模式

在现代诉讼制度中，各国的质证制度具有许多共性。例如，未经质证的证据不得作为定案根据。尽管如此，受到法律传统、文化背景、立法者价值选择等社会因素的影响，各国的庭审方式以及由此决定的质证模式仍然存在着较为显著的差异。其中，根据法官与当事人的相互关系，以及在证据调查活动中的地位和作用之不同，一般将证据调查制度分为两种模式：当事人主义模式与职权主义模式。前者以英美法系国家为代表，后者以大陆法系国家为代表。

（一）当事人主义模式

在以当事人主义为主要特征的质证模式下，质证活动主要由当事人控制，并由当事人主导进行；在质证过程中，法官始终处于消极地位，或者说，法官仅仅是法庭质证活动的组织者与管理者。在庭审阶段，质证主要以交叉询问的方式进行，并且主要围绕证人（包括一般证人、被害人、放弃沉默权出庭作证的被告人、专家证人等）展开。

在交叉询问中，调查什么证据、按照何种顺序出示证据、如何展开针对单个证据的法庭调查等事项，主要由双方律师负责，裁判者的任务仅仅在于保证法庭调查的有序进行。

总之，在当事人主导模式中，当事人是质证的主导者、实施者和责任人。当事人双方通过彼此的举证、质证、再举证、再质证，以确定各证据的证明力大小，再现案件事实。

（二）职权主义模式

在以职权主义为主要特征的诉讼模式下，法官主持质证活动并始终指挥质证活动的进行；在质证过程中，当事人的质证活动仅仅是法官调查证据的必要补充，并受到法官的控制。换句话说，在质证过程中，法官是质证的主导者，当事人双方仅处于一种辅助地位。

在职权调查模式中，法庭调查的中心任务在于“查明案件的事实真相”，因此，质证更多的表现为一种“对客观事实的司法性调查”，而非当事人之间的诉讼对抗。其中，就法院而言，在此模式中，法院负有澄清案件真相的义务。据此，第一，法院应当依职权对案件加以调查，该调查不受其他诉讼参与人申请的约束。第二，除众所周知的事实外，法院对所有与判决有重要关系的事实均应提出证据。第三，法院必须对所有可以使用的证据加以利用，尤其是尚未被剔除但对澄清事实有帮助的证据。而且，该项证据调查无须考虑当事人是否已经提出调查证据的申请。

在以职权主义为主要特征的质证程序模式下，以法官为主开展询问，效果虽不错，但容易滋长法官唯我独尊的恶习，从而压制当事人的质证权利。相比较而言，当事人主义模式下的质证更能够契合当代社会尊重个体权利的氛围，而且有助于调动当事人参与法庭证据调查的主观能动性。因而，强化当事人在质证活动中的主导地位，已成为当今证据制度发展的基本趋势之一。其中，就刑事诉讼而言，日本于第二次世界大战后率先完成了从职权调查到当事人主义的转变；1989 年意大利刑事诉讼法也基本上是以此为目标进行了较大的制度变革；在我国台湾地区，2003 年修改“刑事诉讼法”的基本目标即在于实现“改良式的当事人主义”。

(三) 我国质证制度的基本特点与主要内容

在 1996 年修改《刑事诉讼法》之前，我国采用的是强职权主义模式，所谓法庭调查证据，几乎完全成了法官的“独角戏”；当事人虽然形式上参与了法庭审理，却不能有效地行使自己的质证权。1996 年修改《刑事诉讼法》后，我国的质证模式逐渐转变为职权主义和当事人主义的混合。根据《刑事诉讼法》和相关司法解释的规定，我国已经基本上确立了以当事人为主导、法院调查为补充的质证模式。2012 年《刑事诉讼法》修正时则对刑事诉讼中的质证制度进行了完善。

我国的质证制度具有以下特点：(1) 从法官的地位和作用来看，我国的法官不再是质证的主要承担者，而更多地转变为质证活动的指导者、管理者。一方面，立法大大削弱了法官调查证据的职权和职责。法官不再负有全面调查收集证据的职责，也不再像以前那样负责在法庭上出示证据，宣读有关证据、传唤询问证人。另一方面，立法又保留了法官在必要时依职权调查证据的权力。(2) 当事人成为法庭调查证据的主导者。一项证据只有经过当事人质证，才能作为定案的根据。

我国质证制度的主要内容包括：(1) 未经当事人质证，有关证据材料不得作为定案根据。该项规则包含了两方面的内容：第一，所有定案根据，必须经过当庭质证。第二，质证必须在当事人参与下进行，否则，不具有法定效力。(2) 初步确立了交叉询问规则。在法庭审理程序上，借鉴当事人主义的质证模式，加强了控辩双方的积极性和主动性。(3) 基本确立了当事人双方平等对抗的质证模式，即改变了以往公诉人和法官具有同等地位，公诉人对证人、鉴定人发问是其当然权力的做法，从而使当事人和公诉人在诉讼地位上趋于对等。

我国刑事诉讼制度改革的方向是进一步当事人主义化，因此我国质证模式的改革和完善也应当是进一步当事人主义化。据此，关于质证环节的介绍将以我国《刑事诉讼法》和相关司法解释的规定为基础，并补充当事人主义质证模式下的某些制度、程序和规则。

三、质证的主体

质证的主体，就是在法庭审理过程中，有权对证据提出质疑和进行质问的人。从法律规定和法理推导来看，很容易得出控辩双方是刑事诉讼中当然的质证主体的结论。

在我国，1996 年《刑事诉讼法》没有对质证的主体作出直接、明确的规定，但是原全国人大法工委主任顾昂然在《关于〈刑事诉讼法修正案（草案）〉的说明》中指出：“为了更好地加强庭审，发挥控辩双方的作用，草案作了以下修改补充……至于证据是否确实，在法庭上由双方质证，进行核实……由公诉人、辩护人、向法庭出示证据，公诉人、当事人和辩护人可以对证据和案件情况发表意见，互相质证……”[①] 同时，在 1996 年《刑事诉讼法》中，对质证主体也作出了一些间接的规定，这些规定主要包含在有关法庭调查的条

① 《〈中华人民共和国刑法〉〈中华人民共和国刑事诉讼法〉及相关配套司法解释》，182 页，北京，中国方正出版社，1998。

文当中。1996 年《刑事诉讼法》第 155 条规定：“……公诉人可以讯问被告人。被害人、附带民事诉讼的原告人和辩护人、诉讼代理人，经审判长许可，可以向被告人发问。审判人员可以讯问被告人。”第 156 条规定：“……公诉人、当事人和辩护人、诉讼代理人经审判长许可，可以对证人、鉴定人发问……审判人员可以询问证人、鉴定人。”第 160 条规定：“经审判长许可，公诉人、当事人和辩护人、诉讼代理人可以对证据和案件情况发表意见并且可以互相辩论。”

一方面，在上述《关于〈刑事诉讼法修正案（草案）〉的说明》中，立法机关明确了其立法意图，将质证权赋予了公诉人、当事人和辩护人；另一方面，在刑事诉讼法的有关规定中，又赋予了公诉人、被害人、附带民事诉讼的原告人和辩护人、诉讼代理人讯问被告人或者向被告人发问的权利，赋予了公诉人、当事人和辩护人、诉讼代理人对证人、鉴定人发问的权利，赋予了公诉人、当事人和辩护人、诉讼代理人对证据发表意见的权利，而这些诉讼权利，在刑事审判过程中，正是质证权的具体体现。2012 年《刑事诉讼法》保留了上述列举的 1996 年《刑事诉讼法》第 155、156、160 条的规定，分别将其作为 2012 年《刑事诉讼法》的第 186、189、193 条的规定。由此可见，在我国当前的刑事证据法律制度下，质证的主体是指参与刑事诉讼的公诉人、当事人及其辩护人、诉讼代理人，具体来看，包括公诉人、被告人、被害人、自诉人、附带民事诉讼的原告人和被告人、辩护人、诉讼代理人。简而言之，也就是刑事诉讼中的控辩双方。

另外，在刑事诉讼法中，明确规定了法官作为审判人员，有权讯问被告人，有权询问证人和鉴定人，并且这些规定与赋予质证主体质证权的规定往往出现在同一法律条文之中；而在我国传统的法庭审判活动中，法官也并不是单纯的消极裁判者，在举证、质证、认证各个环节都发挥着非常积极的作用，尤其是在法庭调查阶段，当法官对控辩双方举出的证据有所疑问时，可以积极主动地向举证者提出问题，要求其作出进一步的解释和说明。由于法律规定不明确，以及我国庭审实践中长期的习惯做法，法官的地位在有关质证主体的问题上是比较模糊的。

我们认为，在审判的质证环节，法官也是处在有独立功能的主体的地位，但是法官并不是质证的主体，而是审判主体，具体来说，他是主持、指挥质证活动的主体。我们应当从狭义上来理解质证的含义，不能把一切对证据的质疑和询问都理解为质证，只有那些对对方举出的证据的质疑和询问才能理解为质证。所谓的质证，带有“当面对抗”的含义，而法官对证据提出质疑和询问时，处于中立的立场，并没有对抗的性质，因此不能够理解为质证。法官当然也要参与质证活动，质证要在法官的主持下进行，但法官的主要任务是“听证”，主要职责是保障质证的公正和有序。虽然法官在必要时也可以对证人、鉴定人等提出问题，但那是审查证据的需要，是法官行使审判权的需要。法官在审查证据时，对证据提出质疑并且向有关当事人进行询问，并不意味着法官就是质证的主体。

四、质证的对象

质证的对象，又称为质证的客体，是指在法庭审判中由一方提出并由对方进行质疑或质问的证据。质证的对象所要解决的是哪些证据应该被质证的问题，质证的对象是证据。

关于质证的对象包括哪些，学界存在两种不同的观点。一种观点认为，质证的对象包括刑事诉讼法规定的全部七种证据。如，“刑事质证的对象是诉讼双方向法庭提交的全部刑事证据”①。另一种观点认为，质证的对象仅包括言词证据，不包括实物证据，因为实物证据是“哑巴证据”，质证主体不可能对它进行“询问”②。更有甚者，将质证对象的范围仅限定为证人证言。如，“质证是对证人证言进一步提出问题，要求证人作进一步的陈述，以解除疑义，并确认证明作用的诉讼活动”③。

我们认为，质证的对象不应仅限定为言词证据或者是证人证言，而应包括刑事诉讼法规定的全部七种证据。理由如下：首先，我国《刑事诉讼法》和相关司法解释并没有把质证的对象局限于言词证据或者证人证言。例如，最高人民法院 1998 年公布的《关于执行〈中华人民共和国刑事诉讼法〉若干问题的解释》第 58 条第 1 款规定：“证据必须经过当庭出示、辨认、质证等法庭调查程序查证属实，否则不能作为定案的根据。”最高人民法院 2012 年公布的《解释》第 63 条规定：“证据未经当庭出示、辨认、质证等法庭调查程序查证属实，不得作为定案的根据，但法律和本解释另有规定的除外。”其次，从学理上讲，只要将质证作为法官认定案件事实的前置程序，或者说，未经庭审质证的证据，不能作为确认裁判事实的基础，那么，立法上应将可能成为事实认定基础的任何一种证据都视为质证的对象。最后，在司法实践中，物证、书证、证人证言、被害人陈述、犯罪嫌疑人与被告人的供述和辩解、鉴定意见、勘验检查笔录、视听资料等所有类型的证据其实都可以成为质证的对象。诚然，针对不同种类的证据，质证的方式可能有所不同。针对证人证言、被害人陈述、犯罪嫌疑人、被告人供述和辩解等言词证据来说，质证的基本方式是质问或交叉询问。针对物证、书证、视听资料等实物证据来说，质证的主要方式是对证据的内容或特征提出质疑，也包括对收集、提取、保管、提交该实物证据的人进行交叉询问。可见，将质证对象仅限于言词证据，尤其是证人证言，太囿于法庭的直观表现，是不正确的。

在讨论质证对象的问题时，法院调查收集的证据应否接受质证及如何接受质证，是一个不容回避的问题。由于我国目前采取的不是彻底的抗辩式诉讼模式，而是当事人主义与职权主义相结合的诉讼模式，所以法官在审判中还有自行调查收集证据的职责。其调查收集证据有两种情况：一种是在庭审前，依辩护律师的申请调查收集证据；一种是在法庭审理过程中，对证据有疑问时，对证据的调查核实。对法院自行收集的证据应否质证、如何质证，我国《刑事诉讼法》及相关司法解释都没有明确规定。我们认为，由法院调查收集的证据并不一定比当事人收集的证据更加具有客观性、关联性、真实性、合法性，不应具有优越地位。虽然人民法院的中立地位有助于保证其所调查取得的证据具有可靠性，但是由于受到各种主客观因素的影响，证据的可靠性仍得不到百分之百的保证。如果不让当事人对法院调查收集的证据进行质证，实际上剥夺了当事人对这部分证据的质证权，庭外调查最终将会演变成法官的自我取证、自我评价、自我裁断，不利于法院查清案件事实。因此，法院自行调查收集的证据也应当经过当事人的质证，特别是要接受该证据可能对其不利的一方当事人的质证，才能作为定案的根据。至于质证的具体方式，应该与当事人提供的证据一样，根据证据种类的不同，相应地采取当面质疑或质问的方式。

在诉讼活动中，证据一般都要经过质证程序，才能作为定案的根据。2012 年《刑事诉

---

① 田国宝：《刑事质证程序研究》，载《中国刑事法杂志》，2000（6）。

② 金友成主编：《民事诉讼制度改革研究》，185 页，北京，中国法制出版社，2001。

③ 《法学辞典》编辑委员会编：《法学辞典》，562 页，上海，上海辞书出版社，1984。

讼法》第 193 条规定："法庭审理过程中，对与定罪、量刑有关的事实、证据都应当进行调查、辩论。"然而，并非所有的证据都必须进行质证，也就是说，并非有证必质。就具体的质证程序而言，证据成为质证对象应考虑以下四个方面的问题：一是该种证据质证的必要性，有疑才质；二是该种证据质证的可能性；三是兼顾诉讼效率；四是在法庭上出示。总体上来说，我们认为，考虑到诉讼成本、诉讼效率、保守机密等方面的要求，法官可以决定对某些证据免于质证。这主要有两种情况：其一，对于双方当事人均已认可的证据，无须进行质证。由于质证是当事人的一种诉讼权利，所以这也可以视为当事人放弃了进行质证的权利。其二，对于那些涉及国家机密、商业秘密、个人隐私而且不宜让对方当事人知晓具体内容的证据，法官可以决定不再进行质证，自行审查后直接认定。不过，并非所有涉及国家机密、商业秘密和个人隐私的证据都可以免于质证。其中有些证据只是不宜向社会公开，无须向对方当事人保密，因此仍然可以质证，只要采用不公开的方式进行质证即可。

必须注意的是，免于质证的证据与不必提出证据进行证明的事实（即免证事实）之间不能画等号。免证事实是相对于证明对象而言的，而质证的例外情况是相对于质证对象而言的。即便免证事实被对方提出的反证予以推翻，该事实是否成立仍然不是质证的对象，而是证明的对象。用来证明或者证伪该事实成立的证据才是质证的对象。因此，免于质证指的是在庭审中提出的证据，因为某些特殊情况，而不用质证或不能质证即可将其作为定案根据或经过审查核实后将其作为定案根据。简而言之，质证的例外情况是对经过举证程序的证据免于质证。

五、质证的内容

质证就是要对证据的证据资格和证明力进行质疑和质问。其中，证据资格是质证的首要内容，对证据资格进行质证，主要是对证据的关联性和合法性提出质疑；证明力是质证的次要内容，对证明力进行质证，主要是对证据的真实性和充分性提出质疑。

1. 证据的关联性

证据必须具有关联性，证据的关联性所要解决的是证据的内在根据问题。对于证据的关联性，我们认为可以从以下两个方面来理解：(1) 证据必须与案件事实有客观联系；(2) 证据必须能据以证明案件的待证事实。在对证据的关联性进行质证时，必须从以上两个方面出发，质疑证据是否与案件事实存在客观联系，能否据以证明待证事实，对不具备关联性的证据应当予以排除。

2. 证据的合法性

证据的合法性指的是证据应当由具有法定资格的人依照法定程序和方法收集，并具备法定形式。在质证过程中，质证双方应当从以下几个方面对证据的合法性进行质证：(1) 证据应当由法定人员依法定程序和方法予以收集；(2) 证据必须具备法定形式；(3) 证据的来源必须合法。据此，针对证据合法性的质疑和质问应当从这三个方面着手，对不具备合法性的证据应当予以排除。

3. 证据的真实性

证据的真实性是质证的主要内容。对于具备证据资格、获准进入诉讼程序的证据，对方当事人仍然可以对其真实性提出质疑。对证据真实性的质疑主要是对证据客观性的质疑。

证据要真实可靠，就必须符合客观实际，任何主观想象和猜测，都不得作为证据使用。据此，对证据的真实性进行质证，主要涵盖以下两个方面的内容：一是对证据内容的客观性进行质证；二是对证据来源的客观性进行质证。

4. 证据的充分性

对于真实可靠的证据，控辩双方仍然可以对其证明价值提出质疑，即质疑该证据能否充分地证明其所要证明的案件事实。证据的充分性是由证据与待证事实之间的关联形式和性质所决定的，因此，对证据的充分性提出质疑要以关联的形式和性质为基础，看其关联的形式是直接的还是间接的，关联的性质是必然的还是偶然的。虽然证据的关联性与证据的充分性考察的都是证据与待证事实的相互关系，但证据的关联性考察的是证据与待证事实之间证明关系的有无；而证据的充分性考察的则是证据与待证事实之间证明关系的大小强弱。

综上，质证就是要对证据的关联性、合法性、真实性、充分性进行质疑和质问。对于不具备关联性或合法性的证据，应当通过质证排除其证据资格；对于具备关联性和合法性的证据，则还应当从证据的真实性和充分性两个方面通过质证攻击、动摇其证明力。

六、质证的原则

在质证的制度和程序方面，要保障当事人充分有效地行使质证权，最重要的一点就是要在质证过程中切实贯彻“平等对抗”和“直接言词”的诉讼原则。这既体现了司法公正的价值取向，也反映了诉讼证明的客观规律。具体来说，我们应当在制度上和程序上确立平等质证、当庭质证、直接质证、公开质证、全面质证、法官辅助等原则，以保障质证目标的实现。

（一）平等质证

平等质证指的是控辩双方在质证活动中地位平等，都享有和充分享有质证的权利。

平等质证的必要性在于：（1）从整个刑事诉讼活动来看，平等质证是控辩双方诉讼地位平等这一刑事诉讼基本原则在质证问题上的延伸或内在要求。在“等腰”的刑事诉讼三角构造中，控辩平等是题中之意。在具有对抗性的法庭诉讼中，平等意味着公平竞争。控辩双方对等地提出证据和为自己的主张进行抗争是实现地位平等、机会均衡的核心要求。（2）保障控辩双方在质证上的平等地位，是实现控辩双方充分质证的基本前提之一。只有控辩双方处于平等的地位，双方才能够平等地获得相关的证据信息，也才能够进行平等的对抗和充分的意见交流。

平等质证原则的前提是法官始终处于中立地位。在法官中立的前提下，坚持平等质证原则，对控辩双方而言，要求双方同等地享有以下三项权利：（1）平等的质证申请权，即只要是控辩一方在法庭上出示的证据，对方都有权要求对之进行质证；（2）平等的发问权，即控辩双方都享有平等的询问权和反询问权，双方都可以对法庭上出示的证据进行与案件事实有关的询问和反询问；（3）平等的异议权，即控辩双方都有权对对方的与案件事实无关的提问或不适当的提问向庭审法官提出异议。

（二）当庭质证

当庭质证指的是各个质证主体的所有质证活动都必须在法庭审判中当庭进行。这一原则主要是从质证活动的时间和空间方面进行规制，将质证活动的时间和空间严格地限制在法庭开庭审判的当时和当地的范围之内；而控辩双方在庭审以外对彼此所举出的证据的质疑和质询，不具有质证的效果和作用，对相关的证据则视为没有经过质证。关于当庭质证，我国《刑事诉讼法》没有作出明确的规定，但是相关的司法解释体现了当庭质证的精神。例如，最高人民法院1998年公布的《关于执行〈中华人民共和国刑事诉讼法〉若干问题的解释》第58条第1款规定："证据必须经过当庭出示、辨认、质证等法庭调查程序查证属实，否则不能作为定案的根据。"

当庭质证对于保证质证的质量和效率有着非常重大的意义。它既是质证主体有效行使质证权的保障，也是法官有效地审查证据的保障。此外，它还有利于提高法官素质，促进司法廉洁。同时，当庭质证原则一旦确立，必将促使控辩双方充分利用开庭审理的时间和空间，对对方举出的证据提出质疑和进行质问，使整个审判活动实现高效的运作。

（三）直接质证

直接质证指的是一切证据都必须经过控辩双方在法庭上的直接质疑和质问，才能作为定案的根据。具体来说，直接质证与间接质证相对，直接质证的意义在于限定证据在法庭上被质疑和质问的方式，即质证只能采取直接的方式，而不能采取间接的方式。质证主体在行使质证权的时候，必须在法庭上，直接针对质证对象进行，质证主体和质证对象之间的关系必须是直接的，中间不能有任何的其他环节或者媒介。例如，证人出庭作证，当庭接受对方质证主体的质询，就是直接质证；而证人不出庭作证，而是由某一方的举证主体在法庭上代为宣读证人证言，而对方质证主体无法直接对证人进行质询，只能对书面证言提出质疑，这样的质证不是直接的，而是间接的通过书面证言这一媒介进行的，这就是间接质证。

直接质证是在质证环节必须明确确立和彻底贯彻的一个原则。无论是言词证据还是实物证据，直接质证都是非常必要的。我国《刑事诉讼法》和相关司法解释有许多条文都涉及直接质证原则。例如，2012年《刑事诉讼法》第59条规定："证人证言必须在法庭上经过公诉人、被害人和被告人、辩护人双方质证并且查实以后，才能作为定案的根据。"第190条规定："公诉人、辩护人应当向法庭出示物证，让当事人辨认，对未到庭的证人的证言笔录、鉴定人的鉴定意见、勘验笔录和其他作为证据的文书，应当当庭宣读。"鉴于此前司法实践中，证人和鉴定人普遍不出庭的现象，2012年《刑事诉讼法》第187条规定了关键证人出庭作证制度和鉴定人出庭作证制度，其中第1款规定："公诉人、当事人或者辩护人、诉讼代理人对证人证言有异议，且该证人证言对案件定罪量刑有重大影响，人民法院认为证人有必要出庭作证的，证人应当出庭作证。"第3款规定："公诉人、当事人或者辩护人、诉讼代理人对鉴定意见有异议，人民法院认为鉴定人有必要出庭的，鉴定人应当出庭作证。经人民法院通知，鉴定人拒不出庭作证的，鉴定意见不得作为定案的根据。"2012年《刑事诉讼法》第187条第2款还就警察出庭作证问题进行了规定："人民警察就其执行职务时目击的犯罪情况作为证人出庭作证，适用前款规定。"为了保障证人、鉴定人出庭作证，2012年《刑事诉讼法》第188条、第61条和第62条、第63条还分别就强制证人出庭制度、证人保护制度、证人作证的经济补偿制度进行了规定。

（四）公开质证

质证应当具有公开性。所谓公开质证，就是说，质证活动应当在开庭审理时公开进行，除特殊情况外，不能用书面审理、秘密审理代替公开质证。

公开质证是审判公开这一现代刑事诉讼基本原则的内在要求，也是这一原则在质证环节的具体体现。《刑事诉讼法》第11条规定："人民法院审判案件，除本法另有规定的以外，一律公开进行。"最高人民法院1999年公布的《关于严格执行公开审判制度的若干规定》第1条规定："人民法院进行审判活动，必须坚持依法公开审判制度，做到公开开庭，公开举证、质证，公开宣判。"

质证活动应当在开庭审理时公开进行。无论是"新"证据还是"旧"证据，无论是当事人提供的证据还是法院自行收集的证据，都要经过法庭上的公开质证，才能作为定案的根据。未经公开质证的证据，不能作为认定案件事实的根据。按照公开质证的要求，质证必须向所有的诉讼参与人公开。如果是依法应当公开审理的案件，还要向旁听群众公开，向社会公开，允许新闻记者公开报道，甚至电视转播。这种公开性，有利于揭露伪证和非法证据，有利于防止司法腐败，实现司法公正，是诉讼民主性的体现。

与审判公开原则存在一些例外情形相同，公开质证原则也应存在一些例外。不公开质证的证据包括涉及国家秘密、商业秘密或个人隐私的证据。然而，就像审判公开包括向当事人、其他诉讼参与人公开和向社会公开两个方面一样，公开质证也可以分为两个层次：一是向当事人和其他诉讼参与人公开；二是向社会公开。我们认为，不公开审理的案件，其质证当然是不能向社会公开的，但并不代表其不能向当事人和诉讼参与人公开。有的证据，不但不能向社会公开，也不能向当事人和其他诉讼参与人公开，这时就不能进行质证，应当由法院依职权审查核实后予以认定。在公开审理的案件中，某些涉及国家秘密、商业秘密或个人隐私的证据不能向社会公开，应当在无人旁听、没有新闻记者采访和报道的情况下质证。当然，在公开审理的案件中，也存在既不能向社会公开，也不能向当事人和其他诉讼参与人公开的证据，这些证据应当由法院依职权审查核实后予以认定。

（五）全面质证

全面质证指的是所有证据都应在法庭上出示并经过充分质证，证据未经质证，不能作为判决的依据。也就是说，不论是当事人收集、提交的证据，还是人民法院调查收集的证据；不论是证人证言，还是其他种类的证据；不论是在庭审前收集的证据，还是在庭审后收集的证据，以及当存在疑问时为调查核实而进一步收集的证据，都应当质证。

然而，质证并非有证必质。总的来说，质证的范围应该包括法律规定的所有证据，但理论上的可能性并不等于现实中的必要性。控辩双方所举之证有时可以免于质证。考虑到诉讼效率和司法成本，对于当事人双方均已认可的证据，无须进行质证。由于质证是当事人的一项诉讼权利，这可以视为当事人放弃了进行质证的权利。又由于证据的保密性要求，某些涉及国家秘密、商业秘密、个人隐私的证据既不能向社会公开，也不能向当事人和其他诉讼参与人公开，因而完全不能公开质证，而应当由法官依职权审查核实后予以直接认定。这两种情况就是我们前面所说的免于质证。

（六）法官辅助

法官辅助是指在庭审活动中，质证要在法官的支持和引导下进行，主持质证活动的庭审法官本着查清案件事实的需要，可以就控辩双方质证活动中出现的某些有助于查清案件事实的问题进行提问、咨询和质疑。

如前所述，法官在庭审活动中必须坚持中立，然而，法官在质证活动中并不是完全消极的。主持庭审质证即是法官职责的体现。作为案件事实的查明者，为了查明案件事实，在庭审质证过程中，法官也有权进行辅助性的询问。法官辅助询问是指在以控辩双方直接询问和交叉询问为主的前提下，对一些未澄清的关键问题，法官可以继续询问证人。在庭审中以控辩双方直接询问和交叉询问为主、以法官询问为辅的制度设计，是大陆法系职权主义的审问制度与英美法系的直接询问和交叉询问制度相融合的结果。这种庭审询问模式既调动了控辩双方的积极性，又发挥了法官的控制和主导作用，有利于查清案件事实真相。

据此，法官辅助原则，并不是要求法官帮助控方或辩方进行质证，而是基于主持庭审活动的职能，为了查清案件事实的需要而进行的活动。

七、质证的顺序

质证的顺序，就是在庭审过程中，控辩双方对对方证据进行质疑和质问的时间顺序或先后顺序。很显然，这个问题与举证密切相关。因为在诉讼活动中，质证是举证的后续环节，没有举证，就没有质证。这样，质证的顺序在很大程度上依赖于举证的顺序。因为只有把证据举出来，对方才有可能质疑和质问，但在具体操作过程中，还会因不同案件、不同审判人员而有所区别。

在刑事诉讼中，质证的基本顺序与举证应该是相同的。举证的基本顺序是先公诉方后辩护方，因此，质证的基本顺序也应该先是公诉方的证据然后是辩护方的证据。因为刑事程序是由公诉方启动的，公诉方负有证明被告人犯有所指控罪名的责任，自然应先由公诉方举证。不言而喻，也应该先由辩护方对公诉方所举出的证据进行质证。

（一）质证顺序的决定者

在职权主义诉讼模式下，质证的顺序完全是由法官决定的。法官先查阅案卷，对所指控的罪名和事实有了简单了解，自己确定了庭审的重点和提纲，列出了要查明的问题，在庭审过程中，依自己的意见要求公诉方、辩护方出示证据并进行辩论。质证完全在法官的主持和控制之下进行。

在诉讼模式由职权主义转向当事人主义之后，审判无疑还是在法官的主持之下进行，但具体到举证、质证的顺序这样的问题，应该由公诉方、辩护方自行决定，以充分发挥其各自的创造性。因为每个案件的被告人不同、事实不同、证据不同，应该从哪个问题开始举证，各个证据之间怎样衔接，怎样更清楚、明确地证明自己所要证实的问题，应该让公诉方、辩护方自己考虑。当然，为了节省时间和提高效率，公诉方、辩护方也可以就质证的顺序与法官交换意见。在质证过程中，控辩双方也可以提出自己对质证顺序的要求和意见，由法官最后决定；但基本来说，公诉方的证据先质证，辩护方的证据后质证，这一基本顺序不能改变。

（二）质证的具体顺序

1. 单个被告单个犯罪的质证顺序

一名被告因一项犯罪事实被指控触犯一个罪名，这是比较典型的普通刑事犯罪追诉形式。对于这类犯罪的质证顺序，通常有以下几种顺序可供选择：(1) 按照犯罪行为发生的时间顺序进行质证。这一质证顺序是指按照被告人实施犯罪行为的时间顺序来组织证据进行质证，以证明被告人犯了所指控的罪名。(2) 按照犯罪构成要素的顺序进行质证。在一个犯罪中，总有一些事实属于犯罪构成要素事实，而且这些事实在性质和地位上又有所不同，有些属于关键的核心事实，有些属于次要的外围事实。在质证过程中，可以先对核心事实进行质证，然后延展到外围事实，也可以先对外围事实进行质证，然后接近核心事实。(3) 按照犯罪因果关系顺序进行质证。在一些案件中，犯罪行为与犯罪结果之间的因果关系非常清楚，质证可以按照从原因到结果的顺序，或者从结果到原因的顺序进行质证。

2. 单个被告多个犯罪的质证顺序

一个被告实施数个罪行触犯同一罪名，比如一人多次盗窃，或者一个被告实施多个罪行触犯不同的罪名，比如一个人既犯伤害罪，又犯诈骗罪等，都是实践中较常见的现象。对这类犯罪的质证，比前述单人单行为单罪的情况要复杂得多。质证的基本顺序应该是一个事实一个事实地质证，一个罪行一个罪行地质证。

3. 共同犯罪案件的质证顺序

共同犯罪也是一种常见的犯罪现象，即多个被告共同实施同一个犯罪行为。对这类犯罪的质证，情况更复杂，必须考虑两个因素：第一，共同犯罪人之间互相均为证人；第二，在证实别人犯罪的同时也证实自己的罪行，并且证实自己在共同犯罪中的地位和作用。这样，对于共同犯罪案件的质证顺序，应该遵循两条原则：其一，一个被告一个被告地质证；其二，一件事实一件事实地质证。质证的过程不能太概括、太笼统。当然，如果按一件事实一件事实的顺序质证，可以将实施该事实行为的多个被告人按先后顺序依次质证。这样，待该事实质证完毕后，即完成了对一个犯罪事实的质证。

综上所述，可以进一步明确：质证的顺序应以举证的顺序为基础，但又不必过于僵化、死板，应留给控辩双方较大的灵活性，允许他们根据具体案件、具体事实、具体证据确定质证顺序，以求达到充分质证、查明案件事实真相的目的。

八、质证的方式

在诉讼活动中，只要进行质证，就需要选择一定的质证方式。如前所述，质证的基本顺序与举证是一样的，但质证的方式则是相对独立的，并不依赖于举证的方式。在质证方式问题上，起决定作用的不是举证方，而是质证方和法官。当然，法官享有最后决定权。

(一) 单个质证

单个质证又可以称为“一证一质”，即每一个证据在法庭上被一方举出之后，立即由另一方对该证据进行质证。这一方式有两个基本要求：第一，每一个证据被举出后，必须立即由对方进行质证，不能拖延，也不能等若干证据被举出后再进行质证；第二，每一个证据被举出后，对方必须立即对该证据进行质证。如果对方不进行质证，即视为对该证据没有意见，放弃了对该证据进行质证的权利，并由此失去了对该证据进行质证的机会。无论从司法证明的自身规律，还是从司法实践的客观需要来看，单个质证都是一种基本的质证方式，尤其对于一些重要的、关键的证据或者控辩双方认识分歧较大的证据，更应该一证一质。

(二) 分段质证

分段质证又可以称为“一组一质”，即把相关证据按一定原则或标准分成若干组，一组一组地进行质证；举证方出示一组证据后，质证方对该组证据进行质证；质证时可以针对其中一个证据发表意见，也可以针对几个证据一起发表意见。与单个质证相比，这种质证方式不是当举证方举出一个证据之后马上对其进行质证，然后再进行下一个，而是待一组证据一起举完后，再由质证方发表质证意见。当然，质证意见的基本元素，仍然是就一个一个证据发表意见。分段质证不能作为质证的基本方式，而只能作为单个质证的补充，与单个质证结合使用。

分段质证关键在于如何分组。我们认为，应该由举证方决定怎样分组。至于应怎样进行分组，我们认为，分组的标准因案件性质、事实、被告人状况等的不同而有所不同，应该是多种多样的，既可以根据犯罪构成要素进行分组，也可以按照犯罪行为发生的时间顺序进行分组，还可以按照证据的种类进行分组。

（三）单方质证

单方质证又可称为“一方一质”，即质证过程以一方为单位，先由一方完成自己的举证，然后再由另一方对其所举全部证据进行质证；双方交替进行。比如，公诉方就其所指控的犯罪行为及其结果全面举证之后，辩护方对其进行质证；然后，辩护方举出自己的全部证据，由公诉方进行质证。

单方质证方式的缺点非常明显：质证不细致，囫囵吞枣，粗枝大叶。我们认为，这一方式只有在下述情况下才可以使用：第一，与单个质证、分段质证结合使用，作为它们的补充；第二，案件事实清楚、简单，证据少，控辩双方对证据的分歧小，被告人认罪的案件。从审判程序的种类来看，单方质证比较适合于简易程序。

（四）综合质证

综合质证又可以称为“全案一质”，即控辩双方都完成举证后，由一方对对方的全部证据进行质证，同时结合己方的证据，发表质疑、质问、辩驳及辩论意见。严格讲，这种方式已经不再是质证，至少不能算作是一个独立的证明环节，因为这种方式过于简单和粗糙，不仅使得质证流于形式，也使得整个审判也流于形式。

上述四种质证方式优劣利弊明显。我们的基本见解是：在质证方式的选择上，法官应该给控辩双方较大的自由度，而且不一定拘泥于一种方式，应该根据具体案件情况、证据情况、证人情况、被告人情况等选择一种或多种方式。具体到四种质证方式上，我们认为应以单个质证为基础，凡是重要的、关键的、有分歧的证据，都应当单个质证。控辩双方对某一或某些证据提出单个质证要求时，应尽量满足。对于一些分歧较小、数量较多、重要性较轻的证据，可以根据具体情况采用分段质证的方式，具体如何分段，可以由举证方决定，但每段所包含之证据不能太多。对于那些案情简单、清楚，证据数量少、分歧小，被告人认罪的案件，可以考虑单方质证的方式。在简易程序中，也可以以单方质证、分段质证为基本方式，辅之以单个质证方式。需要强调一点，无论在何种类型的案件中，只要控辩双方的任何一方对某一证据提出单个质证要求时，如无特别理由，都应采纳。这是司法程序公正的实质要求。至于综合质证方式，我们认为其从根本上抹杀了质证程序存在的价值，使质证变成可有可无的东西，使质证变得毫无意义，因此应该废止。

九、质证的基本方法：交叉询问

在质证的模式部分，我们提到，在英美法系国家，受当事人主义诉讼模式的影响，庭审调查的基本方法是以当事人为主的交叉询问，包括“主询问”和“反询问”。在大陆法系国家，受职权主义诉讼模式的影响，庭审调查的基本方法是以法官为主的询问和审查。虽然大陆法系国家的立法没有就交叉询问作出明确的规定，但是在司法实践中，交叉询问还是存在的，只不过法官在指导和限制当事人进行交叉询问的问题上具有很大的自由裁量权。日本原来一直采用大陆法系国家的庭审调查模式，但是在第二次世界大战以后，受美国的影响，在庭审中引入交叉询问机制，形成了当事人询问与法官询问相结合的庭审调查模式。

我国《刑事诉讼法》没有对质证的方法作出正面的规定，但是从有关的司法解释和诉讼实践中的做法来看，我国目前采用的是法官查证与当事人质证相结合的方式，而且在一定程度上包含了交叉询问。我们认为，交叉询问比较好地体现了司法活动的宗旨和要求，也符合我国审判方式改革的方向，应该明确将其作为诉讼活动中质证的基本方法。

（一）交叉询问的概念

交叉询问被一些英美法学者誉为发现真实的最重要的法律装置，同时也是使诉讼体现出对抗性质的最重要的法律机制。交叉询问的对象是证人（包括一般证人、被害人、放弃沉默权出庭作证的被告人、专家证人等）。交叉询问的基本程序是：

1. 举证方的主询问（examination-in-chief）。请求传唤证人的一方对该证人首先进行询问，这被称为“主询问”，或称直接询问（direct-examination）。询问的内容应当针对与案件基本事实相关的问题。主询问以举证方的开庭陈述为基础，其意义在于为举证方的诉讼主张从正面提供证据的支持。举证方首先说明关于证人的姓名、住址、职业、与案件的关系等预备性问题，然后采用问答的方式引导证人逐步向法庭展示其所了解的对举证方有利的情况。控辩双方都必须通过主询问来证明自己的诉讼主张。

2. 对方的反询问（cross-examination）。在主询问结束后，对方当事人可以针对证人在主询问时陈述的内容或与此相关的事项，对该证人进行反询问。反询问有两个目的：（1）暴露对方证人证词的矛盾、错误或不实之处，以降低其作为证据的价值，或者证明这个证人是不可靠的；（2）使对方证人承认某些有利于本方的事实。这两个目的常常交叉混合在一起，难以截然分开。

反询问是英美证据调查中最具有特色的方法，它贯穿了一种质疑的精神。在诉讼实践中，质疑对方证人及其证言可以运用多种技术，例如：（1）感觉缺陷。即通过询问证明，该证人由于某种感觉缺陷（如视力差、视觉模糊、听力差等）而实际上无法看到、听到、闻到、触觉到或品味到他在主询问中所陈述的内容。（2）证人的品格。即通过揭示某人的不良品格，以证明其证言不可信。英国一直允许自由质疑证人，但美国多数司法管辖区不允许查问证人以前不端行为的具体事件，除非涉及重罪或者与本案实质性问题有相关性。《美国联邦证据规则》则对品格质疑的约束放得较宽。《美国联邦证据规则》第608条第2项规定，为了抨击某证人的可靠性，可以在对该证人的反询问中或者对其他为被告人诚实品格作证的证人的反询问中，查问有关该证人或被告人过去行为的具体事件。（3）证人的精神状态。即通过反询问证明证人心理状态不正常，如精神不正常、嗜毒、醉酒等，以质疑其证明能力。（4）证人的重罪前科。英美普遍承认关于重罪前科的证据可以用来质疑一个证人的可靠性。但在美国不同的司法管辖区，对证据进行质疑时可以使用的重罪前科的种类有所不同。例如，有些州只允许使用涉及诸如伪证罪等道德上卑鄙行为的重罪证明，有几个州还允许使用轻罪的证明——如果该犯罪涉及道德上卑鄙行为的话。（5）该证人以前自相矛盾的陈述。包括出庭作证的被告人在内的证人，可以因其在审判前曾提供不相一致（自相矛盾）的证言而受到质疑。（6）证人一方的利益或偏见。如通过质询说明控方证人由于被免予起诉或保证减刑而作证，说明被告方的证人与被告有亲戚关系或系密友，说明证人受到威胁或利诱等。有时还将证人作证及鉴定人鉴定所获得的优厚待遇与报酬作为对证言可靠性的质疑。[1]

3. 举证方的再主询问（re-examination）。反询问结束后，举证方可以再次询问，使证人对其在反询问时回答的问题进行解释和补充，以维护和恢复主询问时证词的证明能力，抵消反询问的不利影响。同时，对反询问中引出的新的事项进行探究。再主询问还有一个作用，就是补充信息，即对主询问时注意不够而反询问时未涉及的事项进行询问，但通常需经法庭酌定许可。

4. 对方的再反询问（recross-examination）。再主询问结束后，对方当事人可以针对证人在再主询问时陈述的事项进行再反询问，而且对于其他事项，经法庭酌定许可，也可以进行询问。

5. 举证方结束询问。交叉询问通常由举证方结束询问。这种询问相当于一次再主询问。

交叉询问所使用的证人调查方法属于问答式，而不是叙述式。所谓叙述式作证，又称会话式作证，指证人站在证人席上进行系统的案情陈述，或者宣读一份较长的关于案情的证言，而后再由法官或控辩双方提出一些问题并由证人回答，如实行审问制的大陆法系国家的证人作证。但按照英美法系国家的法律和司法实践，控辩双方调查证人时必须采用一问一答的问答方式。问答式的意义在于：一是问题相对集中，证言与案件的关联性较强，可以防止证人陈述杂乱无章，陪审团听审不得要领；二是便于制止可能误导事实审理者（陪审团或法官）的不当提问和回答。因为问答式使相对一方能够及时发现不适当、不合法的提问并提出异议，通过法官的及时制止而防止事实审理者听到和接受不适当的证言。[2]

（二）交叉询问必须遵守的规则

交叉询问必须遵守一些规则。有一些规则，主询问和反询问都必须遵守；有一些规则，是仅仅主询问必须遵守的；还有一些规则，是专门针对反询问的。

1. 主询问规则

对于在主询问中传唤证人出庭作证的一方而言，在对己方证人的直接询问中，应当严格遵守这样一些规则：（1）直接询问应仅限于与案件具有关联性的事实，即关联性规则；（2）当事人不得以反询问或者其他方式质疑或者攻击自己的证人，即不得质疑己方证人规则；（3）不得进行诱导性询问，即禁止诱导性询问规则；（4）询问不得以导致答复的问题为依据。[3] 这里仅介绍不得质疑己方证人规则和禁止诱导性询问规则。

（1）不得质疑己方证人规则

在审判庭上接受主询问的证人，在庭前已经接受过举证方的询问，甚至有的已经受到检察官或律师的训导，一般情况下所提供的证言是在举证方的预料之中。但在某些情况下，证人也会说出一些出乎举证方预料的情况，包括明显对举证方不利的事实。在这种情况下，举证方能不能对证人进行质疑性询问？英美证据法的一般要求是禁止质疑己方证人，其基本理由是，控辩双方律师应当为其传唤出庭的证人的诚实性或可靠性担保，并保障交叉询问的有序进行，防止举证和诉讼秩序的混乱。然而，这一传统规则正在弱化，例外的情况

---

① 参见［美］乔恩·R·华尔兹：《刑事证据大全》，何家弘等译，120页，北京，中国人民公安大学出版社，1993。

② 参见龙宗智：《刑事庭审制度研究》，290～293页，北京，中国政法大学出版社，2001。

③ 参见刘善春等：《诉讼证据规则研究》，464～465页，北京，中国法制出版社，2000。

不断增加。这种例外主要集中在以下几类证人：1）提出意外证言的证人；2）那些经其回答证明怀有敌意的证人；3）经传唤出庭但不愿作证的证人；4）证人是对方当事人或与对方当事人有某种特殊关系的人。在一般认可不得质疑己方证人规则的国家或司法管辖区，传唤证人一方如果适用例外规定，应经庭审法官审查批准。

（2）禁止诱导性询问规则

诱导性问题，是指在提问中明示可能的答案，从而强烈地暗示证人按提问者的答案作出回答的问题。例如，在伤害案件中，辩护律师问被告："你根本没有动那把刀，这是不是事实?"这是典型的可能产生误导的诱导性提问。又如，询问证人："你是否干了……"这是貌似中性的诱导性提问。反对诱导性询问是各种证明体制中对证人询问的一般原则，其意义在于保证证言的客观可靠性，防止受到询问人的主观影响。然而，在证人询问时还需注意询问的有效性、所获信息的充分性，以及诉讼效率，因此，贯彻这一规则时对一些技术性问题需要妥当把握。

在主询问中，为实现证明的有效性和效率，适用禁止诱导性询问规则也允许某些例外。英美法系国家刑事庭审大致允许以下例外：1）在涉及与案件核心问题无直接关系的预备性、入门性、过渡性事务时，允许使用诱导性问题。例如，问："你是在大华公司工作，对吗?"2）当证人作出意外回答时，可以提出诱导性问题。如证人的陈述与其在预审听证或大陪审团调查中提供的证言有实质性区别，法官通常允许参考其过去的证言进行诱导性询问。3）在对理解能力有限的证人，如智力低下的人或孩子，进行主询问时，也可以视情况使用诱导性问题。4）对于那些显然可以启发其记忆的证人可以适时提出诱导性问题。这是指对有些证人，答案就在嘴边却想不起来，此时使用诱导性问题唤醒其记忆，在某些情况下（如征得法官同意）是合适的。5）对鉴定人，即所谓的专家证人，提出诱导性问题常常是允许的。6）对于明确为有敌意的证人可以使用诱导性问题。

2. 反询问规则

反询问是一种比主询问更具灵活性、对抗性的问答形式。法律上一般对它所作的限制要比主询问更少。根据《美国联邦证据规则》的规定，反询问限于直接询问时的主题和与证人诚信有关的问题。法庭经斟酌决定，可以允许像直接询问那样对附加的问题加以询问；反询问可以允许一般的诱导性问题。

除在成文法上制定了相关规则外，从英美法的一些判例中还可以找到以下规则：(1) 对一方当事人不利的证据，除非他有在反询问中予以考验其真实性的机会，否则是不可采纳的；(2) 反询问不限于在主询问中证明的事实，能针对一切争执中的事实或有关联性的事实，以及尽管没有关联性但可以用来质疑证人信用或可靠性的事实，比如他过去所作的不一致的陈述；(3) 导致答复的问题可以提出，且证人必须答复；(4) 反询问应针对事实，而不是针对论据；(5) 如果认为本来属于不可采纳的文书，但因是在反询问中提出的，而予以采纳，那将是错误的；(6) 不反询问证人可能等于接受他对某一事实的陈述；(7) 除仅为提出书面申请证人出庭外，所有证人都能受到反询问；(8) 法官可以在反询问中不准许提出他认为是强人所难或无关联的问题。①

3. 再主询问规则

再主询问采用的方式与主询问基本上相同，只是较为放宽了对诱导性询问的限制。再

① 参见刘善春等：《诉讼证据规则研究》，478～479页，北京，中国法制出版社，2000。

主询问的规则主要有：（1）凡未进行交叉询问的问题，不得进行再询问。未经法官许可，当事人或律师不得在再主询问中提起在主询问或交叉询问时所遗漏的问题。（2）再主询问应限于反询问中出现的事项。未经法官的许可，不得引进新的事项，除非由于对方的反询问引出了新的事项，形成了这样做的必要。（3）不得提出诱导性问题，但就同一事项，在主询问中已允许提出诱导性问题的，不在此限。[①]

4. 主询问和反询问共同遵守的规则

除此之外，主询问和反询问都还要遵守反对复合式及其他混乱性问题的规则、异议规则。

（1）反对复合式及其他混乱性问题的规则

所谓复合式问题是指一句问话中包含两个以上的问题。因为证人难以记住太多的问题，所以这种问题几乎总会导致意思不完整的回答。因此，在直接询问和交叉询问过程中最好还是一次只问一个问题。

所谓混乱性问题是指因问话中用语不当，会导致含义不清的回答的问题，或者违反逻辑要求的问题，以及对假定未经证明之事实进行询问的问题。应尽量避免在问题中使用否定词，因为它会导致产生歧义的回答。另外，询问问题时应用简单的、明确的语言，尽量避免用生僻的专业术语。

（2）异议规则

异议规则是指若一方的询问违反了直接询问和交叉询问的规则，则另一方有权提出反对，并由审判人员裁定该反对是否有效。若裁定该反对有效，提问或回答则予以排除；若裁定该反对无效，则证人的陈述可以作为证据予以采纳。

第四节 认　证

一、认证的概念及与审查判断证据的关系

1. 认证的概念

长期以来，对于证据的认定，理论界和实务界通常使用证据的审查判断这一概念。由于证据的审查判断的主体比较宽泛，因而往往无法展现法官对于证据的认定的特殊性。自20世纪90年代中期我国实行庭审方式改革以来，最高人民法院逐渐提出了“认证”这个概念。1993年11月24日最高人民法院发布的《全国民事审判工作座谈会纪要》在谈到进一步改进审判方式时曾经指出，要支持当事人举证制度。从根本上改变那种由法官包揽一切的做法，真正做到法官在法庭上主要是听取双方当事人的举证、质证和辩论，以便查明事实，核实认定证据，分清是非责任，正确适用法律。这既有利于加快办案速度，也有利于提高办案质量。之后，最高人民法院将法官“认定证据”简称为“认证”。1997年4月20日原最高人民法院副院长李国光在全国民事审判工作座谈会上的总结讲话中运用了“认证”

① 参见刘善春等：《诉讼证据规则研究》，466页，北京，中国法制出版社，2000。

这一术语。他指出："正确理解当庭认证的含义，提高认证水平……这是目前审判方式改革中的一个薄弱环节……认证是非常严肃而又十分重要的诉讼环节，认证的正确与否直接关系到案件实体上是否正确。"1999年3月8日最高人民法院发布的《关于严格执行公开审判制度的若干规定》第5条明确使用了"当庭认证"这个概念。1999年10月20日最高人民法院发布的《人民法院五年改革纲要》第10条将"认证制度"作为法院改革的一项重要内容。尽管最高人民法院提出了"认证"这个概念，但由于其并没有对这个概念加以明确的界定，再加上国外又没有与之直接相对应的词汇，因而无论是在司法实践部门，还是在理论界，对于认证的程序与规则的认识都比较混乱，甚至存在各种各样的模糊认识。

1999年3月8日最高人民法院发布的《关于严格执行公开审判制度的若干规定》第5条规定：依法公开审理案件，案件事实未经法庭公开调查不能认定。证明案件事实的证据未在法庭公开举证、质证，不能进行认证，但无须举证的事实除外。缺席审理的案件，法庭可以结合其他事实和证据进行认证。法庭能够当庭认证的，应当当庭认证。由此不难看出，认证的含义应当包括如下几个方面：第一，认证的主体是独任法官或者合议庭的法官。第二，认证的对象是证据。第三，认证是在诉讼活动中继当事人举证、质证之后的一个重要环节。第四，认证在性质上是法官专门享有的一项职能，是法官行使审判权的重要组成部分。

据此，认证是指审判人员在审判过程中对诉讼双方提供的证据材料，或者审判人员自行收集的证据材料，经过审查判断，对证据材料的证据能力和证据效力进行确认的活动。简而言之，认证就是确认证据材料的证据能力和证据效力。

2. 认证与审查判断证据的关系

认证与对证据的审查判断之间既有联系又有区别。就其联系而言，认证也是一种对证据的审查判断。就其区别而言，对证据的审查判断并不仅仅限于审判阶段。在刑事诉讼中，对证据的审查判断贯穿于侦查、起诉、审判的全过程。凡是使用证据的人，都要对证据进行审查判断。在侦查阶段，侦查人员依法行使收集、审查判断证据、查清犯罪事实的职责和权力。侦查终结后，侦查人员如认为犯罪事实已经查清，证据确实、充分的，依法制作起诉意见书，连同案卷材料和证据一起移送同级人民检察院的起诉部门审查。在审查起诉阶段，检察人员对于侦查人员所认定的事实和证据，必须进行进一步的审查判断。审查后，如果认为证据不足或不确定，需要补充侦查的，审查起诉部门既可以退回侦查部门补充侦查，也可以自行侦查。如果认为证据确实、充分，依法应当追究被告人刑事责任的，则作出起诉决定，向人民法院提起公诉。就辩护律师而言，他们对于自己收集或他人提供的证据材料也要进行审查判断，进而决定取舍。但是，无论是侦查人员、检察人员，还是辩护律师，他们对证据材料进行审查判断的结果都只能作为其今后行动的方向，不具有认证的性质和效力。因此，就外延而言，对证据材料的审查判断的外延要大于认证的外延，其主体也不限于审判人员。

二、认证的主体

认证的主体是指在诉讼活动中，依法享有对所收集、出示的证据材料进行审查判断，决定证据材料的取舍和证明力大小等权利，并运用所认定的证据确认案件事实的特定的司法机关和特定的司法人员。认证是在诉讼过程中所进行的一项诉讼活动，认证的主体必然是诉讼的主体，但并非所有参与诉讼的单位和个人都能够成为认证的主体。根据我国《宪法》的规定，人民法院是国家的审判机关，只有人民法院才依法享有审判权。人民法院作为一个组织，是由具体的人组成的。人民法院审理任何案件，也都是由依法享有审判权的人进行的。因此，任何诉讼案件，认证的主体只能是人民法院中依法享有审判权的人，而不可能也不允许是其他任何机关和个人。根据人民法院组织法的规定，人民法院中依法享有审判权的人包括审判员（又称法官）和人民陪审员；而人民陪审员在人民法院执行职务期间，是他所参加的审判庭的组成人员，同审判员有同等权利。据此，在我国认证的主体应该是从事具体案件审判的法官和人民陪审员。

三、认证的对象

认证是对证据的证据能力和证据效力进行确认的活动，因此认证的对象是证据。在刑事诉讼活动中，各种证据都需要认定，案件事实也需要认定。认定证据与认定案件事实是两个密切相关又相互区别的概念。认定证据是认定案件事实的基础和手段，认定案件事实是认定证据的目的和归宿。在诉讼活动中，认定证据都是为认定案件事实服务的，但是认定证据并不等于认定案件事实，二者不应混为一谈。

就诉讼认识活动而言，认定证据和认定案件事实是法官“决策”过程中两个相互衔接又相互区别的认识阶段。一方面，认定证据并不等于认定案件事实，即使确认了案件中所有证据的效力，也不等于完成了对案件事实的认定。另一方面，认定案件事实也不等于认定证据，司法人员不能用认定案件事实的活动笼统地代替对案件中各种证据的认定活动，后者应该在程序和方法上具有相对的独立性。

四、认证的内容

所谓认证的内容，是指法官在认证的时候要解决的问题。认证的内容包括两个方面：一个是证据的证据能力，另一个是证据的证明力。

证据的证据能力，又称证据资格或者证据的适格性，是指证据能否满足诉讼活动对证据的基本要求。就司法审判而言，即证据是否具备诉讼的“准入资格”。证据的证据能力是大陆法系国家所采用的概念。大陆法系国家一般不对证据的证据能力作出积极的规定，而是对没有证据能力或者限制证据能力的情形作出规定。在英美法系国家，与证据的证据能力相对应的概念是证据的可采性。证据的可采性是指证据为法律所允许，可用于证明诉讼中的待证事实。证据的可采性以证据的关联性为前提，即证据是否可以被采纳，首先取决于它同诉讼中的待证事实有无关联。凡是可以采纳的证据，都必须具有关联性。但是，具有关联性的证据不一定都可以采纳，仍有可能出于各种利益的考虑，或者由于某种特殊规则，而不具备可采性。概括来讲，证据能力的主要内容是证据的关联性和合法性。

证明力是指证据对案件中待证事实的证明效果和力量，换言之，是指证据是否能够达到法定标准地证明待证事实，亦称为证据力或证据效力。证据的证明力是证据本身固有的属性，是客观存在的。这表现在以下两个方面：一方面，证据是客观存在的事实，而不是主观想象、猜测或者捏造的产物；另一方面，证据对案件事实有无证明力，以及证明力的大小，取决于证据与案件事实有无联系，以及联系的紧密、强弱程度。一般来说，证据与案件事实之间的联系越紧密或者越强，证据的证明力就越大。在现代刑事诉讼制度中，对于证据的证明力问题，法律一般没有也不适宜预先作出明确的规定，而是由司法人员依照法定的程序予以审查判断。概括来讲，证明力的主要内容是证据的真实性和证明价值。

证据的证据能力与证据的证明力是两个完全不同的概念。其区别主要体现在以下几个方面：(1) 解决的问题不同。证据的证据能力所要解决的是某个证据能否提交到法庭予以裁判的问题。如果某个证据被认为不具备证据能力，那么该证据就不应当出现在法庭之上。而证据的证明力所要解决的是某个证据对于案件事实有无证明作用及其证明作用大小的问题。(2) 角度不同。证据的证据能力是从证据的形式方面去考察某个证据在法律上有无资格作为法庭调查的对象。而证据的证明力是从证据的实质方面去考察某个证据对于待证事实的证明作用和证明价值。(3) 性质不同。证据的证据能力属于法律问题，它必须由法律预先作出明确的规定，法律以什么标准、什么规则以及什么方式来设定证据的证据能力，包含着人们的一系列价值判断与选择过程。而证据的证明力判断属于经验问题、逻辑问题，法律不应当也无法人为地预先设置它们的表现形式、大小强弱，而只能交给法官凭借良心、逻辑、经验等进行自由裁量。

虽然证据能力和证明力的区分是绝对的，但在具体的认证活动中，确认证据能力与确认证明力之间既有联系又有区别。确认证据能力是确认证明力的基础，确认证明力是确认证据能力的前提。没有对证据能力的确认，就无从谈起对证明力的确认；但确认了证据能力，并不意味着它足以作为定案的根据。

此外，证据能力的内容和证明力的内容，即证据的关联性、合法性、真实性、证明价值之间往往是相互交叉、相互影响的。例如，证据的证明价值不能与证据的关联性截然分开，前者在很大程度上是以后者为基础的。证据与案件事实的关联越近，其证明价值就越高；直接关联的证据当然要比间接关联的证据具有更高的证明价值；与案件事实具有必然联系的证据当然比与案件事实具有偶然联系的证据的证明价值更高。实际上，法官在认定证据能力和证明力时都要考察证据的关联性，只不过考察的层面有所不同：前者所要考察的主要是证据与案件事实有没有关联；后者所要考察的则是证据与案件事实之间关联的性质、形式和程度。与案件事实没有关联性的材料当然不具有证据能力，但是具有关联性的证据并不一定就具有充分的证明力。

又如，证据的真实性与证据的关联性及合法性之间也有一定的联系。虚假的证据当然也包括与案件事实具有虚假关联的证据；而法律规定排除某类证据或者限制某类证据在诉讼中的使用时，既要考虑保护人权和司法公正等价值取向问题，又要考虑该类证据的真实性问题。在司法实践中，明显虚假的证据当然是不能获准进入诉讼程序的。另外，由于证据的证明价值是以证据的真实性为前提的，所以对证明价值的认定也离不开对证据真实性的认定。从这个意义上讲，真实性是一个贯穿于整个认证活动的概念，甚至可以说是认证活动的中心内容。法官在审判实践中对每个具体证据的认定，主要解决的问题就是该证据是否真实、是否可靠。但是，我们不能用真实性代替关联性，也不能用真实性代替证明价值。[①]

五、认证的阶段

刑事诉讼中的认证可以分为采纳证据和采信证据两个阶段。

---

① 参见何家弘、刘品新：《证据法学》，257页，北京，法律出版社，2004。

证据的采纳和采信是两个既有联系又有区别的概念：前者的核心字是“纳”，即证据能不能被纳入诉讼程序；后者的关键字是“信”，即证据是否可信，是否具备足以作为定案根据的证明价值。用通俗的话说，“采纳”解决的是证据能否“进门”的问题，“采信”解决的是能否用这些证据定案的问题。证据的采纳，主要是对证据能力的认定；证据的采信，则主要是对证明力的认定。

无论是采纳证据还是采信证据，都要对证据进行审查判断，但是二者的审查方式和要求有所不同。就审查的方式来说，证据的采纳主要是对单个证据的审查判断；而证据的采信既包括对单个证据的审查判断，也包括对一组证据乃至全案证据的审查判断。就审查过程来说，采纳是对证据的初步审查，采信是对证据的深入审查。

就法官在刑事审判中的认证过程来说，采纳是采信的基础，采信是采纳的延续。就认证结果来说，没有被采纳的证据当然谈不上采信，但是采纳了的证据也不一定都被采信。简言之，采纳只是对证据的初步认可；采信才是把证据用作定案的根据。不过，在每一起具体案件的审判活动中，法官并不一定总要明确区分证据的采纳和采信。这就涉及认证方式中的一步认证和两步认证的问题了。

六、认证的方式

刑事诉讼中认证的方式，是指在刑事诉讼过程中法官对经过举证、质证的证据材料认定为证据所采取的形式。认证的方式根据不同的标准，可以有不同的分类。

（一）庭前认证与庭审认证

以法官认证的阶段为标准，可以将认证分为庭前认证与庭审认证。庭前认证是指法官在庭审准备阶段，对当事人提交的证据是否具备证据能力进行的认定。这在英美法系国家的庭前动议程序中比较普遍。在美国的刑事诉讼过程中，当事人能够提出多达几十种动议。如直接裁决动议（motion for directed verdict）、撤案动议（motion to dismiss）、要求法庭作出与陪审团裁决相反的判决的动议（motion for judgment notwithstanding the verdict）、请求作出无罪判决的动议（motion for judgment of acquittal）、重新审理的动议（motion for new trial）、简易判决的动议（motion for summary）、删除动议（motion to strike）、防止偏见的动议（motion in limine）、证据禁止动议（motion to suppress）、证据开示动议（discovery motion）等。动议的提出时间既可以是在开庭审理之前，也可以是在法庭审判过程中或者法庭审判之后。其中，证据禁止动议（motion to suppress）是被告人经常使用的一项非常重要的审前动议（pretrial motion）。[①] 证据禁止动议的目的一般是要求法官禁止控方使用不具备可采性的证据。在辩护方提出证据禁止动议之后，法庭应当组织排除证据的听证程序（suppression hearing）。在听证过程中，辩护方可以基于美国宪法第 4 条或者第 5 条修正案及其相关判例，主张控方的证据系非法所得，从而要求法庭禁止控方将这些证据材料在正式的法庭审判过程中作为指控被告人的证据，而控方也可以进行有针对性的反驳；控辩双方都可以传唤证人出庭作证，或者出示相关的证据，对是否排除证据展开辩论。听证程序结束之后，法庭一般应当根据听证的结果，作出是否排除非法证据的裁决。法庭对证据禁止动议所作出的裁决在以后的正式审判程序中发生法律效力。

---

① 根据《美国联邦刑事诉讼规则》第 12 条（b）（3）的规定，排除证据的申请应当在审判前提出。

庭审认证是指法官在正式的法庭审判过程中，对当事人提交的证据是否具备证据能力以及证据的证明力进行的认证。从上面的定义不难看出，庭审准备阶段的认证主要是解决证据的证据能力问题，而法庭审判阶段的认证则不仅要解决证据的证据能力问题，而且要解决证据的证明力大小问题。

（二）当庭认证与庭后认证

根据认证活动的时间和地点不同，认证可以分为当庭认证和庭后认证。所谓当庭认证，就是在庭审过程中，主持审判的法官对于一方诉讼当事人举出并经过对方质证的证据，在法庭上当即作出认证。所谓庭后认证，则是指主持审判的法官对于诉讼当事人举出并经过质证的证据，不在法庭上当即进行认证，而是在庭审之后再行认证。

当庭认证是审判方式改革的要求和发展方向。原最高人民法院院长肖扬在第九届全国人民代表大会第二次会议上所作的《最高人民法院工作报告》中指出，法官开庭审理案件实行当庭举证、质证、认证。[①] 原最高人民法院副院长刘家琛也曾指出："经过当庭质证和辩论，法官要当场确认证据。"[②] 但是，很多法官在审判活动中都感到当庭认证比较难操作，担心前面认定的证据被后面的证据否定，进而出现误认和错认。

客观地说，证据是形形色色的，案情是错综复杂的，仅仅根据法庭上对一个或一组证据的举证和质证，往往很难对证据作出全面的判断。特别是证据的真实性和证明价值问题，一般都需要综合评断案件中的各种相关证据甚至全部证据才能作出恰当的判断，而这往往只能在庭审结束之后才能进行。

一般情况下，法官应该或者尽量当庭认证。但是，法官应当当庭认证什么？是证据能力，还是证明力呢？我们认为，法官当庭认证应该主要解决证据能力问题，即证据能否获准进入诉讼程序的问题。具体来说，法官在审判中对于控辩双方举出并经过质证的各种证据，应该就其证据能力当庭作出裁判。至于这些被裁定具有证据能力的证据是否真实可靠，究竟有多大证明价值，则可以等到庭后评议时再作出判断。这是因为，一方面，由于证据的证据能力所要解决的是当事人拟向法庭提交的证据在法律上有无资格作为法庭调查的对象的问题，因而法官必须当庭对当事人提交的证据是否具备证据能力进行认证。否则，法庭审判将无法继续进行下去。另一方面，在法庭审判过程中，每一证据的证明力之有无及大小，都不能靠该证据本身得到证明，而必须通过对证据本身的情况、证据与其他证据之间能否相互印证、证据在全案证据体系中的地位等问题进行全面的衡量，才能作出合理的判断。[③] 换句话说，对于证据的证明力问题，由于通常需要法官综合评价相关证据甚至全部证据之后才能作出恰当的判断，因而法官往往无法进行当庭认证。更何况，法官当庭认证证据的证明力还会带来如下风险：经过"合法"的举证、质证程序而被法官采纳的证据，很可能在法庭审理的最后被发现是不真实的，甚至与本案的证明对象毫无关系。[④] 从这个意义上讲，就这两种认证方式而言，尽管法官可以进行当庭认证，但法官当庭能够认证的主要是证据的证据能力，对于证明力的认定则只能采取庭后认证的方式。

另外，如果我国在法律上建立了审判之前的"证据交换"制度，并赋予诉讼当事人在

---

① 参见《人民日报》，1999-03-21。

② 刘家琛：《把刑事审判工作推向新阶段》，载《瞭望》，1996（21）。

③ 参见陈瑞华：《刑事诉讼的前沿问题》，377页，北京，中国人民大学出版社，2000。

④ 参见陈瑞华：《刑事诉讼的前沿问题》，378页，北京，中国人民大学出版社，2000。

审前提出证据排除动议的权利，那么法官对证据应否采纳问题的裁定也就会相应地提到审判之前。换言之，对证据可采性的认定就会包括当庭认证和庭前认证两种方式。从这个意义上讲，第一种分类中的庭审认证实际上包括第二种分类中的当庭认证和庭后认证。

（三）个人认证与合议认证

根据认证主体数量的不同，认证可以分为个人认证与合议认证两种方式。个人认证一般发生在独任制审判中，由独任法官一人认证。在合议制审判中，则应当由合议庭进行认证。审判长一人不能代替其他法官，因此不宜由审判长一人进行认证。但是，由于当庭认证只解答证据能力的问题，一般比较简单，所以为了节省诉讼时间和保持庭审的流畅性，也可以由审判长进行个人认证。如果证据问题比较复杂，审判长则可以在法庭上与其他审判员简单交换意见甚至暂时休庭讨论后，再决定是否采纳。

在合议制审判中，对于证据真实性和证明价值的认定，应当采用合议认证的方式。因为证据的采信问题比较复杂，由合议庭成员集体对证据的真实性和证明价值进行判断和确认，有利于充分发挥集体智慧，克服个人认知的局限性和片面性，从而更好地保障认证结果的客观性和准确性。合议庭在进行认证时，应当遵循少数服从多数的原则。

（四）直接认证与间接认证

根据认证主体对证据审查方式的不同，认证可以分为直接认证和间接认证两种方式。所谓直接认证，是指法官在对证据进行直接审查的基础上进行的认证。所谓间接认证，是指法官在对证据进行间接审查的基础上进行的认证。一般来说，法官在认证时应当坚持直接认证的原则。主持审判的法官应当亲自在法庭调查中直接审查诉讼双方举出的证据，并在此基础上作出能否采纳和是否采信的结论。直接认证是司法程序公正的基本要求，是正确查明案件事实的基本要求，也是诉讼活动中“直接言词原则”的体现。但是在某些情况下，为了节省司法资源，法官也可以进行间接认证。例如，一般来说，在刑事第一审审判中，法官对证据材料的审查均是直接审查，对证人证言、书证、物证等证据材料认证时，应根据证据须同时具备客观性、关联性、合法性，对证据能力和证明力同时作出审查，才能作出正确的认定。在刑事第二审程序中，对一审认定的事实和证据无异议的，二审法官在审查判断证据时，经常采用间接认证这种方式，即书面审。但在二审开庭审判的案件中，对有关争议焦点的证据材料进行认证时，法官不能采用间接认证这种方式，而要采用直接认证。对这些有争议的问题，在法庭上一定要重新进行举证、质证，在充分质证的基础上，作出认证。

（五）单一认证与综合认证

根据作为认证对象的证据数量的不同，认证可以分为单一认证与综合认证两种方式。所谓单一认证是指法官每次对一个证据进行的认证，即一证一认。综合认证是指法官一次对多个证据进行的认证，它既包括对一组证据的综合认证，又包括对全案证据的综合认证。一组证据的综合认证是指对于几个相互关联的、用于证明同一个案件事实的证据，经过分别举证和质证之后，法官可以把它们集中起来加以综合认定；全案证据的综合认证是指在案件全部证据已经经过举证、质证之后，法官对全部证据进行全面系统的分析、归纳、审查、判断，并在此基础上作出综合认定。根据证据能力与证明力的特点，单一认证一般适合于对证据的证据能力加以认证，综合认证一般适合于对证据的证明力加以认证。这是因为，一方面，证据的证据能力问题通常属于法律问题，相对于证据的证明力来说，法官比较容易判断，因而可以采取单一认证的方式。另一方面，证明力涉及证据的关联性、真实性等问题，难以对一个证据单独作出认定。并且，控辩双方提供的证据常常互相矛盾，只有采用综合认证的方式认定证据，才能对案件事实作出正确的认定。如果案情比较复杂、待证事项较多且相对独立，可以采用一组证据综合认证的方式；如果案情复杂而且证据之间紧密交织，则可以采用全案证据综合认证的方式。

（六）口头认证与书面认证

根据认证结果的表现形式的不同，认证可以分为口头认证与书面认证两种方式。所谓口头认证是指法官用口头语言形式所表达的认证。所谓书面认证是指法官用书面文字形式所表达的认证。在审理案件的过程中，可以用口头方式对证据作出认定，但最终还应以书面形式即以判决书的形式具体体现出来。在判决书中，对控辩双方提出的证据一定要进行分析论证，阐明采信与否的理由，让人信服。

（七）一步认证与两步认证

根据法官对证据的认定过程是否划分为采纳与采信两个阶段，认证可以分为一步认证与两步认证两种方式。所谓一步认证，即法官对证据的认定过程不分采纳与采信两个阶段，而是一次性完成对证据能力和证明力的认定。所谓两步认证，即法官对证据的认定过程分为采纳与采信两个阶段，分别完成对证据能力和证明力的认定。对案情和证据比较简单的案件往往采用一步认证的方式，而对案情和证据复杂的案件通常采用两步认证的方式。

从法官对证据的认识过程来看，将认证过程分为采纳与采信是合理的。在英美法系国家实行的陪审团审判中，对证据的认定明显可以分成两个阶段。对证据的采纳是由法官完成的，而对证据的采信则是由陪审团完成的。在法庭调查过程中，主持审判的法官要当庭对有争议的证据作出是否采纳的裁定。但是，法官裁定采纳的证据是否真实可靠、是否有足够的证明价值，还要由陪审团在庭审之后进行评议和认定。

七、认证的方法

审判人员对刑事证据的认证，实际上是审判人员主观上对客观事物的分析、判断和认定的过程。认证必须掌握正确的方法，否则要达到查明案件事实的目的，只能是一句空话。因此，借助正确的认证方法是十分必要的。在审判实践中，认证的一般方法可以分为分析方法和验证方法。

（一）分析方法

分析方法包括逐一甄别法、相互对比法和综合认定法。

1. 逐一甄别法。所谓逐一甄别法，是指审判人员对于在法庭上举出并经过控辩双方质证的证据逐一地进行单个审查，判断其证据能力和证明力的方法。逐一甄别法是对证据进行认证的常见形式，它通常作为对有关证据加以初步筛选、审查和判断的必要手段。运用逐一甄别法对证据进行认证，要求依据客观事物发生、发展、变化的一般规律和常识去识别证据的真伪，辨别其是否具有证明力。

2. 相互对比法。相互对比法也叫比较法，是指对案件中两个或两个以上的具有可比性的证据进行比较或对照，发现和寻找它们的共同之处和差异之点的方法。相互对比法是法官在对证据进行认证时所经常采用的一种方式。在一般情况下，经过比较，认为证据包含的信息相符或者一致，没有矛盾，很可能就是真实可靠的；反之，其中某个证据有问题，或者两者都有问题，均需要结合其他证据进一步加以审查判断。相互对比法以证明对象的同一性为基础，也就是说，用来进行比较的若干证据，都是用来证明同一事实要素的。

3. 综合认定法。综合认定法也叫印证法，是指将若干证据所包含的信息内容结合起来进行验证，以考察它们之间是否相互呼应、协调一致的方法。按照事物相互联系的辩证原理，案件发生后，证据和证据之间，证据和案件事实之间必然存在一定的联系。这样，为判断证据的真伪及是否具有证明力，就可以把该证据和其他相关证据结合起来，考察它们之间能否相互证实或协调一致。综合认定法就是通过查明所有证据与证据之间、证据与案件事实之间的矛盾，分析出现矛盾的原因，正确地解决这些矛盾。这一印证过程既是分析矛盾、解决矛盾的过程，也是证据的真伪被鉴别、证据与案件事实的内在必然联系被揭示的过程。综合认定法与相互对比法相比，不要求证明对象同一，只要求与需要证明的事实之间存在客观联系，因而可以在更广泛的范围内适用。

(二) 验证方法

验证方法包括调查验证法、对质法、辨认法、鉴定法和现场实验法。

1. 调查验证法。调查验证法是指法官通过有针对性的进一步调查而进行验证的方法。这种方法的具体做法通常是：(1) 先根据已有的证据或已作出的事实结论，推断应当存在或不存在某种事实；(2) 深入实践调查收集有关证据，看存在或不存在该项事实；(3) 根据存在或不存在该项事实，对原证或原结论的真实性进行验证。

2. 对质法。对质法是指法官为了确认某一事实的真实性，而依法组织了解该事实的两个或两个以上的人，就有关事实情况进行相互质询、诘问的活动。对质通常是在当事人与证人、被害人之间或在证人与证人之间、证人与被害人之间进行。对质的前提是有关人员均声称他们对某一事实的陈述是真实可靠的，而他们的陈述却存在尖锐的矛盾。必须注意的是，质证不同于对质，质证是单方面进行的，而对质是双方共同进行的。

3. 辨认法。辨认法是指由证人、被害人、刑事被告人观察向他出示的客体，以便使其确定该出示的客体是不是以前观察到的那个客体所进行的活动。

4. 鉴定法。鉴定法是指法官对涉及专门知识的有关问题，通过指定或聘请鉴定人进行鉴定或要求重新鉴定、补充鉴定予以查明的方法。凡涉及必须查明的专门性问题，必须通过鉴定来解决。

5. 现场实验法。现场实验法是指法官为了验证某一现象在一定的时间、空间、条件下，能否发生，而依法在相同的时间、空间、条件下进行现场实验的方法。现场实验的目的包括：确定在一定的条件下有关人员能否看到、听到、感觉到有关声音或形象；确定在一定的条件下能否发生某种现象，或有关人员能否完成有关动作；确定用某种工具是否会留下有关痕迹等。

八、认证的标准

(一) 认证标准的概念

1. 认证标准的概念

所谓认证标准，是指法官对证据的证据能力的有无，以及证明力大小与强弱的认定所应当遵循的标准。如前所述，认证包括证据的采纳和采信两个阶段，因此认证的标准也应当包括证据的采纳标准和采信标准。证据的采纳标准与采信标准是两个既有联系又有区别的概念：前者的作用是确定证据进入诉讼程序的“门槛”，即什么样的证据可以在诉讼中被采纳；后者的功能是明确司法裁判对证据可信度和证明价值的要求，即什么样的证据足以作为定案的根据。从法官对证据的认识过程来看，采纳标准属于“初始准入”，而采信标准属于“终局裁判”，采信标准当然要高于采纳标准。但是从诉讼过程的职能分工来说，二者的制定依据又不完全相同：制定证据的采纳标准，主要依据的是证据法中关于证据可采性的规则或关于证据能力的规则；而制定证据的采信标准，主要依据的是人类认识活动的规律和司法证明的原理。

证据的采纳标准和采信标准是不同层面上的两个标准，符合采纳标准的证据不一定都能够满足采信标准的要求，即具备关联性与合法性的证据不一定都能满足真实性和充分性的要求。另外，二者又是从不完全相同的角度加以阐释的，从理论上讲，符合采信标准的证据不一定都符合采纳标准，例如，具备了真实性和充分性的证据不一定都能满足合法性标准的要求。当然，由于采纳在前，采信在后，因而实际上不会出现已经采信却不能采纳的证据。

2. 认证标准与证明标准的关系

应当明确的是，对某一证据的认证标准与对整个案件所涉及的有关待证事实的证明标准是两个概念，两者既有联系又有区别。两者的主要联系体现在：其一，主体一致，都是法官行使审判职权的一种必要方式；其二，均属于主观对作为客观存在的证据加以认识的范畴，其目的在于形成一种作为裁判基础的内心确信；其三，作为主观认识的结果均体现一定实质意义上的盖然性，即这两种标准均无法实现百分之百的客观真实。两者的主要区别在于：其一，前者的认识对象是证据，后者的认识对象是案件事实；其二，前者是对证据的证据能力和证据力的认定，后者是对案件事实的认定；其三，前者涉及证据的证据能力的有无，以及具有证据能力的证据在证明力上的大小与强弱，它表明某一证据是否将被采纳和采信仍处于未决状态，而后者涉及的是所有已被采纳和采信的证据对于案件事实的证明程度。

(二) 认证标准的确定

1. 证据的采纳标准

在不同种类的案件中，证据的采纳标准并不完全相同；而针对不同种类的证据，采纳标准也可能有所不同。例如，刑事诉讼和民事诉讼的证据采纳标准就有所不同；证人证言和物证、书证等不同种类的证据的采纳标准也会有所不同。不过，证据的采纳标准中存在一些共性的内容，即“一般采纳标准”。按照证据法的原理，它主要包括采纳证据的关联性标准和合法性标准。当然，针对各种具体的证据，法律还应该规定具体的采纳标准，如被告人供述的采纳标准、鉴定意见的采纳标准等。

证据的采纳标准包括关联性标准和合法性标准。关联性标准指的是在控辩双方提交法庭的各种证据中，只有确实与案件事实存在关联性的证据才可以被采纳为诉讼中的证据。不具备关联性的证据不得采纳。合法性标准指的是诉讼双方提交法庭的证据必须在证据的主体、形式以及收集提取证据的程序和手段等方面都符合法律的有关规定，才能被采纳为诉讼中的证据。不具备合法性的证据不得被采纳。不同国家的法律文化传统不同，证据采纳标准也不完全相同。

有些国家的法律规定比较简单、宽泛，凡是对案件事实具有证明力的证据都可以被采纳为诉讼中的证据；有些国家的法律规定则比较具体、详细，不仅有从正面规定的采纳规则，还有从反面规定的采纳规则，即证据排除规则。一般说来，大陆法系国家的证据采纳标准比较宽松，英美法系国家的证据采纳标准比较严格。

综观英美法系国家的证据法和大陆法系国家的诉讼法，可知证据制度发达的国家往往在证据法或诉讼法中将证据的采纳标准具体化为非法证据排除规则、传闻证据规则、意见证据规则、品格证据规则、最佳证据规则等证据排除规则。

2. 证据的采信标准

采信标准是指法官对证据的证明力大小与强弱进行认定所应当遵循的标准。采信标准的依据应是客观的，采信标准的内容也应是具体的、客观的。但是，采信标准的形式却是抽象的和主观的，这是由法官的自由裁量权而产生的对某一证据证明力的内心确信程度所决定的。自由裁量或自由心证的本旨在于，在特定诉讼原则与证据规则的约束下，法官在法律许可的范围和限度内，在对证明力所产生的多重价值进行抉择时，有权选择、认可其中的一种而取舍、规避另一种的裁判定式。

证据的采信标准包括真实性标准和充分性标准。真实性标准指的是只有经审查属实的证据才能作为定案的根据。审查证据是否具有真实性，一般是就单个证据而言的。也就是说，对案件中的证据，审判人员应当逐一审查其是否真实、可靠。充分性标准指的是对案件事实的认定，必须以具有充分证明力的证据为根据。审查证据是否充分，主要是对证据的证明价值进行分析与评断。从理论上讲，可以是就单个证据而言的，也可以是就案件中的一组证据或全部证据而言的。就案件事实中的某个事实或情节而言，证据的充分性考察的是一个证据或一组证据的证明价值是否足以证明该事实或情节存在或不存在。就整个案件而言，证据的充分性考察的是案件中全部证据的证明价值是否足以证明案件的真实情况。

2012年《刑事诉讼法》第195条规定："在被告人最后陈述后，审判长宣布休庭，合议庭进行评议，根据已经查明的事实、证据和有关的法律规定，分别作出以下判决：（一）案件事实清楚，证据确实、充分，依据法律认定被告人有罪的，应当作出有罪判决；（二）依据法律认定被告人无罪的，应当作出无罪判决；（三）证据不足，不能认定被告人有罪的，应当作出证据不足、指控的犯罪不能成立的无罪判决。"可见，我国刑事诉讼法所确认的认证标准为"确实、充分"。这里的"确实"指的是证据的真实性标准，"充分"即是证据的充分性标准。对某一证据在"心证"上达到"确实、充分"的程度，是法官的主观反映，是一种抽象的思维方式。证明力在法官主观反映上的效力如何，是否"确实、充分"，是鉴别证明力大小与强弱的关键所在。所谓"证据不足"，则表明证明力较弱或不足，尚达不到作为裁判基础的基本要求或程度。

九、认证公开和认证说理

认证公开指的是在庭审时及庭审后的裁判中，法官公开其对证据和案件事实的认定过程、认定理由和认定结果。认证说理指的是在庭审时及庭审后的裁判中，法官就其对证据和案件事实的认定予以充分的说理和论证。认证公开和认证说理往往是联系在一起的，它们要求法官对于证据和案件事实的认定，一是要予以公开，二是要说明理由。认证公开和认证说理可以分为庭审结束前的认证公开和认证说理，以及庭审结束后的认证公开和认证说理。

1. 庭审结束前的认证公开和认证说理。庭审结束前的认证公开和认证说理指的是法官在庭审结束前，就其为何采纳或排除某一证据或某一组证据，某一证据或某一组证据能否采信，以及其证明力大小是如何认定的等问题进行公开认定，并说明和解释其采纳、采信和认定的理由。庭审结束前的认证公开和认证说理一般采取口头形式。

2. 庭审结束后的认证公开和认证说理。庭审结束后的认证公开和认证说理主要体现在对裁判文书的要求上，也就是要求法官在裁判文书中完整地反映案件的举证、质证、认证过程，有层次地分析、说明、解释法官采纳、采信的证据以及内心确信的案件事实。如果当事人或利害关系人对裁判文书中关于证据的采纳、采信或案件事实的认定有疑义，法官还应当判后答疑，针对当事人或利害关系人提出的问题进行书面或口头答疑。

【问题与思考】

1. 试论述刑事诉讼中取证和侦查的异同。
2. 试论述取证、举证、质证和认证的关系。
3. 试论述认证和认定案件事实的关系。
4. 试论述认证标准和证明标准的异同。
5. 试论述我国的取证制度应当如何改革和完善。
6. 试论述我国的举证制度应当如何改革和完善。
7. 试论述我国的质证制度应当如何改革和完善。
8. 试论述我国的认证制度应当如何改革和完善。

【推荐参考论著】

1. 何家弘主编．证据调查．2 版．北京：中国人民大学出版社，2005
2. 孙长永主编．现在侦查取证程序．北京：中国检察出版社，2005
3. 何家弘主编．刑事审判认证指南．北京：法律出版社，2002
4. 龙宗智．刑事庭审制度研究．北京：中国政法大学出版社，2001
5. 刘广三等．刑事诉讼言词证据：程序与规则．北京：中国人民公安大学出版社，2007
6. 龙宗智．刑事诉讼中的证据开示制度研究（上、下）．政法论坛，1998（1）（2）
7. 田国宝．刑事质证程序研究．中国刑事法杂志，2000（6）
8. 廖明．论刑事质证的原则．见崔敏主编．刑事诉讼与证据运用（第 4 卷）．北京：中国人民公安大学出版社，2008
9. 廖明．论死刑案件中口供的审查判断．山东警察学院学报，2010（6）
10. 胡锡庆，张少林．刑事庭审认证规则研究．法学研究，2001（4）
11. 何家弘主编．证据的审查认定规则．北京：人民法院出版社，2009
12. 李昌钰．重返犯罪现场．廖明译．北京：中国政法大学出版社，2012

图书在版编目（CIP）数据

刑事证据法学/刘广三主编．—2版．—北京：中国人民大学出版社，2014.9
现代刑事法学系列教材
ISBN 978-7-300-19823-1

Ⅰ．①刑… Ⅱ．①刘… Ⅲ．①刑事诉讼-证据-法的理论-中国-高等学校-教材 Ⅳ．①D925.213.1

中国版本图书馆CIP数据核字（2014）第199848号

中国刑法学研究会推荐教材
现代刑事法学系列教材
总主编 赵秉志
刑事证据法学（第二版）
主 编 刘广三
副主编 王 超
Xingshi Zhengju Faxue

出版发行	中国人民大学出版社		
社 址	北京中关村大街31号	邮政编码	100080
电 话	010－62511242（总编室）		010－62511770（质管部）
	010－82501766（邮购部）		010－62514148（门市部）
	010－62515195（发行公司）		010－62515275（盗版举报）
网 址	http：//www.crup.com.cn		
	http：//www.ttrnet.com（人大教研网）		
经 销	新华书店		
印 刷	北京宏伟双华印刷有限公司	版 次	2007年6月第1版
规 格	185 mm×260 mm 16开本		2015年1月第2版
印 张	24插页2	印 次	2020年10月第4次印刷
字 数	580 000	定 价	45.00元

《　　　　　　》※任课教师调查问卷

为了能更好地为您提供优秀的教材及良好的服务，也为了进一步提高我社法学教材出版的质量，希望您能协助我们完成本次小问卷，完成后您可以在我社网站中选择与您教学相关的1本教材作为今后的备选教材，我们会及时为您邮寄送达！如果您不方便邮寄，也可以申请加入我社的**法学教师QQ群：83961183（申请时请注明法学教师）**，然后下载本问 卷填写，并发往我们指定的邮箱（cruplaw@163.com）。

邮寄地址：北京市海淀区中关村大街31号中国人民大学出版社411室收

邮　　编：100080

再次感谢您在百忙中抽出时间为我们填写这份调查问卷，您的举手之劳，将使我们获益匪浅！

基本信息及联系方式：※

姓名：＿＿＿＿＿＿　性别：＿＿＿＿＿＿　课程：＿＿＿＿＿＿＿＿＿＿＿＿

任教学校：＿＿＿＿＿＿＿＿＿＿＿＿＿＿　院系（所）：＿＿＿＿＿＿＿＿＿

邮寄地址：＿＿＿＿＿＿＿＿＿＿＿＿＿＿　邮编：＿＿＿＿＿＿＿＿＿＿＿＿

电话（办公）：＿＿＿＿＿＿　手机：＿＿＿＿＿＿　电子邮件：＿＿＿＿＿＿

调查问卷：※

1. 您认为图书的哪类特性对您使用教材最有影响力？（　　）（可多选，按重要性排序）
   A. 各级规划教材、获奖教材　　B. 知名作者教材
   C. 完善的配套资源　　D. 自编教材
   E. 行政命令
2. 在教材配套资源中，您最需要哪些？（　　）（可多选，按重要性排序）
   A. 电子教案　　B. 教学案例
   C. 教学视频　　D. 配套习题、模拟试卷
3. 您对于本书的评价如何？（　　）
   A. 该书目前仍符合教学要求，表现不错将继续采用。
   B. 该书的配套资源需要改进，才会继续使用。
   C. 该书需要在内容或实例更新再版后才能满足我的教学，才会继续使用。
   D. 该书与同类教材差距很大，不准备继续采用了。
4. 从您的教学出发，谈谈对本书的改进建议：＿＿＿＿＿＿＿＿＿＿＿＿＿＿＿＿

＿＿＿＿＿＿＿＿＿＿＿＿＿＿＿＿＿＿＿＿＿＿＿＿＿＿＿＿＿＿＿＿＿＿＿＿＿＿

＿＿＿＿＿＿＿＿＿＿＿＿＿＿＿＿＿＿＿＿＿＿＿＿＿＿＿＿＿＿＿＿＿＿＿＿＿＿

选题征集：如果您有好的选题或出版需求，欢迎您联系我们：

联系人：黄　强　联系电话：010-62515955

索取样书：书名：＿＿＿＿＿＿＿＿＿＿＿＿＿＿＿＿＿＿＿＿＿＿＿＿＿＿＿＿

书号：＿＿＿＿＿＿＿＿＿＿＿＿＿＿＿＿＿＿＿＿＿＿＿＿＿＿＿＿＿＿＿＿

备注：※为必填项。

21世纪高等院校法学系列精品教材

书名	ISBN	作者	定价
法律解释学	978-7-300-13251-8	王利明　著	32.00
民法总论	978-7-300-10961-9	王利明　著	35.00
人格权法	978-7-300-10990-9	王利明　著	35.00
经济法学(第二版)	978-7-300-16089-4	张守文　著	45.00
财税法学（第三版）	978-7-300-14098-8	张守文　著	46.00
民事诉讼法	978-7-300-13632-5	张卫平　著	39.80
物权法（第二版）	978-7-300-13040-8	崔建远　著	59.00
判例刑法学（教学版）	978-7-300-14059-9	陈兴良　著	39.80
刑法总论（第二版）	978-7-300-14090-2	周光权　著	45.00
刑法各论（第二版）	978-7-300-14202-9	周光权　著	55.00
刑事诉讼法学（第三版）	978-7-300-16432-8	郑　旭　著	45.00
侵权法学	978-7-300-13533-5	周友军　著	49.80
普通公司法	978-7-300-11227-5	邓　峰　著	68.00
网络法学	978-7-300-11004-2	刘品新　著	25.00
中国宪法（第四版）	978-7-300-12301-1	许崇德　主编	29.80
商法学（第三版）	978-7-300-13955-5	徐学鹿　主编	49.80
证据学（第四版）	978-7-300-12740-8	陈一云　主编	32.00
外国法制史（第三版）	978-7-300-16149-5	林榕年 叶秋华 主编	38.00
婚姻家庭法学（第三版）	978-7-300-16894-4	杨大文 龙翼飞 主编	29.00